한국통일의 정치와 헌법

한국통일의 정치와 헌법

김 철 수

시와진실

머리말

조국은 남북으로 분단된 지 71년이 지났고 6·25전쟁을 겪은 지도 어언 66년이 지났다. 동·서독이 통일된 뒤 다음에는 한반도 차례라고 기대했었는데, 통일의 조짐은 보이지 않고 핵전쟁 위험만 드리우고 있다. 조국의 통일을 놓고 세계 각국의 이해관계가 다른데 국내에서는 국론이 분열되어 언제 통일이 될지 걱정이다.

저자는 일제강점기에 초등학교를, 해방정국에 중학교를, 6·25전쟁 때 대학교를 다녔다. 조국 없는 식민지 생활과 민족상잔의 전쟁기를 거치면서 하루 빨리 평화와 통일이 올 것을 기대했다. 대학 졸업과 동시에 서독에 유학하여 동·서독이 평화롭게 공존하는 것을 보고 조국의 분단을 극복해야 한다는 사명감으로 독일의 통일정책을 공부해왔다. 1990년에 독일이 기적처럼 통일되었을 때 우리도 머지않았다는 기대에 부풀었던 것이 어제 같은데, 독일은 통일이 된 지 25년이 지났는데 조국에는 통일의 서광조차 비치지 않아 안타까웠다.

저자는 독일의 통일과정이 한국 통일의 모범이 될 것이라고 생각하여 독일의 통일을 연구하여 『독일통일의 정치와 헌법』을 2004년에 출판하고, 한국의 통일 방법을 연구하는 논문들을 써왔다. 헌법학자로서 필생의 바람은 조국 통일의 헌법을 기초하는 것이었는데, 이제는 그 기회가 보이지 않기에 한반도 통일헌법안부터 연구하여 발표하였다. 통일헌법을 연구하기 전에 대한민국의 헌법이 어떠해야 하는가를 연구하여 2014년에 새 헌법안을 발표하였다. 이 두 헌법안은 저자의 헌법정책학 연구의 결론이라고 하겠다.

저자는 헌법학자로서 '있어야 할 헌법'학을 연구해왔는데 헌법 현실은 이상과는 너무 멀었다. 통일헌법의 경우에도 통일정치는 암담하기만 하였다. 이런 헌법

현실을 극복하고자 통일정치의 현실을 분석하고, 앞으로의 통일방안과 이상적인 헌법안 제정에 관한 비교정책적 헌법제정론을 쓰기로 하여 그동안의 연구를 정리하여 발표하기로 하였다. 이 책은 한국 헌법 연구에 대한 저자 나름의 결정판이라고 하겠다.

이 책을 저술하면서 저자는 본인의 의견보다는 세계 분단국의 통일과정과 각국의 통일환경, 주변 분단국의 한반도 정책 등 헌법 현실을 비교·분석적으로 연구하고, 있어야 할 통일헌법을 현실 초월적이며 이상적인 헌법 제정방법으로 연구하였다. 이러한 연구는 저자 개인의 역량을 초월하는 것이기에 국내외의 많은 헌법학자와 정치학자의 저서를 참조하였다. 이 점에서 이 책은 앞으로 한국의 통일을 연구하는 이들이 참고서로 활용할 수 있도록 되도록이면 참고문헌을 많이 소개하였다.

이 책의 교정이 끝나갈 무렵 트럼프가 미국의 제45대 대통령으로 취임하였다. 그는 "America First"를 외치면서 기존의 미국과 세계 질서를 개편하려고 하여 많은 부분을 손질해야 했다. 제2의 냉전기를 맞아 조국의 현실은 암담하기만 하다. 조국의 통일은 기적처럼 다가올 수도 있는데, 우리는 이에 대비해야 하고 북한 동포에게 통일한국의 미래상을 알려줘 통일에 대한 희망을 일깨워줘야 할 것이다. 이 책은 학술서이기는 하지만 비전공자는 본문만 읽어보면 알게 될 것이고, 특정 부분에 관심이 있는 사람은 주와 참고문헌을 읽으면 될 것이다. 이 책이 조국의 통일에 작게나마 이바지할 수 있기를 바라며, 독자의 궁금증을 해결하는 데 도움이 되면 다행이겠다.

그동안 통일헌법 연구를 지원해주시며 출판을 허락해주신 대한민국학술원과 이 학술서를 출판해주시는 시와진실 최두환 대표와 전영랑 편집장에게 감사를 드린다. 그리고 타이핑과 편집, 교정에 힘쓴 한국헌법연구소의 최창호 연구원에게도 감사를 드린다.

2017년 2월 3일

김 철 수

차·례

부 록

제I부.
한반도의 분단과 통일 노력

제I장. 한반도의 분단과 대한민국 건국

머리말, 한반도의 분단과 냉전

제2차 세계대전이 끝난 뒤 1945년부터 비군사적 냉전(cold war) 행위가 존속해왔다.[1] 유럽에서는 독일 분단으로 베를린을 둘러싼 냉전이 격화되었다. 미소는

---

1) 냉전에 대한 문헌은 수없이 많은데, 중요한 것을 들면 다음과 같다(상세한 것은 Wikipedia '냉전' 참조). **[영어 문헌]** Dimitris Bourantonis, Marios L. Evriviades(eds.), *United Nations for Twenty-first Century: Peace, Security, and Development*, Kluwer Publishers; George Breslauer, *Gorbachev and Yeltsin as Leaders*, Cambridge University Press; Tom Buchanan, *Europe's Troubled Peace, 1945-2000*, Blackwell publishing; Peter Byrd, "Cold War", *The Concise Oxford Dictionary of Politics*, Oxford University Press; Chester A. Crocker, Fen Osler Hampson(ed.), *Leashing the Dogs of War: Conflict Management in a Divided World*, US Institute of Peace Press; Alan Dowty, *Closed Borders: The Contemporary Assault on Freedom of Movement*, Yale University Press; Hershel Edelheit, and Abraham Edelheit, *A World in Turmoil: An Integrated Chronology of the Holocaust and World War II*, Greenwood Publishing Group; Norman Friedman, *The Fifty-Year War: Conflict and Strategy in the Cold War*, Naval Institute Press; John Lewis Gaddis, *Russia, the Soviet Union and United States: An Interpretative History*, McGraw-Hill; John Lewis Gaddis, *We Now Know: Rethinking Cold War History*, Oxford University Press; John Lewis Gaddis, *The Cold War: A New History*, Penguin Press 2005; Raymond Garthoff, *Détente and Confrontation: American-Soviet Relations from Nixon to Reagan*, Brookings Institution Press; James Goodby, Benoit Morel, *The Limited Partnership: Building a Russian-US Security Community*, Oxford University Press; Walter Hahn, Joachim Maître, *Paying the Premium: A Military Insurance Policy for Peace and Freedom*, Greenwood publishing Group; Halliday Fred, Joel & Crahan Krieger, E. Margaret, *Cold War*, Oxford University Press; Jussi Hanhimaki, Odd Arne Westad, *The Cold War: A History in Documents and Eyewitness Accounts*, Oxford University Press; Eric Hobsbawn, *The Age of Extremes: A History of the World, 1914-1991*, Vintage Books; Zachary Karabell, *Cold War(1945-91): External Course*, Oxford University Press; Richard K. Kolb, *Cold War Clashes: Confronting Communism, 1945-1991*, Veterans of Foreign Wars of the United States; Melvyn Leffler, *A Preponderance of Power: National Security, the Truman Administration, and the Cold War*, Stanford University Press; Robert J. McMahon, *The Cold War: A Very Short Introduction*, Oxford University Press, 2003; Jonathan Nashel, "Cold War(1945-91): Changing Interpretations", *The Oxford Companion to American Military History*, Oxford University Press; Arch Puddington, *Broadcasting Freedom: The Cold War Triumph of Radio Free Europe and Radio Liberty*, University Press of Kentucky; Ronald Reagan, "Cold War", *The Reader's companion to American history*, Houghton Mifflin Books; Geoffrey Roberts, *Stalin's Wars: From World War to Cold War, 1939-1953*, Yale University Press; Naomi Roht-Arriaza, *Impunity and human rights in international law and practice*, Oxford University Press; David F. Schmitz, "Cold War (1945-91): Causes", *The Oxford Companion to American Military History*, Oxford University Press; Joseph Smith, Simon Davis, *The A to Z of the Cold War*, Scarecrow Press; Martin Walker, *The Cold War:*

북대서양조약기구(NATO) 창설로 냉전을 심화시켰다.[2] 아시아에서는 한반도 문제로 미소 간 냉전이 격화되었고, 한반도의 분단은 이 냉전의 결과였다. 러시아가 김일성과 공모하여 1950년에 한국전쟁을 일으켰으며, 그뒤 유엔군과 중국군이 참전하여 열전을 치르게 되었다. 1953년 한국 정전이 성립한 뒤에 1960년 인도차이나에서 베트남전쟁이 일어났다. 아시아에서는 중화인민공화국이 중화민국을 대만으로 축출한 뒤 냉전상태에 있으며, 대한민국도 북한과 계속 냉전 중이다. 소연방이 붕괴한 뒤에는 중국과 러시아 간 냉전이 계속되었다(1960~89). 한반도의 분단은 동서냉전의 결과라고 할 수 있으나, 한국이 오스트리아인들처럼 현명하게 대처했으면 분단을 극복할 수 있지 않았나 생각한다. 이하에서는 한국의 국내 요인을 중심으로 살펴보기로 한다.

제1절. 해방 전 국내 사정

1. 일본의 식민통치시대

조선은 19세기 말 열강의 개국 압력을 받았으나 쇄국정책을 고수하였다. 이

A History; H. Holt, Gerhard Wetting, *Stalin and the Cold War in Europe*, Rowman & Littlefield; James Wood, *History of International Broadcasting*, Institution of Electrical Engineers; Vladislav Zubok, Constantine Pleshakov, *Inside the Kremlin's Cold War: From Stalin to Khrushchev*, Harvard University Press. **[독일어 문헌]** J. L. Gaddis, *Der Kalte Krieg, Eine neue Geschichte*, 2007; Greiner/Müller/Walter(hrsg.), *Heisse Kriege im Kalten Krieg*, 2006; D. Horowitz, *Kalter krieg*, 1983; Isaacs/Dowling, *Der Kalte Krieg*, 2001; W. Loth, *Die Teilung der Welt, Geschichte des Kalten Krieges 1941-1951*, 2000; R. Steininger, *Der Kalte Krieg, Geschichte des radikalen Zeitalters*, 2007; Volkov/Neubert(hrsg.), *Stalin wollte ein anderes Europa, Moskaus Außenpolitik 1940 bis 1968 und die Folgen*, 2003. **[한국어 문헌]** 슈토보, 『냉전이란 무엇인가: 극단의 시대 1945-1991』, 역사비평사, 2008; 권헌익 저, 이한중 역, 『또 하나의 냉전(The other Cold War)』, 민음사, 2013; 이근욱, 『냉전 20세기 후반의 국제정치』, 서울대 출판부, 2012; 이근욱, 『쿠바 미사일 위기: 냉전 최악의 순간』, 서강대 출판부, 2013. **[일본어 문헌]** 菅英輝, 『冷戦と同盟, -冷戦終焉の視点から』, 2014. 3; 下斗米伸夫, 『アジア冷戦史』, 2004; 久保新一, 『冷戰體制解體と東アジア地域再編の課題』, 《立命館國際研究》19-3, Mar. 2007.

2) 1989년 12월 2일 미국과 러시아는 냉전 종결을 선언하였다. 이 말타회담 공동성명에서 소련의 고르바초프 공산당 서기장은 "나는 미국 대통령에게 앞으로는 미연합국과 전쟁을 하는 일은 없음을 보증한다"고 하였고, 미국 부시 대통령은 "우리는 영속적인 평화와 동서관계가 지속적인 공동관계로 되는 것을 실현할 수 있다"고 장담하였다.

때 병인양요와 신미양요 등이 일어났고, 서양 군함의 공격을 받았다. 대원군이 물러나고 민씨 일족이 정권을 장악했을 때 운양호사건이 일어나 일본과 병자수호조약(강화도조약)을 체결하지 않을 수 없었다. 그뒤 세계를 향해 문호를 개방하고 사신과 유학생을 보내 새로운 문화를 도입했으며, 내정을 개혁하고 외교관계를 맺었다. 농민들이 관료의 가렴주구에 반발하여 동학란이 일어났다. 이 난을 계기로 청나라와 일본이 조선에 군대를 파견하였고, 그 결과 청·일전쟁이 일어났다. 청·일전쟁 결과 청세력은 물러났지만 일본세력은 더 강화되었다. 그뒤 고종이 러시아와 친해져 친일파를 몰아내고 친러정부를 수립하였다.

1897년 고종은 국호를 대한제국이라 하고 스스로 황제라 일컬으며 독립국가 형식을 갖추었으나, 외세에 의존하기는 마찬가지였다. 러·일전쟁에서 승리한 일본은 한국에서 이권을 독점하고, 내정간섭을 일삼았다. 민간에서는 신문화운동이 생겨났고, 신식 교육을 시작했으며, 신식 의료제도도 도입하였다.[3]

일본은 1902년 영국과 일·영동맹을 체결하고, 미국과도 우호관계를 맺었다. 1904년에는 러·일전쟁을 일으켜 승리하고, 1905년 포츠머스조약을 체결하여 조선에 배타적 지도권을 갖게 되었다. 고종황제는 헤이그 국제회의에 밀사를 파견하여 일본의 간섭 배제와 한국의 외교권을 보호해 달라고 요청했으나 실패하였다. 한국이 일본의 지배를 받은 것은 일본보다 늦게 개국한 탓이었다. 1910년 일본은 을사늑약을 맺어 한국을 통합하고 식민지로 만들었다.[4] 일본은 한일합방 후에도 계속 한국을 통치하며 한국인을 차별대우하였다. 한국을 강제로 통합한 일본은 한국을 조선이라 하고 일본을 내지(內地)라 하여 한국을 침탈하기에 바빴다.

편의상 일본제국의 침략은 제1기 무단정치기, 제2기 문화정책기, 제3기 병참기지기로 나눌 수 있다. 제1기 무단정치기는 데라우치 총독부터 하세가와 총독

---

3) 대한제국에 대해서는 이홍직, 『국사대사전』, '이씨조선'; 국사편찬위원회, 『자료대한민국사』(1969-1972); 국사편찬위원회, 『대한민국의 성립』, 2002; 이상휘, 『대한제국의 법제』, 법제처, 1983 참조.

4) 일본의 한국 식민지화에 대해서는 海野福壽, 『外交史料 韓國倂合』 全2卷, 2003; 『朝日關係史』; 征岩, 日本 全史[ジャパンクロニクル(講議社)], 1990; 細川嘉六, 植民史(現代日本文明史, 近代朝鮮史研究), 상해임시정부, 『한일관계사료』 전4권; 이중근, 『미명』 전5권, 우정문고, 2015; S. B. Wilson, Brief History of US Sabotage of Korean Peace and Reunification, Apr. 4. 2013; Jun Uchida, Brokers of Empire: Japanese Settler Colonialism in Korea 1876-1945, Harvard University Asia Center, 2011 참조.

이 통치하던 시기로, 무력으로 한국인을 강압하였다. 이때는 헌병통치시대라고도 하겠는데 한국인의 언론·집회·결사를 금지하고, 한국을 일본의 식량과 원료 공급지로 만들었으며, 일본 상품을 매각하는 독점시장을 만들어 한국인을 수탈하였다. 특히 토지조사 사업으로 한국인의 토지가 등기되어 있지 않음을 기회로 총독부나 일본인 소유로 만들었다. 이에 한국인들은 동양척식회사 등을 통하여 심하게 저항했으며, 1915~19년에는 파업투쟁을 활발히 벌였다.

제2기는 문화정책기라고 할 수 있다. 1919년 초부터 세계 각국에 살던 한국인이 독립만세운동을 일으키고, 국내에서도 3·1운동과 저항파업운동으로 민심이 흉흉해지자 소위 문화정책을 편 것이다. 일선융화(一線融和)·일시동인(一視同仁)이라는 미명 아래 무력 탄압을 약화하였다. 1931년 만주사변을 일으켜 대륙을 침략할 때까지 문민정치를 내세우며 한국인 관리를 몇 명 등용하고 보통교육을 실시하는 등 문화정책을 펴나갔다.

제3기는 만주사변 이후 대(對)중국전쟁을 일으킨 뒤 제2차 대전에서 항복한 시기다. 이 시기에는 한국을 군참기지로 활용하며, 징용·징병하여 강제로 노동을 시키고, 인권을 침탈하였다. 1940년 이후에는 한국어까지 말살하고 일본어를 상용하게 했으며, 한국인의 황국민화라는 미명 아래 한국인을 징병하여 포탄막이로 썼다.[5][6]

2. 대한민국 건국 뿌리, 상해임시정부

대한민국의 건국이 상해임시정부에서 비롯되었다는 입장에서는 그 이념적 정통성을 강조한다. 상해임시정부는 국외 동포와 국내 애국세력이 3·1독립운동을

5) 일제시대 한국 식민지 역사는 이홍직, 『국사대사전』, '일제시대', pp. 1260~1267; 박은식, 『한국통사』/『한국독립운동지혈사』; 최남선, 『한국독립운동사』; 유홍렬, 『조선독립운동사고』; Myers, Peatti, *The Japanese Colonial Empire 1895-1945*, Princeton U. press, 1984; Lee, Chong-Sik, *The Politics of Korean Nationalism*, Berkeley: U. of California Press, 1963; F. A. Mckenzie, *Korea's Fight for Freedom*, 2009 참조.
6) 한일관계사는 Wikipedia, History of Japan-Korean Relations; Wikipedia, Japan-South Korea Relations; 小倉和夫, 『日本のアジア外交 二千年の系譜』, 2013 참조.

계기로 만든 정부이기에 일제침략에 대항한 애국적·민족적 정통성이 있다고 한다.[7] 일제가 한국을 강점한 뒤 많은 한국인이 국외로 이주하거나 도피했는데, 그중 미국에 있던 교포들이 서재필과 이승만을 중심으로 필라델피아에서 독립을 선언하면서 대한민국 헌법의 기본 원리를 발표하기도 하였다. 또 일본 유학생들도 동경에서 독립선언서를 낭독하는 등 독립운동을 하였다. 이러한 기운에 따라 국내에서도 3·1만세운동을 벌였고, 그중 중국 등지로 망명한 이들이 상해에 모여 1919년 4월 11일 임시헌장을 제정하였다.[8]

---

7) 김철수,「대한민국 건국의 정통성, 해방70년 건국67년 특집」,《세계시민》창간호(2015. 8), 시와진실.

8) 상해임시정부에 대한 사전과 문헌은 다음과 같은 것이 있다. **[사전]** 위키백과, '대한민국 임시정부'; 두산백과, '대한민국 임시정부'; 「한국민속문화대사전」, '대한민국 임시정부'. **[저서]** 이연복,「대한민국 임시정부 30년사」,「국학자료집」, 2006; 목도·손지과,「대한민국 임시정부 피어린 27년」, 1994; 이봉원,「대한민국 임시정부 바로알기」, 정인출판사, 2010; 이정범,「대한민국 임시정부와 김구」, 2012; 이현희,「대한민국 임시정부 주석 이동녕 연구」, 1995; 이봉원,「대한민국 임시정부 바로알기」, 정인출판사, 2010; 이현희,「대한민국 임시정부의 개혁과 그 성과」,《역사학논총》제2호(2001. 3), pp. 1-31; 이현희,「건국 강령에 나타난 홍익인간 정신: 대한민국 임시정부의 지도이념」,《삼균주의논집》통권2호(1984), pp. 4-6; 윤대원,「대한민국 임시정부의 재건과 관내 민족전선통일운동」,《역사연구》제10호(2002. 6), pp. 151-184; 한시준,「대한민국 임시정부수립 기념일, 바로잡아야」,《한국근현대사연구》제44집(2008), pp. 296-312. **[조직과 활동]** 윤대원,「대한민국 임시정부의 조직·운영과 독립방략의 분화(1919-1930)」, 서울대 박사학위 논문, 1999; 윤대원,「상해시기 대한민국 임시정부연구」,《한국사 시민강좌》제47집(2010. 2), pp. 272-285; 이연복,「대한민국 임시정부의 수립과 그 변천」,《경희대학교 사학》9·10(合)(1982. 6), pp. 133-165; 정병준,「1940년대 대한민국 임시의정원의 건국구상」,《한국민족운동사연구》제61집(2009. 12), pp. 143-182; 조철행,「국민대표회 개최과정과 참가대표」,《한국민족운동사연구》제61집(2009. 12), pp. 21-67; 윤창현,「새로운 자료로 본 대한민국 임시정부의 위상과 활동」,《한국민족운동사연구》61(2009), pp. 183-214; 신재홍,「대한민국 임시정부 외교사 연구」, 경희대 박사학위 논문, 1988; 배경한,「대한민국 임시정부와 중화민국의 외교관계(1911-1945)」,《중국근현대사연구》제56집, pp. 1-22; 김희곤,「대한민국 임시정부와 국외독립운동」,《동양학》제47집(2010. 2), pp. 281-302; 김희곤,「일제강점기 독립운동: 대한민국 임시정부와 국외독립운동」,《동양학》제47집(2010), pp. 281 이하; 이현희,「6·10만세운동과 대한민국 임시정부: 그 관련성의 추적」,《한국민족운동사연구》, 1995; 유진선,「대한민국 임시정부의 국내활동 연구」, 영남대 박사학위 논문, 1997; 김덕형,「다시 보는 대한민국 임시정부: 대한민국 임시정부는 완전한 독립국 정부」,《한국논단》통권185호(2005. 3), pp. 16-27; 이연복,「대한민국 임시정부와 사회문화운동: 독립신문의 사설분석」,《사학연구》37(1983), pp. 195-230; 김정열,「1920년대 국내 신문자료에 나타난 대한민국 임시정부의 활동과 언론의 보도경향」, 숭실대 석사학위 논문, 2010; 김창수,「한국광복군의 창군과 대한민국 임시정부」,《삼균주의연구논집》제24집(2003. 2), pp. 88-107; 김우전,「대한민국 임시정부 대일 선전포고에 관한 역사 재조명」,《순국》통권229호(2010. 2), pp. 26-37; 이혜린,「1920년 대한민국 임시정부 대통령 불신임운동 연구」, 성균관대 석사학위 논문, 2014; 원을선,「중학교 국사교과서의 대한민국 임시정부에 대한 서술분석」, 목포대 석사학위 논문, 2003; 문창염,「고등학교 한국교과서에 나타난 대한민국 임시정부 관련 서술 추위분석」, 성균관대 석사학위 논문, 2006; 이연복,「대한민국 임시정부의 위상」,《한국민족운동사연구》제23집(1999. 12), pp. 193-207; "역사 앞의 승리자, 대한민국 임시정부", 네이버 카페, 2011. 4. 21. **[임정요인 활동]** 고정휴,「대한민국 임시정부 임시대통령으로서의 이승만: 이승만 대통

임시헌장은 모두 10조로 되어 있으며, 임시정부에서 제정·선포한 것으로 되어 있다. 임시정부는 임시의정원 의장에 이동녕, 국무총리에 이승만, 내무총장에

령의 역사적 재평가」, 《한국논단》 통권183호(2005. 1), pp. 133-153; 오영섭, 「대한민국 임시정부 두 대통령 이승만과 박은식의 관계」, 《숭실사학》 제32권(2014), pp. 75-113; 이연복, 「대한민국 임시정부와 박은식」, 《한국민족운동사연구》, 어문사, 1994; 황묘희, 「석오 이동녕과 대한민국 임시정부」, 《민족사상》 제4권 1호(2010), pp. 97-127; 김희곤, 「대한민국 임시정부를 지켜간 동반자: 안창호와 이동녕」, 《도산학연구》 제10집(2004. 12), pp. 151-174; 김정의, 「대한민국 임시정부 주석 이동녕 연구 이현희 저 서평」, 《한국민족운동사연구》, 어문사, 1994; 한시준, 「도산 안창호와 대한민국 임시정부」, 《도산학연구》 제13집(2010. 12), pp. 193-223/「대한민국 임시정부와 삼균주의」, 《삼균주의연구논문》 제36집(2013. 2), pp. 49-61; 김인식, 「조소앙과 대한민국 임시정부: 삼균주의」, 《삼균주의연구논집》 제32집(2011. 2), pp. 71-99; 김창수, 「대한민국 임시정부와 조소앙」, 《삼균주의연구논집》 제26집(2005. 2), pp. 43-51; 김희곤, 「성재 이시영과 대한민국 임시정부」, 《백범과 민족운동 연구》 제9집(2012), pp. 95-118/「신규식의 대한민국 임시정부 외교활동」, 《중원문화논총》 제13집(2010. 2), 충북대, pp. 1-20; 한시준, 「홍진과 대한민국 임시정부」, 《중원문화논총》 제13집(2010. 2), 충북대, pp. 95-132; 김다래, 「대한민국 임시정부 국무위원 오영선의 민족운동 연구」, 수원대 석사학위 논문, 2015; 성주현, 「남파 박찬익의 대한민국 임시정부활동」, 《사학연구》 제97호(2010. 3), pp. 117-146; 황묘희, 「윤봉길의 상해의거와 대한민국 임시정부」, 《민족사상》 제2권 1호(2008), pp. 177-202; 최해경, 「우천 조완구와 대한민국 임시정부 활동: 1940~1945년을 중심으로」, 《동학연구》 통권23호(2007. 9), pp. 149-172; 네이버 지식백과, '김구'; 「한국민족문화대백과」, '김구'; 이정범, 「대한민국 임시정부와 김구」, 주니어김영사, 2012; 정미현, 「해방 후 안재홍의 정치활동」, 전남대 석사학위 논문, 1998. [상해임시정부 헌법 제정과 변천] 모향미, 「대한민국 임시정부의 입헌주의: 헌법국가로서의 정당성 확보와 딜레마」, 《국제정치논총》 제49집 1호(2009); 김철수, 「헌법개정의 역사, 과거 현재」, 진원사, 2008; 김영수, 상해임시정부 헌법연구; 신우철, 「비교헌법사」, 법문사, 2008; 김영수, 「대한민국 임시정부의 헌법과 그 이념(기본정신)」, 《삼균주의연구논집》 제27집(2006), pp. 85-88; 표명환, 「대한민국 임시정부의 법통계승의 헌법이념에 관한 고찰」, 《토지공법연구》 제37집 1호(2007. 8), pp. 493-512; 김병기, 「단기연호와 대한민국 임시정부」, 《선도문화》 제12집(2012. 2), pp. 73-93; 김영수, 「대한민국 임시정부의 헌법과 그 정통성」, 《국회도서관보》, 2008; 김영수, 「대한민국 임시정부 헌법과 그 정통의식」, 《삼균주의연구논집》 제30집(2009. 2), pp. 84-105/「대한민국 임시정부 헌법과 그 정통성」, 《헌법학연구》 제1권(1995. 11), pp. 55-79; 박배근, 「대한민국 임시정부의 국제법적 지위와 대한민국의 국가적 동일성(상·하)」, 《연세대학법학연구》 제13권 4호(2003. 12)/제14권 1호(2004. 3); 최용기, 「대한민국 임시정부의 정통성」, 《헌법학연구》 제12권 4호(2006. 11), pp. 9-34; 김명기·유하영, 「대한민국 임시정부의 정통성에 관한 연구」, 《국제법학회논총》 73(1993. 6), pp. 1-18; 서희경, 「대한민국 건국헌법의 역사적 기원(1898-1919): 만민공동회, 3·1운동, 대한민국 임시정부 헌법의 민주공화정체를 중심으로」, 《한국정치학회보》 제40집 6호(2006. 겨울), pp. 139-163; 전영재·최선, 「한국적 권력구조의 기원적 형태: 대한민국 임시정부(1919-1945년)의 헌법개정과 권력구조 변천사 분석」, 《한국정치학회보》 제43집 2호(2009. 여름), pp. 25-49. [국제법적 지위] 이용중, 「대한민국 임시정부의 지위와 대일항쟁에 대한 국제법적 고찰」, 《국제법학회논집》 제54권 1호(2009. 4), pp. 106-128; 고정휴, 「태평양전쟁기 미국의 대한민국 임시정부에 대한 인식과 불승인정책」, 《한국근현대사연구》 제25집(2003. 여름), pp. 495-530; 반병률, 「러시아(소련)의 대한민국 임시정부 인식」, 《역사문화연구》 제35집(2010. 2), pp. 489-523; 이계언, 「카이로회담 연구: 중국 국민당 정부와 대한민국 임시정부의 역할을 중심으로(1941-1943)」, 한국학중앙연구원 석사학위 논문, 2011; 한시준, 「카이로선언과 대한민국 임시정부」, 《한국근현대사연구》 제71집(2014), pp. 126-156. [정통성] 최용기, 「대한민국 임시정부의 정통성」, 《헌법학연구》 제12권 4호(2006. 11), pp. 9-34; 김상봉, 「국가 속의 국가: 뜻으로 본 대한민국 임시정부」, 《철학연구》 제88권(2010), pp. 29-54.

안창호, 외무총장에 김규식, 법무총장에 이시영, 재무총장에 최재형, 군무총장에 이동휘, 교통총장에 문창범으로 구성하였다. 이 헌장과 함께 선서문을 발표하였다. 이것은 임시정부의 최초 헌법이며 대한민국이라는 국호를 사용(제1조, 대한민국은 민주공화국제로 함)한 것으로, 상징적으로 보면 대한민국 임시정부의 건국이라고도 하겠다.

그뒤 1919년 9월 11일에는 전 58조로 된 상세한 임시헌법전을 제정하고 임시헌장을 폐지하였다. 이 임시헌법은 전문과 제1장에 총칙, 제2장에 인민의 권리와 자유, 제3장에 임시대통령, 제4장에 임시의정원, 제5장에 국무원, 제6장에 법원, 제7장에 재정, 제8장에 보칙을 둔 상세한 것이었다. 그뒤 1940년 10월 9일에는 임시약헌(중국어로 작성)을, 1944년 4월 22일에는 임시헌장을 수정·발표하였다. 이 헌장에는 국민의 권리와 의무(제2장) 조항을 두었다. 이와 같이 헌법규범은 진화했으나 임시정부 운영은 순조롭지 않았다.

상해임시정부는 처음에는 외국에 있는 많은 정파가 참여했으나, 점차 이데올로기적인 분열을 가져와 공산계열과 민족진영으로 나뉘었다. 또 중국파와 미주파, 무장활동파와 외교파로 나뉘기도 하였다. 초대 대통령이었던 이승만은 외교전을 주장하면서 미국에 상주하여 임시의정원의 탄핵을 받기도 하였다. 그러나 이승만은 상해임시정부 대통령을 칭하며 미국 정부에 외교적 승인과 지원을 요청하였다. 1930년대 이후 내무총장과 주석을 지낸 김구는 중국을 거점으로 일제에 무력으로 투쟁할 것을 선언했으나, 해방될 때까지 정식으로 하지는 못했다.

1940년 9월 17일에는 한국광복군 총사령부를 설치하고 지청천이 총사령, 이범석이 참모장이 되었다. 1942년에는 김두봉이 이끄는 조선의용대 대원이 광복군에 합류하였다. 1941년 일본이 태평양전쟁을 일으키자 광복군은 일본에 선전포고를 하였다. 김구 주석을 중심으로 한 중경임시정부는 장개석 총통에게 인정을 받아 재정지원을 받았으나, 외교적인 국가 승인은 받지 못했다. 그러나 장 총통은 국제회의에서 한국의 독립을 지원한 것으로 알려져 있다. 미국에 있던 이승만은 미국 국무부에 한국의 실태를 알리고, 한국의 독립을 청원하였다. 미국에 있는 교포들의 노력으로 미국은 한국의 독립에 호의적이었다. 연합국은 카이로회의에서 한국의 독립을 인정하기로 결정하였다.

1943년 12월 루스벨트와 처칠, 장개석은 카이로회담에서 "이 3대국은 조선 인민의 노예상태에 유념하고 있으며, 적당한 시기에 조선이 해방 독립될 것"임을 결정하였다. 그러나 임시정부 승인 문제는 여기서 언급하지 않았다. 광복군은 첩보활동에 참여했으나 정식 참전국가로 인정받지는 못했다. 임시정부는 1941년 건국 강령을 발표하고 헌법을 개정하여 광복한국의 새로운 통치 기반을 다지며, 일본의 패전에 대비하여 환국 후의 통치 방향을 정립해 나갔다. 임시정부는 망명정부로 비록 외국에서 인정받지 못했으나, 한국인의 이념적 정부로 독립운동의 통합을 시도했으며, 실제 독립운동을 전개하면서 광복될 때까지 단절되지 않고 존재했다는 점에서 평가받아야 할 것이다.

제2절. 일제 패망과 해방 정국

1. 일제 패망 후 행정기관의 수립 움직임

일본이 무조건 항복을 선언하자 조선총독부는 한국의 저명인사인 송진우·여운형 등과 임시치안을 담당하고, 일본인의 신변을 보호하고자 과도기 행정기구 구성을 제안하였다. 송진우는 임시정부의 환국을 기다려야 한다며 거절했으나, 여운형은 수락하고 건국준비위원회[9]를 구성하였다.[10]

---

9) 건국준비위원회에 대해서는 위키백과, '건국준비위원회」; 『한국근현대사사전』, '건국준비위원회'; 홍인숙, 「건국준비위원회에 관한 연구」, 이화여대 석사학위 논문, 1984; 이정식, 「여운형과 건국준비위원회」, 《역사학보》 134·135(1992. 2), pp. 25-76; 남소란, 「조선건국준비위원회에 관한 연구」, 원광대 석사학위 논문, 2008; 홍인숙, 「건국준비위원회에 관한 연구」, 이화여대 석사학위 논문, 1984; 지웅, 「조선건국준비위원회 연구」, 서울대 석사학위 논문, 1988; 안종철, 「조선건국준비위원회의 정치적 성격에 관한 연구」, 서울대 석사학위 논문, 1985; 송철, 「건국준비위원회의 평가」, 《고대문화》 22(1983. 2), pp. 343-352.

10) 해방 후부터 한국전쟁 발발까지의 일지는 이중근, 『광복』 전3권을 참조하고, 아울러 국사편찬위원회, 『한국사』를 참조하면 좋을 것이다.

1) 건국준비위원회

일본 총독 아베의 부탁을 받은 여운형은 1945년 8월 15일 일본의 항복과 함께 건국준비위원회를 발족하였다. 위원장에 여운형, 부위원장에 안재홍·허헌, 총무부장에 최근우, 재무부장에 이규갑, 조직부장에 정백, 선전부장에 조동호, 무경부장에 권태석으로 진용을 갖추었다.

설립 목적은 민족의 모든 역량을 일원화하여 자주적으로 과도기의 국내 질서를 유지하는 데 있었다. 8월 18일 제1차 위원회를 열어 건국 공작 5개 항을 제시하고, 9월 2일 강령을 발표하였다. 그 내용은 "① 우리는 완전한 독립국가 건설을 기함 ② 기본 요구를 실현할 수 있는 민주주의적 정권 수립을 기함 ③ 우리는 일시적 과도기에 국내 질서를 자주적으로 유지하며, 대중의 생활 확보를 기함"이라는 3개 항이었다.[11]

건국준비위원회는 일본 경찰조직을 밀어내고 각 지방 조직으로 확대되었고, 지방마다 이름은 달랐지만 치안대나 보안대로 145곳에서 조직하였다.[12] 북한에서는 8월 17일 평양에서 조만식이 주동하여 건국준비위원회 지부를 구성[13]했으나 소련군이 해산시켰다. 그러나 건국준비위원회가 지나치게 좌익진보세력으로 조직되자 민족주의계 인사들이 반발하여 탈퇴했으며, 부위원장 안재홍도 탈퇴하여 9월 1일 조선국민당을 창당하였다. 또한 정백·고경흠 등의 간부들은 위원회 승인 없이 경성지부를 결성하였다.

9월 3일 중경임시정부는 환국 전에 당면한 정책을 발표하고, 조속한 귀국을

---

11) 건국준비위원회 선언문은 위키백과, '건국준비위원회'; 건준위 여운형 위원장은 건국준비위원회의 성격과 서명에 관한 담화를 발표했는데 그 내용은 이중근, 『광복』(상), p. 75 참조; 지웅, 『조선건국준비위원회 연구: 민족통일노선으로서의 성격을 중심으로』, 서울대 석사학위 논문, 1988; 안종철, 『조선건국준비위원회의 성격에 관한 연구: 중앙과 지방조직을 중심으로』, 서울대 석사학위 논문, 1985.
12) 조선건국준비위원회는 8월 말까지 전국적인 조직을 구성하기로 하였다. 조선 전역에 지역자치 본부를 두어 지방자치 실험을 하였다. 남광규, 「건국준비위원회 중앙조직의 약화과정과 요인」, 《한국정치외교사논총》 제28집 1호(2006. 8), pp. 5-33; 김충렬, 「해방정국에서의 건국준비위원회의 정치적 의미」, 《한국동북아논총》 제10권 4호 통권37집(2005. 12), pp. 287-306; 윤덕영, 「8·15 직후 조선건국준비위원회의 조직적 한계와 좌·우분립의 배경」, 《사학연구》 제100집(2010. 12), pp. 825-868; 남광규, 「건국준비위원회 중앙조직의 약화 과정과 요인」, 《한국정치외교사논총》 제28집 1호(2006. 8), pp. 5-33.
13) 박명수, 「평안남도 건국준비위원회와 조만식」, 《한국기독교와 역사》 제41호(2014. 9), pp. 37-76.

약속하였다. 9월 4일 건국준비위원회 전체회의를 열어 집행위원회 개편을 단행하고, 9월 6일에는 600여 명으로 구성한 전국인민대표자회의를 소집하였다.[14] 이 회의에서 '조선인민공화국 임시조직법'안을 통과시킨 뒤 조선민주공화국 수립을 발표하였다. 따라서 건국준비위원회는 9월 7일 해체되고 '인민공화국'이 승계하였다.

건국준비위원회는 공산당원인 박헌영의 주도로 좌경인사가 접수하여 실패했으나, 치안권과 행정권을 우리가 자발적으로 행사할 수 있었다. 중경임시정부가 이 기구를 흡수하여 잘 운영했더라면 통일을 할 수도 있었을 것이라고 아쉬움을 표시하는 사람도 많다.[15][16]

2) 인민공화국

해방 직후인 8월 16일 북한에서는 함경남도 인민위원회 좌익을 결성하였다. 남한에서는 9월 3일 미군이 상륙하기 전에 포고령을 내려 당분간 조선총독부의 치안 기능을 유지할 것을 천명하였다. 이에 박헌영 일파는 건국준비위원회가 기능을 발휘하지 못할 것을 알아차리고 미군정에 대항하여 자치권을 확보하려는 의도로 건국준비위원회를 정부 형태인 인민공화국으로 변경하기로 하였다.

9월 4일에는 미24군 단장 하지가 선발대원 37명과 김포공항에 도착하였다. 미군이 서울에 입성하기 2일 전에 박헌영은 건국준비위원회 전국인민대표대회를 변질시켜 '조선인민공화국'이라는 정부를 결성하였다. 여기에는 국내에 없었던 이승만·김구·김규식과 국내에 있었으나 반대파인 김성수·조만식·안재홍 등을

---

14) 윤덕영, 「8·15 직후 조선건국준비위원회의 조직적 한계와 좌·우분립의 배경」, 《사학연구》 제100호(2010. 12), pp. 825-868; 이정식, 「여운형과 건국준비위원회」, 《역사학보》 134·135 (1992. 9), pp. 25-76.

15) 송철, 「건국준비위원회의 평가」, 《고대문화》 22(1983. 2), pp. 825-868. "미국은 아무 준비가 없이 조선에 상륙하였다. 그러나 조선에는 건국준비위원회가 있었다. 곧 정치적 준비가 있었다. 미국인이 만일 건국준비위원회를 살렸더라면 조선의 건설은 더 신속하고 유리하였을 것이다"(에드가 스노 자서전).

16) 오스트리아는 점령군의 요청에 따라 전직 국무총리였던 카를 레너를 중심으로 모든 정상이 일체가 되어 통일선거를 치르고 정부를 구성하여 4개 점령지역을 통일하였다. Hugo Portisch, Österreich II, *Die Wiedergeburt unseres Staates*, 2 Bde. 1996; Gerald Stourzh, *Österreichs Weg zum Staatsvertrag und zur Neutralität*, 2004(Information zur Politischen Bildung Bd. 22).

그들의 의사도 묻지 않고 포함시켰고, 그 외에는 모두 공산당원이었다.

9월 8일에는 미24군단이 인천에 상륙하고, 9월 9일에는 미 진주군이 인천에서 서울로 올라왔다. 공산당원들은 9월 14일 인민공화국 정부 부서 책임자를 발표하였다. 주석 이승만, 부주석 여운형, 국무총리 허헌, 내무부장 김구, 외무부장 김규식, 재무부장 조만식, 군사부장 김원봉, 경제부장 하필원이라고 했으나 이들과 상의도 하지 않았으며, 대리를 많이 임명하였다.[17] 이들은 지방조직에도 박차를 가하여 1945년 10월 말까지 남한 일대에서 종래의 행정체제에 따라 7도, 12시(부), 131군에 인민위원회를 조직하였다.[18] 이승만은 10월 17일 한국에 왔으나 인민공화국에 참여하지 않았다.

인민공화국파는 미군정에 대항하며 독자적인 행정권을 행사하려고 하여 미군과 충돌했으며, 대한민국 임시정부를 지지하여 이에 참여하지 않는 정파와 대립하면서 질서를 어지럽혔다. 이 인민공화국의 주요 인사는 전부 공산당원이었다. 해방과 동시에 정당을 설립한 것은 공산당원이었다. 해방 당일인 8월 15일 밤에 소위 장안파 공산당을 창당하였다. 그러나 주동자는 박헌영 일파로 장안파 공산당을 해체하고 9월 11일 조선공산당을 재건하였다.

중앙간부진은 총비서에 박헌영, 정치국에 박헌영·김일성·이주하·무정·강진·최창익·이승엽·권오직, 조직국에 박헌영·이현상·김삼룡·김형선, 서기국에 이주하·허성택·김태준·이구훈·이순금·강문석이었다. 이중에서 김일성·무정·최창익 등은 북한에 있었다.[19]

---

17) 조선인민공화국에 대해서는 위키백과, '조선인민공화국'/'북조선 인민위원회; 『한국민족문화대백과』, '조선인민공화국'; 이중근, 『광복』(상), p. 108.

18) 중앙인민위원회 구성원은 다음과 같다. 주석 *이승만, 부주석 여운형, 국무총리 허헌, 내무부장 *김구, 대리 조동호·김계림, 외무부장 *김규식, 대리 최근우·강진, 재무부장 *조만식, 대리 박문규·강병도, 군사부장 *김원봉, 대리 김세용·장기욱, 경제부장 하필원, 대리 김형선·정태식, 농림부장 강기덕, 대리 유축운·이광, 보건부장 이만규, 대리 이정윤·김점권, 교통부장 홍남표, 대리 이순근·정종근, 보안부장 최용달, 대리 무정·이기석, 사법부장 김병로, 대리 이승엽·정진태, 문교부장 *김성수, 대리 김태준·김기전, 선전부장 이관술, 대리 이여성·서중석, 체신부장 *신익희, 대리 김철수·조두원, 노동부장 이주상, 대리 김상혁·이순금, 서기장 이강국, 대리 최성환, 법제국장 최익한, 대리 김용암, 기획부장 정백, 대리 안기성. *표시는 수락하지 않았거나 외국에서 돌아오지 않은 사람이다.

19) 조선인민공화국 정강 내용은 다음과 같다. 정치·경제적으로 완전한 자주적 독립국가의 건설을 기함. 일본제국주의와 봉건 잔재세력을 일소하고 전 민족의 정치적·경제적·사회적 기본 요구를 실현

미군정은 9월 9일 포고령을 발표했는데, 시정 내용(항복문서)을 몰라보고 자유를 지나치게 행사하는 경향이 있었다.[20] 9월 23일 아놀드 군정장관은 조선의 독립 시기와 정당에 중립 태도를 발표하였다.[21]

박헌영의 주도로 건국준비위원회가 해체되고 인민공화국으로 변신하자 건국준비위원회 대표였던 여운형은 1945년 11월 12일 조선인민당을 창당하고, 11월 25일에는 중앙집행위원회 구성을 발표하였다. 이들 공산당이 인민공화국이라는 정부를 참칭하여 미군정과 심하게 대립하였다. 이에 미군정은 "남한에는 미군정이 있을 뿐 다른 정부는 존재할 수 없으므로 정부를 참칭하는 일이 있어서는 안 된다"고 경고하였다.

11월 7일에는 이승만이 주석 취임을 거부하였다. 미군정 하지 장군이 방송을 통하여 조선인민공화국이 정부 행세를 하는 것은 비합법적이므로 이를 단속할 것을 경고하여 사실상 존재를 부정하였다. 그 결과 임시정부도 정부 자격을 인정받지 못하고 정당으로 활동하게 되었다.[22]

3) 임시정부의 환국과 한국독립당의 법통계승운동

1945년 11월 23일에는 김구 주석이 임시정부 1진 평민 자격으로 환국하였다.[23] 임시정부는 광복 직전에도 사상적으로 분파가 심했으나 통일전선을 유지하였다.[24] 11월 25일에는 22개 단체가 임시정부의 환국을 지지하는 성명을 발표

할 수 있는 진정한 민주주의에 충실하기를 기함. 노동자·농민 기타 일체 대중생활의 급진적 향상을 기함. 세계 민주주의 제국 일원으로서 상호 제휴하여 세계 평화의 확보를 기함. 강택구, 「조선인민공화국에 대한 미군정의 인식과 대응연구」, 한림대 석사학위 논문, 1998. 이승만은 10월 21일 공산당에 대동단결을 부탁하였다.

20) 미군정 포고령은 이중근, 『광복』(상), 우정문고, 2015, pp. 99-102 참조.

21) 상게서, p. 122 참조.

22) 공산당은 정당으로도 승인을 받지 못하였다. 남한에서는 박헌영이 조선공산당을 재건하였다. 이들 공산당은 정판사 사건을 일으켜 미군정의 탄압 대상이 되었다. 북한에서는 김일성을 중심으로 한 만주파가 1945년 10월 10일 조선공산당 서북 5도 책임자와 열성자 대회를 열고, 10월 13일에는 '조선공산당 북조선분국'을 창설하였다.

23) 한시준, 「대한민국 임시정부의 환국」, 《한국근현대사연구》 제25집(2003. 여름), pp. 58-82.

24) 정병준, 「광복직전 대한민국 임시정부의 민족통일전선」, 《백범과 민족운동 연구》 제4집(2006), pp. 31-58.

하였다.

일본이 항복할 때 중경에 있었던 임시정부는 임시정부 자격으로 환국하기를 원하였다. 그들은 임시정부는 정부 자격으로 귀국해야 하며, 귀국 후에도 정식 정부를 수립할 때까지 정부 역할을 할 것을 연합군 중국전구 참모장 웨드마이어 중장에게 요구했으나 확답을 받지 못했다. 임시정부는 9월 3일 중경에서 임시정부 당면정책을 발표하였다.[25] 장개석 총통은 11월 4일 임시정부 환국 환송회를 열어주고, 귀국 편의도 봐주었다. 이때 임정 요인 14명이 환국하였다.

당시 임시정부 요인은 다음과 같다. 주석 김구, 부주석 김규식, 재무부장 조완구, 외무부장 조소앙, 군무부장 김원봉, 내무부장 신익희, 법무부장 최동오, 문화부장 김상덕, 선전부장 엄항섭, 비서장 조경한, 검사위원 이상만, 참모총장 유동열, 총사령 지청천, 무임소 국무위원 이시영·조성환·황학수·장건상·유림·성주식·김붕준·김성숙이다. 이들은 환국 후 인민공화국에 입각할 것을 요청받았으나, 11월 28일 이를 거부하는 성명을 발표하였다.

임정 2진은 12월 2일에 귀국하였다. 2진이 귀국한 다음 날 임정 간부들은 군정청으로 하지 사령관과 아놀드 군정장관을 방문하여 임정에 행정권을 이양해 달라고 요청했으나, 미군정청은 임정이 국제적 승인을 받지 못했으므로 불가하다고 하였다. 그럼에도 임시정부는 국무회의를 열어 정부 관리처럼 활동하려고 하였다. 한민당은 이에 찬성했으나 공산당은 반대하였고, 미군정도 호의적이지만은 않았다.

임시정부는 환국 후에 행정권을 행사하고자 인민공화국에 대해서도 그 조직을 인계받아 자치활동을 하려고 했으나 공산당원들이 반대하였다. 만약에 임정이 이에 성공했다면 분단은 막았을 수 있지 않았을까 생각한다. 그러나 임시정부는 좌우 분열로 이에 실패하고 말았다.[26] 임시정부는 중국에서 활동하는 동안에도 여러 당파로 분열되어 있었으며, 귀국 후에도 내면적으로는 5개 당파로 나뉘어 있었다.[27] 우익은 한국독립당의 김구·조완구·엄항섭·이시영·조성환·

25) 이중근, 『광복』(상), pp. 88-89 참조.
26) 정병준, 「1945-48년 대한민국 임시정부의 중국내 조직과 활동」, 《사학연구》 55·56(합)(1988), pp. 873-896.
27) 고정휴, 「태평양전쟁기 미국의 대한민국 임시정부에 대한 인식과 불승인정책」, 《한국근현대사연구》 제

최동오·유동열·지청천·황학수·조소앙·홍진이고, 좌익은 김규식·김원봉·성주식·장건상·김성숙·신익희·유림이었다.

한독당은 신탁통치를 반대하는 운동의 하나로 정부로서 활동하려고 했으며, 포고령을 내고 파업을 주동했으나 미군정이 거부하였다. 김구는 12월 27일 '삼천만 동포에게 고함'이라는 방송에서 통일국가 건설을 강조하였다. 이들은 귀국 후에도 좌우합작을 원하였다. 임시정부는 이미 중앙과 지방에 조직을 갖고 있던 인민공화국파와 합작을 모색했으나, 박헌영 등 공산주의자의 반대로 성사될 수 없었다. 임시정부는 3상회의에서 결정한 신탁통치를 반대하였고, 제1차 미소공동위원회 개회 때도 신탁통치를 반대하였다. 반면 좌익진영은 신탁통치에 찬성하여 좌우합작은 결렬되고, 김원봉·김성숙·장건상·유림 등은 공산당에 합류하고 말았다.

임시정부는 1946년 1월 8일에는 대한민국 건국 강령을 발표했는데 삼균주의 원칙, 토지 국유화, 건국 기간 헌법제도 등에 관하여 대강을 선언하였다.[28] 김구와 김규식은 남조선 대한국민대표민주의원 부의장으로 활동했으며, 나중에 김규식은 미군정 민주의원 의장으로 활동하였다. 그러나 김구는 5·10선거에 반대하며 남북 협상에 참여하여 국민적 동의를 얻는 데 실패하였다.[29]

2. 일본의 항복과 미소 양군의 한반도 분할점령

일본이 패망한 후 국제회의에서 한국을 어떻게 처리할 것인가를 논의하였다. 1943년 12월 1일 카이로에서 미·영·중이 성명을 발표했는데, "전기 3대 동맹국

25집(2003. 여름), pp. 495-530; 조석곤, 「대한민국 임시정부의 경제적 평등에 기초한 민족국가 수립의 꿈과 그 좌절」, 《국제경상교육연구》 제6권 4호(2009. 12), pp. 87-113; "독립운동의 역량을 하나로 모으기 위한 노력, 한국독립당", 네이버 카페, 2013. 5. 8.

28) 상세한 것은 이중근, 『광복』(상), pp. 283-287 참조.

29) 윤덕영, 「송진우·한국민주당의 과도정부구상과 대한민국 임시정부지지론」, 《한국사학보》 제42호(2011), pp. 247-283; 김창수, 「대한민국 임시정부에 대한 남북 학계의 인식」, 《상명사학》 3·4(1995. 12), pp. 623-633; 한시준, 「대한민국 임시정부와 단국대학」, 《동양학》 제47집(2010. 2), pp. 303-328; 이만열, "대한민국 임시정부 100주년을 바라보며", 《경향신문》, 2015. 4. 10; 김영호·이인호·강규형, 「대한민국 건국의 재인식」, 기파랑, 2009; 오인환, 『이승만의 삶과 국가』, 나남, 2013; 노경채, 『한국독립당 연구』, 신서원, 1996.

은 조선 인민의 노예상태에 유의하여 적당한 시기에 조선을 자주독립하게 할 것을 결정한다"고 하여 조선의 독립을 확약하였다.[30] 1945년 7월 26일 포츠담에서 미·중·영 3국 수뇌는 전쟁을 종결할 조건을 제시하였다. 여기서 카이로선언 여러 조항을 이행할 것을 확약하였다. 일본은 8월 8일 포츠담선언을 수락하기로 하였다. 이에 따라 8월 13일 미국 국무장관이 절차를 통고하고, 일본은 8월 14일에 이를 수락하였다. 일본은 8월 15일에 항복하였고, 9월 2일에는 항복문서에 서명하였다.[31]

1) 북반부에서 소련군정 실시

1945년 5월 8일 독일은 연합군에 항복했으나, 일본은 본토 항쟁을 부르짖으며 항복하지 않았다. 이에 미국은 전쟁 희생자를 줄이고자 8월 6일 히로시마에 원자폭탄을 투하하였다. 원폭 위력을 실감한 일본이 항복을 준비하는 중에 소련이 일·소불가침조약을 폐기하고 만주에 진주하며 북한으로 진군해왔다. 일본은 8월 10일 무조건 항복한다는 포츠담선언을 받아들였고, 8월 15일 항복하였다. 이때 이미 소련군이 북한에 진입하여 남북 분단이라는 비극을 초래하게 되었다. 미국은 소련이 남한까지 내려올까봐 북위 38선을 경계로 일본을 무장해제하기로 결정하였다.[32]

소련은 북한지역을 저항 없이 점령하고 있었는데 8월 20일 포고령을 발표하고, 8월 24일 평양에 사령부를 설치하면서 북한 각도에 인민위원회를 구성하게 하여 소련군이 각도별로 행정을 담당하게 했으며,[33] 소련에서 데려온 김일성을

---

30) 카이로와 얄타 회담에 대해서는 이계언, 「카이로회담 연구: 중국 국민당 정부와 대한민국 임시정부의 역할을 중심으로(1941-1943)」, 한국학중앙연구원 석사논문, 2011; 한시준, 「카이로선언과 대한민국 임시정부」, 《한국근현대사연구》 제71집(2014), pp. 126-156; Wikipedia, Division of Korea; Young-Sik Kim, A Brief History of The US-Korean Relations: 1910~1945; US Department of State, *Peace and War, United States Foreign Policy 1931-1941*, GPO, 1943.

31) 항복문서는 이중근, 『광복』(상), pp. 96-87 참조.

32) 38선 획정은 미국이 제의하고 소련이 찬성하여 성립하였다.

33) 소군정에 대해서는 김성보·이종성, 『북한의 역사』(1), 역사비평사, 2011; 김창순, 「소련군정하의 북한 단독정권 수립과정」, 《북한》 196집(1988. 4), pp. 103-115/「북한 40년사: 소군정하의 북한 단독

중심으로 '조선공산당 북조선분국'을 설치하게 하여(10. 10) 북한에 공산정권을 수립하는 준비를 하도록 하였다.[34]

2) 남반부에서 미국군정 실시

미국은 소련이 남한으로 진입할 것을 우려하여 북위 38선을 경계로 일본군을 무장해제하기로 하였다. 미군은 9월 9일에야 서울에 들어와 일본군의 항복을 받고 남한 점령정책을 펴게 되었다.[35] 미군은 맥아더 사령관 아래 아놀드 소장을 군정장관으로 임명했으나, 한국인에게 통치 참여를 인정하지 않다가 12월부터 한국인이 참여하게 되어 미군과 한국인의 양 국장체제가 실시되었다.[36] 미국은 한국인의 참정에 소극적이었으며, 한국의 정당과 사회단체의 참여를 배제하였다. 이것이 당초부터 소비에트화를 추진한 소련군정과 다른 점이다.

정권 수립과정』, 《북한》 (1988), pp. 103-115; M. Hart-Landsberg, *Korea: Division, Reunification, U. S. Foreign Policy*, 1988; M. Hart-Landsberg, The North under Soviet Occupation, ibid, p. 22; Daniel B. Schirmer, North Korea: The Pentagon and Issues of War and Peace in the Asia-Pacific Region, *Monthly Review Archives* 46(July-August 1994), 68; Wikipedia, The Division of Korea; Wikipedia, North Korea-South Korea Relations; Ilpyong Kim, The Impact of Division on Korea and the Major Powers; Library of Congress, Country Profile: North Korea, July 2007; K. Weathersby, Soviet Aims in Korea and the Origins of The Korean War, 1945-1950: New Evidence from Russian Archives, Cold War International History Project, 1993.

34) 김일성은 10월 10~13일에 조선공산당 이북5도 책임자급 열성대회를 열었다. 이중근, 『광복』(상), p. 136, 139.

35) 미군정에 대해서는 M. Hart-Landsberg, *Korea: Division, Reunification, and U. S. Foreign Policy*, 1998; U. S. Library of Congress South Korean Interim Legislative Assembly, Dec. 1946; Wikipedia, United State Army *Military Government in Korea*; U. S. Library of Congress, World WAR II and Korea; U. S. Library of Congress, *South Korea United States Occupation 1945-48*; U. S. Congressional Research Service, *U. S.-South Korea Relations*, June 24. 2014; Wikipedia, North Korea - United States Relations; Library of Congress, Country Profile: North Korea, May 2005; Mark P. Barry, The U. S. and The 1945 Division of Korea: Mismanaging the Big Decisions, *International Journal on World Peace*, Vol. 29, No. 4, Dec. 2012; 국사편찬위원회, 주한미군 정치고문 문서, 1995; 국사편찬위원회, 미군정기 군정단, 군정 중대 문서, 2001; 한국법제연구회 편, 『미군정법령총람』, 한국법제연구회, 1971; 양호민, 『한반도 분단의 재인식 1945-1950』, 나남, 1993.

36) 1945년 9월 9일 미국이 서울에 들어와 일본 총독부에 항복문서 조인을 받고 포고령을 발표하여 통치하기 시작하였다. 이들은 한국을 잘 몰라 처음에는 일본 관료에게 행정을 맡겼다가 점차 한국인을 참여시켰다(이중근, 『광복』(상), pp. 95-98]; M. Hart-Landsberg, *Korea: Division, Reunification, and U. S. Foreign Policy*, 1998.

3) 미소 냉전 시작

한국을 분할점령한 미국과 소련은 일본이 항복한 후 새로운 냉전상태에 돌입하여 서로 한국에서 헤게모니를 장악하려고 노력하였다. 소련은 독·소전쟁에서 승전한 뒤 동유럽 나라들을 점령하고 소비에트화하여 공산국가로 만들고 위성국으로 삼았다. 이에 미국은 소련의 영토팽창주의에 반발하여 서유럽 나라들의 우경화를 도왔다. 특히 독일을 분할점령함에 따라 소련과 미·영·불 간에 분쟁이 심화되었다. 독일이 무조건 항복한 뒤 소·미·영·불은 독일을 분할점령했는데, 연합국관리이사회가 독일정책을 조정하였다. 소련은 독일도 오스트리아처럼 영세중립 국가로 통일되기를 원했으나, 미·영·불은 독일의 통일을 원하지 않고 각자 점령한 지역 군정에서 지방정부를 육성하는 데 노력하였다. 소련이 동독을 공산화하자 미·영·불은 점령지역을 통합하는 방향으로 나아갔다.[37]

그러나 이 이사회는 독일 통일에는 기여하지 못하고 독일의 분단을 고정시켰다. 독일 분할점령에 따른 냉전이 한국 점령정책에도 영향을 끼쳤다. 소련은 1948년 4월 1일부터 베를린 봉쇄를 단행했는데, 이 미소냉전이 한국의 분단에도 많은 영향을 미쳤다. 소련은 동유럽처럼 처음부터 북한에 공산정권을 수립할 것을 목적으로 소련군 장교였던 김일성을 중심으로 공산당을 조직하고(10. 10) 건국준비위원회 활동을 벌였으며, 각 지방에 인민위원회를 조직하여 공산정권의 토대를 마련하였다. 11월 19일에는 행정 10국을 조직하여 행정부 역할을 맡겼고, 12월 17일에는 조선공산당 북조선분국 제3차 대회를 열어 기구를 통합하고 김일성을 대표로 선출하였다.

4) 모스크바3상회의

미국은 일본학을 연구하는 미국인의 저서를 통하여 한국인은 자치 능력이 없

---

37) 독일은 1943년 테헤란협정에서 4개국 분할점령이 확정되었고, 포츠담선언에서 독일의 비군사화와 나치 숙청, 민주원칙에 따른 독일 재건을 결정하였다. 프로이센은 분리되어 다른 주와 함께 4개 점령지역으로 나뉘었다. 점령지역은 4개국 군사령관으로 구성하는 연합통제회의(ACC)에서 통치하기로 하였다. 김철수, 『독일통일의 정치와 헌법』, 박영사, 2004.

다는 일본인의 선전에 속아 신탁통치를 생각하고 있었다. 일본이 패망한 후에도 미국이 일본 총독부 사람들이 미군정 통치에 계속 협력하게 한 것도 그때문이었다. 1945년 12월 25일에는 제2차 세계대전 전후 처리 문제를 토의하고자 모스크바에서 3상회의를 열었는데, 여기서 한국 문제를 토의하였다. 소련이 먼저 제안하여 12월 27일에는 한국의 신탁통치가 결정되었다.[38] 그 내용은 미·영·중·소 4개국이 최고 5년 동안 신탁통치(trusteeship)를 하여 민주주의 원칙에 따라 임시정부를 수립한 뒤 한국을 독립시키고, 한국의 임시정부 구성을 원조할 목적으로 미소 대표자로 하는 공동위원회를 설치하자는 것이었다.

3. 신탁통치 파동과 정당의 발달

한국의 신탁통치 문제가 보도되자 처음에는 남북한의 모든 정당과 사회단체가 반대하였다. 그러나 소련의 지시에 따라 공산진영은 재빨리 신탁통치 찬성으로 돌아섰다.

1) 반탁과 찬탁 단체 구성

(1) 탁치반대국민총동원위원회

① 탁치반대국민총동원위원회 의의

신탁통치는 원래 미국의 발상이었으나 신문이 소련군이 주도하고 미국이 반대한 것으로 보도하자 우익이 반탁을 하게 되었다. 우익세력이 반탁운동을 활성화하려고 만든 것이 비상국민회의다.[39] 이는 김구 주석이 주동한 비상정치회의

---

38) 미국 루즈벨트 대통령과 소련 스탈린 원수는 얄타회담에서 한국 신탁통치에 합의하고, 모스크바3상회의에서 신탁통치를 결정하였다. 이는 미국 학자와 루즈벨트가 한국인의 자치 능력을 무시한 결과로 한국에 대한 책임을 면할 수 없다. Mark P. Barry, The U. S. and The 1945 Division of Korea: Mismanaging the Big Decisions, *International Journal on World Peace*, Vol. 29, No. 4, Dec. 2012; 이완범, 「한반도 신탁통치 문제 1943-1946」, 『해방전후사의 인식』, 한길사, 1987; 3상회의 결의문은 이중근, 『광복』(상), pp. 234-235 참조.
39) 한국 정당 발달은 중앙선거관리위원회, 『대한민국정당사』(제1집) 1945-1972, 1979 참조. 남한의 좌·우 4대 정당은 천관우, 『자료로 본 대한민국 건국사』, 지식산업사, 2007, 96면 이하 참조.

와 이승만 박사가 주도한 독립촉성위원회가 합작한 단체다.

② 탁치반대국민총동원위원회 구성 단체

㉠ 한국민주당

우익진영은 건국준비위원회가 구성되자 조선총독부의 임시 치안단체 구성을 거부했던 송진우 등이 좌우합작기구로 만들려고 했으나, 여운형과 박헌영 일파가 거부하여 뒤늦게 독자 정당을 창설하였다. 우파인사들은 독립정당을 여럿 창당했으나 1945년 9월 7일 국민대회준비위원회를 결성하는 데 합류하였다.[40]

9월 8일에는 임시정부 외에 정권을 참칭하는 단체와 행동을 배격하는 성명서를 발표하였다.[41] 이들은 9월 16일 한국민주당을 창당[42]하고, 9월 21일과 22일에는 중앙집행위원회를 소집하여 그 진용을 발표하였다. 초기에는 송진우와 김성수가 열심히 참여하지 않았는데 나중에는 한민당 일에 집중하면서 지방조직을 활성화하는 데 노력했다고 한다. 한민당 당원에는 고학력자와 재산가가 많아 미군정과 가깝게 지낼 수 있었다.[43]

한국민주당 강령(1945. 9. 16)은 ① 조선 민족의 자주독립 국가 완성을 기함 ② 민주주의 정체 수립을 기함 ③ 근로대국의 복지 증진을 기함 ④ 민족 문화를 양성하여 세계 문화에 기여한다는 것이었다. 정책은 ① 국민의 기본생활 확보 ②

---

40) 국민대회준비회의 취지서(1945. 9. 7)는 천관우, 『자료로 본 대한민국 건국사』, 97면 참조.

41) 이중근, 『광복』(상), pp. 93-94 참조.

42) 한국민주당 송진우의 마지막 발언 "여러분의 그런 생각이 모두 애국심에서 나온 것이란 걸 나도 알고 있지만 나라를 이끄는 지도자들로서 우리가 경박해서는 안되겠지요. 여기 누구라도 모스크바3상회의에서 결정된 의정서의 원본을 제대로 읽어본 분이 있습니까? 내가 알고 있기로는 그 내용이 미소공동위원회를 설치한 후 한국의 정당·사회단체들과 협의해서 남북을 통일한 임시정부를 세우고 5년 이내에 신탁통치를 하는 것으로 되어 있는데, 내가 알고 있는 게 정확하다면 길어야 5년이면 통일된 우리의 독립정부를 세울 수 있는 것을 그렇게 극단적인 방법으로까지 반대할 이유는 없지 않겠습니까? 어차피 우리가 우리 힘으로 정부를 세운다고 해도 현재 이렇게 분할 통치되고 있는 상황이고 강대국 간에 전후 문제가 아직 해결하지 않은 상태에서 우리가 그들의 합의 없이 마음대로 할 수 있는 게 아니지 않습니까? 신탁통치가 길어야 5년이라고 하니 3년이 될 수도 있는 것인데 그렇게 거국적으로 반대할 이유가 있습니까? 물론 나도 신탁통치는 반대합니다. 그러나 반대 방법은 다시 한번 여유를 가지고 냉정히 생각해봅시다."

43) 심지연, 『한국민주당연구 1』, 풀빛, 1982; 심지연, 『한국현대정당론, 한국민주당연구 2』, 창비, 1984; 위키백과, '한국민주당'; 이기택, 『한국야당사』, 백산서당, 1987; 윤덕영, 「주한미군정의 초기 과도정부 구상과 송진우 한국민주당의 대응」, 《한국사연구》 154 (2011. 9), pp. 191-232.

호혜평등의 외교정책 수립 ③ 언론·출판·집회·결사·신앙의 자유 ④ 교육과 보건 기회 균등 ⑤ 중공주의 경제정책 수립 ⑥ 주요 산업을 국영 혹은 통제·관리 ⑦ 토지제도를 합리적으로 재편성 ⑧ 국방군 창설(이하 생략) 등이었다.

한민당은 집단지도체제를 도입하여 각도에 총무를 두게 하였다. 수석총무는 송진우이고, 함경도에 원세훈, 전북에 백관수, 경북에 서상일, 경기에 김도연, 경남에 허정, 충남에 조병옥, 황해에 백남훈, 평안도에 김동원 모두 8명의 총무가 있었다. 중앙감찰위원장은 김병로, 당무부장은 이인, 외무부장은 장덕수, 조직부장은 김약수가 되었다.

1945년 10월 23일 열린 독립촉성위원회에 대표를 참석시켜 이승만의 독립촉성 방안에 동의하게 하고, 12월 6일에는 임시정부를 지지하는 국민운동을 펼쳐 국제 승인을 받자는 성명서를 발표하였다. 1945년 12월 27일 모스크바3상회의에서 신탁통치를 결정하자, 이를 반대하고 임정 계열 정치회에도 참여하여 반탁운동을 하게 되었다.[44]

㉡ 독립촉성위원회

10월 16일 이승만 박사는 단신으로 한국에 도착하였다. 그는 귀국연설에서 민족의 대단결과 자주독립을 강조했으며, 좌우익 어느 단체 간부로 취임하기를 거부하고 10월 23일 조선독립촉성중앙협의회를 결성하였다.[45] 여기에는 65개 정당과 단체 대표 200여 명이 모여 이승만을 회장으로 추대하고, 통일 문제는 무조건 일임한다는 의사를 표시하였다. 12월 2일 독촉중협은 한국에 대한 신탁

---

44) 한국민주당은 임시정부에 관심이 많아 임정을 추대하려고 했으나 김구 주석의 정책 때문에 불협화음이 생겼고, 결국은 이승만의 단독정부 수립에 가담하였다. 상세한 것은 위키백과, '한국민주당'; 네이버 지식백과, '한국민주당 송진우와 한국민주당'; 최선웅, 「한국민주당의 미소공동위원회 대응방안과 활동」, 《한국사학보》 제54호(2014. 2), pp. 255-285; 서임택, 「미군정과 한민당의 출발: 한국 야당의 계보와 생리」, 《세대》 통권92호(1971. 3), pp. 90~103; 윤덕영, 「주한미군정의 초기 과도정부 구상과 송진우, 한국민주당의 대응」, 《한국사연구》 154(2011. 9), pp. 191-232; 윤덕영, 「1945년 한국민주당 초기 조직의 성격과 주한미군정 활용」, 《역사와 현실》 제80호(2011. 6), pp. 245-291.

45) 이승만 박사는 환국 제일성으로(내용, 천관우, 전게서, 105-106면) 모든 정당과 당파가 협동하여 우리 조선의 완전무결한 자주독립을 찾고자 하였다. 독촉중앙협의회 발기 연설에서도 임시정부의 김구 주석과 협력할 것을 다짐하였다(1945. 10. 23). 정병준, 「우남 이승만 연구」, 역사비평사, 2005.

통치를 반대하고, ① 조선의 즉시 독립 ② 38선 철폐 ③ 신탁통치 절대 반대를 내용으로 하는 결의문을 채택하여 미소 양국에 보내기로 하고, 4일 이 결의문을 미·소·영·중에 발송하였다.

독촉에서는 남북한 분단을 반대하고, 임시정부가 연합국의 승인을 받아 환국한 뒤 선거로 새 정부를 수립할 것을 천명하였다.[46] 그러나 조선공산당은 이에 반대하여 독촉에서 탈퇴하였다. 1946년 독립촉성위원회는 운동을 계속하였다. 11월 23일에는 김구 주석이 임시정부 1진 자격으로 환국했는데, 독립촉성회에 대해서는 부정적이었다.

ⓒ 한국독립당

한국독립당은 망명지 상해에서 결성했는데 형식적으로는 임시정부의 집권당이라고 하겠다. 임시정부가 환국할 때 함께 돌아와 한국 정치에 참여한 정당이며, 김구 주석이 영도하였다. 1946년 1월에는 전국적인 반탁운동에 앞장섰고,[47] 2월 1일에는 임시정부 이름으로 비상국민회의를 소집하고 과도기 정권을 수립할 준비에 들어갔다. 이를 계기로 대중적 기반을 확대·강화하려는 노력을 전개했는데, 그 일환으로 1946년 3월 한국민주당·조선국민당·신한민족당과 합당을 추진했으나, 한국민주당은 탈퇴하고 세 당이 합당하였다. 그러나 그 간부들이 임시정부 계통 한독당 출신이라 이에 반대하여 김규식 등이 탈퇴하였다. 한독당은 반탁에 앞장섰기에 이승만 박사의 독촉과 합세하여 반탁운동을 전개하였다.

ⓔ 대한독립촉성국민회의

이승만 계열의 독립촉성중앙협의회와 김구 계열의 신탁통치 반대 국민총동원중앙위원회가 신탁통치를 반대하고자 결성한 것이다.[48] 6월 6일에는 미소공

---

46) 정병준, 「주한미군정의 임시 한국 행정부 수립 구상과 독립촉성중앙협의회」, 《역사와 현실》 제19권 (1996), pp. 135-174.

47) 해방 후 한국독립당에 대해서는 『한국민족문화대백과』, '한국독립당'; 『두산백과』, '한국독립당'; 노경채, 「한국독립당 연구」, 고려대 박사학위 논문, 1992; 조범래, 「한국독립당의 변천과 활동」, 《한국민족운동사연구》 19집(1997), pp. 47-70; 조범래, 「한국독립당 연구(1929-1945)」, 《한국민족운동사연구》 2(1988), pp. 163-202; 조범래, 「재건 한국독립당 연구」, 《삼균주의연구논집》 제12집(1992. 2), pp. 238-265 참조.

48) 위키백과, '대한독립촉성국민회' 참조.

동위원회 재개 요청과 국민의 진로를 토의하고자 전국대표대회 개최를 선언하는 성명서를 발표하기로 하였다. 그러나 이승만의 반공노선과 김구의 합작노선이 결렬되어 독촉은 그 기능이 약화되었다.

㉤ 비상정치국민회의

김구와 임시정부는 좌익이 찬탁운동으로 돌아선 후에도 그들과 연합하려고 하였다. 김구는 1월 4일 미국과 소련의 정책에 따르지 않고 민족의 자주적 역량으로 과도정권을 수립하고, 나아가 정권을 수립하기 위한 비상정치국민회의를 소집할 것을 제안하였다. 이승만은 독촉이 있기에 이를 거절하였다.[49] 그러나 이러한 어려움을 극복하고 비상정치국민회의는 2월 1일 임정의 주도로 소집하였다. 의장에는 임시정부 의정원 위원장이었던 홍진을 선출하고, 헌법과 선거법 기초위원을 선출하였다. 자율적인 과도정부를 구성하려고 한 이 단체는 미군정의 도움을 받고, 미군정의 자문기관 역할도 하였다.

㉥ 남조선대한국민대표민주회의

1946년 2월 14일에는 남조선대한국민대표민주의원을 결성하였다. 임시정부는 비상정치국민회의에서 주도적인 역할을 했으나 공산당이 반대하였다. 이에 임정계의 강경분자인 김원봉·성주식·김성숙·유림 등이 탈퇴하였다. 46년 2월 1일에는 임정 주도로 비상국민회의를 소집하였다.[50] 비상국민회의 위임에 따라 이승만과 김구는 최고정무위원 28명을 선임하였다.

탁치반대국민총동원위원회는 12월 28일 공동성명서에서 탁치를 반대하고, 임시정부는 탁치반대 전문(1945. 12. 28)에서 신탁통치를 반대한다는 전문을 보냈다(1946. 12. 28).[51][52] 그러나 명확한 회신은 받지 못했다. 대신 미군정은 최고정무

---

49) 비상정치국민회의는 천관우, 『자료로 본 대한민국 건국사』, pp. 139-145 참조.

50) 비상정치국민회의는 송진우 총무가 암살당하자 무산되었다. 준비위원으로는 안재홍·서상일·성주식·김돈·유림·한시대·김성숙·장덕수·신익희·이종현이 있었다.

51) 신탁통치 반대성명서는 천관우, 전게서, pp. 130~131 참조. 임시정부는 신탁통치 반대 전문을 보내고, 포고 제1호로 탁치 반대 시위는 질서를 지키라고 요청하였다.

52) 신탁통치를 반대하려고 이승만 박사와 김구 주석이 협력했으나, 김구와 김규식은 이승만의 단독정부수립 노선에 반대하여 남북협상파로 편입되고, 5·10선거에 참여하지 않아 이승만 박사의 독촉과 결별하였다.

위원회 전원을 미군정 최고자문기관인 '남조선대한국민대표민주회의' 의원으로 임명하였다.[53] 2월 14일에는 비상정치국민회의 최고정무위원회 겸 남조선대한국민대표민주회의를 열고, 의장에 이승만을, 부의장에 김구와 김규식을 선출하였다. 김구는 후일 민주회의 총리로 지명되었다. 이중에서 대표적인 인물은 민정계의 이승만·김규식·조소앙·조한구, 신민당계의 권동진·최익환, 한민당계의 백남훈·김도연·원세훈·백관수, 국민당계의 안재홍, 인민당계의 백상규, 무소속의 오세창·김창숙·정인보다.

(2) 민주주의민족전선

① 민주주의민족전선 의의

반탁에서 찬탁으로 돌변한 좌익진영은 반탁운동을 주동한 비상정치국민회의에 반대하고자 민주주의민족전선을 결성하였다. 이는 모스크바협정에서 결정된 한국의 신탁통치를 지원하는 단체였는데, 공산당이 주도하였다. 1월 6일부터 각 당의 대표가 모여 비공식 회의를 거친 뒤 1월 8일에는 4당 성명서를 발표하였다.[54] 이 성명서는 모스크바3상회의에서 의결한 신탁통치를 지지한다는 것이었는데, 한민당과 국민당은 찬탁을 지지하는 데 반대하여 이를 승인하지 않았다.

민주주의민족전선은 4당이 협상한 성명서에 불만이 있는 우익단체들을 배제하고 좌익세력만이 모인 투쟁단체다. 민주주의민족전선 준비위원회는 1월 31일에 결성했는데, 그 위원은 남한의 박헌영·여운형과 북한의 김일성·김두봉을 비롯하여 남북한의 주요 좌익지도자 24명으로 구성하였다. 2월 1일에는 민주전선 선언문을 발표하고, 2월 15일에는 결성대회를 열었다. 이날 발표한 간부 명단은 다음과 같다. 공동의장 여운형·박헌영·허헌·김원봉, 부의장 한빈·홍남표·백용희·유영준·이여성·백남운·김성숙·장건상·성주식, 사무국장 이강국, 조직부장 홍덕유, 선전부장 김오성, 문화부장 이태준, 재정부장 정노식, 기획부장 최익한,

---

53) 민주의원에 대해서는 천관우, 『자료로 본 대한민국 건국사』, pp. 146-151 참조.
54) 민주주의민족전선은 천관우, 전게서, pp. 151-155; 김창순, 「남북한 정부수립 과정에서 민주주의민족전선의 활동과 정치적 배제 연구」, 경남대 박사학위 논문, 2014 참조.

외교부장 강진이다.

② 민주주의민족전선 구성 단체

㉠ 조선공산당 ⇒ 조선로동당

8·15 직후에는 공산주의자들이 활동 공간을 넓혀갔는데, 소련과 일본 총독부에서 자금을 지원받고 활발하게 활동하였다. 9월 11일에는 박헌영 등이 재건공산당을 창당했는데, 총비서에 박헌영, 정치국에 박헌영·김일성·이주하·무정·강진·최창익·이승엽·권오직, 조직국에 박헌영·이현상·김삼룡·김형선, 서기국에 이주하·허성택·김태준·이구훈·이순금·강문성이 되었다.

이 시기 재건한 조선공산당은 미군정 체제에서 합법적으로 정당활동을 하였다. 두 번째 시기는 모스크바3상회의에서 신탁통치가 결정된 이후 찬탁파와 반탁파로 나뉘었다가 심하게 불법 행동을 하여 미군정의 탄압을 받아 정당활동이 거의 중단된 때였다.[55]

서울에서 조선공산당이 재건된 뒤 북한에서는 1945년 10월 10~13일에 열린 대회에서 친소파 공산당원을 중심으로 조선공산당 북조선분국을 설치하였다. 1945년 9월 19일에는 김일성이 원산시에 입항하였고, 1945년 12월 17일에는 조선공산당 북조선분국 제3차 확대집행위원회에서 '분국' 명칭을 거부하고 북조선공산당 위원장이 되었다. 1946년 8월 28~30일에 열린 대회에서는 연안파가 세운 조선독립동맹 계열의 조선신민당과 통합하여 북조선로동당을 발족하여 북한에서 유일한 집권당이 되었다.

서울에서는 11월 23일 조선공산당·조선신민당·조선인민당이 합당하여 남조선로동당을 결성했으나 1949년 6월 24일 북로당에 흡수되었고, 6월 30일에는 조선로동당으로 명칭을 바꾸었다. 이때 김일성이 위원장에, 박헌영과 허가이 부위원장에 취임하였다.[56] 그뒤 여럿이 북한으로 탈출하였다. 남조선로동당은 정

---

55) 해방 후 조선공산당에 대해서는 강정은, 「해방 후 조선공산당의 활동과 노선 변화」, 전남대 석사학위 논문, 2011; 김무용, 「해방 후 조선공산당의 노선과 국가건설운동」, 고려대 박사학위 논문, 2005.

56) 조선로동당에 대해서는 김남식, 『남로당연구』(Ⅰ·Ⅱ), 돌베개, 1988; 김성윤, 「조선로동당 창건사에 대한 역사적 고찰」, 《통일문제연구》 제15권 1호(2003. 5), pp. 51-75; 위키백과, '조선로동당'; 『한국민족문화대백

판사 위조사건으로 불법단체로 몰려 북한으로 이주하고 남한에서 공식활동은 중지되었다.

ⓛ 조선인민당

건국준비위원회가 해체된 뒤 여운형 계열이 만든 좌익정당이다. 1945년 11월 25일 중앙집행위원회를 개편·발표하였다.[57] 위원장에 여운형, 총무국장에 이여성, 당무부장에 현우현, 재무부장에 김세용, 경제부장에 송월수, 재정부장에 이임수가 되었다. 그러나 여운형이 암살당한 후에는 제 기능을 하지 못했다.[58]

③ 민주주의민족전선 활동

공산당은 소련의 지시에 따라 신탁통치 찬성운동을 벌였고, 조선로동당은 북한의 유일한 정당으로 소군정을 지지하며 그 지시를 수행하였다. 미소공동위원회가 결렬된 뒤에도 서울에 남아 언론과 폭력 활동을 하였다. 특히 정판사 화폐 위조사건을 계기로 미군정은 공산주의자들의 범법활동을 단속하기 시작하였다. 박헌영, 이주하, 이강국 등 공산당 간부에게 체포영장이 발부되었고, 이들은 지하활동을 하기 시작하였다.

2) 찬탁운동과 반탁운동

(1) 좌익의 찬탁운동

민주주의민족전선은 신탁통치를 찬성하여 미소공동위원회에서 소련측이 주

과」, '조선로동당'; 윤진형, 「조선로동당의 권력구조와 위상에 관한 연구」, 고려대 석사학위 논문, 2009; 오세영, 「남로당과 북로당 미군간의 숨막히는 첩보전」, 《신동아》 2010. 5; 네이버 지식백과, '여운형, 새로운 나라 건설을 주장하다, 역사의 현장'; 강정은, 「해방 후 조선공산당의 노선변화」, 전남대 석사학위 논문, 2011; 김무용, 「해방 후 조선공산당의 노선과 국가건설운동」, 고려대 박사학위 논문, 2005; 이종석, 「조선로동당 연구」, 역사비평사, 2008; 고지훈, 「해방직후 조선공산당의 대미인식」, 《역사문제연구》 통권17호 (2007), pp. 203-223; 최봉춘, 「조선공산당 파쟁론」, 《한국민족운동사연구》 제65집(2010. 12), pp. 73-105.
57) 상세한 것은 송남헌, 「해방3년사(Ⅱ)」, 까치, 1990, 참고.
58) 위키백과, '신탁통치반대운동'; 「한국근현대사사전」, '찬탁·반탁운동'; 박태균, 「반탁은 있었지만 친탁은 없었다」, 《역사비평》 통권73호(2005. 겨울), pp. 66-70; 이현희, 「찬탁 반탁 좌우 분열에 자주통일은 멀어지고」, 《신동아》 2006년 1월호, pp. 558-564.

장한 정당·사회단체로 인정받았다. "조선공산당 책임비서 박헌영이 조선에 대한 소련 일국의 신탁통치를 절대 지지하며, 5년 후 조선은 소연방에 편입되기를 희망한다고 하였다"(뉴욕타임즈 서울특파원)고 한 것처럼, 민전을 '과도적 임시국회' 혹은 '조선 민족의 유일한 정식대표'로 자처하면서 '민주의원'에 강력히 반발하였다. 공산당은 조선정판사에서 위조지폐를 만들어 처벌 대상이 되었고, 폭동을 선동하는 등 불법을 일삼았다. 미소공동위원회 기간 중 소련군측은 남북한의 좌익 (찬탁)진영과 밀접한 협조체제를 갖추고 미소공위에 대처하였다. 소군정은 북한 로동당에 지시하여 찬탁운동을 벌였다.

(2) 우익의 반탁운동

반면 미군측은 남한의 우익·중도(반탁)진영과 사전협의나 협조체제를 갖추지 않은 채 미소공동위원회에 임하였다. 그 결과 미소공위는 소련군과 좌파세력의 뜻대로 운영된 감이 있고, 미군측과 남한 반탁세력의 뜻이 잘 전달되지 않았다. 미소공위는 합의 대상인 정당·사회단체의 자격 문제로 교착상태로 빠졌다. 임시정부는 미군정에 반탁을 부르짖고 독자적으로 포고령을 내리면서 정부 역할을 하려고 하여 미군정의 빈축을 샀다. 특히 파업을 벌여 미군정이 화를 냈다.

최고정무위 비상정치국민회의는 의결에 따라 최고정무위원회를 구성했는데, 최고정무위원은 2월 14일 미군정 자문기관인 '민주의원'으로 개편되었다. 그러나 비상정치국민회의는 그대로 존속되다가 1947년 2월 17일 제2기 본회의를 열어 '국민회의'로 개칭하고, 그 결의로 임정 부서를 개편하여 주석에 이승만, 부주석에 김구를 추대하였다. 제1차 미소공위가 결렬된 뒤에도 반탁운동을 전개하였다.[59]

3) 제1차 미소공동위원회

미국은 한국에서 4대국이 신탁통치를 하기를 원했으나, 소련은 그 전제로

---

59) 한국 신탁통치는 이동현, 「한국신탁통치연구」, 건국대 박사학위 논문, 1989; 우경화, 「신탁통치 문제와 미소공동위원회」, 한양대 석사학위 논문, 2008 참조.

한국에 임시정부를 구성하여 신탁통치 문제를 논의하기를 원하였다. 미소공동위원회는 모스크바3상회의에서 조선 문제를 논의하도록 한 규정에 따라 만든 것이다. 이 공동위원회의 목적은 조선에 임시 민주주의 정부를 수립하는 것을 원조하는 것이었다. 1946년 1월 16일 서울 덕수궁에서 이 위원회의 예비회담을 열고, 남북한 물자 교류와 통신 재개 등을 논의했으나 합의에는 이르지 못했다.

미군정 발표를 보면 ① 운수기관 문제 ② 개인 통행 문제 ③ 우편물 문제 ④ 경계선 도별 변경 문제 ⑤ 양 군사령부 연락 문제 ⑥ 원료·전력 교환 문제 ⑦ 비료·미곡 교환 문제 ⑧ 신문·방송 문제 ⑨ 화폐 통일 문제에 다소 합의했다고 한다. 그러나 소련측은 이러한 문제는 남북 사이에 통일정권만 수립되면 자연히 해결될 것이라는 입장을 취하면서 우선 정치 문제를 해결하자고 주장하였다.

제1차 미소공동위원회는 1946년 3월 20일부터 개최했는데, ① 민주주의 정당·사회단체와 협의할 조건과 순서 ② 조선 민주주의 임시정부 기구·조직 원칙과 임시헌장으로 조직할 각 기관에 대한 제안 준비 토의 ③ 장래 조선 민주주의 임시정부 정강과 적당한 법규에 관한 준비 토의 ④ 임시정부의 각 원에 대한 제안 토의가 예정되어 있었고, 이를 위하여 3개 분과위원회를 두기로 하였다. 이 회의에서는 미소공동위원회가 목적과 방법에서 진실로 민주주의적이며 여러 조건을 시인하는 조선 민주주의 여러 정당·사회단체와 협의하기로 하였다.[60]

---

60) 미소공동위원회에 대한 문헌은 많다. **[사전]** 『한국민족문화대백과』, '미소공동위원회'; 위키백과 '미소공동위원회'; 『두산백과』, '미소공동위원회'; 네이버 기관단체사전, '미소공동위원회'; 『한국사대사전』, '미소공동위원회'; 네이버 블로그, "모스크바3상회의와 미소공동위원회" 참고. **[연구서]** 차상철, 「1945-1946년 투루만 행정부의 한국정책: 미소공동위원회와 신탁통치 문제를 중심으로」, 《동방학지》 63(1989. 9), pp. 111-142; 심지연, 『미소공동위원회연구』, 청계연구소, 1989; 서용선, 「미소공동위원회 연구: 미소의 협력과 갈등을 중심으로」, 『군사』, 국방부, 1999; 황병주, 「제1차 미소공동위원회와 우익 정치세력의 동향」, 한양대 석사학위 논문, 1986; 우경화, 「신탁통치 문제와 미소공동위원회」, 한양대 석사학위 논문, 2008; 김동호, 「미군정기 좌우합작 정책 추진과 조선공산당의 대응」, 건국대 석사학위 논문, 2012; 기광서, 「훈령으로 본 소련의 미소공동위원회 전략」, 《역사문제연구》 제24호(2010. 10); 천관우, 『자료로 본 대한민국 건국사』, 2007; Martin Hart-Landsberg, U. S.·Soviet Negotiations and the Division of Korea, ibid, pp. 81-87; Mark P. Barry, The U. S. and The 1945 Division of Korea: Mismanaging the Big Decisions, *International Journal on World Peace*, Vol. 29, No. 4, Dec. 2012; Won S. Lee, *The United States and the division of Korea 1945*, 1982.

남한의 반탁세력이 임시정부에 참여하는 문제로 미국과 소련의 의견 대립이 있었다. 미군은 남한의 반탁세력에게 임시정부를 수립하는 노력에 참여하라고 종용했으며, 여기에 참여할 것을 서약한 사회단체와만 준비활동을 할 것을 미소가 합의하였다(공동성명 제5호). 남한의 반탁단체 대표들은 미군정의 압력으로 서명했으나, 소련은 이들이 민주주의적인 정당 대표가 아니라면서 협상 대상에서 배제하려고 하였다. 이 협상단체 문제에 합의하지 못하여 5월 6일 무기휴회에 들어갔고, 이로써 제1차 미소공동위원회는 결렬되었다.

4) 제2차 미소공동위원회 활동 촉구운동

제1차 미소공동위원회 결렬은 한국 국민의 의사와 상관없이 전승국이 결정한 3상회의 신탁결정 때문이었다. 신탁통치 반대는 남한 전역에서 불길처럼 퍼졌다. 소련은 좌파정당의 의견만을 들어 한국을 소비에트화할 목적이 있었기 때문에 우파의 신탁통치 반대 의사 표시를 핑계 삼아 이를 결렬시킨 것이다.

이에 남한에서는 여러 주장이 나타났다. 독립촉성회측(이승만)에서는 남한만이라도 자율정부를 즉시 수립하여 독립을 쟁취하고자 했으며, 임정측(김구)은 반탁을 고수하면서 끝까지 통일정부를 수립하고자 하였다. 중간 우파(김규식, 여운형)는 미소공위 재개를 촉구하기로 하고, 공산계열(박헌영, 허헌)은 미소공위 재개를 촉구하면서 격렬한 반미운동으로 들어갔다. 제1차 미소공동위원회가 결렬된 후 미소는 각기 점령지역의 군정을 안정시키려고 노력하였다.[61] 그러나 냉전이 격화되자 미소는 제2차 미소공위를 열어 새로운 사태에 대처하기로 하고, 1947년 5월 21일 서울에서 제2차 미소공동위원회를 열었다.[62]

---

61) 제1차 미소공동위원회 결렬 후 정세는 천관우, 전게서, pp. 182-273 참조.

62) 제2차 미소공동위원회는 김행선, 「미소공동위원회 재개를 전후한 우익진영의 동향과 양면전술」, 《한성사학》 제14집(2002. 9), pp. 35-66; 김행선, 「조선민주애국청년동맹의 노선과 제2차 미소공동위원회 추진운동」, 《국사관논총》 제103집(2003. 12), pp. 177-206 참조.

제3절. 남북한의 군정과 분단 고착화

1. 북반부

1) 소련군정 활동과 김일성 정권 수립

소련군정은 동유럽 점령국을 소비에트화한 경험을 살려 북한을 소련의 위성국으로 만들기로 하였다. 1946년 2월 8일에는 중앙 주권기관을 창설하려고 '북조선 각 도·군 인민대표와 반일 민주정당과 사회단체 회의'를 소집하였다. 소련군 점령 직후부터 각 지방자치 기관은 인민위원회로 명칭을 통일하고 정비·강화하였다.

1945년 9월 20일 스탈린은 '북한지역에 부르주아 민주주의 정권을 세우라'고 지시하였고, 소군정은 이를 충실히 따랐다.[63] 이 지령은 스탈린이 미소공동위원회 개최를 예정하여 우선 부르주아 정부를 수립하여 미국의 전의를 약화시키고, 이 부르주아 민주주의 정권을 한국 전역으로 확대하여 급기야는 전국을 공산화하려는 뜻이 숨어있었다고 하겠다.

소군정은 38선을 엄중히 경호하여 남북 사이에 사람 왕래와 물자수송을 금지하여 군사분계선을 국경선으로 만들어 한국이 분단되는 원인을 제공하였고, 북한에 있던 일본 공업시설을 소련으로 약탈해갔을 뿐만 아니라 북한에 있던 희토류를 채굴해가는 등 악업을 계속하였다. 북조선공산당 위원장이었던 김일성은 1946년 2월 8일 북조선인민위원회를 만들어 공산지역에서 단독 임시정부를 발족하였다.[64] 김일성은 북한이 먼저 분단정권을 만들었다는 비난을 피하고

---

63) 박지향 외 편, 이정식, 「냉전의 전개과정과 한반도 분단의 고착화: 스탈린의 한반도정책 1945년」, 『해방전후사의 재인식 2』, 책세상, 2006.

64) 북한의 초기 정치를 상세히 설명한 것은 김성보·이종석, 『북한의 역사 1, 건국과 인민민주주의의 경험 1945-1960』, 역사비평사, 2011; 임영태, 『북한 50년사 Ⅰ』, 들녘, 1999; 이영우, 「북한의 공산정권 성립과정에 관한 연구」, 《평화연구》 제14권(1989); 박찬민, 「주 북한 소비에트연방군사고문단의 역할과 기능(1948-53)」, 경기대 박사학위 논문, 2013; 정성일, 「소련의 대북한 점령정책에 관한 연구, 1945.8~1948」, 이화여대 박사학위 논문, 1999; 정병일, 「북한의 초기국가건설과 연안파 역할: 역사적 재조명」, 서강대 박사학위 논문, 2012; 고현욱, 「북한정권 수립과정에서 연안파의 역할: 김두봉을 중심으

자 공식적으로는 정부라 하지 않고 중앙행정주권기관이라는 명목으로 북조선임시인민위원회를 운영하였다. 이 기관은 법령을 결정·집행하며 법령 위반자를 처벌하는 실질적 정부 역할을 하면서 명칭만 정부라고 하지 않았을 뿐이다.

소군정은 소위 반동분자를 숙청하여 우익세력이 완전히 제거되었고, 공산당이 아닌 정당은 모두 공산당의 위성 정당이 되었고, 사회단체는 모두 공산당의 통일전선술에 입각하여 결성한 공산당의 외곽 단체였다. 이 회의에서 김일성은 북한지역에 중앙주권기관을 창설해야 한다는 필요성을 강조했으며, 그에 따라 북조선임시인민위원회 명단을 발표하였다. 모두 3명으로 구성한 임시인민위원회는 행정권과 입법권을 갖는 최고회의였다. 위원장은 김일성, 부위원장은 김두봉, 서기장은 강양욱이었다. 이는 사실상 정부였으며, 공산당 1당 독재정권이었다. 북조선공산당 북조선분국은 1946년 3월 북조선공산당으로 개칭하고, 김일성이 당수에 취임하였다. 그뒤 박헌영 등이 남한에서 파업과 폭동을 일으켜 남한에 있던 미군의 추적을 받았다.

1946년 3월에는 토지개혁에 관한 법령을 발표하고 무상몰수·무상분배라는 토지개혁을 실시하였다. 각지에서 반대운동이 일어났고, 나중에는 농지를 개인이 소유하는 것을 인정하지 않아 무상분배는 형식에 불과하였다.

2) 북조선 인민위원 기구 정비

3월 23일에는 사회주의화 종합계획 '20개조 정강'을 발표하고, 북한의 정치·경제·사회·교육·문화 전 분야에서 사회주의화하는 데 필요한 변혁을 단행하였다. 이것이 북한 헌법의 기초라고 하겠다.[65] 그들은 1946년 11월부터 임시정부

로」, 《사회과학연구》 5(1993. 5), 경남대, pp. 31-49; 김창순, 「소련군정하의 북한 단독정권 수립과정」, 《북한》 196집(1988. 4), pp. 103-115; 신형철, 「북한정권 수립과정에 소련점령정책에 대한 연구(1945-1948년을 중심으로)」, 《국민윤리학논집》 제14집(2001), pp. 57-80; 와다 하루키, 「소련의 대북한정책 1945-1946」, 「분단전후의 현대사」, 일월서각, 1983; 이지수, 「북한의 단독정권 수립과정과 정치적 함의」, 《한국정치외교사논총》 제34집 2호(2013. 2), pp. 101-132; 임재형, 「미소의 대한반도 군정에 관한 비교연구: 1943-1948」, 단국대 석사학위 논문, 1994 참조.
65) 상세한 것은 이중근, 「광복」(상), 우정문고, 2015, p. 346 참조.

를 정식 정부로 설립하는 작업을 하였다. 11월 3일에는 북한지역에서 도·시·군 인민위원회 위원 선거를 했는데, 북조선 민주주의민족전선이 내세운 단일후보의 찬반을 묻는 흑백상자 투표로 진행하였다.

1947년 2월 17~20일 평양에서 도·시·군 인민위원회를 개최했는데, 20일에는 북조선인민회의(국회)를 구성하고, 21일에는 제1차 회의를 열고, 22일에는 김일성을 위원장으로 하는 북한지역의 정식 정부 북조선인민위원회를 구성하였다. 북조선인민위원회는 출범과 함께 각급 지방 행정기관인 도·군·면·동·리의 지방 인민위원회(지방정부)를 강화하였다. 북조선인민위원회는 인민경제계획을 수립·집행하여 공산주의 계획경제 체제를 도입하였다. 2월 27일에는 인민위원회 휴회 기간에 그 기능을 대신할 인민위원회 상임위원회를 구성하였다.

북한 정권의 목적은 북조선을 민주기지로 삼아 한반도 전체를 사회주의로 만드는 것이었다. 북한은 제1차 미소공동위원회가 결렬된 뒤에는 북한 정권을 더욱더 독재화하는 데 노력하였다. 그러나 제2차 미소공동위원회에서 소련 의도가 먹혀들지 않고 한국 문제가 유엔으로 이관되자 강력히 반대하였다. 북한은 이미 인민군을 창설해 두었고,[66] 일본이 남긴 공업시설과 전력 등으로 경제도 어느 정도 좋아졌다. 남한에서는 북한이 전력을 끊어 공업화를 할 수 없었고, 군대도 설립할 수 없는 형편이었다. 북한은 유엔 감시 하의 통일선거를 반대하고 남한의 민족진영과 협상했지만,[67] 속셈은 북한만의 단독정부를 수립하고 무력으로 남한을 흡수하는 것이었다.

3) 조선인민공화국 정권 수립

1948년 8월 25일 조선최고인민회의 총선거를 하고, 9월 9일에는 조선민주주

---

[66] 북한의 군사조직은 장성진, 「북한군 창설기 당·군관계의 형성과 의미」, 《현대북한연구》 제15권 3호 (2012. 12), 북한미시연구소, pp. 146-202; 김성주, 「북한 '군사주의'의 형성과 전개과정 연구」, 경남대 박사학위 논문, 2015 참조.

[67] 러시아는 한반도 전쟁은 원하지 않았으나 유럽에서 "우방국가를 만들어서 내부 수정으로 죽도록 한 것이 아니고 태국 안마사 같은 분이 사무실에 고용할 생각을 내보였기에 남한에서도 이에 찬성하는 사람이 있었다"고 하였다.

의인민공화국을 창건하여 김일성이 대원수가 되고 국가를 지도하게 되었다. 이는 실질적인 분단국가의 탄생이었다. 김일성은 1949년 6월 24일 남로당을 흡수하여 조선로동당으로 개명한 뒤 그 위원장을 계속 맡았다.[68]

2. 남반부

1) 미군정의 남한 단독정부 수립활동 반대

1946년 5월 4일 미군정은 군정법령 제72호로 군정 위반 범죄(82가지)를 규정하고, 이에 해당하는 범죄를 범한 자는 군정재판소 판결로 처벌하기로 하였다. 이는 미군정 포고 제2호와 그동안의 범죄 규정을 총망라하며 일반 형사범만이 아니라 군정을 비판·반대하는 것을 엄금한 것으로, 일종의 치안유지법에 가깝다는 국민의 지탄을 받았다. 이에 미군정은 6월 17일 이를 철회하고, 이 법령으로 계류 중인 각종 재판 사건의 심리를 중단하였다.[69]

1946년 5월 29일에는 군정법령 제88호(신문 기타 정기간행물 허가에 관한 건)를 발표하였다. 이는 신문이나 기타 정기간행물의 인쇄·발행·출판·배포·판매를 허가제로 한다는 규정으로, 공산당 파괴분자의 언론 자유를 제한한 것이기는 하나 반민족적이라 하여 국민의 지탄을 받았다.[70]

---

68) 김성윤, 「조선로동당 창건사에 대한 역사적 재고찰」, 《통일문제연구》 제15권 1호(2003. 5), pp. 51-75; 김현수, 「한국 현대사와 소련의 역할(1945-1948) '쉬띄꼬프 일기' 연구」, 《경북사학》 제27집(2004. 8), pp. 1-28; 박찬만, 「주북한 소비에트 연방군사고문단의 역할과 기능(1948-53)」, 경기대 박사학위 논문, 2013; R. Scalapino & Chong-Sik Lee, *Communism in Korea*, Berkeley: University of California Press, 1972.

69) 미군정 법령은 『미군정법령집』, 1947; 김철수, 「미국 헌법이 한국 헌법에 미친 영향 서설」, 『한국에서의 미국 헌법의 영향과 교훈』, 대학출판사, 1987, pp. 9-79 참조.

70) 미군정청(United States Army Military Government in Korea, USAMGIK)에 대해서는 Wikipedia, US Army Military Government in Korea, South Korea under United States Occupation 1945-48 참조. 미군정의 입법과 집행 과정은 김철수, 「미군정 입법과 헌법제정」, 『헌법개정, 과거와 미래』, 진원사, 2008, pp. 30-73; 한국법제연구회 편, 『미군정법령총람』, 1971 참조. **[미군정에 대해서는]** 최상용, 『미군정과 한국 민주주의』, 나남, 1988; 김석준, 『미군정시대의 국가와 행정』, 이화여대 출판부, 1996; 차상철, 『미군정시대 이야기』, 살림, 2015; 안진, 『미군정과 한국의 민주주의』, 한울, 2005; 송건호 외, 『해방전후사의 인식』, 한길사, 2007; Wikipedia, United States Army Military Government in Korea;

북한에 북조선임시인민위원회라는 단독정권이 들어섰는데도 남한에서는 미군정이 아무런 자치기관도 허용하지 않았고, 미군정과 좌익(찬탁)진영, 우익·중도(반탁)진영이 대립하였다. 그래서 우익진영에서는 독립쟁취국민회의를 만들어 남한에 정부를 수립하자고 주장했으나 미군정은 응하지 않았으며, 남한 사회에는 갈등과 분열이 심해졌다. 미군정은 제1차 미소공동위원회가 실패했음에도 소련군과 합의를 중시하면서 북한의 단독정부 수립에 대항하는 조치를 취하지 않았다. 미군정은 정부를 자처하는 김구와 독립정부를 수립하려는 이승만을 배제하

U. S. Library of Congress, Korean Interim Legislative Assembly, Dec. 1946; U. S. Library of Congress, South Korea: United states Occupation 1945-48; U. S. Library of Congress, U. S,-South Korea Relations, June 24. 2014; Memoirs by Harry S. Truman, Years of Decision/Years of Trial and Hope(Time Inc), 1956; 金一勉, 『韓國の運命と原點: 米軍政·李承晩 朝鮮戰爭』, 1982; 행정자치부, 『미군정법령집』(1945-1948); 「엔하위키 미러」, 미군정; 위키백과, '재조선 미육군사령부 군정청'; 「두산백과」, '미군정'; 『한국근현대사사전』, '미군정'; 이혜숙, 『미군정기 지배구조와 한국사회』, 선인, 2008; 박인수, "8·15 해방정국과 미군정의 역할", 오크랜드한인회 주최 광복67주년행사기념강연(2012. 8. 15); 오재완, 「미국의 대한정책과 미군정의 국내 정치적 역할 1945-1948」, 고려대 박사학위 논문, 1991; 이재희, 「해방직후 지배세력 형성과 미군정의 역할에 관한 연구: 정치제도·군정기구의 운동을 중심으로」, 고려대 석사학위 논문, 1990; 장슬기, 「해방뉴스」(1946)를 통해 본 냉전형성기 미군정의 통치성과 조선 인민의 주체화 과정」, 중앙대 석사학위 논문, 2014; 양동안, 「대한민국 건국 초기의 정치혼란」, 《자유공론》 제39권 5호(2004. 5), pp. 64-73; 황선준, 「남한에 있어서 미군정의 정책 기조에 관한 연구: 1943-1948」, 한국외대 석사학위 논문, 1985; 김경식, 「미군정에 관한 연구: 정책과 군사정부의 통치과정을 중심으로」, 성신여대 석사학위 논문, 1985; 임재형, 「미소의 대한반도 군정에 관한 비교연구: 1943-1948」, 단국대 석사학위 논문, 1994; 차상철, 「1945-1946년 투르먼 행정부의 한국정책: 미소공동위원회와 신탁통치 문제를 중심으로」, 《동방학지》 63(1989. 9), pp. 111-142; 기광서, 「훈령으로 본 소련의 미소공동위원회 전략」, 《역사문제연구》 통권24호(2010, 10), pp. 299-335; "해방공간시기 미소의 대한정책", 네이버 지식인, 2004. 1. 27; 정용욱, 「1945년 말 1946년 초 신탁통치 파동과 미군정: 미군정의 여론공작을 중심으로」, 《역사비평》 통권62호(2003. 봄), pp. 287-322; 김운태, 「미군정 초기의 한국통치」, 《대한민국학술원논문집》 28(1989. 12), pp. 237-322; 정용욱, 「미군정의 중도정책과 군정내 추진기반」, 《동양학》 25(1995. 10), pp. 147-168; 송재경, 「미군정 여론조사로 본 한국의 정치·사회동향(1945-1947)」, 서울대 석사학위 논문, 2014; 한점수, 「미군정에 대한 한미상호간의 인식론적 차이」, 《교육연구지》 36(1996. 6), pp. 105-118; 김운태, 「미군정의 정책과 국내 정치 상황」, 《국사관논총》 제25집(1991. 1), pp. 73-115; 페트로 바이로나, 「이승만과 미군정 관계에 대한 수정주의 비판」, 부산대 석사학위 논문, 2013; 정용욱, 「1947년 미군정내 정치참모부 설치 논의와 그 함의」, 《역사학연구》 12(2000. 8), pp. 415-434; 임송자, 「미군정기 우익정치세력과 우익학생단체의 문해·계몽운동」, 《한국민족운동사연구》 79권(2014), pp. 183-230; 김창윤, 「미군정기 치안정책연구」, 《한국공안행정학회보》 제17권 4호(2008. 12), pp. 11-56/「미군정기 형사사법정책연구」, 《한국공안행정학회보》 제20권 2호(2011. 6), pp. 59-92; 윤대엽, 「건국의 정치와 미군정」, 《사회과학논집》 제41권 1호(2010), pp. 125-161; 박찬표, 「한국의 국가 형성: 반공체제 수립과 자유민주주의의 제도화 1945-48」, 고려대 박사학위 논문, 1995; 김경식, 「미군정에 관한 연구: 미국의 대한정책과 군사정부의 통치과정을 중심으로」, 성신여대 석사학위 논문, 1985; 한경배, 「미군정의 한일점령정책 비교연구」, 고려대 석사학위 논문, 1991.

고, 좌우합작 집단을 육성하여 모스크바 합의를 완성하려고 하였다. 그래서 김규식을 중심으로 한 좌우합작 활동을 장려하였다.

제1차 미소공동위원회가 결렬되자 미소 합의로 남북한의 통일정부를 세우는 것이 불가능하다고 생각한 우익은 북한의 단독정권 수립에 대항하고자 자율적 정부를 수립하자는 운동을 벌였다. 1946년 5월 12일에는 서울에서 독립쟁취국민대회를 열어 "자주정부의 자율적 수립을 촉진하자"는 결의를 채택하였다. 김규식 박사도 이 대회에서 자율정부는 통일정부여야 한다고 강조하였다. 이승만은 이러한 기류에 앞서 5월부터 남조선만의 단독정부론을 발표하기 시작했는데, 6월 3일 정읍에서 한 발언이 언론에 보도되어 많은 논란을 야기하였다.

그 발언 요지는 "무기휴회된 공위가 재개될 기색도 보이지 않으며, 통일정부를 고대하나 이렇게 되지 않으니 남방만이라도 임시정부나 위원회 같은 것을 조직하여 38 이북에서 소련이 철퇴하도록 세계 공론에 호소해야 할 것"이라고 하면서 단독정부 수립도 불가피하다고 하였다.[71] 그러나 한민당과 독촉만이 찬성하고 다른 사회단체는 모두 반대하였다. 이승만은 이에 굴하지 않고 계속 단독정부 수립론을 강연하였다. 이에 김구의 한국독립당은 6월 5일 "단독정부 수립설은 당으로서는 찬성할 수 없다. 38선 장벽을 인정하는 한 경제상 파멸과 민족이 격리되어 역사적 큰 비극을 자아내고 있음은 민족의 통일에도 큰 방해라하지 않을 수 없다"고 하였다.

이승만은 통일정부 수립을 반대하는 단독분리론자라는 비난을 받았다. 그러나 이승만의 주장은 당시 북한의 소비에트화에 따라 통일이 불가능하다는 것을 안 선견지명에서 나온 것이었을 것이다. 미군정은 제1차 미소공동위원회가 결렬된 후에도 한반도 문제는 소련과 합의하여 해결해야 한다는 원칙을 유지하였다. 미군정은 남한에서 강경파인 이승만과 김구만 제거하면 소련 정책이 한반도 전역에서 성공할 것으로 보았다.

---

71) 이승만의 독자정부 수립방안에 대해서는 권윤서, 「대한민국 건국 전후의 이승만 외교의 성격에 관한 연구: 1945-1950년의 대미외교를 중심으로」, 인천대 석사학위 논문, 2000; 양동안, 「제11장 이승만의 독자적 정부수립 추진」, 「대한민국 건국사」, 현음사, 1998, pp. 238-268; 이종달, 이승만 자랑스러운 대한민국 세운 건국 대통령, 2010. 10. 4; "이승만이 남한 단독정부를 부르짖은 까닭은?", 미디어펜(2015. 5. 13).

2) 미군정청의 좌우합작운동

미소공동위원회가 결렬되자 김규식은 좌우합작운동을 하기로 하고 미국 고문단과 회합하여 상의하였다. 미군정은 이승만과 김구를 제외한 중도파 정치인을 중심으로 좌우합작운동을 벌이게 하였다. 미군정은 김규식 박사를 진보적 반공주의자로 보고 좌우합작운동을 하도록 했는데, 그는 여운형·원세훈과 함께 하기로 하였다. 좌우합작위원회는 우여곡절 끝에 박헌영파와 협력하기로 하고, 6월 14일 김규식·여운형·원세훈·허헌 넷이 예비회담을 가졌다.[72]

---

72) 좌우합작운동에 대해서는 황의서, 「해방 후 좌우합작운동에 관한 연구」, 동국대 박사학위 논문, 1995; 이일수, 「미군정기 좌우합작운동에 관한 연구」, 전북대 석사학위 논문, 1990; 김희곤, 「대한민국 임시정부의 좌우합작운동」, 1995; 강만길, 『한국민족운동사론』, 서해문집, 2008; 『한국근현대사사전』, '좌우합작운동'; 『시사상식사전』, '좌우합작운동', 박문각; 위키백과, '좌우합작운동'; 천관우, 『자료로 본 대한민국 건국사』, pp. 211-229; 정병준, 「1946-1947년 좌우합작운동의 전개과정과 성격변화」, 서울대 석사학위 논문, 1992; 정경환, 「미군정기 하의 좌우합작운동에 관한 소고」, 부산대 석사학위 논문, 1988; 황의서, 「해방 후 좌우합작운동과 미국의 대한정책: 합작운동의 결과적인 실패와 관련하여」, 《한국정치학회보》 제30집. 3호(1996. 12), pp. 183-202/「해방 후 좌우합작운동에 대한 국내 정치세력의 입장 비교분석」, 《한국정치학회보》 제31집 1호(1997. 6), pp. 48-71; 김인식, 「좌우합작운동에 참여한 우익주체의 합작동기」, 《한국민족운동연구》 제29집(2001. 12), pp. 377-412; 김정아, 「광복 후 좌우합작운동에 관한 연구」, 성신여대 석사학위 논문, 2004; 김무용, 「해방 후 조선공산당의 통일전선과 좌우합작운동」, 《한국사학보》 제11호(2001. 9), pp. 257-318; 서중석, 「좌우합작과 남북협상」, 《한국사 시민강좌》 제12집(1993. 2), pp. 65-86; 김기만, 「김규식의 정치노선: 좌우합작과 남북협상을 중심으로」, 성균관대 석사학위 논문, 1990; 전성호, 「해방 이후 원세훈의 좌우합작운동과 정치생활」, 서강대 석사학위 논문, 2013; 김삼웅, 「여운형과 손잡고 좌우합작운동 전개」, 『몽양 여운형 평전』, 채륜, 2015; 김영철, 「좌우합작과 남북협상」, 《국사관논총》 제20집(1990. 12), pp. 175-209; 정기원, 「1945-1948년 남북한 정치세력들의 민주주의적 성립에 관한 연구」, 단국대 석사학위 논문, 1987; 황의서, 「해방 후 좌우합작운동에 대한 연구」, 동국대 박사학위 논문, 1995; 고도원, 「여운형의 정치활동과 정치노선」, 연세대 석사학위 논문, 1998; 차민혁, 「해방기 좌우합작운동에 대한 연구」, 서울대 석사학위 논문, 2001; 김기만, 「김규식의 정치노선: 좌우합작과 남북협상을 중심으로」, 성균관대 석사학위 논문, 1990; 유광진·황의서, 「해방 후 좌우합작운동의 전개과정에 관한 연구」, 《동국논총》 제34집(1995), pp. 85; 김원철, 「미군정하의 정부수립을 위한 정책연구」, 조선대 석사학위 논문, 1988; 신병식, 「정부수립 과정에 관한 연구」, 서울대 석사학위 논문, 1993; 정용욱, 「1942-47년 미국의 대한정책과 과도정부 형태 구상」, 서울대 박사학위 논문, 1996; 김혁동, 「남조선 과도입법의원의 설치배경과 운영실태에 관한 연구」, 단국대 박사학위 논문, 1995; 신복룡, 「해방정국에서의 민주의원 연구」, 《건국대학교대학원정치학과논집》 제10집(1997. 12), pp. 1-13; 박원호, 「우파세력과 남조선 과도입법의원: 한민당 세력의 전략적 잠식과정을 중심으로」, 서울대 석사학위 논문, 1997; 손희두, 「미군정의 대한정책과 의회제도에 관한 연구」, 한국학중앙연구원 박사학위 논문, 1993; 정희진, 「해방전후 헌법구상에 관한 연구: 조선임시약헌안을 중심으로」, 성신여대 석사학위 논문, 2006; 정찬경, 「남조선 과도입법의원의 토지개혁안에 대한 연구」, 고려대 석사학위 논문, 1992; 윤대엽, 「건국의 정치와 미군정」, 《사회과학논집》 제41권 1호(2010), pp. 125-161; 황윤희, 「번즈(Arthur C. Bunce)의 내한활동과 한국문제 인식」, 《숭실사학》 제23집(2009), pp. 147-203; 김지민, 「해방전후 냉전의

그러나 원세훈이 부르주아 민주공화국을 채택한다는 기자회견에 반대하여 좌익진영 통일전선 기구인 민족전선을 탈퇴하였다. 공산당의 견해와 우측 주장이 달랐으므로 좌우합작은 실패할 수밖에 없었다. 북한의 소련군과 김일성은 좌우합작운동을 거부하라고 남한공산당에 지시하기도 하였다. 극우적인 이승만은 민족통일총본부를 발족하고 단독정부 수립을 강행하려 하였고, 김구는 임시정부의 정통성을 강조하면서 미군정이 임시정부에 행정권을 이양해 달라고 했기에 이들은 반미군정파로 보았다.

6월 30일 하지 장군은 좌우합작운동에 찬동하는 담화를 발표하였고, 좌우합작운동은 미군정의 지지로 점차 활기를 띠게 되었다. 1946년 7월부터는 서울 덕수궁에서 정식으로 회담을 열었다. 우측은 김규식·원세훈·안재홍·최동오·김봉준이 참석하고, 좌측은 여운형·성주식·정노식·이강국이 참석하였다. 우측은 미소공위 재개, 임시정부 수립 뒤 신탁 문제 해결, 임시정부 수립 후 6개월 내에 보통선거 실시, 의회 성립 후 3개월 내에 정식정부 수립을 주장하였다. 좌측은 모스크바 결정 전면 지지, 북조선 민주주의민족전선과 직접 회담, 남한 정권을 인민위원회에 즉시 이양, 군정 고문기관이나 입법기관 창설 반대를 주장하였다.

8월 말부터 좌측 대표를 개편하는 기운이 일더니 10월에 다시 좌우합작위원회 회담을 재개하였다. 우측은 전과 같았으나 좌측은 여운형·장건상·백남훈·김성숙·박건웅이 참석하였다. 10월 7일에는 좌우합작으로 임시정부 수립, 미소공위 재개 요청, 좌우합작위원회에서 입법기구를 구성하는 원칙 작성 등 타협적인 7가지 원칙을 발표하였다. 동시에 비교적 상세한 입법기구 구성 방안을 하지 사령관에게 전달하였다.

합작운동이 정체에 빠져있는 동안 미군정은 입법의원 설치를 준비했는데, 합작위원회가 7가지 원칙에 합의하자 10월 12일 '조선과도입법의원 창설에 관한 법령'을 발표하였다.[73] 이 법령을 공포한 후 좌우 정당에서는 군정을 연장하려는

한국문제 인식과 미국의 정부수립정책」, 연세대 석사학위 논문, 2002; 박일규, 「남북한의 국가 형성과정에 있어서 토지문제」, 《토지법학》 제22권(2006. 12), pp. 143-160.

73) 미군정 초기 정치제도는 박태균, 「1945-1946년 미군정의 정치세력 재편 계획과 남한 정치구도의 변화」, 《한국사연구》 제74호(1991), pp. 109-160; 윤덕영, 「미군정 초기 정치 대립과 갈등 구조의 중층성」,

획책의 일환이라고 비난하며, 입법기관은 단지 그 자문기구에 불과하며 남한 단독정부 수립을 사전에 준비하고 국민회의 법통을 무시했다는 이유로 반대와 비난이 적지 않았다.[74] 그러나 민선 준비는 하고 있었고, 선거 결과 우파가 많이 당선되었다고 불만이 많았다.[75][76]

좌우합작위원회 뜻에 따라 미군정은 선거에서 승리한 우익과 이승만파 독촉위원의 당선을 무효로 만들었다. 그리고 좌우합작위 요청으로 재선거를 하여 우익진영을 소외시키고, 관선의원 선임에서도 좌우합작위 계열과 반우익 성향 인사를 대거 선임하였다. 이것이 계기가 되어 이승만과 김구가 반발하여 과도입법의원은 전 국민의 대표기구로 제대로 기능하지 못하게 되었다.

조선과도입법의원이 개원한 뒤 좌우합작위원회는 좌우 소속 의원을 대부분 관선의원으로 선임하여 입법의원에 참여하게 했으며, 나머지 관선의원도 대부분 각계에서 좌우합작운동에 동조하거나 이해하는 인물로 구성하여 입법의원 내부에서 강력한 기반을 구축하게 되었다. 이들은 제2차 미소공동위원회 개최에도 협력하여 중도파로 적극 활동할 것이 기대되었다. 좌우합작위원회는 중도세력을 규합·확대하며 미군정의 정치적 프로그램 실천을 지원하는 활동을 계속하였다. 미군정청은 좌우합작운동에 반대하는 조선로동당 활동을 사실상 금지하였다. 그러나 합작위원회 좌측 주석이며 근로인민당 당수인 여운형이 1947년 7월 19일 암살당하자 세력이 약화되었다. 합작위원회는 민족자주연맹 결성 준비로 발전적으로 해산했는데, 1947년 12월 6일 전체회의에서 해체를 의결하였다.

《한국사연구》 제165호(2014), pp. 255-300; 정용욱, 「미군정의 중도정책과 군정내 추진기반」, 《동양학》 제25권(1995. 10), pp. 147-168; 양동안, 「1945-1948년 기간 중도 제파의 정치활동에 관한 연구」, 《정신문화연구》 제24권 3호 통권84호(2001. 9), pp. 209-253; 전상숙, 「미군정의 대한정책과 중도파의 정치세력화」, 《담론201》 제5권 1호(2002. 봄·여름), pp. 5-28; 차상철, 「존 하지와 미군정 3년」, 《동방학지》 89·90(1995), pp. 455-490; 이경희, 「미국의 점령정책에 관한 연구: 일본과 조선을 중심으로」, 일본 고쿠시칸대학 박사학위 논문, 2002.

74) 좌우합작위원회 기구는 송남헌, 「해방 3년사: 1945-1948」 II, p. 390 참조.

75) 미군정 법령 제118호 조선과도입법의원의 창설(1946. 10. 12.)에 대해서는 천관우, 전게서, p. 220 참조.

76) 박원호, 「우파세력과 남조선 과도입법의원: 한민당 세력의 전략적 잠식과정을 중심으로」, 서울대 석사학위 논문, 1997; 윤민재, 「한국의 현대국가 형성과정에서 중도파의 위상에 관한 연구」, 서울대 박사학위 논문, 1999; 윤대엽, 「건국의 정치와 미군정」, 《사회과학논집》 제41집 1호(2010), pp. 125-161. 좌우합작위원회 10월 4일 성명서는 이중근, 「광복」(상), pp. 510-511 참조.

3) 조선과도입법의원 조직과 활동

미군정은 남한 시민의 자유와 권리를 보장하기 위하여 일본 악법을 폐지하고 기본권을 보장하였다. 미군정은 한국인에게 초보적 민주주의를 훈련시키고, 과도입법의원 조직을 준비하였다. 1946년 8월 24일에는 군정법령 제118호인 '조선과도입법회의 설치에 관한 법령'을 공포하였다.[77] 민선의원 선거는 10월 31일에 했으나, 선거 절차가 공정하지 않았다고 하여 11월 25일 서울시와 강원도에서는 재선거를 하였다. 12월 6일에는 합작위원회가 45명의 임명안을 제안하고, 12월 6일에는 입법의원예비회 제1차 회의를 열었다.

1946년 12월 10일에는 미군정청이 민선의원과 관선의원 등록을 받았다. 12일에는 정원 90명의 반인 45명 관선의원(대부분 중간 좌우파)과 45명의 간접선거에 의한 의원(대부분 독촉·한민당·한독당) 57명이 모여 개원하였다. 그뒤 관선의원 일부가 사임하여 서울시에서는 입법의원 재선거를 하였고, 20일에는 입법의원 제1차 회의를 열었다.

관선의원은 좌우합작위원회 6명, 우익정당 11명, 좌익정당 12명, 문화계 1명, 언론계 1명, 법조계 1명, 종교계 4명, 여성 4명, 지역별 독립운동 5명이었다.[78] 민선의원은 45명이었으나 4명은 당선을 거부하고, 6명은 당선이 무효가 되었다. 입법의원 의장은 김규식, 부의장은 최동오와 윤기섭이었으며, 여러 개의 위원회를 구성하였다.[79]

입법의원의 직무와 권한은 ① 일반 복리와 이해에 관계되는 사항 및 군정장관이 의뢰한 사항에 관한 법령 제정[조선과도입법의원 창설 군정법령 118호(1946. 10. 12) 제5조] ② 군정장관이 임명한 공무원에 대한 조사와 공무원 임명 동의권 ③ 군정장관의 동의를 받아 법령을 제정하는 것이었다. 여기서 제정한 법령은 군정장관

---

77) 과도입법위원회 활동은 김혁동, 「남조선 과도입법의원의 설치 배경과 운영 실태에 관한 연구」, 단국대 박사학위 논문, 1995; 김혁동, 『미군정하의 입법의원』, 범우사, 1970, p. 17 이하; 김철수, 「헌법개정, 과거와 미래」, pp. 57-73; 손희두, 「미군정의 대한정책과 의회제도에 관한 연구」, 한국학중앙연구원 박사학위 논문, 1993 참조.

78) 의원 명단은 송남헌, 전게서, pp. 392-394 참조.

79) 구성원 명단은 송남헌, 상게서, pp. 397-398 참조.

이 서명 날인한 뒤 관보에 공포했을 때만 효력이 있고, 군정장관이 동의하지 않을 때는 그 이유 설명서를 첨가하여 동 의원에 환부하도록 하였다.

1946년 12월 30일에는 조선과도입법의원법을 제정하고, 1947년 1월 20일에는 장시간 토론 끝에 신탁통치 반대 결의안을 의결했으나, 24일 하지 중장은 미국 태도를 정확하지 않게 표시한 것은 불행한 일이라고 곡해하여 인준하지 않았다.

입법회의는 그동안 중요한 법안들을 통과시켰는데, 중요한 것을 보면 ① 조선과도입법의원법 ② 입법의원 선거법 ③ 조선임시약헌 ④ 국적에 관한 임시조치법 ⑤ 조선과도입법의원 해산(1948. 5. 19)이 있다. 그중에서 문제가 된 것은 입법의원 선거법이었다. 한민당 등에서 주장한 선거권 연령을 25세, 피선거권 연령을 30세로 하는 안이 다수결로 통과되었으나 군정장관이 서명하지 않아 효력이 발생하지 않았다. 그 이유는 국가의 헌법에 해당하는 것이라 헌법제정기관에서 해야지 과도입법의원에서는 제정 권한이 없다는 것이었다.[80]

또 미군정은 남한의 단독정부 헌법이 아니라 남북의 통일된 헌법을 제정해야 한다고 생각하였고, 입법의원 선거법을 제정했으나 너무 보수적이라고 하여 비준을 거부하였다. 이 과도입법의원은 대한민국의 국회선거와 헌법을 제정하는 기초 작업을 했다는 점에서 의의가 있다고 하겠다. 이 밖에도 토지개혁안을 논의하여 입법의원 본회의에 상정했으나 그뒤 소멸되었다. 토지개혁에 대한 미군정의 구상을 알 수 있었다.[81]

이 조선과도입법의원은 미군정청이 그 성능을 "미국 국회와 같다. 그러나 최고 결정권이 하지 중장에게 있는 것이 다를 뿐"이라고 한 것을 보면 '의회'로 인정했던 것이다. 조선과도입법의원에 앞서 1946년 2월 1일에는 대한국민대표민주의원을 구성했으나 자문기관에 불과하였다. 이 민주의원은 입법기관이 아니었지만 조선과도입법의원은 처음부터 입법기관으로 구성·설치한 점에서 한국 최초의 군정기관으로 의회 역할을 한 것이라고 하겠다. 입법의원의 활동은 지지부진

80) 정희진, 「해방전후 헌법구상에 관한 연구: 조선임시약헌을 중심으로」, 성균관대 석사학위 논문, 2006.
81) 전찬경, 「남조선 과도입법의원의 토지개혁안에 대한 연구」, 고려대 석사학위 논문, 1992; 박일규, 「남북한의 국가 형성 과정에 있어서의 토지문제」, 《토지법학》 제22호(2006. 12), pp. 143-160; 황문희, 「번즈(Arthur C. Bunce)의 내한활동과 한국문제 인식」, 《숭실사학》 제23집(2009), pp. 147-203.

했으나 법률 제5호로 입법의원 선거법을 제정하여[82] 국회의원 선거법의 효시로 삼았다고 하겠다. 그러나 5·10선거 때의 대한민국 국회의원 선거법은 이 법률의 개정 절차를 따르지 않고, 새로이 1948년 3월 17일에 미군정법령 제175호로 공포했는데 미국식 선거제도를 도입하였다.[83]

4) 과도행정기구 설립과 미군정의 한국인화

미군정은 남한에 진주한 후 일본이 행했던 통치기구를 접수하였다. 행정은 일본 총독부 기구(학무·법무·경무·농상·광공·재무·교통·체신 8국)를 그대로 두고 국을 부로 개편하였다. 이 국의 공무원을 처음에는 일본인이 계속 맡도록 하다가 점차 해임한 뒤, 간부는 미군과 한국인 2국장 체제를 유지하다가 한국인을 고문관으로 임명하였다. 점차 문교·사법·농무·상무·재무·운수·체신·보건후생·공보·국방·토목·노동 13개 부를 두고, 인사·식량·물가 행정과 관재·외무·사무 6개 처로 재정비하였다(1946. 3).

군정장관은 러치가 되고, 문교부장에 유억겸, 재무부장에 윤호병, 사법부장에 김병로, 상무부장에 오정수, 사무처장에 이종학, 보건후생부장에 이용설, 농림부장에 이훈구, 체신부장에 김원용, 외무부장에 문장욱, 공보부장에 이철원, 식량행정처장에 지용은, 인사행정처장에 정일형, 경무부장에 조병옥, 통위부장에 유동열, 물가행정처장에 권갑중, 운수부장에 민희식이 취임하였다.

1946년 9월 미군정은 행정권을 한국인에게 이양하는 단계 조치를 취하고, 9월 11일에는 미국인 부·국장은 고문으로 부결권만 행사하게 하고 공용문서도 한국말로만 하게 하는 조치를 취하였다.[84] 9월 20일에는 러치 군정장관이 행정권 이양에 관한 특별성명을 발표하면서 "조선인은 그동안 조선에 관한 사무처리에서 현저한 진보를 하였다. 일찍이 일본은 조선인에게는 자치 능력이 없다고 공

82) 김철수,「미군정 입법과 헌법제정」,『헌법개정, 과거와 미래』, pp. 22-37.
83) 최경욱,「제헌국회의 성립사: 미군정 법령과 관련하여」,《공법연구》제31집 5호(2003. 6), pp. 91-117. 국회선거위원회는 공보 1호로 선거법 대강을 발표하였다. 이중근,『광복(중)』, pp. 1113-1115, pp. 1118-1119.
84) 김운태,「미군정 통치체제와 한국화 과정」,《대한민국학술원논문집》제30권(1991. 12), pp. 389-515.

공연히 언명했는데, 이제야 비로소 조선인 각 부처장이 각 부처의 모든 책임을 맡고 미국인은 단지 고문자로만 행동해도 되는 시기가 온 것"이라고 하였다.

1947년 2월 5일에는 한국인 부처장을 통할하는 민정장관제를 신설하고, 10일에는 안재홍이 민정장관으로 취임하였다. 안재홍 민정장관은 취임선서에서 "현 미군 정부 방침에 순응하고 법규를 엄수하되, 행정권 완전 이양과 독립조선의 정치를 지향하는 노선에서 창의와 의곤(議梱)으로 제반 행정 향상을 도모하겠다"고 하였다. 이로써 입법·행정·사법 기관을 한국인이 운영하게 하였다.

1947년 5월 17일에는 군정법령 제141호를 발표하고, 6월 3일부터 38선 이남의 입법·행정·사법 부문의 미군정청 한국인 기관을 '조선과도정부'로 호칭하기로 하였다.[85] 이로써 입법·행정·사법을 한국인이 운영하게 되었다. 그러나 미군정은 이것이 남한에 단독정부를 수립하는 방침이 아니라고 여러 차례 강조하였다.[86] 미군정은 국민의 권리를 보장하기 위하여 경찰 정비를 단행하였다. 1945년 10월 18일에는 경찰사법권폐지령 제1호로 경찰관의 사법권과 직결재판권을 폐지하였다.

1947년 11월 25일에는 중앙경찰위원회를 설치하는 군정법령 제157호를 발표하여 경찰의 민주화·중립화를 기하였다. 미군정은 사법권의 독립 확보에도 노력하였다. 사법국을 사법부로 바꾸고, 사법부장은 군정청장관의 법률고문으로 하였다. 사법부장의 권한은 대단히 컸는데, 사법행정권과 정부를 대표하여 행정소송을 담당하고, 대법관의 임명도 자문하였다. 이에 앞서 9월 30일에는 군정법령 제151조를 제정하여 과거 사법부장이 임명하던 판사와 검사를 모두 군정장관이 임명하도록 하여 격을 높였다.

1948년 5월 4일에는 군정법령 제192호로 법원조직법을 제정하여 법원행정은 대법원에서 맡게 하여 사법권의 독립을 보장해주었다. 이 법원조직법 법원의 명칭을 회복하고, ① 대법원 ② 고등법원 ③ 지방법원 ④ 간이법원 4가지로 하였다. 대법원에 사법행정처를 두고, 사법행정 최고 의결기관으로 대법관회의를 두

---

85) 미군정 법령 제141호(1947. 5. 17) 공포; 38선 이남의 입법·행정·사법 각 부분의 재조선 미군정청 조선인 기관을 남조선 과도정부라고 부르기로 하였다.
86) 상세한 것은 김철수, 『헌법개정, 과거와 미래』, pp. 45-46 참조.

었다. 고등법원과 지방법원의 사법행정 의결기관으로 판사회의를 두었다. 이 법원제도는 대한민국을 수립한 후에도 계속 유지되었다.[87][88]

제4절. 미소공동위원회 결렬과 한국 문제 유엔으로 이관

1. 제2차 미소공동위원회

1) 제2차 미소공동위원회 개최

앞에서 살펴본 바와 같이 제1차 미소공동위원회는 1946년 5월 6일에 결렬되었다. 그 이유는 미소공동위원회가 신탁 문제를 상의하는 데 어떤 정당이나 사

---

87) 상세한 것은 김철수, 『헌법개정, 과거와 미래』, pp. 51-56 참조.
88) 미군정 체제의 입법·행정·사법 기관에 대해서는 다음 책 참조. 김운태, 「미군정 통치체제와 한국화 과정」, 《대한민국학술원논문집》 제30권(1991. 12), pp. 389-515; 김재영, 「미군정의 점령정책과 남한의 국가 형성에 관한 연구」, 연세대 석사학위 논문, 2000; 안진, 「미군정기 국가기구 형성과정에 관한 연구」, 서울대 박사학위 논문, 1990; 손영남, 「미군정기 남조선 과도정부의 활동: 중앙행정부를 중심으로」, 서울대 석사학위 논문, 2001; 윤인재, 「한국의 현대국가 형성과정에서 중도파의 위상에 관한 연구: 1945-1950」, 서울대 박사학위 논문, 1999; 양동안, 「1945-1948년 기간 중도 제파의 정치활동에 관한 연구」, 《정신문화연구》 제24권 3호(2001. 9), pp. 209-253; 전상숙, 「미군정의 대한정책과 중도파의 정치세력화」, 《담론201》 제5권 1호(2002. 봄·여름), pp. 5-28; 도진순, 「1945-48년 우익의 동향과 민족통일정부수립운동」, 서울대 박사학위 논문, 1993; 박태균, 「1945-1946년 미군정의 정치세력 재편 계획과 남한 정치구도의 변화」, 《한국사연구》 제74호(1991), pp. 109-160; 윤덕영, 「미군정 초기 정치 대립과 갈등구조의 중층성」, 《한국사연구》 제165호(2014), pp. 255-300; 정용욱, 「미군정의 중도정책과 군정내 추진기반」, 《동양학》 제25권(1995. 10), pp. 147-168; 김지민, 「해방전후 냉전의 한국문제 인식과 미국의 정부수립정책」, 연세대 석사학위 논문, 2002; 정용욱, 「1942-47년 미국의 대한정책과 과도정부 형태구상」, 서울대 박사학위 논문, 1996; 김원철, 「미군정하의 정부수립을 위한 정책연구」, 조선대 석사학위 논문, 1988; 김창순, 「남북한 정부수립 과정에서 민주주의민족전선의 활동과 정치적 배제 연구」, 경남대 박사학위 논문, 2014; 송기춘, 「미군정하 군사재판에 관한 소고: 미군점령통치기의 재조선미국육군사령부 문서를 중심으로」, 《공법학연구》 제7권 4호(2006. 11), pp. 275-300; 정태정, 「우리나라 경찰 형성과 발전에 관한 연구: 갑오개혁 이후 미군정까지」, 동의대 석사학위 논문, 2013; 고지훈, 「주한미군정의 점령행정과 법률심의국의 활동」, 《한국사론》 제44집(2000. 12), pp. 207-269; 김택, 「해방 후 미군정 성립과 경찰활동의 공과」, 『한국정책학회 동계학술발표 논문집』, 한국정책학회, 2013; 정토웅, 「미군정과 조선경비대」, 『군사』, 국방부, 1993; 문준영, 「미군정 법령체제와 국방경비법」, 《민주법학》 제34권(2007), pp. 97-136; 김영만, 「미군정기 조선경비대 창설과정 연구: 군사영어학교를 중심으로」, 고려대 석사학위 논문, 1985; 임동영, 「조선민족청년단(1946. 10~1949. 1)과 미군정의 '장래한국의 지도세력' 양성정책」, 《한국사연구》 제95호(1996), pp. 179-211.

회단체를 대상으로 할 것인가에 합의하지 못했기 때문이다. 소련측 주장은 신탁통치를 규정한 모스크바3상회의 결정을 실현하려면 신탁을 반대하는 우익 정당이나 사회단체를 협상에서 제외하고, 모스크바협정에 의거한 임시정부 수립에도 참여하지 못하게 하자는 것이었다.

그러나 미국측은 모스크바 결정을 반대하는 우익의 견해가 반드시 옳은 것은 아니지만, 의사를 발표할 자유는 있으니 당연히 협의 대상이 되어야 한다는 것이었다. 소련은 처음부터 찬탁 정당이나 사회단체만 대상으로 하려고 공산좌익의 반탁운동을 금지하고 찬탁만 하게 하여 공산정권을 수립하려고 한 것이다. 미국은 소련의 주장에 대비하지 않고 정당과 사회단체의 자유를 인정했기에 찬탁운동을 하는 단체는 없었고, 반탁단체를 찬탁을 하게 만들어 미소공위의 협의 대상이 되도록 설득했으나 그것이 불가능하여 미소가 합의하지 못하고 결렬되었다.[89]

제1차 미소공동위원회가 결렬된 뒤 남한에서는 많은 반탁단체를 결성하여 반탁운동을 하였다. 미군정은 극우정당과 극좌정당을 기피하면서 중도파가 합작운동을 하게 하여 미소공동위원회를 재개하도록 유도하였다. 좌파인사들은 조선 민족의 독립을 보장하는 3상회의 결정을 전면적으로 지지했으나,[90] 우파는 남북의 좌우합작으로 민주주의 임시정부를 수립하는 데 노력하기로 하였다. 양파는 모두 미소공동위원회 속개를 요청하기로 하였다.

미군정은 미소공위를 속개하려고 서한을 교환하고, 소련 외무장관은 1947년 4월 19일 미국 국무장관에게 서한을 보내 대(對)조선정책을 설명하면서 5월 20일에 미소공위를 열자고 제의하였다. 이에 마샬 미국무장관은 5월 2일 몰로토프 소련 외상에게 답신을 보내 5월 20일 미소공위 개최를 승인하였다. 5월 20일 소련측 대표단이 서울에 도착하고, 21일부터 2차 회의가 시작되었다. 여기서는 ① 임시정부의 형태, 구조, 조직 ② 정부를 운영하는 데 기초가 될 임시헌장 초

---

89) 미소공위 결렬에 즈음한 하지 중장 성명(1946. 5. 8)에 대해서는 천관우, 『자료로 본 대한민국 건국사』, pp. 167-170 참조. "그는 소련이 반탁단체는 협의 대상에서 제외한다는 소련 주장에 언론의 자유와 민주주의에 반하는 것이라 하여 반대하였다."

90) 김행선, 「조선민주주의 청년동맹의 노선과 제2차 미소공동위원회 추진운동」, 《국사관논총》 제10집 (2003. 12), pp. 177-206.

고 ③ 임시정부의 정강 기조도 의제로 삼았다. 이 문제들을 다루기 위하여 3개 분과위원회를 구성하였다.[91]

6월부터는 반탁투쟁위원회 일부도 여기에 가담하였다. 미소공동위원회는 임시정부 구성과 원칙에 관한 자문과 임시정부 정강에 관한 자문안을 정당과 사회단체에서 제안받기로 하였다. 좌익계와 중간파는 당연히 공동위원회에 적극 참여하였고, 한민당 등 일부 우익진영에서도 "통일정부를 수립하려면 공동위원회 참가는 불가피하며, 신탁 문제는 임시정부를 수립한 뒤 민족의 총의로 반대해야 한다"는 입장에서 미소공위에 참여할 것을 결정하였다. 그러나 이승만·김구·양영수는 반대하였다.

6월 25일에는 남한 소재 미소공위 참가 정당과 사회단체 대표 400여 명이 입법의원 의사당에서 공위와 합동회의를 열었다.[92] 평양에서는 7월 1일 북한의 각 단체 대표들과 합동회의를 개최하였다. 자문 답신은 7월 5일로 연기되었는데 남한에서는 399개 단체가, 북한에서는 38개 단체가 답신하였다. 이 안들은 당시 정계 지도층이 새로운 국가의 윤곽을 어떻게 구상했는지를 알 수 있는 중요한 자료가 되었다.

2) 제2차 미소공동위원회 결렬

1947년 7월 14일 미소공동위원회는 제42차 본회의를 개최하였다. 그동안 10차례 회의를 가졌지만 협상 대상을 정하는 정당·사회단체의 범위를 합의하지 못했다. 소련측은 ① 사회단체로 규정하지 않은 단체 ② 지방과 기타 온전한 한 지역의 단체 ③ 모스크바협정을 지지할 의도가 없는 단체, 특히 반탁위원회나 이와 비슷한 단체 위원이 참여하는 것을 반대하였다. 미국측은 ① 미소공위 재개 조건에 합의한 단체는 정당·사회단체로 인정할 것 ② 협의청원서를 제출한 정당·사회단체 등 북조선이 대표로 인정하는 단체가 참여할 것을 주장하였다.

---

91) 미소공동위원회 공동성명 제9호(1947. 5. 26)에 대해서는 천관우, 『자료로 본 대한민국 건국사』, pp. 275 참조.
92) 상세한 것은 천관우, 상게서, pp. 292-313 참조.

당시 남한과 북한이 제출한 정당·사회단체 명부에는 회원수를 엉터리로 기재한 것이 많아 선별해야만 하였다.

소련측에서는 남한의 반탁단체를 제외시킬 것을 주목적으로 하였다. 미소 군정 대표의 공동위원회가 교착상태에 빠지자, 8월 12일에는 미국무장관이 소련 외상에게 서한을 보내 양국 외상 간 절충으로 격상되었다. 미국은 8월 26일 소련에 서한을 보내 미소공동위원회가 아닌 4대국 외상회의에서 한국 문제를 토의하자고 제안하였다. 미국의 이 제안에 영국과 중국은 찬성했으나 소련은 거절하였다. 9월 4일에는 제59차 미소공동위원회 본회의를 열었으나, 미국의 4대국 회의 제안을 러시아가 정식으로 거부하여 8일 이후에는 휴회하였다. 9월 17일 제60차 본회의를 열었으나 성과 없이 끝났다.

제2차 미소공동위원회가 결렬된 것은 냉전 중이라 소련은 북한 정권을 인정하고 그것을 혁명기지로 삼을 수 있어 남북한의 통일된 임시정부는 필요 없다고 본 것 같다. 또 모스크바3상회의에서 결정한 신탁 문제를 해결하기 위해서는 처음부터 4대국이 합의해야 했으나 소련은 이에 반대하여 통일선거를 방해한 느낌이다. 미국무장관은 제2회 유엔총회에서 9월 17일에 한국 문제를 유엔에 상정하자고 주장하여 한국 문제는 유엔으로 무대를 옮기게 되었다. 소련은 9월 26일 한국에서 미소군이 동시에 철퇴하자고 주장하여 미소공동위원회는 결국 결렬되고 말았다.[93]

---

93) 미소공동위원회에 대한 문헌은 천관우, 『자료로 본 대한민국 건국사』, pp. 248-345; 위키백과, '미소공동위원회'; 『두산백과』, '미소공동위원회'; 『한국민족문화대백과』, '미소공동위원회'; 서용선, 『미소공동위원회 연구: 미소의 협력과 갈등을 중심으로』, 국방부, 1998; 우경화, 「신탁통치 문제와 미소공동위원회」, 한양대 석사학위 논문, 2008; 정상우, 「제2차 미소공동위원회 시기의 '조선민주주의 임시정부헌정안'에 관한 연구」, 《헌법학연구》 제14권 2호(2008. 6), pp. 531-562; 김행선, 「미소공동위원회 재개를 전후한 우익진영의 동향과 양면전술」, 《한성사학》 제14집(2002. 9), pp. 35-66; 김행선, 「조선민주애국청년동맹의 노선과 제2차 미소공동위원회 추진운동」, 《국사관논총》 제103집(2003. 12), pp. 177-206; 기광서, 「훈령으로 본 소련의 미소공동위원회 전략」, 《역사문제연구》 제24호(2010. 10), pp. 299-335; 최선웅, 「한국민주당의 미소공동위원회 대응방안과 활동」, 《한국사학보》 제54권(2014. 2), pp. 255-285; "광복 70주년 특별기획, 김호기·박태균의 논쟁으로 읽는 70년(2), 찬탁과 반탁", 《경향신문》, 2015. 4. 7; 박찬만, 「주북한 소비에트연방군사고문단의 역할과 기능(1948-53)」, 경기대 박사학위 논문, 2013; 임재형, 「미소의 대한반도군정에 관한 비교연구: 1943-1948」, 단국대 석사학위 논문, 1994; 한국정신문화연구원 현대사연구소, 『해방정국과 미소군정』, 『한국현대사의 재인식』, 오름, 1998; 최상용, 『미군정과 한국 민족주의』, 나남, 1988; 심지연, 『해방정국 논쟁사』, 한울, 1986 참조.

2. 한국 독립 문제 유엔으로 이관

1) 유엔총회 결의

미국 정부는 한국의 통일된 임시정부 수립과 4대국의 신탁통치를 포기하고 남한에서만이라도 단독정부를 세우려고 하여 미소공동위원회 결렬을 택하였다. 그리고 새 대한민국 정부의 정통성을 보장하고자 한국 문제를 유엔에 회부하기로 하였다.[94] 한국 문제는 1947년 9월 17일 마샬 미국무장관의 유엔총회 연설에서 논의하였다.[95] 마샬은 "한국 독립 문제를 미·소·영·중 4개국이 토의·결정하기로 했는데, 미소공동위원회가 실패한 지 2년여가 지났으나 아직 해결되지 않았으니 유엔에서 토의하자고 요청"하였다. 이에 비신스키 소련 외상 대리는 18일 총회 연설에서 "조선 문제를 유엔에 제출하는 것은 미소 간 협정을 직접 위반하는 것"이라고 하여 각하할 것을 주장하였다.

그러나 21일 유엔총회 제1분과위원회인 운영위원회에서 12:2로 한국 문제를 유엔총회에서 의제로 삼기로 가결하고, 23일에는 총회에서 41:6, 기권 7로 가결하여 정식 의제로 채택되었다. 11월 5일에 유엔총회 정치위원회를 통과한 한국 문제 결의안은 11월 12일 총회에 상정되었다. 여기서도 미소 대표가 격렬하게 논쟁을 벌였으나, 표결에 붙인 결과 미국의 총선거안이 43:0, 기권 6으로 통과되었다(1947. 11. 14). 이 결의안을 보면 다음과 같다.[96]

A. 총회가 당면한 한국 문제는 근본적으로 한국 국민의 문제로 자유와 독립과 관련있는 것이다. 또한 본 문제는 당해 지역의 주민 대표가 참가하지 않으면 공명정대하게 해결할 수 없음을 인정하는 까닭에 총회는
   (1) 본 문제를 심의하는 데 선거로 뽑은 한국의 국민 대표가 참여하도록 초청할 것을 결의한다.

---

94) M. Hart-Landsberg, *Korea: Division, Reunification, and U. S. Foreign Policy*, pp. 84-87.
95) 마샬 미국 국무장관의 유엔총회 연설(1947. 9. 17)은 천관우, 『자료로 본 대한민국 건국사』, pp. 347-348 참조.
96) 한국 총선거 유엔총회결의문은 천관우, 상게서, pp. 357-359; 김계수, 「대한민국 정부수립 과정과 국제연합」, 《국제문제》 288호(94. 8), pp. 21-28; 이중근, 『광복』(중), 우정문고, 2015, p. 911 참조.

(2) 나아가 쉽게 참여하게 하려면 한국 대표가 단지 한국의 군정당국이 지명한 자가 아니라 한국 국민이 정당하게 선거한 자임을 감시해야 한다. 따라서 조속히 유엔 한국임시위원단을 설치하여 한국으로 보내고, 이 위원단이 한국 전역에서 여행·감시·협의할 수 있도록 권한을 줄 것을 결의한다.

B. 총회는 한국 국민의 독립 요청이 긴급·정당함을 인정하고 한국의 독립을 재설정해야 한다. 그후 모든 점령군은 가능하면 빨리 철수해야 하며, 한국 국민의 자유와 독립은 한국의 국민 대표가 참여하지 않고는 공명정대하게 해결할 수 없다는 결론을 내렸다. 또 선거로 뽑은 국민 대표를 쉽게 참여시킬 목적으로 유엔한국임시위원단을 설치한다는 결의를 상기하여

(1) 해당 위원단은 호주·캐나다·중국·엘살바도르·프랑스·인도·필리핀·시리아·우크라이나소비에트사회주의공화국 대표로 구성할 것을 결정한다.

(2) 한국 국민이 자유와 독립을 조속히 이루도록 동 위원단과 협의할 대표자들을 선출하기 위하여 1948년 3월 31일 안에 성년자 선거권 원칙과 비밀투표 선거를 시행한다. 그리고 이 대표들이 국회를 구성하고 중앙정부를 수립할 것을 권고한다. 각 투표 지구나 지역에서 선출할 대표자의 수는 위원단의 감시 체제에서 시행한다.

(3) 선거 후에는 되도록이면 빨리 국회를 소집하여 중앙정부를 세우되, 위원단에 통고할 것을 권고한다.

(4) 중앙정부를 세운 직후 정부는 위원단과 합의하여 ① 보안군을 편성하고, 이에 포함되지 않는 군사단체와 유사 군사단체는 모두 해산시킨다. ② 남북한의 군사령관과 민정당국에서 정부의 여러 기능을 이양받는다. ③ 가능하면 90일 안에 한국에서 점령군이 완전히 철퇴하도록 양 점령국과 절차를 작성한다.

(5) 위원단은 한국 내에서 감시와 협의한 바를 참작하여 한국의 독립과 점령군 탈퇴를 달성할 전기 방침 수행을 쉽게 하며 촉진할 것을 건의한다. 위원단은 그 결과를 첨가하여 총회에 보고해야 하며, 사태 진전에 비추어 본 결의 적용에 관하여 중간 위원회(소총회)와 합의할 수 있다.

(6) 위원단이 그 책임을 수행하는 데 필요한 모든 원조와 편의를 제공하도록 각 관계 가맹국에 요청한다.

(7) 한국이 독립을 완성하기까지 준비와 과도기 중에는 총회의 결정을 수행하는 경우 외에는 한국 국민의 여러 문제에 간섭하지 않는다. 또한 한국의 독립과 주권을 침해하는 행위는 완전히 삼갈 것을 국제연합의 모든 가맹국에 요청한다.

이 결의안을 보면 유엔한국임시위원단(UNTCOK)이 1948년 1월 12일부터 서울에서 활동을 시작하게 되어 있었다. 유엔한위는 1월 12일 덕수궁에서 회의를 열어 메논 인도 대표를 임시의장으로 선출하고 회의 절차를 가결하였다. 17일 제5차 회의에서는 2개 분과위원회를 구성하고, 19일 제6차 회의에서는 제3분과위원회를 구성하였다. 총회는 1948년 3월 31일 이전에 한반도에서 총선거를 하도록 위임하였다.

2) 유엔소총회 결의

그러나 우크라이나는 유엔한국임시위원단에 참여하지 않겠다고 통고하였고, 소련군은 유엔 결의에 반대하며 북한 입경을 거부하여 총선 가능성이 희박해졌다. 이에 2월 6일 유엔소총회에서 다시 협의하기로 결정하였다. 유엔한위 메논 의장은 2월 19일 유엔소총회에서 남한 총선거에 대한 보고연설을 하였고, 이에 유엔소총회는 1948년 2월 26일 남한 총선거에 대해 결의하였다.

"1947년 11월 14일 총회 결의에서 설정한 계획을 실시할 것, 이에 필요한 조치로 유엔임시위원단이 조선 전역에서 선거를 감시할 것, 만약 그것이 불가능하다면 위원단이 접근할 수 있는 지역에서 선거를 감시할 것, 조선 인민의 자유와 독립이 조속히 이루어지도록 유엔임시위원단과 상의할 조선 인민 대표를 선출할 것, 그 대표들이 국회를 구성하여 중앙정부를 수립할 수 있도록 선거를 시행함이 긴요하다고 본다. 소총회는 1947년 11월 14일 총회 결의 여러 조항에 따라 또한 그 날짜 이후 조선 사태의 진전에 비추어 유엔임시위원단이 접근할 수 있는 지역에서 결의 제2조 계획을 시행하는 것이 동 위원단의 임무임을 결의한다."[97]

유엔소총회에서는 미국이 제안한 각서를 채택[98]했는데 그 내용은 다음과 같다. "유엔조선임시위원단이 감시하는 선거는 민주주의의 권리인 언론·출판·집회 자유가 인정·존중되는 자유로운 분위기에서 실시해야 한다. 이에 소총회는 미국 대표에게 조선에 있는 미국 당국이 이 목적을 이루는 데 최대한 협력하겠

---

97) 결의문은 천관우, 『자료로 본 대한민국 건국사』, pp. 381-382.
98) 결의문은 천관우, 상게서, p. 382.

다는 보증각서를 받았다. 선출된 대표로 구성하는 국민의회는 조선 정부를 구성하는 토대가 되고, 정부 형태는 조선인이 결정할 것이다. 소총회는 국민의회를 대표하는 유엔조선임시위원단과 전적으로 협의할 자유가 있고, 또 수립될 정부 형태는 선거에 간여하지 않을지도 모르는 다른 조선인 단체와의 회담도 그들의 희망에 따라 전적으로 자유롭게 할 수 있다고 결정한다. 소총회는 이러한 협의와 회담에서 국민의회의 조선인 대표가 그들의 정부에서 모든 조선인의 전폭적인 협조를 그들의 노력으로 확보할 것을 희망한다. 그리고 소총회는 모든 평화적인 방법을 조선이 통일하는 데 최대한 이용할 것을 확신한다. 마지막으로 소총회는 유엔조선임시위원단이 사정이 허락하는 한 조선 어느 곳에서나 그 의무를 완수할 권위와 역량이 있음을 인정한다."

3) 유엔한국임시위원단 활동

유엔한국임시위원단은 1948년 1월 2일 서울에 도착하여 업무를 시작했으며, 유엔소총회의 결의에 따라 가능한 지역에서만이라도 공정한 선거를 하기 위하여 노력하였다.[99] 유엔한위 임무는 다음과 같았다. ① 선거로 선출한 한국의 국민 대표들을 본 문제 심의에 참여하도록 초청한다. ② 공정한 선거를 감시할 목적으로 한국 전역에서 여행·감시·협의할 권한이 있다. ③ 1948년 3월 31일 안에 이 위원단의 감시 하에 인구 비례에 따라 보통선거와 비밀투표로 총선거를 한다. ④ 선거 후에는 되도록이면 빨리 국회를 구성하고 정부를 수립한다. ⑤ 정부는 남북한 군정당국에서 정부의 기능들을 이양받아 자체 국방군을 조직하고, 가능하면 90일 이내에 점령군이 철수하도록 조치한다.

이에 따라 유엔한위는 늦어도 1948년 5월 10일 안에 이행할 수 있는 지역에서 선거를 실시할 것을 공고하였다. 그리고 5월 10일에는 선거를 감시하고, 그 결과를 유엔총회에 보고하였다. 1948년 12월 제3차 유엔총회에서는 유엔한국임시

---

99) 하용운, 「UN한국임시위원단(UNTCOK) 연구: 5·10선거의 역할과 성격을 중심으로」, 《한성사학》 6·7(1994), pp. 121-205.

위원단이 감시·합의하였고, 한국인 다수가 거주하는 한국의 그 지역에 대한 효과적인 행정권과 사법권을 갖는 합법적인 정부가 수립되었다는 것, 이 정부가 한국의 그 지역 유권자가 자유 의사를 정당하게 표현한 것이며 유엔한국임시위원단이 감시한 선거에 기초했다는 것, 이 정부가 한국의 그 지역에서 유일한 정부임을 선언하였다.[100]

한국전쟁 중에 열린 제5차 유엔총회에서는 1950년 10월 유엔한국임시위원회를 해체하고 새로이 한국의 통일·독립·민주 정부를 수립했으며, 유엔한위 업무를 인수할 유엔한국통일부흥위원회를 설치하기로 결의하였다. 이것이 UNCURK(United Nations Commission for the Unification and Rehabilitation of Korea)이다.[101]

제5절. 5·10선거 결정에 대한 반응과 남북협상회의

1. 5·10선거 결정에 대한 반응

이승만 박사를 비롯한 우파는 5·10선거에 대한 유엔 결의를 찬성하였다. 그러나 공산당은 북한의 지령에 따라 강력하게 반발했을 뿐만 아니라 무력으로 반란을 일으켰다. 우파 일부에서는 이를 단정·단선이라고 하여 반대했으며, 김구 주석을 비롯한 우파 일부가 북한과 협상하여 통일선거를 해야 한다며 남북협상을 주장하기도 하였다.[102]

---

100) 유엔한국임시위원회에 대해서는 위키백과, '유엔한국위원회'; 『한국민족문화대백과』, '국제연합한국위원회'; 『두산백과』, '국제연합한국위원회' 등 백과사전 참조. 윤석형, 「유엔에서의 한반도 문제」, 연세대 석사학위 논문, 1977; 김동국, 「유엔에서의 한국문제 처리에 관한 연구: 1947. 9~1948. 12」, 연세대 석사학위 논문, 1990; 김성천, 「1947-1948 UN조선임시위원단과 '통일정부' 문제」, 서울대 석사학위 논문, 1994; 국회도서관 입법조사국, 『유엔의 한국문제 처리 및 투표상황: 1947-1972』, 국회도서관, 1973.

101) 유엔한국통일부흥위원회는 전쟁 중에 한국의 통일과 부흥을 목적으로 세운 것이다. 이 위원회는 한반도의 재건·구호·통일·민주정부 수립을 목표로 하였다. 제네바회의를 주선하고 부흥시키는 데 기여했으나, 통일에는 역할을 하지 못하고 1973년 12월 제28차 총회에서 해체하였다(최운상, 「제네바 한반도 통일회의 1954년의 회고」, 《신동아》, 2008. 2. 25 참조).

102) 양동숙, 「해방 후 우익여성단체의 조직과 활동연구: 1945-50」, 한양대 박사학위 논문, 2010; 박광무, 「해방정국의 중간파 정치세력에 관한 연구」, 중앙대 박사학위 논문, 1995; 이기영, 「5·10선거의 전개

1) 우파진영의 지지 선언

유엔총회에서 한국 문제를 결의하자 우익진영은 곧 환영한다는 성명을 내고 총선을 촉구하는 국민대회를 열었다. 독촉국민회의를 비롯한 우익진영 14개 단체가 개최한 이 대회에서는 1947년 말 안에 남한에서 총선을 하자고 요구하였다. 한국민족대표자대회는 유엔총회 결의에 국민적 지지를 천명하면서 소련의 거부로 남북이 총선거를 하지 못할 때는 남한에서만이라도 하자고 주장하였다.

김구 주석의 한독당은 아무런 의사도 표시하지 않았는데, 이는 내부적으로 구성원의 사상이 달라서였을 것이다. 그러나 11월 24일에는 단독선거가 국토를 양분하는 비극이 될 것이라고 경고하였다. 중도세력 가운데 김규식 의장이 주도한 민족자주연맹[103] 결성준비위원회는 유엔 결의를 환영하는 성명을 발표하였다. 다만 중도좌파세력은 유엔총회 결의가 우리 민족의 의사 표시 없이 결정되었으며, 남북 분단을 초래할 우려가 있다고 하여 자주적으로 남북한 통일정부를 수립하자는 성명을 발표하였다.

우익진영은 유엔총회 결의가 있고 유엔한국임시위원단이 한국에 온 뒤에도 소련의 거부로 남북의 통일선거가 어려울 것으로 보아, 11월 19일 20여 단체가 대표자회의를 열어 ① 금년 안에 남한에서 총선을 실시할 것 ② 딘 군정장관에게 1주일 안에 총선거일을 공고하게 할 것 ③ 그런 교섭에 성과가 없을 때는 자율적으로 선거를 단행할 것을 결의하였다.[104] 이에 딘 군정장관은 11월 27일 유엔의 감시 체제에서 총선거를 하기 전에는 남조선에 선거는 없을 것이라는 특별 성명을 발표하였다.

과정과 국내 정치세력의 대응」, 연세대 석사학위 논문, 1990.

103) 박경원, 「1947-1950년 민족자주연맹의 통일민족국가수립운동」, 한국교원대 석사학위 논문, 2009; 양동안, 「1945-1948년 기간 중도좌파의 정치활동에 관한 연구」, 《정신문화연구》 제24권 3호 통권84호 (2001. 9), pp. 209-253.

104) 김도현, 「이승만로선의 재검토」, 『해방전후사의 인식』, 한길사, 2004, pp. 301-326; 양동안, 「이승만의 지도력 유엔의 지원으로 대한민국 탄생: 폭동 불구 사상 첫 5·10 민주선거 실시」, 《자유공론》 제39권 4호 (2004. 4), pp. 86-94: 오지곤, 「남한 단독정부 수립과정에 관한 연구」, 연세대 석사학위 논문, 1988.

2) 한국독립당의 단선반대운동

한독당은 이승만 박사의 즉시 선거론에 반대하였다. 한독당의 중도파는 좌익 중도파의 남북협상론에 동조하면서 김구 주석이 우익진영에 동조하지 못하도록 설득하였다. 김구 주석은 한때 이승만 박사와 협력하기로 했으나, 장덕수 암살사건으로 한민당과 한독당 사이가 나빠지면서 이승만의 독촉에 반대로 돌아섰다. 김구는 12월 22일 통일선거는 찬성하지만 단독선거는 반대한다고 발표하였다.

유엔소총회가 남한만의 총선을 결의한 뒤에 김구와 김규식은 이승만과 결별하고 남북 협상을 지지하여 남한 총선을 막는 방향으로 나아갔다. 이로써 우익진영이 분열하게 되었다.[105]

3) 이승만 중심의 총선 준비

이승만 박사는 통일선거로 한반도의 통일과 독립을 이루어야 한다고 주장하였다. 그러나 단독선거가 불가피해지자 11월 26일 단독선거를 빨리 실시하자고 하였다. 이승만 박사는 반대편에 있던 김구 주석과 1947년 2월 12일 국민의회에서 독립정부를 수립하자는 것에는 합의했으나, 김구 주석이 단선·단정에 반대한다고 하여 결별하였다. 많은 정당과 단체들이 단선·단정에 반대했으나, 이승만 박사는 그동안 반목했던 하지 중장과 협력하여 5·10 단독선거를 지지하였다.[106] 하지는

---

105) 백기완, 「김구의 사상과 행동의 재조명」, 『해방전후사의 인식』, pp. 273-300; 김미영, 「단독정부 수립기의 단선·단정 반대투쟁에 관한 연구」, 고려대 석사학위 논문, 1990; 김광동, 「제주4·3사건의 역사적 성격과 왜곡된 진상규명: 남로당의 대한민국 건국 저지」, 《자유공론》 제44권 3호(2009. 4), pp. 14-18.
106) 김광동, 「대한민국 건국과 이승만 정부의 의의」, 《본질과 현상》 통권13호(2008. 가을), pp. 89-102; 유영익, 『이승만 연구: 독립운동과 대한민국 건국』, 연세대 출판부(2000); 김용호, 「대한민국 정부수립 과정에서 이승만의 역할에 대한 재평가」, 《한국정치연구》 제20집 2호(2011. 6), pp. 107-127; 정병준, 『우남 이승만 연구』, 역사비평사, 2005; 유동현, 「이승만의 정치노선에 대한 일고찰: 대한민국 정부수립 과정을 배경으로」, 한양대 석사학위 논문, 1983; 김수자, 「대한민국 초기 이승만의 권력기반 강화과정 연구」, 이화여대 박사학위 논문, 2004; 이현희, 「대한민국의 건국과정과 정통 중도세력」, 《민족정론》 28집(1995. 11), pp. 21-30; 양동안, 「대한민국 건국사」; 양동안, 「이승만의 지도력, 유엔의 지원으로 대한민국 탄생」, 《자유공론》 제29권 4호 통권445호(2004. 4), pp. 86-94; 김인식, 「대한민국 정부수립과 안재홍: 정부수립 주체를 중심으로」, 《동양정치사상사》 제8권 1호(2009. 3), pp. 5-25; 양동안,

평양에서 열기로 한 남북협상회의를 공산주의자의 음모라 하여 거부하였다.

2월 10일에는 김구가 '삼천만 동포에게 고함'이라는 성명서를 내고 남한만의 총선에 반대하였다.[107] 이승만 박사의 독립촉성국민회의는 유엔소총회 결의를 존중하며 자유선거를 할 수 있는 지역에서만이라도 하는 것에 찬성하고 준비에 들어갔다. 하지 중장은 3월 4일 조선 인민대표 선거에 관한 포고문을 발표하며 선거를 5월 9일에 할 것이라고 하였다. 그 내용은 ① 5월 9일 총선을 실시한다. ② 유엔조선임시위원단이 선거를 감시한다. ③ 보통·평등·비밀·자유 선거 원칙을 지킨다. ④ 한국인 대표와 유엔한위 요구로 추후 선거법을 제정한다.[108] 5일 이승만은 하지 중장의 포고를 즉시 지지하면서 추종세력에게 5·9총선거에 적극 참여하라고 독려하였다. 그리고 총선에 대비하여 각 정당과 단체 대표자회의를 소집하고, 33인 민족대표단을 구성하였다.[109]

2. 북한 정권과 로동당의 반대운동

1) 북한 정권과 남북공산당의 반대투쟁

유엔 감시체제로 한반도에서 선거를 치러 통일정부를 구성하자는 안에 소비에트러시아와 북한로동당 등 좌파정당이 강력히 반발하였다. 소련은 유엔총회에서 의안을 상정할 때부터 반대하더니 결의에도 반대하고, 소련 위성국들도 표

「이승만과 대한민국 건국」, 《정신문화연구》 제31권 3호 통권112호(2008. 가을), pp. 41-70; 남정욱, "이승만이 남한 단독정부를 부르짖은 까닭은?", 미디어펜(2015. 5. 13); 이현표, "태극기를 지킨 건국대통령, 이승만", 뉴데일리(2015. 3. 4); 박성진, 「제1공화국 이전 이승만의 대정보 분야 인식과 활동」, 《평화학연구》 제12권 4호(2011. 12), pp. 171-191; 김두희, 「이승만의 미국인식과 대한민국의 건국과 생존」, 충남대 석사학위 논문, 2005; 고지영, 「미군정 시기(1045-1948) 미국 정부와 이승만 간의 관계에 대한 일고찰」, 경북대 석사학위 논문, 2015; 이현희, 「대한민국의 건국과정과 정통주도세력」, 《민족정론》 28(1995. 11), pp. 21-30; 김용호, 「대한민국 정부수립 과정에서 이승만의 역할에 관한 재평가: 미군정 시기 미국의 대한반도정책을 둘러싼 이승만과 하지의 갈등과 협력관계 분석」, 《한국정치사연구》 제20집 2호(2011. 6), pp. 107-127; 한승연·신충식, 「해방공간의 '국가' 개념사 연구: 이승만의 국가 개념을 중심으로」, 《정치사상연구》 제17집 2호(2011. 가을), pp. 37-74; 손세일, 「이승만과 김구」, 일조각, 1979.
107) 이중근, 『광복』(중), 우정문고, 2015. 성명사 내용은 pp. 1069-1070.
108) 이중근, 상게서, p. 1099.
109) 그 명단은 이중근, 상게서, p. 1100 참조.

결에서 반대하였다. 소련은 한국 통일은 점령국인 미·소와 영·중 합의로 해야 한다고 주장했는데, 이때 중국은 이미 장개석 정부가 패퇴하고 모택동 공산당이 득세하여 소련과 중국이 합작하면 유리하다고 본 것 같다. 이뿐만이 아니라 소련은 북한을 완전히 소비에트화하여 민주기지로 삼았으며, 인민군 20만이 잘 훈련되어 있었기에 미소가 철군하면 북한이 공산통일을 할 수 있으리라고 믿은 것 같다.

북한은 1948년 2월 6일부터 소위 인민회의 제4차 회의를 열고 공산괴뢰정권을 수립할 책동을 했으며, 남조선 정부는 북조선처럼 인민위원회에 권한을 위임하고 국내 치안을 위하여 정부를 수립하기 전에 미군을 철퇴하라고 요구하였다. 북한은 인민위원회 정부가 유엔한위 활동을 반대하며, 북한 입국과 감시에 반대하여 사실상 북한지역에서 선거를 할 수 없게 만들었다. 북한은 2월 8일 조선인민군을 창건하고, 남한의 공산당과 남로당에 지령하여 폭동과 파업을 일으켰으며, 선거를 방해하려고 모든 역량을 발휘하였다. 3월 9일에는 김일성이 북조선민전중앙위원회 회의에서 연설을 했는데, 남조선의 단독정부 선거를 반대하라고 요구하였다.

좌파세력은 미소 양군의 조기 철수를 거듭 주장하면서 유엔한위 활동과 선거 준비를 저지하려는 반미·반우익 통일전선 결성을 추진하였다. 남로당은 1947년 말 혹은 48년 초에 소·미 양군을 동시에 철수하고, 외국의 간섭 없이 조선 인민이 민주·통일·자주 정부를 수립하자고 주장하였다. 또 민전 산하 단체 대표자회의는 유엔총회 결의를 "휴지에 불과하다"고 하면서 반정부 수립운동을 선전하였다.

2) 남조선로동당의 무장투쟁

박헌영은 1946년 11월 23일 남조선로동당을 창당하였다. 이것은 조선인민당과 조선공산당, 남조선인민당이 통합한 것으로 이로 말미암아 조선공산당의 내부 갈등이 표면화되었다. 미군정이 박헌영 체포령을 내리자 박헌영은 남한을 전

전하다가 북한으로 도망갔다. 조선로동당의 주도 하에 1946년 10월 1일 폭동사
건을 야기하였다. 이 사건에서 박헌영은 무력을 사용하는 것을 금지하였다. 그러
나 단독정부 수립 반대투쟁에서는 폭동과 반란 등 무장투쟁을 허용하였다.[110]

대구10·1사건은 경찰이 시위대에 총격을 가하여 시민이 2명 사망한 것에 민
중이 저항해서 일어난 것이다.[111] 이것은 공산당이 파업을 선동하여 파업이 종
료되는 10월 1일에 대규모 시위를 한 데서 비롯되었다. 공산당원들은 폭동을 시
작하여 경관과 대치 끝에 발포사건이 일어난 것이다. 미군정은 10월 2일 대구에
계엄령을 선포하여 질서를 회복했으나, 경찰과 공무원 사상자가 늘어났다. 대구
10·1폭동은 경북에서도 경찰서를 습격하여 경찰관 사상이 늘어났다. 경남·경
기도·황해도·강원도·전남·전북에서 민란이 일어났고, 그 결과 경상도에서만도
공무원 63명과 일반인 73명 모두 136명이 사망한 것으로 밝혀졌다.[112]

3) 제주4·3사건

공산당은 남한의 5·10선거를 방해하려고 2·7구국투쟁[113]이라는 무장투쟁
을 선동하였다. 제주4·3사건 진상규명 및 희생자 명예회복위원회 진상 조사 결
과를 보면 당시 제주도에서는 3월 10일부터 민관 총파업을 단행하였다. 4월 3일
남로당 제주지부의 김달삼을 비롯한 350여 명이 무장하고 제주도 내 경찰지서
12곳을 일제히 공격하였다. 이들은 또 경찰관과 서북청년단, 대한독립촉성회 우
익단체 요인들을 습격하여 살상하였다. 이것이 제주4·3사건의 시작이며, 5·10
선거를 방해하려는 무장투쟁의 시작이었다.[114] 이때 경찰과 우익 청년 희생자는

110) 양성철, 「조선공산당·남로당의 정치노선의 변화과정에 관한 연구: 1945년 9월-1949년 6월을 중심으
로」, 연세대 석사학위 논문, 1993; 김점곤, 「한국의 공산주의 투쟁형태 연구: 특히 1945-50년 무장투
쟁을 중심으로」, 《북한》 제6권 10호 통권70호(1977), pp. 198-207.

111) 위키백과, '대구10·1사건'.

112) 위키백과, '대구10·1사건', '박헌영'; 두산백과, '대구10·1폭동사건'; 일베저장소, '10·1 대구 사회주의 폭동'.

113) 양동안, 「대한민국 건국사」, 현음사, 1998, pp. 516-518.

114) 공식 기록으로는 제주4·3사건 진상규명 및 희생자 명예회복위원회 편, 「제주4·3사건 진상조사
보고서」, 2003. 12. 비공식 기록으로는 위키백과, '제주4·3사건'; 두산백과, '제주4·3사건'; 「한국
민족문화대백과」, '제주 사삼사건'; 박영림, 「제주도 4·3 민중항쟁에 관한 연구」, 고려대 석사학위 논

154명에 달하였다. 미군정은 4월 5일 제주도에 비상경비사령부를 설치하고 해안을 봉쇄하면서 소탕작전에 들어갔다. 선거일이 가까워지면서 선거관리사무소가 습격을 당하고, 선관위원들이 피살되는 사건이 연이어 일어났다. 5·10선거에서 제주도는 투표자가 과반수가 안되어 무효가 되었다. 선거 후에는 남로당 지령으로 여·순반란사건이 일어났다.[115]

문, 1988; 김평선, 「서북청년단의 폭력행위 연구: 제주4·3사건을 중심으로」, 제주대 석사학위 논문, 2009; 김용철, 「제주4·3사건 초기 경비대와 무장대 협상 연구」, 《4·3과 역사》 제9·10호(2010), 제주4·3연구소; 김순태, 「'제주4·3사건 위원회'의 활동과 평가」, 민주주의법학연구회, 2003; 박영기, 「구술자료를 활용한 역사수업 방안: 제주4·3사건을 중심으로」, 경희대 석사학위 논문, 2010; 이정석, 「제주4·3사건을 기억하는 두 가지 방식」, 한국어문학회, 2008; 현혜경, 「제주4·3사건 기념의례의 형성과 구조」, 전남대 박사학위 논문, 2008; 조남현, 「제주4·3사건의 쟁점과 진실」, 돌담, 1993; 허영선, 「제주4·3」, 민주화운동기념사업회, 2006; 양정심, 「제주4·3항쟁」, 선인, 2008; 이선교, 「제주4·3사건의 진상」, 현대사포럼, 2012; 지만원, 「제주4·3 반란사건, 지워지지 않는 오욕의 붉은 역사」, 시스템, 2011; 박찬식, 「4·3과 제주역사」, 도서출판 각, 2008; 박윤식, 「1948년 제주4·3폭동」, 휘선, 2012; 이현희, 「제주4·3사건의 본질을 다시 말하다」, 국민교재 국민의 무기, 2006; 이대성, 「제주도 4·3 민중운동에 관한 연구」, 《북악논총》 7(1989. 8), pp. 229-258; 허호준, 「제주4·3의 전개과정과 미군정의 대응전략에 관한 연구: 5·10선거를 중심으로」, 제주대 석사학위 논문, 2003; 양정심, 「제주4·3투쟁연구」, 성균관대 박사학위 논문, 2006; 한철호, 「고교 역사교과서의 제주4·3사건 서술 경향과 과제」, 《사학연구》 제103호(2011), pp. 209-249; 이호준, 「제주4·3 전개과정에서의 5·10선거의 의미: 미국의 역할을 중심으로」, 《민주주의와 인권》 제7권 2호(2007. 10), pp. 207-305; 손경호, 「제주4·3사건: 배경, 발달, 그리고 진압, 1945-1949」, 오하이오주립대 박사학위 논문, 2008; 장준갑, 「미군정의 제주4·3사건에 대한 대응: 폭력과 학살의 전주곡」, 《전북사학》 제31호(2007. 10), pp. 205-226; 양한권, 「제주도 4·3폭동의 배경에 관한 연구」, 《제주도연구》 5(1988. 12), pp. 175-254; 이혜복, 「동란 직전의 남북정치사회상」, 《북한》 제4권 6호 통권42호(1975), pp. 184-194; 조갑제, "교육부가 방조한 교과서 4·3사건 왜곡"(http://chogabje.com/board/view.asp?C_IDX=60634&C_CC=AC); 문순보, 「제주민중항쟁의 원인과 성격: 미군정의 대제주도정책을 중심으로」, 성균관대 석사학위 논문, 2001; 김광동, "제주남로당의 4·3 무장반란과 주민희생사건의 진상, 노무현 정부의 진상보고서를 반박한다"2014. 4. 2(http://chogabje.com/board/view.asp?cpage=0&C_IDX=55305&C_CC=AC); 김영중, "내가 보는 제주4·3사건: 4·3 진상조사보고서의 문제성"(alltak@hanmail.net)(http://www.upkorea.net/news/articlePrint.html?idxno=32279) Newsweek Staff; 방철주, 「대한민국 건국과정에서 공산세력의 역할: 제주4·3사건을 중심으로」, 충남대 석사학위 논문, 2012; 양영조, 「대한민국 건국 전후 좌익들의 반정부 활동」, 《향방저널》 제18권 3호(2013. 3), pp. 17-21; 김종철, 「제주4·3사건 트라우마에 대한 문화적 기억과 영상적 재현」, 중앙대 석사학위 논문, 2014; 김봉건, 「정일홍의 제주4·3사건 소재 희곡 연구」, 고려대 석사학위 논문, 2014.

115) 여순반란사건에 대해서는 New Report by the Truth Commission, 438 Civilians confirmed Dead in Yeosu-Suncheon Uprising of 1948; 위키백과, '여수·순천사건'; 「두산백과」, '여수·순천사건'; 신평길, 「(비화) 남로당과 여순반란사건」, 《북한》 통권273호(1994. 9), pp. 92-105; 이병희, 「'민족해방전쟁' 전초전 여·순군반란사건」, 《새물결》 175호(1995. 11), pp. 104-110; 박성환, 「여순반란사건」, 《세대》 제3권 통권28호(1965. 10), pp. 246-252; 송석하, 「내가 본 여순반란사건: 당시의 후방군사령관으로서」, 《세대》 제3권 통권28호(1965. 10), pp. 240-245.

3. 남북협상회의

1) 중도좌파의 단선반대운동

중도좌파세력도 유엔 결의에 반대하며 남북 협상을 선도하였다. 이들은 1947년 10월 경에 중도파 군소정당들과 한독당 내 중도파가 주도하여 각 정당 협의회를 만들었다. 또 다른 중도파 연합체인 민족자주연맹준비위원회도 남북 협상을 제의하였다. 남로당은 뒤에서 남북 협상을 부채질하며 폭력도 지휘하였다.

남북 협상은 각 정당 협의회에서 주장했는데, 17개 정당 중에서 12개 정당이 유엔총회 결의에 대해 비판적 검토 의견을 발표하였다. 이들은 미소 양군의 조속한 철퇴를 요구하며, 그 대책으로 남북 정당대표회의를 구성하여 국제적으로 진공상태를 해소하고, 자주적으로 남북 통일정부를 수립하자고 공동성명을 발표하였다. 한독당도 이에 참여하였다.

북한의 반대로 단독선거를 할 수밖에 없게 되자 정당과 시민단체들은 남북 협상을 제기하였다. 1948년 2월 4일 중간파 결집체인 민족자주연맹은 위원장 김규식의 주제로 정치위원회를 열어 남북 통일 문제를 토의할 남북요인회의 개최를 요망하는 서한을 김일성과 김두봉에게 발송하기로 하였다. 그러나 북한은 유엔소총회 결의가 있을 때까지 회답하지 않았다. 2월 26일 유엔소총회가 단독선거를 하기로 하자, 김구·김규식·조완구·홍명희·조소앙 등은 반대성명을 발표하였다.[116] 2월 28일에는 국민의회가 남한만 독립선거를 한다는 유엔 결의안에 반대하였다. 한독당은 3월 2일 남북요인회담추진위원회를 설치하고 남북 통일공작을 진행하고자 남북요인회담을 열도록 단장과 북한에 요청하였다.[117]

2) 남북협상회의 전개 과정

유엔소총회 결의로 남한만의 단독선거가 불가피해졌으나 김구와 김규식 등은

---

116) 《경향신문》, 1948. 2. 28.
117) 이중근, 『광복』(중), 우정문고, 2015, p. 1097.

남한 단독선거를 반대하였다. 북한 전역에서 공산당 지도로 군중시위대회를 거행하였다. 3월 23일 민족자주연맹은 중앙집행위원회를 열어 남북정치협상공작을 추진하기로 의결하였고, 김구와 김규식 등은 남북요인회담을 제의하였다. 3월 25일 북한 방송은 유엔의 결정과 남조선 단독선거를 반대하는 연석회의를 4월 14일부터 평양에서 열자고 요청하였다. 김일성과 김두봉도 답신을 보내왔는데, 좌익과 중도파 정치인 몇 명을 지명하여 4월 14일에 평양에서 열자고 하였다.[118]

그들은 유엔소총회에서 이 문제를 논의할 수 있을 때는 의견을 표시하지 않다가 유엔소총회 결의로 남한만의 단독선거가 불가피해지자 이를 방해하려고 답변서를 보낸 것이다. 북한은 4월 14일부터 평양에서 남한의 민주주의 정당·사회단체와 연석회의를 개최하고, 조선의 민주주의 독립국가 건설을 추진하는 것을 공동 목적으로 하자는 내용이었다. 김구와 김규식은 "이번 회담은 그들이 미리 준비한 잔치에 참여만 하라는 것이 아닌가 하는 기우가 없지 않으나, 우리 두 사람은 남북요인회담을 요구한 이상 가는 것이 옳다고 본다"고 공식 태도를 발표하였다.[119]

김구와 김규식은 특사를 보내 진의를 알아봤더니 김일성이 "우리가 통일을 위하여 만나 이야기하는 데는 아무런 조건도 있을 수 없다. 두 선생님께서는 무조건 오셔서 우리와 모든 문제를 심의하면 해결된다"는 회답을 받았다. 이 회답을 받고도 김규식은 태도를 결정하지 못했고, 이로써 평양회의는 4월 19일로 연기되었다. 그러나 김구와 김규식은 끝내 남북 정당·사회단체 회담에 참여하기로 하고 북측에 가기로 하였다.[120]

3) 남북협상회의 회담 내용

4월 19일 김구는 혼자 북한으로 출발하였다.[121] 김규식은 민족자주연맹 간부들과 회의하며 전제 조건을 내걸었는데, 이것이 수락되자 22일 민족자주연맹 대

---

118) 전게서, p. 1128.
119) 전게서, 남한의 각 사회단체 반응은 pp. 1131-1138 참조. 회신서는 pp. 1137-1138 참조.
120) 김구·김규식의 공동성명은 이중근, 『광복』(중), pp. 1161-1163 참조.
121) 김구 성명서는 이중근, 상계서, pp. 1177-1179.

표 16명과 함께 평양에 도착하였다. 이 4월 19~23일 회의에서는 남한의 단독선거를 반대하는 투쟁을 결의하고, 4월 21일 낮에는 김일성이 북조선 정세를 보고하고, 오후에는 백남훈과 박헌영이 남조선 정세를 보고한 다음 토론을 하였다. 22일에는 백남훈의 사회로 토론이 계속되었고, 24일에는 김원봉의 사회로 '삼천만 동포에게 호소하는 격문'을 채택하였다. 24~25일의 공식회의가 끝난 뒤 27~30일에는 김구·김규식·조소앙·조완구·홍명희·김봉준·이극로·엄항섭·김일성·김두봉·허헌·박헌영·최건혁·주영하·백남운 15명으로 구성한 남북요인회담을 열어 김규식이 제의한 바 있는 5개 항의 조건을 중심으로 토의하였다.[122]

이어 남북 통일정부 수립 방안을 작성했는데, 그 내용은 다음과 같다. ① 소련이 제의한 바와 같이 우리 강토에서 외국 군대가 즉시 철거하는 것이 조선 문제를 해결하는 유리한 방식이다. ② 남북 정당·사회단체 지도자들은 우리 강토에서 외국 군대가 철퇴한 뒤에 내전이 발생할 수 없음을 확인한다. ③ 외국 군대가 철퇴한 후 다음 연석회의에 참가한 모든 정당과 사회단체는 공동명의로 전조선 정치회의를 소집하여 임시정부를 수립하고, 통일적 조선입법기관을 선거하여 통일적 민주정부를 수립한다. ④ 위의 사실에 의거하여 이 성명서에 서명한 모든 정당과 사회단체는 남조선의 단독선거 결과를 결코 인정하지 않을 것이며, 지지하지도 않을 것이다.[123]

북한은 이 회의를 하면서 4월 28일에는 북조선인민회의 특별회의를 소집하여 '조선민주주의공화국 헌법' 초안을 설명하고, 29일에는 이 안을 승인하여 조선인민공화국의 독립을 인정하고, 5월 2일에는 헌법을 채택하였다.[124]

4) 남북협상회의 회담 결과

남북요인회담을 진행하는 사이 김구·김규식·김일성·김두봉 4인은 ① 연백평야에 공급하다 중단한 수리조합 개방 문제 ② 남한으로 공급하다 중단한 전력

---

122) 상세한 내용은 이중근, 『광복』(중), pp. 1181-1191, 1203.
123) 『한국민족문화대백과』, '남북협상'에 의함.
124) 이중근, 상계서, pp. 1199-1200.

송전 문제 ③ 조만식의 베트남 허용 문제 ④ 안중근 유골 국내 이장 문제를 논의하였다. 이에 김일성이 수리조합 개방과 전력 송전 문제는 즉석에서 수락하였고, 조만식과 안중근 문제는 뒤로 미루었다. 그러나 김구와 김규식이 서울로 돌아와 이 사실을 발표한 며칠 뒤, 다시 수리조합과 전력 송전은 중단되었다.[125] 하지 장군은 남북협상단 발표에 장문의 반박문을 발표하였다.[126]

김구와 김규식은 평양에서 회담한 뒤 5월 4일에야 서울로 돌아왔다. 이 남북회담은 북한 정권이 5·10선거를 반대하려는 집회였고, 시기적으로 너무 늦은 감이 있었다. 남북회담을 일찍 열어 북한이 유엔 감시 하의 통일선거를 받아들이게 했어야 했다. 남한의 사회단체 간부들은 북한이 5·10선거 불참을 유도한 연

125) 『두산백과』, '남북협상'; 『한국근현대사사전』, '남북협상'; 허상, "김구의 남북협상의 허상" 북한전략센터 자유게시판(2009. 1. 2); 양동안, 「1948년 남북협상과 관련된 북한의 대남정치공작」, 《국가정보연구》 제3권 1호(2010. 6), pp. 7-45; 김우전, 『김구 주석의 남북협상과 통일론』, 고구려, 1999; 이현희·양동안 좌담 "이승만인가 김구인가: 이승만 박사가 아니면 남한도 공산화됐다: 현실성 없던 남북협상 찬양은 잘못된 일", 《한국논단》 제119권(1999), pp. 24-35; 오종식, 「총선거의 환경과 태세: 남북협상은 이북협상」, 《해동공론》 제3권 2호(1948. 5), pp. 7-9; 국토통일원, 『남북협상과 국공협상의 비교에 의한 우리의 대책』, 1977; 심지연, 「1948년 4월 남북 정치 협상의 현재적 의미」, 《통일문제와 국제관계》 제13집(2003. 5), pp. 57-77; 김교식, 「남북협상과 김구·김규식의 평양방문: 1948년」, 《북한》 164호(1985), pp. 70-75; 고환규, 「통일염원, 남북협상과 백범 김구선생」, 《월간목회》 22(1978. 6), pp. 143-156; 이영준, 「48년 남북협상 및 7·4 남북회담 이념비화」, 《자유공론》 215(1985. 2), pp. 86-105; 이기원, 「남북협상 회고와 결산, 8·15 이후 50년대까지 남북대화의 역사적 고찰」, 《국제문제》 104(1979. 4), pp. 27-35; 이경식, 「반론에 대한 반론: 남북협상 비판 사실을 토대로 했다」, 《한국논단》 94권(1977), pp. 134-139; 이기봉, 「1948년 남북협상 이면비화: 4월과 5월의 북괴대협작극」, 《자유공론》 205(1984. 4), pp. 84-100; 김도태, 「남북협상의 성격 분석과 향후 변화전망」, 《협상연구》 1권 1호(1995), pp. 137-156; 김우진, 「1948년 남북협상에 대한 역사인식의 부족과 왜곡」, 《순국》 통권162호(2004. 7), pp. 42-55; 김광운, 「1948년 4월 남북협상과 통일론: 좌우공존 가능성 역사적 실례, 민족 대 반민족 두려운 세력 남북협상 평가절하」, 《민족21》 통권47호(2005. 2), pp. 92-103; 이은정, 「남북협상(1945-48) 소고」, 성신여대 석사학위 논문, 1994; 서중석, 《백범과 민족운동 연구》 제3집(2005), pp. 141-166; 양동안, 「1948년 남북협상의 허와 실」, 《한국사 시민강좌》 제1호 통권38집(2006. 2), pp. 143-165; 최진, 「한국 좌익의 뿌리는?: 1945-48년 역사 왜곡에서 비롯된 한국 좌익들의 인식: 실패할 수밖에 없었던 남북협상을 중심으로」, 《한국논단》 통권206호(2006. 12), pp. 108-123; 이신철, 「정부수립 60년, 남북회담 60년: 남북정상회담의 전사: 남북협상과 1950년대 통일논의」, 《사림》 30권(2008), pp. 1-25; 유낙근, 「1948년 남북협상의 전개과정: 연석회의를 중심으로」, 《경상대학교 민족통일론집》 3(1988. 1), pp. 37-58; 이상표, 「48년 백범 김구의 남북협상 역사적 재평가 필요: 백범 서거 53주년을 맞아」, 《시사평론》 제1권 6호 통권6호(2002. 6), pp. 107-110; 선우진, 「남북협상수행기: 도쿠멘타리 현대사」, 《세대》 제8권 통권89호(1970. 12), pp. 238-250; 이신철, 「1948년 남북협상 직후 통일운동 세력과 김구의 노선 변화에 관한 연구」, 《한국사학보》 제11호(2001), pp. 349-382; 이경식, 「김구의 남북협상 잘못 이해되고 있다」, 《한국논단》 92(94. 4), pp. 186-193.

126) 이중근, 『광복』(중), pp. 1209-1211.

극에 참여한 꼴이 되었다. 이 결과 김구와 김규식파는 5·10선거에 참가할 수 없었고, 제1공화국 건국에 참여하지 못하여 중도세력은 몰락하기에 이르렀다. 우파가 분열되어 북한에 이용된 결과 한국전쟁을 막지 못했고, 민족의 분단을 더 길게 만든 슬픈 사건이라 하겠다. 하지 장군은 남북회담 단체의 요청서를 반대하며, 이에 서명한 사람들은 그들의 조국을 공산당의 노예와 외국의 지배에 팔기를 희망하는 자라고 맹렬하게 비난하였다.[127]

제6절. 5·10선거로 대한민국 건국

1. 5·10선거 시행

1) 좌익의 반대를 물리치고 5·10선거 시행

좌익과 중도파, 김구·김규식이 남한 총선 저지·파괴 투쟁[128]을 벌였음에도 5·10선거는 비교적 순조롭게 진행되었다. 3월 1일 비군정은 총선거를 5월 9일에 하기로 하고, 3월 3일에는 국회선거위원회를 설치하고, 3월 17일에는 미군정 법령 제175호 조선국회의원선거법을 제정하였다. 이는 보통·평등·비밀·자유 선거 원칙을 선언한 것인데, 미국의 법에 따라 선거인 연령을 21세, 피선거인 연령을 25세로 하였다. 3월 22일에는 그 시행 규칙도 제정하였다. 국회의원 수는 200인으로 하고, 소선거구에서 전원을 선거하기로 하였다. 선거인 등록은 자유등록제로 하여 유권자 전원이 거의 등록하였고, 등록한 선거인 절대다수가 투표하였다. 의원 임기는 2년으로 하였다. 선거운동은 비교적 조용하게 이루어졌으며, 제주도를 제외하고는 치안상태가 좋았다. 유엔감시위원단도 5·10선거가 자유롭게 언론 자유와 선거 자유가 보장되는 가운데 이루어졌음을 확인하였다.[129] 투표율은 각 시·도에서 95% 넘었고, 당선자의 정당 분포는 무소속이 대부분이었다.

---

127) 이중근, 『광복』(중), pp. 1215-1216.
128) 선거 방해 사항에 대한 경무국장 담화 내용은 이중근, 『광복』(중), pp. 1232-1234 참조.
129) 국제연합 조선임시위원단 공보 제70호, 이중근, 『광복』(중), pp. 1305-1306.

2) 5·10선거 정당별 득표 상황[130][131]

〈표 1〉 제헌 국회의원 선거, 정당·사회단체별 득표 현황

구분	무소속	대한독립촉성국민회	한국민주당	대동청년단	조선민족청년단	대한노동총연맹	대한독립촉성농민총연맹	기타	계
서울	138,472	60,876	111,174	66,826	–	11,887	–	70,633	459,868
경기	479,128	222,512	85,059	109,190	11,031	22,145	6,583	30,906	966,554
충북	235,002	120,378	22,601	54,624	–	–	–	–	432,605
충남	360,680	199,870	42,077	76,341	8,366	5,979	1,657	41,879	736,849
전북	177,595	195,837	182,534	63,355	45,382	–	19,164	16,663	700,530
전남	257,918	155,631	324,178	25,120	25,578	2,503	14,677	55,392	860,997
경북	364,775	267,022	75,523	97,594	–	43,557	–	71,412	919,883
경남	568,687	297,932	73,176	74,478	60,686	5,126	–	100,005	1,180,090
강원	137,036	210,219	–	81,693	–	15,432	–	6,814	451,194
제주	8,190	36,266	–	6,432	–	–	–	7,840	58,728
계	2,745,483	1,775,543	916,322	655,653	151,043	106,629	52,512	401,554	6,804,739
비율	40.3	26.1	13.5	9.6	2.2	1.6	0.8	5.9	100

중앙선거관리위원회, '역대 국회의원 선거 현황(제1~11대)', 앞의 책 71쪽에서 발췌하여 다시 작성.

3) 제헌국회 개원

5월 10일에 선출된 국회의원들이 5월 31일 개원하였다. 당선자는 무소속 85, 독촉 55, 한민당 28, 대동청년당 12, 민족청년당 6, 기타 12명이었다. 이 국회는 이승만을 의장으로, 신익희와 김동원을 부의장으로 선출하였다.[132]

제헌국회에서는 예상을 뒤집고 정당 당선자가 적었다. 그 이유는 좌파정당들

---

130) 이기영, 「5·10선거의 전개과정과 국내 정치세력의 대응」, 연세대 석사학위 논문, 1990.
131) 한국의 정당정치, 제헌국회의원 선거(1948년 5월 10일); 중앙선거관리위원회, 『대한민국 선거사 제1집』, 1973; 김운태, 『한국현대정치사』, 제2권, 성문각, 1986; 김민하, 『한국정당정치론』, 일신사, 1988; 진덕규, 「제국주의적 종속성과 분단체제적 통치양식 5·10선거」, 《한국논단》 29(1992), pp. 178-188; 고종만, 「5·10선거와 분단의 고착화」, 《의정평론》 14(1989. 9), pp. 70-75; 박인권, 「1948년 5·10 총선에 나타난 한국민주당에 대한 충청도민의 인식」, 경북대 석사학위 논문, 2008.
132) 김득중, 「제헌국회의 성립과정과 성격」, 성균관대 석사학위 논문, 1994.

이 5·10선거에 정식으로는 참여하지 않아서였다. 그러나 이들 중에는 상당수가 무소속으로 출마하여 당선되기도 하였다. 완전 우파로는 독립촉성국민회의와 한민당, 대동청년단, 민족청년단이 대표적이다. 이 국회의원은 학력과 경력, 지력이 각양각색이었기에 국회의 활동이 원만하기 힘들었다. 일반적으로는 사회주의에 경도된 의원도 있어 헌법을 제정할 때 경제 조항의 국유화와 토지개혁에 이론이 많았다. 제2대 국회 선거에서는 5·10선거와 달리 정당 소속 의원과 중도세력이 많이 등장하였다.[133]

2. 대한민국 건국 헌법 제정

1) 헌법심의위원회의 헌법 심의

국회는 5월 31일에 개원하고, 6월 1일에는 제2차 국회본회의를 열어 헌법과 정부조직법 기초의원 30명을 선임하기로 하였다. 6월 3일에는 헌법기초위원 30명을 선출했는데, 위원장에 서상일, 위원에 유성갑·윤석구·최규각·김옥주·신현돈·김경배 위원이 선출되었다. 전문위원으로는 유진오와 윤길중 등이 위촉되었다. 이들은 국회법과 정부조직법, 헌법을 기초하게 되었다. 6월 10일에는 국회법을, 6월 16일에는 정부조직법을 통과시켰다. 이들은 임시정부 헌법을 비롯하여 입법의원의 조선임시약헌 등을 토대로 초안한 여러 안을 참고하였다. 심의 토대가 된 것은 세칭 유진오안, 행정연구회안, 법전편찬위원회안이었다.[134]

헌법제정심의회 초안을 토대로 6월 23일부터 헌법안을 본회의에서 심의했는데, 통치 형태로는 3권분립에 기초한 정부 형태를 택하였다. 정부 형태는 의원내각제로 할 것이냐 대통령제로 할 것이냐를 놓고 많이 논의했으나, 6월 23일 이승만의 주장에 따라 의원내각제 원안인 대통령제와 의원내각제를 절충하기로 하

---

133) 강정구, 「5·10선거와 5·30선거의 비교연구」, 《한국과 국제정치》 77(1993. 6), pp. 1-29.
134) 상세한 것은 김철수, 『입법자료교재 헌법』, 박영사, 1985, pp. 11-34/「유진오의 헌법 초안에 나타난 국가형태와 정부형태」, 《한국사 시민강좌》, 1995. 8/「유진오의 기본권론」, 『법학교육과 법학연구』, 길안사, 1995; 유진오, 「헌법기초회고록」, 《법정》 제21권 3호(1966) 참조.

였다. 그래서 대통령과 부통령, 국무총리를 다 두게 하였다. 사법권은 독립시키기로 했으나 헌법재판소는 두지 않고 미국식인 대법원제도를 두었다. 국민의 기본권은 세계 선진국 헌법을 모방하여 생존권까지 규정하였다.[135] 국회는 7월 7일에는 헌법 초안 축조 심의를 완료하고, 7월 12일에는 헌법안을 완전히 통과시켰다.

2) 제헌헌법 내용

제헌의회에서 만든 이 제헌헌법은 짧은 시간에 만든 것이기는 하나 대한민국의 건국헌법이라고도 할 것이며, 비록 이승만 국회의장의 영향력 아래에서 정부형태를 결정했다고 하나 국민의 의사를 담은 민주주의 헌법이라고 하겠다.[136] 이 헌법의 특색은 여러 가지가 있으나, 당시 국민의 의사를 반영하여 사회민주주의적인 절충형 경제제도를 채택한 것이라고 하겠다. 이것은 당시의 경제 사정과 국민의 정서를 반영한 것이라고 하겠다.

경제 질서는 제84조에서 "대한민국의 경제 질서는 모든 국민에게 생활의 기본적 수요를 충족할 수 있게 하는 사회정의 실현과 균형 있는 국민의 경제발전을 기함을 기본으로 삼았다. 개인의 경제상 자유는 이 한도 내에서 보장된다"고 하고, 제18조 2항에서는 "영리를 목적으로 하는 사기업에서 근로자는 법률이 정하는 바에 의하여 이익 분배를 균점할 권리를 가진다"와 같은 진보적인 경제민주주의에 관한 규정을 두었다. 경제제도도 ① 농지 분배 ② 중요 기업을 국·공유화할 가능성 등을 규정한 것이 특색이다. 바이마르 헌법에서 생존권 규정을 모방한 것이라고 하겠다. 또 친일파를 청산하고자 부칙 제101조에서 "이 헌법을 제정한 국회는 단기 4278년 8월 15일 이전의 악질적인 반민족 행위를 처벌하는 특별법을 제정할 수 있다"고 하여 소급 입법을 할 수 있게 하였다.

---

135) 유진오, 『헌법해의』, 탐구당, 1949; 고려대 박물관, 『현민 유진오, 제헌헌법 관계 자료집』, 고려대 출판부, 2009; 『한국근현대사사전』, '헌법제정'; 위키백과, '대한민국 제헌헌법'; 서희경, 『대한민국 헌법의 탄생』, 창비, 2012.
136) 김철수, 『학설판례 헌법학』(상), 박영사, 2009『한국헌법사』, 대학출판사, 1988 참조.

3) 제헌헌법 공포

헌법제정안에 대해서는 논란이 많았으나, 8월 15일까지는 외국에 독립을 선포해야 한다는 사정에서 3독회를 거쳐 7월 12일에는 국회를 통과하였고, 7월 17일에는 이승만 의장이 이 헌법안에 서명하고 공포하였다.[137] 이 날을 제헌절이라

137) 송진혁, 「미군정과 제헌헌법 제정에 관한 연구」, 성균관대 석사학위 논문, 1990; 최경옥, 「미군정하의 사법부와 제헌헌법의 성립과정: Ernst Frankel의 논평과 관련하여」, 《공법연구》 제34집 2호(2005. 12), pp. 117-141; 박성빈, 「미군정과 1948년의 헌법 성립」, 《법정논총》 42(1988. 12), pp. 77-93; 김형성, 「제헌헌법의 논의과정에 나타난 쟁점에 관한 소고」, 《성균관법학》 12(2000. 10), pp. 65-101; 김효전, 「제헌헌법의 탄생과정: 국민이 나라의 주인임을 선언한 제헌헌법」, 《국회보》, 2008; 이성우, 「헌법 심의기능 강화를 위한 새로운 모색: 한국 제헌헌법 심의과정 분석」, 《동서연구》 제21권 2호(2009. 12), pp. 263-296; 김성훈·최선, 「1948년 건국헌법에 나타난 혼합적 권력구조의 기원: 미군정기와 제헌국회의 헌법안 및 헌법 논의를 중심으로」, 《헌법학연구》 제15권 2호(2009. 6), pp. 153-196; 신용옥, 「대한민국 제헌헌법 기초 주체들의 헌법 기초와 그 정치적 성격」, 《고려법학》 제51호(2008. 10), pp. 1-38; 서희경, 「현대 한국 헌정과 국민통합, 1945-1948: 단정파와 중도파의 정치노선과 헌정구상」, 《한국정치외교사논집》 제28집 2호(2007), pp. 5-42; 권영설, 「제헌헌법상 기본권 보장과 그 평가」, 《국회보》, 1995; 김종수, 「제헌헌법 사회보장 이념의 재발견과 계승: 생활균등권을 중심으로」, 《사회보장법연구》 제2권 2호(2013. 12), pp. 1-38; 유숙란, 「광복후 국가 건설과정에서의 성별 평등구조 형성: 보통선거법과 제헌헌법 작성과정을 중심으로」, 《한국정치학회보》 제39집 2호(2005. 여름), pp. 277-299; 박소연, 「1948년 제헌헌법 경제조항의 성격에 대한 일고찰」, 가톨릭대 석사학위 논문, 2010; 신용옥, 「대한민국 제헌헌법 경제조항상의 국·공유화 실황」, 《사림》 제30호(2008. 6), pp. 227-269; 이병천, 「대한민국 헌법의 경제이념과 제119조의 한 해석」, 《동향과 전망》 통권83호(2011. 가을, 겨울), pp. 144-179; 함승흠, 「제헌헌법상의 근로자의 이익균점권의 헌법화 과정에 관한 연구」, 《공법연구》 제31집 2호(2002. 12), pp. 299-320; 이영록, 「제헌헌법의 유진오 창안론과 역사적 연속성설 사이에서: 권력구조와 경제조항을 중심으로」, 《아주법학》 제8권 2호(2014. 8), pp. 55-85; 신용옥, 「제헌헌법의 사회·경제질서 구성이념」, 《한국사연구》 제144권(2009), pp. 1-40; 신용옥, 「대한민국 제헌헌법의 주권원리와 경제질서」, 《한국사학보》 제17호(2004. 7), pp. 209-239; 김정인, 「적대사회에 울리는 제헌헌법의 경종, 공화주의」, 《역사와 현실》 제90호(2013), pp. 437-445; 이영록, 「제헌헌법의 동화주의 이념과 역사적 의의」, 《한국사연구》, 2009; 신용옥, 「대한민국 제헌헌법상 경제질서의 사회국가적 성격 검토」, 《사림》 제47권(2014. 1); 이진철, 「이승만의 독립정신과 제헌헌법의 대통령제 정부 형태」, 서울대 석사학위 논문, 2013; 김정민, 「제헌헌법의 자유주의 이념적 성격」, 《정치사상연구》 제11집 2호(2005. 가을), pp. 83-105; 이영록, 「제헌헌법상 경제조항의 이념과 그 역사적 기능」, 《헌법학연구》 제19권 2호(2013. 6), pp. 69-97; 이승우, 「제헌헌법의 역사적 의미」, 《헌법학연구》 제18권 2호(2012. 6), pp. 409-445; 조맹기, 「이승만의 공화주의 제헌헌법 정신」, 《한국출판학연구》 제40권 1호 통권66호(2014. 12), pp. 189-215; 박영삼, "제헌헌법 이익균점권의 재발견", 이코노미인사이트(2013. 8. 1); 김영근, 「제1공화국 헌정사: 제헌헌법의 기능적 고찰」, 경희대 석사학위 논문, 1991; 『한국근현대사사전』, '헌법제정'; 위키백과, '대한민국 제헌헌법'; 이영록, 「우파세력의 단정입법 시도와 조선임시약헌 제정의 정치적 성격」, 《한국사학보》 제28호(2007. 8), pp. 85-122; 박찬표, 「한국의 국가 형성: 반공체제 수립과 자유민주주의의 제도화, 1945-48」, 고려대 박사학위 논문, 1995; 도진순, 「1945-48년의 우익의 동향과 민족통일정부수립운동」, 서울대 박사학위 논문, 1993; 이현희, 「대한민

하여 국경일로 했으나 노무현 정권 때 법정공휴일에서 제외하였다.

3. 대한민국 정부 수립과 독립 선포

1) 헌법상 대한민국의 정부 형태

제헌국회는 대통령제에 의원내각제를 절충하는 정부 형태를 채용하였다. 미국식 대통령제를 따라 대통령과 부통령을, 의원내각제를 따라 국무총리와 국무원, 국무회의제도를 두었다. 국무총리는 대통령이 임명하되 국회의 승인을 얻도록 하였다. 신속하게 정부를 출범시키고자 대통령과 부통령은 국회에서 4년 임기로 선출하기로 하였다. 제헌국회는 1948년 7월 17일 정부조직법을 공포하였다.

2) 대한민국의 정부 구성

1948년 7월 20일 국회에서는 대통령에 이승만, 부통령에 이시영을 선출하였다. 7월 24일에는 대통령과 부통령의 취임식이 있었다. 국무총리는 대통령이 임명하되 국회의 승인을 받도록 했는데, 8월 3일 국회에서 이범석을 국무총리로 승인하였다. 내무부장관에는 윤치영, 외무부장관에는 장택상, 국방부장관에는 이범석(총리 겸임), 재무부장관에는 김도연, 법무부장관에는 이인, 문교부장관에는 안호상, 농림부장관에는 조봉암, 상공부장관에는 임영신, 사회부장관에는 진진한, 보건부장관에는 구영숙, 체신부장관에는 윤석구, 교통부장관에는 민희식, 무임소장관에는 이윤영, 무임소장관에는 지청천, 총무처장에는 김병연, 공보처장에

국의 건국과정과 정통주도세력」, 《민족정론》 제28집(1995. 11), pp. 21-30; 윤민재, 「한국의 현대국가 형성과정에서 중도파의 위상에 관한 연구: 1945-1950」, 서울대 박사학위 논문, 1999; 최종대, 「한국의 국가 형성(1945-1950)에 관한 연구: 정치분열과 사회갈등에 관한 재해석을 중심으로」, 충남대 박사학위 논문, 2005; 김기승, 「조소앙과 대한민국 정부수립」, 《동양정치사상사》 제8권 1호(2009. 3), pp. 27-43; 김민식, 「대한민국 정부수립과 안재홍: 정부수립 주체론을 중심으로」, 《동양정치사상사》 제8권 1호(2009. 3), pp. 5-25; 양동숙, 「해방 후 우익 여성단체의 조직과 활동연구: 1945-50」, 한양대 박사학위 논문, 2010.

는 김동성, 법제처장에는 유진오, 기획처장에는 이순탁, 심계원장에는 명제세, 고시위원장에는 배은희, 감찰위원장에는 정인보가 되었다. 이승만 대통령은 이 조각이 정당 내각이 아니라 거국 내각이라 하였고, 무소속이 다수이며 독촉국민회의 인사가 많았으나 좌익의 조봉암도 포함된 인사였다.[138]

8월 4일에는 국회에서 신익희 의원을 의장으로, 김동원·김약수 의원을 부의장으로 선출하였다. 8월 5일에는 김병로를 대법원장으로 임명하고, 8월 15일에는 국무위원 전원을 임명하고 대한민국 정부를 수립했음을 만방에 선포하였다.[139][140] 이 내각 구성에는 한민당의 김성수 당수 등이 참여하지 않아 나중에 한민당이 야당세력으로 등장하는 요인이 되었다. 그러나 한독당에서도 1명, 한

---

138) 조각 배경은 천관우, 『자료로 본 대한민국 건국사』, pp. 389-399 참조.
139) 김학준, 「분단의 배경과 고정화 과정」, 『해방전후사의 인식』, 한길사, 1980, pp. 64-100; 김일영, 「대한민국 건국의 역사적 과정」, 『건국 60년의 재인식』, 기파랑, 2008, pp. 39-74; 이현희, 「대한민국 건국의 민주사적 정통성: 자유민주공화정의 경쟁력」, 《북한》 통권391호(2004. 7), pp. 86-94; 이철승, 「대한민국 건국이념과 정통성을 지키자」, 《자유지성》 통권55호(2010. 봄), pp. 8-11; 함재봉, 「국가건설의 과정: 대한민국 건국을 중심으로」, 《자유지성》 통권59(2011. 봄), pp. 5-10; 현대사회문화연구소, 「남북 분단과 대한민국의 건국」, 《2000년》 통권339호(2011. 7), pp. 6-13; 민족통일중앙협의회, 《통일》 통권389(2014. 2), pp. 17-19; 한상철, 「남북한 분단국가 수립과정 연구: 남북한 권력기구의 형성과 변화를 중심으로(1945-1948)」, 경남대 석사학위 논문, 2012; 신병식, 「대한민국 정부수립 과정에 관한 연구」, 서울대 석사학위 논문, 1983; 정경희, 「미군정과 단정수립」, 《화백》 18(1985. 12), pp. 71-82; 한승조, 「대한민국의 건국이념과 자유민주주의 체제」, 《민족정론》 28(1995. 11), pp. 31-42; 박찬표, 「한국의 국가 형성: 반공체제 수립과 자유민주주의의 제도화 1945-48」, 고려대 박사학위 논문, 1995; 정극로, 「대한민국의 건국에 대한 시시비비의 재조명」, 《공안문제연구》 42(1996. 7), pp. 80-94; 안진, 「미군정 관료제의 특징에 관한 일연구」, 《한국거버넌스학회보》 제12권 2호(2005. 12), pp. 135-157; 안종철, 「미군정 참여 미국 선교사 관련 인사들의 활동과 대한민국 정부수립」, 《한국기독교와 역사》 제30호(2009. 3), pp. 5-30; 한모니까, 「1948년 대한민국 정부수립과 주한미군의 정권이양 과정 및 의미」, 《동방학지》 제164권(2013), pp. 287-318; 김영호, 「대한민국의 건국외교: 정부승인과 외교기반 구축」, 《한국정치외교사논총》 제35집 2호(2014. 2), pp. 43-72.
140) 유동헌, 「이승만 정치노선에 대한 일고찰: 대한민국 정부수립 과정을 배경으로」, 한양대 석사학위 논문, 1983; 김용호, 「대한민국 정부수립 과정에서 이승만의 역할에 대한 재평가: 미군정 시기 미국의 대한반도정책을 둘러싼 이승만과 하지의 갈등과 협력관계 분석」, 《한국정치연구》 제20권 2호(2011), pp. 107-127; 한승연·신충석, 「해방공간의 '국가'의 개념사 연구: 이승만의 국가 개념을 중심으로」, 《정치사상연구》 제17집 2호(2011. 가을), pp. 37-74; 이현희, 「대한민국의 건국과 인촌 김성수의 기여도」, 《경주사학》 제28집(2008), pp. 37-68; 오영섭, 「윤치병, 대한민국 건국의 일등공신」, 《한국사 시민강좌》 제43집(2008. 2), pp. 93-110; 이영훈, 「성리학 전통에 비친 대한민국의 건국」, 《정신문화연구》 제32권 2호 통권115호(2009. 여름), pp. 31-57.

민당에서도 1명, 군정계, 민청, 민족대표대회, 한국독립노총, 좌파를 망라한 국무위원이 참여한 내각이었다. 그러나 조소앙과 김성수가 빠져 약체내각이라는 비판이 있었다.

국회나 대법원 구성도 임시입법의원이나 미군정 때 경험자가 많았고, 친일파는 배제하였다. 이로써 입법·행정·사법부 구성을 완료하였다. 8월 15일 독립과 건국을 기념하기 위하여 맥아더 장군과 국민들이 참가하여 대한민국 축하연을 성대하게 열었다. 8월 15일 미군정을 끝내고, 8월 16일부터 대한민국 정부가 국권을 수행하였다.

3) 대한민국 정부의 국제적 승인

대한민국 정부를 수립한 뒤 대한민국 정부는 국제적 승인을 받는 데 노력하였다. 앞서 말한 바처럼 유엔의 결의에 따라 선거로 정부를 수립하고, 통일 업무를 유엔임시조선위원회에 부여하였다. 유엔조선임시위원회는 남한 전역을 순방하면서 선거를 감시하였다. 군정청 임시정부는 6월 11일 국회 설립을 유엔한위에 보고하고, 8월 15일에는 대한민국 정부 설립을 통보하였다. 필리핀은 대통령 취임식 때 이미 정부를 승인하였다.

대한민국 정부는 외교사절단을 구성하여 대한민국의 독립을 외국에 알리며 승인을 호소하였다.[141] 1948년 12월 9일 유엔총회는 대한민국 정부를 46대 6으로 승인하고, 미국을 비롯한 자유우방이 승인하여 명실상부하게 대한민국의 건국 정통성을 세계에서 인정받게 되었다.

---

141) 김영호, 「대한민국의 건국: 정부승인과 외교기반 구축」, 《한국정치외교사논총》 제36집 2호(2014), pp. 43-72; 허동현, 「대한민국 승인을 위한 수석대표 장면의 활동」, 《한국민족운동사연구》 제61집 (2009. 12), pp. 337-375/「대한민국의 건국 외교와 유엔」, 《숭실사학》 제30집(2013. 6), pp. 253-280; 황현배, 「한미관계에 관한 고찰: 제2차 세계대전부터 대한민국 정부수립까지」, 동국대 석사학위 논문, 1982; 김성은, 「해방 후 임영신의 국제정세 인식과 대한민국 건국 외교활동」, 《한국현대사연구》 제70집(2014), pp. 170-214; 기광서, 「소련의 남북한 정부수립에 관한 인식: 1945년도 '프라우다' 관련 기사를 중심으로」, 《사총》 제67집(2000. 9), pp. 131-162.

제7절. 한반도 분단 고착화

1. 북한 정권 수립

1) 소련군정에서 김일성 정권 수립

소군정은 1946년 2월 스탈린의 지령에 따라 북한에 독립정부를 세우기로 하고, 김일성을 중심으로 한 북조선인민위원회를 구성하여 실질적인 단독정부를 수립하였다.[142] 김일성은 임시정부 김구 주석의 요청을 거부하고 상해임시정부의 법통을 무시하며 독립정부를 구성한 것이다.

북한 정부는 남북한의 통일헌법을 제정하는 데는 관심이 없이 무상몰수·무상분배 토지개혁으로 재산권을 침해하고, 주요 산업을 국유화하며, 많은 공장 기계를 소련으로 내보내 국부를 축냈다. 초대 평남건국준비위원장이던 조만식 당수를 감금하고, 그 권한을 빼앗았다. 나아가 친일파를 숙청하고 부자를 추방하면서 소비에트화를 해나갔다. 1947년 2월 21일에는 북한의 단독정권인 인민위원회를 조직하여 독립국가화하였다. 북한은 임시헌법을 제정하여 시행하고 있었다. 1947년 11월 15일 북로당 중앙위원회에서는 임시헌법제정위원회와 조선법전작성위원회를 만들었다. 조선임시헌법제정위원회는 김두봉이 위원장으로 초안을 작성하였다.

2) 5·10선거 반대 남북협상회의

북한은 이미 중앙선관위에서 단독선거 절차를 끝내고 헌법까지 만들었다.

---

142) 신형철, 「북한정권 수립과정에 소련 점령정책에 대한 연구: 1945-1948년을 중심으로」, 《한국시민윤리학회보》 제14집(2001), 한국시민윤리학회 학술발표 자료, pp. 57-80; 고현욱, 「북한정권 수립과정에서 연안파의 역할: 김두봉을 중심으로」, 《사회과학연구》 5집(1993. 5), 경남대, pp. 31-49; 김창순, 「소련군 정하의 북한 단독정권 수립과정」, 《북한》 196집(1988. 4), pp. 103-115; 서대숙, 「북한의 소비에트화 전략 분석: 동독 공산정권 수립과정과의 비교」, 《북한》 53(1976), pp. 87-100; 남시욱, 「스탈린이 디자인한 북한정권」, 《북한》 통권470호(2011. 4), pp. 94-102; 최양조, 「북한정권 수립과정과 임시헌법에 대한 연구: 한반도 평화통일에 주는 시사점」, 2011 하계국제세미나 학술발표자료, 한국평화연구학회.

1947년 말 유엔 감시 하의 총선거로 한국에 통일정부를 구성하려는 것을 반대하여 유엔한국임시위원회 입북을 방해하고, 유엔소총회에서 가능한 지역에서만이라도 선거를 하도록 한 데 반대하여 제주4·3사건 같은 무장폭동을 선동하였다. 한편으로는 좌우합작운동과 단선반대운동을 일으켜 김구와 김규식을 평양으로 불러 남북 단정을 반대하는 결의를 하였다.

김구와 김규식은 북한 당국이 개최한 북한의 정당·사회단체 회의에는 참석도 옳게 하지 못했는데, 합의한 것처럼 위장하기까지 하였다. 연석회의에서 남북통일정부 수립 방안을 발표했는데 "연석회의에 참가한 모든 정당과 사회단체는 공동명의로 전조선정치회의를 소집하여 임시정부를 수립하고, 통일적 조선입법기관을 선거하여 통일적 민주정부를 수립해야 한다"고 결의하였다.

3) 북한 정부의 헌법 제정

북한은 기만작전으로 남북협상회의를 개최했으나, 실질적으로는 이미 분단국가 정부를 구성하기로 작정하고 있었다. 1948년 2월 8일에는 조선인민군을 창설하였다. 또 4월 29일에는 북조선인민회의 특별회의를 열어 '조선민주주의인민공화국 헌법' 초안을 승인하고, 5월 2일 인민회의를 통과하였다. 7월 8일 김일성은 북조선인민회의에서 '조선민주주의인민공화국 헌법 실시에 관하여'를 보고하였다. 이는 대한민국의 헌법 제정보다 1개월이나 앞선 것이었다. 남한에서 5·10선거를 실시하자 북한은 제2차 남북협상회의를 제의했으나, 이는 북한이 단독정권을 수립하려는 민족분열회의라 하여 김구 등이 불응하여 열지 못했다.

북한은 1948년 8월 25일 흑백투표로 최고인민회의 대의원 선거를 하였고, 9월 2~10일에 열린 제1기 최고인민회의에서 9월 8일 '인민공화국 헌법'을 채택하였다.[143]

---

143) 윤경섭, 「1948년 북한 헌법의 제정 배경과 그 정립」, 성균관대 석사학위 논문, 1996; 서희경, 「남한과 북한 헌법제정의 비교연구(1947-1948)」, 《한국정치학회보》 제41집 2호(2007), pp. 47-75.

4) 북한 헌법 내용

이 헌법은 제1장 근본 원칙, 제2장 공민의 기본 권리 및 의무, 제3장 최고 주권기관, 제4장 국가 중앙집행기관, 제5장 지방주권기관, 제6장 재판소 및 검찰소, 제7장 국가 예산, 제8장 민족 보위, 제9장 국장·국기·수부, 제10장 헌법 수정 절차로 구성되어 있다.[144]

특기할 것은 "조선민주주의인민공화국의 수부는 서울"(제103조)이라 하고, 일본인이나 친일분자의 일체 소유는 국가 소유로 하며 조선인 지주의 토지는 몰수하고, "아직 토지개혁이 실시되지 아니한 조선 안의 지역에 있어서는 최고인민회의가 규정하는 시일에 이를 실시한다"(제7조)고 한 점이다. 이는 대한민국 영토에서 북한식 농지개혁을 하려고 한 포석으로 보이고, 수부를 서울로 한 것은 적화통일을 예상한 것으로 보인다.

국가의 권력 구조는 소비에트식 체제에 따라 최고 기관으로 최고인민회의를 두고, 휴회 중에는 최고인민회의 상임위원회가 그 권한을 대행하는 최고 주권기관이라 하였다. 또 내각을 두어 국가의 주권을 행사하는 최고 집행기관이라 하였다.[145] 그러나 헌법은 국가의 기본법보다 하위이며, 국가의 지도자인 수령 개인

---

144) 조문은 장명봉, 『북한법령집』, 북한법연구회, 2013, pp. 21-28 참조.

145) 이성훈, 「헌법상 북한의 법적 지위에 대한 연구」, 『법제』, 법제처, 2004; 최양근, 「북한정권 수립과정시 헌법과 고려민주연방제통일방안 상관성 연구」, 《평화학연구》 제12권 3호(2011. 9), pp. 177-205; 서주실, 「북한 헌법상의 권력구조: 소련·중공 헌법의 영향과 관련하여」, 《통일논총》 6(1984. 12), 부산대 민족문화연구소, pp. 45-89; 장명봉, 「북한 헌법상 국가기구체제의 구성원칙 및 특성분석」, 《북한연구학회보》 제7권 2호(2003. 12), pp. 5-32; 유례동, 「북한 헌법상 통치권력구조에 관한 연구」, 연세대 석사학위 논문, 1977; 김영휴, 「북한 헌법상의 통치구조에 관한 연구」, 조선대 석사학위 논문; 김운용, 「소련·중공·북한 헌법의 비교연구」, 《북한》 50(1976), pp. 110~117; 최용기, 공산주의 헌법상의 권력구조에 관한 연구: 소련과 북한 헌법의 비교분석을 중심으로」, 고려대 박사학위 논문, 1983; 장명봉, 「공산권 헌법이론에 관한 서설적 연구: 소련 및 북한 헌법을 중심으로」, 《공법연구》 제13권(1985. 8), pp. 243-268; 김동한, 「사회주의 헌법상의 기본권에 관한 이념적 접근: 소련 헌법과 북한 헌법을 중심으로」, 경희대 박사학위 논문, 1992; 유정복, 「북한 헌법과 기본권 보장의 한계」, 《공법연구》 제24권 2호(1996), pp. 133-158; 소진운, 「공산주의 헌법상의 기본권에 대한 고찰: 북한 헌법을 중심으로」, 《군산대논문집》 11(1985. 12), pp. 135-158; 신광휴, 「사회주의 국가의 헌법이론에 관한 연구: 북한 헌법과 관련하여」, 단국대 박사학위 논문, 1988; 조재현, 「북한 헌법의 변화에 관한 연구」, 성균관대 박사학위 논문, 2012; 박창윤, 「북한 헌법상 최고인민회의의 권한과 기능에 관한 연구」, 숭실대 석사학위 논문, 1995; 장명봉, 「북한의 헌법변화와 경제변화」, 《헌법학연구》 제9권 4호(2003), pp. 415-463; 장명봉, 「북한 헌법상의 기본권론 서설」, 《고시연구》

이 통치하는 독재국가다. 헌법은 가식에 불과하다.

5) 북한 정부 수립

1948년 8월 25일에는 북한지역에서 조선최고인민회의 제1기 대의원을 선출하였다. 이에 앞서 하루 전인 24일에는 해주에서 남조선인민대표자대회를 열어 남한 사람이 북한의 인민대표자대회에 참여한 것처럼 위장하였다.

1948년 9월 9일에는 최고인민회의에서 김일성을 수상으로 하는 내각을 구성하여 조선민주주의인민공화국을 정식으로 출범시켰다. 내각은 수상, 부수상, 국가기획위원회 위원장, 17개 부처 상으로 구성[146]했는데, 남한 출신이 10명, 북한

206(1991. 5), pp. 62-74; 강구철, 「북한 헌법상의 기본권에 관한 고찰: 그 허구성을 중심으로」, 서울대 석사학위 논문, 1981; 조휘제, 「북한 헌법상의 기본권 변천 내용에 관한 고찰」, 《윤리연구》 제61호(2006. 4), 한국윤리학회, pp. 367-405; 최명길, 「북한 헌법상 경제질서와 농업」, 《북악논총》 제18집(2001), 국민대, pp. 149-176; 조용진, 「북한 헌법상의 기본권」, 중앙대 석사학위 논문, 2000; 윤명진, 「북한 헌법에서의 기본권에 관한 연구」, 경상대 석사학위 논문, 1989; 박명림, 「남한과 북한의 헌법제정과 국가정체성 연구: 국가 및 헌법 특성의 비교적 관계적 해석」, 《국제정치논총》 제49권 4호(2009. 12), pp. 235-263; 김영삼, 「북한 헌법상 기본적 인권: 북한체제에 있어서 헌법규범과 헌법현실에 나타난 기본권 규제를 중심으로」, 연세대 석사학위 논문, 1979; 황규홍, 「북한 헌법에 나타난 자유와 권리에 관한 연구」, 경상대 석사학위 논문, 1989; 백형규, 「남·북한 헌법개정과 특성에 관한 비교분석」, 경기대 석사학위 논문, 2008; 이종상, 「북한 헌법상의 경제조항」, 《경남법학》 9(1993. 12), pp. 157-173; 최엘레나, 「북한 헌법 제정과정에 미친 소련의 영향」, 한국학중앙연구원 석사학위 논문, 2012.

146) 장명봉, 「북한의 '인민정권' 수립과정과 인민민주주의 헌법체계 구축: 북한에서의 논의를 중심으로」, 《민족사상연구》 제21집(2012), pp. 139-170; 주봉호, 「북한의 정권 수립과정」, 《동의논집》 34(2001. 2), pp. 373-394; 이지수, 「북한의 단독정권 수립과정과 정치적 함의」, 《한국정치외교사논총》 제34집 2호(2013. 3), pp. 1010~132; 김정기, 「북한정권의 수립과정 및 향후전망」, 《통일문제논집》 18(1998. 12), pp. 53-71; 이현희, 「북한 공산정권 어떻게 수립되었나?: 이 나라의 분단 책임은 UN관리하의 남북총선거를 반대한 북한에게 있다」, 《북한》 통권405호(2005. 9), pp. 121-130; 류길재, 「북한정권의 수립과 통일전략」, 《기독교사상》 451(1996. 7), pp. 139-150; 기광서, 「해방 후 북한 중앙정권기관의 형성과 변화, 1945-1948」, 《평화연구논집》 제19권 2호(2011. 가을), pp. 333-366; 황정익, 「북한의 대중·소 외교수립과정 연구」, 한양대 석사학위 논문, 1988; 정성일, 「소련의 대북한점령정책에 대한 연구: 1945. 8~1948」, 이화여대 박사학위 논문, 1999; 임재형, 「미소의 대한반도 군정에 대한 비교연구: 1943-1948」, 단국대 석사학위 논문, 1994; 정해구, 「남북한 분단정권 수립과정 연구: 1947. 5~1948. 9」, 고려대 박사학위 논문, 1995; 김창순, 「남북한 정부수립 과정에서 민주주의민족전선의 활동과 정치배제연구」, 경남대 박사학위 논문, 2014; 한상철, 「남북한 분단국가 수립과정 연구: 남북한 권력기구의 형성과 변화를 중심으로(1945~1948)」, 경남대 석사학위 논문, 2012; 최양근, 「북한정권 수립과정과 임시헌법에 대한 연구: 한반도 평화통일에 주는 시사점」, 한국평화연구학회 2011하계국제세미나 발표 논문; 이영, 「공산정권 수립과정에 있어서의 공산당의 역할: 동구와 북한을 중심으로」, 《한

출신이 12명이라고 하였다. 이 김일성 내각에는 부주석 김영주를 비롯하여 장헌근 전 중추원 참의, 한낙규 일제강점기 검찰총장, 기타 일본군 장교를 많이 기용하여 친일내각이라는 비판을 받기도 하였다. 외무상에는 박헌영이 취임하였다. 이 정부는 공산국가에서만 승인을 받고 대부분의 국가는 승인하지 않았다. 많은 국가는 수교를 거부하였다.

2. 냉전시대의 한반도 분단 상황

1) 한반도 분단과정 요약

제2차 세계대전 후의 전후처리문제를 둘러싸고 미국과 소련은 냉전을 벌였다. 아시아에서는 한반도 분단을 둘러싼 냉전이 급기야는 열전으로 옮겨갔다.

미소 양국은 1945년 한반도 38도선을 경계로 분할점령을 하였고, 서로 점령지역에서 세력 확장을 시도하였다.[147] 처음에는 미소공동위원회를 가동하여 통일을 논의했으나 실패하고, 신탁통치안을 내놓았으나 한국인들이 반대하였다. 소연방은 북한에 김일성을 중심으로 임시정권을 수립하였고, 미국은 남한에 군정청을 두어 통치하였다.

국항공대학교 논문집》 14(1978), pp. 227-265; 양동안, 「남북한 정부수립 과정 비교연구」(Ⅰ·Ⅱ·Ⅲ), 《현대사회》 33(1989. 4), pp. 171-203; 《현대사회》 34(1989. 7), pp. 175-205; 《현대사회》 35(1989. 12), pp. 236-263; 김상일, 「알랭바디우의 논리로 본 남·북한 정권의 정체성 비교」, 《민족사상비교연구》 제18호(2009), pp. 45-70; "이승만 항일내각 김일성 친일내각", 진실의 소리, 2014. 10. 24; 박동완, 「북한정권의 정통성 주장에 대한 일연구: 맑스·레닌주의적 요소와 민주적 요소를 중심으로」, 한국학중앙연구원 석사학위 논문, 1987; Don Oberdorfer, *Two Koreas: A Contemporary History*, 1999; Cummings Bruce, *Koreas Place in Sun: A Modern History*, 2005; Wikipedia, North Korea-South Korea Relations; D. Nanto, *CRS Report for Congress North Korea: Chronology of Provocations 1950-2003*, 2013, The Library of Congress; J. Hoare, The Korean Armistice of 1953 and the Consequences, Feb. 2004.

147) 한반도의 분단 역사와 그 결과에 대한 논문은 수없이 많다. 중요한 것은 Ilpyong Kim, "The Impact of Division on Korea and the Major Powers", Presented at IIC Symposium: Korea, Divided Nation, 2003; 이정복, 「미국의 대한정책과 국가기구의 형성」, 『한국 정치의 분석과 이해』, 서울대 출판문화원, 2011; 김철수, 「미국 헌법이 한국 헌법에 미친 영향 서설」, 《법학》 64(1985. 12) 서울대 법학연구소; 고영자, 「6·25전쟁과 전후 일본: 미점령기의 강화문제와 독립회복」, 경희대 박사학위 논문, 2010; 이주영, 민주주의와 한국화: 미국의 이상과 한국 국가 건설 1919-1960; Jooyoung Lee, Making Democracy Korean: American Ideals and Korean State Building 1919-1960, Brown University, 2012.

미소가 한반도 통일 합의에 실패하자 미국은 한반도의 통일 문제를 유엔에 상정하여 논의하게 되었다. 1948년 유엔은 한반도에서 자유선거를 실시하여 통일정부를 구성하기로 하였다. 그러나 북한과 소련은 이에 반대하며 유엔선거감시단의 입북을 거절하여 한반도 전역에서 통일선거는 치를 수 없게 되었다. 이에 유엔소총회는 가능한 지역에서만이라도 자유선거를 하자고 결의하였고, 이에 따라 1948년 5월 10일 선거를 시행하였다. 남한에서는 1948년 5월 30일에 국회가 개원하고, 7월 12일에는 대한민국 헌법을 제정했으며, 8월 15일에는 대한민국 정부를 수립하였다. 이 대한민국 정부는 많은 국가의 승인을 받았고, 정통적인 한국 정부로 유엔에서 승인받았다.[148] 이에 대하여 북한은 통일선거를 반대한 뒤 단독으로 선거를 실시하여 1948년 9월 9일 김일성을 수반으로 하는 정부를 세웠으나 공산국가의 승인을 받는데 그쳤다.

2) 외국 점령정치 종식과 외군철수

남북한에 각각 독립정부가 수립되자 미소 양군의 군정 체제에 있었던 한반도는 민정을 실시하게 되었다. 소련은 그동안 북한의 소비에트화를 거의 완성하고 군을 설치하여 무장화를 끝냈기 때문에 1948년 12월 10일에 소련으로 철수하고 소련고문단을 두어 고문통치를 하고 있었다. 남한에서는 미군정이 치안 확보를 옳게 하지 못하여 철군이 늦어졌으나 1949년 6월에는 완전히 철군하였다. 미소 양군의 철군으로 남북한은 냉전의 전초기지가 되었으며, 냉전 열전화가 우려되었다. 특히 남북 정부도 한반도 전역에서 정통 정부임을 주장하면서 분단은 임시적인 것으로 보았기에 긴장은 고조되고 있었다.

유엔안전보장이사회 회원이었던 장개석의 중화민국이 국공내전에서 패배하고 대만으로 후퇴함으로써 중공의 모택동이 중국 대륙과 만주를 지배하게 되자 북한은 공산화 통일 기회가 왔다고 하여 무장통일을 기획하였다. 남북 간에는

---

148) 한국의 건국과 북한의 정권수립 분단에 대한 논문은 많다. 중요한 것을 들면 Wikipedia, The Division of Korea; Wikipedia, The Korean War; 이정복, 「남북한의 정치체제와 관계」, 『한국 정치의 분석과 이해』, 서울대 출판문화원, 2008; 김철수, 「미군정과 헌법개정」, 『헌법개정, 과거와 미래』, 진원사, 2008.

잦은 군사적 충돌이 있었고, 북한은 개성과 옹진 지역을 장악하려고 혈안이었다. 북한의 공산화로 많은 북한인들이 38선을 넘어 대한민국으로 넘어와 대한민국은 피난민을 많이 수용해야 했으며, 북한은 반대파의 숙청과 자진 탈북에 따라 내정이 어느 정도 안정되어 갔다.

그동안 한국의 독립과 통일 문제를 담당했던 유엔한국위원단은 유엔본부에 제4차 보고서를 제출했는데, 소련의 반대로 소기의 목적을 달성할 수 없었음을 지적하고 남한 정부는 내부 반란과 38선에서의 소규모 전투로 불안이 고조되고 있다고 하였다. 1949년 9월 29일 제4차 유엔총회에서는 미국을 비롯한 4개국이 제안한 한국의 독립 문제에 관한 공동결의안을 채택하였다. 유엔의 특별정치위원회는 1949년 10월 3일에 한국위원단을 존속시켜 통일 준비와 감시를 계속하도록 하였다. 대한민국은 유엔아시아극동경제위원회 준회원 가입을 승인받았다. 그러나 유엔도 냉전의 격화로 미소 진영 대립이 심하여 한국의 통일에 결정적인 역할을 할 수 없었다.

3. 분단 고정화와 이질화

1) 남북한의 내정 정비

(1) 대한민국의 국내 정치

대한민국을 건국하고 독립 정부가 출범했으나 국회의원 선거에서 무소속이 다수 당선되어 안정적인 집권세력을 형성하기 어려웠다. 국회에는 많은 정파가 난립하였고, 한민당이 조각에서 소외되어 이승만 대통령과 대립하게 되었다. 건국 후에도 남북협상파가 활보하여 국회를 거부하는 듯한 양상을 보였다. 또 행정부를 구성하는 데도 경험자를 구한다는 점에서 친일파들이 계속 관직을 유지하는 일이 있었다. 반민족 행위자 처벌 문제로 국론이 분열되고, 이데올로기 분열로 정국은 안정되지 못했다.

그러나 치안은 안정되기 시작하였고, 농지개혁 등으로 사회개혁이 이루어졌다. 이승만 대통령은 2년인 국회 임기를 헌법처럼 4년으로 연장하려고 했으나 사회단체의 반대에 부딪혔다. 한국은 유엔의 감시 하에 1950년 5월 30일에 제2대 국회의원 선거를 하게 되었다. 이 선거에는 5·10선거를 거부했던 정당들도 참여하여 제2대 국회가 안정될 것으로 기대하였다. 외교 면에서도 이 대통령은 친미 노선을 유지하면서 미국의 경제·기술 원조를 받아 경제도 안정되기 시작하였다. 이승만 대통령은 제2대 국회 개원식에 미 국무성의 존 포스터 델레스 고문을 초청하였고, 그는 개원식에 참여하고 유엔한국위원단도 방문하였다.

6월 19일에는 내외 귀빈을 모시고 제2대 국회 개원식을 거행하였다. 신익희 의장은 "2천여 명의 후보자 중 국민 다수의 신임을 받고 각계각층의 대변자로 선출된 여러분께 감사를 올리는 바이며, 정부를 수립한 후 처음으로 우리들의 힘과 책임으로 실시한 총선거에서 아무런 과오와 분규도 없이 모든 애국 정당단체에 소속된 의원 여러분을 총망라하여 거족적으로 지지할 수 있는 명실상부한 대의기관인 이 국회를 구성하게 된 것을 무엇보다도 다행으로 생각하는 바"라고 치사하였다.

6월 24일에는 국회 교섭단체를 구성하였다. 이 국회에는 제헌국회인 5·10선거를 거부했던 중도파들도 참여했기에 전도에 대한 기대가 많았다. 그러나 6월 25일 새벽에 북한이 남침하여 상당수 국회의원이 이북으로 납치되었고, 내전으로 인한 분단이 계속되게 되었다. 1948년 9월~1950년 6월에는 사건이 많아 중요한 안건만을 자료로 남겨 6·25전쟁의 원인을 알아볼 수 있게 하였다.

(2) 북한의 국내 정치

북한은 1948년 9월 인민정부[149]를 수립하기 전에 김일성 중심의 1인 지배 체제를 거의 완성해갔다. 반대파를 무자비하게 숙청하고 1당 독재정부를 수립하였다. 여기에는 친일파도 가담하였고, 이에 대한 반대는 종파주의 반대 정책으로 극복했으나 내부에서는 파벌주의가 극심하였다.

---

149) 상세한 자료는 이중근, 『광복』(상·중·하), 우정문고, 2015, 참조.

한편 북한의 경제 사정은 별로 좋지 않았다. 북한을 점령했던 소련군이 일제가 건설한 중화학공업 기계를 소련으로 몽땅 실어간 바람에 북한에는 농업과 광업이 주가 되었다. 북한은 소련점령기인 1947년에 1차 1개년계획, 1948년에 제2차 1개년계획, 1949~50년에 2개년계획을 세워 소련이 빼앗아간 중공업을 부활시키려고 노력하였다. 그러나 소비재 생산을 옳게 할 수 없어 불만이 있었다.[150] 북한은 공산주의 국가로서 소련의 점령군이 지도했던 대외정책을 계승하였다. 그리하여 제2차 대전 후 냉전체제에 편입되어 실전을 준비하기에 이르렀다.

2) 분단정권의 군사정책

(1) 대한민국 건국과 미군철수, 미흡한 군사대비

대한민국이 정부를 수립한 후 미국은 행정권을 한국 정부에 이양했으나 군사문제는 당분간 관여하지 않을 수 없었다. 당시 한국에는 군대조직이 없고 국방경비대를 운영하고 있었을 뿐이었다. 한미군사협정에서도 미군이 완전히 철수할 때까지 국방과 군비 통수권을 점진적으로 이양하겠다고 약속하였다.

미군은 1949년 5월까지 철군을 준비하고 있었다. 그런데 한국 행정부에서는 철수 전에 대한민국 국군 창설과 필요한 무기를 제공하라고 요구했으나 미국은 거절하였다. 1949년 2월과 3월에는 국회의원들이 미군철수를 요청했는데, 이승만 대통령은 이에 반대하면서 한국을 방위할 조약을 체결할 것과 군비를 증강해 달라고 요청하였다. 그러나 미군은 이승만 대통령의 허황된 북진통일론을 반대하면서 6월 30일까지 미군을 모두 철수하여 한국은 군비가 없는 공황상태에 빠졌다. 물론 미군이 잡비 남은 것을 주기는 하였다. 1949년 군사비는 30%의 예산이 배정되었

---

150) Wikipedia, History of Korea 등 참조. Wolf/Akramov, *North Korean Paradoxes*; Song/Cho/ Lee, "The Past, Present and Future of North Korean Economy", *International Journal of Korean Unification Studies*, Vol. 25, No. 1, 2016, pp. 199-233; 송긴호 편, 『해방전후사의 인식』(1·2), 한길사, 2004; 이영훈 외, 『해방전후사의 재인식』(1·2), 책세상, 2006; 박창환, 「한국전쟁해석론의 이해와 평가」, 경기대 석사학위논문, 2001.

고, 1950년 예산은 여순반란사건을 계기로 군비증강 요구를 반영했으나 충분하지는 않았다.

(2) 북한의 정권수립과 군비확충

한편 북한은 1946년부터 인민군을 창건하여 소련고문단의 원조를 받아 군비를 확충하고 있었다. 소련점령군은 1948년 말까지 철군하기로 하고 이들이 갖고 있던 무기를 북한군에게 넘겨주었다. 1948년 김일성은 소련군부에 군사지원을 요청하였다. 1개 여단을 사단으로 확대 편성하고 1개 여단을 신설하여 자주포연대, 탱크연대, 비행연대를 보충했으며, 이에 필요한 무기를 소련에서 원조받았다. 1949년 2월에는 보병 3개 사단의 창설을 지원받았다. 소련군은 군사고문단을 강화하여 군사를 계속 지원하였다.[151]

김일성은 1949년 소련을 방문했다가 4월 7일에 귀환했는데 러시아의 경제원조에 감사해 했다. 1월에는 북한인민군 총사령관이 황해도로 진입했고, 김일성은 8월 15일까지는 서울을 점령할 것이라고 하였다. 1949년 8월 13일 김일성은 서울의 평화통일 요구를 위장통일 방안이라 하여 "서울은 평양의 제안을 거부하고 있다.

따라서 북한은 남한에 대한 진격 준비를 개시하는 것 외에는 선택의 여지가 없다. 우리가 남침하면 의심할 것도 없이 남한지역에서 이승만 체제에 반대하는 대규모 민중봉기가 일어날 것이다. 만약 우리가 남침공격을 개시하지 않으면 모든 인민은 우리의 처사를 이해하지 못할 것"이라고 하면서, 스티코프 대사한테 동의해 달라고 요청하였다. 그러나 소련은 김일성의 정세 평가가 너무 낙관적이라며 거절하였다.

---

151) 미국은 대한민국이 군사력을 증강하는 것에 소극적이었지만 소련은 북한이 군비를 증강하는 것에 적극적이었다. 스탈린은 38선에 있는 한국군을 두려워하여 북침을 막는다는 의미에서 적극적이었던 것이다. 이중근, 『광복』(상·중·하)에 있는 군사관계 기사 참조.

3) 냉전시대의 국제정세

(1) 미국의 한반도 정책 실패

미국은 한국을 점령한 후 통치에 실패했다는 지적이 많다. 군사장비를 몰수하려고 만든 38선이 분단을 고착화시켰다. 한국민에게 약속한 통일도 되지 않았다. 미국의 한반도 점령정책 목적은 일본의 무장해제와 민주화에 있었고, 한국은 미국의 방위선에서 제외되기까지 하였다. 에치슨 장관이 1950년 4월 12일 미국의 방위선을 알라스카, 일본과 필리핀 선으로 선언하여 러시아가 한국전쟁이 일어나도 미국이 개입하지 않을 것이라고 판단하게 하는 데 일조하였다.[152]

이승만 대통령이 반대하는데도 미군이 철수를 강행한 것은 한국 점령정치에 회의를 느껴서이기도 하였다. 미국은 대한민국의 독립을 위하여 유엔을 움직여 5·10선거를 치르게 했으나 제주와 여수, 순천에서 군경이 폭동에 가담하는 것을 보면서 환멸을 느꼈을 것 같다. 당시 미 국무성이 미군철수를 반대하는데도 미 국방성이 주장하여 철군한 것은 중국과 접경한 한국의 방위가 쉽지 않다는 우려도 작용했을 것으로 보인다. 해양 국가인 미국의 한계라고도 하겠다.

(2) 소련의 동방진출정책

소련은 조선시대 때도 한반도를 지배하려는 야욕을 품고 동해의 부동항 확보를 중요한 목표로 삼았다. 제2차 세계대전이 끝나기 일주일 전에 일본에 선전포고를 하고 만주와 북한 지역을 점령하였다. 만주지역은 중공군이 승계하고, 북한 지역은 소련이 군사기지로 이용할 생각으로 계속 점령한 것이다. 뿐만 아니라 공산주의 이데올로기에 오염된 북한을 전초기지로 삼아 냉전을 전개할 각오를 했던 것으로 보인다. 소련점령군은 미국과 합의한 대한민국의 통일과 독립을 사사건건 반대하면서 미소공동위원회를 결렬시켰을 뿐만 아니라, 유엔에 대해서도

---

152) 강영태, 「미소의 전후 외교정책과 한국전쟁의 기원」, 국방대 석사학위 논문, 2002.

부정적이었다. 소련의 괴뢰로서 김일성 독재정권을 공고히 하여 공산화 통일로 한국 전역을 위성국가로 만들려고 한 것이 냉전의 목적이었다.

제8절. 한국전쟁 발발과 정전협정 체결

1. 한국전쟁 발발

1950년 6월 25일 미명에 북한군은 탱크를 앞세우고 38선을 돌파하여 그들이 장담했던 대로 3일 만에 서울을 함락시켰다. 그들은 서울만 장악하면 호남을 비롯한 각지의 좌파 동조세력이 폭동을 일으켜 대한민국이 항복할 줄 알았다. 한국의 군 간부들은 38선에 이상이 있음을 눈치채지 못하고 토요일 밤 늦게까지 경축행사를 벌이며 술을 먹어 이튿날 6월 25일 아침에도 자고 있었다. 이승만 대통령은 아침 낚시장에서 전투 소식을 듣고는 국무회의를 열고 결사 항쟁을 다짐했으나, 전황이 나빠지자 국무위원 전원과 대전으로 피난을 갔다. 군은 북한군이 한강을 넘지 못하도록 한강교를 폭파하여 많은 시민이 살상되었다. 많은 공무원과 국회의원까지 피난하지 못하여 북한이 점령한 서울에서 잡혀 북한으로 끌려가거나 지하생활을 해야만 했다.

2. 한국전쟁 기원 학설

이 기막힌 전쟁의 기원에 대해서는 많은 학설이 대립하고 있다. 그중에서도 전통주의와 수정주의 대립이 있으며 ① 스탈린 주도설 ② 중·소 음모설 ③ 김일성 주도 내전설 ④ 남북한 내전 주도설 ⑤ 미국의 남침 유도설 ⑥ 대한민국의 북침설이 논쟁 대상이 되어 왔다.[153]

---

153) 간단한 것은 유성헌,「한국전쟁의 기원에 관한 연구사의 종합적 고찰」, 동국대 석사학위 논문, 2003; 김학재,「한국전쟁과 자유주의 평화기획」, 서울대 박사학위 논문, 2013; 박명림,「한국전쟁의 발발과 기원」, 고려대 박사학위 논문, 1994; 박명림,『한국전쟁의 발발과 기원』(Ⅰ·Ⅱ), 나남, 2003; 김학준,『한국전쟁』, 박영

1) 북침설

북한은 대한민국의 북침설을 주장하였다.[154] 그러나 기습작전에 넘어간 대한민국이 북침했을 것이라고 믿는 사람은 없고, 공산주의 국가에서도 스탈린의 비밀문서가 공개된 후에는 이를 믿는 사람이 드물다. 학자로는 굽타와 콜코 내외를 들 수 있다. 그러나 이 주장은 북한군이 5월 23일 인민군들에게 전쟁 개시 명령을 내리고, 6월 23일부터 24일까지 공격 출발선에 배치하고, 6월 25일 새벽 4시를 기해 38선 전선에서 남한을 침공한 사실을 안 뒤에는 설득력을 잃었다.

2) 남침유도설

북침설이 설득력을 잃자 그들은 미국이 북한과 공산국가의 남침을 유도했

사, 2010; 윌리엄 스툭 저, 서은경 역, 『한국전쟁과 미국 외교정책』, 나남, 2005; 이완범, 『한국전쟁』, 백산서당, 2006; 한국정치와 외교정책학회 편, 『한국전쟁과 휴전체제』, 집문당, 1999; 김영호, 『한국전쟁의 기원과 전개과정』, 두레, 1998; 김용현·김성우, 『한국전쟁사』, 진영사, 2008; 유영익, 『수정주의와 한국현대사』, 연세대 출판부, 1998; 이태환, 「한국전쟁 기원 분석의 재고찰」, 고려대 석사학위 논문; 신승권, 「한국전쟁의 기원」, 《사회과학논총》 제16권, p. 1-18; 신복용, 「한국전쟁의 기원」, 《한국정치학회보》 제30집 3호, p. 163-182; 이형석, 『한국전쟁사』(11권); 김학준, 「한국전쟁의 기원」, 《한국정치외교사논총》 제5집, p. 43-73; 브루스 커밍스 저, 김자동 역, 『한국전쟁의 기원』, 일월서각, 1986; 한국정신문화연구원, 『한국전쟁과 사회구조의 변화』, 백산서당, 1999; 유영익·이채진, 『한국과 6·25』, 연세대 출판부, 2002; 김학준, 「한국전쟁의 성격에 관한 종합적 연구」, 《서평문화》 제26집, pp. 61-66; 박광득, 「6·25전쟁의 기원과 원인에 관한 연구」, 《통일전략》 제10권 1호(2010); 박창환, 「한국전쟁 해석론의 이해와 평가」, 경기대 석사학위 논문, 2001; 강영태, 「미소의 전후 외교정책과 한국전쟁의 기원」, 국방대 석사학위 논문, 2002; 김성학, 「북한의 대미불신의 기원과 내면화」, 한양대 박사학위 논문, 2012; E. Bajanov, "The Origins of Korean War: An Interpretation from the Soviet Archive", *Alternative Insight*, June 2000; P. Lowe, *The Origins of Korean War*(2nd ed.), 1997; Bruce Cumings, *The Korean War*, Modern Library, 2011; B. Cumings, *The Origins of Korean War*, 1991; Clay Blair Jr, *The Forgotten War: America in Korea 1950-1953*, 1987; S. Jager, *Brothers at War: The Unending Conflict in Korea*, 2014; J. Gaddis, *The Cold War: A New History*, 2005, pp. 40-46; Wilson Center, Korean War Origins 1945-1950; UK Essays, Origin of Korean War, http://www.essay.uk.com/coursework/origin-of-korean-war.php; R. Cavendish, "The Korean War Begins", *History Today* Vol. 50, Issue 6, 2000; Chang-Il Ohn, "The Causes of the Korean War", 1950-1953, *International Journal of Korean Studies* Vol. 14, No. 2, pp. 19-44; Youngho Kim, "The Origins of Korean War: Civil War or Stalin's Rollback", *Journal Diplomacy & Statecraft* Vol. 10, Issue 1, pp. 186-214; Document, Korean War and Its Origins 1945-1953.

154) I. F. Stone, *The Hidden History of the Korean War 1952*, 1988; DPRK Science Academy History Research Division, *The Joseon People's History of the Justice War for Fatherland Liberation*, 1961; 굽타 저, 전대화 역, 『한국전쟁은 어떻게 시작되었나』, 신학문사, 1988, pp. 26-28.

다고 주장하기 시작하였다. 콜코는 1950년 6월 17일 덜레스 고문의 방문을 개전 지휘로 보았다. 덜레스는 제2기 국회 개원식에 참석하여 공산주의 도전에 직면한 한국을 미국이 지지해줄 것이라는 연설을 했는데, 이에 유도당한 북한이 6·25 당시의 군사적 우위를 이용하여 예방 조치로 남침했다고 주장한다. 또 여기에는 맥아더 장군의 음모가 개입했다고 한다. 어떤 사람은 한국을 미국의 방위선에서 제외한 에치슨 선언도 한 요소로 지적한다.[155] 그러나 에치슨 장관이나 투르만 대통령의 대의회 관계에서 볼 때 미국이 한국을 포기하고 북한에 남침을 유도했다는 이론은 신빙성이 없다고 하겠다.

3) 내전설(사회적 필연설)

한국전쟁이 일어난 원인을 외세보다는 국내 정치 연장으로 보는 견해가 있다. 커밍스는 한국의 사정을 설명하면서 해방 후 현상을 타파할 혁명이 필요했으며 실제로 이를 지향하는 세력이 탄생했으나, 미군의 점령정책과 보수세력에 의하여 현상파괴론자들이 탄압을 당하자 이에 반발하여 계급투쟁을 벌인 것이 한국전쟁이라는 것이다.[156] 그는 한국전쟁이 일어나기 전인 1945~50년의 일련의 사건들, 즉 한반도의 분단, 남한의 국내 정치적 갈등, 남북한의 갈등과 미국이라는 강대국의 개입 등을 들었으며 내부적으로 좌우 이데올로기 대립을 기반으로 하는 국내 정치적 갈등과 남북한의 각기 다른 국가 체제 때문에 한국전은 발발할 수밖에 없다고 본 것이다. 그러나 이 이론은 냉전기의 미국과 소련의 각축과 강대국 간의 냉전정책을 무시한 점에서 동의하기 어렵다.

---

155) G. Kolko, *Politics of War, The World and the United States Foreign Policy 1943-1945*, 1968; I. F. Stone, *op. cit.*; 임영신, 『한국을 위해 싸운 나의 40년』, 중앙대 출판부, 1967, pp. 26-28; 윤치영, 『윤치영의 20세기』, 삼성출판사, 1991, pp. 241-246.

156) B. Cumings, *The Origins of Korean War*, 2 vols, 2004; 김자동 역, 『한국전쟁의 기원』, 일월서각, 1986. 커밍스 교수는 그뒤 *Korea's Place in the Sun: A Modern History*, Norton, 1997 등을 써서 한국의 발전을 소개해 김대중평화재단의 저작상을 받기도 하였다. 간단한 소개는 Wikipedia, Bruce Cumings 참조. 그는 1945~47년 호남에 거주하면서 호남지역이 건준의 창설로 북한식 통일이 가능했다고 주장하는 학자였다.

4) 김일성이 박헌영을 축출하려고 남침했다는 음모설

김일성은 북한노동당 당수이자 국무총리로 있었는데, 남한에 본부를 두었던 남조선로동당의 박헌영 당수가 북한으로 와서 부총리로 같이 일하게 되었다. 그런데 박헌영은 국내파로 대선배이며 남로당 세력이 커져 김일성과 세력을 다툴 지경이 되었다. 이에 김일성이 박헌영에게 남한을 쟁취하도록 지시하며, 실패하면 숙청하기로 음모하여 박헌영을 부추겼다고 한다.[157] 박헌영은 대한민국을 수립한 후의 한국의 안정과 민심을 알지 못하고, 1946년대처럼 공산당원이 많아서 북한군이 서울만 점령하면 내부 소요로 곧 통일이 될 수 있다고 믿었기에 남반부 해방전을 강력히 요구했다고 한다. 이러한 낙관론에 소련 대사도 이의를 제기했으나 김일성이 이를 이용하여 한국전쟁의 패배 책임을 물어 박헌영과 남로당을 숙청했다고 보는 것이다.

5) 김일성 주도, 스탈린 지지, 모택동 동의설

1989년 소련이 붕괴되고 스탈린의 외교문서가 공개되었다. 이 결과 한국전쟁은 김일성과 박헌영이 주도적으로 요청하고 스탈린이 허가하여 발발한 것으로 확인되었다.[158] 이것은 한국에서 전통적으로 인정하는 북한남침설의 정통설이다. 소련이 붕괴되기 전에는 증거가 없다는 비판도 받았으나 스탈린은 김일성이 소련을 방문하여 허락을 요청했을 때 중공의 모택동 동의를 얻도록 조건을 달았다고 한다. 김일성은 1950년 4월 내내 모스크바에서 지내면서 스탈린의 최종 허가를 받았고 귀국길에 북경을 방문하여 모택동을 만났다. 모택동은 1950년 5월 15일 김일성과 만났을 때 먼저 스탈린의 태도를 확인한 다음 만일 미국이 참전할 경우 중국은 병력을 파견해 북한을 돕겠다고 하였다.[159]

---

157) R. Simmons, *The Strained Alliance*, 1975.
158) 박영림, 『한국전쟁의 발발과 기원』(I), 나남, 1996, pp. 257-285; 이중근, 『광복』(상·중·하), 우정문고, 2015, pp. 1706-2029; 소진철, 「한국전쟁: 국제공산주의자들의 음모」, 『한국전쟁』, 평민사, 1989; 김학준, 『한국전쟁: 원인·과정·휴전·영향』, 박영사, 1989 참조.
159) 김학준, 「한국전쟁의 기원과 전개」, 『광복50주년기념논문집』, 학술진흥재단, 1995; 김일성과 스탈린의 합

김일성과 모택동의 6·25남침 회담

한때는 커밍스의 수정주의론이 주목을 끌었으나, 소련과 중국이 외교문서를 공개한 뒤에는 소련이 지원하고 북한이 주도한 남침이었다는 것이 정설이 되었다.[160] 물론 한국전쟁의 기원은 소련과 미국의 냉전이 그 배경이 되었고 소련의 주도적인 의도도 있었으나 김일성이 남한의 게릴라 활동과 로동당 등의 지하활동을 맹신한 점도 없지 않아 있었다. 한국전쟁의 성격은 단순한 내전이 아니었고 유엔이 개입한 최초의 전쟁이란 점에서 중요한 의의를 가진다.

3. 한국전쟁의 경과

한국전쟁이 발발하자 유엔은 유엔군을 파견하여 대한민국을 지원하였다. 북한군은 파죽지세로 남하하여 대한민국 3분의 2 이상을 점령하였다. 미군은 1950년 9월 15일 인천에 상륙하고 서울을 탈환하였다. 미군은 38선에서 멈추지 않고 북진을 시작하여 10월에는 평양을 수복한 뒤 함흥 등을 점령하고 압록강까지 진출하였다. 이에 중공군이 의용군 형식으로 참전하여 완전한 국제전으로 되었다. 1951년 1월에는 서울이 북한군에 점령당하기도 했으나 미군과 한국군

의서는 바자노프대사의 특강 "The Origins of the Korean War", Alternative insight, June 2000 참조.
160) 남침 준비에 대한 정치는 이중근, 『광복』(상·중·하), pp. 1217, 1762-1763, 2077, 2010-2032. 특히 이중근, 『6·25전쟁 1129일』, 우정문고, 2013, 38-39 참조.

이 반격전을 벌여 38선을 넘어 과거 북한의 점령지였던 철원 등을 탈환하였다. 그러나 험악한 산세와 심각한 한파 때문에 전쟁은 교착상태에 빠졌다.[161)

---

161) 한국전쟁에 대한 문헌은 수없이 많은데 중요한 것을 들면 다음과 같다. **[영어 문헌]** List of books about the Korean War, Wikipedia 1-10; Jasper Becker, *Rogue Regime: Kim Jong Il and the Looming Threat of North Korea*, Oxford University Press, 2005; William Carpenter, "The Korean War: A Strategic Perspective Thirty years later", *Journal Comparative Strategy* Vol. 2, Issue 4, 1980, pp. 335-353; Steven Casey, *Selling the Korean War: Propaganda, Politics, and Public Opinion in the United States, 1950-1953*, Oxford University Press, 2010; C. Blair, *The Forgotten War: America in Korea*, Times Book, 1987; Jian Chen, *China's Road to the Korean War: The Making of the Sino-American Confrontation*, Columbia University Press, 1994; Bruce Cumings, *Origins of the Korean War*, Princeton University Press, 1981; Bruce Cumings, *Korea's Place in the Sun: A Modern History*, W. W. Norton, 2005; Rosemary Foot, "Making Known the Unknown War: Policy Analysis of the Korean Conflict in the Last Decade", *Diplomatic History* Vol. 15, Issue 3, pp. 411-432; Rosemary Foot, *The Wrong War: American Policy and the Dimensions of the Korean Conflict 1950-1953*, Cornell Univ. Pr., 1985; Rosemary Foot, *A Substitute for Victory: The Politics of Peacemaking at the Korean Armistice Talks*, Cornell University Press, 1990; Sergei N. Goncharov, John W. Lewis, and Xue Litai, *Uncertain Partners: Stalin, Mao, and the Korean War*, Stanford University Press, 1993; Burton I. Kaufman, *The Korean War: The Challenges in Crisis, Credibility, and Command*, McGraw-Hill, 1986; Burton I. Kaufman, *The Korean Conflict*, Greenwood Press, 1999; Yǎng-Jin Kim, *Major Powers and Korea, Silver Spring*, MD: Research Institute on Korean Affairs, 1973; James Matray, "Truman's Plan for Victory: National Self Determination and Thirty-Eighth Parallel Decision in Korea", *Journal of American History* 66(Sep. 1979); Allan R. Millett, *The War for Korea, 1945-1950: A House Burning*, Vol. 1, 2005; Robert T. Oliver, *Why War for Came in Korea*, New York: Fordham UP, 1950; John W. Spainer, *The Truman-MacArthur Controversy and the Korean War*, 1959; William Stueck, *Rethinking the Korean War: A New Diplomatic and Strategic History*, Princeton U. Press, 2002; William Stueck, *The Korean War: An International History*, Princeton University Press 1995; Zhang Shu Guang, *Deterrence and Strategic Culture: Chinese-American Confrontation, 1949-1958*, Ithaca, NY: Cornell University Press 1992; Richard W. Stewart, The Korean War 1950-1953, *American Military History*, 2005, pp. 217-250; "Korean War 1950-1953", Australian War Memorial; "Interesting Facts About the Korean War", Armed Forces History Museum, Dec. 26. 2013; Documents on the Korean War; A. Millett, "The Korean War", History Now; Hickey, "Korean War", An Overview; The Korean War and Nsc 68, Wikipedia; Report to the National Security Council, NSC 68, 1950; "Brief History of the Korean War", *Asia Pacific*, 26. May 2010; Office of the Historian, "Korean War and Japan's Recovery Milestone 1945-1952"; Barbara Barnouin & Yu Changgen, *Zhou Enlai: A Political Life*, Hong Kong: The Chinese University of Hong Kong, 2006; H. W. Brands, *The General vs. the President: MacArthur and Truman at the Brink of Nuclear War*, Doubleday, 2011; William T. Bowers, *The Line: Combat in Korea, January-February 1951*, University of Kentucky, 2008; Matthew B. Ridgway, *The Korean War*, Da Capo Press, 1986; Allan R. Millett, *Their War for Korea: American, Asian, and European Combatants and Civilians, 1945-1953*, Brassey's, 2003; John Toland, *In Mortal Combat: Korea, 1950-1953*, 1991; Sun Yup Paik, *From Pusan*

4. 정전협상과 협정체결

소련의 말리크 유엔 대표 제의로 휴전회담이 시작되었다.[162] 이승만 대통령은 1951년 6월 9일 휴전 결사 반대를 선언하였다. 소련은 6월 27일 휴전안을 제안했으나 이승만 대통령은 거부하였다. 7월에 휴전회담을 시작한 후에도 제한적인 전쟁은 계속되었다. 9월 20일 이승만 대통령은 휴전 전제 조건으로 중국 인민지원군

to Panmunjon (Memories of War), Brassey Inc, 1992; Russell Spurr, Enter the Dragon: China's Undeclared War Against the U. S. in Korea, 1950-1951, Newmarket Press, 1988; Brent Byron Watson Montreal & Kingston, Far Eastern Tour: The Canadian Infantry in Korea, 1950-1953, McGill-Queen's University Press, 2002; Ru Lin Wu(吳瑞林), 42nd Corps During the War to Resist America and Aid Korea (抗美援朝中的第42軍) (in Chinese), Beijing: Gold Wall Press, 1995; Young-Bok Yoo, Tears of Blood: A Korean POW's Fight for Freedom, Family, and Justice, Korean POW Affairs-USA, 2012. **[독일어 문헌]** Bruce E. Bechtol, Paradigmenwandel des Kalten Krieges: Der Koreakrieg 1950~1953, in Bernd Greiner, Christian, Müller, Dierk Walter(Hrsg.), Heiße Kriege im Kalten Krieg, Hamburg, 2006; Bernd Bonwetsch, Mattias Uhl(Hrsg.), Korea-ein vergessener Krieg? Der militärische Konflikt auf der koreanischen Halbinsel 1950~1953 im internationalen Kontext, Oldenbourg, München, 2012; Jörg Friedrich, Yalu, An den Ufern des Dritten Weltkrieges, Propyläen, München, 2007; Rolf Steininger, Der vergessene Krieg, Korea 1950~1953, Olzog Verlag, München, 2006; Bernd Stöver, Geschichte des koreakriegs: Schlachtfeld der Supermächte und ungelöster Konflik, C. H. Beck, München, 2013; Wikipedia, Korea Krieg. **[일본어 문헌]** 佐々木春隆,『朝鮮戰爭 韓國編(上・中・下, 原書房)』; 陸戰史硏究普及會,『朝鮮戰爭(全10卷, 原書房)』; 赤木完爾編,『朝鮮戰爭 -休戰50周年の社會史 避難・占領・虐殺』(平凡社); 金學俊,『朝鮮戰爭 原因・過程・休戰・影響』(論創社). 和田春樹,『朝鮮戰爭全史』(岩波書店, 2002년); 神谷不二, 朝鮮戰爭 米中對決の原形(中公新書, 新版中公文庫); 兒島襄,『朝鮮戰爭』(全3卷: 文藝春秋, のち文春文庫); 小此木政夫,『朝鮮戰爭 米國の介入過程』(中央公論社); 平松茂雄,『中國と 朝鮮戰爭』(勁草書房); 朱建榮,『毛澤東の朝鮮戰爭 中國が鴨綠江を渡るまで』(岩波書店, のち岩波現代文庫). **[한국어 문헌]** 한국국방군사연구소,『한국전쟁』(1~5); 전쟁기념사업회,『한국전쟁』, 행림출판, 1992; 한국전쟁연구회,『탈냉전시대 한국전쟁의 재조명』, 백산서당, 2002; 박명림,『한국전쟁의 발발과 기원』(1), 나남, 1996; 김영호,『한국전쟁의 기원과 전개과정』, 성신여대 출판부, 2006; 박명림,『한국 1950 전쟁과 평화』, 나남, 2002; 왕수쩡 저, 나진희・황선영 역,『한국전쟁: 한국전쟁에 대해 중국이 말하지 않았던 것들』, 글항아리, 2013; 남정옥,『미국은 왜 한국전쟁에서 휴전할 수밖에 없었을까』, 한국학술정보, 2010; 이중근,『6・25전쟁 1129일』, 2013; 위키백과, '한국전쟁'; 베른트 슈퇴버 저, 황은미 역,『한국전쟁: 냉전시대의 최초의 열전』, 여문책, 2006; 박태균,『한국전쟁 끝나지 않은 전쟁, 끝나야 할 전쟁』, 책과함께, 2005; 정병준,『한국전쟁: 38선 충돌과 전쟁의 형성』, 돌베개, 2006; 김계동,『한국전쟁 불가피한 선택이었나』, 명인문화사, 2014; 미해외참전용사협회, 박동찬 외 역,『한국전쟁 1』(1945-1953, 맥아더 클라크 리지웨이 보고서), 눈빛, 2010; 임영대,『한국전쟁: 전략 전술 무기』, 소와당, 2010; 김학준,『한국전쟁: 원인 과정 휴전 영향』, 박영사, 2010; 정일화,『아는 것과 다른 맥아더의 한국전쟁』, 미래한국신문, 2007; 이상호,『맥아더와 한국전쟁』, 푸른역사, 2012; 기광서 외,『한국전쟁기 남・북한의 점령정책과 전쟁의 유산』, 선인, 2014.

162) 휴전회담은『한국민족문화대백과』, '한국전쟁'; Armistice Timeline, pp. 1-4 참조.

전투선의 움직임

개전 초, 북한군의 남하

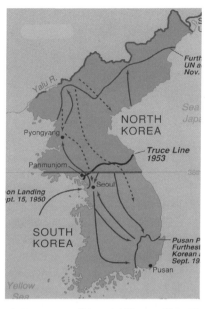

실지수복, UN북진(1950년 9월 15~11월 25일)

중공군의 인해전술(1951년 11월)

휴전협정(1953년 7월 27일)

점령지의 움직임

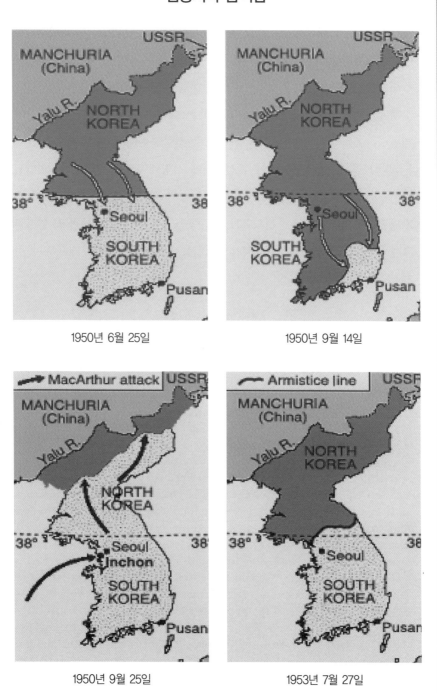

1950년 6월 25일

1950년 9월 14일

1950년 9월 25일

1953년 7월 27일

철수, 북한 무장해제, 유엔 감시 체제의 총선거를 요청했으나 받아들여지지 않자, 1952년 3월 분단상태에서 휴전은 한국에 사형선고나 다름없다고 주장하며 "민족 국가로 생존하기 위해 단독으로라도 계속해 싸워나갈 것"이라고 강조하였다.

1953년 3월 5일 스탈린이 죽자 휴전회담은 새로운 국면을 맞았다. 3월 19일 소련 내각은 "한국전쟁을 정치적으로 마감한다"는 결정을 중화인민공화국과 북한에 통보하면서 우선 부상포로를 교환하는 데 동의하도록 지시하였다. 이승만 대통령은 6월 18일 반공포로를 대규모로 석방하여 휴전협정 체결을 반대했으나, 7월 27일 유엔군과 북한이 휴전협정에 서명[163]함으로써 휴전이 성립되었다.[164] 대한민국은 이 협정에 서명하지 않았으며 협정 이행을 거부하였다. 8월 28일 제7차 유엔총회에서는 결의 711호를 통해 휴전협정을 인준하고, 협정 제4조 60항[165]에서 건의한 대로 한반도의 통일을 위해 정치회의를 개최하는 것을 환영한다고 선언하였다.[166][167]

5. 제네바 협정

정전협정에 따라 1954년 4월 26일부터 제네바 정치회의를 열었다. 여기서는

---

163) C. Oettinger, July 27. 1953: Korean War Armistice-Ceasefire Without Peace, The History Reader, St. Martin Press; Korean Demilitarized Zone, Wikipedia, pp. 1-12.

164) 정전협정은 Text of Korean War Armistice Agreement, July 27. 1953, Find Law 참조.

165) 제4조 60항은 양측 관련 정부 권고 사항으로 3개월 안에 고위급정치회담을 하도록 하였다.

166) Kathryn Weathersby, Korean War Armistice Agreement, New Findings on the Korean War; James Hoare, The Korean Armistice North and South: The Low-Key Victory, The Korean Armistice and its Consequences, Part I, Discussion Paper No IS/04/467 Feb. 2004, The Suntory Centre, London; M. Young, "Reflections in Korean War and its Armistice", *Journal of Korean Studies*, Vol. 18, No. 2, 2013; Text of Korean War Armistice Agreement, Find Law; Korean Armistice Agreement, Wikipedia; Korean Armistice Agreement, World History Project; M. Ryoo, "The Korean Armistice and the Island", USAWC Class of 2009, US Army War College. 조인식 내용은 이중근, 『6·25전쟁 1129일』, pp. 979-981 참조.

167) 정전협정 체결 후 문제는 P. Norton, *Ending the Korean Armistice Agreement*, The Legal Issues, The Nautilus Institute, 1997; Kenneth Chamberlain, "Nearly 60 Years After Armistice Korean War Hasn't Ended", *National Journal*, July 27. 2012; M. Park, "North Korea Declares 1953, armistice invalid", CNN, Mar. 11. 2013; 高一, 「朝鮮戦争とその後: 北朝鮮からみた休戦協定體制」, *Review of Asian and Pacific Studies* No. 39, pp. 57-66 참조.

한반도와 인도네시아의 통일 문제를 다루었다.[168] 1953년 8월부터 미국과 상호방위조약을 논의했으며, 10월 1일 한미안전보장조약을 정식으로 서명하고, 1954년 11월 18일부터 효력을 발생하게 되었다. 정전 성립 4개월 후인 1953년 11월 23일 이승만 대통령은 북한만의 단독선거로 국회의 잔여석을 채우는 것이 원칙이며, 북한 주민이 희망한다면 전국총선거를 받아들일 용의가 있다고 천명하였다. 그러나 공산진영이 대한민국 안에 반대하여 변영태 외무장관이 새로운 통일방안을 제출하였다.[169]

6. 한국전쟁의 참화

이 전쟁으로 미군 전사자는 3만 3,686명, 전투 이외 사망자는 2,830명, 전투 중 행방불명자도 8,176명이나 나왔고, 부상자도 수십 만 명이나 되었다. 유엔군 총체로 약 36만 명의 사상자가 나왔다. 한국의 군인 사상자는 약 20만 명, 민간인 희생자는 30만 명, 200만 명이 전쟁 피해를 입었다. 중국 인민군도 약 50만 명의 사상자를 냈다. 북한의 군인 희생자는 약 30만 명, 민간인 희생자는 약 250만 명이라 한다. 이 밖에도 융단폭격으로 산하가 거의 황폐화되었고, 가옥·공장·학교 같은 시설물들이 파괴되는 등 물적 피해는 추산하기조차 어렵다고 한다. 치열한 지상전과 포격전으로 국토는 파괴되었다. 폭탄 사용량은 56만 4,436톤이라고 하는데 지상포탄까지 합하면 60만 톤 이상이 되었다 한다. 인명 피해는 〈표 2〉와 같다.[170]

---

168) 한국전쟁의 영향은 『한국민족문화대백과』, '한국전쟁'과 '전쟁의 영향' 참조.

169) 제네바 협상회의에서는 한국 통일 논의가 결렬되고, 인도차이나는 17도선 남북으로 분단되었다. 이홍직, 『국사대사전』, '제네바회의'; Wikipedia, Geneva Conference(1954); Sydney Bailey, *The Korean Armistice*, St. Martin's Press, 1992; The Pentagon Papers Gravel Edition Vol. 1, Chap. 3, The Geneva Conference 1954 참조.

170) US Department of Defence, *US Military Casualties—Korean War Casualty, Summary*, 2013; W. Stueck, *The Korean War: An International History*, 1995; W. Stueck, *Rethinking the Korean War: A New Diplomatic and Strategic History*, 2002; D. Garner, Carpet-Bombing Falsehoods About a War That's Little Understood, July 21, 2010; アラン, ミレット 『朝鮮戦争とアメリカ -戦争と内政』; 張小明, 『朝鮮戦争と 中国: 戦略, 国及び核開発への影響』, 2016; 平松茂雄, 『中国と 朝鮮戦争』, 勁草書房.

<표 2> 한국전쟁 인명 피해 규모

단위(명)

구 분		남 한	북 한
군 인	전 사	149,005	294,000
	부 상	710,783	226,000
	실 종	132,256	120,000(포로 포함)
민간인	사 망	373,599	406,000
	부 상	229,625	1594,000
	행방불명	303,212	680,000
총 계	전 사	522,604	700,000
	부 상	940,408	1820,000
	실 종	435,468	800,000
	총 계	1898,480	3320,000
구 분		미 국	중화인민공화국
전 사		36,940	135,600
부 상		92,134	208,400
실 종		3,737	25,600(포로 포함)
포 로		4,439	–
총 계		137,250	369,600
구 분		기타 유엔참전국	러 시 아
전 사		2,725	315
부 상		8,123	500
실 종		362	–
포 로		1,343	–
총 계		12,553	815

7. 한국전쟁의 결과

이 전쟁은 남북 분단을 고착화하고, 국민의 거주지 이전 자유와 통신 자유까지 말살하였고, 많은 국민을 이산가족으로 만들었다.[171] 국민의 감정은 격렬하게

---

171) 한국은 미국과 상호방위조약을 체결했으며, 전후 복구를 한 뒤 경제가 발전하였다. 온창일, 『한국전쟁과 한미상호방위조약』, 『탈냉전시대 한국전쟁의 재조명』, 백산, 2000; 金學俊, 『朝鮮戰爭 原因・過程・休戰・影響』, 論創社; 和田春樹, 『朝鮮戰爭全史』, 岩波書店, 2002; B. Cummings, *Korea's Place in the Sun: A Modern History*, WW Norton & Company, 1997; B. Cummings, *The Korean War: A History,* 2011; Hastings, *The Korean War*, 1988; Selig Harrison, *Korean Endgame: A Strategy for Reunification and U. S. Disengagement*, N. J.: Princeton Univ. Press, 2002; Maurice Isserman, *Korean War: Updated Edition*, New York: Facts on File, 2003; Howard S.

분열되었고, 남북민 사이에 증오하는 감정이 심해졌다. 전쟁 책임자에 대한 전쟁 발발 책임도 아직 해결하지 못했다. 과거 청산 문제로 통일이 지연되었고, 내부 독재도 경험하였다.

대한민국은 미국의 원조와 안보 보장으로 경제가 부흥했으나, 북한은 핵개발과 적화통일 야욕에 집착하여 3대 세습까지 하였고, 핵과 장거리 유도탄을 개발하느라 재정이 나빠져 국민의 생활은 최저에도 미치지 못한다. 북한이 개방과 개혁을 하면 대한민국이 경제를 지원해줘 상생할 수 있을 텐데, 북한은 6·25전쟁의 미망에 빠져 아직도 적화통일을 고집하고 있다. 이 전쟁 후 일본은 전쟁 후원이라는 명목에 따라 전범 추방이 약해졌고, 미국과 상호방위조약을 체결한 뒤 자위대를 창설하여 오늘날 군사대국이 되었다.[172]

중국은 러시아와 대한민국을 모방하여 개혁과 개방을 한 뒤 시장경제를 도입하여 세계에서 제2의 경제대국이 되었고, 북한을 우방으로 생각하며 완충지역을 유지하려고 통일을 방해하고 있다. 이에 미국은 북한을 지원하는 중국에 항의하며, 중국이 패권 국가가 되는 것을 막으려고 노력한다. 한편 중국은 미국이 한국에 사드(THAAD, 고고도미사일방어체계)를 배치하는 것을 반대하면서 경제 제재에 나서 앞날이 걱정된다.

미국의 트럼프 대통령은 '미국 우선주의'를 주장하면서 중국의 경제 진출을 반대하여 새로운 냉전이 시작되고 있다. 중국은 필리핀 등과 긴밀한 관계를 맺어 남중국해를 지배하려고 하며, 공군과 해군이 동해에까지 진출하여 긴장을 고조시켜 그 귀추가 주목된다.

Levis, "How it All Started-And How it Ended: a Legal Sturdy of the Korean War", *Akron Law Review* 35(Winter), 2002; Robert F. Truer, "Truman, Korea, and the Constitution: Debunking the 'Imperial President' Myth", *Harvard Journal of Law & Public Policy* 19(Winter), 1996; James V. Young and William Stueck, *Eye on Korea: An Insider Account of Korea-American Relations*, College Station: Texas A&M Univ. Press, 2003 참조.

172) 한국전쟁으로 일본은 경제붐을 일으켜 오늘날 경제대국이 되었다. 庄司油一郎, 「朝鮮戰爭と 日本の 對應」; 秦都彦, 「朝鮮戰爭と 日本」, 文春文庫; Wikipedia, 朝鮮戰爭, 能勢省吾, 朝鮮戰爭に 出動した 日本特別掃海隊·海上自衛隊; Ishimaru Yasuzo, "The Korean War and Japanese Ports: Support for the UN Forces and Its Influences", *NIDS Security Reports*, No. 8, Dec. 2007. pp. 50-70; 곽전의, 「한국전쟁과 미국의 대극동정책의 변천」, 경희대 석사학위 논문, 1984.

제Ⅱ장. 남북한 정부의 통일 노력

제1절. 남한의 통일정책

1. 남한의 통일정책 변천

대한민국은 독립 후 통일정책을 여러 번 변경하였다.[1] 이를 빅터 차는 시대적으로 ① 북진통일기 ② 통일불원기 ③ 햇볕정책기 ④ 실용적 통일대기기 ⑤ 통일대박론기[2]로 나누었는데, 이는 이데올로기와 실용적인 면을 겸한 분류다. 이를 더 구체적으로 보면 ① 이승만 대통령의 북진통일론 ② 제2공화국의 백가쟁명론 ③ 유신헌법 체제의 남북협상론 ④ 노태우 대통령 시절 남북합의서 이행론 ⑤ 김대중·노무현 대통령의 햇볕정책기론 ⑥ 이명박 대통령 시대의 통일대기론 ⑦ 박근혜 대통령의 통일대박론으로 나눌 수 있을 것이다.[3]

---

1) 한국의 통일방안에 대하여 상세한 것은 구영록·임용순, 『한국의 통일정책』, 1993; 김용욱, 『한민족의 평화통일론』, 1995; 대한민국 외무부, 『한국외교 30년 1945~1978』, 1979; 통일원, 『통일백서』; 이상우, 『통일한국의 모색』, 1987; 양호민 외, 『남과 북은 어떻게 하나가 되나: 한반도 통일의 현신과 전망』, 1992; 김명기, 『남북한 통일정책』, 1995 참조.

2) Victor Cha, Five Theories of Unification, Joongang Ilbo, July 22. 2014.

3) 한반도 통일방안에 대한 문헌은 수없이 많다. 여기서는 역사를 중심으로 기술한 단행본 몇 가지만 들어본다. 박순성·최진욱, 『통일논의의 변천과정: 1945~1993』, 민족통일연구원; 심지연, 『남북한 통일방안의 전개와 수렴』, 돌베개, 2001; 양영식, 『통일정책론: 이승만 정부부터 김영삼 정부까지』, 1997; 통일부, 『통일백서』, 1997~2013; 정홍모, 『분단국의 통일 사례와 한반도 통일과제』, 2010; Victor Cha, David Kang, *Approaching Korean Reunification*, Dec. 2010. CSIS/USC; M. Haas, *Korean Reunification: Alternative Pathways*, 1989; D. Coghlan, *Prospects from Korean Reunification*, 2008; Jacques L. Fuqua Jr., *Korean Unification, Inevitable Challenges*, 2011; Ilpyong Kim/Moo-Young Han, *Selected Bibliography on Korean Unification*, 2001; Eberstadt/Ellings, *Korea's Future and the great powers*, 2001; N. Eberstadt, *Korea Approaches Reunification*, 1995; S. Kim, The Future of Two Koreas, 2006; Chang-Min Shinn, *The Road to One Korea, Prosperity in Peace*, 2014; Bok-Rock An, Die *Wiedereinigungsfrage Koreas unter der Berücksichtigung der deutschen Erfahrungen*, 2005; Choong-Gu Kim, *Die staatliche Einheit Koreas unter Berücksichtigung des Selbstbestimmungsrechts des koreanischen Volks*, Würzburg, 1994; 孔義植, 「朝鮮半島における南北統合に關する硏究」, 《政經硏究》 第48卷 4號(2012); 岸本建夫, 「金正日體制の除去と韓國による朝鮮半島統一への施策について」 Policy Science 11(2) 2004; 李東俊, 「未完の平和: 米中和解と朝

2. 이승만 정부의 통일정책

1) 북한만의 선거론

대한민국 정부를 수립한 뒤 정부는 총선거를 거부한 북한에서 선거를 치러 통일하려고 하였다. 정부는 1948년 8월 15일 정부 수립 선포식에서 국토 통일에 관하여 국회가 취한 입장과 재조치를 대변하면서 입장을 밝혔다. ① 대한민국 정부는 한반도 전체에 대한 주권을 가진 유일한 합법 정부이고 ② 선거를 보류한 북한에서 조속하게 민주적 선거를 실시하여 국회에 공석으로 남은 100석을 채우도록 하며 ③ 북한 동포의 자발적 의사가 계속 봉쇄되는 경우 대한민국은 무력으로라도 북한에 대한 주권을 회복할 권한이 있음을 선포하였다.[4] 정부는 자력으로 방위할 수 있을 때까지는 미군이 주둔해야 한다고 주장하여 남북한 간에 평화교섭을 할 때까지 미군의 철수 연기를 요청했으나 미군은 1949년 6월 29일 철수를 완료하였다.[5] 북한은 이를 호기로 알고 스탈린의 승인을 받아 6·25남침을 강행하였다.[6]

2) 6·25전쟁 시기

1950년 6월 25일 북한이 남침했을 때, 인천상륙작전 후 38선을 돌파하여 평양을 점령하고 압록강 가까이까지 진격했으나 중공군이 개입하여 북진통일은 좌절되었다. 이승만 정부의 통일방안은 무력으로 병합하는 정책이었다.[7] 1950년 7월 19일 개전 이후 처음으로 북진통일에 관한 공식 입장을 미국 투르만 대통령에게 전달했는데, "유엔군의 작전 목표는 전쟁 이전 상태 회복, 즉 38선 진격 정지에 그쳐서는 안 되며 북진통일을 해야 함"을 명백히 하였다.

鮮問題の變容 1969-1975年』, 2010; 森千春, 『朝鮮半島は統一できるのか』, 中公新書ラクレ, 2003.

4) 대한민국 외교부, 『한국 외교 20년』, 1967, p. 23.

5) 외교통상부, 『한국 외교 60년 1948-2008』, p. 112; 이승만 정부의 통일외교는 전게서, p. 120~127 참조. 이중근, 『광복』, 우정출판사, 2015.

6) 한국전쟁은 김철수, 「신냉전기 한반도 통일정책」, 『현대공법의 이론과 판례의 동향』, 관악사, 2014 참조.

7) 상세한 것은 통일부, 『통일백서』; 백행걸, 「양단된 국가의 통일문제」, 《국방연구》 18(1965. 11), 국방대 안보연구소; 김철수, 「한반도의 경우와 독일의 경우」, 《월간중앙》, 1974 참조.

1950년 10월 임병직 외무장관은 제5차 유엔총회에서 "북한에서 유엔 감시 하의 자유선거를 하는 것을 환영하나, 남한에서 새로운 선거는 반대한다"고 선언하였다. 제2대 국회는 "대한민국 주권 하에 한국의 완전 자유통일을 선결 조항으로 하여 내외의 어떠한 휴전론도 반대한다"고 결의하였고, 이 대통령은 북한으로 진격하자고 강조하며 무력통일을 주장하였다. 그러나 1953년 7월 27일의 정전협정 체결로 이승만 정부가 추진하려던 무력 북진통일은 좌절되었다. 한국은 정전협정에 서명하지 않았으며, 한국의 안전을 보장할 대책을 미국과 논의하였다.

정전 성립 4개월 후인 1953년 11월 23일 이승만 대통령은 ① 북한만의 단독선거로 국회 잔여석을 채우는 것이 원칙이다. ② 그러나 북한 주민이 희망한다면 전국 총선거를 받아들일 용의가 있다고 천명하였다. 1953년 8월부터 '한미안전보장조약'을 논의했으며, 10월 1일 정식으로 조인하고, 1954년 11월 18일부터 효력을 발생하게 되었다.

3) 제네바협정 시기

정전협정에 따라 1954년 4월 26일부터 제네바에서 열린 회담에서 변영태 외무장관이 정부 입장을 발표했으나, 공산진영의 반대에 부딪혀 남북한에서 선거하는 것을 골자로 하는 14개 항의 통일방안을 새로 제시하였다. 주요 내용을 보면 ① 통일·독립된 민주한국을 수립하기 위하여 유엔 감시 하의 자유선거 실시 ② 북한에서 자유선거 실시 ③ 6개월 이내에 선거 실시 ④ 유엔선거감시위원단의 자유로운 감시활동 보장 ⑤ 선거 기간 중 인권 완전 보장 ⑥ 일반·보통·평등·비밀 선거 실시 ⑦ 통일선거 후 통일한국 정부 수립과 헌법 개정 등이다.[8] 이승만 정권은 북진통일정책과 반공정책으로 평화통일론과 중립화통일론을 배척·탄압하였다.[9]

---

8) 국토통일원, 남북한 통일 대화 제의 비교(I), p. 22. 한국 통일안 14개 항은 이홍직, 『국사대사전』, '제네바회의', pp. 1384-1385; Martin Hart-Landsberg, *Korea Division, Reunification, and U. S. Foreign Policy*, Monthly Review Press, pp. 133-138 참조.

9) 진보당 해산과 조봉암 사형으로 평화통일론과 중립화통일론은 발을 붙일 곳이 없었다. 대법원 판례는 진보당의 평화통일론은 헌법에 위반되지 않는다고 보았다.

3. 장면 정부의 통일정책

4·19 이후 이승만의 북진통일론이 무산되자 통일 논의 백가쟁명이 시작되었다. 민주화 분위기에 따라 각종 사회단체가 등장하고, 북한의 통일 공세와 제5대 민의원과 초대 참의원 선거 과열로 평화통일론이 대세를 이루었다. 특히 혁신파와 학생들이 중립화통일을 주장하였다. 장면 정부는 내각을 구성한 뒤 1960년 8월 24일 정일형 외무장관이 7가지 외교정책을 발표하였다. 여기서도 "정부는 유엔의 결의를 존중하여 한국 전역에서 유엔 감시 하의 자유선거로 통일을 이룩할 것이며, 무력통일은 폐지해야 한다"고 하였다. 장면 정부는 '선건설 후통일 정책'을 취하여 중립화통일 논의를 반대하였다.[10]

장면 정부는 북진통일론에 반대하면서 선건설 후통일론을 주장하였다. 그러나 민간에서는 여러 통일론이 나와 백가쟁명 상태가 되고 국론은 분열되었다. 1961년 5·16쿠데타로 통일론 백가쟁명 시대는 끝이 나고, 중립화통일론은 핍박을 받게 되었다.[11]

4. 박정희 정부의 통일정책

1) 승공통일 시기

1961년 5월 16일 군사쿠데타로 집권한 박정희 정권은 혁명 공약에서 ① 유엔 헌장을 준수하며 국제 협약을 충실히 이행하고, 미국을 위시한 자유우방과 유대를 공고히 하고 ② 민족적 숙원인 국토 통일을 위하여 공산주의와 대결할 수 있는 실력을 배양하는 데 전력을 집중하겠다고 하였다. 이것은 박 정권이 좌경화

---

10) Bong-Youn Choy, *A History of Korean Unification Movement: Its Issue and Prospects*, 1984; In K. Hwang, *The Neutralized Unification of Korea Perspective*, 1980; Kwak/C. Kim/H. Kim(eds.), *Korean Unification: New Perspective and Approaches*, 1984.

11) 중립화통일론은 소련이 오스트리아와 독일의 통일방식으로 주장한 것이었다. 오스트리아는 이를 수용하여 1955년에 통일되었고, 독일은 반대하여 1990년까지 분단 상태로 있었다. 조정원, 「남북한통일론」, 1989; 홍임순, 「한반도 중립화통일을 위한 방안연구」, 한국교원대 석사학위 논문, 2007.

할 것이라는 우려를 배제하고, 장면 정부의 선건설 후통일을 계승한 것으로 보인다. 박 대통령은 1964년 1월 10일 연두교서에서 "유엔을 통해서 자유민주주의 원칙에 따라 통일을 달성할 수 있도록 적극적인 외교를 전개할 것이며, 변천하는 국제 정세에 대처하여 통일을 위한 제반 문제에 대비하는 연구와 태도도 갖추어 나갈 것"이라고 천명하였다.

제6대 국회도 11월 29일 국토 통일방안 결의에서 "① 유엔 감시 하에서 남북한이 토착인구의 비례에 따라 자유선거를 하여 국토를 통일해야 한다. ② 선거 감시단은 자유선거를 하는 유엔 회원국가 중에서 선임해야 한다. ③ 통일된 한국의 민주주의를 위협하는 통일방안은 일체 배제해야 한다"고 하였다.

5·16 이후 통일방안은 한마디로 '선건설 후통일'이었다. 통일하기 위해서는 조국의 근대화와 자유경제 건설에 박차를 가하며, 본격적인 통일 문제 논의는 70년대 후반이 될 것이라고 강조하였다. 이러한 방안은 힘의 우위를 확보하여 북한을 통일노선으로 끌어들이자는 냉전 지향적인 것이었다.

한편 재야에서는 정부가 주장하는 유엔 감시 하의 남북총선거가 사실상 불가능하니 자주적인 통일방안을 모색하자는 논의를 하였다. 1964년에는 이만섭 의원이 남북가족면회소를 설치하자고 제안하였고, 황용수 문화방송 사장은 잡지 《세대》에서 남북한 동시 유엔 가입과 제3국에서 남북이 대화하는 방안을 모색하자고 주장하여 투옥되기도 하였다. 1966년 11월 5일에는 유진오 민중당 당수가 남북이 인도적으로 교류하자고 주장하였다. 신민당 창당대회에서도 남북의 인도적 서신 교환, 기자 교류, 분단국가회의체 구성 문제를 논의하였다.

1970년대에 들어와 통일방안은 상당히 변천하였다. 경제가 성장하면서 남북 관계가 개선되고 통일 논의가 활발해져서다. 냉전시대가 끝날 무렵 박정희 대통령도 평화 공존과 교류 협력을 택하였다. 박 대통령은 1970년 8·15 경축사에서 '평화통일 구상'을 발표했는데 ① 긴장상태를 완화하여 평화통일로 접근한다. ② 북한이 무력으로 적화통일을 하거나 폭력혁명으로 대한민국을 전복하는 것을 반대한다. ③ 남북한이 개발과 건설에서 선의 경쟁을 하자고 하였다.

1971년 대통령 선거에서 김대중 후보가 남북교류론과 3단계통일론을 주장하면서 통일이 국민적 관심사가 되었다. 8월 12일에는 최두선 대한적십자사 총재가 이산가족을 찾는 적십자회의를 열자고 북한에 제의하였다.

박정희 대통령은 1971년 8월 15일 광복절 축사에서 한국의 통일 문제는 주체적 협력과 자주적 결단에 달려있음을 강조하고, 북한이 무력을 포기하고 진지한 자세로 나온다면 평화적으로 통일할 길을 마련하겠다며 통일방안을 제시하였다. 1972년 1월 10일 연두기자회견에서는 ① 자주적으로 통일해야 한다. ② 평화적으로 통일하는 첫 길은 북한으로 하여금 적화·무력통일을 포기하게 하는 것이며, 남북적십자회담은 인도주의에 입각하여 인내와 성의를 다해야 한다고 하였다.

2) 7·4남북공동성명

당시 독일은 동서의 긴장을 완화하기 위해 동서독기본조약 체결을 논의하고 있었다. 박정희 정부도 이 평화공존 정책을 모방하여 1972년에는 소위 7·4공동성명을 발표하였다.[12] 1972년 7월 4일 서울과 평양에서 동시에 발표한 남북공동성명은 남북관계, 특히 통일 문제에 새로운 계기를 마련해주었다. 모두 7개 항으로 되어 있는데 ① 조국의 통일 원칙은 자주적 해결, 평화적 실현, 민족적 대단결 도모다. ② 긴장상태를 완화한다. ③ 다방면에서 교류한다. ④ 남북적십자회담을 지원한다. ⑤ 상설 직통전화를 가설한다. ⑥ 남북조절위원회를 구성·운영한다. ⑦ 합의 사항을 실행할 것을 서약하자는 것이었다.

이 성명에 따라 남북조절위원회 공동위원장회담을 열고, 그 결과 남북조절위원회를 구성하여 운영하게 되었다. 그러나 남북 정부는 겉으로는 평화공존을 내세우면서 안으로는 독재체제를 공고히 하기를 원하였다. 쌍방은 서로 비방하지 않기로 하면서 내정간섭을 배격하고, 체제 유지를 강화하는 데 노력하였다.

1972년 10월 17일 박정희 정부는 "우리 민족의 지상과업인 조국의 평화적 통일

---

12) 국회도서관, 『통일백서』, p. 45; 법원 판결은 김철수, 『판례교재 헌법』, 법문사, 1992, pp. 298-299 참조. 1966년 6월 7일 법무부는 1954년 5월 제네바회담에서 제안한 아국의 남북한 통일방안만이 적법하다는 유권해석을 내렸다.

을 뒷받침하기 위하여 새 헌법을 만들겠다'며 비상조치를 단행하였다. 비상국무회의에서 마련한 헌법안은 국민투표에서 93%라는 다수로 통과했는데, 이는 국민의 통일 의지를 이용한 것이라고 하겠다. 북한에서도 주석독재제를 강화한 '사회주의 헌법'을 만들어 1972년 12월 27일 남북에서 새 헌법을 공포·시행하였다. 국민들은 이 통일헌법 제정으로 남북 통치자가 합의하여 통일이 되리라고 기대했으나, 북한은 이 여망을 무시하고 7·4공동선언을 실천하는 것조차 거부하였다.[13]

3) 6·23평화선언과 남북불가침협정 제안

1973년 6월 23일 박 대통령은 6·23평화선언을 발표했는데, 이 선언에서 통일정책에 대한 일대전환을 하였다.[14] ① 평화통일은 민족의 지상과제이며 ② 한반도의 평화를 유지하고 내정에 간섭하지 않으며 ③ 성실과 인내로 남북대화를 계속하며 ④ 북한이 국제기구에 참여하는 것을 반대하지 않으며 ⑤ 북한과 유엔에 동시에 가입하며 ⑥ 호혜평등원칙에 따라 모든 국가에 문호를 개방하며 ⑦ 평화선린이 대외정책의 기본이라고 천명하였다.

이 선언은 북한이 세계보건기구에 가입하는 것을 반대하지 않을 것이며, 유엔 총회의 기상도를 감안하여 독일 방식인 남북 분단 고정화, 공산권과 상호 교환 승인, 유엔 동시 가입 정책을 천명한 것으로 그 의의가 크다. 박 대통령은 나아가 1974년 1월 18일 연두기자회견에서는 남북상호불가침협정을 체결하자고 제의하였다. 그 내용은 ① 남북이 무력전쟁을 배제한다. ② 서로 내정에 간섭하지 않는다. ③ 현행 휴전협정을 준수하자는 것을 골자로 하였다.

또 1974년 8월 15일 광복절 경축사에서는 ① 남북불가침협정 체결 ② 남북대화를 성실하게 이행하며 신뢰 회복 ③ 토착인구의 비례로 남북총선거를 주장하였다. 1977년 연두기자회견에서도 계속 남북불가침협정을 체결하자고 촉구하고, 1978년 6월 23일에는 6·23선언의 원칙을 실현하기 위해 남북이 경제에서 협력

---

13) 제4공화국 헌법 성립과 통일 조항은 김철수, 「한국통일과 통일헌법 제정문제」, 《헌법논총》 제3집 참조.
14) 이는 「평화통일의 대도」, 「박정희 대통령 연설집」 참조.

하자고 제의하고, 1979년 1월 19일에는 어떠한 시기, 어떠한 장소, 어떠한 수준의 회담, 어떠한 의제도 좋다고 하여 완전히 개방하는 백지회담을 제의하였다.

박 대통령이 통일정책을 바꾼 것은 선건설 후통일 원칙에 입각한 건설에서 북한보다 우월해졌음을 인정한 자신감의 발로라 하겠다. 박 대통령의 이러한 구상은 독일이 통일한 뒤 노태우 대통령이 남북기본합의서를 서명함으로써 18년 후에야 달성하게 되었다. 북한이 반대만 하지 않고 동독처럼 했더라면 남북의 동질성은 회복했을 것이요, 독일식으로 점진적 통일을 했을 텐데 아쉽다.

5. 전두환 정부의 통일정책

1) 제5공화국 헌법의 통일 조항

전두환 대통령도 새 헌법을 제정하면서 유신헌법의 통일 조항을 어느 정도 수용하고, 통일정책에서도 박정희 정부의 단계적·점진적 통일론을 유지하였다. 제5공화국 헌법도 전문에서 '평화통일 사명'을 강조하였다. 대통령에게 평화통일 의무를 부여하고, 통일정책을 수립하기 위해 대통령 자문기관으로 평화통일정책 자문회의를 둘 수 있게 하였다. 또 필요하면 중요한 통일정책은 국민투표에 회부할 수 있게 하였다.[15]

2) 민족화합 민주통일 방안

전두환 정부는 국토통일원을 두어 통일방안을 연구하는 데도 노력하였다. 1982년 1월 22일에는 '민족화합·민주통일방안'을 발표하였다.[16] 이 방안의 핵심은 남북이 최고책임자회담을 열어 '기본관계협정'을 체결한 후 남북 대표로 '민족통일협의회'를 구성하고, 여기서 기초한 '통일헌법'에 따라 민주 총선거로 통일을

---

15) 제5공화국 헌법의 통일조항은 김철수, 「한국통일과 통일헌법 제정문제」, 전게 논문 참조.
16) 민족화합민족통일 방안은 국토통일원 통일연구원, 『민주통일론』, 1990 참조.

이룩하려는 것이었다. 이 안에서도 법적인 조약과 통일헌법을[17] 작성하여 통일한다는 점에서 규범 제정을 강조한 것이 특색이다.

3) 20가지 시범사업 제안

1982년 2월 1일 전두환 정부는 국토통일원장관 성명을 통하여 민족화합 민주통일 방안을 실천할 후속 조치로, 20개 항에 걸친 구체적인 시범사업을 함께 추진하자고 제안하였다.[18] 그러나 북한은 2월 10일 이것도 거부하였다.

6. 노태우 정부의 통일정책

1) 7·7선언

1988년 2월부터 시행한 제6공화국 헌법에는 평화통일 조항을 두었다. 1988년 7월 7일 노태우 대통령은 '민족 자존과 통일 번영을 위한 특별선언'(7·7성명)을 발표하였다. 이 선언은 이전까지 남북이 대결하던 시대를 청산하고, 폐쇄된 북한 사회를 개방하도록 유도하며, 그 상호 관계를 협력 관계로 전환하여 남북관계를 선의의 동반자 관계로 발전시키려는 뜻을 담고 있었다.[19] 그러나 북한이 이 7·7선언에 부정적이어서 실현하지는 못했다.

2) 한민족공동체 통일방안

노태우 대통령은 1989년 9월 11일 정기국회 개회식 특별연설에서 '한민족공동체 통일방안'을 천명[20]하여 평화공존 원칙을 재확인하였다. 그리고 중간 단계

---

17) 이에 따라 통일원에서는 통일헌법을 만들기로 하고 김철수·이홍구·양건·장명봉이 통일원 의뢰로 가안을 잡았다. 김명규, 「남북한 통일헌법에 관한 연구」, 《단국대학교 논문집》 17(1983).
18) 그 내용은 양용식, 『통일정책론』, pp. 199-200 참조.
19) 이는 노태우 정부의 북방외교 외교통상부, 『한국 외교 60년』, p. 141 이하.
20) 이는 국토통일원, 『한민족공동체통일방안』, 1989; 김득주, 「한국의 통일정책: 과거 현재 미래」, 『강영훈 박사고희기념논문집, 민족통일의 길』, p. 230 이하; 국토통일원, 『1982 통일백서』; 국토통일원, 《민족화

로 남북정상회의를 개최하여 남북연합을 설치할 근거인 '민족공동체헌장'을 채택
하자고 주장하였다. 남북연합에서는 남북평의회에서 통일헌법안을 만들고, 이를
민주적 방법과 절차를 거쳐 확정·공포하며, 통일헌법이 정하는 바에 따라 총선
거로 통일 국회와 정부를 구성하여 통일민주공화국으로서 양원제 단일국가를
구성하자고 제안하였다.[21]

　　여기서는 통일로 가는 중간 단계로 서로 다른 두 체제가 존재한다는 현실을
인정하고, 공존·공영하면서 민족의 동질화와 통합을 추진하자고 제의하면서 이
를 위한 통일기구도 만들자고 제안하였다. 첫 단계로 남북정상회의를 두고 남북
연합을 설치할 근거인 민족공동체헌장을 채택하여, 남북이 일종의 연합체를 형
성하여 통일 단계로 들어가자고 하였다. 통일국가를 이룰 중간 단계로 남북연합
은 분단 상황에서 완전한 통일까지 통일을 추구하는 특수한 결합 상태로 생각
하고 있었다.

　　중간 단계로 남북연합은 4개의 과도기, 즉 남북정상회의, 남북각료회의, 남북
평의회, 공동사무처를 둔다. 이 남북연합은 남과 북이 각자 외교와 군사력을 보
유한 국가이기는 하나 완전한 통일국가는 아니다. 남북연합 의회인 남북평의회
에서 마련한 통일헌법안[22]을 만들고, 민주적 방법과 절차를 거쳐 확정·공포하
면 통일헌법이 된다. 이 헌법이 정하는 바에 따라 총선거를 하여 통일국회와 통
일정부를 구성하여 단일국가로 독립한다는 것이다. 그러나 북한은 이 안이 "두
개의 조선으로 분열을 고착시키고, 나라의 통일을 한정 없이 끌려는 제2의 분열
방안"이라고 비난하면서 거부하였다.

　　합민족통일론), 제1집(1982) 참조.

21) 통일원, 『1992 통일백서』.

22) 노태우 대통령이 독일을 방문했을 때 독일의 대통령과 수상을 만나 독일 통일과 한국 통일을 논의했으
나 그의 노력이 북한을 움직이기에는 늦었던 것 같다. 상세한 것은 『노태우 회고록』(하), 조선뉴스프레스,
2011, p. 134, 158 이하 참조. "베를린 장벽이 무너진 11일 후에 서독을 방문하여 독일의 통일과정을 직
접 목격하였다(같은 책 p. 168 이하). 1988년 8월 22일 노태우 대통령은 고르바초프 서기장에게 친서를
보냈고, 샌프란시스코에서 고르바초프와 정상회담을 한 후(같은 책 p. 203 이하) 1990년 9월 한·소 수
교를 맺었고, 12월에는 크렘린에서 정상회담을 하였다. 1991년 1월에는 한국이 대소차관까지 제공하기
로 하였다. 한·소 간의 외교정책이 성공적이었음에도 독일과 예멘이 통일된 호기를 우리나라가 일실한
것은 북한과 사전협의가 잘 이루어지지 않았기 때문이다."

3) 남북기본합의서 체결

1991년 12월 13일에는 남북이 불가침과 협력을 다짐하는 남북기본합의서(정식 명칭: 남북 사이의 화해와 불가침 및 교류·협력에 관한 합의서)[23]를 체결하였다. 이 합의서는 남과 북에서 비준 절차를 거쳐 1992년 2월 19일에 발효하였다. 이 합의서에서는 '정치·군사적 대결상태를 해소하여 민족적 화해를 이룩하고, 무력 침략과 충돌을 막고, 긴장을 완화하며 평화를 보장하고, 다각적으로 교류·협력하여 민족 공동의 이익과 번영을 도모하고, 쌍방의 관계가 나라와 나라 사이의 관계가 아닌 통일을 지향하는 과정에서 잠정적으로 형성되는 특수 관계'임을 인정하고, 평화통일을 성취하기 위해 공동으로 노력을 다할 것을 다짐하였다.

이는 ① 남북 간에 체제 인정·존중 ② 내정 문제 불간섭 ③ 비방·중상 금지 ④ 파괴·전복 행위 금지 등 남북 화해와, ① 무력침략 금지 ② 분쟁 평화적 해결 ③ 남북군사위원회 구성 등 남북 불가침, 그리고 ① 경제 교류와 협력 ② 과학·기술·교육 등 분야의 교류·협력 ③ 자유 왕래 접촉 이산가족 재결합 등 남북 교류 협력 등 3개 장으로 되어 있다.

이것은 노태우 대통령의 북방외교 승리에 힘입은 것이다. 1989년 소언방 붕괴를 보면서 노 대통령은 과감한 북방정책을 펴서 중국·러시아와 수교하였고, 북한과 함께 유엔에 가입하는 데 성공하였다. 노 대통령은 독일 통일의 기운을 보면서 한반도 통일에 대해서도 많은 노력을 하였다.

1992년 9월 대한민국은 이 기본합의서를 이행할 3가지 부속합의서와 화해공동위원회를 구성하고 운영할 합의서를 채택하였다. 이로써 남북의 평화공존 장치는 마련했으나 실현은 북한의 태도에 달려있었다. 또 제14대 대통령 선거 결과와 1993년 2월 정권 교체 이후에야 본격적으로 통일 협상이 이루어질 것으로 기대하였다. 그러나 북한의 계승 정권은 이 남북기본합의서를 이행할 것을 강조하지 않았다.

---

23) 상세한 것은 통일원, 「남북기본합의서 해설」, 1992 참조. 남북기본합의서에 대한 특집은 《통일정책연구》 제20권 1호(2011), pp. 1-105; 곽태환, 「남북한 통일방안의 재조명과 통일전망」, 《국방정책연구》 제19호(1992. 가을), pp. 135-158.

4) 남북기본합의서 의의

박정희 대통령 때 구성한 남북한불가침협정은 20년이 지난 노태우 정권에서 '남북기본합의서'로 부활하였다. 이것은 한국판 '동서독기본조약'이라고 하겠으며, 1972년 동서독이 체결한 것과 거의 같은 것이었다. 여기에 근거한 통일방안은 점진적인 것으로, 처음에 의도한 대로 양국이 이행했더라면 독일식이나 예멘식으로 통일했을 것이다.

7. 김영삼 정부의 통일정책

1) 민족주의적 통일외교

1993년 2월 25일 제14대 대통령 취임식에서 "어느 동맹국도 민족보다 더 나을 수는 없다"고 천명하였다. 그의 통일정책은 민족주의적이었다.

2) 민족공동체 통일방안

1994년 8월 15일 김영삼 대통령은 '한민족공동체 건설을 위한 3단계통일방안' (약칭: 민족공동체 통일방안)을 발표하였다.[24] 그는 통일과정을 화해·협력단계 → 남북연합 단계 → 통일국가 완성 단계로 설정하였다.

1단계인 화해·협력은 남북이 적대와 불신 관계를 청산하고 서로 신뢰 속에 남북의 화해를 제도적으로 정착시키면서, 실질적으로 교류·협력하여 화해적 공존을 추구해가는 단계라고 하였다. 이를 위해 남북고위급회담과 분과위원회의, 공동위원회의 활성화를 기하였다.

2단계인 남북연합은 하나의 완전한 통일국가 건설을 목표로, 이를 추구하는 과정에서 남과 북이 잠정적인 연합을 구성하여 남북 간의 평화를 제도화하고,

---

24) 통일원, 『1995 통일백서』.

민족의 공동생활권을 형성하면서 사회적·문화적·경제적 공동체를 이루어 나가는 과도기적 통일체제다. 남북한 사이의 각료회의, 국회회담, 정상회의를 정례화하고, 휴전체제를 평화체제로 전환하며, 남북 사이에 군축회담을 추진하고, 경제협력과 교류도 활성화하여 단일 경제공동체를 건설할 수 있게 하기로 하였다. 그리고 이 단계의 규범으로 민족공동체헌장을 제정하기로 하였다.

3단계인 통일국가 완성은 남북연합 단계에서 구축한 민족의 공동생활권을 바탕으로 남북 두 체제를 완전히 통합하여 정치공동체를 실현하는 것으로, 1민족 1국가로 통일을 완성하자는 단계다. 통일국가의 미래상으로는 민족구성원이 모두 주인이 되며, 개개인의 자유·복지·존엄성을 보장하는 선진국가가 되자는 것이었다. 이 단계에서는 1국가 1정부로 단일국가를 이루게 된다.

그러나 북한은 "비현실적이고 점진적인 단계이며, 통일을 늦게 잡는 것 자체가 잘못"이라며, 이는 남조선에 세워진 식민지에 예속체제와 파쇼독재체제를 북에까지 옮겨놓겠다는 것이라고 반대하였다.

8. 김대중 정부의 통일정책

1) 북한포용정책

김대중 대통령은 북한에 포용정책(햇볕정책, sunshine policy)을 펴서 통일보다는 평화를 유지하는 데 목적을 두었다. 2000년 3월 9일에는 베를린에서 '한반도 평화와 통일을 향한 남북화해선언'(베를린선언)을 발표하였다.[25] 평화를 유지하기 위하여 남북의 화해와 협력을 강조하면서 급진적 통일은 논하지 않았다.[26]

---

25) 통일부, 『2001 통일백서』; 서울대 국제문제연구소, 「민족공동체통일방안 계승 및 발전공론화(최종보고서)」, 2013. 12, p. 1.

26) Rinn-Sup Shinn, *South Korea: Sunshine Policy and its Political Context*, CRS Report for Congress, Feb. 12. 2001; Jin Shin, Korea's Sunshine Policy and its Structural Limits, *The Korean Journal of International Relations* Vol. 43, No. 1, Seoul 2003; Hartmut Koschyk(Hrsg.), *Begegnungen mit Kim Dae-Jung: Korea auf dem Weg zu Frieden, Versöhnung und Einheit*, München 2002; Chung-In Moon, The Sunshine policy and the Korean summit, in Tsuneo Akaha(ed.), *The future of North Korea*. London 2002, pp. 26-46.

2) 3단계통일론

김대중 대통령은 1990년대 들어 3단계통일론을 발표하였다. 첫 번째 단계는 1민족 2체제 2독립정부 1연합의 남북연합으로, 이는 남북의 국가연합이라고 하겠다. 두 번째 단계는 연방제로 1민족 1국가 1체제 1연방정부 2지역 자치정부로 구성하자는 것이었다. 이 단계에서는 하나의 체제 아래 외교와 국방과 주요 내정은 중앙정부가 관장하고, 그 밖의 내정은 2개 지역 자치정부가 담당하게 된다. 여기서 통일헌법에 따라 연방대통령을 선출하고, 연방의회를 구성하자고 하였다. 세 번째 단계는 완전한 통일 단계로 중앙집권제 혹은 여러 개의 지역 자치정부를 포함하는 미국이나 독일식 연방제로 통일하자는 것이다.[27]

3) 6·15남북공동선언

2000년 6월 13~15일 김대중 대통령은 김정일과 정상회담을 하며 소위 6·15공동성명을 발표하였다. 통일방안을 직접 언급한 것은 1·2항인데 다음과 같다. ① 남과 북은 나라의 통일 문제를 그 주인인 우리 민족끼리 힘을 합쳐 자주적으로 해결하기로 하였다. ② 남과 북은 나라의 통일을 위해 남측의 연합제 안과 북측의 낮은 단계의 연방제 안이 공통점이 있다고 인정하고, 앞으로 이 방향에서 통일을 지향하기로 하였다. 이는 한민족끼리 자주적으로 낮은 단계의 연방제에 합의했다는 점에서 의의가 있다고 할 수 있다.[28]

9. 노무현 정부의 통일정책

1) 노무현 정부의 대북정책

노무현 정부는 김대중 정부의 통일정책을 답습하며 북한에 지원하였다. 그는 평화·번영정책을 주장했는데, ① 대화로 문제 해결 ② 상호 신뢰 우선과 호혜주

---

27) 아태평화재단, 「김대중의 3단계통일론」, 1995.
28) 양길현, 「신 남북시대의 평화공영과 연합제: 낮은 단계의 연방제」, 《국가전략》 제7권 4호 통권18호 (2001. 12), pp. 56-57.

의 ③ 남북 당사자 원칙에 기초한 국제 협력 ④ 국민과 함께 하는 정책 등을 제시하였다.[29] 구체적인 내용으로는 ① 북한 핵문제 평화적 해결 ② 정권체제를 평화체제로 전환하여 남북한 평화공존 ③ 동북아의 경제공동체와 평화·협력체제를 구축하는 동북아평화협력체제 구축 등이 있다.

2) 남북정상회담과 10·4남북공동선언

노무현 대통령은 임기 말인 2007년 10월 2~4일 김정일과 정상회담을 했는데, 여기서 저자세 외교를 펼쳐 논란이 되었다. 특히 북방한계선(NLL) 문제에 대해서 평화해협으로 공동 이용과 관리를 양보하는 듯한 발언을 하여 문제가 되었다. 그동안 북한의 핵무기 개발을 막지 못했으며, 북한에 경제를 원조했으나 배분을 감시하지 못하는 등 남북 경협 원칙을 위반하는 일이 많았다. 이 정상회담에서 '남북관계의 발전과 평화·번영을 위한 선언'(10·4남북공동선언)을 채택하였다. 이후 남북의 대화 채널은 활발하게 가동했으나 통일 문제에서 진척은 없었다.

10. 이명박 정부의 통일정책

이명박 정부는 좌파정권이 10년간 벌인 유화정책에서 얻은 것이 없다고 생각하여 통일에 큰 관심을 두지 않고, 일방적인 퍼주기가 아닌 상호 협력을 강조하였다.[30] 이명박 정부는 햇볕정책이 북한을 고사 위기에서 구출하여 북한 정권을 유지하게 해주었고, 북한의 핵무장과 천안함 폭침, 연평도 해전과 포격 등을 가져왔다고 보고 상호주의를 채택하기로 하였다. 북한 군인의 박왕자 총기 사살에 대항하기 위하여 금강산 관광을 금지하며, 북한에 지원도 금지하였다. 북한의 핵

---

29) 통일부, 참여정부의 평화번영정책, 2003. 3.

30) 이명박 정부의 통일정책은 통일부, 「이명박 정부의 대북정책·통일정책과 통일방안」, 『2010 통일백서』; 통일연구원, 「민족공동체 통일방안의 새로운 접근과 추진방안: 3대 공동체 통일 구상 중심」, 2010. 10 참조. Krony, Die Wiedervereinigung Koreas-eine reale Utopie?, 26. 05. 2010; SED-Diktatur Stiftung, Unüberwindbar? Vom Umgang mit der Teilung Korea, 19. Oct. 2009; Hanns Seidel Stiftung, *20 Jahre Deutsche Einheit und Die Wiedervereinigung der Koreanischen Halbinsel*, Oct. 2010.

실험과 미사일 발사에 반대하여 미국은 북한을 승인하지 않고 있었다. 금강산에 건축한 현대건설 숙사들을 몰수해간 것 같다.

이명박 대통령의 상호주의는 미국인과 한국인의 전폭적인 지지를 받았다. 이명박 정권은 북한이 몰락할 것으로 보아 통일정책을 과감하게 펴지 않았다. 대신 주변국들과 함께 상호주의 화해정책을 펼쳤다. 이명박 정부는 민족공동체 통일방안을 계승하며 발전을 추구한다는 맥락에서 북한의 근본적인 정책 변화를 이끌기 위해 '3대 공동체통일구상'을 제시하였다.

11. 박근혜 정부의 통일정책

2013년 박근혜 정부가 출범한 뒤 박 대통령은 통일대박론을 주장하면서 통일에 대한 열의를 피력하였다. 2014년 2월에는 통일부가 새로운 통일방안을 검토할 것이라고 발표하였다. 박근혜 대통령은 통일준비위원회를 설립하겠다는 계획을 발표하였다. 2014년 3월 28일 박근혜 대통령은 드레스덴에서 '한반도 평화통일을 위한 구상'(드레스덴 선언)을 발표하여 통일정책 방향을 제시하였다.[31]

이 선언에서는 북한에 ① 인도적 지원 ② 민생 인프라 구축 ③ 남북한 동질성 회복이라는 3가지 제안을 하였다. 그러나 이 구상은 구체적인 통일 과정과 정책을 천명한 것이 아니라 한반도 통일도 독일 통일처럼 역사적 진보를 이룰 것이며, 통일시대 준비는 신뢰에 바탕을 둔 남북 경협으로 북한 주민의 민생 문제 해결과 한국 경제의 제2의 도약을 위한 활로 개척이라고 보았다.

2014년 6월 16일 국립외교원은 『2040통일한국 비전보고서』에서 '글로벌 리더 통일한국'을 발표하였다. 이것은 2040년 경에 통일이 되면 통일한국은 약진과 도전을 할 것이라는 청사진을 제시한 것이었다. 정부 공식안은 아니지만 통일을 20년 후로 상정한 것이 특색이다.[32] 여기서는 통일한국은 민주주의 국가이며, 양원

---

31) 통일연구원, 『드레스덴 구상과 행복한 통일』, 제1차 KINU통일포럼(2014. 4. 30); 배정호 외, 『오바마·시진핑 시대의 동북아 국가들의 국내정치 및 대외정책과 한국의 대북 및 통일외교 전략』, 통일연구원, 2013/『리더십 교체기의 동북아 4국의 국내정치 및 대외정책 변화와 한국의 통일외교 전략』, 통일연구원, 2012.
32) 국립외교원, 『2040 통일한국비전보고서: 글로벌 리더 통일한국』, 2014. 6. 16.

제 국회에 국토균형개발부를 설치하자고 제안하였다.

2014년 7월 15일에는 대통령 직속 통일준비위원회가 출범하였다.[33] 8월 7일 열린 제1차 회의에서 박 대통령은 국민의 가슴에 와닿는 통일 청사진을 마련하라고 당부하였다. 정종욱 통일준비위원회 민간부위원장은 국민 합의에 기초하여 '통일헌장' 제정을 검토하겠다고 하였다.[34] 통일헌장 제정은 통일 준비에 대한 국민의 관심과 참여를 유도하는 과정이 필요할 것이다. 통일헌장은 통일을 준비하는 것이기에 통일 완결을 의미하는 통일헌법과는 다르다고 하겠다.

박근혜 대통령은 2014년 10월 13일에 열린 통일준비위원회 제2차 회의에서 "통일헌장 연구는 앞으로 통일헌법의 기초가 될 수 있도록 깊이 있는 연구와 논의를 거쳐 충실히 준비해달라"고 당부했다고 한다(연합뉴스, 2014. 10. 13). 통일준비위원회는 12월 2일 제3차 회의에서 통일헌장은 2014년 안에 만들 것이며, 통일헌법도 연구하겠다고 보고했다고 한다(《조선일보》, 2014. 12. 3). 박근혜 정부는 서독일의 브란트 정부처럼 화해협력정책을 구상하고 있었다.[35] 미국에서 정종욱 부위원장은 통일헌장의 기본은 노태우 대통령의 '한민족공동체 통일방안'을 계승하여 통일정책의 계속성을 강조할 것이라고 했다고 한다.

통일준비위원회는 통일헌장을 준비하고자 세 차례 회의를 거쳐 통일헌장 내용을 구체화하였다. 이에 북한의 조국평화통일위원회는 11월 17일 반대성명에서 "지금 통일이 이루어지지 못하는 것은 결코 통일헌장이 없어서가 아니다"라며

---

33) 통일연구원, 『통일 준비를 위한 과제와 전략』, 제4차 KINU통일포럼, 2014. 7. 30.

34) 통일연구원, 전게서; J. Choi, "The Trust-building Progress on the Korean Peninsula: A Paradigm in Seoul's North Korea Policy", *International Journal of Korean Unification Studies*, Vol. 22, No. 1, 2013, pp. 23-52; J. Hwang, "The Paradox of South Korea's Unification Diplomacy, Moving beyond a State Centric Approach", *International Journal of Korea Unification Studie*s, Vol. 23, No. 1, 2014, pp. 49-72; J. Park, "South Koreas Trustpolitik and International Cooperation," *Law and Policy on Korean Unification: Analysis and Implications*, KINU, 2014. 12; J. Wiz, How Crazy Are The North Koreans?, The New York Times Jan. 9. 2016; 국회입법조사처, 「박근혜 정부의 통일외교의 방향: 서독 빌리 브란트 정부의 신동방정책과의 비교를 중심으로」, 《NARS 현안보고서》, 2015; 류길재, 「한반도 통일방안의 모색」1-7, 통일연구원, 2001. 12; 서울대 국제문제연구소, 「민족공동체통일방안 계승 및 발전방향 공론화 최종보고서」, 2013. 12.

35) 이승열, 「박근혜 정부 통일외교의 방향: 서독 빌리 브란트 정부의 신동방정책과의 비교를 중심으로」, 국회입법조사처, 2015. 12. 31.

통일헌장 제정을 즉각 중단하라고 하였다. 그러면서 '조국통일 3대 헌장과 6·15선언, 10·4선언이라는 '통일헌장'과 '통일대강'이 이미 마련되어 있는 만큼 이를 지지하고 이행하는 길로 나와야 한다고 주장하였다.[36]

북한이 반대하자 대한민국에서도 우리 통일헌장은 6·15와 10·4 선언이라는 주장이 나왔고,[37] 이것보다 합리적인 것이 '남북 사이의 화해와 불가침 및 교류·협력에 관한 합의서'를 중시해야 한다는 주장이 있었다.[38] 남북기본합의서는 1991년 12월 서울에서 열린 제3차 고위급회담에서 남북이 합의한 문서로, 이는 독일의 통일을 앞당긴 '동서독기본조약'과 같은 것이며, 통일헌장의 기본이 되어야 할 것이며 현재도 이것만 실천하면 머지않아 통일이 가능할 것이다.[39]

2015년과 2016년 신년사에서 박근혜 대통령은 핵만 포기하면 북한을 지원하여 경제적 곤란을 도와주겠다고 여러 번 제의하였다. 그러나 2016년 1월 북한이 핵실험과 대륙간탄도미사일(ICBM)을 발사하여 대한민국의 통일정책을 반대하며 핵전쟁으로 무력·적화통일을 하려는 의도가 명확해졌다. 이에 박근혜 대통령은 유엔으로 하여금 강력한 북한 제재 결의를 이끌어내려고 개성공단 중단을 발표하였다. 북한은 이에 발끈하여 한국 기업의 즉각 철수를 요청하며 한국 재산을 청산하기로 하고, 개성지역을 군사기지로 하기로 하였다. 박 대통령은 핵을 포기하지 않으면 남북 대화와 타협은 없을 것이라고 통고하고, 세계적인 비핵화 압박을 하기 시작하였다.

그러나 북한은 이에 굴하지 않고 계속 미사일을 발사하며 핵무기 개발을 장담하니 평화통일 가능성은 많이 줄어든 것 같다. 조국평화통일위원회는 3월 10일 남북 경제 협력이나 교류 사업에 관한 모든 합의를 무효라고 발표하였다.[40] 북한은 일찍부터 정전협정을 무효라고 선언하고, 미국에는 평화협정을 체결하자

---

36) 《시사한국》, 2014. 11. 7.
37) 우리사회연구소, 「우리의 통일헌장은 6·15/10·4선언」, 2014. 12. 12. 여기서는 7·4남북공동성명도 설명하였다.
38) 한민호 경북대 정치학과 교수, "통일헌장 제정", 자유아시아방송.
39) 김철수, '통일헌법 제정은 통일 이전, 이후 중 언제 해야 하나', 데일리한국(2014. 12. 16)/『헌법과 법률이 지배하는 사회』, 진원사, 2016, pp. 348-352.
40) 遂に「南北統一」を放棄した金正恩氏と朴槿恵氏, Daily Japan 2016年 3月 15日

고 주장해왔다. 미국 오바마 정부는 우선 북한이 핵을 포기한 다음에 평화협정 등 외교 교섭을 하자고 하고 있다.

박근혜 대통령은 4월 초에 열린 워싱턴회의에서 북한 핵포기 제재 강화를 요구하고 귀국하였다. 박근혜 대통령은 북한 제재 강화로 북한의 붕괴를 기대하는 것 같다.[41] 정부는 유엔에서 북한을 제재하는 결의를 통과시키는 데 주동적 역할을 했으며, 한·미·일 공동으로 북한 제재를 강화하고 개성공단까지 폐쇄하였다. 통일정책의 변화로 국내 정치는 이념적 대립이 격화되었고, 급기야 탄핵사태로 악화되었다.[42] 트럼프 대통령은 처음에는 북한의 핵에 유화적일 것처럼 보였으나, 취임 후 각료들의 의견을 따라 강경책을 쓸 것 같다.[43]

제2절. 북한의 통일정책

1. 북한의 통일정책 변화

북한의 통일정책은 남북의 경제력 변천에 따라 5단계로 나눌 수 있다. ① 1945년 이후에는 통일선거를 하여 통일헌법을 만들자고 주장하다가 ② 1960년대에는 4·19혁명을 계속 부추기며 잠정적 남북연방제를 주장하였고 ③ 1970년대에는 박정희 정권에 대한 반정부 투쟁을 지원하려고 정치협상회의를 주장하였고 ④ 1980년대에는 북한의 경제가 열세함을 인정하고 남북연방제로 현상을 고정시키려다가 ⑤ 소련이 붕괴하고 동독이 몰락한 후에는 남북연방제로 흡수통일을 반대하는 입장을 보였다. 북한은 현실적으로는 통일을 피하면서 핵을 강

---

41) Jihwan Hwang, The Paradox of South Korea's Unification Diplomacy, *International Journal of Korean Unification Studies*, Vol. 23, No. 1, 2014; Sverre Lodgaard, *Nuclear Disarmament and Non-Proliferation*, Routledge Global Security Studies, 2011.

42) "신년 대담: 제4차 핵실험 이후 남북관계전망과 정부의 정책방안", KINU 통일+2016년 봄호 Vol. 2, No. 1, pp. 4-31, 통일연구원; CRS, U. S.-South Korea Relations, Apr. 26. 2016, CRS Report Congressional Research Service.

43) 《조선일보》, "윤곽잡힌 트럼프 구상 … 북중 더 압박하고 청구서는 한국으로",(2017. 1. 14); 《동아일보》, "미안보 3인방, 북핵, 전략적 인내 →초강경 압박 대전환 예고"(2017. 1. 14).

화하여 남한에서 경제적 원조를 얻으려고 하는 것이다. 겉으로는 연방제 통일과 1국가 2정부 정책을 밀고나갈 것으로 보이나, 실제는 적화통일론을 유지한다.[44]

2. 김일성 정권의 통일정책

1) 무력통일기, 위장선거로 통일

북한은 1945년 소련군이 진입하면서 소련군 장교였던 김일성을 북한 정권의 담당자로 육성하여 일찍이 북한을 공산주의 전초기지로 삼았다. 미소공동위원회의 조정안이 실패한 후 유엔 감시 하의 통일선거에 반대한 북한은 1948년 9월 헌법을 제정하고, 9월 9일 조선민주주의인민공화국의 독립을 선포하였다. 한반도 전역에서 선거를 실시했다고 허위 주장하면서 한반도 전체의 통일정부임을 강조하였다.[45]

북한 정권은 1949년 6월에 소위 조국통일민주주의전선을 결성하여 통일을 제안하였다. 그 골자는 ① 유엔한국위원단 철수 ② 입법기관을 1950년 6월에 소집할 것을 목적으로 하는 남북 여러 정당과 사회단체 대표로 구성하는 선거지도위원회 구성이었다. 1950년 6월에는 8월까지 통일입법기관을 설립하자고 주장했는데 이는 무력남침을 호도하려는 양동작전이었고, 25일 기습적으로 남침하여 한국전쟁을 일으켰다.

휴전협정을 한 후 1954년 제네바에서 열린 정치회담에서 남일은 ① 남북 조선 대표와 사회단체 대표로 전조선위원회를 구성하여 통일선거법을 초안하고 ② 중립국 감시위원단이 선거를 감시하게 하자고 주장하였다. 여기서 병력을 각각 10만으로 감축할 것을 제안하며 주변국이 보장해줄 것을 요구하였다.[46] 10월 30일에

---

44) 태영호 전 북한공사 《세계일보》 인터뷰, "북핵, 한국군 무력화 노린 것"/"한국 언론, 북핵 위협 왜 보도하지 않나"(2017. 1. 23).

45) 김철수, 「한국통일과 통일헌법 제정문제」, 《헌법논총》 제3집, 헌법재판소, 1992, pp. 121-168.

46) 이하 논술은 주로 국회도서관 『통일백서』 연표에 의함. 미국 자료는 CRS Report for Congress, D. Nanto, *North Korea: Chronology of Provocations, 1950-2003*, Congressional Research Service, 2003 참조.

는 최고인민회의 제1기 18차 회의에서 평화통일 문제를 토의하기 위하여 남북의 각 정당과 사회단체 및 각계각층의 대표자 연석회의를 열거나, 조선민주주의인민공화국 최고인민회의와 대한민국 국회가 공동회의를 열자고 선전·호소하였다. 북한은 그뒤에도 계속 평화통일 공세를 취하며 선전하기에 급급하였다.

1957년부터는 한반도 문제를 평화적으로 조정하기 위하여 남북 대표가 참가하는 유관 국가들의 국제회의를 소집할 것을 제안하고, 선거 방법으로 통일하자고 주장하였다. 1959년에는 남북 당국은 상대방에게 무력을 사용하지 않을 것을 선언하자고 요구하였고, 4·19 이후에는 평화통일 공세를 더 강화하였다.

2) 남북연방제 제안

김일성은 1960년 8월 15일 경축사에서 남한이 아직 자유로운 남북총선거를 받아들일 수 없다면 과도기 조치로 남북연방제를 하자고 제의하고, 이에도 동의하지 않으면 남북한 실무업계 대표로 구성하는 순전한 경제위원회라도 조직하자고 선전하였다. 남북연방제는 이때 비로소 제안한 것으로 농독의 국가연합안(Konföderation)을 모방한 것이 특색이다. 그는 남북의 정치제도를 그대로 두고 양 정부의 독자 활동을 보장하는 동시에, 양 정부의 대표로 구성하는 최고민족위원회를 조직하여 주로 남북 간의 경제·문화 발전을 통일적으로 조정하자고 제의하였다.

1960년 11월에는 최용건이 이 연방제 안을 구체화하여 발표하고, 최원택도 이를 호소하였다. 이는 남북 교류를 주장하여 대한민국의 동정세력을 고무시키려는 것으로 보였다. 1961년 5월 9일에도 같은 주장을 되풀이하였다. 김일성은 1962년 12월부터 4대 군사노선을 내세워 폭력혁명론을 전개했는데, 그 내용은 ① 북한을 정치·군사적으로 더욱 강화하고 ② 남한 인민을 정치적으로 각성·결속시켜 남조선의 혁명 역량을 강화하고 ③ 국제적으로 민주 역량과 단결을 강화하고 ④ 3대 혁명 역량을 강화하여 남조선의 혁명을 통해 통일해야 한다고 강조하였다. 이 무력통일 정책은 이승만 정부 끝까지 계속되었다.

3) 평화통일론

　북한은 4·19 이후에는 선전용으로 평화통일론을 주장하였고, 5·16 이후에도 계속 평화통일 공세를 폈는데 미군철수에 중점을 두었다. 1962년 10월에는 다시 무력불가침조약을 체결하자고 주장하며, 병력을 10만씩으로 감축하자는 안을 들고나왔다. 이 제의는 1963년 9월에도 반복하였고, 11월 22일 유엔에 제출한 각서에서도 나왔는데 이는 선전공세에 불과한 것이었다. 북한은 대내적으로 폭력혁명 노선을 강조하면서도 대외적으로는 계속 평화통일론을 주장하였다. 1966년 제21차 유엔총회와 69년 유엔총회에 보낸 비망록에서는 외군철수와 남북연방제를 계속 주장하였다. 이것은 유엔 토론에서 외군철수를 얻어내려는 방안이며 전술적인 것이었다.

　1970년 11월에 개최한 노동당 제5차 대회에서는 과거에 주장했던 통일방안을 재확인하였다. 이는 ① 미군철수 후 남북 군대 각각 10만으로 감축 ② 무력불행사협정체결 ③ 경제·문화 교류 ④ 총선거로 통일정부 수립 ⑤ 과도기 조치인 연방제 실시하자는 것이었다.

　1971년 4월 12일에는 허담이 8개 항으로 된 통일방안을 제시하였다. 그 내용은 ① 미군철수 ② 남북 군대 10만으로 감축 ③ 한미상호방위조약을 비롯한 조약 폐기와 무효 선언 ④ 외부세력 간섭 없이 자주적이며 민주주의적 기초 위에서 자유로운 남북총선거로 통일정부 수립 ⑤ 자유로운 남북총선거를 위해 남북 전역에서 자유로운 정치활동 보장과 정치범 무조건 석방 ⑥ 완전한 통일에 앞서 필요하다면 현재와 같은 남북의 판이한 사회제도를 그대로 두고 과도기 조치로 남북연방제 실시 ⑦ 연방제를 받아들일 수 없다면 남북 간의 통상과 경제·과학·문화·예술·체육 등 상호 교류와 협조를 협의하기 위하여 각 정당·사회단체와 전체 인민적 성격을 가진 사람들로 남북정치협상회의를 하자는 것이었다. 그러나 이 제안도 그동안 되풀이했던 선전용이었다.

4) 7·4남북공동성명

1972년 1월 10일 김일성은 ① 평화적인 방법으로 자주통일 ② 정전협정을 평화협정으로 대체 ③ 남한에서 미군철수와 남북한 군인 감축 ④ 남북 정치 협상 진행 ⑤ 유엔의 통일한국 결의를 취소하라고 주장하였다.

7월 4일에는 평양에서도 남북공동성명을 발표하였다.[47] 북한이 7·4공동성명에 따라 남북조절위원회를 설치하기는 했으나 통일 노력은 포기하고 선전에만 집중하는 감이 짙었다. 북측은 조절위원회에서 ① 조절위원회 확대 ② 정치 협상 개최 ③ 다방면으로 동시 합작 ④ 선행 조건으로 미군철수와 평화협정 체결을 내세웠다. 그러나 1973년 8월 28일 남측 조절위원회 공동위원장을 피하여 조절위원회 기능을 상실하게 하였고, 1974년에도 선전에만 급급할 뿐 실질적인 문제 토의는 회피하였다.

북한은 1973년 6월 23일 소위 평화통일 5대 강령을 발표했는데, 그 골자는 ① 군사적 대기상태 해소와 긴장완화 ② 정치·군사·외교·경제·문화 등 다방면에서 합작·교류 ③ 남북의 각 정당과 사회단체, 각계 대표로 대민족회의 소집 ④ 고려연방공화국이라는 국호로 연방제 실시 ⑤ 유엔에 단일국가로 가입하자는 것이었다.

5) 고려민주연방공화국안

1979년부터 남북의 변칙 대좌가 시작되면서 북한은 계속 남북연방제 통일방안을 주장하였다. 1980년 10월 10일 열린 제6차 당대회에서는 '고려민주연방공화국'이라는 새로운 연방제를 주장하였다.[48] 연방기구로는 고려민족회의와 그 상설기구로 연방상설위원회를 설치하여 남북 두 지역 정부를 지도하고, 연방 실시 방침으로 남북의 합작과 교류를 내용으로 하는 10대 시정 방침을 실시하자

---

47) B. Schaefer, *Overconfidence shattered: North Korean Unification Policy 1971-1975*, Wilson Center, NKIDP Working Paper #2, Nov. 2010.

48) 국토통일원,「남북한 통일제의 자료총람」(제2권), pp. 678-699.

고 주장하였다.

그리고 1983년 9월 9일에는 최고민족연방회의와 연방상설위원회는 남북이 공동 의장과 위원장을 각각 선출하여 윤번제로 운영하자는 제안을 하기도 하였다. 여기에는 선결 조건이라는 것이 있었다. 남한에서 군사파쇼 정치 청산과 민주화 실현이라는 명분으로 ① 반공법과 국가보안법 같은 파쇼 악법 폐지, 폭압통치기구 제거 ② 모든 정당과 사회단체 합법화, 모든 정당과 사회단체의 개별 인사에게 자유로운 정치활동 보장 ③ 민주·애국 인사 석방 ④ 군사파쇼정권을 민주정권으로 교체하자는 것이었다. 이것은 남한의 유신정권 붕괴를 요구한 것으로 진정한 통일을 위한 것은 아니었다. 또 주한미군철수, 미국이 내정에 간섭하지 말 것, 두 개의 조선노작 책동 중지를 제시한 것으로 보아 미군철수에 따른 무력통일 정책이라고 하겠다.

6) 소련 붕괴와 독일 통일을 경험한 정권의 생존정책

독일의 통일과 소련·동유럽의 몰락을 본 김일성 정권은 1990년대에 들어와 국가의 독립성을 유지하는 정책을 쓰게 되었다. 김일성은 1991년 신년사에서는 "하나의 민족 하나의 국가, 두 개의 제도 두 개의 정부에 기초한 연방제 형식으로 통일하자"고 제의하였고, 5월 31일에는 종래의 고려연방제를 일부 수정하여 '남북한 2개 정부가 일정 한도 내에서 잠정적으로 외교·군사권을 보유할 수 있다"고 하였다.[49]

1990년 9월 4일부터 남북 총리를 수석대표로 하는 남북고위급회담을 서울과 평양을 오가면서 열었고, 91년에는 남북이 동시에 유엔에 가입하게 되었다. 92년 2월 19일 평양에서 연 남북고위급회담에서는 '남북 사이의 화해와 불가침 및 교류·협력에 관한 합의서'와 '한반도의 비핵화에 관한 공동선언', '남북고위급회담 분과위원회 구성·운영에 관한 합의서'를 채택·발효하였다. 이 남북기본합의서는 대한민국의 의도와 달리 전국에서 '외세를 물리치고 조국을 평화적으로 통일

---

49) 김일성, 신년사(1991. 1. 1), 『김일성 저작집』 43.

하자'는 구실로 채택한 것일 수도 있다.

북한은 '남북 사이의 화해와 불가침 및 교류·협력에 관한 합의서'를 체결·비준·발효한 뒤에 1992년 헌법을 채택하였다. 그러나 헌법에는 이 기본합의서 정신이 잘 반영되어 있지 않았다. 그뒤 5월 5~8일에 서울에서 제7차 남북고위급회담을 개최하였고, 9월 15~18일에는 평양에서 제8차 남북고위급회담을 열었다.[50] 이 평양회담에서는 '남북 사이의 화해와 불가침 및 교류·협력에 관한 합의서'와 '제2장 남북 불가침 이행과 준수를 위한 부속합의서'를 채택하고, '남북화해공동위원회 구성·운영에 관한 합의서'를 채택·발효하였다. 그러나 그뒤 북한은 기본합의서와 부속합의서 이행에는 소극적인 면이 많았고, 적화통일 노선도 실질적인 변화가 있었다는 증거는 찾을 수 없었다고 하겠다.

1993년 4월 7일 김일성은 조국통일을 위한 '전민족 대단결 10대 강령'을 제의했는데,[51] 연방제 부분을 보면 다음과 같다. "전민족의 대단결로 자주적이고 평화적이며 중립적인 통일국가를 창립해야 한다. 북과 남은 현존하는 두 제도와 두 정부를 그대로 두고, 각당·각파·각계각층의 모든 민족성원을 대표할 수 있는 범민족 통일국가를 창립해야 한다. 범민족 통일국가는 북과 남의 두 지역 정부가 동등하게 참가하는 연방국가로 해야 하며, 어느 대국에도 기울지 않는 자주적이고 평화적이며 비동맹 중립국가가 되어야 한다."

1994년 6월 30일 김일성은 "우리들은 서독이 동독을 흡수통일한 것 같은 방식의 통합은 안 할 것입니다. 우리들은 연방제 통일을 주장합니다. 우리들이 주장하는 연방제는 현재 북과 남에 있는 두 개의 제도와 정부를 그대로 남겨두고자 하는 것입니다. … 동독은 서독에 흡수·통합되어 멸망당했지만 우리나라는 그렇게는 되지 않을 것"이라고 강조하였다. 그러나 김일성은 남북정상회담을 앞두고 사망하여 그의 시대는 종막을 고하였다.

---

50) 상세한 것은 남북대회 제55호와 56호 참조.
51) 김일성, 「조국통일을 위한 전민족대단결 10대 강령」, 『김일성 저작집』 44.

3. 김정일 정권의 통일정책

북한은 김일성 사후에도 유훈통치를 하면서 크게 변하지 않았다. 1997년 1월 30일 김용순 서기도 "위대한 영도자 김일성 동지의 뜻을 높이 받들어 조국통일의 3대 원칙을 구현하자"고 하였다.[52] 1997년 후반 김정일이 총비서직을 승계한 뒤에도 통일 제안을 빨리 할 가능성은 없어 보였다.

김일성의 사망으로 정권을 승계한 김정일은 통일 문제에 대한 북한 입장을 집약한 논문 「위대한 수령 김일성 동지의 조국통일 유훈을 철저히 관철하자」에서 '조국통일 3대 원칙', '고려민주연방공화국 창립 방안', '전민족 대단결 10대 강령'을 조국통일 3대 강령으로 들었다. 1990년대 북한의 통일방안은 '하나의 민족, 하나의 국가, 두 개 제도, 두 개 정부'에 기초한 고려민주연방공화국을 창설하여 통일하겠다는 것이었다.[53]

북한은 자주적 평화통일 선결 조건을 제시하고, 조국의 자주적 평화통일을 위해 '전민족 대단결 10대 강령'이라는 것을 채택하면서 남한에 ① 외세 의존 정책 포기 ② 미군철수 의지 표명 ③ 외국 군대와 합동군사연습 영구 중지 ④ 미군의 핵우산 탈피 4가지 요구 사항을 제시하였다.[54]

북한은 1990년대 들어 적화통일정책에서 단계적 연방제 통일정책으로 변하였다. 그 이유는 독일의 통일과 동유럽 사회주의 국가들과 소연방의 붕괴를 보면서, 독일처럼 흡수통일이 될 것을 두려워하여 정권을 유지하는 정책으로 옮긴 것이라고 보겠다. 북한이 남한과 불가침을 위해 남북기본합의서를 채택한 것도 정권의 생존 전략이었다고 하겠다. 노태우 정부의 북방정책을 계승하지 못한 것은 아쉬운 점이다. 김정일 정권이 김영삼 정부의 민족공동체 통일방안을 거부한 것도 대한민국에 흡수통일될까 두려웠기 때문이며, 정권을 유지하는 고육책이었다고 하겠다.

---

52) 《월간조선》 자료, 1997. 3, p. 6.
53) 《로동신문》, 1997. 8. 20.
54) 통일부 통일교육원, 《통일문제 이해》 제2집(2006), p. 72; 정규섭, 「남북기본합의서: 의의와 평가」, 《통일정책연구》 제20권 1호(2011), pp. 1-24.

1998년 4월 18일 김정일은 '온 민족이 대단결하여 조국의 평화통일을 이룩하자'에서 민족 대단결 5대 방침을 발표하였다. 그 내용은 ① 민족의 대단결은 철저히 민족자주의 원칙에 기초한다. ② 애국·애족의 가치와 조국통일의 가치 아래 온 민족이 단결한다. ③ 우리 민족이 대단결하려면 북과 남의 관계를 개선해야 한다. ④ 외세의 지배와 간섭을 반대하고, 외세와 결탁한 민족반역자들의 반통일 세력을 반대·투쟁한다. ⑤ 북과 남, 해외와 온 민족이 서로 내왕하고 접촉하여 대화를 발전시키고 연대와 결합을 강화한다는 것이다.[55]

2000년 6월 15일 남북정상회담이 있었고, 여기서 6·15공동선언을 발표하였다. 북한은 한국의 국가 연합과 '낮은 단계의 연방제'가 비슷하다고 하면서 이를 주장하였다.[56] 그러나 이 낮은 단계의 연방제가 무엇인지 명확하지 않다. 안경호 조국평화통일위원회 서기국장은 2000년 10월 6일 '고려민주연방공화국 창립 방안' 제시 20돌 기념 평양시 보고회에서 '1민족, 1국가, 2제도, 2정부 원칙'에 기초하되, 남북의 현 정부가 정치·군사·외교권을 비롯해 현재의 기능과 권한을 그대로 가진 채 그 위에 민족통일 기구를 구성하는 것이라고 했으며, 그뒤 노동신문과 평양방송을 통하여 이를 확인하였다. 그러나 2002년 5월 30일 노동신문 논평에서는 "북과 남이 통일방안을 완전히 합의했다는 의미가 아니라 서로 통일방안의 공통점을 인식한 데 기초하여 그것을 살려 통일을 지향해 나가기로 했다는 의미"라고 하였다.[57][58]

북한은 여전히 '하나의 조선'이라는 통일관에 기초하여 통일 문제를 오직 '해방'과 '혁명' 논리에서만 접근하고 있다. 이에 따르면 북한은 '전조선 혁명'을 위한 혁명 기지이고, 남한은 미제국주의자들의 강점에 놓여있는 미해방 지구로, 민족 해방과 계급투쟁을 하여 적화통일시켜야 한다고 보고 있다.

55) 김석향·권혜진, 「김정일 시대(1988~2007) 북한당국의 통일담론 분석: 노동신문 구호를 중심으로」, 《통일정책연구》 제17권 2호(2008), pp. 155-182.
56) 《로동신문》, '6·15선언 6개월'(2000. 12. 15) "1민족 1국가 2제도 2정부 원칙에 기초하되, 남북의 현 정부가 정치·군사·외교권을 비롯한 현재의 기능과 권한을 그대로 보유한 채 그 위에 민족통일기구를 구성하는 것"
57) 김석향·권혜진, 「김정일 시대(1998~2007) 북한당국의 통일담론 분석: 노동신문 구호를 중심으로」, 《통일정책연구》 제17권 2호(2008), pp. 155-182.
58) 평화번영을 위한 대북정책, 제2절 북한의 통일방안 참조.

4. 김정은 정권의 통일정책

2013년 김정일의 사망으로 정권을 계승한 김정은은 2015년을 '통일대전의 해'라고 하면서 핵전쟁을 일으켜 무력통일을 하겠다고 하였다.[59] 김정은도 대한민국의 '한반도 신뢰 프로세스'를 독일식 흡수통일정책이라고 하여 반대하며,[60] 대한민국의 민중 혁명과 내부 붕괴를 획책하고 있다. 북한은 합의도 지키지 않으며 1조 원에 달하는 식량 차관도 갚을 생각조차 하지 않고 있다. 김정은은 2014년 7월 7일 남북연방제 통일을 주장하였다.[61] 과연 김정은의 남북연방제 통일 의지를 신뢰할 수 있을지가 문제다.

2014년 겨울에는 2015년 통일대전을 준비하라고 독려하였다. 2015년은 한국이 일본의 점령에서 해방된 광복 70주년이기에 그 중요성을 강조한 것으로 보이나, 김정은이 2015년 통일대전을 예고한 것은 한두 번이 아니다.[62] 김정은 정권은 김정일 정권과 달리 당과 국가기구를 중심으로 활동하는데, 권력 구조의 핵심 기구는 당이며 군에 대한 당적 통제는 더 강화하였다.[63] 김정은은 평화통일 주장도 하지 않으며, 2015년을 통일대전 해로 선포하였다. 2016년에는 수소폭탄 실험에 성공했다고 하며 장거리미사일도 계속 개발하고 있다. 또 2017년 신년사에서는 "ICBM 시험 마감 단계"라고 하면서 선제공격 능력을 계속 강화해 나가겠다고 했다.[64]

---

59) M. Florcruz, North Korea-South Korea Unification: Report Says North Korea Military Declares 2015 'Unification Year,' Oct. 7. 2014.

60) 김정은은 이명박의 GNP 3,000달러(핵 포기 대가) 지원 제의와 박근혜의 드레스덴 선언을 강력히 반대했다. Unification plans meet tough response from North Korea, May 8, 2014.

61) 러시아의 소리(2014. 7. 7).

62) A. Lankov, Kim Jong-un's North Korea: What Should We Expect?, *International Journal of Korean Unification Studies*, Vol. 21, No. 1, 2012, pp. 1-19.

63) 정성임, 「김정은 정권의 제도적 기반: 당과 국가기구를 중심으로」, 《통일정책연구》 제21권 2호(2012), pp. 31-55; 김갑식 외 편, 「김정은 정권의 정치체제: 수령제, 당·정·군 관계, 권력엘리트의 지속성과 변화」, 통일연구원 KINU연구총서 15-01, 2015. 12.

64) 《동아일보》, "김정은 ICBM시험 마감 단계"(2017. 1. 2).

제3절. 남북한 통일방안 비교

1. 남북이 합의한 통일 관련 문서

그동안 남북한은 ① 7·4남북공동성명(1972) ② 남북기본합의서(1992) ③ 6·15 남북공동선언(2000)에 합의하였다.[65]

1) 7·4남북공동성명

1972년 7월 4일 남한의 이후락 중앙정보부장과 북한의 김영주 조선로동당 중앙위원회 조직지도부장이 상부의 뜻을 받들어 성명서를 발표하였다(7·4남북공동성명). 그 내용은 '① 통일은 외세에 의존하거나 간섭을 받지 않고 자주적으로 해결해야 한다. ② 통일은 서로 상대방을 반대하는 무력행사로 하지 않고 평화적인 방법으로 실천해야 한다. ③ 사상·이념·제도 차이를 초월하여 우선 하나의 민족으로 민족의 대단결을 도모해야 한다'는 것이다.[66] 이것은 '자주·평화·민족대단결'이라는 조국통일 3대 원칙에 합의했다는 점에 그 의의가 크다. 이제까지 남북이 주장했던 무력통일 정책을 버리고 평화통일정책을 표명한 점에서 획기적인 것이었다.[67]

또 외세에 의존하지 않고 자주적으로 통일하겠다는 점에서 주변국이 간섭하지 않는 주권독립 국가로 통일하겠다는 것이었는데, 민족자결주의적인 색채가 농후하다고 비난하기도 하였다. 또 사상·이념·제도 차이를 넘어 하나의 민족으로 민족적 대단결을 도모한다고 하여 민족주의를 강조했는데, 민족지상주의적 사고라는 비난과 통일국가의 이념·사상·제도가 구체적이지 않다는 비판도 있

---

65) 김상윤, 「남북한 통일정책의 비교분석에 관한 연구」, 전남대 석사학위 논문, 2009.
66) 정성장, 「남북 통일방안 비교와 남북 연합 협상 방안」, 제1주제 발표, pp. 1-41; 문두식, 『21세기 남북한 통일방안의 모색』, 2004; 이경호, 「남북한의 통일방안 변천에 관한 연구」, 상지대 석사학위 논문, 2012; B. Ahn, *Die Wiedervereinigungsfrage Koreas unter der Berücksichtigung der deutsche Erfrahrungen*, Freie Universität, Berlin, 2005.
67) 남북조절위원회 편, 남북대화위원회, 1975.

었다. 이를 실현하기 위하여 상대방 비방과 무장도발 금지, 불의의 군사적 돌발 사건을 방지하는 조치, 다방면에서 남북 교류, 상설 직통전화 개설, 남북조절위원회 설치에 합의하였다. 또 남북조절위원회는 군사·정치·경제·문화·외교 5개 분과위원회를 설치하기로 하였다.[68][69] 이는 동서독기본조약 체결에 앞서 우리나라가 독일 전문가의 도움을 받아 선수를 친 것으로, 1972년 말에 체결한 동서독 기본조약과 비슷하다.

2) 남북기본합의서

(1) 남북기본합의서 성립

남한은 1988년 2월 25일 제6공화국 출범 이후 북한을 민주번영을 위해 협력해야 하는 동반자로 규정하고, 북한과 화해·협력으로 평화통일을 추구해야 한다는 새로운 대북정책을 추진하였다. 노태우 대통령은 남북정상회담을 제의했으며, 1988년 12월 28일 강영훈 국무총리는 남북 간 신뢰 구축과 긴장완화 문제를 협의하고자 총리를 수석대표로 하는 '남북고위당국자회담'을 제의하였다.[70] 북한은 1989년 1월 16일 연형묵 총리 명의로 서한을 보내와 '남북고위급정치군사회담'의 예비회담 개최에 동의하였다.

1990년 9~12월에 1·2·3차 남북고위급회담을 열었으나 남북의 의견 대립으로 성과는 없었다. 1991년 10월에는 제4차 회담을 열어 '남북 사이의 화해와 불가침 및 교류·협력에 관한 합의서' 제정에 합의하고, 12월 11~13일에는 제5차 회담을 열어 이 합의서(약칭: 남북기본합의서)를 채택하고,[71] 12월 31일에는 '한반도 비

---

68) 남한에서는 경제와 사회 분과위원회를 먼저 설치할 것을 주장한 반면, 북한은 군사 문제를 토의하는 군사위원회를 먼저 설치하자고 주장하여 사실상 결렬되었다.

69) 7·4남북성명에 대한 북한의 의도는 B. Schaefer, *Overconfidence Shattered: North Korean Unification Policy, 1971-1975*, NKIDP Working Paper #2, Nov. 2010, pp. 12-15 참조. 이 논문을 보면 북한은 이 공동성명을 발표한 후 베트남처럼 무력으로 통일하려고 했으나, 소련과 중국의 반대로 전면전을 할 수 없게 되자 포기했다고 한다.

70) 강영훈 회고록, 『나라를 사랑한 벽창우』, pp. 401-425.

71) 통일원, 『남북기본합의서 해설』, 1992; 정규섭, 「남북기본합의서: 의의와 평가」, 《통일정책연구》 제20권 1호

핵화에 관한 공동선언'을 채택하였다. 1992년 9월 15~18일에 열린 제8차 회담에서는 화해, 불가침, 교류·협력을 이행하며 준수하자는 3가지 부속합의서와 화해공동위를 구성하여 운영하자는 합의서를 채택·발효하였다. 또 4개 공동위 운영 개시일을 합의하여 남북합의서 이행과 실천을 개시하게 되었다.

(2) 남북기본합의서 내용

남북기본합의서는 서문과 ① 남북 화해 ② 남북 불가침 ③ 남북 교류와 협력 ④ 수정과 발효 4장 42개조로 되어 있다.[72] 서문에서는 남북이 평화통일을 위해 7·4남북공동성명의 통일 3원칙을 재확인하고 ① 민족 화해 ② 긴장완화와 평화 보장 ③ 다각적인 교류·협력 실시를 규정하였다. 나아가 남북관계를 "나라와 나라 사이의 관계가 아닌 통일을 지향하는 과정에서 잠정적으로 형성된 특수관계"라고 규정하였다.

제1장 남북 화해에서는 ① 상대방 체제를 인정하며 존중한다. ② 내정에 간섭하지 않는다. ③ 비방과 중상을 중단한다. ④ 파괴와 전복 행위를 하지 않는다. ⑤ 전쟁상태를 공고한 평화상태로 바꾸려고 노력하며, 현 군사·정전협정을 준수한다. ⑥ 국제무대에서 대결과 경쟁을 하지 않고 협력하며, 민족의 존엄과 이익을 위해 공동으로 노력한다. ⑦ 남북 연락 사무소를 설치·운영한다. ⑧ 남북 정치분과위원회를 구성할 것을 규정하였다.

제2장 남북 불가침에서는 ① 무력을 사용하지 않으며 무력침략을 포기한다. ② 의견 대립과 분쟁은 평화적으로 해결한다. ③ 불가침 경계선과 구역을 지킨다. ④ 불가침 이행과 보장하기 위해 군사공동위원회를 구성·운영한다. ⑤ 군사 당국자 간에 직통전화를 설치하고, 남북군사분과위원회를 구성할 것을 규정하였다.

제3장 남북 교류·협력에서는 ① 경제를 교류하며 협력한다. ② 과학·기술·교육·문학·예술·보건·체육·환경·언론·출판을 교류한다. ③ 민족 구성원이 자

(2011), pp. 1-24; 강인덕 외, 『남북회담: 7·4에서 6·15까지』, 극동문제연구소, 2004, pp. 304-317.
72) 남북기본합의서 내용은 통일원, 『남북기본합의서 해설』, pp. 34-72; 정규섭, 상게 논문, pp. 14-17.

유롭게 왕래하며 접촉한다. ④ 이산가족은 서신 교환과 상봉, 방문할 수 있고, 자유의사로 재결합을 실현하며, 인도적 문제를 해결할 대책을 강구한다. ⑤ 철도와 도로를 연결하고, 해로와 항로를 개설한다. ⑥ 우편·전기·통신을 교류한다. ⑦ 국제무대에서 다각적으로 협력하며 공동으로 대외에 진출한다. ⑧ 남북경제교류협력공동위원회와 부문별 공동위원회를 구성하여 운영한다. ⑨ 남북교류협력분과위원회를 구성하자고 규정하였다.

제4장에는 수정과 발효 2개 조항을 두었다. 이 남북기본합의서의 화해, 불가침, 교류·협력에 관한 부속합의서를 1992년 9월 17일에 채택하여 발효하였다. 분야별 부속합의서는 기본합의서에서 개괄적으로 합의한 내용을 실질적으로 이행하고자 세부적으로 규정한 것이다.

(3) 남북기본합의서 의의

남북기본합의서는 남북 정부가 현실을 직시하면서 법적 절차에 따라 불가침, 화해, 교류·협력에 합의했다는 점에서 획기적인 의의가 있다.[73] 7·4남북공동성명은 상부의 지시로 합의한 것이기는 하나 조약을 체결하는 절차를 밟거나 국회 비준을 받은 것이 아니다. 그러나 남북기본합의서는 양측의 국무총리 등 고위급 회담에서 합의·서명하고, 대통령이 비준하여 발효한 것이므로 국제법적인 효력이 있다고 하겠다.

이 남북합의서는 동서독기본조약[74]을 벤치마킹한 것으로, 박정희 대통령이 70년대에 원했던 불가침협정이 성사된 것이라 하겠다.[75] 1972년 서독이 동서독기본조약을 성실히 집행하여 상호 교류와 왕래, 서신과 서적 교환, 텔레비전 시청 자유화 등으로 양독의 동질성을 어느 정도 회복하여 1990년 동독의 시민혁

---

73) 이를 기반으로 노력을 결집하면 통일을 앞당길 수 있다는 희망이 높아졌다. 예를 들면 곽태환, 「남북한 통일방안의 재조명과 통일전망」, 《국방정책연구》 제19호(1992), pp. 135-158.

74) 동서독기본조약 원문은 Presse-und Informationsamt der Bundesregierung(Hrsg.), *Dokumentation zu den innerdeutschen Beziehungen Abmachungen und Erklärungen*, Bonn, 1989, SS. 21-46 참조. 김철수, 「동서독기본조약과 동·서독의 법적 지위」, 『독일통일의 정치와 헌법』, 박영사, 2004 참조.

75) 노태우, 『노태우 회고록』, 조선뉴스프레스, 2011.

명으로 통일할 수 있었다.

그러나 대한민국은 선의로 남북기본합의서를 이행하기를 원했으나 북한은 처음부터 미군철수, 군사훈련 중지, 상호 비방 금지, 국가보안법 폐지 같은 종래의 주장을 관철시킬 근거로 삼으려고 이 협정에 서명한 것으로 보인다. 그리하여 한국의 한미군사훈련을 핑계로 이 합의서에 서명한 것으로 보인다. 북한이 무력통일 정책을 포기하고 평화통일원칙에 합의한 것은 동유럽 공산권 붕괴와 독일의 통일, 소연방 붕괴를 보면서 무력통일이 불가능함을 깨닫고 독자 생존을 위하여 이 합의서에 서명한 것으로 보인다.[76]

비록 실천은 잘 되지 않았으나 점진적 평화통일의 대헌장이라는 점에서 그 의의를 찾을 수 있다. 한국 정부는 이 합의서를 실천하면 통일을 이룰 것이라는 확신으로 역대 대통령이 합의서 실천을 요구하였다.[77][78] 이 기본합의서를 시행했다면 남북의 동질성을 회복했을 것이고, 독일처럼 통일도 할 수 있었을 것이다.

3) 6·15남북공동선언

(1) 6·15남북공동선언 성립

김대중 대통령은 지금까지와 달리 북한을 정부로 인정하고 공존해야 하는 실체로 보았다. 그리하여 포용정책, 일명 햇볕정책을 폈다. 북한도 동유럽 공산주의 국가들이 체제를 전환하는 모습과 독일의 통일과 소련의 붕괴를 보면서 통일보다는 체제를 유지하는 것이 우선이라는 것을 알게 되었다.

2000년 6월 김대중 대통령은 북한을 방문하여 김정일 국방위원장과 정상회담을 하였다. 남북 정상은 통일 문제를 민족끼리 힘을 합쳐 자주적으로 해결하고, 남한의 연합제와 북한의 낮은 단계 연방제가 공통점이 있으며, 앞으로 이 방

---

76) 김갑식, 「남북기본합의서에 대한 북한의 입장」, 《통일정책연구》 제20권 1호(2011), pp. 59-84.

77) 1998년 2월 김대중 대통령의 대북정책 추진방향, "남북 간 대화를 통한 남북기본합의서 이행실천."

78) 2008년 3월 26일 이명박 대통령의 통일부 업무보고, "남북 간 가장 중요한 정신은 1991년 체결한 기본합의서로 그 정신은 지켜져야 한다."

향으로 통일을 지향해 나가기로 합의하였다.[79]

(2) 6·15남북공동선언 내용

6·15남북공동선언은 통일 원칙에 대충 합의하고, 이산가족과 비전향 장기수 같은 인도적 문제를 해결하며, 민족의 경제를 균형 있게 발전시키며, 합의 사항을 실천에 옮기기 위하여 빠른 시일에 대화를 하자고 선언한 것이다.

그 내용은 다음과 같다. "① 남과 북은 나라의 통일 문제를 그 주인인 우리 민족끼리 힘을 합쳐 자주적으로 해결해 나가기로 하였다. ② 남과 북은 나라의 통일을 위해 남측의 연합 제안과 북측의 낮은 단계의 연방 제안이 공통점이 있다고 인정하고, 앞으로 이 방향에서 통일을 지향해 나가기로 하였다. ③ 남과 북은 올 8월 15일에 즈음하여 흩어진 가족과 친척 방문단을 교환하며, 비전향 장기수 문제를 해결하는 등 인도적 문제를 조속히 풀어나가기로 하였다. ④ 남과 북은 경제 협력을 통하여 민족 경제를 균형적으로 발전시키고, 사회·문화·체육·보건·환경 등 제반 분야의 협력과 교류를 활성화하여 서로 신뢰를 다져나가기로 하였다. ⑤ 남과 북은 이상과 같은 합의 사항을 조속히 실천에 옮기기 위하여 빠른 시일에 당국 사이에 대화를 개최하기로 하였다."[80]

(3) 6·15남북공동선언 의의

6·15공동선언은 남북정상회담에서 처음으로 이룬 합의다. 이는 독일의 '작은 걸음(Kleine Schritte)' 정책 영향을 받은 것으로, 인도적·경제적 문제에서 교류와 협력에 합의하여 그뒤 남북의 긴장완화에 기여한 점이 크다. 그러나 김대중 정부와 노무현 정부의 북한에 퍼주기로 북한의 핵무기와 미사일 개발 자금만 제공했다는 비판도 많았다. 여기서 합의한 통일정책은 점진적·단계적 방안이다. 1민족

---

79) 6·15남북공동선언; Kim Dae Jung, Sunshine Policy.
80) 동북아평화연구회, 『국민의 정부 대북포용정책』, pp. 282-283.

2국가 체제에서 국가 연합을 구성한 뒤, 잠정적으로 1민족 1국가 체제로 통일하려는 것이었다. 독일에서도 1989년에 통일정책으로 점진적 통일론이 나왔으나, 국민의 요구로 급진적 흡수통일을 하게 되었다.[81]

이 공동선언에서 양 정상이 '남한의 연합제 안과 북한의 낮은 단계 연방제 안이 공통점이 있다고 인정하고, 앞으로 이 방향으로 통일을 지향해 나가기'로 합의한 것은 앞으로의 통일정책 방향을 설정했다는 점에서 큰 의미가 있다. 남한의 연합제 안과 북한의 낮은 단계 연방제 안이 어떤 공통점이 있는지 확인되지는 않았으나, 통일 초기 단계로 국가연합제를 채택한 것이 아닌가 생각한다.[82] 양쪽이 통일 첫 단계로 국가연합적 통치 구조에 합의한 것이라고 한다면, 조약 공동체를 구성해서 운영하다가 점진적으로 통일헌법을 제정하여 단일국가로 통일할 수도 있게 했다는 점에서 그 의의가 크다.

2. 남한의 연합제

1) 남한의 연합제 제안 변천 과정

우리나라 통일방안에서 연합제는 김대중 후보가 3단계통일론을 주장하면서 처음 꺼냈다. 이 3단계통일론은 우리 정부가 국민에게 약속한 통일방안은 아니었다. 1982년 전두환 정부가 '민족화합·민주통일방안'을 제안하면서 단계적 통일론을 주장하였고, 1989년 노태우 정부에서도 '한민족공동체 통일방안'을 제안하였고, 1994년 김영삼 정부는 '한민족공동체를 건설하기 위한 3단계 통일방안'(민족공동체 통일방안)을 제안하였다.[83]

---

81) 1989년 11월 28일 콜 수상은 독일 의회에서 10개 항 프로그램을 발표했는데, 동독을 정상화하면서 동독과 국가연합을 한다는 것이었다. 그러나 이는 동독 시민의 뜻에 반하는 것으로 그들은 서독과 즉시 통합을 원하여 1990년 10월에 통일하였다.

82) 김남직, 「남북한 통일방안 유사점 많다」, 《시사저널》, 1991. 7. 4.

83) 통일정세분석 2001-08, 「남북한 통일방안 분석」, 통일연구원, 2001. 4.

2) 김대중 후보의 연합제

김대중의 3단계통일론 골격은 연합제라고 할 수 있다. 1970년대 이래 김대중 후보는 남북 두 정권을 인정하고 '공화국연합제(국가연합제)'와 남북 연합을 중심으로 한 3단계통일론을 주장하였다.[84] 그의 3단계는 남북 연합 → 연방 → 완전통일을 말하는 것이다. 첫 단계인 남북 연합은 남과 북이 현 상태 그대로 상이한 이념과 이질적인 정치·경제 체제와 두 정부를 유지하면서 긴밀한 협력기구를 만들어 "분단 상황을 평화적으로 관리하는 한편, '통합 과정을 효율적으로 관리'하는 제도적 장치를 의미한다"고 하였다. 그 기구로 남북정상회담과 각료회의를 정례화하여 분단 상황을 평화적으로 관리한다는 것이었다.[85] 이는 통일의 한 형태라기보다는 남북이 협력하여 통일을 준비하는 단계로, 정치적 통일에 앞서 남북이 오가면서 돕고 나누며 '사실상의 통일'을 구현하는 단계라고 하였다.

3) 한민족공동체 통일방안 남북연합제

한국 정부의 통일방안은 여러 번 바뀌었으나 그 근간은 1989년의 한민족공동체 통일방안이라고 하겠다.[86] 한민족공동체 통일방안은 자주·평화·민주 3원칙을 근간으로 하면서, 통일과정으로 화해·협력 단계, 남북 연합 단계, 통일국가 단계 3단계로 설정하였다. 이를 그림으로 나타내면 〈표 3〉과 같다.[87]

---

84) H. Koschyk(Hrsg.), *Begegnungen mit Kim Dae-Jung—Korea auf dem Weg zu Frieden, Versöhnung und Einheit*, 2002; Kim Dae-Jung, *Mein Leben und Mein Weg: Autobiografie des Präsidenten der Republik Korea*, 2000; M. O. Dugge, *Wirkt Sonnenschein?: Die Nordkorea-Politik von Kim Dae Jung zwischen Versöhnungsgipfel und Atomprogramm*, 2003.

85) 아태평화재단, 「김대중의 3단계통일론」, 1995, p. 23, 26.

86) 한민족공동체통일방안, 통일원 「통일백서」 1997, pp. 61-62; 박종철 외, 「민족공동체 통일방안의 새로운 접근과 추진방안, 3대공동체 통일구상 중심」, 통일연구원, 2010. 12; 서울대 국제문제연구소, 「민족공동체 통일방안 계승 및 발전방향 공론화(최종보고서)」, 2013. 12.

87) 곽태환, 「남북한 통일방안의 재조명과 통일전망」, 《국방정책연구》 제19호(1992), p. 135-148; 2014년 통일준비위원회에서는 통일헌장의 근거는 이 민족공동체 통일방안을 계승하는 것이 될 것이라고 했다(《중앙일보》, 2014. 12. 8).

〈표 3〉 한민족공동체 통일방안 기본 구도(1989년 9월 12일)

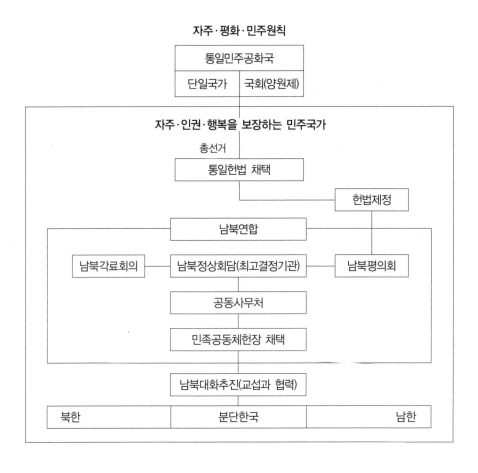

이는 점진적·단계적 통일방안이다. 1단계인 화해·협력 단계는 남북이 적대·불신·대립 관계를 청산하고, 서로 신뢰 속에서 남북 화해를 제도적으로 정착시키면서 실질적으로 교류·협력하여 평화적으로 공존하는 관계를 추구해 나가는 단계다. 남북이 서로 체제를 인정하고 존중하면서 분단상태를 평화적으로 관리하고, 경제·사회·문화 등 각 분야에서 교류하며 협력하여 남북의 이질성을 극복하려는 것이다.

2단계는 남북 연합이다. 이 과도적 통일체제를 남북 연합(The Korean Commonwealth)이라고 하였다. 이 단계에서는 남북의 합의하여 법적·제도적 장치를 체계화하고, 남북 간의 기구를 구성하기로 하였다. 이를 위하여 한민족공동체헌장을 남북정상회담에서 제정하도록 하였다. 이 헌장에서는 평화와 통일을 위한 기본 방안, 남북 상호 불가침에 관한 사항, 남북 연합기구 설치와 운영 사항을 포괄적으로 규정할 것을 제의하였다.

남북 연합의 최고 결정 기구로 남북정상회담을 두고, 남북 사이에 협의·조정·시행·보장할 기구로 남북각료회의 구성을 가정하였다. 이는 남북 총리를 공동의장으로 하고, 남북에서 각각 10명 내외의 각료급 위원으로 구성하고, 실무를 집행할 정치·외교·경제·군사·사회·문화 등 각 분야에 상임위원회를 두게 하였다.

남북각료회의에서는 ① 1천 만 이산가족의 재회 문제 ② 남북 간 대결 상황 완화 문제 ③ 국제사회에서 민족 역량 낭비 방지와 국외 동포의 권익 신장 문제 ④ 남북 사회 개방과 다각적인 교류·교역·협력 추진 문제 ⑤ 민족의 문화 창달 문제 ⑤ 공동 번영의 경제권 형성 문제 ⑥ 군사적 신뢰 구축과 군비 통제 문제 ⑧ 현 휴전체제를 평화체제로 바꾸는 문제를 다루도록 하였다.

남북한 의결기관으로는 남북평의회를 두도록 하였다. 남북평의회는 양측의 국회의원 중에서 같은 수로 뽑아 100명 내외로 구성하고, 남북각료회의가 요구하는 자문에 응하면서 앞으로 세울 통일국가의 헌법안을 만드는 과업을 하게 한다. 이외에도 통일을 구체적으로 실현할 방안과 절차를 의논하여 마련하도록 하였다. 그리고 남북각료회의와 남북평의회 업무를 지원하면서 이들이 합의·결정한 사항을 실행하는 등 실무적인 문제를 관장하기 위하여 공동사무처를 두며, 서울과 평양에 상주 연락 대표를 파견하여 남북 정부 사이에 필요한 것을 연락하도록 하였다.

남북평의회에서 남북 대표가 의논하여 통일헌법 초안을 마련한 뒤 민주적 절차를 거쳐 통일헌법을 확정·공포하고, 이 헌법이 정하는 바에 따라 남북 전역에서 총선거를 하여 통일 국회와 정부를 구성하여 하나의 통일된 민주국가를 만들어 통일을 완성한다는 것이다.

3. 북한의 낮은 단계 연방제

1) 북한의 통일방안 변천

북한은 무력통일론을 주장하다가, 1960년 남한에서 4·19혁명이 일어난 후 통일 논쟁이 심화되자 통일의 과도기적 조치로 남북연방제를 제안하였다.[88] 그후 1972년에는 고려연방제를 주장하였고, 1980년에는 완전한 통일 형태로 고려민주연방공화국 창립 방안을 확립하였고, 1991년에는 1민족 1국가 2제도 2정부에 기초한 연방제로 전환하였고, 2000년 6월 남북정상회담에서는 낮은 단계 연방제를 주장하였다.

2) 고려민주공화국 통일방안

북한은 1970년대 정치적으로 합작하자는 연방제를 주장하면서 연방국가의 국호로 고려연방공화국을 제의하였다(1972. 9. 17). 1973년 6월 23일에는 고려연방공화국 안을 제안하면서 평화통일 5대 강령을 발표하였다. 그러나 더 체계적인 것은 '고려민주연방공화국' 창립 방안으로 제6차 노동당대회에서 발표하였다. 이 안은 그뒤 북한의 통일방안 근간이 되었는데 핵심 내용은 다음과 같다. "① 남북이 같은 수의 대표자와 적당한 수의 국외 동포 대표로 연방국가의 통일정부인 '최고민족연방회의'를 구성한다. ② 최고민족연방회의 상설기구로 '연방상설위원회'를 조직하여 정치·외교·군사를 관장한다. ③ 각 지역의 다른 사상과 제도가 인정되는 남과 북에서는 연방정부의 지도 하에 지역 정부가 독자적으로 정책을 수행"한다는 것이다. 이를 그림으로 표현하면 〈표 4〉와 같다.[89]

---

88) 상세한 것은 1960년 8월 15일 김일성 경축사. "련방제는 당분간 남북조선의 현재 정치제도를 그대로 두고 조선민주주의인민공화국 정부와 대한민국 정부의 독자적인 활동을 보존하면서 동시에 두 정부의 대표들로 구성하는 최고 민족위원회를 조직하여 주로 남북조선의 경제·문화 발전을 통일적으로 조절하는 방법으로 실시하자"고 하였다.

89) 곽태환, 「남북한 통일방안의 재조명과 통일전망」, 《국방정책연구》 제19호(1992), p. 135-158; 새시대전략연구소, 「남북연합과 북한의 느슨한 연방제 통일방안 비교」, NSIK 2001년도 제2차 심포지엄 자료집, 2001. 7. 6.

〈표 4〉 북한의 통일방안

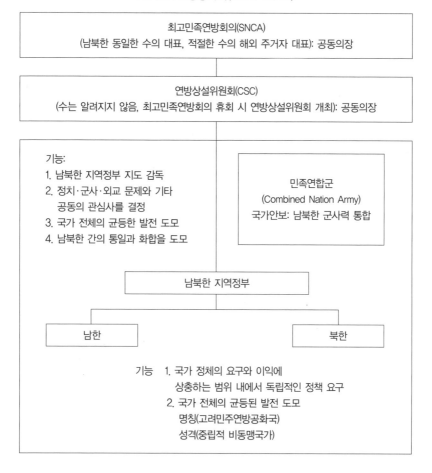

고려민주연방공화국(1980. 10. 10)

최고민족연방회의(SNCA)
(남북한 동일한 수의 대표, 적절한 수의 해외 주거자 대표): 공동의장

연방상설위원회(CSC)
(수는 알려지지 않음, 최고민족연방회의 휴회 시 연방상설위원회 개최): 공동의장

기능:
1. 남북한 지역정부 지도 감독
2. 정치·군사·외교 문제와 기타 공동의 관심사를 결정
3. 국가 전체의 균등한 발전 도모
4. 남북한 간의 통일과 화합을 도모

민족연합군
(Combined Nation Army)
국가안보: 남북한 군사력 통합

남북한 지역정부

남한

북한

기능 1. 국가 정체의 요구와 이익에 상충하는 범위 내에서 독립적인 정책 요구
2. 국가 전체의 균등된 발전 도모
명칭(고려민주연방공화국)
성격(중립적 비동맹국가)

　과거의 연방제 안이 과도기 단계로 주장한 것이라면, 이 고려민주연방공화국 안은 완결 단계로 제시한 방안이다. 특색은 연방정부가 군사와 외교권을 행사하고, 남북 지역정부는 각자의 지역에서 내치만을 담당하도록 한 것이다. 김일성은 1990년 8월 18일에도 고려민주공화국 창립 방안을 설명하였고, 1991년 신년사에서는 이를 발전시킨 형태로 1민족 1국가 2제도 2정부에 기초한 연방제적 통일방안을 제안하였다. 그리하여 하나의 국가와 하나의 제도로 하는 통일은 흡수통일이라며 반대하였다.

3) 낮은 단계 연방제

김정일은 2000년 6월 김대중 대통령과 한 남북정상회담에서 처음으로 '낮은 단계 연방제'를 주장하였다. 정상회담 후 북한은 낮은 단계(형태) 연방제는 정치·군사·외교권 등 현존하는 남북 정부의 기능과 권한을 그대로 두고 그 위에 '민족 통일 기구'를 내오는 방안이라면서, '고려민주연방공화국 창립 방안'과 같다고 천명하였다.[90] 이를 잠정적으로 연방공화국의 지역자치정부에 더 많은 권한을 부여하며 장차 중앙정부의 기능을 더욱더 높여 나가는 방향에서 연방제 통일을 점차적으로 완성하는 방안이라고 하였다.

4. 남북한 통일방안 비교와 평가

1) 과도기적 통일방안

남한의 통일방안은 완전한 1민족 1국가 1체제 1정부였는데, 다만 남북 연합을 중간 단계로 설정하였다. 그러나 북한은 1민족 1국가 2체제 2정부를 최종 목표로 하였다.[91] 이는 한국은 주로 독일식 통일을 고려하고, 북한은 이를 흡수통일이라 하여 동독이 망한 것과 같은 식을 거부하고 북한의 현 정권을 유지할 목적으로 1국에 양 체제와 양 정부를 통일의 최종 목표로 보았다.[92]

90) 조국평화통일위원회 안정호 서기장, '고려민주연방공화국 창립 방안 제시 20돌 기념 평양시보고회 연설', 조선중앙방송(2000. 10. 6).

91) 배정호 외 편, 『오바마·시진핑 시대의 동북아 국가들의 국내 정치 및 대외정책과 한국의 대북 및 통일외교 전략』, 통일연구원, 2013, pp. 197-232.

92) 송영대, 「평화통일 3대 기본원칙에서 본 한반도의 통일 전망: 남북한 통일정책 비교평가」, 《통일정책》 제2권 2호(1976. 7), 통일부; 박재규, 「북한의 대미평화협정 제의 분석: 남북한 통일정책 비교평가」, 《통일정책》 제4권 2호(1976), 통일부; 김형호, 「남북한 통일이념과 목표 비교」, 《통일정책》 제4권 2호(1978. 7), 통일부; 이황훈, 「남북한 통일정책 비교분석」, 《충청》 제10권 98호(1978. 7), 월간충청사; 고삼석, 「남북한 통일정책 비교연구」, 연세대 석사학위 논문, 1978; 이정화, 「남북한 통일정책 비교연구」, 고려대 석사학위 논문, 1978; 유영국, 「남북한 통일방안의 비교분석과 실효성 검토」, 《통일논총》 5(1984. 2), 부산대 한국민족문화연구소; 문도빈, 「남북한 통일논의와 그 전망」, 『지적』, 대한지적공사, 1984; 천정수, 「남북한 통일방안 비교와 평화통일의 전망: 현안 통일방안의 비교분석을 중심으로」,

조선대 석사학위 논문, 1984; 박영기, 「남북한 통일정책의 비교연구」, 한양대 석사학위 논문, 1984; 윤진헌, 「남북한 통일방안의 비교연구: 주로 북한의 연방제 비판을 중심으로」, 동아대 《대학원논문집》, 1984; 차윤희, 「남북한 통일정책의 비교연구」, 동국대 석사학위 논문, 1984; 정순영, 「남북한 통일외교의 현황과 전망: 남북한 통일정책의 역사·방안·여건과 관련하여」, 《입법조사월보》, 1983; 김명규, 「남북한 통일헌법에 관한 연구」, 《단국대학교 논문집》 17(1983); 김흥훈, 「북한의 대남전략구조와 남북한 통일방안 비교연구」, 전남대 석사학위 논문, 1983; 윤송규, 「남북한 통일방안 비교연구」, 경희대 석사학위 논문, 1983; 이강민, 「남북한 통일정책에 관한 비교연구」, 국민대 석사학위 논문, 1983; 손양수, 「남북한 통일목표에 대한 비교고찰」, 《통일문제연구》 1982. 9, 평화문제연구소; 강대권, 「남북한 통일정책에 관한 비교연구」, 단국대 석사학위 논문, 1982; 송영대, 「남북한 통일방안비교」, 《새물결》 103(1982. 6), 자유평론사; 은천기, 「남북한 통일정책의 비교연구: 평화통일의 저해요인을 중심으로」, 《공산권연구》 31(1981. 9), 극동문제연구소; 손양수, 「남북한 통일정책과 주변정세」, 《법정대학보》 8(1985), 조선대; 전원근, 「남북한 통일을 위한 기반조성 방안」, 성균관대 석사학위 논문, 1985; 정종화, 「남북한 통일방안에 관한 비교연구」, 경희대 석사학위 논문, 1985; 유석열, 「한반도의 상황과 남북한 통일정책: 민족통일과 기독교」, 《기독교사상》 324(1985), 대한기독교서회; 박봉식, 「남북한 통일헌법 무엇이 문제인가」, 《자유공론》 220(1985. 7), 한국자유총연맹; 조영일, 「남북한 통일방안에 관한 비교연구」, 동국대 석사학위 논문, 1984; 장영호, 「남북한 통일정책에 관한 연구」, 건국대 석사학위 논문, 1985; 강성진, 「남북한 통일정책에 관한 연구」, 단국대 석사학위 논문, 1985; 노중선, 「남북한 통일정책의 갈등과 그 비교」, 『한성』 7, 한성대, 1988; 임재석, 「남북한 통일정책에 관한 비교연구」, 충남대 석사학위 논문, 1988; 추연화, 「주변 4대강국의 한반도 정책과 남북한 통일방안의 비교분석」, 인천대 석사학위 논문, 1988; 서정구, 「한반도의 통합과 남북한 통일방안에 관한 연구」, 국민대 석사학위 논문, 1988; 김명기, 「남북한 통일정책의 비교·평가」, 《사회과학논문집》 2(1987. 12), 명지대 사회과학연구소; 최용기, 「남북한 통일헌법에 관한 연구: 통일헌법상의 기본 원리를 중심으로」, 《창원대학교 논문집》 제9권 1호(1987. 7), 창원대; 김연수, 「남북한 통일정책의 비교분석」, 경남대 석사학위 논문, 1987; 정연선, 「남북한 통일방안의 비교·평가」, 《고시계》 360(1987. 2), 국가고시학회; 김학준, 「남북한 통일정책의 비교와 민족통일의 전망」, 《통일한국》 33(1986. 9), 평화문제연구소; 김재홍, 「해방정국의 이데올로기적 갈등과 남북한 통일정책」, 《사회과학연구》 3(1986), 숭실대 사회과학연구소; 조성대, 「남북한 통일정책의 비교연구: 남북한 통일정책의 변천과정을 중심으로」, 《학생생활연구》 6(1986. 12), 상명대 학생생활연구소; 곽광엽, 「남북한 통일정책의 비교연구」, 단국대 석사학위 논문, 1986; 김용원, 「남북한 통일정책 분석」, 《김천대학교 논문집》 제7집(1986. 11), 김천대; 김건차, 「남북한 통일정책에 관한 비교연구」, 전남대 석사학위 논문, 1985; 박성진, 「남북한 통일정책연구」, 《정경론집》 21(1985. 2), 중앙대; 오명규, 「남북한 통일정책에 관한 비교 연구: '민족화합민주통일방안'과 '고려민주연방공화국안'을 중심으로」, 『청대춘추』, 청주대, 1985; 유경란, 「남북한 통일정책에 관한 연구: 실패 원인과 그 극복 방안을 중심으로」, 이화여대 석사학위 논문, 1988; 박성철, 「남북한 통일정책의 비교분석」, 『통일로』, 안보문제연구원, 1988; 이명영, 「남북한 통일정책의 전략·전술 비교」, 『합동학술대회발표논문집』, 한국정치학회, 1987; 김운태, 「남북한 통일정책의 전개」, 《사회과학논총》 7(1989. 2), 경기대 사회과학연구소, 1989; 이호수, 「남북한 통일정책에 관한 비교연구」, 경희대 석사학위 논문, 1989; 조지훈, 「남북한 통일정책의 비교연구」, 전남대 석사학위 논문, 1989; 양성철, 「분단극복을 위한 새 통일 접근방법: 남북한 통일협상모델의 새 시도」, 남북 통일 이론의 새로운 전개, 경남대 극동문제연구소, 1989; 평화문제연구소, 「1989년 남북한 통일회담제의 일지」, 《통일문제연구》 제1권 4호(1989); 문도빈, 「남북한 통일방안의 비교」, 《북한》 205(1989. 1), 북한연구소; 이경도, 「남북한 통일방안 비교연구」, 동국대 석사학위 논문, 1990; 백경남, 「동·서독 관계의 변화와 남북한 통일 문제」, 《국제문제》 237(1990. 5), 국제문제사 국제문제연구소, 1990; 이정수, 「남북한 통일정책의 비교연구 분석」, 경희대 석사학위 논문, 1990; 정일섭, 「남북한 통일정책의 비교연구」, 한양대 석사학위 논문, 1990; 김영환, 「남북한 통일정책

북한은 처음에는 북한이 경제적으로 우월하다고 생각하여 공산주의 통일방식을 주장했으나, 1990년 들어 동유럽 공산정권 몰락과 동독의 멸망, 소련의 붕괴를 보면서 완전히 통일되면 북한 정권의 존립을 보장할 수 없다고 생각하여 연

에 관한 비교연구」, 연세대 석사학위 논문, 1990; 조기수, 「변함없는 통일전술전략 VS 다원주의 속의 통일정책」, 《통일한국》, 1990년 10월호, 평화문제연구소; 김관철, 「남북한 통일정책의 비교연구」, 인하대 석사학위 논문, 1991; 박두호, 「남북한 통일정책의 비교와 전망에 관한 연구」, 동국대 석사학위 논문, 1991; 박영오, 「남북한 통일방안의 비교분석」, 계명대 석사학위 논문, 1991; 여진구, 「남북한 통일정책 비교고찰」, 건국대 석사학위 논문, 1991; 이재호, 「남북한 통일정책의 성격에 관한 연구」, 연세대 석사학위 논문, 1991; 남원식, 「남북한 통일정책에 관한 비교연구」, 단국대 석사학위 논문, 1991; 홍성후, 「남북한 통일정책 비교분석」, 《국제관계연구》 4(1981. 10), 고려대 일반국제관계연구원, 1991; 진화미, 「남북한 통일정책 비교에 관한 연구」, 《신흥대학 논문집》 제14집(1991); 장동일, 「한반도에 있어서의 남북한 통일정책」, 《협성논총》 2(1991. 11), 협성대; 서인석, 「남북한 통일논리의 비교와 전망」, 《경남대학교 문화》 25(1991. 3), 경남대; 김찬식, 「남북한 통일방안의 비교연구: 통일방안의 합일 가능성의 모색」, 국민대 석사학위 논문, 1992; 서정률, 「남북한 통일정책의 비교연구」, 경희대 석사학위 논문, 1992; 김일송, 「남북한 통일정책의 비교와 발전적 모색」, 성균관대 석사학위 논문, 1992; 고병철, 「남북한 통일방안의 절충 가능성 모색」, 《한국사회과학》 13. 3(1992. 6), 서울대 사회과학연구원; 구영록·임용순, 『한국의 통일정책』, 나남, 1993; 김동민, 「남북한 통일정책의 비교분석: 1945~1993」, 경남대 석사학위 논문, 1994; 전유범, 「남북한 통일정책의 비교연구」, 한국교원대 석사학위 논문, 1994; 임동수, 「남북한 통일정책에 관한 비교 연구」, 원광대 석사학위 논문, 1995; 최성복, 「남북한 통일방안의 비교연구」, 원광대 석사학위 논문, 1995; 박상봉, 『한국의 통일정책 무엇이 문제인가』, 시아, 1995; 정언선, 「남북한 통일정책 비교연구」, 《사회과학연구》 12(1994. 12), 숭실대 사회과학연구소, 1994; 이성구, 「남북한 통일정책의 비교연구」, 《홍익대학교 논총》 26(1994. 12), 홍익대; 박창희, 「남북한 통일정책 비교연구」, 《단국대학교 논문집》 29(1995. 6), 단국대; 지용호, 「남북한 통일정책에 관한 비교연구: 민족공동체 통일방안과 고려민주연방공화국 창립 방안을 중심으로」, 경희대 석사학위 논문, 1996; 김강녕, 「남북한 통일정책 비교평가(상)」, 『통일로』, 안보문제연구원, 1996; 김기영, 「남북한 통일정책의 비교연구」, 충남대 석사학위 논문, 1996; 윤한열, 「남북한 통일정책에 대한 비교연구」, 경남대 석사학위 논문, 1997; 강동규, 「남북한 통일정책에 관한 비교연구」, 경희대 석사학위 논문, 1999; 이규정, 「남북한 통일정책에 관한 연구」, 경기대 박사학위 논문, 1999; 이경섭, 「남북한 통일방안의 비교검토와 새로운 통일방안의 모색」, 경희대 석사학위 논문, 1999; 유정갑, 「남북한 통일방안 비교」, 《단국대학교 정책과학연구》 제10권(2000), 단국대 정책과학연구소; 이연옥, 「남북한 통일방안 비교연구」, 경남대 석사학위 논문, 2001; 이성구, 「남북한 통일정책의 수렴에 관한 연구」, 《동서문화연구》 8(2001), 홍익대 인문과학연구소; 박용모, 「남북한 통일정책에 대한 연구: 7·4남북공동성명을 중심으로」, 동국대 석사학위 논문, 2001; 유제호, 「남북한 통일정책에 대한 비교연구」, 단국대 석사학위 논문, 2002; 문두식, 「남북한 통일방안에 관한 연구: 기능주의적 접근을 중심으로」, 경남대 박사학위 논문, 2002; 서옥식, 「남북한 통일정책과 논의에 대한 비교 연구」, 경기대 석사학위 논문, 2003; 이대성, 「남북한 통일정책의 비교·분석과 대안적 통일방안의 모색」, 대전대 석사학위 논문, 2003; 최서규, 「남북한 통일방안의 전개방향 연구」, 한국외대 석사학위 논문, 2006; 오영미, 「통일한국과 남북한 통일방안 비교분석」, 경희대 석사학위 논문, 2006; 노연지, 「남북한 통일정책 비교」, 성신여대 석사학위 논문, 2009; 김상윤, 「남북한 통일정책의 비교분석에 관한 연구: 시대별 정책변화를 중심으로」, 전남대 석사학위 논문, 2009; 최수현, 「남북한 통일정책 비교 연구」, 대진대 석사학위 논문, 2010; 이경호, 「남북한의 통일방안 변천에 관한 연구」, 상지대 석사학위 논문, 2012.

<표 5> 한민족공동체 통일 방안과 고려민주연방공화국 창립 방안 비교

	남한 (한민족공동체통일 방안)	북한 (고려민주연방제 방안)
통일원칙	자주·평화·민주	자주·민주·민족대단결
전제조건	없음	1. 국가보안법 폐지 2. 공산주의 활동 합법화 3. 주한미군철수
과도체제	남북연합	낮은 단계 연방제
과도기구	남북정상회담(최고결정기관) 남북각료회의 남북평의회	없음
통일국가 실현절차	평의회→통일헌법 제정→민주적 총선거→단일국가·양원제	연석회의 방식으로 연방제 실현 방법 협의·결정
통일국가 기구	국회는 양원제	최고민족연방회의 연방상설위원회
통일국가	민주공화국체제 민족의 항구적 안전보장 대외 선린우호관계	'10대 시정 방침' 민족경제 발전 보장, 민족문화·교육의 통일적 발전 민족연합군 조직, 평화애호적 대외정책 등
통일국가 미래상	자유·인권·행복이 보장되는 민주국가	중립·비연합국가

방제를 주장하는 것이다. 독일식 통일을 반대하는 것은 김정은 정권에서도 마찬가지인데, 박근혜 정부의 신뢰정책을 거부하는 것도 흡수통일을 두려워해서다. 남북의 통일방안을 비교해보면 <표 5>와 같다.[93)

2) 통일한국의 성격, 국가연합

남한은 단일국가로 통일하는 것을 원하며, 통일헌법 제정으로 통일국가를 구성하는 것을 목표로 한다. 그 과도기 단계로 남북이 연합하여 양 정부가 독자성

---

93) 곽태환, 「남북한 통일방안의 재조명과 통일전망」, 《국방정책연구》 제19호(1992. 가을), p. 153.

을 갖고 남북통일헌장에 의거하여 운영하도록 하였다. 이 남북연합은 국가연합(Commonwealth, Confederation) 성격을 띠는데 여기서 통일헌법안을 제안하고, 국가연합에서 의회나 국민투표로 확정하고, 헌법으로 국가기관을 구성하여 단일국가를 구성하려는 것이다.

반면 북한은 고려연방공화국을 연방이라고 주장하지만 2개 정부가 공존하고, 이들 정부가 외교권과 군사권을 갖는다는 점에서 국가연합(Confederation)이라고 하겠다. 동독도 통일을 하기 전에는 이러한 국가연합(Konföderation)[94]을 주장하였다. 북한이 이 연방제를 국가연합이라고 하면 남한 국민의 지지를 받을 수 없을 것 같아 연방제라고 호도하는 것이다. 특히 낮은 단계 연방제란 학문적 명칭이 될 수 없으며, 실질적으로는 국가연합을 뜻하는 것이다.[95]

3) 남북연합과 낮은 단계 연방제를 수렴할 가능성

(1) 수렴할 가능성은 희박하다

남북 정부의 숨은 의도와 달리 6·15선언에서 이야기한 남북연합과 낮은 단계 연방제는 양국 간의 조약공동체(Vertragsgemeinschaft)로 국가연합 성격이 있을 수 있다. 6·15선언에서 한 것처럼 남북정상회담에서 양 정부가 조약을 체결하고, 양국 의회에서 비준하거나 국민투표로 비준하여 발효하면 당장에는 통일할 수 있을 것이다.[96] 남북예멘이 통일헌법을 제정하여 양국 정상이 승인하고, 과도기 조치를 합의하여 양국 대통령평의회와 의회, 정부의 공동기구로 임시 통치기구

---

94) 국가 연합과 연방에 대해서는 Föderalismus 참조.

95) 고유환, 「남북한 통일전략과 통일방안의 접점: 연합제와 낮은 단계의 연방제」, 《북한조사연구》 제5권 1호(2001), 국가안보전략연구소; 조민 외, 「남북한 통일원칙과 통일방안의 접점」, 통일연구원, 2000; 김성관, 「연방주의에 기초한 남북한 통일방안에 관한 연구」, 서울대 석사학위 논문, 2000; 제성호, 「남측 연합제와 북측의 낮은 단계의 연방제 비교」, 《국제법학회논총》 제46권 1호(2001).

96) 문두식, 「21세기 남북한 통일방안의 모색」, 2004, pp. 192-214; 정성장, 「남북 통일헌법안의 비교와 남북연합의 형성 방향」, 제1주제 발표, pp. 1-41; 남궁영, 「남북한 통일방안 제고찰: 연방제와 낮은 단계의 연방제」, 《통일경제》 2000. 9, pp. 81-94.

를 구성한 뒤, 민주선거로 구성한 정식 의회에서 통일헌법을 비준하고 국민투표로 확정한 선례를 밟을 수는 있을 것이다. 그러나 북한이 주장하는 남한의 자본주의 체제와 북한의 공산주의 체제가 공존하기는 쉽지 않을 것이다. 양 체제가 공존하면서 통일에 성공한 예는 드물다.

예멘의 통일헌법은 자유민주주의 시장경제를 채택하였고, 독일도 동독 헌법을 폐지하고 서독 헌법의 자유민주주의 시장경제를 채택한 것을 보더라도 이질적인 두 질서와 공존하는 국가연합은 힘들 것이다. 특히 각 국가가 군사권과 외교권을 따로 갖는 경우 예멘처럼 통일한 후에도 내전이 일어날 수 있으며, 사회통합도 힘들 것이다.

(2) 중국식 일국양제론(一國兩制論)

공산당이 지배하는 권력집중적인 중국과 민주주의가 지배했던 홍콩이 통일했으나, 점진적으로 제도를 통합하는 방향으로 가고 있다. 홍콩은 중국에 비하여 작은 도시이므로 일국양제로 해도 큰 문제는 없을 것으로 보았다. 그러나 천안문 사태와 2014년 홍콩의 민주선거 시위로 많은 분쟁이 일어났다. 그래서 한반도에서는 정치제도적인 통합은 나중으로 미루고 사실적인 통일을 하자는 주장이 있다.[97] 문두식은 경제적 공동체를 만들어 경제 연합 성격으로 사실상 통일하자고 하면서, 경제협력개발기구(OECD) 같은 것을 만들어 운영하는 방안을 제시하였다.[98]

이러한 경제공동체 구성도 현재 북한이 맺고 있는 중국·러시아와 경제적 유대를 생각하면 쉽지만은 않을 것 같다.[99] 개성공단 확충, 유라시아 철도 개설, 금강산 관광도 북한의 핵과 인권 문제 때문에 유엔이 제재하기에 북한에 경제를 지원하는 데는 한계가 있다고 할 것이다. 중요한 비핵화와 군비 축소, 긴장완화 문제를 해결하지 않으면 실현하기 어려울 것이다.

---

97) 문두식, 『21세기 남북한 통일방안의 모색』, 2004, pp. 215-275; 채형복, 「남북한 통일·통합 방안의 모색: 남북평화경제공동체」, 《법학논고》 제26집(2007), 경북대.
98) 백승준, "일국양제 한반도 평화통일 권고하는 중국의 속내" 조선뉴스프레스, 2015. 12. 21.
99) 조윤정, 「남북한 통일정책의 발전방향에 관한 연구」, 건국대 석사학위 논문, 2008.

(3) 새로운 연합제 구상

남북이 연합제나 낮은 단계 연방제의 함의가 다르고 기구 내용이 달라, 그 수렴이 불가능하다고 보고 아세안(ASEAN, 동남아시아국가연합) 같은 느슨한 국가연합체를 주장하는 사람도 있다.[100] 이것은 국내법적인 통일이 아니라 국제법적이며 외교적인 연합(Union)에 불과하다. 여기서는 중앙기구가 없고 현재의 분단국가가 주권국가로서 내치에 관한 권한, 특히 군사권을 독자적으로 행사하고, 외교권만 각 지분국의 외교장관 합의에 따라 공통으로 행사할 수 있을 뿐이다. FTA보다 약간 발전한 공동시장공동체로 가자는 주장이 있다.[101]

또 자주통일이 아닌 외세와 합의하여 통일과 독립을 보장받는 오스트리아식 중립통일을 주장하는 사람도 있다.[102] 이는 주변 강대국의 동의를 받아 국제 협약으로 통일하는 것으로, 북한이 가장 중시하는 자주통일이 아니라는 점에서 문제가 있고, 현재 남북이 체결한 군사공동안보조약과 상치할 수 있다. 앞으로 경제공동체를 뛰어넘는 진정한 의미의 정치적 통일을 이룰 수 있는 방안을 마련하는 것이 바람직하다. 남한에 6개 주와 북한에 3개 주를 만들어 연방국가를 만드는 독일식도 연구해야 할 것이다.

예멘은 2015년에 새 헌법을 제정한 뒤 북에 4개 주, 남에 2개 주 지분국을 만들어 연방제를 하기로 했으나 2015년에 다시 분열되었다.

4) 새로운 냉전 환경

미국에서는 남한이 북한을 흡수통일할 경우를 연구한다.[103] 채드윅은 2020년까지는 남북이 합의하여 중립국 연방으로 공존할 것이지만, 북한은 사실상 남

---

100) 신정현, 「국가연합 사례와 남북한 통일과정」, 2004; 이연옥, 「남북한 통일방안의 연구: 남북한 통일방안의 접합점을 통한 새로운 통일방안의 모색」, 경남대 석사학위 논문, 2001.

101) 류길재, 「한반도 통일방안의 모색」, 통일연구원 2001 발표문, pp. 1-40.

102) 박정원, 「한반도 통일모델의 탐색: 중립화통일의 적용가능성」, 《통일정책연구》 제18권 2호(2007), pp. 75-96.

103) R. Chadwick, "Korea 2020, National Security Futures, Development, Democracy, and Choices: Building a Korea Peace Structure," May 16 and 19. 2006. University of Hawaii.

한에 흡수되어 남한과 같은 체제를 가질 것으로 본다. 그러나 이 예언은 적중하지 않을 것 같다. 박근혜 대통령은 2013년 취임할 때는 통일에 기대감을 갖고 있었지만, 2016년 이후에는 북한이 협조하지 않아 어려울 것으로 보며, 북한이 무너져 조속한 통일을 기대한다.[104] 그는 2016년 초 중국이 북한의 핵무기 실험 문제에 협력하기를 기대했으나, 시진핑이 전화조차 받지 않고 경제 보복을 하자 방향을 바꿔 한미동맹을 강화하는 쪽으로 돌아서서 국제사회와 함께 북한을 제재하는 데 참여하였다.

트럼프 대통령은 한국에 방위비를 더 분담하라고 요구할 것[105]으로 보이나, 한반도 정책이 크게 바뀔 것 같지는 않다. 왜냐하면 그가 취임사에서 오랜 동맹을 강화하고 테러에 맞설 것임을 강조해서다.[106] 또 그의 참모들도 강경파가 많아 북한에 양보하지는 않을 것이다.

미국의 국방장관은 취임한 뒤 최초로 한국을 방문하고, 국방장관회의에서 한미상호방위체제를 강조하였다. 미국 의회에서는 북한의 핵과 장거리미사일 실험에 대하여 강경한 제재 결의안을 의결하였다.[107] 중국과 러시아도 새로운 긴장관계를 피하려고 북한에 압박을 가하는 것 같다.

궁극적으로는 미국의 트럼프 대통령이 중국에 경제전쟁을 펼 것이냐에 달려 있으며,[108] 중국의 남중국해 통과 문제로 양 대국이 신냉전을 격화한다면 통일은 더 늦어질 것이다.[109]

---

104) B. Klingner, Growing Threats and Shifting Policies on the Korean Peninsula, The Asian Forum, 2016.

105) 《조선일보》, "미군자원 고갈시켜 외국 군대에 보조금 줬다 … 한국 압박 예고", 2017. 1. 23; "Donald Trump says South Korea dosen't pay United States for troop presence", PolitiFact Retrieved Nov. 4. 2015; 디트라니, "북한 핵 미사일 고도화부터 막는 게 급선무", 《세계일보》, 2017. 2. 7.

106) Republican Platform 2016; [Trump Era] S. Korea hopes US policy toward N. Korea will remain unchanged: minister, Dark Room, Nov. 9. 2016; 존 헌츠먼 전 주중미국대사, "협상의 달인 트럼프, 북핵 풀려고 中 움직일 카드 꺼낼 것", 《조선일보》, 2017. 2. 1; 존 햄리 미전략문제연구소장, "워싱턴 反中기류 강해졌다 … 親中 기업인도 돌아서고 있다", 《조선일보》, 2017. 1. 26.

107) "대북 강경 목소리 커진 美의회 … '김정은 암살'까지 거론", 《동아일보》, 2017. 2. 2.

108) "미국 '남중국해 점용 불가' 강경 … 중국 주권 영역 지킬 것", 《세계일보》, 2017. 1. 25.

109) 트럼프 정부 정책에 대한 참고문헌은 이 책 pp. 276-277 참조. "미국 '남중국해 점거 용납 않겠다 중국 美는 빠져라", 《조선일보》 2017. 1. 25. 4면.

제Ⅱ부.
한반도의
통일정책

제 I 장. 한반도 주변국의 한반도 정책

제 II 장. 분단국 한반도의 통일방식

제I장. 한반도 주변국의 한반도 정책

제1절. 미국의 한반도 정책

그동안 미국은 한반도에 우호적인 정책을 펴왔다. 그러나 '미국 우선주의'(America First)를 내걸은 트럼프 대통령은 한국을 경쟁국으로 여기며 외교와 경제 정책을 바꿀 것 같아 걱정이다.[1]

1. 미국의 한국 해방과 일시적 군사통치[2]

---

1) 트럼프 대통령이 취임한 뒤 한반도 정책 변화를 추측하는 국내 논설은 많지만 아직 정평인 것은 없다. 간단한 것은 Wikipedia, Political Positions of Donald Trump; Moody's Analytics, The Macroeconomic Consequences of Mr. Trump's Economic Policies, June 2016; K. Bolton, The Trump Enigma: Is Trump Draining or Replenishing the Washington Swamp?, *Foreign Policy Journal*, Jan. 13. 2017; 이춘근, 「트럼프 행정부, 대중국 강경정책으로 북한 문제까지 해결」, 《자유마당》, 2017. 2, pp. 12-15 참조.

2) 미국의 한반도 정책은 U. S.-South Korea Relations, Apr. 26. 2016, CRS Report Congressional Research Service 7-5700; Trump presidency will test longstanding US-South Korean alliance, Stars and Stripes, Nov. 9. 2016; Pritchard/Tilelli, U. S. policy Toward the Korean Peninsula, Council on Foreign Relations, Independent Task Forces Report No. 64, 2010; Manyin et al, *U. S.-South Korea Relations*, CRS Report, June 24. 2014; CRS Report for Congress, Korea-U. S. Relations: Issue for Congress, July 26. 2008; Nathan White, U. S. policy Toward Korea, Foreign Affairs, 1979; Gi-Wook Shin, *One Alliance, Two Lenses: U. S.-Korea Relations in a New Era*, 2010; US, Korea Institute, *Korea-U. S. Relations: Issue for Congress*; The Korea Society, *"New Beginnings" in the U. S.-ROK Alliance: Recommendations to the Obama Administration*, 2010; S. Snyder, *Pursuing a Comprehensive Vision for the U. S.-South Korea Alliance*, CSIS, Apr. 2009; B. Bennett, The Sixty years of the Korea-U. S. Security Alliance, Past, Present, Future, *International Journal of Korean Studies*, Vol. 17, No. 2, Fall/Winter 2013, pp. 1-43; G. Davis, "U. S. policy toward North Korea", U. S. Department of State, Mar. 7. 2013; C. Buss, *The United States and the Republic of Korea: Background for Policy*, 1982; R. A. Morse(ed.), *A Century of United States-Korean Relations*, 1983; E. Olsen, *US Policy and the Two Koreas*, 1988; Carpenter/Bandow, *The Korean Conundrum: America's Troubled Relations with North and South Korea*, 2004; OnTheIssues, Donald Trump on Foreign Policy, 2016; Republican Platform 2016; 김경원, 「미국의 대한정책: 과거와 현재와 미래」, 통일부, 1974; A. Morton, 「미국의 대한정책 전망」, 《통일정책》 1권 2호(1975); 홍현용, 「미국의 대한정책, 1945-1950,

미국은 한반도에 대해서 개화기에는 카쓰라·태프트협약에 따라 일본의 한국 진출을 용인했던 것으로 보인다.[3] 그러나 일본이 제2차 세계대전을 일으키자 한국의 독립에 관심을 갖고 종전 후 한국의 독립을 확약하였다. 1943년 11월 카이로회담에서 미국·영국·중국은 적정한 절차에 따라 한국을 해방·독립시키기로 약속하였다.

일본이 항복한 뒤에도 미국은 1945년 9월 8일 인천에 상륙하여 북위 38선 이남에 있는 일본군의 항복을 받았다. 그리고 한국에 미군 정부를 수립하여 점령

American Foreign Policy toward Korea 1945-1950』, 오클라호마주립대학교, 2008; 윤형호, 「안보파트너십과 한·미안보동맹의 제도화: 한미연합사령부 창설과정을 중심으로(1953-1978)」, 《전략연구》 제17권 1호(2010), 한국전략문제연구소; 황의서, 「해방 후 좌우합작운동과 미국의 대한정책: 합작운동의 결과적인 실패와 관련하여」, 《한국정치학회보》 제30권 3호(2006); 온창일, "The U. S. Joint Chiefs of Staff and U. S. policy Strategy Regarding Korea 1945-1953", 캔자스주립대, 1994; 신복흥, 「한국신탁통치의 연구: 미국의 구도와 변질을 중심으로」, 《한국정치학보》 제27권 2호(1994); 주성완, 「한국전쟁을 전후한 미국의 대한정책」, 《통일문제연구》 제2권 2호(1990); 정준갑, 「한국전쟁직후 미국의 한반도정책(1953-54): 냉전외교의 한계」, 《미국사연구》 제15집(2002); 김태호, 「미국의 한반도정책변화와 주한미군 재배치」, 《전략연구》 제11권 3호(2004); 박명식, 「미국의 대한국정책 1942-1953, 한국 분단, 한국전쟁 및 유엔의 역할」, 뒤셀도르프대학교, 1995; 곽전의, 「한국전쟁과 미국의 대극동정책의 변천」, 경희대 석사학위 논문, 1984; 윌리엄 스툭 저, 서은경 역, 「한국전쟁과 미국 외교정책」, 나남, 2005; 황중윤, 「탈냉전시대 미국의 대한반도 정책연구」, 국방대 석사학위 논문, 1999; 박경서, 「1990년대 미국의 대한반도 정책 전망」, 「통일정책논총」, 1992; 박경직, 「미국의 대한반도 전략의 변화 가능성과 안보정책적 대응」, 「전략논총」, 1993; 김동하, 「탈냉전시대 미국의 동북아 및 한반도정책: 클린턴 행정부의 외교정책을 중심으로」, 명지대 석사학위 논문, 1996; 이희재, 「미국의 한반도정책과 한반도 평화체제구축」, 연세대 석사학위 논문, 2001; 김종일, 미국의 대한정책, 《평화학연구》 제7권 3호(2006); 이상현, 미국의 대한반도정책, 한국전략문제연구소, 2007; Brown, 21세기의 미국과 한국 그리고 동아시아, KINU International Colloquium Collection, 2008; 권용립, 「21세기 미국 외교와 한반도: 미국 외교의 역사적 정향을 토대로」, 《사회과학연구》 제22집 2호(2006), 경성대 사회과학연구소; 장준갑, 《닉슨의 외교정책 읽기》, 《미국사연구》 제28집(2008. 11); 김일수·윤혜영, 「냉전과 미국의 개입주의의 전개: 미국의 대한반도정책을 중심으로」, 《한국동북아논총》 제16권 4호(2011. 12); 김종일, 「미국의 대한정책: 한반도의 영구적 평화와 안정을 위한 대안」, 《평화학연구》 제7권 3호(2006. 12); 임현백, "미국의 세계전략과 한반도정책", 2014. 4. 21. http://hodujang.blog.me/30189269118; 배정호 외, 「오바마 행정부 출범 이후 동북아 전략 환경의 변화와 한국의 동북아 4국 통일외교 전략」, 통일연구원, 2010; 전성훈, 「미국의 대한 핵우산정책에 관한 연구」, 통일연구원, 2012; 김대홍, 「오바마 정부의 아시아중시정책: 2008년 세계경제 위기, 중국의 부상 그리고 미국의 패권 재건축」, 중앙대 석사학위 논문, 2013; 배정호 외, 「오바마 시진핑 시대의 동북아 국가들의 국내정치 및 대외정책과 한국의 대북 및 통일외교 전략」, 통일외교원, 2013; 배정호 외, 「미국의 대외전략과 한반도」, 「동북아4국의 대외전략 및 대북전략과 한국의 통일외교전략」, 통일연구원, 2014. 12, pp. 5-36.

3) 정동귀, 「20세기 초두에 있어서의 미국의 대한정책과 한국의 대응: 태프트·桂協定을 중심으로」, 《한국정치학회보》 16(1982. 12), pp. 249-266; 이우진, 「미국의 한국점령정책」, 《한국정치외교사논총》 제13집 (1995), pp. 59-95.

통치를 시작하였다.[4][5] 1945년 12월 모스크바3상회의에서는 5년 동안 신탁통치를 한 후 독립을 보장해주기로 하였다.[6] 이에 한국의 우익은 격렬하게 반탁운동을 벌였다. 미소공동위원회는 남북의 이데올로기 대립과 정당·단체들이 협조하지 않아 그 기능을 발휘할 수 없었다. 이에 미국 정부는 한반도의 독립과 통일, 정부 수립 문제를 유엔으로 이관하기로 하였다. 유엔총회는 한반도에서 보통선거로 국가를 세워 독립시키기로 결의하였다. 이 결의를 북한과 러시아가 거부하여 가능한 지역에서 국회의원 선거를 하여 헌법을 제정하고, 1948년 8월 15일 정부를 구성하여 완전히 독립한 것은 이미 보아온 바다.

2. 한국과의 동맹정책

북한이 스탈린의 동의를 받아 1950년 6월 25일 기습적으로 남침하고, 미국은 북한을 전범이라고 규탄하며 유엔의 동의를 얻어 유엔군을 파견하여 대한민국을 수호하였다.[7] 대한민국은 정전협정을 하기 전에 미국에 군사동맹을 맺자고 요청하였고, 미국이 호응하여 1954년 한미상호방위조약을 체결한 뒤 지금까지 군사동맹을 유지하고 있다.[8] 이 조약은 그동안 미국의 국내 사정과 한국의 국내 사정에 따라 부속 협정을 변경하기는 했으나, 아직도 한국의 국방에서 불가분의 역할을 담

---

4) 탁명식, 「미국의 대한국 정책 1942~1953: 한국분단, 한국전쟁 및 유엔의 역할에 관한 고찰」, 뒤셀도르 프대학 박사학위 논문, 1995.

5) 미국의 한반도 점령 후 군정에 대해서는 김철수, 「미군정 입법과 헌법제정」, 『헌법개정, 과거와 미래』, 2008, pp. 30-93; 송남헌, 『해방3년사』(Ⅰ·Ⅱ), 까치글방, 1984; 박명림, 「한국의 국가 형성」, 《한국외교사 논총》 제13집(1995), pp. 97-137; 이정복, 「미국의 대한정책과 국가기구의 형성」, 『한국 정치의 분석과 이해』(4판), pp. 3-41.

6) 신복룡, 「한국신탁통치연구: 미국의 구도와 변질을 중심으로」, 《한국정치학회보》, 1994.

7) 서용선, 「미국의 한국전쟁 개입정책에 관한 연구: 봉쇄정책과 NSC 68을 중심으로」, 단국대 박사학위 논문, 1995; 문흥대, 「미국의 한국전쟁 개입정책 결정에 관한 연구」, 서울대 석사학위 논문, 1999.

8) US·Korea Institute at ASIA, U. S.-Korea Alliance, Historical Background, The Alliance Today and Future Perspectives; Jung-Ho Bae & Abraham Denmark, *The U. S.-ROK Alliance in the 21st Century*, 2009; S. Yim, *ROK-U. S. Alliance Adjust to New Realities*, SAIS U. S. Korea Yearbook, 2007; Levin/Sneider, Weapons of Mass Destruction(WMD), Foreign Policy Goals, North Korea, 2004; Korea in Postwar U. S. Security Policy, Rand Papers; Bandow/Carpenter(eds.), *The U. S.-South Korean Alliance Time for a Change*, 1992; E. Olson, *Toward Normalizing US-Korea Relations: In Due Course?*, 2002; Sutter/Han(eds.), *Korea-U. S. Relations in a changing World*, 1990.

당하고 있다.

한미상호방위조약에 따라 미국은 한국에 군대를 주둔시키고, 한미연합사령부를 만들어 외적을 방어하고 있다. 이 조약은 대한민국의 안전과 번영을 가져온 기초다. 한국에는 28,500명의 미군이 주둔하고, 핵우산을 제공하고 있다.[9] 그동안 이 조약은 여러 번 개정하였다. 2009년 이래 한국과 미국은 북한과의 지역적 분쟁만이 아니라 세계적 관심사에 참여하려고 한미관계를 개선하려고 노력하였다. 2011년에는 북한의 위협에 대처하고자 방위정책을 조정(proactive deterrence)하면서 군사훈련을 강화하였고, 2013년에는 북한의 도발을 억제하고자 B52와 B2 폭격기를 훈련에 투입하였다.[10]

2013년에는 공동협정(BMO)을 논의했으나, 한국 야당이 중국과 관계를 이유로 반대하고 있다. 미군의 주둔에 대해서는 상원의 반대도 없지 않았다. 전시작전권을 한국군에 돌려주는 문제는 '전략동맹2015'(Strategy Alliance 2015)에서 2010년대에 합의했으나 연기를 합의하고 있다. 한국의 '방위개혁2020'에서는 한국군의 방위비 증가와 군비 현대화를 기하고 있다. 2014년 3월 박근혜 정부는 국군을 감축하기로 결정했으나 방위비는 증가하고 있다.

미군 감축과 기지를 남쪽으로 이전하는 것을 추진하고 있다. 미군을 서울 이남으로 배치하는 계획은 한국의 예산 부족으로 2014년 5월에 42%를 옮겼으며, 2023년 중반에 끝날 것으로 본다. 한미연합사 해체와 미군을 모두 한강 이남으로 배치하는 계획은 한국 정부의 반대로 지연되고 있다. 전시작전권을 완전히 이관하는 것은 2023년이나 그뒤로 본다.[11] 2015년 10월 이후 북한이 핵실험을 하

---

9) Congressional Research Service, U. S.-South Korea Relations, 2014, Summary Overview, The Korea Suciety, New Beginnings in the U. S.-ROK Alliance in the 21st Century, 2009; 박상중, 「전시작전통제권 전환의 정치적 결정에 관한 연구: 정책흐름모형론을 중심으로」, 서울과학기술대 박사학위 논문, 2013; 2015년 10월 이후 한미관계는 CRS, U. S.-South Korea Relations, Apr. 26, 2016, pp. 1-8 참조.

10) Free North Korea, "대한민국, 신냉전 체제 속으로 달라지는 세계, 급변하는 미국", 2013. 10. 28. Http://blog.naver.com./gong4com/gong4com.150178418490

11) Congressional Research Service, U. S.-South Korea Relations, 2014, p. 18; Congressional Research Service, Proposed U. S.-South Korea Free Trade Agreement: Potential National Sector-Specific and State Export Effects, June 20. 2014; CRS Report for Congress, South Korea-U. S. Economic Relations: Cooperation, Friction, and Prospects for a Free Trade Agreement(FTA), Feb. 9. 2006.

자 한미동맹은 더욱 돈독해졌고, 2016년 3월에는 미국의 중재로 한·미·일 3국이 정상회담을 열었다.[12] 2017년 트럼프가 대통령에 취임한 뒤 방위비를 더 분담할 가능성이 많고,[13] 우리나라 대선 결과에 따라 야당이 집권하면 동맹관계에 금이 갈 수도 있다. 한국의 중국 정책에 따라 미군 감축이나 철수도 우려된다.

3. 한국과의 경제 협력 체제

미국은 1945년 이래 한국에 경제 원조를 계속하여 전후복구에 크게 기여하였다. 그동안 한국은 경제대국으로 성장하여 미국과의 경제 교역 대국이 되었다. 이뿐만이 아니라 경제 분야에서도 한국은 미국의 6번째로 큰 교역 상대이고, 미국은 한국의 2번째로 큰 교역 상대국이다.[14]

한국과 미국은 자유무역협정(KORUS FTA)을 체결했으며, 미국은 자국이 주도하는 환태평양경제동반자협정(TPP)에 참여하려는 한국의 노력을 높이 샀으나 트럼프가 당선된 뒤 TPP에서 탈퇴하고 말았다.[15] 한국의 수출·산업 정책은 경쟁상 마찰을 빚은 적도 있으나, 2007년에 한미자유무역협정을 체결하고, 2011년에는 미국 의회가 시행 법률을 통과시키고 오바마가 서명하여 2012년 3월부터 효력을 발생하게 되었다.[16] 이로써 양국 간의 무역관세는 80% 정도가 폐지되고, 10년 후에는 92%를 폐기하기로 하였다.

한미자유무역협정은 실시한 지 얼마 되지 않았지만 교역량이 늘어 2012년과 비교하면 2013년에는 2.9%가 상승하였다. 미국은 한국에 4백 17억 달러를 수출하고 6백 24억 달러를 수입하여 2백 7억 달러 적자를 냈다. 한국과 미국의 경

---

12) 2015년 10월 이후 발전은 CRS, U. S.-South Korea Relations, Apr. 26. 2016. Summery, Strategic Cooperation and the U. S.-ROK Alliance와 Major Developements Since Oct. 2015, pp. 1-9; 남광규, "북핵, '선제타격' 언급하는 미 외교·안보라인 등장", 《자유마당》 2017. 2, pp. 62-65.

13) Seoul: Trump pledges South Korea defense, DW.com, Nov. 10. 2016; Trump presidency will test longstanding US-South Korean alliance, Stars and Stripes, Nov. 9. 2016

14) Congressional Research Service, U. S.-South Korea Relations, 2014, pp. 27-29.

15) 트럼프는 대통령 취임 4일 만인 1월 23일 TTP 폐기 명령에 서명하였다.

16) 상세한 것은 Congressional Research Service Report, The U. S.-South Korea Free Trade Agreement(KORUSFTA): Provisions and Implications, Sep. 16. 2014.

제체제는 정상이며, 한국 대기업은 미국에 생산기지까지 건설하고 있다.[17] 트럼프 정부는 한미자유무역협정이 미국에 무역적자를 가져온다는 이유로 재협상을 요구할 것으로 보이는데, 그렇게 되면 관세 인상과 대미 수출 감소가 우려된다. 또 중국 경제가 불황이라 중국에 대한 무역 감소도 걱정된다.

4. 한국에 대한 핵 억제정책

미국은 한국의 핵개발과 확산을 막는 정책을 50년 넘게 해왔다. 민간 핵협력에 관한 협정은 1956년에 체결하였고, 그동안 58년과 72년, 74년에 개정하였다.[18] 미국은 이 협정에 따라 한국의 핵무기 제조에 제동을 걸고, 원자로 핵연료 재처리도 반대하면서 원자로용 핵연료 공급을 계속해왔다. 이는 박정희 정부가 심하게 반대하였다. 특히 북한이 핵무기를 개발하여 미국의 핵확산방지정책이 실패하자, 한국에서도 독자적으로 핵을 개발해야 한다는 주장이 확산하였다. 그동안 협정이 2014년 3월에 끝나는 것으로 되어 있었으나 한국 정부의 요청으로 2016년까지 2년 더 연장하기로 하였다. 이는 미국이 새로 제정한 원자력법(Atomic Energy Act)의 요청에 적합하지 않아서다. 한국은 그동안 사용한 핵연료 재처리를 요청했으나, 미국은 이것이 핵폭탄을 만들 계기를 준다고 보아 반대하였다. 이 새 협약으로 핵연료 저장과 재처리 문제는 진전이 있을 것으로 보인다.

대한민국은 북한이 핵개발 정책을 하는데도 핵확산금지조약과 화학무기금지협약에 가입하여 핵 확산을 막는 활동을 하였다. 2010년 10월 한국과 미국은 공동으로 핵연료 재처리를 연구하고, 2013년에는 새 개발협정을 체결하였다. 이 협

---

17) 상세한 경제관계는 다른 무역관계 서적 참조. 2013년 박근혜 정부는 미국이 주도하는 TPP 가입에 관심을 표현하였다. 이 조약은 파기되었으나 KORUS FTA가 있어 한·미 간 경제 규모는 별로 변하지 않을 것으로 보인다. Ministry of Trade, Industries and Energy, Press Release 436, Korea Outlines New Trade Policy Directions, June 25. 2013; 풀너 에드윈, "한국, 한미FTA 재협상 준비하라", 《조선일보》, 2017. 1. 25; 톱 인터뷰, "미국발 무역전쟁 총성울렸다", 《세계일보》, 2017. 1. 25; Nuclear Policy News, U. S. Work out Missiles Defense Strategy, Chosun Ilbo, Oct. 9. 2014.

18) Congressional Research Service, M. Holt, *U. S.-South Korean Cooperation in the World Nuclear Energy Market: Major Policy Considerations*, June 25. 2013; 전성훈, 『미국의 대한 핵우산정책에 관한 연구』, 통일연구원, 2012.

정은 2016년까지 연장하기로 하였다.[19] 한국은 미국 요청으로 2012년에 핵안보 정상회의를 열어 핵무장을 하지 않기로 다짐하였다. 미국은 북한에 대해 비핵화 정책을 추구하는데 한국이 이에 협조하고 있다. 그러나 보수주의자들은 북한의 핵보유에 대항하여 우리도 핵무장을 해야 한다고 주장하고 있다. 트럼프는 선거 전에서 한국과 일본이 핵을 개발하는 것을 장려할 것처럼 말했으나[20] 핵확산금 지조약과 중국과 북한의 반대로 실현되지 않을 가능성이 많다.

5. 미국의 북한 정책

미국은 북한의 남침을 유엔군 일원으로 막았고, 그동안 북한의 호전적 도전 행위를 억압하며 한반도의 열전을 예방하였다.[21] 북한은 중국이 참전하여 휴전

---

19) S. Snyder, Breaking Statement in U. S.-R.O.K. Nuclear Cooperation Negotiations, Council of Foreign Relations, Sep. 2014; 김영민, 「2010 미국 중간선거와 오바마 행정부의 한반도정책」, 《신아세아》 18권 1호(2011); 2013년 박근혜 대통령의 방미 외교 이후 미국의 한반도 정책은 더 우호적으로 전개되었다. 그동안의 각종 변화는 외교부 발표 참조.

20) "Transcript: Donald Trump Expounds on His Foreign Policy Views" The New York Times March 26, 2016, Retrieved May 25. 2016 "It's a very scary nuclear world Biggest problem, to me, in the world time, is nuclear, and proliferation. At the same time, you know, we're a country that doesn't have money....So, the bottom line is, I think that frankly, as long as North Korea's there, I think that Japan having a capability is something that may be is going to happen wether we like it or not."

21) 미국의 대북정책 관련 문헌은 많은데 그중에서도 Wikipedia, North Korea-United States Relations 2016; US Policy, toward North Korea 1998(Committee on International Relations); D. J. Orcutt, Carrot, Stick or Sledgehammer: US Policy Options for North Korean Nuclear Weapons, USAF Academy Colorado, Aug. 2004; R. Kelly, *North Korea in Transition*, 2013. 12; Congressional Research Service, North Korea: Policy Determinants, Alternative Outcomes, U. S. policy Approaches, June 24. 1993; Klingner, North Korean Missile Launch Challenge U. S. Foreign Policy, Dec. 6. 2012; Wikipedia, North Korea-Unites State Relations; US Policy toward North Korea, Strategic Shaping and the Interim Steps to Denuclearization, Feb. 2014; S. A. Snyder, "U. S. policy toward North Korea", Council on Foreign Relations, 2013; D. Kimball & K. Davensport, "Chronology of U. S.-North Korean Nuclear and Missile Diplomacy", Arms Control Association, 2014; The National Security Network, U. S. policy toward North Korea Strategic Shaping and the Interim Steps to Denuclearization, Feb. 2014; W. J. Perry, "Review of Unites State Policy toward North Korea Findings and Recommendations", Oct. 12. 1999; U. S. policy toward North Korea, and the Pending Perry Review: Hearing before the Representatives, 1999; North Korea Adversary Group Report to the Speaker, US House of Representatives, Nov. 1999; E. Talmadge, U. S. has 'crossed the red line' and declared war by sanctioning Kim Jong Un, North Korea says National Post, Jan. 30. 2016; South Korea, Japan condemn planed North Korea satellite, CNN, Feb. 2. 2016;

선 이북 영역을 유지했으나, 독재정권의 연속으로 경제가 피폐해져 주민들은 굶주림에 시달려야 했다. 미국은 북한에 대해서는 한반도를 방위하는 측면에서 핵확산 금지만이 관심사였다. 북한이 미국의 적대국이 되어 세계 평화를 위협하기 시작한 것은 핵과 미사일 정책 때문이었다.

북한은 1989년의 남북기본합의서와 1991년의 핵확산금지조약에서 한반도 비핵화를 선언[22]했으나, 핵과 미사일을 개발하기 시작하였다. 미국은 북한의 핵 생산과 미사일 제조·수출 금지하려고 많은 회의를 했으나, 북한이 호응하지 않아 미국의 대북정책은 인권 문제보다는 핵과 미사일 억제에 치중하였다.[23] 북한은 계속 약속을 위반하고 도발하여 미국의 경제 제재를 자초하였다.[24] 미국은 북한의 핵과 미사일 개발을 선제공격으로 중지시키려고 했으나 김영삼 대통령의 반

이재봉, 「미국의 대동북아시아정책과 북미관계의 전망」, 《국제정치논총》 37. 3(1998. 8).

22) 한반도 비핵화 선언은 1991년 12월 31일 한반도 비핵화남북공동선언을 체결하여 남북은 핵무기 실험·제조·생산·인수·보유·보존·배치·사용을 금지하였다. 이는 부시 대통령의 외국 주재 핵무기 철수 공약을 받아들인 노태우 대통령이 1991년 8월에 요청함에 따라 체결되었다. 최근 것으로는 다음과 같은 것이 있다. 안문석, "The Influence of the Republic of Korea on US Policy towards the Democratic People's of Korea under the Clinton Administration", The University of Warwick, 2006; 황부연, "U. S. policy for Denuclearization of the Korean Peninsula under the Clinton and Bush Administrations", 고려대학교, 2012; 박영호, 「미·북 관계의 변화와 한국의 대북정책 방향」, 통일연구원, 1998; 한승호, 「북한의 대량살상무기가 한국과 미국의 대북정책에 미친 영향과 향후 전개」, 전주대 석사학위 논문, 2003; 이봉준, 「미국의 대테러 전략이 한반도 안보에 미치는 영향과 한국의 대응책」, 한남대 석사학위 논문, 2005; 고유환, 「미국의 대북정책과 북한 핵문제」, 《통일경제》 통권 83호(2003); 박영호, 「미국의 국내 정치와 대북정책: 지속성과 변화」, 통일연구원, 2000; 신원동, 「9·11 테러 이후 미국의 안보전략과 대북정책」, 《통일전략》 제10권 1호(2010); 박태기, 「미국의 대북 핵정책과 6자회담에 관한 연구: 부시 행정부를 중심으로」, 대진대 석사학위 논문, 2007; 이상현, 「2011년 미국의 대북정책과 6자회담 전망」, 《나라경제》 제13권(2011. 1); 이명건, 「미국의 대북정책에 관한 연구: 북한의 1차, 2차 핵실험에 대한 정책결정 행위자들의 대응분석 중심으로」, 경남대 석사학위 논문, 2010; 김강년, 「북한의 핵실험과 미국의 한반도정책」, 《동북아연구》 제21권 2호(2006); 박인성, 「제2차 북핵 위기 이후 미국의 대북정책: 부시 행정부의 대북한 강경정책의 전환을 중심으로」, 연세대 석사학위 논문, 2009; 박홍석, 「미국의 경제 제재와 중국의 역할」, 《통일전략》 제12권 4호(2012), 한국통일전략학회; 박용구, 「탈냉전기 외국의 대북한 정책에 관한 연구」, 고려대 석사학위 논문, 2013; 박형종 외 「북한 3차 핵실험 이후 미국의 대북정책 논의 동향」, 통일연구원, 2013.

23) North Korea's Nuclear Weapons, CRS Report RL33590; Congressional Research Service, North Korea's Provocative Actions 1950-2007. updated Apr. 20. 2007; North Korea Proliferations Issue, Arms Control Association.

24) Congressional Research Service, North Korea: Economic Sanctions, updated Oct. 17. 2006; US extend North Korea sanctions amid tensions, Worldnews.com.

대에 부딪혀 중단하였다.[25]

　미국은 2002년 후반 중국·북한·일본·한국·러시아와 6자회담을 시작하였다. 미국은 6자회담 틀에서 북한과 합의하여 핵무기를 제조하는 시설인 영변발전소의 폐쇄를 결정하였다. 2007년과 2008년의 이 협정은 미국이 북한을 적국을 제재하는 조항에서 해제하는 대신 북한이 플루토늄 핵 생산을 금지하는 것이었는데, 북한은 지키지 않았다. 이 협정은 2008년 7월 10~12일 6자회의에서 합의한 것인데, 북한이 따르지 않아 6자회담은 중단되었다.[26][27]

　2009년 한국과 미국은 합동으로 전략적 인내(Strategic Patience) 정책을 채택했는데, 그 내용은 ① 6자회담 문호를 열어놓으면서 북한이 불가역적인 비핵화 보장을 할 때까지는 새로운 6자회담을 개최하지 않는다. ② 6자회담은 남북의 비핵화와 관계 개선 회담이 선행되어야 한다. ③ 중국은 북한에 전략적 조치를 계속해야 한다. ④ 평양이 도전하면 북한 제재를 강화하고, 군사연습을 계속한다는 것이다. 이 방침은 한국 정부가 요청하여 이루어진 것이지만[28] 수동적인 정책이라고도 할 수 있고, 이로써 북한의 핵 확산을 용인하는 결과를 가져왔다. 미국은 이에 반대를 많이 했지만 좌파정권의 햇볕정책으로 북한의 우라늄 농축을 성공하게 하는 결과를 가져왔다. 중국의 의도적인 태만과 북한의 시간끌기로 북한의 핵 문제는 최악의 상태가 되었다.

　이명박 정부가 들어서자 북한은 2009년에 장거리 로켓미사일을 발사하고, 연평해전을 일으켜 함선을 침몰시키고, 천안함을 폭침하고, 연평도에 폭격까지 하였다. 이에 이명박 정부는 보복하려고 했으나 미국 정부가 억제하였다. 박근혜 정부는 한반도 신뢰 프로세스를 발표하여 북한에 압력을 가하였다.[29] 박근혜

25) Congressional Research Service, U. S. and South Korean Cooperation in the World Nuclear Energy Market: Major Policy Considerations, June 25. 2013; B. Klingner, North Korean Missile Launch Challenges U. S. foreign Policy, Issue Brief#3795 Asia and Pacific, Dec. 6. 2012.

26) 핵무기 정책 해결책으로는 D. Orcutt, Carrot, Stick, or Sledgehammer: US Policy Options for North Korea Nuclear Weapons, INSS Occasional Paper 56. USAF Academy Colorado, Aug. 2004.

27) Arms Control Association, Recommendations for U. S. Korean Policy, Arms Control Today, May 2003.

28) Sun Shine Policy에 따른 대응으로 이루어진 것이다. 김광수, 「미국의 대북한 제재 완화 정책과 남북한의 관계: 한반도의 주변 정세 변화와 그 대응」, 《통일로》 5(1989), 안보문제연구원.

29) Park Geun-Hye, "A New Kind of Korea", Foreign Affairs, Sep./Oct. 2011.

정부의 정책은 강·온 양면에 걸친 대북 외교 전략이다. 미국은 박근혜 정부의 정책에 동조하여 대북정책을 수정할 것처럼 보였다.[30]

북한은 장거리미사일을 개발하여 이란 등에 수출하고, 미국 달러를 위조하여 유통시키며, 마약 제조와 밀수, 살상무기 수출, 화학·생물 병기를 생산하여 국제 질서를 마비시키고 있다. 이에 미국이 제재했으나 큰 성과는 거두지 못했다.[31] 미국 내의 강경파는 이제 당근이나 채찍이 아니라 철퇴를 가해야 한다고 강조한다. 오바마 정부의 대북정책도 별 호평을 받지 못했다.[32] 그것은 북한 제재가 이란보다 약하다는 점이다. 특히 북한의 테러정책에 대한 비판이 강하다.[33] 오바마의 외교정책이 표류한다고도 보고, 북한과 직접 대화하는 정책이 북한을 오판하게 한다고 비판한다.[34]

오바마의 대북정책은 안보와 외교만이 아니라 인권에서도 그 범위를 넓혀가므로 효과는 있을 것으로 본다.[35] 오바마는 또 북한에 경제 제재를 계속해왔다. 2014년 7월 미국 하원은 강경한 대북 제재법을 통과시킨 바 있다. 오바마는 한국의 북한정책에 동의한다. 중국도 북한의 존재를 긍정하고, 미국은 군사력을

30) State of Department, "Joint Statement Adopted at the United States-Republic of Korea Foreign Minister's Meeting", Apr. 3. 2013; Shin/Straub/Lee, *Tailored Engagement, Toward an Effective and Sustainable Inter-Korean Relations Policy*, 2014; P. Haenle, Time to Reopen Talks with North Korea, Carnegie-Tsinghua Center for Global Policy, Oct. 9. 2013.

31) 제재에 대해서는 B. Klingner, Time to Get North Korean Sanctions Right, The Heritage Foundation, Backgrounder No. 2850. Nov. 4. 2013 참조.

32) C. K. Quinones, The Obama Administration's North Korea Policy, Global Communications Platform, Sep. 28. 2009.

33) D. Halpin, "Obama Letter Contradicts State Department's North Korean Terrorism Time Line", USKI Policy Brief, 2013; Lewis/Cardin, "A More effective US Policy on North Korea", Eastasiaforum 3. Mar. 2010; Kang/Cha, "Think Again North Korea", Foreign Policy, 2013. 3. 25; S. Snyder, "US Policy toward North Korea", *SERI Quarterly*, Jan. 2013; J. Kelly, No artificial talks with North Korea, BBC, 20 Apr. 2013; Shin/Straub, "Obama South Korea's President Park must agree on North Korea Policy", May 7. 2013; The International Committee on North Korea, "U. S. policy towards North Korea", Feb. 2014; Ted G. Carpenter, Producing China to Press North Korea: How U. S. policy Should Change, Asp, May 8. 2013.

34) M. Hart-Landsberg, *Korea: Division, Reunification & US Policy*, 1998; D. Plunk, For the U. S., A New Policy for Korean Reunification, Sep. 19, 1990.

35) 김정구, 「북한 인권문제와 미국의 대북 인권정책: 북한 인권 침해 주범은 미국이다」, 《통일한국》 제23권 7호(2005. 5).

사용하지 않을 것으로 보아 현재의 정책은 계속되리라고 본다. 미국은 채찍이나 철퇴 대신 원조정책으로 달래기를 시도했으나 실패하였다.[36] 이에 학자들은 더 강경한 대북정책을 펴라고 주장하고 있다.[37] 북한은 2016년 1월에 소위 수소폭탄을 실험하여 미국과 약속을 어겼기에 미국은 유엔 결의에 따라 한국과 함께 북한을 제재[38]하며, 2017년에는 한국에 사드(THAAD, 고고도미사일방어체계)를 배치하여 북한을 제재하기로 하였다. 트럼프는 북한의 핵문제를 대화로 해결하기를 바랐지만 더 강경한 대응책을 쓸 가능성이 많아지고 있다.

6. 미국의 한반도 통일정책[39]

36) Manyin/Nikitin, Foreign Assistance to North Korea, Congressional Research Service, Apr. 2. 2014; M. Chung, U. S. policy toward the Korean Peninsula Unification: A Cross Cultural Perspective, USWC Class, 06. 2009.

37) K. Quinones, "Dealing with Pyongyang: In Search of More Effective Strategy", *International Journal of Korean Unification Studies*, Vol. 14, No. 5, 2005, pp. 1-30. 2016년 상황은 CRS, U. S.-South Korea Relations, Apr. 26. 2016, pp. 1-4; Mullen/Nunn/Mount, *A Sharper Choice on North Korea*, Council on Foreign Relations Independent Task Force report, No. 74, 2016.

38) "북한 경제 제제 UNDP가 북한에 대량 원조 잠정 중단", 나무위키, 2016. 12. 3; "북한 핵실험과 정부 대응과 국제 제재", Chinknew, 2016. 9. 14; you Tubeked, "세계와 우리 북한 비핵화 흔드는 미·러 핵경쟁", 《세계일보》, 2016. 12. 29; 데이비드 스트라우브 인터뷰, "트럼프 북한 핵 보유국 인정 안해: 오히려 북 압박할 것", 《세계일보》, 2017. 1. 3; "트럼프 대북 강공 드라이브, 미 안보 3인방, 북핵 전략 인내→초강경 압박 대전환 예고", 《동아일보》, 2017. 1. 4; "주먹진 틸러슨, 북은 적… 미중관계 북핵에 달렸다", 《조선일보》, 2017. 1. 13; 조지프 디트라니, "美국민은 트럼프에게 北 ICBM 막기 위한 '행동'을 요구한다", 《동아일보》, 2017. 2. 6.

39) S. Evans, How might Donald Trump deal with North Korea's Kim Jong-un?, BBC News, Nov. 11. 2016; Center for Strategic and International Studies, A Bluepoint for U. S. policy toward a United Korea, CSLS Working Group Report, August 2002; Sullivan/Foss(eds.), *Two Korea-One Future?*, 1987; Speakman/Lee(eds.), *The Prospects for Korean Reunification*, 1993; N. Eberstadt, *Korea Approaches Reunification*, 1995; Wolf/Akramov, *North Korea Paradoxes, Circumstances, Costs, and Consequences of Korean Unification*, Rand National Defence Research Institute, 2005; E. Olsen, *US Policy and Two Koreas*, 1988; P. M. Lewis, "U. S. Foreign Policy toward the Korean Peninsula: An Anti-Unification Policy or Just Too Many Uncertainties of Account For?", *International Journal of Korea Unification Studies*, Dec. 2007, Vol. 16, No. 2; Klingner, Sanctions An Important Component of US North Korea Policy, North Korea and National Security and Defense, May 3. 2010. Heritage Foundation; Noland et al, Modelling Korean Unification, July 1999; Korean Reunification(3): DPRK Sovereignty is a Sino-Russian Fig-Leaf to Slow Unification and Check US Power, Jan. 27. 2013; R. Kelly, USC-CSIS Conference on Korean Unification(2): One Country, Two Systems will not happen, Jan. 22. 2013; Young-Jin Kim, Obama to support Seoul's N. Korea engagement policy, National Brief. Nov. 13. 2013; CSIS/

미국의 한반도 통일정책은 ① 한국의 통일이 미국의 경제 이익을 증진하는 데 효과적일 것인가 ② 미국의 정치적 이익을 증진하는 데 효과적일 것인가 ③ 미국의 군사적 이익을 증진하는 데 효과적일 것인가에 따라 달라질 것이다.[40]

미국 학자들은 한국의 통일은 4가지 시나리오를 따를 것이라고 본다. 첫째는 북한멸망설이다. 북한은 정권의 정통성과 경제적 자립성이 없으므로 곧 멸망하고, 한국이 이를 흡수한다는 것이다. 둘째는 흡수통일설이다. 경제적으로 우월한 남한이 서독식으로 북한을 설득하여 흡수통일한다는 것이다. 셋째는 무력통일설이다. 북한이 군사적으로 남침을 하거나 전쟁이 일어나 통일한다는 것이다. 넷째는 협상통일설이다. 남북이 정치적으로 협상하여 연방제나 일국양제 방식으로 통합한다는 것이다.[41][42]

미국은 지금까지 군사적 방법으로 하는 통일을 반대하였다. 군사 행동은 중국과 러시아를 자극하여 열전 위험이 있다고 보아서다. 또 전쟁은 동맹국인 남한과 일본의 안전을 위협할 것이라는 두려움도 있다. 일반적으로 미국은 한국의

UCS, Approaching Korean Unification, Dec. 2010; CSIS/UCS, Korea Project 2011: Planning for the Long Time; CSIS/UCS, Korea Project 2013: Planning for the Long Time; S. Harrison, *Korean Endgame: a Strategy for Reunification and U. S. Disengagement*, 2002; J. L. Fukua, *Korean Unification: Inevitable Challenges*, 2011; Kwak et al, *Korean Unification Vision and Peace Building in Northeast Asia*, 2013; Kwak, "One Korea Unification, Vision through Neutralization", 2010; W. Stankiewicz, "Current Prospects of Korean Reunification against the Background of Interstate Relations", *International Studies*, Vol. 14, No. 1, 2013; Noland, et al, The Cost and Benefits of Korean Unification; Oberdorfer/Carlin, *The two Koreas*, 이종길·양은미 옮김, 『두 개의 한국』, 2014; M. Martin, U. S. Involvement in Korean Unification: Unilateral vs. Multilateral Engagement, University of Minnesota, May 9. 2011; 김형곤, 「한국의 통일과 미국의 대한반도 정책에 관한 연구」, 전남대 석사학위 논문, 1992; 김태우, 『북핵을 넘어 통일로』, 명인문화사, 2012; 강근형, 「이명박 정부와 미국의 대북정책 그리고 남북관계」, 《평화과학연구》 제9권 2호(2008); 배정호 외, 『미국의 동북아전략과 대북전략, 오바마 행정부 출범 이후 동북아 전략 환경의 변화와 한국의 동북아 4국 통일외교 전략』, 통일연구원, 2010; 하영선, 『21세기 신동맹, 냉전에서 복합으로』, EAI, 2010; 박영호 외, 『미국의 대한국 통일 공공외교 실태』, 통일연구원, 2012; Hassig & Oh, 「한국통일과 미국」, 배정호 편, 『한반도 통일과 동북아 4국의 입장 및 역할』, 2011.

40) M. Martin, US Involvement in Korean Reunification, 2011, pp. 19-38; D. Coghlan, *Prospect From Korean Reunification U. S. Government*, 2008.

41) Pollack/Lee, *Preparing for Korean Reunification: Scenarios and Implications*, Rand Cooperations, 1999; CSIS Working Group Report, a blueprint for U.S. Policy toward a unified Korea, Aug. 2002.

42) Lee Chae-Jin, *A Troubled Peace: US policy and the Two Koreas*, 2006, NSC 170/1.

통일에 소극적이라는 주장을 많이 한다. 미국은 1953년 아이젠하워 행정부에서 한국정책을 결정했는데, ① 북한을 봉쇄한다. ② 한·미 간에 유대를 강화하고, 한반도의 긴장을 완화하며, 남북 대화와 통일을 지지한다는 것이었다.[43]

빅터 차는 역사적 방식으로 한국의 통일정책을 5기로 나누었는데, 미국의 한반도 통일전략 시기도 대동소이하다. 이를 나눠보면 ① 무력통일정책 시기: 승자가 모든 것을 독식하는 방식으로 김일성·이승만·박정희가 주장하였다. 이때 미국은 이들의 정책을 지지하였다. ② 독일식 흡수통일정책 시기: 일종의 경착륙(hard landing) 이론으로 1997년의 경제 위기 때까지 주류를 이룬 정책이다. ③ 햇볕정책 시기: 김대중의 방식으로 북한을 변화시켜 통일하자는 일종의 연착륙(soft landing) 정책이다. ④ 실용정책 시기: 통일은 돈이 많이 들며 위험하다고 생각한 이명박 정부는 언제 닥칠지 모를 통일에 대비하자며 통일 비용과 기금을 구상하였다. ⑤ 신뢰정책 시기: 드레스덴 구상으로 박근혜 정부는 통일은 대박이라면서 승자독식이 아닌 장기적인 통일[44]을 구상했는데 미국은 이를 지지하였다.

세계대전 후 미국은 한반도의 통일을 소련과 합의하여 하려고 노력하였다. 한국전쟁 당시 미국은 맥아더의 북진통일정책에 따라 1950년 10월 북한으로 진격하였다. 그러나 중공군이 참전하여 무력통일 계획은 무참하게 끝나버렸다. 그뒤 미국은 이승만 정권의 북진통일론을 반대하며 한반도의 평화와 경제발전에 노력해왔다. 박정희 대통령의 7·4남북공동성명에도 반대하지 않았고, 북한의 조속한 멸망을 유도하며 현상을 유지하는 데 동의하였다. 김대중 정부의 햇볕정책에 대해서도 별다른 반대를 하지 않았고, 노무현 정부의 자주국방 노력에는 회의적이었으나 북한과 평화를 유지하는 정책에는 협조하여 미군 축소도 단행하였다.[45]

---

43) P. M. Lewis, US Foreign Policy toward the Korean Peninsula: An Anti-Unification Policy or Just Too Many Uncertainties to Account For?, *International Journal of Korean Unification Studies*, Vol. 16, No. 2, 2007, pp. 79-108; 미국 육군사관학교에서는 ① Status Quo ② Collapse to be absorbed를 중심으로 연구하고 있다. Chung, *US policy toward The Korean Peninsula Unification*, 2009에서도 이를 인용하였다.

44) Victor Cha, Five Theories of Korean Unification, July 23. 2014(Joong Ang Daily).

45) D. Plunk, For the U. S., A New Policy for Korean Reunification. 미국은 노무현 정부의 대북정책에 협조하여 북한에 지원책을 썼음을 설명하였다. CRS Report to Congress, South Korea: Sunshine Policy and it's political context, Feb. 2001.

그러나 북한은 핵포기정책을 이행하지 않아 한국의 햇볕정책은 난관에 봉착하였다.[46] 2006년 북한이 핵미사일 실험을 하여 한국은 북한에 인도적 지원을 중단하였다. 이에 미국은 한국의 통일은 독일식 흡수통합 방식을 채택한 것 같다. 그러나 군사적 통일정책을 추구하지는 않았다. 미국은 공식적으로는 "자유민주주의와 시장경제원칙에 입각한 평화통일을 건설하는 것이 미국의 목표"[47][48]라고 한다. 만약에 북한이 무력으로 통일하려고 전쟁을 일으키면 미국은 우리를 도와 북한과 싸우고 점령하여 대한민국의 통일을 지원할 것이다. 북한에 급변사태가 일어나면 미국은 북한의 대량살상무기를 초기에 확보하려고 노력할 것이고, 중국의 개입을 막아 대한민국에 의한 통일을 지원할 것이다. 그러나 미국이 능동적으로 한반도의 통일을 위하여 노력할지는 알 수 없다. 현재 미국의 관심은 미·일·호주가 동맹하여 중국의 남중국해 진출을 저지하여 중국의 세력 확장을 막는 데 주력할 것으로 보인다. 또 한국이 경제적으로 중국으로 기우는 것을 예방하고, 한·미·일 공조를 유지하는 데 힘쓸 것으로 보인다. 미국의 여론은 한국의 통일을 위한 전쟁 개입에는 회의적이다.[49]

한국도 박근혜 정부 출범 이후 통일정책에 변화가 있었다.[50] 오바마 행정부도 한국의 통일정책에 대해서는 박근혜 정부의 신뢰정책을 지지하였다. 제임스 스타인버그 전 차관은 서울 국제회의에서 오바마 행정부가 한국의 통일정책을 지지함을 밝혔다.[51] 오바마 대통령은 한·미정상회담에서 한국의 통일정책을 찬성하였다. 그러나 이 드레스덴에서 발표한 신뢰정책에는 북한이 흡수통일정책이라고 반대하며, 연방제 통일을 주장하고 있다.

---

46) BBC, Sunset for Korean Sunshine Policy?, Mar. 28. 2008.

47) The White House, Joint Vision for the Alliance of the United States of America and the Republic of Korea, June 16. 2009.

48) Olsen은 미국이 한반도 통일 연구가 부족하다며 통일연구센터와 같은 것을 설립하자고 주장하였다. E. Olsen, U. S. planning towards Korean Unification: A New Approach, *International Journal of Korean Unification Studies*, Vol. 14, No. 1, 2005, pp. 97-112.

49) 제4회 AIPS심포지엄, 2010 한국인이 보는 미국과 미국인이 보는 한국, 2011. 9. 4.

50) S. Kim, Is South Korea Ready for Reunification? *International Relations* Studies, June 24. 2013; S. Snyder, North Korea's Test of Trustpolitik, Council on Foreign Relations, Asia Unbound, Jan. 31. 2014.

51) Yeong-Jin Kim, Obama to Support Seoul's N. Korea Engagement Policy, 2012. 11. 13.

로버트 켈리 교수는 중국측이 제창하는 일국양제(一國兩制) 원칙에 반대하고, 한국의 통일이 대박이 되려면 즉시 통일이 필요하다고 강조하였다. 그 방법으로는 독일식 통일을 주창하였다.[52] 그러나 그 실현은 독일과 달리 훨씬 어려울 것으로 보는데, 그 이유는 ① 북한이 동독보다 경제력이 약하며 ② 한국은 서독과 달리 그 많은 통일 비용을 감당하기가 어려울 것이며 ③ 독일이 통일할 때 미국이 유럽에서 가졌던 우위를 아시아에서는 인정하지 않기 때문이라고 한다. 그는 장기적인 통일은 한국에 위험하고 경비가 너무 많이 든다고 경고하면서, 갑작스러운 통일은 북한의 붕괴를 전제해야 하는 것으로 합의통일보다는 비용이 덜 들 것으로 보고 있다.

미국은 중국이 한국 통일에 중요한 역할을 할 것으로 기대한다.[53] 미국은 북한의 비핵화를 요구하며, 중국의 한반도 통일정책이 자국과 다름을 우려한다.[54] 상원 공화당 원내교섭단체는 중국은 미군이 38선 이북에 주둔하는 것을 원하지 않으며, 지역 안정을 유지하는 데 불과하다고 보아 한반도 통일을 거부할 수 있다고 본다. 미국과 일본은 한국이 중국과 가까워질까봐 걱정하는데, 한국은 미국과 동맹을 강화하는 데 더욱 노력해야 할 것이다. 결론적으로 미국은 북한의 붕괴와 변화를 기다리며 과감한 통일정책은 피하는 것 같다. 트럼프 정부는 '미국 우선주의'(America First)를 내걸어 외교정책이 많이 바뀔 것으로 보이며, 중국과 긴장관계가 고조될까 우려된다. 그러나 그의 각료들을 볼 때 미국의 한반도 통일정책은 크게 달라지지 않을 것 같으나[55] 새로 들어설 한국 정부의 태도

---

52) Robert Kelly, USC/USIS Conference on Korean Unification(2), Feb. 2013; Robert Kelly, China's mendacious manipulation of Korean Unification, Business Spectator, 10. Oct. 2014; The New York Times, Is Peaceful Korean Unification Possible?, The Editorial Board, Dec. 11. 2014; J. Harte, Development a Law and Global Governance Approach to Korean, Unification and Inter-Korean Relations. Inter-Korean Relations and the Unification Process in Regional and Global Contexts, KINU & Columbia Law School, 2015.

53) A Minority Staff Report for the US Senate, China's Impact on Korean Peninsula Unification and Questions for Senate, Dec. 11. 2012.

54) 소련인인 란코브는 한반도 통일을 바라는 주변국은 없으며, 미국만이 그래도 반대하지 않는다고 보았다. A. Lankov, The dream of a Korean unification, Aljazeera, Nov. 15. 2014.

55) Republican Platform 2016; Wikipedia, Political Positions of Donald Trump, 2016; The New York Times, Transcript: Donald Trump Expounds on His Foreign Policy Views, Mar. 26. 2016; GOP

에 따라 달라질 것이다.[56] 만일 우리가 중국의 아시아팽창정책에 끌려가면 미국과의 동맹관계에 균열이 올지도 모를 위기에 처하게 될 것이다.[57]

제2절. 일본의 한반도 정책

1. 일본의 한반도 강점과 역사 문제에 따른 갈등 관계

한일관계는 역사 왜곡부터 시작하여 외국에 의한 한반도 침탈과 한반도의 역사·문물 왜곡 등 역사적 논쟁이 심화되고 있다.[58] 특히 일본은 한국을 강점한 후 한국의 문화를 말살하고 역사를 조작하여 내선일체론을 전파하기도 하였다.[59] 일본은 미·일수교에 따라 서양 문물을 도입한 뒤 군사국가가 되어 대한제국을 멸망시키고 36년간 통치하였다. 일본은 식민지였던 한국인을 전쟁에 징발·징용하여 연합군의 적으로 만들었다.[60]

일본은 항복한 후에도 미국이 한국에 늦게 들어오는 바람에 행정권을 행사하면서 문화재를 약탈해갔고, 범죄 기록을 은폐하는 만행을 저질렀다. 한국의 분단은 일본이 벌인 제2차 세계대전의 결과임에도 반성하지 않는다. 대한민국 초대 대통령 이승만은 반일정책을 썼으나 친일파를 숙청하는 데는 소극적이었다. 1949년 1월 17일 이승만 대통령은 대마도를 반환하라고 요구하기도 하였다.

일본을 점령한 미군정은 일본의 전범을 처벌했으나, 일본을 민주화시켜 냉전에 이용하려고 유화정책을 썼다. 1950년 6월 25일 북한이 남침하자 미군은 참전

Foreign Policy Experts: Trump Presidency Would Be 'Ruinous' For U. S.-Asia Relations, Aug. 16. 2016; Donald Trump on Foreign Policy, 2016, OnTheIssues, http://www.ontheissues.org/2016.

56) 《아트란틱》은 트럼프 외교정책에 덕을 볼 지도자 5명을 꼽으면서 김정은을 들었다. 5 World Leaders Who might Benefit from a Trump Presidency The Artantic Nov. 9. 2016.

57) 플린, "한미동맹 강력, 긍정적으로 발전?, 《조선일보》, 2017. 1. 23.

58) 일본은 『고사기』에서부터 한국을 정벌했다고 허위로 기록하였다.

59) 일본 사학자를 동원한 한국 역사 개조는 한국에서는 식민지사관으로 변하였다. 일제의 한국문화 말살정책과 일본의 한국 종주국론은 한국사 교과서와 조선총독부 기록 문서 참조.

60) 일본의 한반도 침략은 『민족백과대사전』, 『국사대사전』 등과 주한 미군사령관 하지 장군의 어록 참조.

을 결정하고 일본을 군수기지로 삼아 일본의 산업을 부흥시켰다. 그 결과 일본은 패전국가에서 빨리 경제를 부흥시켜 군사대국으로 변전하게 되었다.[61]

1952년 이승만 대통령은 이승만라인을 선포한 뒤 일본 어선을 많이 납치하고, 독도 방위를 강화하였다. 1965년에는 박정희 정권과 일본 자민당 정권이 합의하여 한일기본조약(일본국과 대한국의 기본관계 조약)을 맺고 국교를 정상화시켰다. 이와 함께 청구권협정을 체결하고 일본은 한국에 유·무상으로 5억 달러를 지불했는데, 일본은 배상금이 아니라 경제협력금이라고 하였다.[62] 그런데 일본은 이 무상 3억 달러로 그동안 한국에 불법행위를 한 것에 대한 배상권과 재산상 청구권, 위자료 지불 청구권을 완전히 해결했다고 주장하여 아직도 논쟁을 하고 있다.

일본은 한국을 한반도에서 유일한 합법 정부로 인정하고, 1966년 3월 24일에는 한일무역협정을 체결하였다. 이로써 정치·경제관계가 좋아지고, 양국 간의 경제·외교에 기여한 바가 크다.[63] 그동안 1998년 10월 8일에는 한·일공동성명을 체결하고, 2002년에는 월드컵축구대회(FIFA World Cup)를 공동으로 개최하고, 2004년부터는 일본 문화 상영 등을 허용하여 한국과 일본의 국민감정은 좋아졌다. 또 한류바람이 불고, 한국과 일본 사이에 방문자도 늘어 이 기간 일본인이 한국에 갖는 호감도는 70%에 달하였다.

그러나 2013년 자유민주당의 아베 총리가 등장하면서 전범국가 지위를 망각하고 국수주의로 나가며 호전적 정책을 전개하기 시작하였다. 그는 세계 각국 의회가 요구하는 위안부 사죄 문제를 거부하고, 과거 고노담화를 취소하려 하고, 독도영유권을 강력히 주장하였다.[64] 또 북한과 교섭하여 한국의 이익을 침해하려

---

61) 고영자, 「6·25전쟁과 전후 일본: 미점령기의 강화문제와 독립회복」, 경희대 박사학위 논문, 2010; 오충근, 「미국의 일본중시 정책과 한반도 분단의 고정(中): (大)를 위한 (小)의 희생」, 《외교》 37집(1996. 3); 日本外務省 情報部 パンフレット, 朝鮮の動亂とわれらの立場, 1959. 8. 19. 明治大學, 朝鮮戰爭と 日本, Takane Lecture 참조.

62) 한·일 국교 정상화에 대해서는 한국 학생들의 반대가 많았고, 金·太平 메모에 의한 이면합의가 문제되었다. 일본에 대한 배상청구권은 소멸되지 않았다는 대한민국 헌법재판소 판례가 있다.

63) 일본의 아세아 외교는 小倉和夫, 『日本のアジア外交二千年の系譜』, 2013/2; 『日本外交史』, 全6卷, 岩波書店, 2012. 특히 제4권 참조; 外務省 發行, 外交專門誌 《外交》; 星山隆, 『21世紀 日本外交の課題』, 2008; 田中明彦, 日本の東アジア外交戰略, 2010 참조.

64) 일본의 독도영유권 주장은 잘못임이 한국 문헌에서 드러나고 있다. 일본 주장은 Wikipedia, 竹島問題外交交渉史; 酒井一臣, 『近代日本外交とアジア太平洋秩序』, 2009 참조.

고 한다. 국민들의 혐한활동을 묵인하거나 장려하여 일본인의 국민감정을 나쁘게 만들어 반한감정이 70%에 달할 정도로 역전 현상을 가져왔다. 이에 대한민국에서는 이명박 대통령이 독도를 방문하여 영유권을 강조하고, 박근혜 대통령은 위안부 문제에 사과를 요청하며 과거 정례화했던 양국 정상회담도 거부하게 되었다. 한일관계가 나빠지자 양국의 경제적·인적 교류도 격감하고, 한국민의 일본감정도 나빠지고 있다. 미국이 주선하여 한일정상회담이 이루어졌다.

한일관계가 이렇게 나빠진 것은 한국에 대한 일본인의 우월사상과 한국인에 대한 멸시정책, 혐한활동 때문이다. 과거 양 정부는 역사교과서를 공동으로 편찬하여 선린관계를 유지하려 노력하고, 문화 교류와 수학여행 등으로 국민 간 친선을 도모하려고 하였다. 한국과 일본의 관계는 앞으로 더 개선해야 하며, 양국 정상회담으로 외교도 복원하고 있다.[65] 한국과 일본은 위안부 문제에 합의하여 일본이 10억 엔을 주었으나 소녀상 문제로 경제와 외교에도 금이 가고 있다. 한국 정부는 국가의 안보를 위해서 일본과 선린관계를 계속해야 한다.

2. 일본의 한반도 안보정책

일본의 한반도 안보정책은 미국의 안보정책에 근거한다. 일본과 미국의 방위협정은 1945년 제2차 세계대전 후의 점령정책에서 기인하였다.[66] 미국이 일본을 점령하고 있을 때 한국전쟁이 일어나 미국이 일본을 군사기지로 이용하여 일본의 경제를 부흥시켰다는 것은 이미 전술한 바 있다.[67]

---

65) 존 켈리·이기준, "다시 시작된 고래싸움: 미국과 중국의 신냉전체제에 대응하려면 한일관계 개선이 필요하다", 《뉴스위크 한국판》, 2013.

66) 이종국, 「아베, 미·일동맹으로 대중국 강경 대응 발맞추기」, 《자유마당》 2017. 2, pp. 20-23; 정재정, 「일본의 신방위정책이 한국 안보에 미치는 영향」, 전남대 석사학위 논문, 2005; Olsen, Global Peace Leadership Conference Explores Effective Models for Japan and Northeast Asia, June 2012, Global Peace Foundation; N. Chitaia, Rebalancing Japan and South Korea, U. S. News World Report, Aug. 29. 2014; C. H, Park, Japan - South Korea Relations, The Asan Forum, Feb. 21. 2014. Comment by H. Kurita; Chanlett-Avery/Reinhart, The U. S.-Japan Alliance, Congressional Research Service, Dec. 12. 2013; Chanlett-Avery/Reinhart, The U. S. Military Presence in Okinawa and the Futenma Base Controversy, Congressional Research Service, Aug. 14. 2014.

67) 미일안보조약 관련 연표는 日米安保關連略年表リンク集. 1960年 日米安全保障條約, 日米地位協定, 外務省 關連文書 참조.

일본은 1951년 미국과 상호방위조약을 체결하고, 9월 8일에는 샌프란시스코에서 미일강화조약을 체결하였다. 1947년 3월 19일 강화조약에서는 일본은 한국과 한국 연안부 도서의 주권을 방기하여 한국에 양여하기로 했는데, 여기서 독도는 당연히 포함하는 것으로 기재되어 있다. 이승만 정부는 1951년 7월 10일 맥아더 라인은 강화조약 조인 후에도 유효해야 한다고 요구했으나 받아들여지지 않았다.

샌프란시스코 조약 후 1952년 1월 18일 이승만 대통령은 이승만라인을 선언하고, 어업수역에서 일본 어선을 나포하기 시작하였다. 일본은 이승만라인 선언 10일 뒤인 1월 28일 한국에 항의하였다. 미국 정부는 강화조약을 체결한 후에 샌프란시스코 조약 제2조(a)에는 독도를 언급하지 않았다고 하였고, 일본은 이 강화조약을 근거로 독도영유권을 주장하는 것이다. 일본은 1960년에 새 미·일 안전보장조약을 체결하였다.

일본은 북한의 위협에 대해서도 미국과 공조하고 있다. 미국은 일본과 동맹 관계를 평등하게 아세아 안보외교 닻(anchor)으로 생각하고 있다.[68] 일본은 2000년 초부터 미국과 안보관계를 개선하려고 하면서 미군기지를 계속 제공하고 있다. 일본에는 미군이 53,000명 주둔하며, 수많은 기지를 유지하고 있다. 오키나와 시민과 현청은 미군기지 사용을 반대하나, 중앙정부는 원조를 많이 하면서 오키나와 사람들을 달래고 있다. 미국 해군을 괌이나 다른 곳으로 옮기는 문제는 아직 확정하지 않았다.

아베 정부는 미국과의 동맹을 강력하게 지지하며, 미일상호방위조약을 국내 안보를 유지하는 것만이 아니라 세계의 상호방위로까지 격상하려고 한다. 헌법 제9조 해석을 바꿔[69] 미국이 집단안보 조치를 요청하면 한국이나 북한에까지 들어가려고 한다. 특히 한국에 대해서는 A급전범을 제사하는 야스쿠니신사를 참배하고, 성노예제도까지 부정하며 안보를 불안하게 할 원인을 만들고 있다.[70]

---

68) 김종주, 「중국과 일본의 군사정책 변화와 한국의 안보에 관한 연구」, 호남대 석사학위 논문, 2007; 이춘근, "한반도 주변의 신냉전 질서 구조와 우리의 대응", 네이버 블로그(2012. 11); 김국신 외, 『미일 동맹강화에 따른 동북아 정세 변화와 한국의 안보정책 대응전략』, 통일연구원, 2007.

69) W. Blum, Shinzo Abe's Reinterpretation of the Japanese Constitution, *Foreign Policy Journal*, July 15, 2014.

70) 海江田万里, 安培政權は東アジアの 不安定要因, 産經ニュース, 2014. 4. 9. ブルッキング研究所 講演.

한국과 중국은 이에 반대하지만 미국은 한반도 안보를 위하여 미국과 일본, 한국의 3각 안보동맹이 필요하다고 역설하고 있다. 2012년에는 한국과 일본의 정보공유협정을 논의하고, 군사공동훈련을 하기도 했다. 트럼프 정권의 양보정책이 미국 우선주의와 실리주의에 빠져 미사일방어체계(MD)와 사드(THAAD, 고고도미사일방어체계)를 가동하면 부담금이 늘 수도 있다.[71] 2016년 11월에는 한국과 일본이 군사정보공유협정을 체결하였다.

3. 일본의 한국 경제정책

일본은 1960년대 이래 한국의 경제가 발전하는 데 큰 기여를 하였다. 1965~97년 한국의 경제성장 모델은 일본이었고, 한국과 일본의 경제관계는 거의 수직적이었다. 1956년 경제 규모를 보면 일본은 910억 달러인데(세계 5위), 한국은 30억 달러(세계 43위)로 일본의 30분의 1에 불과하였다. 1956년 6월 한일기본조약과 청구권, 경제협력협정을 체결한 뒤 일본은 한국에 무상 3억 달러와 유상(정부차관) 2억 달러를 주었다. 한국은 이를 밑천으로 포항제철과 경부고속도로, 소양강댐을 건설하였다. 일본이 한국에 배상과 경제 협력한 것은 1998년 누계로 보면 무상자금협력 2억 3천만 달러, 기술협력 9억 1천만 달러, 엔 차관이 36억 달러에 달한다. 한국은 이를 주로 인프라를 구축하거나 산업을 키우는 데 썼다.

한국이 일본으로 수출한 것은 1965년에는 4,131만 달러였으나, 1990년에는 126억 달러에 달하였다. 반면 일본에서 수입한 것은 1965년에는 1억 8천만 달러였는데, 1990년에는 186억 달러로 늘었다. 일본의 무역에서 한국의 비중은 1965년에는 수입의 0.5%, 수출의 2%로 극히 적었다. 그러던 것이 한국의 경제가 성장함에 따라 1990년대에는 수입의 5%(5위), 수출의 6%(3위)를 차지하여 중요한 무역상대국이 되었다. 1994년 일본은 1,441억 달러 무역흑자를 냈고, 한국은 35억 달러 무역적자를 유지하였다.[72] 한국의 경제성장은 일본과 미국에 의존한 점이 많았다.

---

71) 트럼프는 일본과 EU에 방위비를 더 부담하라고 요구하며 무역수지를 정상화하고, 엔 가격을 재평가한다고 하여 일본에 압력을 가하고 있다. 또 TPP에서 탈퇴하였다.

72) 佐野孝治, 韓國の成長モデルと日韓經濟關係の變化, 《商學論集》 第93卷 2號(2014. 9); 深川由紀子,

1997년의 아시아 경제 위기 이후 한국 정부는 일본 모델에서 탈출을 꾀하고, 일본보다 앞서 세계적 기준을 채용하였다. 이 수출주도형 모델은 '재벌 주도로 세계적 조달을 통하여 일본에서는 고부가가치, 핵심 자본재, 중간재를 수입하고, 완성품과 중간재는 중국·신흥국·미국·유럽연합(EU)·일본에 수출하는' 성장모델이다. 일본 경제의 정체와 한국 경제의 성장으로 한국과 일본의 경제관계는 수직적 관계에서 수평적 관계로 변하고 있다. 2015년에는 일본의 명목 GDP는 4조 1,232억 달러(세계 3위), 한국은 1조 3,778억 달러(세계 11위)로 일본의 33%가 되었다. 구매력 평가액은 일본이 1인당 38,870달러, 한국은 34,710달러로 일본에 접근하였다.

한국의 대일수출은 1990년 126억 달러에서 2011년에는 397억 달러였다가, 2013년에 347억 달러로 줄었다. 한국의 대일수입은 1990년 186억 달러에서 2011년에는 683억 달러로 늘었고, 그뒤 약간 줄어 600억 달러가 되었다. 일본의 무역에서 한국이 차지하는 비율은 1990년에서 2013년에 걸쳐 수출은 6.0%에서 7.9%로 늘어 3위를 차지하였다. 반면 수입은 5%에서 4.3%로 약간 줄었으나 아직도 6위 국가다. 한국으로서는 일본은 무역적자국이며, 아베 정권의 엔저 정책으로 한국의 원고 현상이 생겨 국제 통상 경쟁은 점점 심화되고 있다.

2013년 한국과 일본 간 무역 총액은 947억 달러였다. 한국과 일본은 서로 3위 무역상대국인데, 한국의 대일적자는 2013년에는 253억 달러가 되었다.[73] 일본 경제계는 그동안 수직관계였던 한국 경제가 수평관계가 되고 경쟁 상대가 된 것에 강한 반감을 가지며, 일본의 반발로 경제 위기를 초래할까 걱정된다. 일본의 혐한활동 때문에 한국의 대일수출이 줄어들며, 한국 경제가 정체될까 우려하고 있다. 일본은 한국에 빌려준 자금과 주식보유고를 자랑하며 한국 경제에 압력을 가할 수단이 있다. 또 중국의 저가공세로 수출이 부진해지고 있다. 일본은 특히 한국 경제가 중국에 의존하면서 자국을 멀리한다고 비판한다. 2017년 미국 우선정책에 따라 한국과 일본은 수출에 지장을 받게 되었고, 일본은 대미무

新政權下における日韓經濟關係の展望, 《世界經濟研究》 第99卷 3號(2013).

73) 外務省 アジア大洋州局 日韓經濟室, 韓國經濟と日韓經濟關係, 2014(平成 26年), 9.

역 문제로, 한국은 FTA 문제로 경제적 부담을 지게 되었다.[74] 한국은 일본과 함께 TTP를 소생시키는 데 노력해야 할 것이다. 소녀상 문제로 외교관계가 나빠져 한국의 일본 경제 의존도에도 문제가 생기고 있다.

4. 일본의 대북한 정책

일본이 패전한 뒤 북한에서는 일본인에게 심한 보복을 하였다. 일본인들은 소비에트러시아군이 진주하자 무장해제되고, 북한 정권이 추방하여 북한에서 재산을 일본으로 가져가기가 어려웠다. 1948년 9월 북한 정권이 성립되고, 1950년 6월 25일 대한민국을 침공한 뒤에는 일본은 미군의 후방기지로 기능하였다. 일본은 샌프란시스코 강화조약으로 독립했으나, 북한을 정부로 인정하지 않았다. 또 북한 로동당은 일본 공산당의 노선을 비판하면서 관계를 끊고, 일본 사회당과 관계를 맺었다.

1959년에는 일본 적십자사가 조총련의 협조로 재일교포 북송사업을 벌여 많은 동포를 북한으로 보냈다. 이 사업은 1960년대 후반에 끝이 났다. 그러나 북송당한 사람들의 처우는 비참하였고, 귀국자의 일본 귀환은 금지했으며, 같이 북송된 일본인 처와 자녀의 일본 귀환이 외교 문제가 되었다. 1972년 동서냉전이 끝난 뒤 일본은 북한과 교역을 하기 시작하였다. 이 시기 북한은 일본인을 납치하여 대한민국에 대한 공작원 교육을 담당하게 하였다.

2002년 9월 고이즈미 수상은 북한을 방문하여 김정일과 정상회담을 하여 북한이 납치한 일본인 일부를 일본으로 송환하였다.[75] 북한의 핵을 평화적으로 해결하고자 관계있는 국가들이 6자회담을 결성했는데 일본도 참여하였다. 그러나 북한이 6자회담 합의를 지키지 않아 교착상태에 빠졌다.[76] 2006년 10월 9일

---

74) "트럼프 TTP 탈퇴, 일 아베노믹스 핵심 무너져 허탈, 미 우선주의 타깃 경계", 《동아일보》, 2017. 1. 25; "트럼프 TTP 탈퇴선언 파장, 당황하는 일 '설득 나설 것', 반색하는 중 'RCEP 본격 추진'", 《세계일보》, 2017. 1. 25.

75) L. Hangström, *North Korea Policy, Japan and Great Powers*, 2007; S. Smith, North Korea in Japan's Strategic Thinking, The Asia Forum, 2013, Oct. 7(Special Forum).

76) H. Ayson, The Six-party Talk Process: Toward a Asian Concert, http://press.anu.edu.au/adsc; Wikipedia, Six-party Talks; P. Zhongying, The Six-party Process, The Brookings Institution, Mar. 2009.

북한이 핵실험을 단행하고, 대포동미사일을 발사하자 2006년 12월 22일 6자회담은 휴회에 들어갔다. 2007년 7월 일본은 납치 문제를 해결할 때까지 경제 원조를 하지 않기로 결정하였다.[77] 일본은 자민당 정권이 물러나고 후쿠다 야수오 수상이 취임하였다. 북한은 약속을 어기고 2009년 4월 5일 대포동 2호 미사일을 발사하였다. 이에 2009년 4월 13일 유엔안전보장이사회는 북한을 규탄하며 북한에 제재를 추가하기로 결정하였다. 일본은 이 유엔안전보장이사회 결의 1797(2006)과 1874(2009)에 따라 제재를 단행하였다.[78]

2005년 경까지 일본과 북한은 계속 경제 교류를 하였다. 일본에 입항하는 북한 선박은 연간 천 수백 척이었고, 일본은 수송과 통신 기기를 북한으로 수출하였다. 북한에서 수입은 수산물 중심이었다. 북한이 핵과 미사일 실험을 한 결과 일본은 자주국방 국가가 되어 군사대국으로 등장하였다. 이외에도 일본은 북한 납북자 문제가 해결되지 않아 독자적으로 제재를 가하였다. 그중에서도 북한 선박이 일본에 출입하는 것을 금지하고, 일본인과 일본영주자에게 북한 출입을 금지하여 북한에 큰 타격을 주었다. 그러나 우경화한 아베 정권은 독자적인 제재를 풀고, 한국을 압박할 하나의 수단으로 북한과 교류를 재개할 움직임을 보이고 있다.[79]

2013년 이후 아베 정권은 북한의 핵과 미사일 위협에 대처한다며 각의에서 평화헌법 조항 해석을 바꿔 군사대국으로 매진하고 있다. 일본은 북한과 2014년 5월 26~28일 스톡홀름에서 국장급회담을 열어, 납북자 조사를 미끼로 독자적으로 해온 북한 제재를 풀고 북한 선박 왕래와 인적 교류를 허용하였다.[80] 일본이 대북정책에 전환을 꾀한 것이 큰 문제가 되었다.

---

77) 일본은 대북 군사방어를 미국에 많이 의존한다. Congressional Research Service, The U. S.-Japan Alliance, Dec. 12. 2013 참조.

78) United Nations Security Council, "Security Council Condemns Democratic People's Republic of Korea's Stellite Launch as a Missiles Technology", Apr. 6. 2012.

79) 일본의 대북 유화카드는 성공하기 힘들다. 북한은 일본에서 납북자 문제는 해결되었다고 보고 경제지원만 바라기 때문이다. R. Kelly, Abenomics is More Dangerous than the North Korean Missile Program, North Korea Duck of Minerva on 2013. 06. 13; 이재봉, 「한·미·일 공조체제의 전망과 문제점: 미국의 대북정책을 중심으로」, 《통일문제논집》 19(1999. 12).

80) 상세한 내용은 제3차 KINU통일포럼, 북·일 스톡홀름 합의와 동북아 정세(2014. 6. 11) 참조.

그 내용을 보면 ① 일본은 과거청산과 현안 문제 해결, 국교를 정상화할 의사를 밝히고, 북·일 간 신뢰를 조성하며 관계 개선을 지향한다. ② 특별조사위원회의 조사 과정에서 인적 왕래 구제 조치, 송금 보고와 휴대 수출 신청 금액과 관련하여 북한에 대한 특별한 규제 조치, 인도주의적 목적으로 북한 국적 선박 일본 입항 금지 등을 해제한다. ③ 적절한 시기에 북한에 인도주의적 지원을 검토한다는 것이다. 이는 국제사회에서 완전히 고립되어 빈사에 빠진 북한을 구하고, 금전적으로 원조하여 경제적으로 착취하려는 의도로 보인다. 이는 한국과 중국이 긴밀하게 경제 협력을 하는 것에 대한 보복 조치로 보이며, 양국 간 장래에 위해를 가할 가능성이 없지 않다.[81] 일본은 2014년 10월 말에 실무대표단을 북한으로 보내 납북자 조사에 협의하고,[82] 2016년 들어서는 북한이 핵과 장거리 발사체를 실험하자 유엔의 제재 결의에 동참할 뿐만 아니라 선박 입항을 금지하는 등 독자 제재도 강화하였다. 이 면에서 한국과 잘 공조하고 있다.

5. 일본의 한반도 통일정책

일본은 한반도를 강제로 점거한 뒤 36년간 식민통치를 하면서 한국민을 일본군으로 징병하여 미·일전쟁에 참전시켰다. 일본은 한반도 분단에 책임이 있다. 일본이 원자폭탄 피폭 전에 항복하였던들 소련이 북한을 점령하는 것은 막을 수 있었을 것이다. 그런데 일본이 늦게 항복하는 바람에 소련군이 북한에 진주할 수 있었다.[83] 그러나 일본은 한국의 분단 책임이 있다는 생각은 별로 안 하

---

81) 이 합의가 북한과 일본의 관계 개선에 얼마나 도움이 될 것인가에 대해서는 빨리 정상화할 수도 있고 장애가 될 수도 있다는 의견이 있다. 그러나 미국이 핵을 포기하지 않는 국교 정상화에는 반대하기에 실현하기는 그리 쉽지 않을 것이다.

82) 이 과정에서 일본은 동맹국인 미국과 적극 협의하지 않았고, 한국에도 비밀로 하여 일본 외교의 신뢰 문제가 등장할 수 있다. 日本は「韓國の後頭部を打つ國」としばしば認識される, ホル韓ニュース速報, 2014. 6. 30; Inoguchi, 「한반도 통일에 대한 일본의 입장과 역할」, 배정호 편, 전게서, 2011.

83) 高吉嬉, 朝鮮半島の分斷と統一問題をめぐる日韓相互認識の隔たり, 《東京大學院教育學研究科紀要》 第37卷(1997), p. 7; 이진원 외, 「일본의 대한국 통일 공공외교 실태」, 통일연구원, 2012; Lee/Okonogi(eds.), *Japan and Korean Unification,* 1999; T. Inoguchi, 「한반도 통일에 대한 일본의 입장과 역할」, 배정호 편, 전게서.

며, 따라서 이들의 한반도 통일에 대한 책임 의식은 약하다고 할 수밖에 없다.

일본 입장에서 한국이 통일하여 강력해지는 것은 바람직하지 않은 시나리오다. 특히 핵으로 무장한 중립화 통일한국에 대한 위기감은 크다. 통일한국이 지금처럼 미국과 일본의 방위 협력 관계에 있기를 바랄 것이다. 또 일본은 중국과 친근한 한국의 통일에 대해서도 반대할 것이다.[84] 똑같이 침략당한 역사를 가진 중국과 한국이 동맹을 맺는다면 일본에 큰 재앙이 될 것이다. 그리하여 일본은 한국의 분단과 미국과의 동맹관계를 유지하기를 바랄 것이다.[85] 이런 점에서 일본의 한반도 통일정책은 미국을 따를 것으로 본다. 일본은 현상유지 정책이 최상이나 북한에 급변사태가 생기면 한반도 통일에 어떻게 대처할지는 확실하지 않다.

미국은 일본이 군사강국이 되는 것을 바라면서 집단방위 체제를 구축하기를 원하는데, 아베 정권이 등장한 후부터 한일관계가 나빠져 오바마 행정부는 일본에 압력을 가하고 있다.[86] 미국은 일본의 독선이 한국과 중국을 방위동맹으로 몰아가지 않을까 걱정하고 있다.

2014년 3월 25일 헤이그에서 열린 핵안보정상회담에서 오바마 대통령은 일본의 아베 총리와 한국의 박근혜 대통령과 회담했는데, 오바마 대통령의 이니셔티브를 평가하고 미일동맹과 한미동맹 필요성을 강조하였다. 미일한방위실무자협의(2014년 4월 17~18일) 회의에서는 북한을 핵보유국으로 인정하지 않을 것을 재확인하고, 북한의 도발을 억제하고자 긴밀히 협조할 것을 합의하였다.[87]

---

84) T. Onozuka, Security of Japan and Korean Unification, USAWC Strategy Research Project, U. S. Army War College, Mar. 15. 2006; Korean Unification and Nationalism, http://www.geocities.jp/korean-politics/r_nbre.htm.

85) 일본은 한국이 통일하면 통일 비용을 요구할까 두려워한다. 통일한 한국이 일제침략기 때의 북한지역에 대한 청구권 배상권 해결 분쟁이 있을 것으로 본다.

86) Seong Ho Sheen, To Be or Not To Be: South Korea's East Asia Security Strategy on the Unification Quandary, Routledge, 2014; J. DeMint, Tension between Korea-Japan is poison to Asia, U. S. Should Mediate, Asia, Japan, South Korea and National Security and Defense, Aug. 28. 2014; Armacost/Pyle, Japan and the Unification of Korea: Challengers for U. S. policy Coordination, NBR Analysis Vol. 10, No. 1, Mar. 1999. The National Bureau of Asian Research; 日本人の「驚くべき外交下手」に,米國務が本格介入を擇ぶ,現實の日韓關係はアメリカの國益を損する, 2014年 8月 23日 速報.

87) 外務省 北東アジア課, 最近の日韓關係, 平成 26年 7月.

2015년 들어 미국은 위안부 문제를 해결하도록 일본에 압력을 가하였고, 일본이 이에 응하여 한국과 협상하였다. 그뒤 한일정상회담이 열렸다. 2016년 들어 북한이 핵도발을 한 이후 한국과 일본의 군사적 협력관계가 증진되고 있다.

아베 정권의 한반도 통일정책은 베일에 가려져 있다.[88] 그러나 북한의 핵위협이 증가하여 한·미·일이 공조해야 하므로 앞으로는 전향적이 될 것 같다.

일본인 납치자와 재북한 일본인 문제 조사를 둘러싼 스톡홀름 선언이 성공하여 일본이 북한에 경제를 원조한다면 통일은 더 늦어질 것이다.[89] 먼 장래도 통일을 걱정하는 경우 일본이 북한에 경제를 원조하여 부흥시키면 장래에 통일 비용을 줄일 수 있으나 붕괴상태에 직면한 북한을 도와 독자적으로 생존하면 통일은 늦어질 것이다. 남북이 통일된 뒤에 일본이 어떤 입장을 취할지는 예측하기 어렵다. 그때도 일본이 한국에 미군이 주둔하기를 요청할 것인지,[90] 새로운 동맹관계를 구성할지도 문제다.[91]

일본인들은 한반도 통일에 여러 가지 걱정을 한다. 일부에서는 북한에 의한 통일을 원하고, 일부에서는 대한민국에 의한 통일을 원한다. 보수층에서는 대한민국 내에 좌파종북주의자가 많기에 합의통일을 할 경우 남북총선거를 하면 남한의 좌파종북세력과 북한의 공산주의자가 합세하여 좌파통일이 될 것이라고 보고 걱정하고 있다.[92] 학자들은 대한민국에 의한 통일이 바람직하다고 주장한다.[93] 통일한국이 핵을 보유하거나, 한·미동맹을 파기하고 중립화하거나, 중국이

88) Klingner, Allies Should Include Japan in Korea Unification Plans, Backgrounder No. 2005, Sep. 28. 2015, Heritage Foundation; P. エニス, 日韓關係改善に向けて 米國が强力な布陣, 東洋經濟 on line, 2014年 5月 8日.

89) D. Halpin, Abe Plays the North Korea Card, U. S.-Korea Institute, Johns Hopkins University Policy Brief, Apr. 10. 2014; J. B. Miller, Abe's North Korea Advances, Why Japan Has the United States and South Korea Worried, *Foreign Affairs*, Aug. 10. 2014.

90) C. E. Haselden, The Effects of Korean Unification on the U. S. Military Presence in Northeast Asia, *Parameters* Vol. 32, No. 4.

91) 民主黨의「東アジア共同體」構想の經濟的 影響, 經濟ニュース, 2009. 9. 4; 民主黨のアジア平和ビジョン, Sankeinews 2014. 8. 28.

92) 東京財團, 韓國議會の4割北朝鮮併合に占據され韓國滅亡の危機だ, 2013. 12. 22; 長谷川慶太郎 外, 朝鮮統一の戰慄: 呑み込まれる韓國, 日本の惡夢, 2000.

93) T. Inoguchi, 「한반도 통일에 대한 일본의 입장과 역할」, 배정호 편, 『한반도 통일과 동북아 4국의 입장 및 역할』, 통일연구원, 2012. 12.

나 러시아 세력권에 들어가는 것은 반대한다.[94]

일본 국민들은 통일한국이 일본에 식민지 지배 배상 명목으로 통일 비용을 400억 달러 이상 요구하거나, 역사 문제로 반일국가가 되지 않을까 두려워한다. 그래서 오히려 현상이 유지되기를 바라는 사람이 많다. 일본은 국가적으로 보면 미국처럼 대한민국에 의한 자유민주주의와 시장경제가 지배하고, 한·미·일 동맹이 유지되는 한반도의 통일을 원하나 통일에 적극적인 노력은 하지 않을 것이며, 분단된 상태를 유지하기를 원하는 것으로 보인다.

제3절. 중국의 한반도 정책

1. 중국의 굴기와 한반도와의 관계 발전

중국은 한반도와 역사적으로 오래전부터 교류하였다. 근대에 와서 중국은 쇄국정책으로 서양의 과학기술을 빨리 받아들이지 않아 뒤떨어지게 되었다. 청국이 서양인과 싸워 져서 홍콩을 100년간 조차해주었을 뿐만 아니라, 청·일전쟁에서도 져서 한반도에서 물러나게 되었다. 이에 한족은 청국에서 독립하여 중화민국을 세우고 침략국 일본과 대전하였다. 1945년 러시아는 만주국에 침입하였고, 8월에는 일본이 항복을 선언하였다. 그뒤 중국은 국민당과 공산당이 서로 권력을 잡고자 혈안이 되었다. 1945년 국민당과 공산당은 내전을 일으켜 장개석의 국민정부가 대만으로 후퇴하고, 본토는 모택동의 공산정권이 차지하게 되었다.

1950년 북한은 모택동의 동의와 스탈린의 지시로 남침하였다. 처음에는 북한군이 파죽지세로 남한을 점령했으나, 미군이 참전하고 유엔연합군이 인천에 상륙한 뒤 38선을 넘어 북진하자, 중국은 국공내전에 참전한 노병들을 소위 '지원

---

94) 統一韓國の核武裝?, 日本は危機狀態です, 財團法人 日本再建イニシアティブ 2013. 3. 20; 「南北統一」 など不可能? 米財務省が韓國の 「ウォン安誘導」 を批判, 2014. 5, The Liberty Web; 배정호 외, 「통일한국의 친중화에 대한 경계, 일본의 대외전략과 한반도」와 「통일한국의 핵주장에 대한 우려」, 「동북아 4국의 대외전략 및 대북전략과 한국의 통일외교 전략」, 통일연구원, 2014.

군으로 편성하여 북한에 파견하였다.[95] 중공군은 인해전술로 전쟁을 치러 사상자를 많이 냈다. 사망 13만 5,600명, 부상 20만 8,400명, 실종 20만 5,600명이라는 큰 피해를 입었다.

중국은 1953년 7월 유엔군과 정전협정을 체결한 뒤 북한과 상호친선안보조약을 맺었다. 중공군은 1955년 중국으로 철수하였다. 그동안 중공은 북한의 혈맹으로 북한에 경제 원조를 많이 하였다. 북한은 미국과 한국에서도 경제 원조를 받았으나 그 돈을 인도적 목적으로 사용하지 않고 핵과 미사일 개발에 써왔다.

한국의 임시정부는 중화민국 장개석 총통의 비호를 받아 독립군이 중국군으로 활약하였고, 중화민국은 대만으로 쫓겨난 뒤에도 대한민국을 유일한 합법 정부로 인정하였다. 대한민국은 소련의 붕괴와 독일의 통일을 계기로 공산권과 외교를 맺기 시작하였다. 1990년에는 소련과 국교를 맺었고, 1991년 9월 17일에는 남북이 동시에 유엔에 가입하였다.

1992년 8월 대한민국은 중화민국과 국교를 끊고, 8월 24일 중화인민공화국과 국교를 맺었다. 한중수교 이후 경제와 통상 관계가 활발해지고, 인적 교류도 늘었다. 중국은 한국 경제를 모델로 삼아 수출을 중심으로 하는 경제 체제를 발전시켰다. 1998년 11월에는 김대중 대통령이 중국을 방문하여 '21세기를 향한 한·중 협력적 동반관계'를 구축하고, 그뒤 '전략적 협력 동반자 관계'로 격상시켰다.

2008년 5월에는 이명박 대통령이 중국을 방문하였고, 유엔에서 북한 경제를 제재하기로 결정하자 중국도 이에 가세하여 북한은 고립되게 되었다. 중국은 핵확산을 막고자 6자회담을 개최하고 의장국이 되었으나, 핵과 미사일 개발을 억제하지 않고 중단하였다. 중국은 겉으로 보기에는 이 회담을 재개하려고 노력한 것 같아 보이나, 실질적으로는 북한이 핵무장을 하도록 시간을 끌어줬다는 비난을 받고 있다.[96]

---

95) 중공의 한국전 참전은 6·25전쟁 문서 참조. 「중국의 대외전략과 한반도」, 「동북아 4국의 대외전략 및 대북전략과 한국의 통일외교전략」, 통일연구원, 2014; 김진하, "중국의 부상과 동북아 국제 질서 변화: 분석과 전망", 통일연구원 온라인서비스(2014. 12. 24); What dose a Trump presidency mean for China? News Hub, Nov. 13. 2016.
96) 6자회담 의장국인 중국은 아직도 6자회담을 원한다.

국교를 수립한 뒤 양국은 정상회담을 자주 열고, 고위공무원들이 서로 수시로 방문하여 동반관계는 많이 발전하였다. 특히 박근혜 대통령과 시진핑 주석이 서로 수차례 방문하면서 회담을 열어 양국관계는 좋아졌고, 일본이 질시하는 눈으로 보는 형편이었다.[97] 김정은이 장성택을 제거한 뒤 북한과 중국 관계는 더 나빠졌고, 김정은은 아직도 중국을 방문하지 못했다. 중국은 2015년 제2차 대전 종전 70주년을 기념하는 대규모 집회에서 한국에 일본의 과거사를 규탄하는 공동 행사를 열자고 제의하기도 하였다. 그러나 사드 배치를 반대하면서 한국에 대한 무역 재제를 하고 있다. 앞으로 트럼프가 무역전쟁을 벌이면 중국의 한반도 정책은 바뀔 것으로 보인다.

2. 중국의 한반도 안보정책

제2차 세계대전 직후 중국의 한반도 정책은 적대적이었다. 그들은 공산주의를 수호·전파하려고 북한을 원조하고, 공산국 간 외교에 집중하였다. 중국은 북한과 상호방위조약을 맺고, 러시아와도 공산주의를 수호하고자 협력하였다. 소련의 공산주의가 멸망하자 중국은 지역패권주의를 채택하여 동아시아 공동체를 구성하려고 노력하고 있다. 1989년 천안문 사건 이후에는 국제적 고립에서 벗어나려고 한국과 국교를 맺었고, 2000년대에는 국내외에 '평화적 굴기론'을 내세워 동맹 이익을 강조하였다.[98]

---

97) 상세한 것은 샴보 저, 박영준·홍승현 역, 『중국, 세계로 가다』, 아산정책연구원, 2014; 이연희, 「중국의 부상에 대한 한·미·일 3국의 인식과 정책과제」, 고려대 석사학위 논문, 2005; 신의호, 「21세기 한국의 안보정책과 중국」, 연세대 석사학위 논문, 2007; 전우정, 「중국의 대한반도 정책과 한국의 대응방향」, 경남대 석사학위 논문, 2011; 서진영, 「한·중관계 20년: 회고와 전망: 한국의 시각에서」, 《국방정책연구》 제28권 1호(2012. 봄); 김흥규, 「한·중 외교안보관계 20년: 평가와 제언」, 《East Asia Brief》 제7권 3호(2012. 8), pp. 70~73; 김도희, 「한반도를 둘러싼 국제 정세: 한중관계 인식 쟁점 과제」, 《정치비평》 제6권(1999); 전가림, 「중국몽 공세 멈추지 않는 시진핑 동북아 안보 불확실성 증가」, 《자유마당》, 2017. 2, pp. 16-19; M. Choi, Chinas Strategic View of Korean Peninsula, *JCRI Quartely*, July 2012, pp. 73-77; China and the Korean Peninsula, *Asia-Pacific Security Studies*, Vol. 9, No. 1, Jan. 2004; S. Snyder, Balancing Acts by China and South Korea, *E-Journal of East Asian Bilateral Relations*, Sep. 2014; Alexander Vorontsov, China's Stance on the Korean Issue, Working Paper No. 11, *RIAC*, 2013, pp. 52-58 참조.
98) 김종주, 「중국과 일본의 군사정책 변화와 한국의 안보에 관한 연구」, 호남대 석사학위 논문, 2007;

중국은 전략적 협력자 관계를 모색하며, 2000년 초부터 47개국과 3개 국제 조직과 전략적 협력자 관계를 맺었다.[99] 1993년 브라질부터 시작하여 1996년에는 러시아와 21세기를 향한 전략적 동반자 관계를 체결하였다. 한국과도 1998년에 21세기를 위한 협력적 동반자 관계를 맺고, 2003년 7월에는 '전면적 협력 동반자 관계'로 격상시키고, 2008년 5월에는 '전략적 협력 동반자 관계'로 발전시켰다. 그런데 이런 동반자 관계의 내실이 무엇인지 명확하지 않다. 이 협정들은 양국 원수가 서명하고 공포한 조약으로 내용은 국가마다 약간씩 다른데, 한국과 맺은 전략적 동반자 관계가 최고 수준이라고 하겠다. 이 협약에 따라 한국 자본이 중국에 진출하였고, 수출과 싼 제품 수입이 늘었으며, 사람의 왕래도 많아졌다. 현재는 미국 다음가는 우방국 대우를 받는다.

중국은 1997년 미국과도 전략적 동반자 관계를 맺고, 2011년에는 서로 존중하며 이해하기 위한 협력적 동반자 관계를 체결하였다.[100] 그러나 중국은 미국과 냉전이 깊어지지 않을까, 미국이 일본과 상호방위조약에 따라 조어도(일본명 센카쿠열도, 중국명 댜오위다오)영유권 분쟁에 개입하지 않을까 두려워한다. 그리하여 양국의 정상회담과 각료회담을 통하여 미국의 아시아 중시 정책을 비판하고 있다.[101]

중국은 아직도 일본하고는 이 동반자 관계를 맺지 않았다. 일본 아베 총리의 우경화와 군국화를 두려워하며,[102] 일 년에 한 번씩 열기로 한 한·중·일 정상회담까지 하지 않다가 한국의 중재로 2015년에 개최하였다.

중국은 한국에 사드(THAAD, 고고도미사일방어체계)를 배치하는 것을 극구 반대

A. O'neil, *China's Rise and Korean Peninsula, China's Domestic Politics and Foreign Policies and Major Countries' Strategies toward China*, 2012; Bae & Kim, Turning Points for China and Korean Peninsula, ibid, 2012; Sunny Lee, Chinese Perspectives on North Korea and Korean Unification, Korean Economic Institute Academic Paper Series, Jan. 24. 2012.

99) Feng Zhongping/Huang Jin, "China's Strategic Partnership Diplomacy: engaging with a Changing World", ESP Working Paper 8, June 2014; 이정남, 「중국의 전략적 동반자 외교에 대한 이해와 한·중 관계」, 《평화연구논집》 제17권 2호(2009. 10); 防衛省 防衛研究所編, 中國安全保障 レポート, 2013.

100) The China Post, "Washington and Beijing discuss avoiding Military Incidents in wake of Fighter intercepts", Sep. 10. 2014; Wikipedia, 米中冷戰.

101) 일본은 조어도를 국유화하고 중국이 설정한 비행경계선을 지키지 않으며, 영토분쟁 때문에 전투기를 발진하는 등 문제를 일으키고 있다. 人民網, 安倍氏の外交政策がね彈れる, 2014. 5. 15. 人民網 日本語版.

102) Kirk D, Park, Obama and Xi Summits, China vs US Force, May 20. 2013.

한다.[103) 트럼프 정부와 중국의 관계가 악화되면 한국은 고래싸움에 휘말리게 될지도 모른다. 중국은 세계에서 제2의 군사대국으로 우리와 상대가 되지 않기에 한국은 미국과 동맹관계를 강화하고, 한·중·일 3국 간의 긴밀한 우호관계를 복원해야 할 것이다.[104) 중국이 서해만이 아니라 동해에서도 군사훈련을 시작하며 한국에 대한 무역 규제에 들어간 현실에서 중국의 횡포를 막으려면 우리는 미국, 일본과 공동정책을 펴야 할 것이다.

3. 중국의 한국과의 경제 협력

1992년 중국과 수교할 당시 양국의 교역량은 64억 달러 수준이었다. 그것이 2011년에는 2,206억 달러로 늘었고, 그후 2,100억 달러를 웃돌고 있다. 그중에서도 한국의 대(對)중국 수출액은 2011년 이후 1,342억 달러를 넘고, 수입은 2012년 이후 64억 3천만 달러를 넘어 연간 535억 5천만 달러 흑자를 보았다. 이것은 중국이 대한민국의 최대 교역국임을 증명하는 셋이다. 특히 한국의 대(對)중국 연평균 수출 증가율은 22.9%로, 같은 기간 세계 연평균 수출 증가율 11%보다 2배 이상 빠른 속도로 늘어났다.[105)

한·중 수교 이후 중국과의 교역은 한국의 경제성장과 금융위기를 극복하는 데 크게 기여했으나 그에 따른 문제도 없지 않은데, 살펴보면 다음과 같다. ① 중국 경제가 성장하면서 우리의 대(對)중국 수출 의존도가 크게 높아졌다. ② 우리나라의 가공수출 비용이 상대적으로 높아졌다. ③ 대(對)중국 수출은 중국에 진출한 한국의 투자기업에 부품·반제품·자본재를 주로 수출하는 구조로, 투자와 수출의 상관관계가 매우 높다. ④ 수교 이후 중국 수입 시장에서 우리 제품이 점

---

103) 이현경 외, 『미국의 MD체제 추진 실태와 국제사회의 반응: 동북아지역에 미치는 영향을 중심으로』, 통일연구원, 2002.

104) 이지용, 『한·중관계 발전을 위한 신정부의 대중(對中) 외교방안』, 외교안보연구원, 2013. 2. 27; 이데일리, "한·일 잇단 협의채널 가동해 관계 정상화 시동"(2014. 9. 15).

105) "김정은 도발 덕에 성공한 한·중외교협력", Korea Relation 2014. 9. 08(blog.mon21.); 한·중 외교장관, "북 비핵화' 대화재개 필요성 공감", 뉴스원, 2014. 8. 9.

유한 비율은 급격히 증가했으나 2005년 이후에는 감소하고 있다.[106]

한국 경제는 밀접한 관계에 있는 중국에 의존하는 정도가 높아지고 있다. 과거 미국에 의존하던 경제에서 중국에 의존하는 경제가 되어 한·미 안보관계에 영향을 주지 않을까 걱정이다.[107] 경제적으로도 한국은 중국에 직접 투자를 많이 하여 2005년에는 대외투자의 40% 정도를 중국에 하였다. 또 중국에 소비재가 팔리기 시작하여 2003년에는 미국을 제치고 중국이 최대 수출상대국이 되었다. 또 중국에서의 수입도 늘어 2007년에는 일본을 제치고 가장 큰 수입상대국이 되었다.

한국 기업이 중국에 직접 투자하는 것은 같은 직종의 우리 산업을 위축시킬 수 있다. 현대자동차는 2002년에 현지생산을 하였고, 2008년에 제2공장, 2012년에 제3공장을 지어 현지공급을 하고 있다. 삼성전자도 서안지방에 대규모 공장을 지어 현지생산을 한다. 그 결과 한국에서 제조업 사양화가 걱정된다. 오늘날 중국에서 만든 저가 스마트폰과 휴대전화를 한국에서 수입하고 있다.

또 중국 경제가 저성장할 수도 있어 중국 경제에 의존하는 정도를 줄여야 한다는 의견도 있다.[108] 이에 한국 대기업은 아세안(ASEAN, 동남아시아국가연합) 지역으로 경제관계를 옮기고 있다. 2012년 이후 한국 기업이 아세안 국가에 투자하여 수출 증가율도 대(對)중국 수출률을 웃돌고 있다. 한국은 아세안 자유무역협정에 가입하였고, 개방 수준을 올릴 것이라고 본다.

한국 경제는 중국 의존도를 줄이면서 선린경제교역을 확대해야 할 것이다.[109]

---

106) 상세한 것은 장유영, 「중국과 한국의 경제교역 관계에 관한 연구」, 전북대 석사학위 논문, 2000; 이봉걸, 「한·중 수교 20주년 대중국 수출의 성과와 과제」, 《무역》 통권552호(2012. 9), 한국무역협회; 이시욱·박해식, 「한·중 경제협력현황 및 시사점: 무역 및 투자 부분을 중심으로」, 한·중 교류 20주년 회고와 전망 세미나(2012. 2); 서해녕, 「한중 교역 활성화 방안에 관한 연구」, 강원대 석사학위 논문, 2007. 2; Kotra 국가정보, "중국과 한국과의 교역 동향 및 특징", 네이버 지식백과, 2013. 12.

107) 이봉걸, 전게 논문 참조.

108) 向山莫彦, 強まる韓國の對中經濟依存-顯在化するジレンマ, 《JRIレビュ》, Vol. 6, No. 16, 2014, p. 61.

109) 오영호, 『미래 중국과 통하라: 시진핑 시대의 중국 경제와 한국의 생존전략』, 메디치미디어, 2012; 오승렬, 「북·중관계 결정요인과 한국의 대응전략」, 《통일과 평화》 제4권 1호(2012. 6); 소시형, 「중국의 대북정책과 한국의 대중 적극외교」, 《신아세아》 제18권 4호(2011); 이희옥, 「중국의 대북한 정책」, 《통일문제연구》 통권22호(1994. 겨울); 국제위기그룹, 「중국과 북한: 영원한 동지인가」, 《아시아보고서》 112호(2006. 2); 양재성, 「북한의 대외정책과 대남관계의 변화」, 『북한이해 2008』, 통일연구원; 정덕구·추수

중국은 2014년 11월 한·중정상회담에서 FTA를 체결하겠다고 발표했는데, 이로써 중국에 의존하는 정도는 더 높아질 것으로 예상한다.[110] 한국은 중국이 주도하는 아시아인프라투자은행(AIIB)에 가입하여 중국의 경제·통화정책을 뒷받침하고 있다. 한국은 또 중국이 주도하는 역내포괄경제동반자협정(RCEP)에도 가입하기로 하였다. 중국이 군사적 이유로 경제를 압박하는데 중국에 대한 경제 의존도를 줄여 큰 타격이 없도록 인도 등으로 경제 범위를 넓혀야 할 것이다. 트럼프는 중국에 대한 경제 정책에 반대적이라 미국과 중국 간의 대립으로 한국도 영향을 받을 가능성이 많다.[111] 중국의 WTO 협정 준수가 요구된다.

4. 중국의 대북한 정책

중국은 1949년 10월 1일 중화인민공화국을 수립할 때부터 북한과 국교를 맺어왔다. 1950~53년에는 북한의 군사행동을 지원하며 한국전쟁에 참여하였다. 이때 약 3백만 군대를 투입했는데, 전투에서 18만이 사실되있다. 1953년 7월 27일 정전협정을 체결한 뒤에도 북한과 군사적 동맹관계를 유지하였다. 중국은 북한을 순치(脣齒)관계 혹은 혈맹(血盟)관계로 생각하여 북한을 이데올로기적 동맹관계로 인정하였다. 그리하여 1961년 북중우의협력조약을 맺고, 한반도에 군사개입을 할 수 있게 하였다.

이 시기 중국의 대북 방침은 ① 한반도 전쟁으로 말미암은 경제적 손상을 줄이

롱, 『기로에 선 북중관계』, 중앙북스, 2013; Ki-Hyun Lee, China's Dilemma and its Policies toward North Korea in the Kim Jong-Un Era, China's Domestic Politics and Major countries Strategic Toward China, Dec. 2012; Congressional Research Service, "China-North Korea: Comrades Forever", Asia Report, February(112), pp. 1-37; M. Weissmann, "Understanding the East Asian peace", University of Gothenberg, 2009; Niksch, China's Policies toward North-Korea's Nuclear and Missile Programs, *International Journal of Korean Unification Studies*, Vol. 24, No. 2, 2015, pp. 1-40; 高原明生, 中國の 外交政策, 日本貿易會日報, 2010년 9월호; Ezra Vogel, 登小平以後の中國の外交政策と日中關係, 立命館アジア太平洋大學, 2013. 9. 9.

110) 지해범, "'닭을 죽여 원숭이를 훈계한다'는 중국", 《조선일보》, 2017. 1. 16.

111) "U. S. -China Trade Reform", Donald J. Trump for President, Unc. Retrieved June 22. 2016; "US Election 2016 Are Donald Trump and Benie Sanders right about trade? BBC News" BBC News" Retrieved June 22. 2016.

는 것 ② 미국의 통일한국 지배를 막아 북한을 완충지대로 유지하는 것 ③ 북한을 그들의 개발계획에 편입시켜 경제적으로 취약한 동북 3성의 안전과 번영을 확보하는 것이었다. 이 방침은 중국이 대한민국과 국교를 맺을 때까지 계속되었다.

중국은 북한의 최대 교역국이며, 북한 경제를 지탱해주는 역할을 하였다.[112] 그러나 소련이 붕괴한 후 개방·개혁정책을 썼으나 북한이 호응하지 않고 폐쇄정책을 고집하여 균열이 가기 시작하였다.[113] 특히 북한이 핵무기와 장거리미사일을 개발하기 시작하여 국제사회에서 비난을 받자, 대북 외교정책을 바꾸지 않을 수 없게 되었다.[114] 이는 중국이 탈이념화와 개방·개혁정책으로 세계화를 하려는 방향 전환이었다. 과거의 이념적 경향에서 실용적 관점으로 변한 까닭이기도 하다.

중국은 북한의 핵개발은 한반도의 평화와 안정을 저해하므로 대화와 협상으로 한반도의 비핵화를 반드시 실현해야 한다고 보고 있다. 이에 북한은 자신들의 체제 안보를 위해 불가피한 선택임을 잘 아는 중국이 한반도의 평화와 안정이라는 구실로 핵개발을 반대하는 것에 노골적으로 불쾌감을 드러냈다.[115][116]

중국은 그동안 북핵 문제를 해결하려고 6자회담 의장국으로서 열심히 조정했으나 북한의 반대와 비협조로 중단된 상태다. 유엔 안전보장이사회는 북한이 핵확산금지조약을 시행하지 않았다는 이유로 제재할 것을 결의했는데, 1718호(2006)와 1874호(2009) 결의에 중국도 동참하였다. 이에 북한은 심하게 반발하지만 미국은 중국에 더 강력하게 조치해 줄 것을 요구하였다.[117]

---

112) 이성봉,「한국과 중국의 대북한 경제적 영향력 비교」,《북한연구학회보》제15권 2호(2012. 6).
113) 미국에서는 북한이 중국의 보호령이나 위성국이 아닌가 걱정하는 사람도 있다.
114) Weissmann, "The Korean Nuclear Conflict and the Role of China", pp. 151-185; S. Cheon, The North Korean Nuclear Issue and Chinese Strategy, Chinese Domestic Politics, ibid. Dec. 2012; B. Glaser, China's Policy in the Wake of the Second DPRK Nuclear Test, China Security, Vol. 5, No. 2, 2009.
115) 문홍호,「북한 핵문제와 북한·중국 관계: 변화와 지속」, 21st IFES-APRC, International Conference, Nov. 2-3. 2009. Moscow; Apujols, "3차 핵실험 후 북한과 중국의 관계를 짚어본다", 서울에서 쓰는 평양이야기, 2013. 2. 13.
116) 중국과 북한이 군사 교류와 협력을 계속할지는 확실하지 않다. 문대근,「탈냉전기 중국의 대북정책 결정 요인 연구」, 북한대학원대 박사학위 논문, 2013; 정성장,「북한·중국 군사 교류·협력의 지속과 변화」,《세종정책연구》2012-16, 세종연구소; "2013 중국 국방백서의 전략적 의미", 아고라뉴스, 2013. 7. 2; 日本防衛省, 中國安全保障レポート, 2013.
117) A. Bondaz, "A New Direction for China's North Korea Policy", Article, Aug. 27. 2013. cf; James Schoff, "Cooperate to Contain North Korea", Carnegie Endowment for International Peace;

그러나 중국은 이러한 요구에 쉽게 응하지 않을 것으로 보인다.[118] 중국은 그동안 미국이 자국을 포위한다고 생각하여 군사정책을 강화하였다.[119] 그러나 한국을 고려하여 북한과 관계를 재고하는 움직임도 있다. 시진핑 주석은 취임 이후 한국을 방문하였고, 박 대통령도 중국을 방문하며 정상회담을 여러 번 가졌다. 반면 북한의 김정은은 한 번도 정상회담을 열지 못했고, 당분간 냉각기가 있을 것으로 보인다. 이에 북한은 러시아 카드와 일본 카드를 들고 중국의 대북정책에 저항할 것으로 보인다.[120]

중국은 안으로 난제를 안고 있다. 홍콩 사태에서 본 것처럼 민주화 요구와 티베트 사태 같은 지역독립분쟁, 일당독재주의에서 비롯된 인권 문제와 경제 둔화, 빈부격차, 만연한 부정부패로 북한에 채찍을 들기 어려울 것으로 보인다.[121] 중국은 유엔이나 국제형사재판소가 북한의 인권 문제에 개입하는 것을 반대하는데, 이는 중국에도 인권 문제가 있기 때문이다. 그리고 중국에 북핵을 억제하라고 요구해봤자 별 성과가 없을 것이므로 한국은 미국이나 일본, 유엔 같은 국제기구의 협력을 받아 해결하도록 노력해야 할 것이다.

5. 중국의 한반도 통일정책

중국은 한반도의 ① 안전 ② 분열 ③ 비핵화가 중요하다고 본다. 이중에서 비핵화보다는 분열을, 분열보다는 안정을 원하는 것으로 본다. 그것은 북한이 완충지대로 정치와 경제의 안전판이 되기를 원해서다.[122]

중국의 북한전문가들은 한국의 통일이 당분간 어려울 것으로 본다.[123] 그들

Zhongying Pang, "The Six-Party Process, Regional Security Mechanism", The Brookings Institute, 2009. M. Martin, The Six-Party Talks and New Opportunities to Strengthen Regional Nonproliferation and Disarmament Efforts, 2009. Stanley Foundation, pp. 1-11.

118) 김갑수, "중국과 북한 어째서 혈맹관계인가", 진실의길, 2014. 4. 14.

119) CSIS, "Chinese Military Modernization and Force Development, Chinese and Outside Perspectives", Sep. 9. 2014; "2013중국 국방백서의 전략적 의미", 아고라뉴스, 2013. 10. 17.

120) 김기협, "북한은 중국의 꼭두각시? 잘못 짚었다", 프레시안, 2014. 3. 3.

121) 신상진, 「중국의 대북한 인식 변화 연구: 북한전문가 심층면담조사」, 《통일정책연구》 제17권 1호(2008).

122) A. Lankov, The Rise of China and Korean Unification.

123) 오승렬, 「북한의 대외관계 전망」, 《수은북한경제》 2012 겨울호, 한국수출입은행.

은 미국과 일본에 의하여 한반도 통일이 이루어지는 것을 반대하고 이 지역에 미군과 일본군이 주둔하는 것을 반대하였다.[124] 또 급진적 통일이 아니라 평화적 통일을 원하고, 그 시기는 20~30년 안에 가능할 것으로 보고 있다.

한국 학자들도 중국이 한국의 통일에 소극적이라고 평가하는 것 같다. 중국은 한반도의 통일이 가능하면 안정적·점진적으로 완만하게 진행되는 것이 중국의 이익에 부합한다고 본다.[125] 중국은 처음에는 북한의 주장에 따라 무력통일을 원했을지 모르나, 후진타오 주석이 등장한 뒤에는 북한과의 관계를 국가 대 국가의 관계로 보고, 북한을 일반적으로 지지하지 않는 것으로 보인다.[126]

중국 입장에서 보면 한반도 통일은 부정적인 요소와 긍정적인 요소가 있다. 부정적인 요소는 ① 완충지대 소멸 ② 한국과 미국에 대한 영향력 약화 ③ 북한 난민이 들어올 가능성 ④ 국경선 분쟁을 제기할 가능성이다. 긍정적인 요소는 ① 동아시아의 권력 구조에 마지막 변화를 가져올 것이고 ② 아시아에서 미국을 견제하는 기능을 다할 것이며 ③ 중국의 경제발전에 중요한 협력자가 될 것이며 ④ 중국과 대만의 통일에도 기회가 될 것이다.

중국의 한반도 정책은 한·중 수교 이후 많이 바뀌었는데, 한반도의 안정과 평화 유지, 중·미와 주변국과의 긴장완화에 따른 경제교역 확대 등이다. 대(對)한반도 통일정책도 이 기조 위에서 세우고 있다.[127] 중국은 한반도의 통일에 대해

---

124) Congressional Research Service, Human Rights in China and U. S. policy: Issue for the 113th Congress, June 19. 2013.

125) 이태환, 「한반도 통일에 대한 중국의 입장」, 《세종정책연구》 2011-20, 세종연구소; Dae Yeol Son, The Role of China in Korean Unification Thesis, Naval Post Graduate School, June 2003; A. Lankov, The Rise of China and Korean Unification; Glaser/Sun, Chinese Attitudes toward Korean Unification, International Journal of Korean Unification Studies, Vol. 24, No. 2, 2015, pp. 71-98.

126) Heung-kyu Kim, "China's Position on Korean Unification and ROK-PRC Relations", The 2nd KRIS-Brookings Joint Conference, p. 240; Lewis, "U. S. Foreign Policy toward the Korean Peninsula: An Anti-Unification Policy or Just too many Unifications to Account for?", International Journal of Korean Unification Studies, 2007; Committee on Foreign Relations, United States Senate, China's Impact on Korean Peninsula Unification and Questions for The Senate, Dec. 11. 2012; R. Kelly, China and Unification of the Korean Peninsula, 8. Oct. 2014. The Interpreter; Sunny Lee, Chinese Perspectives on North Korea and Korean Unification, KEI, Jan. 24. 2012.

127) D. Zhan/H. Lee, "Chinese People's Understanding of the Korean Unification Issue", Asian Social Science Vol. 8, No. 3, Mar. 2012; You Ji, 「궁극적인 한반도 통일을 향한 경로관리: 중국적 방법」, 배정호 편, 『한반도 통일과 동북아 4국의 입장 및 역할』, 통일연구원, 2011. 12; 안인해, 「통일

서 당사자 해결 원칙을 지지하나, 장기적으로는 통일보다는 현상을 유지하기를 원한다. 그러나 장기적으로는 통일에 반대하지 않을 것이며, 통일된 한국이 친중국적이 되거나 중국에 적대적이어서는 안 된다고 생각한다. 중국은 경제성장과 사회 안정을 유지하기 위하여 평화적·비적대적인 국경지역 확보를 목적으로 한다. 따라서 통일한국에 미군이 주둔하는 것은 반대한다.

중국의 한반도 통일에 대한 태도는 G2(Group of Two) 국가의 하나인 미국과 관계가 중요한 영향을 미칠 것이다. 중국은 미국이 한반도 통일을 주도할 경우 압록강과 두만강 영역에 미군이 주둔하지 않기를 바랄 것이다. 그런 점에서 중국은 한국의 분단 현상을 원할 것으로 본다. 그러나 북한이 갑자기 몰락할 때는 중국이 북한지역에 먼저 개입할지, 아니면 미국과 대화하여 대한민국의 자주·평화 통일을 기원할지는 명확하지 않다.[128]

미국도 한반도 통일에 대해서는 급진적인 방법을 피하고 중국 의견을 존중할 것으로 보인다. 미국 상원에서는 한국 통일에 대한 조사보고서를 받아 한국의 통일을 보는 중국의 시각을 알아본 일이 있었다.[129] 미국이 조사한 것을 보면 평양과 단동 간에 완충지대로 보호령 같은 것을 두는 통합 방법을 택할 가능성을 두려워하는데, 그런 분할 통일로는 되지 않을 것이다.

중국은 2014년 이전까지는 한반도 통일이 늦어지기를 원하였다. 그들은 북한의 완충적인 지위를 인정하며, 미국·일본·통일한국의 3국 동맹관계에는 부정적이었고, 대한민국이 주도하는 통일을 가능하면 늦추려고 하였다. 중국은 한반도 통일은 ① 비군사적 방안으로 해야 하며 ② 황해(서해)에서 한미군사훈련을 반대하며 ③ 군사적·경제적으로 중국에 해롭지 않은 통일이 되어야 한다고 본다. 그래서 통일은 늦어져야 한다고 보고 있었다.[130]

외교와 한·중관계」, 《월간자유》, 2014. 3, 코나스넷.

128) 중국은 박근혜 정부의 신뢰프로세스에 동의했으나 앞으로 구체적인 전략에서는 협력이 필요하다. 박병광, 「한반도 신뢰프로세스와 한중협력 한반도 신뢰프로세스 추진전략」, 통일연구원, 2013, p. 341, 378; You Ji, 「궁극적인 한반도 통일을 향한 경로관리: 중국적 방법」, 배정호 편, 전게서, 2011. 12; 김현욱, "中 실제로는 남북한 통일 원하지 않는다", 뉴시스, 2014. 9. 19; SAIS conference 2014. 9. 18.

129) Senate Press, China's Impact on Korean Unifications and Questions for the Senate, A Minority Staff Report prepared for the use of the Committee on Foreign Relations, United State Senate, Dec. 11. 2012.

130) R. Kelly는 이 지연술이 중국에는 손실이 많을 것으로 보았다. R. E. Kelly, Korean Unification: a

근년에 발표한 논문을 보면[131] 중국은 한반도의 통일에 새롭게 접근하는 것으로 보인다. 그 이유는 중국이 북한과 혈맹관계에서 일반 국가관계로 일반화하여 북한의 전략적 가치를 낮추고, 중국이 G2로 격상하여 불가피하게 미국과 공조해야 한다면 미국과 한국의 통일도 합의할 수 있다는 것이다. 시진핑 주석은 박근혜 대통령과 면담에서 박 대통령의 한반도 신뢰 프로세스를 찬성하였다. 2014년 7월 한·중공동성명에서도 박 대통령의 평화적인 협상으로 문제를 해결한다는 방침에 찬성하였다. 중국 학자들도 한반도 통일을 찬성[132]한다고 하나, 그들을 대상으로 한 여론조사 결과를 보면 그렇지 않은 의견이 많다.

어떤 학자들은 통일방식으로 일국양제(一國兩制)를 주장한다. 그러나 로버트 켈리는 이 제도는 북한의 주권을 인정하면서 두 체제가 하나의 국가로 통합하는 것인데, 이것은 홍콩이나 마카오에서 하고 있을 뿐 김씨 일가의 독재왕국과 민주국가 사이에서는 성립할 수 없다[133]고 주장하였다. 그는 일국양제 방식은 통일을 지연시키고, 한·미동맹을 약화시키는 수단으로 이용될 뿐이라면서 독일처럼 신속한 통일을 주장하였다. 중국은 한반도 통일을 경제적 이익 면에서 논했으나, 현실적으로는 한·미·일 군사동맹을 우려하고, 북한의 급변사태를 예방하며 현상유지를 원할 것이기에 이에 대한 대비책을 세워야 한다.[134]

한편 미국 공화당 상원의원들은 중국이 북한과의 경제적 연대와 한반도의 고토를 찾고자 김씨 왕조가 망하더라도 통일을 방해할 수 있다고 보고해서 충격을 주었다.[135] 반면 중국 공산당 중앙위원회 당 학교의 장 리안궈 국제전략연구소

---

rising cost for Beijing, Business Spectator, Oct. 17. 2014.

131) 김흥규, 「한반도 통일에 대한 중국의 입장과 한·중관계」, 《전략연구》, 제21권 1호(2014).

132) 왕이성, 『한반도 충돌관리 연구』, 군사과학출판사, 2013; Sunny Lee, Chinese Perspectives on North Korea and Korean Unification, KEI Academic Paper Series, Jan. 24. 2012, p. 5; A. Lankov, The dream of a Korean unification, Aljazeera, Nov. 15. 2014.

133) R. Kelly, USC-CSIS Conference on Korean Unification(2): One country, Two System will not happen, Asia Security Blog, Jan. 22. 2013; R. Kelly, China's mendacious Manipulation of Korean Unification, Oct. 10. 2014, China Spectator.

134) S. Lee, Chinese Perspectives on North Korea and Korean Unification, *On Korea* Vol. 6, 2013, pp. 49-68; You Ji, 「궁극적인 한반도 통일을 향한 경로관리: 중국적 방법」, 배정호 편, 『한반도 통일과 동북아 4국의 입장 및 역할』, 통일연구원, 2012. 12, pp. 75-92.

135) C. Harlan, "China could try to block eventual Korean Unification, report says", Jan. 18. 2013.

교수는 통일한국은 중국에 더 많이 투자할 것이라고 하였다.[136] 그러나 일반적으로는 중국이 한국의 통일을 두려워하며, 미국 군대가 압록강에 주둔하는 데 반대하는 것으로 보인다.[137] 그의 충고처럼 당장은 한국 통일을 중국과 협상하지 않는 것이 좋을 것이다.[138]

제4절. 러시아의 한반도 정책

1. 러시아와 한반도 관계

러시아와 한반도는 19세기 후반부터 관계를 맺어왔다. 러시아는 부동항을 확보할 목적으로 한반도와 국교를 텄으며, 대양으로 진출하는 기지로 생각하였다. 조선과 러시아제국은 1884년 조·러통상조약을 체결하고, 그뒤 고종의 아관파천 (1896~97년)을 계기로 조선에 영향력을 행사하였다.

러시아는 1904년 2월 일본과의 전쟁에서 패전한 뒤 2월 12일 러시아공사가 철수하면서 대한제국과 국교가 단절되었다. 러·일전쟁(1904년 2월 8일~1905년 가을) 에서 일본이 승리한 뒤 양국이 맺은 포츠머스조약(1905년 9월 5일)에서 러시아는 일본의 한반도 지배를 승인하였다. 한국이 일본에 강제로 합방된 뒤 많은 한국인이 연해주로 탈출하여 독립운동을 하기도 하였다. 스탈린은 연해주에 살던 고려인들을 강제로 이주시켜 민족 문제를 야기하기도 하였다.

소련은 1945년 8월 일본에 선전포고를 하고, 8월 8일에는 북한에 들어와 점령 통치를 시작하였다. 미국과 합의에 따라 38선 이북에서만 군정을 시행하고, 38선 이남에서는 미군이 군정을 펼쳤다. 미소공동위원회에서 한국의 통합을 논의 했으나 성과를 거두지 못하고 한국 문제는 유엔으로 회부하게 되었다. 소련이 유엔의 자유선거 원칙에 반대하여 한국은 분단되게 되었다.

---

136) Zhang Liangui, a professor of international strategic research at the Party school of the China Communist Party Central Committee.
137) Glaser/Yun Sun, Chinese Attitude toward Korean Unification Aug. 2015, conference report.
138) A. Kydd, Pulling the Plug: Can There Be a Deal with China on Korean Unification?, *The Washington Quarterly* 38(2), Apr. 2015, pp. 63-77.

소련은 1948년 9월 북한 정권을 승인·지원했으나, 1948년 8월에 성립한 대한민국과는 국교를 맺지 않았다. 1950년 스탈린은 김일성에게 남침을 허용하였고, 그 결과 한반도에 씻을 수 없는 피해를 입혔다. 소련은 대한민국의 적국이며, 북한의 종주국으로 전란의 위협을 키우고 있었다.

소련에서 스탈린이 사망한 뒤 해방 기운이 일어났다. 고르바초프는 새 정책으로 서독과 동독의 통일을 승인하고, 대한민국과도 수교를 하였다. 노태우 정부는 비밀외교로 소련에 30억 달러를 차관해주기로 합의하였다. 1990년 9월 30일에는 한국과 소련이 국교를 맺었다.[139] 1991년 4월에는 고르바초프 대통령이 제주도를 방문하여 노태우 대통령과 실무정상회담을 가졌다. 1992년 11월에는 옐친 대통령이 방한하여 전문과 15조로 된 '한·러기본관계조약'을 체결하고 부속 문서를 교환하였다. 1994년 6월에는 김영삼 대통령이 러시아를 방문하여 '건설적이고 상호 보완적인 동반자 관계'로 발전시키는 모스크바 공동선언을 채택하였다.

김대중 정부에서는 1999년 5월 대통령이 모스크바를 방문하여 정상회담에서 실질적 동반자 관계를 발전시킬 조치들을 실행하기로 하고, 2001년 2월 서울에서 연 정상회담에서는 건설적이고 상호 보완적인 동반자 관계를 심화·발전시키기로 하였다. 그러나 김대중 정부는 대러관계를 개선하겠다는 조급증에서 과도한 대러협력 공약을 남발하고, 이것이 현실적으로 구체화되지 않아 양국 간 신뢰를 악화시키기도 하였다. 노무현 대통령은 2004년 9월 모스크바 정상회담

---

139) 러시아와 한국 관계에 대한 저서와 논문은 많다. 하용출 외, 『북방정책』, 서울대 출판부, 2003; 경남대 극동문제연구소, 『한국과 러시아관계 평가와 전망』, 2001; 여인곤, 『한·러정상회담 결과 분석』, 통일연구원, 2008. 10; 외교통상부, 『한국 외교 60년』, 2009; 고재남, 『역대 정부의 대러정책 성과 및 평가와 박근혜 정부의 대러정책 과제』, 국립외교원 외교안보연구소, 2013; 신범식, 「한·러 전략적(협력) 동반자 관계에 대한 비판적 검토」, 《한국과 국제정치》 제26권 1호(2010. 봄), pp. 235-278; Kotra, 「러시아, 한국과의 주요 이슈」, 2014. 1; 엄구호, 「푸틴 신정부의 대외정책과 한러관계」, 아태지역학술회의, 2013; 문병권, 「러시아의 한반도 정책과 한·러관계」, 경희대 석사학위 논문, 2011; 배정호 외, 「러시아의 대외전략과 한반도」, 『동북아 4국의 대외전략과 한국의 통일외교전략』, 통일연구원, 2014. 12, pp. 93-123; 李逃林, 「ロシアの 朝鮮半島政策－歷史的 變化と未來への行くえ」, 《北東アジア研究》 第22號(2012. 3); Russia Direct Guidebook to Russian Foreign Policy 2012-2014; G. Toloraya, Neither Peace, Nor War in Korea: A Russian Assessment of Past, Present and Future, *International Journal of Korean Unification Studies*, Vol. 19, No. 1, 2010; Ivanov(ed.), Russia-Republic of Korea Relations: Revising the Bilateral Agenda, *Russian International Affairs Council Working Paper*, No. 11, 2013.

에서 '상호 신뢰하는 포괄적인 동반자 관계'로 격상시켰으며, 대러외교를 더 적극적으로 집행하였다. 또 러시아의 차관 일부를 탕감해주고 협력을 강화하였다.

2008년 9월에는 이명박 대통령이 러시아를 방문하여 양국의 관계를 '전략적 협력 동반자' 관계로 발전시키기로 합의하여 대러 수출과 경제 교류에 진전을 보았다.[140] 박근혜 정부는 러시아 정부와 활발히 교류하며, 소련의 경제 현대화와 극동시베리아 개발에 적극 참여하려고 하여 러시아의 실리외교를 만족시키고 있다. 2013년 3월에는 한·러관계 강화 방안을 맺으며 신뢰외교를 강화하기로 하고, 9월에는 박근혜 대통령이 러시아를 방문하고, 11월 13일에는 푸틴 대통령이 한국을 방문하여 정상회담을 했는데, 여기서 실질적인 문제에 합의하였다.[141] 이외에도 양국은 새로운 한·러관계를 구축하려면 인적·문화적 교류를 확대해야 한다며 60일간의 비자 면제 협정을 체결하여 인적 교류를 확대하였다. 푸틴 대통령도 신유러시아 연합 구상을 갖고 동아시아에 영향력 확대를 기하고 있다.[142]

2. 러시아의 한반도 안보정책

소련은 1992년 한국과 수교하기 전에는 북한과 동맹관계를 맺은 적국이었다. 소련은 후방에서 6·25남침을 조종하고, 1953년의 정전협정도 주도적으로 성사시켰다고 하겠다. 1950년 10월 15일 중화인민공화국은 군대를 한반도에 투입하기로 하고, 인민해방군 26만이 지원병이라는 명목으로 한반도에 들어와 유엔군과 싸웠다. 이는 스탈린이 허용하여 이루어진 것이다. 그뒤 1953년 3월 스탈린의 사망을 계기로 정전협정이 성사되었고, 러시아는 암묵적으로 6·25전쟁에 참전하여 많은 희생자를 냈다. 전시에 북한은 러시아 군대와 중국 군대가 통치하는 군사국가였으며, 한국과 냉전을 계속하였다.

1961년에는 소·조선우호협력상호조약을 체결하여 군사동맹을 맺었다.[143] 러

---

140) 엄구호, 「푸틴 신정부의 대외정책과 한러관계」, 아태지역학술회의, 2013, pp. 83-93.

141) "2013년 한·러 공동성명 최종 합의문", 청와대뉴스(2013. 11. 13).

142) 廣瀬陽子, ユーラシア統合の理想と現實, 2013.

143) 상세한 것은 황옥주, "소련과 북한과의 군사협력 관계", http://gnk.ac.kr/awcho.politics/ussrdprk_m.htm.

시아는 공산국가의 맹주로서 한국의 안보를 위협하는 가장 큰 세력이었으므로 우리는 미국과 군사동맹을 맺어 이에 대응하지 않을 수 없었다. 이 시기 소련은 북한 입장을 따라 한국과 외교를 맺지 않다가, 1992년에는 양국이 수호조약을 체결하여 독자적인 안보정책을 펴기로 하였다. 이때부터 러시아는 한국과 북한을 대등하게 보고 등거리 외교를 하게 되었다.

러시아는 대한민국과 군사 방면에서 교류와 협력을 발전시켜 1995년 5월에는 '군사기밀보호협정'을, 1996년 11월에는 '군사협력각서'를 체결하여 양국 간 군사적 신뢰를 강화하였다.[144] 러시아는 1977년부터 북한과 군사기술 면에서 협력할 의향을 드러냈고, 1999년에는 '조·러우호선린협력조약'에 가조인하였다. 이로써 러시아와 북한의 군사동맹은 존재하지 않게 되었다. 1996년 '한·러군사교류협력각서'는 앞으로 러시아와 한국이 군사 분야에서 협력을 강화하자는 것이었다. 주요 내용은 군사 요원 교환, 부대 간 훈련 실시, 교육·통신·수로 측량 및 군사전문가와 과학자의 교환·협력 강화다. 러시아는 한국에서 빌려간 경협차관 원리금을 방산물자 등으로 상환하도록 합의하여 공안 헬기 등을 도입하게 되었다.[145]

러시아제 무기 도입은 북한 무기 체계를 연구하고 대응할 기회가 되어 유리한 면도 있으나 기술적인 면에서 어려움이 있다. 한국은 노무현 대통령이 정상회담에서 총 23억 3천만 달러의 채권 중에서 연체 이자 6억 5천만 달러를 탕감하고, 나머지 19억 8천 달러는 2007~23년에 원금과 이자를 나눠 상환하기로 했으나 완전히 해결되지는 않았다. 새로 들어설 한국 정부는 러시아의 방산물자를 도입하는 데 적극적이어야 할 것이다. 한국은 러시아의 석탄 등을 들여오기도 했다.

한반도의 안정을 위해서는 북한에 영향력이 있는 러시아와 안보를 협력해야 할 것이다.[146] 2013년에는 제1차 국방장관회의에서 한반도 안보에 협력하기로 하였다. 군사대국인 러시아와 안보를 협력함에 따라 직접적인 불안은 수그러든

---

144) 서인한, 『한러군사관계사』, 국방부군사편찬연구소, 2007; 국가기록원, 한러군사협력양해각서(모스크바) 2006. 12; 최성권, 「한·러관계와 군사안보적인 요인 분석」, 『동북아 국제 정세와 한반도 통일문제』, 2010. 9; 이홍섭, 「러시아 '신동방정책' 아·태 중시, 남북과 협력 관계 조율」, 《자유마당》 2017. 2, pp. 24-27.

145) 김용환, 「한·러 방산협력 추이와 시사점」, 해외동향분석, 과학기술정책연구원, 1996. 8.

146) 고재남, 「한반도 정치·안보 정세와 한·러협력」; The 20 years of Korean-Russian Relations: Accomplishments and Prospects, 2012.

것으로 보인다. 러시아는 2020년까지의 안보정책으로 '국가안보전력2020'을 제
정하였다.[147] 트럼프는 푸틴과 친밀하므로 러시아와 협력하여 중국을 견제할 것
으로 본다.[148]

3. 러시아의 한국과의 경제 협력

러시아와 북한은 냉전시대에는 군사적 맹우로 긴밀하게 협력하는 관계였다.
북한은 소련이 미국에 대항하여 세계 패권을 다투는 중요한 전략기지였다. 소련
은 북한에 경제·군사·과학기술·인재를 포함한 모든 방면에서 대규모 원조를
하였다. 그러나 한국에는 북한의 입장을 좇아 불승인정책을 쓰고, 국제관계에서
도 한국을 배척하며 경제 외교와 접촉, 인적 교류는 하지 않았다.

그러나 1991년부터는 북한과는 소원해지고, 대한민국과 국교를 맺어 경제 교
류에 들어갔다.[149] 한국과 러시아의 교역 규모는 1992~2008년 사이에 90배 이
상 늘었고, 2010년 이후 경제 교류가 회복되고 있다. 양국의 교역 규모는 1억 9천
만 달러(1992) → 28억 달러(2000) → 78억 달러 → 181억 달러 → 99억 8천만 달러
(2009) → 176억 6천만 달러(2010) → 약 210억 달러(2011)로 늘어났다. 우리나라에
서 러시아로 수출은 1992년 1억 2천만 달러에서 2010년 77억 6천만 달러로 크게
늘었고, 2010년을 기준으로 보면 러시아는 한국의 12대 수출대상국(총수출의 2.9%)
이다. 러시아에서 수입은 1992년 7천만 달러에서 2010년 99억 달러로 늘었고,
2010년 기준으로 보면 러시아는 한국의 12대 수입상대국(총수입의 2.3%)이고, 한국
은 러시아의 8대 수입상대국(총수입의 3.3%)이다. 무역수지는 전반적으로는 적자다.

한국의 러시아 투자는 러시아의 투자 유치 정책에 힘입어 늘었으나, 러시아의
한국 투자는 미미한 수준이다. 2006년 한국이 러시아에 직접 투자한 액수는 1

---

147) 유영철, 「동북아 안보정세 분석, 러시아연방: 2009 안보정세 평가 및 2010 전망」, 한국국방연구원, 2010.
148) Entspannt sich durch Donald Trump die Situation zwischen der EU und Russland?, https://
　　web.de/magazine/politik.
149) 한국수출입은행 해외경제연구소, 『한·러 경제교류 현황과 경제협력 확대방안』, 2012; 이재영, 한·
　　러 경제 협력 20년의 평가와 전략적 협력 방향, The 20 years of Korean-Russian Relations:
　　Accomplishments and Prospects, 2012; 고재남, 『역대 정부의 대러정책 성과 및 평가와 박근혜 정
　　부의 대러정책 과제』, 국립외교원 외교안보연구소, 2013. 2. 20.

억 1,459만 달러였으며, 2009년까지 4년 연속 투자액을 경신하였다. 2010년 6월 말 한국이 러시아에 직접 투자한 것은 총 388건으로 15억 1,006만 달러에 이르렀다. 2009년에는 투자 금액을 기준으로 보면 4억 2,612만 달러로 역대 최고치 기록했는데, 우리나라가 9번째로 많이 투자한 나라였다.[150]

국교를 정상화한 이후 지난 20년 동안 한·러 경제 협력은 무역과 투자에서 계속 발전했으며, 에너지와 과학기술에 이어 우주항공에 이르기까지 그 범위도 넓어졌다. 그러나 경제·통상 협력 수준은 수교할 때 양국이 기대한 수준을 충족시키지 못했으며, 서로 갖고 있는 발전 잠재력에도 미치지 못한다.[151]

2013년 9월 박근혜 대통령이 러시아를 방문하고, 11월에는 푸틴 대통령이 한국을 방문하여 정상회담을 한 결과 경제 교역 확대와 민간 교류 활성화, 인적 왕래를 강화하기로 하였다. 또 나진·하산프로젝트에 우리 기업이 참여하는 것을 내용으로 하는 양해각서를 체결하고, 러시아의 극동시베리아지역 개발에 양국 기업이 협력을 강화하고자 15억 달러 규모의 투자펀드를 조성하기로 하였다. 그러나 숙원 사업인 ① 남북 종단철도(TKR)와 시베리아 횡단철도(TSR) 연결 ② 시베리아에서 부산을 잇는 가스관 매설 공사는 북한에 가로막혀 집행이 지지부진한 상황이다.

4. 러시아의 북한 정책과 핵 확산 문제

러시아는 제2차 세계대전 후 북한과 국교를 맺었지만 대한민국과는 그러지 않았다. 러시아와 북한은 정치적·군사적 맹우로서 밀접하게 협력하였다. 러시아는 군사적으로도 미국에 대항하여 세계 패권을 유지하려고 하였다. 한국전쟁 때는 김일성 뒤에서 부채질하면서 북한에 군사장비를 지원하였다. 1961년에는 '소련·조선우호협력상호원조조약'을 맺어 유사시에는 즉시 군사 개입을 하기로 하였다. 소련은 북한에 경제·군사·과학기술 인재 등을 대규모로 원조하여 북한을 후방에서 지원하는 역할을 하였다.

---

150) 서동주, 한러 관계 결산: 새로운 도약의 디딤돌 놓기, 2013.
151) ロシアにおける貿易·投資上の問題點と要望; 신범식, 「한·러 전략적(협력) 동반자 관계에 대한 비판적 검토」, 《한국과 국제정치》 제26권 1호(2010).

그러나 1992년 한국과 국교를 맺은 러시아는 북한에 냉담해졌다. 그것은 공산주의 이데올로기에 젖어있는 북한에서 탈피하려고 한 점도 있다. 경제면에서는 옛 소련시대에 하던 북한에 대한 경제 지원과 무역 우대 정책을 중단하고, 양국의 무역을 현금으로 결제하게 하여 북한에 큰 타격을 주었다. 그뒤 쌍방의 무역액은 급속히 줄어들었다.[152]

1993년 러시아는 '조·러우호협력상호원조조약'에서 승인했던 북한에 대한 무조건적인 군사보호 의무를 파기하여 북한과의 군사동맹이 사라졌다. 그러나 북한에 대한 영향력이 급격히 줄어 국내에서 반발하자 북한에 계속 원조정책을 하게 되었다. 1995년에는 기한이 만료되는 '조·러우호협력상호원조조약' 대신 '조·러우호협력조약'을 맺었고, 1996년 4월에는 경제 협의와 정기적인 정치 대화를 회복하였고, 1999년에는 새로운 '조·러우호선린협력조약'에 가조인한 뒤 푸틴이 대통령에 취임한 뒤 서명하였다. 여기서는 10년간의 냉각기를 청산하고 정상이 서로 방문하기로 약속하였다. 그뒤 러시아는 한국과 북한에 등거리 외교를 하고 있다.

러시아는 그동안 북한을 경제적으로 도와주며 차관도 많이 해줬으나 돌려받지 못하다가, 한국에서 빌린 돈을 갚지 않고 북한을 개발하는 사업에 쓰겠다고 약속하고, 2014년 북한의 빚을 탕감해주기로 하였다. 러시아와 북한의 교역 현황은 그리 밝지 않다. 2000~06년에 점진적으로 증가세를 보이며 2010년부터 1억 달러를 약간 웃돌았으나 2012년 이후에는 다시 감소하는 추세다. 러시아는 북한의 3대 교역국[153]인데 2014년 크림반도 문제로 서방 국가의 제재를 받자, 동방정책으로 이를 극복하고자 중국 대신 북한과의 교역을 확대하고 있다.[154] 특히 두만강 삼각주 사업에서 협력하고 있다.

---

152) 兵頭愼治, ロシアから見た露朝關係の現狀と展望; 李述森, ロシアの朝鮮半島政策－歷史的 變化と 未來へのゆくえ; Wikipedia, 러시아와 북한 관계(Russia and North Korea Relations); A. Panov, 「한국통일에 대한 러시아의 입장 및 역할」, 배정호 편, 「한반도 통일과 동북아 4국의 입장 및 역할」, 통일연구원, 2012, pp. 95-107.

153) S. S. 수슬리나, 「경제 분야에 있어서 북한에 대한 러시아의 영향 평가」, 러시아·북한 경제관계.

154) 윤성학, "러시아와 북한의 주고받기: 위협받는 통일대박", 오마이뉴스(2014. 8. 4); S. Radchenko, NPHP Working Paper #4. Russia's Policy in the Run-Up to the First North Korean Nuclear Crisis 1991-1993, Feb. 2015; B. Avni, North Korea is Losing China, Does It Have a Friend in Russia?, Newsweek, May 13. 2014.

소련은 북한이 핵을 개발하는 데 많은 도움을 주었다. 1950~60년대 소련은 북한에 수많은 핵기술자를 양성해줬고, 연구소를 개설하는 데 협력하고, 원자로를 1기 수출하기도 하였다. 러시아는 1994년 북한이 핵위기를 조성했을 때는 북한의 핵 문제를 주변국의 국제회담으로 해결하자고 제안하기도 하였고, 2003년에는 6개국의 협의 멤버로 북핵 문제를 다루게 되었다. 러시아는 한반도의 비핵화 원칙을 고수하며 북한의 핵개발을 비판하기 시작하였다.[155]

그럼에도 북한이 계속 핵을 개발하자 러시아는 강경하게 규탄하며 유엔의 제재에 참여하였다. 특히 2013년에 북한이 핵실험과 미사일을 발사했을 때 강경한 입장을 취하였다. 러시아는 북한의 핵개발을 중지시키고자 6자회담 재개를 원한다. 그러나 완충지대 역할을 하는 북한이 멸망하는 것은 원하지 않는다. 지금까지 러시아의 대북정책은 중국과 비슷했으며, 북한에 별다른 압력을 가하지 않았다. 러시아는 북한이 2016년 1월에 핵실험을 하고 2월에 미사일(ICBM) 실험을 한 후에도 유엔이 강경하게 제재하는 것을 원하지 않고 경제적으로 지원하고 있다. 미국의 트럼프는 북한의 핵 문제를 해결하고자 중국을 압박할 것으로 보이며, 러시아와 협력하여 북한의 핵을 동결시키는 노력을 할 것으로 본다.

5. 러시아의 한반도 통일정책

소련과 미국은 한반도의 분단을 가져온 원인 제공자다. 1945년 12월 미국·영국·소련 3개국 외상이 제2차 세계대전 전후 처리를 협의한 '모스크바3상회의'에서 한반도 통일을 논의하였다. 여기서는 "한반도에 미소공동위원회를 설치하고,

---

155) A. Lankov, N. Korea and Russia: A Step towards a worldwide anti-hegemonic Front? Aljazeera, June 22. 2014; DPRK Briefing Book, Russian Policy on the North Korean Nuclear Crisis, Nautilus Institute, Apr. 2003; A. Fedorovskiy, The North Korean Nuclear Crisis and Russia, The Royal Institute of International Relations, *International Journal of Korean Unification Studies*, Vol. 14, No. 1, 2005; G. Toloraya, Neither Peace, Nor War in Korea: A Russian Assessment of Past, Present and Future, *International Journal of Korean Unification Studies*, Vol. 19, No. 1, 2010, pp. 64-93; Seng-Ho Joo, Russian Policy on Nuclear Proliferation and National Unification on the Korean Peninsula, Inha University, Aug. 6. 2014; Victor Larin, The Threat of Armed Conflict on the Korean Peninsula, Working Paper 11, *RIAC*, 2013, pp. 59-65; 황옥자, 소련과 군사협력 관계.

일정 기간 신탁통치를 협의"하기로 되어 있었다. 미국이나 소련이 단독으로 한반도를 분할하여 신탁통치를 하려는 것은 아니었다. 그러나 미소공동위원회는 신탁통치에 합의하지 못하고 한반도 통일 문제를 유엔으로 넘겼고, 유엔은 한국 국민의 자유선거로 통일시키자고 결의하였다. 그러나 소련의 반대로 통일선거가 무산되어 남북에 각각 정부가 들어섰고, 스탈린의 지시로 북한이 6·25전쟁을 일으켜 반영구적인 분단이 고정되었다. 소련은 한반도 통일에 대한 책임을 면할 수 없다고 하겠다.

러시아는 러시아개혁으로 소련연방을 붕괴시킨 뒤에는 남한과 수교를 맺고, 처음에는 북한을 홀대하다가 나중에는 남북한에 등거리 외교를 하였다. 러시아는 6자회담에 참가한 뒤에는 유엔의 북한 제재 조치에 참여하면서 한반도에 유화정책을 써왔다.

한국은 러시아에 연해주와 시베리아 개발·투자를 약속했으며, 북한의 나진·하산프로젝트에 참여할 뿐만 아니라 남북 종단철도와 시베리아 횡단철도 연결, 가스관 사업을 요청하여 러시아의 경제발전에 인센티브를 주었다. 러시아는 현재 남북의 분단이 유지되기를 바라면서 3국 간의 경제 협력을 원한다. 북한에 대해서는 돌발사태가 일어나지 않기를 원한다.[156]

러시아의 한반도 통일정책은 한국과 북한이 합의하여 통일하는 것이다. 러시아는 어느 일방이 평화를 파괴하는 것을 원하지 않으며, 러시아에 친화적인 통일한국을 원하므로 통일한국은 평화적이고 풍요로워야 한다. 그러한 통일한국은 미국과 일본, 중국이 지배하는 극동지역에서 러시아가 균형 있는 국제관계를 유지하는 데 중요한 파트너가 될 것이다. 통일한국이 러시아와 극동지역의 중요

---

156) 러시아의 한반도 통일정책은 Soviet Foreign Ministry Report, On Question of a United Government in Korea, Dec. 10. 1945. Wilson Center; S. Tkachenko, *The Korean Peninsula and Interest of Russia*, 2000; Tkachenko, Korean Unification: Political and Economic Aspects in the East-Asian Context, *S/N Korean Humanities* Vol. 1, No. 2, Sep. 2015, pp. 101-117; Krupyanko/Areshidze, *USA and East Asia—The Struggle for a New Order*, 2010; Toloraya, Continuity and Change in Korea: Challenges for Regional Policy and US-Russia Relations, Brookings Institution. IMEMO보고서(한국의 흡수통일에 대한 견해) Focusing on Hongkong, Macau and Taiwan Shenzhen TV(Nov. 5. 2011); A. Vorontsov, The Russian Perspective on Korean Unification, 《통일과 평화》 제5집 1호(2013), pp. 221-263 참조.

한 시장 역할을 하기를 원한다. 그러나 통일한국이 미국이나 중국에 종속되는 것은 러시아의 이익에 반하므로 이를 반대하며, 대한민국이 흡수하는 통일도 반대한다. 그들은 전쟁을 원하지 않으며, 남북이 협상하여 분쟁을 해결하기를 원하고, 단계적인 대화로 통일하기를 원한다.[157]

그런데 일부에서는 동북아의 안정을 위하여 북한의 불안정함을 극복하고 대한민국이 북한을 통일해야 한다는 주장도 있다. 최근 발표한 아이버슨 교수의 한국 통일에 대한 모스크바 방식[158]이 관심을 끈다. 이는 북한의 간부들에게 안전하고 명예로우며 유리하게 현상을 탈출하게 해주자는 당근 정책이다. 모스크바혁명 때는 공산당 간부들이 미래에 대한 불안이 심했는데, 이들에게 공산당이 관리하던 국유재산 이권을 나눠주고 신변을 보장해주어 평생 안전하고 부유하게 살도록 만들어주었기에 혁명이 성공했다고 보고, 이 방법을 북한에도 적용해보자는 구상이다.

1991년 러시아혁명은 자본주의를 찬성하는 러시아 당간부 지도자들에 의하여 행해졌다고 한다. 그들은 이념을 버리고 물질적 특혜와 자유시장경제에서도 계속 권력을 유지하기를 원했다고 한다. 1987년부터 시작된 사유화정책을 펼치기 전에 그들은 이미 공장이나 산업체 이익을 접수하였다. 그리하여 1991년 혁명이 일어났을 때 간부들은 군중의 시위를 진압하지 않았고, 급기야는 상대적인 무혈혁명을 달성했다고 한다. 그 결과 혁명 후에도 전직 당간부들은 안락하게 잘 살고, 고르바초프는 노벨상까지 받게 되었다고 한다.

그러나 북한은 러시아처럼 분배할 재원이 없으니 세계적인 평화기금을 만들어줘 불안한 통치를 포기하게 하고, 성공하면 김정은에게 노벨평화상이라도 주자는 발상이다. 이 평화기금은 국방비를 많이 쓰는 주변국들이 일부 부담하고, 나머지는 세계 갑부들에게 자선금을 받자는 것이다. 이는 당근 구상으로는 좋

---

157) G. Toloraya, Neither Peace, Nor War in Korea: A Russian Assessment of Past, Present and Future, *International Journal of Korean Unification Studies*, Vol. 19, No. 1, 2010, p. 78; A. Panov, 「한국 통일에 대한 러시아의 입장 및 역할」, 배정호 편, 『한반도 통일과 동북아 4국의 입장 및 역할』, 2011. 11, pp. 95-107.

158) S. Iverson, The Moscow Model for Korean Unification, Http://eng.globalaffairs.ru, number/The Moscow-Model-for-korean-unification-16293, Dec. 27. 2013.

은 생각이지만 북한 권력자들이 응할지는 미지수다.

현실적으로 러시아는 한반도 통일에 적극적이지 않을 것 같다. 그동안 러시아는 한반도에 중립정책을 써왔다. 19세기 말에는 일본과 교섭하여 만주는 중국령으로, 한반도는 일본령으로 하자고 주장하기도 하였다. 당시 주일본한국공사 조병식은 '열강 보장 하의 한국 중립'을 주장했으나 일본 때문에 부결되었다.[159] 제2차 대전 후 소련은 분단국의 통일방안으로 중립화를 요구했는데, 오스트리아는 이를 받아들여 1946년에 통일하였고, 서독은 거부하여 소련시대에는 통일하지 못했다. 현재 한반도 통일 문제에서도 러시아는 남북 등거리 외교를 하고 있어 통일을 반대할 것 같지 않으나, 미국과 동맹관계인 한국이 통일하여 북한지역까지 미군이 주둔하는 것은 반대할 것으로 보인다.[160]

파노프 러시아 대사는 러시아의 한반도 통일정책 원칙을 다음과 같이 설명하였다.[161] ① 남북 양국이 화해하는 과정을 지원한다. ② 한반도 문제를 해결하기 위해 전적으로 평화적·외교적 수단을 지원한다. ③ 통일한국이 러시아와 이웃 국가들에게 우호적인 태도를 갖는다는 조건에서 한국의 평화통일을 지원한다. ④ 한반도가 비핵화와 핵확산방지 의무 준수하는 일이나 대량살상무기를 제거하는 데 지원한다. ⑤ 러시아·북한·남한 3국의 광범위한 경제적 상호 작용을 지원·지지한다.

결과적으로 중립적이고 평화적이며, 핵무기가 없고, 외국 군대가 주둔하지 않는 통일한국을 원한다는 것이다. 이러한 관점에서 볼 때 러시아는 한반도가 통일되기보다는 현상을 유지하기를 원하고, 경제적으로 남북이 합의하여 송유관 건설이나 시베리아 철도를 한반도로 연장하기를 원하는 것으로 보인다. 따라서 한국은 한반도의 통일을 위하여 러시아가 협력하도록 노력해야 할 것이다.

러시아는 우크라이나 사태 이후 친북이 되었고, 북한과의 무역 확대를 꾀하며 선봉지역 개발과 북한 노동력을 수입하는 데 힘쓰고 있다. 러시아는 한반도 통

---

159) Slavic Research Center, ロシアの韓國中立化政策, 1999, Hokkaido University.
160) 한국에서 강의하는 러시아인 학자 란코브 교수는 한반도 통일을 원하는 나라는 미국뿐이라고 하였다.
161) A. Panov, 「한국통일에 대한 러시아의 입장 및 역할」, 배정호 편, 전게서, p. 101.

일을 자국의 경제발전과 연관시키므로 경제협력을 더 강화해야 할 것이다.[162]

제5절. 주변국의 동북아공동체 구상에 따른 한국의 통일 구상

중국과 일본, 한국은 3자 안보회의를 준비하는 노력을 했으며, 한중FTA와 한일FTA도 협상하는 중이다. 신냉전을 끝내려고 유럽안보협력체(KSZE)를[163] 모방한 동북아안보협력체[164]도 구상 중이다. 또 일부에서는 유럽연합(EU)처럼 동북아공동체를 구성해야 한다는 주장도 있다.[165] 동북아시아에서 평화를 유지하려면 한반도의 평화가 필수[166]이고, 이를 위해서는 반드시 한반도가 통일을 이루어야 한다. 미국은 한반도의 조속한 통일을 원한다.[167]

1. 신냉전시대 동북아 정황과 한반도의 지위

21세기 들어와 미국의 일극체제가 무너지고, 중화인민공화국이 경제대국으로

---

162) 배정호 외, 「러시아의 대외전략과 한반도」, 『동북아 4국의 대외전략 및 대북전략과 한국의 통일외교전략』, 통일연구원, 2014. 12, pp. 93-124.

163) 유럽의 안전보장과 협력 회의는 Wikipedia, Konferenz über Sicherheit und Zusammmenarbeit in Europa, 1975; 유럽 통합에 대해서는 강원택·조홍식, 『하나의 유럽: 유럽연합의 역사와 정책』, 푸른길, 2009.

164) 아시아공동체에서는 Network of East Asian Thinktank와 East Asian Forum을 건립하였다. 전성, 「동북아공동체 구축에 관한 연구: 한·중·일을 중심으로」, 충남대 박사학위 논문, 2013; Wikipedia, East Asian Community(東アジア共同體); 일본에서는 アジア共同體評議會가 활동한다. 東アジア歷史認識と平和をつくるか: 東アジア平和共同體をめざして 12. 8th 2009.

165) 한반도와 동아시아공동체에 대해서는 김종욱, 「한반도 평화공영체제 구상과 동아시아 공동체 건설」, 《통일정책연구》 제20권 2호(2011), pp. 185-221; 김상용, 「동북아공동체와 동북아보통법에 관한 구상과 실천의 제안」, 《전북대학교 동북아법연구》 제6권 2호(2012. 9), pp. 165-197; 김정봉, 「동아시아경제공동체와 북한의 개혁개방 그리고 통일」, 《자유민주연구》, 2011. 1; 양기호, 「동북아공동체형성을 위한 대안으로서 한·중·일 지방간 국제교류」, 《일본연구논총》 제20호(2004. 겨울), pp. 33-63.

166) 배정호 외, 『오바마 행정부 출범 이후 동북아 전략환경의 변화와 한국의 동북아 4국 통일외교 전략』, 통일연구원, 2010/『리더십 교체기의 동북아 4국의 국내정치 및 대외정책 변화와 한국의 통일외교전략』, 통일연구원, 2012/『오바마·시진핑 시대의 동북아국가들의 국내정치 및 대외정책과 한국의 대북 및 통일외교 전략』, 통일연구원, 2013.

167) 미국의 한반도 통일정책에 대한 논문은 많다. Noland et al, Modelling Korean Unification, July 1999; Wikipedia, OPLAN 5029, Collapse of North Korea, OPLAN 5015.

성장하면서 G2 사이에 새로운 냉전이 시작되었다. 또 러시아가 크림반도를 침공하여 미국·러시아·유럽의 냉전이 재연되고 있다. 이 냉전은 경제제도 재편으로 끝날 수도 있으나, 아시아에서 신냉전은 계속될 것 같다.[168]

미국은 중국의 군사팽창정책에 대응하고자 아시아 회귀를 선언하며, 아시아를 중요시하는 정책을 표방해왔다. 중국의 남중국해 영토분쟁을 억제하려는 정책적인 면도 있지만, 일본의 집단안전보장정책을 장려하면서 일본의 무기 증산과 판매도 용인한다. 한국과도 한미상호방위조약 유지를 강조하며, 주한미군철수정책을 후퇴시키고, 한·미·일 3자 방위책을 강구하고 있다.

이에 중국은 아시아에서 영향력을 강화하려고 노력하면서 일본을 비롯한 주변국과 영토분쟁을 벌이고, 무기 개발과 생산을 늘리고 있다. 일본에 대해서는 조어도 문제로 항공식별구역을 확대하여 공중전을 야기할 위험을 안고 있다. 중국은 그동안 소원했던 러시아와 군사동맹을 강화하여 북한의 경제개발에도 러시아와 함께 노력하고 있다.

이 국가들은 강대한 군사력이 있어 열전이 재발하여 제3차 세계대전으로 번질까 우려된다.[169] 한반도 주변국들은 각자 남한과 북한 편을 들면서 상호방위조약

---

168) 김상훈, 『신냉전시대의 동북아』, 1984. 6; 바텐 쿼, 『탈냉전시기 중국과 한국의 대북정책 및 그 역할』, 《북한학연구》 제3권 1호(2007. 8); 소태경, 『탈냉전 동북아 안보환경 재편과 한국의 신안보 통일정책 방향 연구』, 충남대 석사학위 논문, 2005; Toloraya/Vorontsov, Russia's 'Turn to East' Policy: Role of Northeast Asia and the Korean Peninsula, *International Journal of Korean Unification Studies*, Vol. 24, No. 24, 2015, pp. 31-65; Conference, Korean Unification Vision and Peace Building in Northeast Asia, Unity in Diversity, Dec. 6. 2013, Kuala Lumpur Malaysia; Reynold/Spor, Cold War Summitry Transcending the Division of Europe, 1970-90; Centre for Research in the Arts, Social Sciences and Humanities, Christ College, Cambridge University, 2014.

169) 이 국가들의 군비는 Military Jane's year book 참조. 예를 들면 Jane's Fighting Ship 2012-2013, Jane's All the World Aircraft 2012-2013. **[미국]** United States Department of Defense, Wikipedia 참조; Chronology of U. S. North Korean Nuclear and Missile Diplomacy, February 2014. Arms Control Association; 한미통합국방협의체회의(2014. 9. 17~18); 이헌경 외, 『미국의 MD체제 추진 실태와 국제사회의 반응: 동북아지역에 미치는 영향을 중심으로』, 통일연구원, 2002. **[중국]** 위키백과, '중국인민해방군' 참조; 2010년 중국의 『국방백서』; 정철호, 2013 중국 국방백서의 대한국전력 함의, 세종연구소, 2013; 이성주 외, 『후진타오 시기 중국의 안보·국방 정책 결정 매카니즘 분석』, 한국국방연구원, 2011; 김종주, 『중국과 일본의 군사정책 변화와 한국의 안보에 관한 연구』, 호남대 석사학위 논문, 2007; 日本防衛省 防衛研究所編, 中國安全保障レポート 2013, 2014. 1; Cordesman, "Chinese Military Modernization and Force Development Chinese and Outside Perspective", *Center for Strategic and International Studies*, 2014. **[러시아]** Fedorovskiy, The North Korean Nuclear Crisis

을 체결하여 지금까지는 열전을 피하며 냉전을 유지하고 있다.[170] 그러나 북한의 핵도발로 언제 열전이 벌어질지 모르는 불안한 상태다. 아시아에서는 미국·일본을 한 축으로 한 해양세력과 중국·러시아를 한 축으로 한 대륙세력이 대치하며, 호전적인 북한이 핵전을 주장하고 있어 열전이 일어나지 않을까 걱정된다. 이 국가들의 국방과 군사 정책은 상론할 지면이 없기에 중요 문헌만을 소개하면 다음과 같고,[171] 이 강대국들의 한반도 정책은 앞에서 설명하였다.

and Russia, *International Journal of Korean Unification Studies*, Vol. 14, No. 1, 2005, pp. 71-96; O. Haran, Ukrainian-Russian Conflict and Its Implication for Northeast Asia, *International Journal of Korean Unification Studies*, Vol. 24, No. 3, 2015, pp. 125-128. **[일본]** 日本防衛白書 2014; 이춘근, 『2014년 방위백서로 본 일본의 국방전략』, 자유마당, 2014. **[북한]** Report Reveals North Korea's Military Strength, May 4. 2013. Before its News. The Current Crisis between North and South Korea; Sidebar, B. Howe, Reengaging the North Korea: War or Peace in Northeast Asia, *Korean Journal of Defense Analys* 15(2), pp. 199-221; Eberstadt/Ellings, *Korea's Future and Great Powers*, 2012. **[한국]** 국방부, 『국방백서 2011』; 한국국방연구원, 『국방정책 2030』, 2010; 국무총리실, 『튼튼한 안보 보람 있는 군복무 및 국민 존중의 국방정책 추진』(2013. 9. 3); 박창천, 『한국의 중장기 안보전략과 국방정책』, 2011; 문정인 외, 『신국방정책과 공군력의 역할』, 2004.

170) 신냉전이 올 것이라고 하는 사람이 많다. 로버트 E. 켈리, 이기준, 『다시 시작된 고래싸움: 미국과 중국의 신냉전 체제에 대응하려면 한일관계 개선이 필요하다』, 《뉴스위크 한국판》, 2013; 이춘근, "한반도 주변의 신냉전 질서 구조와 우리의 대응", 네이버 블로그(2012. 11); "모든 북녘동포를 위한 자유와 생명, 대한민국 신냉전 체제 속으로", 네이버 블로그(2013. 10. 28); 김상훈, 『신냉전 시대의 동북아시아』, 1984; 藤井嚴喜, 『米中新冷戰, どうする日本』, 2013.

171) 미국과 중국의 냉전에 대해서는 ① **중국** A. Scobel, "China, The Great Powers, and the Koreas: Beyond the Beijing Olympics", *International Journal of Korean Studies*, Vol. 14, No. 1, Spring 2010; Y. Shi, "China's New Leadership: Prospects for Foreign Policy and the China-US Relationship", Okinawa Asia Pacific Partnership Forum. **일본과 관계는** N. Michishita, "China's Action in the Region and Japan's Response", Okinawa Asia Pacific Partnership Forum, Oct. 11. 2013; 김대홍, 『오바마 정부의 아시아 중시 정책: 2008년 세계 경제위기, 중국의 부상 그리고 미국의 패권 재건축』, 중앙대 박사학위 논문, 2013; 정상순, 『미국과 중국의 관계 변화가 한국의 안보정책에 미치는 영향 연구』, 상지대 석사학위 논문, 2013. ② **일본은** 전쟁할 수 있는 보통국가를 만들려고 여러 장치를 마련하였다. Kyodo, "Japan slips to eighth in global peace index, as East Asia rifts mount", June 18. 2014; Demint, "Tension between Korea-Japan is poison to Asia, US Should mediate, search Heritage for Asia, Japan, South Korea and national security and defense", Aug. 28. 2014; 야당과 시민단체들은 호헌대회를 열었다. 韓國併合 100年, 憲法理念の實現をぬざす 第47回 護憲大會; R. Bush, The Perils of Proximity, China-Japan Security Relations; 衫置高史, 中國に立ち 向ふ 日本, つき從ふ 韓國, リチャード ブッシェ, 日中危機はなぜ起るのか. ③ **러시아의 영향은** O. Haran, Ukrainian-Russian Conflict and Its Implication for Northeast Asia, *International Journal of Korean Unification Studies*, Vol. 24, No. 3, 2015, pp. 125-128; S. Iverson, "The Moscow Model for Korean Unification", *Journal, Russian Global Affairs*, 2002-2003; A. Fedoroskiy, "The North Korea Nuclear Crisis and Russia", KINU *International Journal of Korean Unification Studies*, Vol. 14, No. 1, 2005, pp. 71-96.

세계적으로는 크림반도 문제와 시리아 같은 중동 문제로 미국과 러시아의 신 냉전이 우려되지만[172] 트럼프의 등장으로 두 나라 관계가 좋아지기를 기대해본 다. 아시아에서는 한반도 문제와 영토 문제로 미·일과 중·러 간에 신냉전이 시 작되었다고도 한다.[173] 동북아시아에서는 북한의 호전성이 도화선이 되어 열전 이 일어나지 않을까 걱정한다. 잘 알다시피 북한은 핵무장을 강행하며 미사일 까지 개발하여 한국을 초토화하겠다고 하고, 핵무기로 미국까지 위협하고 있 다.[174] 동북아시아에서 열전이 일어난다면 제3차 세계대전으로 비화하지 않을까 걱정이다.[175] 최근 동향을 보면 미국은 한국에 방위조약 준수를 확약하고, 한국 은 미군 주둔비를 추가로 부담하기로 하는 5개년 특약(SMA)을 체결하였다.[176]

---

172) 세르주 알리미(Serge Halimi): Monde Diplomatic, 신냉전시대의 도래, 르몽드꼬레, 2014. 8. 26. 《중앙일보》 2014. 9. 12; P. C. Roberts, アメリカの對ロシア戰爭, 旣に進行中, PCRのボイス オブロシア インタビュー, 2014. 7. 1.

173) 일본 Wikipedia, 米中冷戰; 藤井嚴喜, 米中新冷戰, どうする日本, 2013; 김상훈,「신냉전시대의 동북아시아」, 1984; 하영선,「21세기 신동맹, 냉전에서 복합으로」, EAI, 2010; 하영선,「국제정치칼럼 1991-2011」, 2012; 이 춘근, "한반도 주변의 신냉전 질서 구조와 우리의 대응", 네이버 블로그(2012. 11).

174) **북한은 항상 전쟁 통일을 호언장담한다.** Stimme Russlands, Nord Korea droht mit Krieg für Vereinigung Koreas, 3. Feb. 2013; Lieber/Press, The next Korean War, Foreign Affairs, Apr. 1. 2013; AP Korea, North Korea threatens Pre-emptive nuclear strike against U. S. *the Guardian*, Mar. 7. 2013; A, Parrish, Report Reveals North Korea's Military Strength, Missile Programs: Critical Security Challenge, May 4. 2013; B. Howe, Reengaging the North: War or Peace in Northeast Asia, *The Korean Journal of Defense Analysis*, Jan. 1. 2003; Kihl/Hayes, *Peace and Security in Northeast Asia*, 1997; Khan, North Korea's Evolving Nuclear Strategy under the Pretext of Minimum Deterrence: Implications for the Korean Peninsula, *International Journal of Korean Unification Studies*, Vol. 24, No. 3, 2015, pp. 181-216; 홍성후·허태용, 중국의 군사 적 대응화에 따른 동북아정세변화, 2013. **한국의 남북전쟁 위협을 논하는 사람은** Lukin, War in Northeast Asia: Possible Scenarios, Strartrisks, Aug. 6. 2013; Rammel, The Conflict Helix and the Probability of a Korean War, http://www.hawaii.ed/powerkills/HELIX.HTM. **북한의 종말 을 논하는 사람은** Eberstadt, *The End of North Korea*; Lankov, North Korea's Choice: Collapse or Reform, Foreign Affairs, Dec. 19. 2011; 저서로는 박태균,「한국전쟁 끝나지 않은 전쟁, 끝나야 할 전쟁」, 책과함께, 2005; 하영선,「21세기 신동맹, 냉전에서 복합으로」, 2010;「2020 한국 외교 10대 과 제」, 복합과공전, 2013; 김&정,「2025 미래 대예측」, 한국국방연구원, 2005; 황정현,「미국의 세기에 나타난 냉전의 혼령들」, University of California at San Diego, 2009.

175) 제3차 세계대전을 예언하는 논술도 있다(Wikipedia free encyclopedia). 일본 Wikipedia, '제3차 세계대전': 2013년에 제3차 세계대전이 일어난다고 했던 학자도 있었다.

176) Gerson, Reinforcing Washington's Asia Pacific Hegemony, FPIF; U. S. South Korea Relations: Congressional Research Service, June 24. 2014. CRS Report for Congress, Korea-U. S. Relations 2008; Roberts P. C., PCR Voice アメリカの 對ロシア戰爭, 旣に進行中, 2014. 7. 1; The Korean Journal of Defence Analysis since 1989, *Asian Perspective for Far Eastern Studies*; B. Glaser,

중국은 한국전쟁 때 북한을 멸망에서 구해준 뒤 조·중상호방위조약을 맺고 북한 정권을 지지하였다. 그러나 친중파인 장성택 부위원장 숙청을 계기로 관계가 나빠졌으나, 완충지대로써 북한의 존재는 필수라고 여기고 순치관계에 있다고 본다. 중국은 북한의 핵실험과 미사일 발사 문제로 세계의 주목을 받았으나, 유엔안전보장이사회의 결의도 늦추고 엄정하게 제재하지 못하고 있다. 중국은 일본 정부와도 관계가 나쁘다. 일본이 조어도를 국유화(2012)하자 강경한 정책을 펴고 있다. 중국은 군사팽창정책을 채택하면서 동북아시아만이 아니라 동남아시아와 아프리카에까지 진출하여 미국의 방위망을 벗어나려고 한다.[177]

일본은 아베 정권이 출범한 후 우경화 노선을 걷고 있고, 미국과 긴밀한 상호방위조약체제를 유지하고 있다. 그러나 중국에 대해서는 조어도를 국유화하고, 러시아가 점령한 북방의 4개 섬을 반환하라고 요구하고, 독도를 일본땅이라고 우기며 교과서에까지 기술하고, 민족주의를 고조시키면서 극동아시아의 긴장을 높이고 있다.[178] 러시아는 북한 진출을 꾀하면서 나진·선봉지역 개발에 나섰고, 옛 소련 영토에 대한 야망을 버리지 못하는 것 같다.[179] 중국은 호전적인 북한을

China's Policy in the Wake of the Second DPRK Nuclear Test, *China Security*, Vol. 5, No. 2, 2009.

177) Johnson/Bower/Cha/Goodman/Szechenyi, *Decoding China's Emerging: Great Power Strategy in Asia*, CSIS Studies, 2010; Bandow, Engaging China to Maintain Peace in East Asia, *The Daily Caller*, May 25. 2010; 中國東アジア外交史の研究, 2007. 3; 김선호, 「2013 중국 국방백서의 전략적 의미」, 《자유》 통권482호(2013. 10).

178) 일본은 영토문제 등으로 긴장을 고조시키고 있다. 東アジア領土問題を巡る 外交と 國際法へ 尖閣諸島·竹島·地方領土, みんなの大學政治經濟學部, 尖閣は 日本の 領土, 2014. 9. 11; GALE, HAYASHI & SPEGELE, 中韓 日朝が外交上の駆け引き―東アジア秩序のシフト反映, 2014. 7. 4. WSJ; 外務省 北東アジア課, 最近日韓關係, 平成 20년 7월; 田中均, 日中 日韓關係は なぜこれほどまでに惡化したか Diamond on Line, 2014. 7. 16. オル韓 ニュース連報, 北朝鮮カードを 特ちだす; 日本『日本は韓國の 後頭部を 打つ國』, 2014. 6. 30; The Instigator, Japan is becoming a threat to the Peace in East Asia; Armacost/Ryle, Japan and the Unification of Korea: Challenges for U. S. policy Coordination, *The National Bureau of Asian Research*, Vol. 10, No. 1, Mar. 1999.

179) 러시아의 냉전 위협에 대해서는 北野幸伯, 實は, ずっと 絕へたことがない 米露 冷戰の 眞相; President On Line Newsfile 2014. 5. 13; 元林義昌, 米リ冷戰抗爭が永續た 原因を 檢む, 《東京家政學院 筑波女子大學紀要》 第5集, pp. 23-44; Foreign Affairs Report, Losing Russia(サイメス, ロシアと) 新冷戰を回避する には Foreign Affairs, 日本語版 2008年 1月號; E. Conant, 未露の冷戰 が 復活いるか?, National Geographic News, Mar. 24. 2014; 田中統一郎 インタビュー, ロシアの クリマ編入は 新冷戰の 幕開けなのか, Blogos. com, 2014. 4. 1; 日本經濟新聞, ロシアは新な戰爭を戰うこと はできない 2014. 3. 5; "우크라이나 사태 새뇌관: 미·러 신냉전 치닫다", 《한국일보》, 2014. 8. 31; Seung-Ho Joo, Russia's Policy on Nuclear Proliferation and National Unification on the Korean Peninsula, *Pacificus 29.*

지원하고, 남중국해를 군사기지화하여 일본과 한국을 무력으로 위협할 것 같고, 미국의 트럼프는 중국에 강경책을 쓸 것 같아 냉전이 더욱 깊어지지 않을까 걱정된다. 신냉전 체제에서 동북아시아의 평화나 번영은 주변 강대국 간의 타협에 의할 수밖에 없을 것이나 이 또한 기대하기는 어렵다.

2. 전쟁을 피하려는 동북아시아의 노력

1) 다자국제협력기구 구상

한반도 주변국들은 아시아에서 열전을 피하고자 노력을 많이 하고 있다. 미국과 중국은 초강대국이지만 되도록이면 무력을 배제한 패권 평화유지를 원한다.[180] 미국은 중국이 다시 부상하는 것을 경계하며, 북한이 핵폭격을 하겠다고 위협하자 전쟁을 억제하고자 동남아시아 나라들과 협력하여 환태평양경제동반자협정(TPP)을 추진[181]했으나 트럼프는 이를 포기하였다. 이에 중국은 동아시아

Aug. 6. 2014, pp. 167-187; A. Fedorovsiy, The North Korean Nuclear Crisis and Russia, *International Journal of Korean Unification Studies*, Vol. 14, No. 5, 2005, pp. 71-96.

180) 동북아시아에서는 평화를 보장하고자 노력을 많이 한다. USIP(The U. S. Institute of Peace) Round of Northeast Asia Track 1·5 Dialogue of July 17. 2013; Stephan Heatley, Trilateral dialogue: Carnegie Endowment for International Peace; H. Paal Douglas, Action needed in Northeast Asia, Feb. 2. 2014; UNDPSPC Seoul Policy Center; Okinawa Asia·Pacific Partnership Forum, Peace and Security in East Asia, Oct. 11. 2013; Seminar with Noam Chomsky: Peace in East Asia(Oct. 22. 2012) Asia Institute Seminar, Kyunghee University, MIT Heritage Foundation, US.-Northeast Asia Relations, Aug. 19. 2014; Bordachev, The Choice and Challenge of Eurasian Integration, Russia in Global Affairs; R. Ross, The Geography of the Peace: East Asia in the Twenty-first century, *MIT Security*, Vol. 23, No. 4, Spring 1999, pp. 81-118; North Korea, Nuclear Diplomacy, and Regional Security in Northeast Asia, Ewha Womans University; Council of Foreign Relations Peace and Prosperity in East Asia, Barcelona Center for international Affairs, Barcelona 18th Feb. 2014; Weissmann, Understanding the East Asian Peace, Declaration Ⅱ. 5; The Asia Foundation, The North Korea and the Foundation of Regional Security Dialogue in Northeast Asia, Apr. 25. 2007; Asian Youth Post in post 2015 Declaration; 동북아평화포럼 2014, 21세기 북방의 미래, 갈등에서 협력으로, 2014. 8. 25(러시아 블라디보스톡에서 개최).

181) 동북아시아 평화보장 노력으로는 각주 165) 외에도 많은 연구가 있다. Paal, Action Needed in Northeast Asia, Carnegie Endowment for International Peace, Feb. 5. 2014; War Resisters International, Peace in North-East Asia, 01. July 2005; Weissmann, Understanding The East Asian Peace: Conflict Prevention and Informal Peace Building, 2012; Timo Kivimäki, The long Peace of East Asia, May 2014; Sharma, Looking up in North-East Asia Nuke Street, May 19. 2014; de

경제협력체를 발족시키려고 한다. 트럼프는 중국이 대만을 흡수하는 정책에 반대할 것 같다. 미국과 중국의 갈등에 따라 동북아 평화가 결정될 것 같다.

북한의 핵위협을 막고자 미·러·중·일은 남북한과 함께 6자회담[182]을 열었으나 성과는 없었고, 북한에 핵을 개발하는 시간만 벌어준 형국이 되었지만 의장국인 중국을 비롯하여 러시아는 6자회담을 재개하기를 원한다.

강대국들은 북한에 급변사태가 벌어지면 핵과 화학무기를 제거할 계획을 갖고 있다. 중국은 통일보다는 남북이 공존하는 현상유지를 지지하는 것 같다. 이는 북한을 완충지대로 삼아 미국이나 자본주의 세력이 커지는 것을 막으려는 의도로 보인다.[183]

러시아는 한반도가 서방국의 주도로 통일되는 것보다는 현 상태를 유지하기를 원하는 것 같고, 통일이 되면 중립화를 요구할 것으로 보인다.[184] 일본은 남

Leon/Yang, U. S.-China Relations, Toward a New Model of Major Power Relationship, Feb. 2014; China tells U. S. to Drop: "Cold War" mindset on Military, *Reuters*, Mar. 26. 2009; Weissmann, Understanding the East Asian Peace, 2009; 한국에서는 Global Peace Conventions 2013 in Kuala Lumpur Korea Unification Vision and Peace-Building in Northeast Asia; Joo, International Solidarity for Peace on the Korean Peninsula and in Northeast Asia, Zoom in Korea, July 26. 2013; Tasks of Peace Studies in the 21st Century A Report of National Committee for Peace Research, July 21. 2005; Onozuka/Kim, Security of Japan and Korean Unification; Cooper/Manyin, Japan Joins the Trans-Pacific Partnership: What are the Implication, Congressional Research Service, Aug. 13. 2013; 길정우 외, 「미국 클린턴 행정부의 동북아 정책과 동북아 질서: 1990년대 동북아 질서 예측」, 통일연구원, 1993; 송기돈, 「미국의 아시아중시(Pivot to Asia) 외교정책의 정책 기조와 분석적 쟁점 고찰」, 《한국동북아논총》 제19권 3호(2013. 9); 문정인, 「동아시아에서의 전쟁과 평화」, 연세대 출판부, 2006; 통일부, 통일한국의 외교 비전과 동아시아의 미래, 2014. 3.

182) 6자회담에 대해서는 Linus Hagström and Marie Söderberg, North Korea Policy: Japan and Great Powers, London and New York: Routledge; Initial Actions for the Implementation of the Joint Statement(Full text of Chairman's Statement), Ministry of Foreign Affairs, People's Republic of China, 13. February 2007; The Best U. S. Response to North Korea's Failed Missile Test NOW on PBS, July 7. 2006; North Korean Denuclearization: A Chinese View of the Way Forward, Acronym Institute, Disarmament Diplomacy, Spring 2006; Inside Multilateralism: The Six-Party Talks PDF, John S, Park, *The Washington Quarterly*, Vol. 28, No. 4, Autumn 2005; Bajoria, Council on Foreign Relations, The Six Party Talks on North Korea's Nuclear Program, Backgrounders, 2013; Smith, After Latest Brinkmanship, Engaging North Korea, Interview, Apr. 6. 2009; 북한은 2014년에 6자회담을 재개하기를 원하면서 인도네시아 외무부에 도움을 요청했다고 한다. Pandar, Will Indonesia Save the Sit Party talks, Aug. 16. 2014. Diplomat.

183) 김봉수, 「중국의 대한반도 통일안보정책 연구」, 고려대 석사학위 논문, 2010; 전우정, 「중국의 대한반도 정책과 한국의 대응방향」, 경남대 석사학위 논문, 2011.

184) 여인곤 외, 「러시아의 대한국 통일 공공외교 실태」, 통일연구원, 2012; 이정철, 「러시아·북한·중국

북이 대립하기를 원하며, 북·일수교에 따라 북한에 투자나 세력 진출을 꾀할 것으로 보인다.[185]

그동안 새로운 냉전에 있던 우리나라 주변국들은 한반도가 통일되면 주변 4개국에 다 이익이 된다고 보고[186] 한반도의 평화를 보장하려고 노력하기도 한다. 미국은 즉시 통일을 원하고, 중국은 아직 현상유지를 원하는 것 같고, 러시아는 한반도의 중립을 원한다.

신냉전기에 리더가 바뀌어 국방·외교정책에 변화가 나타나며,[187] 이 나라들은 동북아 외교정책과 한반도 통일전략을 연구하고 있다. 일본의 진보학자와 정치인, 한국의 정치인과 학자들도 '동아세아평화회의'를 모색하고 있다.[188]

2) 지역연합과 헬싱키조약이 한반도 통일에 시사하는 것

독일의 통일은 헬싱키조약으로 이루어진 미국과 소련의 냉전 종식과 유럽연합(EU)을 구성한 덕분이었다. 이러한 국제 환경에서 독일이 민족과 정부를 통일한 것을 보고 아시아에서도 공동체를 만들어 동북아 각국의 평화와 체제를 유지하자는 의견이 있다. 2016년 북한이 핵실험을 하고 미사일을 발사하자 러시아 국민들은 공포를 느끼고, 동북아 국가들은 열전이 일어나 핵전쟁으로 비화되지 않을까 걱정한다.

삼각관계의 전략적 함의」, 대외정책연구원, 2013.

185) 이진원 외, 『일본의 대한국 통일 공공외교 실태』, 통일연구원, 2012; Onozuka/Kim, Security of Japan and Korean Unification, US Army War College.

186) 한반도 통일이 주변 4개국에 이익이 될 것이라는 주장은 국방대 안보문제연구소, 「한반도 통일과 주변국 이익」, 국제학술회의, 2014. 4. 9; 대외경제정책연구원, 「남북통일이 한반도 주변 4강에 미치는 편익 비용 분석」, 2014. 9. 17; 아시아 경제 일간지 보도 김경일(북경대), 노런드(미국), 제빈(러시아), 후카오(일본)가 발표한 논문 참조; 김규륜, 『한반도 통일의 미래와 주변 4국의 기대』, 통일연구원, 2003; M. Hayashi, "The Unification of the Two Koreas and an East Asian Union", Waseda University, 2004 참조.

187) 배정호 외, 『리더십 교체기의 동북아 4국의 국내 정치 및 대외정책 변화와 한국의 통일외교 전략』, 통일연구원, 2012; 배정호 외, 『오바마·시진핑 시대의 동북아 국가들의 국내 정치 및 대외정책과 한국의 대북 및 통일외교 전략』, 통일연구원, 2013; 久保新一, 冷戰體制解體と 東アジア地役再編の課題, 《立命館國際研究》, 19-3. Mar. 2007; 松本英樹, 東アジア諸國にをける外交政策と地域協助の動向, ASEAN 16個國の 首相會談報告.

188) 이부영, 동아시아의 평화회의 모색과 전망, 2016. 1.

중국은 6자회담을 대표하는 국가로서 북한을 포함한 6자회담에서 한반도 비핵화를 요구하며, 북한이 주장하는 미국과의 불가침 협정 체결과 평화조약 체결 협의를 받아들일 것을 주장한다. 그리고 러시아와 연합하여 미국이 한국에 사드(THAAD, 고고도미사일방어체계)를 배치하는 것을 강경하게 반대한다.[189] 그러나 그동안 중국이 북한에 6자회담에 참석하라고 설득하면서 핵무기 폐기와 핵확산을 금지하라고 압력을 가했다고는 볼 수 없다. 중국은 북한을 미국과 한국을 비롯한 일본, 호주 같은 동북아에서 미사일 요격무기 배치를 반대하는 지렛대로 이용하며, 자유민주국가와의 완충지대로 유지하려고 한다. 사실 중국은 그동안 유엔의 제재를 성실하게 이행하지 않은 면이 있으므로 한반도 통일에 기여하리라고 기대하기는 어렵다.[190]

중국은 동북아 수출과 수입으로 경제가 많이 발전했으며, 동북아에서 경제협력을 받으며 영향력을 확대하고자 아시아개발은행(ADB)에 대항하는 아시아인프라투자은행(AIIB)을 설립하여 경제적 패권을 행사하려고 한다. 중국은 아직까지는 미국과 무력으로 충돌하기를 원하지 않는 것 같다. 그리하여 미국이 한반도에서 철수하고, 한미군사동맹과 미일군사동맹이 약해지기를 노려 동북아의 공동체 구상에 찬성할 것이다. 그러나 미국이나 대한민국이 압록강까지 올라가 완충지대가 없어지는 것에는 찬성하지 않을 것으로 보인다. 그렇다고 북한을 통합하여 만주의 한 주로 만들거나 조공을 받는 일은 남한의 경제적 역량을 보아 어려울 것이다. 대한민국은 중국과 자유무역협정(FTA)을 맺고 아시아인프라투자은행(AIIB)에도 참여하므로 남북한의 공존을 요청할 것으로 보인다.[191]

189) Glaser, China's Policy in the Wake of the Second DPRK Nuclear Test, *China Security*, Vol. 5, No. 2, 2009. World Security Institute, pp. 1-11; L. Niksch, China's Policies towards North Korea's Nuclear and Missile Programs, *International Journal of Korean Unification Studies*, Vol. 24, No. 2, 2015, pp. 1-40.

190) Xiaohe Cheng, China's Role in Korean Unification Vision and North-East Asian Peace Building: China and the Korean Peninsula, *Asia-Pacific Security Studies*, Vol. 3, No. 1, Jan. 2011, Conclusion D 1-4; US Senate, China's Impact in Korean Peninsula and Questions for the Senate, Dec. 11. 2012; M. Martin, The Six-Party Talks and New Opportunities to Strengthen Regional Nonproliferation and Disarmament Efforts, The Stanley Foundation, 2009.

191) Glaser/Sun, Chinese Attitudes towards Korean Unification, *International Journal of Korean Unification Studies*, Vol. 24, No. 2, 2015, pp. 71-98.

러시아는 중국보다 북한에 대한 영향력이 뒤처져 있었다. 그러나 중국이 북한 제재에 참여하여 북한을 소외시키자 중국이 하던 역할을 대신하게 되었다. 그러나 경제 규모는 그리 크지 않다. 러시아는 한국과 전략적 우호 관계를 심화해야 하고, 러시아·중국·한국 간의 한국 문제에 대한 이슈를 조정하는 공동성명에 합의해야 한다고 권고하고 있다.

러시아는 남북의 분단 현실에서 남북의 발전과 안정을 위하여 중국과 함께 4자회담을 열어 경제 협력 등을 강화하자고 요구하고 있다.[192] 러시아는 과거에 유럽의 일부로 동북아에 별로 관심이 없었는데, 20세기 들어 극동에 관심을 갖기 시작하였다. 특히 한반도는 처음에 러시아제국이 보호하는 나라처럼 되었고, 일제침략이 끝난 뒤에는 북한을 점령했다가 북한 정권을 세웠고, 1950년에는 대한민국을 침범하여 영구 분단되게 하였다. 그뒤 러시아는 통일 문제는 중립화를 조건으로 승인하였다. 오스트리아는 이에 찬성하여 통일하고 중립국가가 되었고, 서독은 이를 받아들이지 않아 1990년까지 분단상태로 있었다. 러시아는 한반도 정책에서도 독립으로 통일하는 것보다 조약에 따른 중립화를 요구했었다.

러시아는 동남아시아에도 공산국가를 세우려고 노력했으나 실패하였다. 중국에서는 공산당이 집권했으나, 21세기 들어 소비에트공화국이 몰락한 후 러시아는 아시아에 눈을 돌리기 시작하여 '동쪽으로 회전'(Turn to the East) 정책을 쓰고 있다.[193] 러시아는 2010년부터 유럽·태평양국가로 자처하였고, 그뒤 러시아 대통령은 하바로프스크선언에서 아세아·태평양으로 전향을 선언하였다. 러시아는 특히 남북한 문제로 중국과 다투기도 하였다.

러시아는 동북아 경쟁에서 한반도의 통일을 원하지 않으며, 미국을 견제한다. 남북한은 소련과의 관계를 돈독히 하려고 노력하고 있다. 그러나 2016년 초 북한의 핵실험과 장거리미사일 발사를 계기로 유엔에서 제재를 결의하자 북한과

---

192) Russian International Affairs Council, Russia-Republic of Korea Relations: Revising the Bilateral Agenda, Working Paper No. 11, 2013. Moscow; Georgy Toloraya, A Russian Perception of North East Asia Corporations Pros and Cons, pp. 22-32.

193) Toloraya/Vorontsov, Russia's 'Turn to the East' Policy: Role of North East Asia and the Korean Peninsula, *International Journal of Korean Unification Studies*, Vol. 24, No. 3, 2015, pp. 31-66; G. Toloraya, Russian Perception of Northeast Asia Cooperation Pros and Cons, 1996.

의 동맹은 약해지고 있다. 러시아는 동북지방 개발과 파이프라인 건설 등 남북한이 협력하면 큰 이익을 볼 수 있었는데, 북한이 협조하지 않아 한국이 공동투자를 중지하자 한반도 통일 문제를 고민하고 있다. 독일이 통일할 때처럼 러시아가 한국 통일에도 협력할지는 의문이다.[194]

앞서 본 바와 같이 러시아는 한반도 통일에 소극적이고, 통일 논의가 불가피할 때는 군사적·정치적 중립을 요구하였다. 2013년 러시아 학술원의 알렉산더 보론초프 회원은 앞에서 언급한 파노프 대사처럼 한국이 평화적으로 통일하고, 국경 문제를 논의하지 말고, 중립화해야 한다고 주장하였다. 미군이 철수하고, 북한과 남한이 대화하여 통일하는 것은 환영한다고 하였다.[195] 그는 이러한 조건만 확약한다면 남북 수뇌회담을 열게 하여 한국과 시베리아 철도 연결, 두만강 개발 등 러시아의 이익을 달성할 수 있을 것이라고 한다.

러시아의 이 정책은 러시아 극동지방의 경제를 발전시키기 위하여 남북한이 통일해야 하며, 군사동맹관계에서 탈퇴하여 중립국임을 선언해야 한다는 것으로 구한말부터 주장해왔던 것이다.[196] 이 중립화·비무장화정책은 한국 정부가 받아들일 수 없을 것이며, 일본이나 미국 정부에서는 패배 행위가 될 것이다. 이에 미국은 러시아를 힘으로 설득하여 한반도 통일을 교섭해야 하고, 한국은 미국·중국·일본과 연합하여 북한의 핵무장을 해제한 뒤 현상유지를 하면서 북한의 자유화나 돌발사태를 기다릴 수밖에 없을 것 같다.

강대국이 많은 동북아시아에는 한반도의 통일을 원하는 나라와 방해하는 나라가 있으므로, 아시아연합 같은 지역공동체를 발족시켜 한반도를 통일해야 한다는 이론이 있다.[197] 이는 독일의 통일이 헬싱키협정과 독일의 통일조약에 의한 것이라고 보아 우리도 이를 본받자고 하는 것이다.

독일의 통일은 견원지간이었던 프랑스와 화해한 뒤 프랑스가 주변국들을 설

---

194) L. Toal, Their Soviet Elder Brothers: The Soviet Union's Hand in Shaping Reunification Policy for East Germany and North Korea, Wellesley College.

195) A. Vorontsov, The Russian Perspective on Korean Unification, 《통일과 평화》 제5집 1호(2013), pp. 221-263.

196) 안창범, "영세중립국 선언과 조국통일, 한반도 통일에 유리하게 조성된 동북아 정세", 네이버 블로그.

197) Hak-Su Kim, Unification of Asia: Collection of Voice, IT Times, Dec. 3rd, 2009.

득해줘 이루어진 것이다. 처음에는 러시아가 반대하면서 통일된 독일은 북대서양조약기구(NATO)에 가입하지 말고 중립화하라고 요구했는데, 미국 대통령이 고르바초프와 담판하여 무장통일을 용인받아 통일한 것이다.[198]

그런데 동북아에서는 견원지간인 한국·북한·중국·일본이 국경을 맞대고 있고, 미국과 러시아가 버티고 있어 동북아 통일이 쉽게 이루어지기는 어려울 것이다. 한반도는 독일과 달리 북한이 남침하여[199] 동포끼리 죽인 일이 있고, 이때 중국은 북한을 지원하고 미국은 남한을 지원하여 한국의 멸망을 막았지만, 지금은 휴전선을 두고 대치하기에 정치적 통일은 쉽지 않을 것이다.

주변국들은 경제적 통합부터 하려고 노력해왔다. 한국과 중국, 일본은 3국 간에 자유무역지대를 창설하는 조약을 맺으려고 여러 번 준비했으나, 중국과 일본 사이가 벌어져 한국과 중국만이 자유무역협정(FTA)을 체결하고, 일본은 환태평양 경제동반자협정(TPP)에 가입하였다. 일본은 또 아시아개발은행(ADB)을 출발시켜 아시아 경제를 부흥시키려고 노력하는데, 중국은 새로 아시아인프라투자은행(AIIB)을 창립하였다. 한국은 이 두 은행에 다 가입했지만 북한은 가입하지 못했다.

이를 볼 때 동북아시아의 공동체 구성은 아직도 시기상조인 것 같다. 독일의 통일은 기적처럼 시작되어 많은 정치인이 노력한 덕분에 이루어진 것이다. 우리나라도 아시아 공동체를 결성하는 데 참여하고, 거기서 서로 안전을 보장하는 기구를 만들어 통일을 위한 노력을 해야만 가능한 것이 아닐까 생각한다.[200]

3) 중립화통일론

한반도 주변 강대국인 러시아와 중국이 미국과 접경하는 것을 꺼려, 한국이

---

198) 독일 통일과정은 김철수, 『독일통일의 정치와 헌법』, 박영사, 2004/「독일통일에서 배운다」, 《문학사상》 2015년 7·8·9·11호 참조.

199) A. Lankov, Soviet Leader approves invasion proposal sent by Kim Il-sung in 1950, Korea Times, News issue, 2012. 05. 16; Wikipedia, Koreakrieg.

200) S. Tkachenko, Korean Unification: Political and Economic Aspects in the East-Asian Context, S/N Korean Humanities Vol. 1, Issue 2, Sep. 2015, pp. 101-117; 정경영, '동북아협력체의 미래비전: 한중일 안보협력과 한미전략동맹'(2010. 11. 6. 동북아공동체연구회 제3회 전문가 정책포럼); 이부영, 동북아공동체구상, 동북아공동체연구재단.

중립화 통일을 하기를 희망한다고 보고 있다. 1945년 오스트리아가 독립했을 때처럼 남북한 통일국가의 중립을 약속한 뒤 통일하자는 이론도 있다.[201] 중립화 통일론은 1945년 러시아가 북한을 점령하고, 한국에 미군이 진주한 이래 러시아가 주장한 것이다. 러시아는 4대국이 분할점령했던 오스트리아를 중립화를 미끼로 통일시켰으며, 서독 아데나워 수상에게도 중립화통일을 요구하였다. 그러나 독일은 이를 거부하여 1990년까지 분단상태로 있었다. 스탈린도 한국의 중립화를 주장했었다.

4·19 이후 한국에서는 중립화 통일론이 나타났으나 용공주의라는 점에서 인정받지 못했다. 특히 6·25남침 이후에는 미군철수를 주장하면 국가의 안보를 해치는 것으로 보아 탄압받았다. 중립화통일론은 통일한국이 어떠한 군사동맹에도 가입하지 않고 독립국가를 유지·발전시켜야 가능한 것이었는데, 6·25 이후 파괴된 한반도는 강대국의 원조 없이는 국민이 생존할 수 없었기에 탄압은 불가피했었다. 그래서 미소 냉전의 전초기지로서 한국은 유럽과 달리 중립화통일을 할 수 없었다.

소비에트러시아의 위성국에 둘러싸인 오스트리아는 미국과 소련의 호의로 중립을 지킬 수 있었으나, 패전국이었던 한국은 독자적으로 생존할 수 없었다. 패전국이었지만 미·소·영·불 4대국에 분할점령되었던 독일은 유럽통합과 나토군사 동맹국을 택하고 중립화를 반대했었다.

4·19 이후 제2공화국에서 몇몇 학자와 외국에 있는 한국 학자가 중립화통일론을 내세웠으나,[202] 5·16군사쿠데타 이후 동맹관계에서는 발표하기 어려웠다. 중립화통일이 성공하려면 미·소·중·일이 한국의 중립화에 찬성해야 하는데, 미국이나 중국이 동맹을 포기하기는 힘들 것이다. 냉전체제에서는 동맹을 포기하면 독립을 유지하기 어렵고, 만약 비무장 중립을 하면 중국과 러시아는 한국과 국경을 맞대고 있어 개입하기 쉽지만, 미국과 일본은 바다 건너 있기에 철군

---

201) 박정원, 「한반도 통일모델의 탐색: 중립화통일론의 적용 가능성」, 《통일정책연구》 제16권 2호(2007), pp. 75-96.

202) 김종일·이재봉, 『한반도의 중립화통일은 가능한가』, 들녘, 2001; 황인관, 『중립화통일론』, 신학문사, 1988; 조순승, 「한국 중립화는 가능한가」, 《사상계》 제12호(1960).

후에 문제가 생겼다고 해서 통일한국에 다시 주둔하기는 어려워 자연히 중국과 러시아에 흡수될 것이다.

2016년 말부터 미·중·러·일 사이에 다시 긴장감이 높아지기 시작하였다. 트럼프 정부에서 미국과 중국의 관계가 어떻게 될지, 동남아시아 정세와 서남중국해 방위가 어떻게 될지, 중국과 대만의 관계가 어떻게 될지 불확실한 상황에서 탈동맹, 중립화통일은 기대하기 어려울 것이다.[203]

---

203) 중국과 미국은 서로 적국으로 생각하며 무역전쟁을 벌일 가능성이 높다. 트럼프는 대만의 독립을 지지하면서 하나의 중국을 인정할 것인가 하는 문제도 협상카드로 쓰겠다고 장담하였다.

제II장. 분단국 한반도의 통일방식

제1절. 분단국의 통일방식 서설

1. 분단국의 탄생

제2차 세계대전 이후 여러 나라가 분단되었다. 그중에서도 독일이 전승국의 결정으로 동독과 서독, 오스트리아로 나뉘었다. 오스트리아는 원래 4개국이 점령했다가 영세중립을 조건으로 러시아와 국가조약을 맺고 통일되었다. 독일은 4개 점령지역으로 분할되었고, 수도 베를린은 동과 서로 나뉘었다. 동베를린이 장벽을 쌓아 왕래조차 할 수 없게 했으나, 연합국의 공수작전과 끈질긴 노력으로 열전을 하지 않았지만 냉전의 상징으로 남게 되었다. 소련이 점령한 지역은 소련의 주도로 1949년 독일인민공화국으로 독립하였고, 미·영·불이 분할점령했던 서부 피점령지역은 1949년 독일연방공화국으로 독립하였다.[1]

중동에서는 예멘이 북예멘과 남예멘으로 나뉘어 각각 독립 정부를 구성하여 분단국이 되었다, 동북아시아에서는 중화민국이 국공 내전으로 분열되어 본토에서는 1949년에 중화인민공화국을 세우고, 대만으로 후퇴한 국민당 정부가 중화민국을 유지하여 분단국이 되었다.

인도차이나에서는 프랑스와 미국이 전쟁에 개입하여 북에는 베트남인민공화국을, 남에는 베트남공화국을 세워 분단국이 되었다. 한반도에서는 일본군을 무장해제시키려고 소련과 미국이 38선을 경계로 군사점령을 하고, 유엔의 권고에도 남북에 각각 대한민국과 조선인민공화국이 성립되어 분단국이 되었다. 제2

---

1) 분단국가 문제는 Henderson/Lebow/Stoessinger(eds.), *Divided Nation in a divided world*, 1974; Zhao/Sutter(eds.), *Politics of divided nations: China, Korea, Germany and Vietnam: Unification, Conflict Resolution and Political Development*, Occasional Papers/Reprints series in Contemporary Asian Studies, No. 5(1991), School of Law, University of Maryland.

차 세계대전 후에는 연방제 나라들이 분리되어 새로운 국가를 형성한 경우가 있지만, 이는 자발적인 것으로 새로운 국가의 형성이라고 하겠다.[2]

2. 분단국에서 통일한 국가

오스트리아는 점령국들과 합의하여 평화적으로 통일하였고, 베트남은 베트남인민공화국이 끈질기게 게릴라전을 벌여 승리한 뒤 베트남공화국이 베트남인민공화국에 흡수되었다. 독일은 경제적으로 붕괴한 소련이 동독을 지원할 수 없어 포기하자 서독이 동독을 흡수통일하였다. 그러나 형식적으로는 동서독이 통일조약을 맺어 합의로 통일한 모범이 되었다. 예맨은 오랜 내전 끝에 남북 정부가 통일헌법 제정에 합의한 뒤, 통일헌법에 따라 통일 국회와 정부를 구성하여 통일하였다. 그러나 남북의 사회적·경제적 차이와 이념 대립으로 완전한 통합을 이루지 못한 채 내전이 국제전으로 번지고 있다.[3]

3. 분단이 지속되는 국가

한반도에서는 1950년 6월 25일 북한이 무력으로 남한을 침공했으나, 유엔군이 들어와 북한지역을 일부 점령하였다. 그러나 중공군이 개입하면서 국제전이 되어 치열한 전투 끝에 1953년에야 정전협정을 맺고 분단상태를 유지하고 있다.

중화인민공화국은 1949년에 중화민국을 대만으로 후퇴시킨 뒤, 국가로 인정하지 않고 대만을 분단국으로 보고 있다. 현재는 공존정책을 쓰나 2016년에 중화민국 대통령 선거에서 야당이 승리한 뒤 대만 독립을 주장하자, 중국은 이를 분단국으로 간주하면서 통일을 주장하고 있다.[4] 중국을 분단국으로 볼 수 있는

---

2) 1990년 이후 34개국이 새로 분리되거나 독립하였다. M. Rosenberg, New Counties of the World.

3) 분단국 통일은 H. Koschyk(Hrsg.), *Deutschland, Korea -Geteilt, Vereint*, Olzog, 2005; 상세한 것은 김철수, 「통일헌법제정으로 통일달성 가능한가」, 《명지법학》 제13호(2014); 독일의 통일 문헌 목록은 Sachbuch, Zusätzliche Empfehlungen: Deutsche Einheit, Chronik der Wende Bibilographien, 2000. 베를린 장벽 붕괴 20주년 국제학술회의 참고문헌, 2011.

4) Bjørn Møller, "Unification of Divided States in East Asia," http//www.foxitsoftware.com; Chiu,

가에 대해서는 법적 논쟁이 많다. 트럼프는 하나의 중국을 인정하지 않아 중국의 비난을 사고 있다.[5]

현재 미국과 소련의 분할점령 때문에 분단된 나라는 한반도밖에 없고, 법적으로는 정전 중이다. 그러나 북한은 여러 번 정전협정 파기를 선언했으며, 남북기본합의서 약속을 어기고 핵무기 개발과 대륙간 유도탄 실험을 계속하고 있다. 미국과 한국에 핵공격을 하겠다고 공언하면서 세계를 전쟁 직전으로 몰아가며, 신냉전을 초래하고 있어 국제사회의 문제가 되었다.

4. 통일 시나리오

현재 많은 나라의 정부나 학계, 민간 연구단체에서 한반도의 통일 문제를 활발하게 연구하고 있다. 여기서는 한반도 통일 시나리오를 중심으로 간단히 살펴보기로 한다.

학자들은 대개 한국 통일은 ① 합의 통일, ② 내부붕괴와 흡수통합 ③ 분쟁이나 전쟁 통일을 생각한다. Rand 연구소에서 나온 폴락과 이정민의 『Preparing for Korean Unification』[6]에는 ① Integration and Peaceful Unification ② Collapse and Absorption ③ Unification through Conflict ④ Disequibrium and Potential External Intervention으로 나누었는데, 평화적 방법과 외부 개입 가능성을 든 것이 특색이다.

같은 Rand 연구소에서 뒤에 나온 울프와 아크라모프의 『North Korea Paradoxes』에서는 ① Through System Evolution and Integration ② Through

Chinese Communist Party Toward Taiwan and The Prospect of Unification," in Zhao/Sutter(ed.), *op. cit.*, pp. 7-38; Zhao, Federation, Democratization and China's Unification, Zhao/Sutter(ed.), op. cit., pp. 39-60.

5) 미국과 중국 관계는 Ide/Huang, Analyst See Trump Comments on One China as Part of Bigger Game, voanews.com, Dec. 14. 2016; Streit um Taiwan hält an - neue Drohungen aus Peking Trump hinterfragt Ein-China-Politik, 12. 12. 2016; H. Chiu, Chinese Communist policy toward Taiwan and the prospect of unification, in Zhao/Sutter(eds.), Politics of Divided Nations: China, Korea, Germany and Vietnam: Unification, Conflict resolution and political Development, 1991, pp. 7-38 참조.

6) Pollak/Lee, *Preparing for Korean Unification*, 1999.

Collapse and Absorption ③ Through Conflict 3가지 방법이 있다고 본다.[7] 이 이론에 여러 사람이 동조한다. 예를 들면 세다트는 『North Korea-South Korea Relations Toward a Successful Unification』에서 시나리오 4개를 발표했는데, 다음과 같다. 첫 번째 시나리오는 공조와 협력, 평화적으로 공존하면서 단계적으로 통일하는 것이다. 두 번째 시나리오는 붕괴와 흡수에 의한 통일이고, 세 번째 시나리오는 갈등과 점령에 의한 통일이고, 네 번째 시나리오는 외부 개입에 의한 통일이다.[8]

세다트는 한국의 통일 방법으로 동맹과 통합을 강조하며, 단계적 통일(Step by Step Unification)을 권고한다. 1단계에서는 양국의 현실(status quo)을 인정하면서 주변 4대 강국의 지위를 인정하고, 2단계에서는 남북한의 평화적 협력관계를 유지하고, 3단계에서는 양국 군대가 평화적으로 공존하면서 평화적인 국가연합으로 통일할 것을 권고한다.

일반적으로는 통일과정을 ① 북한의 몰락 ② 전쟁 ③ 북한의 점진적 변화와 평화적 통합 ④ 현상유지정책을 든다.[9] 타첸코는 한국 통일에 3가지 시나리오를 제시했다. 첫 번째는 아시아·태평양지역의 큰 전쟁, 두 번째는 북한 정부가 멸망하여 대한민국이 흡수통일하거나 중국의 침략, 세 번째는 남북한이 주권을 상실하지 않고 점진적으로 협조하는 것이다.[10]

또 독일의 통일방식을 따르라는 주장도 있는데, 린데만은 독일식 방법을 채택하라고 요구하였다.[11] 이 밖에도 많은 사람이 빌리 브란트의 동방정책을 본받아 장기적 안목으로 평화공존을 하다가 통일하라고 권고한다. 그러나 이러한 독일식은 한국 조건이 독일과 다르다고 하면서 배척하는 사람도 있다.[12]

---

7) Wolf/Akramov, *North Korea Paradoxes*, Rand, 2005.
8) B. Seedat, "North Korea-South Korea Relations Toward a successful Reunification", pp. 49-60.
9) V. Cha, Five Theories of Korean Unification, Joong Ang Ilbo, June 30. 2016.
10) Tkachenko, Korean Unification Scenario.
11) D. Lindemann, Lessons from a Unified Germany, *Korea JoongAng Daily*, June 12. 2015; H. Giessmann, German 'Ostpolitik' and Korean Unification: Parallels, Contrasts, Lessons, online Oct. 2. 2008(*Pacific Focus* Vol. 16, Issue 2(Sep. 2001), pp. 25-101; B. Seliger, 20 years of German unification and the valuable lessons for Korea, Oct. 2010.
12) S. Niederhafner, "The Challenges of Reunification: Why South Korea Cannot Follow Germany's

독일식을 채택하여 북한을 흡수통일해야 한다는 주장은 한국인들이 많이 하는데, 김정한[13]과 김건우[14]가 대표적이다. 마레츠키도 한국이 독일의 통일과정을 밟을 것을 권고했다.[15] 그러나 이러한 주장은 한국의 햇볕정책이 실패한 뒤에는 줄어든 편이다.

이 밖에도 한동호는[16] ① 평화적 통일 ② 이혼과 화해 ③ 냉전 ④ 열전 ⑤ 북한 붕괴 시나리오를 들었고, 안봉록은[17] ① 상호 독립 ② 한반도 공동체 수립 ③ 현재의 정치 체제 유지 ④ 북한과 무기 감축과 경제 협력 협상 ⑤ 북한의 불투명성을 들었다.

한편 손현주는[18] 남한의 대안적 미래 시나리오에서 ① 삼성공화국 ② 한강 수몰 ③ 세계 가족화 ④ 생화학기술시대 ⑤ 평화적 통일 도래를 들어 독창성을 보였다. 그러나 이는 미래학적 견지에서 자연과학의 발달과 기후 변화 등을 생각한 것이지 통일 시나리오는 아니다. 홍·박·구엔·닝·이는 14가지 시나리오[19]를 제시했으나 별로 참고할 만한 것은 못된다.

5. 미국의 연구 동향

미국에서는 여러 연구기관이 한국의 통일 문제를 다룬다. CSIS(Center for Strategic & International Studies)는 2002년부터 한국의 통일에 대한 연구를 꾸준히

Strategy," *Korea Observer*, Vol. 44, No. 2, Summer 2013, pp. 249-287.

13) Jong-Han Kim, Preparing for the Possible: Korea Integration Proposals in the Event of a Sudden Collapse of North Korea or Sudden Reunification, USC Korean Studies Institute, 2010.

14) Geonwoo Kim, *Um die koreanische Wiedervereinigung—Die Sonnenscheinpolitik. Kim Dae Jungs im Vergleich mit der Ostpolitik Willy Brands*, Diss. Freiburg, 2007.

15) H. Maretzki, "Korean unification in light of the German experience," *Asia Europe Journal* 3(1). February 2005, pp. 63-77.

16) Dong-ho Han, *The problem of Korean reunification: A scenario analysis*, Diss. University of Nebraska, 2010, p. 226.

17) Bok-Rock Ahn, *Die Wiedervereinigungsfrage Koreas unter der Berücksichtigung der deutschen Erfahrungen*, Freien Universität 2006.

18) Hyeonju Son, "Alternative Future Scenario for Future Korea in 2030," *Futures* Vol. 52, August 2013, pp. 27-41.

19) Hong/Park/Nguyen/Ning/Lee, *North and South Korea Reunification Option*, 2012.

발표하였다. 2002년에는 「한국의 통일을 위한 미국 정책의 청사진」[20]을 출판했는데, 여기서는 세 가지 통일방안을 들었다. 첫째는 평화통일이고, 둘째는 북한의 붕괴에 의한 남한의 흡수통일이고, 셋째는 전쟁에 의한 통일이다. 이중에서 전쟁에 의한 통일은 피해야 할 것으로 표현하였다.

2011년과 2013년에도 보고서가 나왔다. 빅터 차와 다비드 강은 2011년 12월에 「한국 통일 플랜 도전」[21]을 발표했는데, 그들은 여기서 그동안의 연구 결과를 반성하였다. 첫 번째로 정권 붕괴 시나리오에서 어떤 정부와 국가가 특별한 붕괴 요인을 가지는가, 평화적·단계적·내부적 변환이냐, 그렇지 않으면 폭력적·전투적 붕괴를 가져오는 것이 나은가를 연구하였다. 또 중국과 남한, 미국이 북한의 붕괴에 어떤 영향을 줄 것인지, 선제공격을 한다면 이익이 있을지, 불안정한 상태에서 붕괴를 예방하는 방법이 있는지도 연구하였다. 그외에 통일 시나리오도 평가했는데, 그중에서도 통일 시나리오에 대한 교훈이 인상적이다.

남캘리포니아대학과 CSIS는 한국의 통일 문제를 다루는 국제회의에서 한국의 통일 비용이 더 많이 들 것을 발견하였다. 켈리 부장은 여기서 그동안의 연구 결과를 반성하면서 개선 방향을 제시했다.[22] 그는 한반도 통일은 쉽지 않으리라고 보고, 중국 같은 일국양제는 한국에서 허용되지 않을 것이라고 하였다. 독일의 통일이 잘 되었다고 평가했다. 만약에 북한이 진정 통일을 원한다면 동독처럼 한국연방공동체에 가입하면 되는데, 이를 하지 않아 통일이 되지 않았음을 알게 되었다. 북한에 대해서는 통화나 장마당을 방해하지 말라는 부정적인 고려가 많았다. 북한이 먹는 문제를 해결하면 정치도 개방할 수 있다는 결론에 도달했다. 북한은 동독과 달리 최저 생활조차 보장하지 못하므로 붕괴할 것이 확실하다고 보며, 붕괴시키려고 직접적 행동을 하지 않으면서도 인도적 간섭은 해야한다고 하였다. 한국인은 북한의 붕괴 가능성에 너무 무관심하고 대비하지 않는

---

20) CSIS, a blueprint for U. S. Policy toward a unified Korea, Aug. 2002.

21) CSIS, *Challenges for Korean Unification Planning, Justice, Markets, Health, Refugees, and Civil Military Transactions*, CSIS-USC, Dec. 2011, pp. 1-19.

22) R. Kelly, USC/CSIS Conference on Korean Unification(1): it will cost WAY more than people think, *International Relations of Asia & US Foreign Policy*, Jan. 19. 2013.

다는 지적도 했다.

CSIS는 2014년에 『신세기의 한국 통일』[23]을 출판하고, 2015년에는 남한의 통일을 보는 일본의 태도를 연구하고, 2016년에는 중국과 러시아의 태도를 연구·출판하였다.[24]

미국의 CFR(Council on Foreign Relation)에서도 한국의 통일 문제를 연구한다.[25] 여기서는 전직 국무부 고위공무원과 유명한 한국 학자들을 망라하며, 브루킹스(Brookings) 연구소와도 관련이 있다. 이 연구소 부장인 슈나이더는 『미국의 한반도 정책』에서 북한을 연구하면서 미국과 한국 관계도 연구하였다. 그는 핵무기 보유국으로 인정해 달라는 북한의 요구에 대응하는 방법으로 4가지를 들었다. 첫 번째는 인정하는 것으로, 이는 오바마 정부의 잘못을 인정하고 북한의 주장을 들어주자는 것이다. 두 번째는 관리와 억제로, 이는 위험을 완화하는 방법이다. 세 번째는 반격(Roll Back)으로, 비핵화를 압박하는 수단이며 결정적인 방법이다. 네 번째는 정권 바꿈(Regime Change)으로, 미국이 많은 비용을 들여야 하는 방법인데 오바마 정부는 이 정책을 쓰지 않았다.

CFR의 한국 석좌인 빅터 차는 2016년에 다시 발표한 『5가지 한국 통일 시나리오』[26]에서 한국의 통일론을 5가지로 나누었는데, 이는 시대적 구분이기도 하다. 첫 번째는 승자독식(Winner take all) 이론이다. 이는 냉전시대 논리로 한국전쟁이 일어난 원인이었다. 두 번째는 경착륙(hard landing) 이론이다. 이는 독일이 통일하는 것을 보면서 원하던 것으로 매우 어렵고 위험한 방법이다. 세 번째는 햇볕정책 이론이다. 이는 연착륙(soft landing)을 위한 것으로 북한과 무조건 협력하며 북한의 개혁과 개방을 믿어야 가능한 방법이었다. 네 번째는 실용주의(Pragmatism) 이론이다. 이는 이명박 대통령 시대로 6자회담이 불발하였다. 다섯

---

23) CSIS, Korean Unification in a New Era, Sep. 2014.

24) CSIS, *Japan-South Korea: Finding Common Ground*, July 2015; CSIS, Chana's Policy Toward Korean Peninsula Unification; Apr. 2015; CSIS, Russia and the Korean Peninsula: Policy and Investment Implication. CSIS Launches Website Dedicated to Research into Korean Unification, 2016. 7. 1; CSIS Launches Beyond Parallel Website; CSIS, Korean Unification: Planning for the Long Term 2013; Wikipedia, Council on Foreign Relations.

25) S. Snyder, *U. S. Policy Toward the Korean Peninsula*, 2010.

26) V. Cha, Five Theories of Korean Unification, June 30. 2016.

번째는 대박(Jackpot) 이론이다. 이는 신뢰정책(Trust Politic)이라고 부르지만 북한은 핵실험으로 대응하였다.

빅터 차는 한국과 외국 학자들이 즉시 통일은 불가능함과 경착륙은 위험함을 깨닫고 새로운 연착륙을 찾게 되었다고 보았다. CSIS는 『평행을 넘어(Beyond Parallel)』에서 장기적인 통일을 연구하게 되었다고 했다.

CFR에서는 한국 통일과 관련하여 주변국 연구도 하는데, 중국에 대한 최근 연구는 많다.[27] 미국 국회도서관에서도 의회가 요구하여 연구보고서를 제출하였고,[28] 미국 입법부도 한국 정책에 관한 것을 자주 출간한다.[29]

미국은 2016년 들어 북한의 김정은이 핵실험과 미사일을 발사하며 위협하므로 이에 대한 대응책 마련에 고심한다. 대통령 선거전에서도 북한 핵무기를 어떻게 할 것인가가 쟁점이 되었다. 트럼프는 김정은을 어떻게 생각하느냐는 질문에 거의 존경하는 듯한 태도로 그를 칭찬하면서, 아버지가 죽었을 때 25(26)세 청년이 몇이나 김정은 장군처럼 일을 잘하겠느냐고 반문하였다. 트럼프는 북핵 문제에 대해서는 미국이 위험한 북한과 동맹하는 나라들과 직접 협상하기를 원한다면서 중국의 책임을 강조하였다.[30] 이에 북한은 미국 대통령 선거 때 트럼프를 지지하였다.

미국무성도 「미국과 북한의 관계」[31]를 발표했는데, 여기서 미국은 "항상 한국의 평화통일을 지지하며, 앞으로도 그럴 것이다. 미국은 북한이 중대한 핵무기 금지 약속을 지키게 하고, 남북대화를 기대하며, 6자회담이 가동하기를 바란다"고 하였다. 오바마는 북한의 선제공격이나 정권퇴진 작전에는 소극적[32]이었고,

---

27) Mullen/Nunn/Mount, *A Sharper Choice on North Korea: Engaging China for a Stable Northeast Asia,* CRS Independent Task Forces Report No. 74, 2016; E. Albert, *The China-North Korean Relationship,* Feb. 8. 2016; S. Snyder, Beijings Asia Pivot in 2016; China snubs North Korea with leader's visit to South Korea. theguadian.

28) Nanto, *Report for Congress, North Korea: Chronology of Provocations, 1950-2003.*

29) Congressional Research Service, US-Korea *Relations,* Apr. 26. 2016.

30) J. Frank, Nuclear Lessons for Clinton and Trump from 1949, *The New Yorker,* Sep. 12. 2016.

31) U. S. Department of State, "U. S. Relations with North Korea", Oct. 18. 2016.

32) Obama on why the U. S. won't 'destroy North Korea', CBS News, Apr. 26. 2016; Opinion: How the U. S. would destroy North Korea's nuclear weapons, May 26. 2016. www.marketwatch.com.

트럼프는 북핵정책에 변화를 바라고 있다.

2016년 10월 31일에는 미군이 한국에 있는 가족을 일본으로 피난시키는 연습을 하고, 11월 8일에는 한국과 미국, 영국 군대의 항공기 편대가 한국 상공에서 방어훈련을 하자, 황해와 동해에서는 중국과 러시아 항공대가 시위를 하였다.

미국 대통령 선거에서는 예상 외로 트럼프가 승리하였고, 그의 외교정책은 강경할 것으로 보는 사람도 있다.[33] 지금은 북한이 유엔과 미국의 경제 제재로 붕괴할지, 중국이나 러시아의 지원으로 경제를 회복할지, 개방과 개혁으로 평화통일에 응할지 예측하기 어렵다.[34] 또 트럼프가 중국을 굴복시킬지, 중국이 어떻게 반발할지 예측하기 어렵다.

제2절. 전쟁통일론

1. 북한의 남침 가능성

무력통일은 분단국에서 흔히 사용하는 방법이다. 예를 들면 1949년에 중화인민공화국이 중화민국을 내쫓고 본토를 통일하였고, 북베트남이 남베트남을 침범하여 베트남인민공화국을 세웠다.

한반도에서는 해방 후 남북이 무력통일을 주장했었다. 북한은 냉전기에 소련과 중국의 승인을 얻어 1950년 6월 25일 남침하여 무력통일을 기도했으나, 유엔군의 참전으로 실패하고 1953년 7월 정전협정을 맺어 정전상태에 들어갔다. 그러나 북한은 이 정전협정도 지키지 않고, 핵확산금지조약과 남북기본합의서 등

---

33) Byrnes, Jesse(Jan. 6. 2016) "Trump: China has 'total control' over North Korea" The Hill; "Did Trump really suggest that China should invade North Korea?" Washington Post, Retrieved Sep. 27. 2016; 김재천, 「4차 북한 핵실험과 전략적 인내의 종언: 미국의 대북정책분석」, 《통일정책연구》 제25권 1호(2016); "힘을 통한 평화가 외교 핵심 … 북핵 대비 최첨단 MD구축", 《동아일보》 2017. 1. 23.

34) INSS, Event Report, North Korea 2025: Alternate Futures and Policy Challenges, Feb. 2. 2016; J. Bender, 7 Scary Things That Could Happen After A North Korean Collapse, Business Insider Jan. 30. 2014.

여러 약속을 지키지 않으면서 핵으로 공격하겠다며 3일 전쟁으로 협박하였다.[35] 북한은 2015년을 통일대전의 해로 정하고 남침을 준비했었다.

북한이 전쟁을 강조하며 미국까지도 공격해서 백악관을 잿더미로 만들겠다고 호언장담을 해서 미국이 유엔 각국과 제재에 들어갔으나 중국이 협조하지 않아 막기 어려운 것이 현실이다. 트럼프 정권이 북한의 도발에 어떻게 대응할 것인가에 따라 상황은 달라질 것이다.[36]

2. 중국의 남침 가능성

중국은 남북이 분단된 현 상태를 유지하기를 원한다. 그러나 만약 북한이 남침해서 전쟁이 일어나 미국이 참전하여 북한 영토를 점령하면 6·25 때처럼 북한을 도우려고 참전할 수도 있다.[37] 중국은 북한과의 접경지역에 공업단지를 조성하려는 것으로 보아 북한 영토에 야욕을 품은 것으로 보인다. 중국은 또 대만을 침공하여 통일하려고 하는데, 이를 막으려는 미국과의 마찰로 한국에 전쟁이 일어날 수도 있다.[38]

3. 대한민국의 방어 수단

북한이 핵무장을 하고 많은 화기를 일선에 배치하는 것을 보면 기습전쟁을 기도하는 것으로 보인다. 한국 일부에서는 핵에는 핵으로 대응할 수밖에 없다면서

---

35) "North Korean Threat," in Strategic Digest, 2015. V. Cha, North Korea's Perpetual Provocations: Another Dangerous, Escalatory Nuclear Test, Sep. 14, 2016. CSIS.

36) 북한연구실, "2017년 북한 신년사 분석 및 대내외 정책 전망", 국토통일원 온라인서비스, 2017. 1. 1.

37) H. Crocker, *Chinese Intervention in the Korean War*, Diss. Louisiana State University, 2002; Albert, The China- North Korea Relationship 2006, CFR Backgrounders; C. Harlan, China could try to block eventual Korean unification, report says, *The Washington Post*, Jan. 18. 2013; A. Kydd, Pulling the Plug: Can There Be a Deal with China on Korean Unification?, *The Washington Quarterly*, 2015.

38) B. Chang, A Political Earthquake in Seoul and Its Repercussions for U.S. Policy, The national Interest, Jan. 24. 2017; M. Swaine, Managing Asia's Security Threats in the Trump, Carnegie Endowment for International Peace, Jan. 19, 2017; X. Wickett, America's International Role Under Donald Trump, Chatham House Report, Jan. 2017, pp. 27-31.

핵무장을 해야 한다고 주장하지만, 핵확산금지조약이 있어 어려운 일이다. 그래서 미국의 사드(THAAD, 고고도미사일방어체계)를 배치하려고 하지만, 전쟁을 막는 수단임에도 국론이 분열되어[39) 문제다. 대한민국의 전쟁 예방은 현재로는 미동맹국의 핵우산에 기댈 수밖에 없다.[40) 우리가 믿을 수 있는 것은 북한 수뇌의 동족애가 아니라, 우리를 지켜준 혈맹의 약속을 믿고 핵우산을 요청해야 할 것이다.

4. 북한 헌법의 통일전술

북한 헌법은 "북반부에 있어서 인민정권을 강화하고 사상·기술·문화 삼대혁명을 강력히 추진하여, 사회주의의 완전한 승리를 성취하여 자유·평화통일·민족대단결 원칙에 따라 조국통일의 실현을 위하여 투쟁한다"고 하여 평화통일을 내걸고 있으나 적화통일로 북한 영토를 확대하기를 갈망하는 것으로 보인다.[41)

조선로동당 규약은 "조선로동당은 남조선에서 미제의 침략무력을 몰아내고 온갖 외세의 지배와 간섭을 끝장내며 일본 군국주의의 재침책동을 짓부시며 사회의 민주화와 생존의 권리를 위한 남조선 인민들의 투쟁을 적극 지지성원하며 우리 민족끼리 힘을 합쳐 자주, 평화통일, 민족대단결 원칙에서 조국을 통일하고 나라와 민족의 통일적 발전을 이룩하기 위하여 투쟁한다"라고 되어 있다. 이는 무력해방을 원칙으로 한 것이다.

북한의 새 헌법은 핵무장과 통일을 위해 투쟁한다고 규정하였다. 북한은 정전협정을 파기하고, 남북기본합의를 무시하며, 유엔헌장을 부정하는 로동당 규약으로 무력통일을 합헌이라고 주장할 수도 있다. 그러나 이는 국내법과 국제법을

---

39) 「통일 준비를 위한 통합의 과제」, 통일연구원학술회의, 2014. 12. 5.

40) Sung Chool Lee, "The ROK-US Joint Political and Military Response to North Korean Armed Provocations," CSIS, Oct. 2011.

41) 북한의 적화통일원칙에 대해서는 H. LaFranchi, "North Korea missiles and rockets: What message from Kim this time?" July 14. 2014; C. Locher, "The Conflict with North Korea/North Korea as a source of conflict," Diss. FernUniversität Hagen; North Korea is the Mafia: Lessons from the 'Kim Jong-un has disappeared' Hysteria, http://nationalinterest.org/blog; Nuclear Threat and Korean Reunification Nautilus Institute; 오경섭·이경화, 「김정은 정권의 대남정책 및 통일담론: 텍스트마이닝을 이용한 분석」, 통일연구원, 2016. 12.

위반하는 침략전쟁으로 봐야 한다.[42]

5. 대한민국의 방어전쟁 합헌성

대한민국 헌법은 한반도와 부속도서를 영토로 하기에 북한은 반국가단체라는 것이 헌법재판소와 대법원의 판례다. 이 헌법 규정으로 볼 때 정부는 대한민국 영토를 참절(僭竊)하는 북한 정권을 타도해야 할 의무가 있다고 하겠다. 그러나 현행 헌법은 "대한민국은 통일을 지향하고 자유민주적 기본 질서에 입각한 평화적 통일정책을 수립하고 이를 추진한다"고 규정하여 선제적인 무력통일은 위헌이 된다. 그러나 유엔헌장을 비롯한 모든 조약이 자위 방위전쟁은 정당하다고 인정한다. 우리는 무력도발에 자위전쟁을 할 권리가 있고, 이때 국토를 통일할 기회를 잡을 수 있다.

그러나 북한이 붕괴하면 우리가 국토를 찾을 수 있을까 하는 문제가 있다. 왜냐하면 중국이 북한과 맺은 조약이 있어 우리가 북진하면 중국이나 러시아가 이의를 제기하면서 전쟁을 일으킬 수 있다. 그러므로 이러한 사태를 막으려면 사전에 외교적 양해를 받아두어야 할 것이다.

6. 전쟁통일론의 평가

전쟁에 의한 통일은 6·25남침에서 겪은 것처럼 참상을 초래할 것이며, 또 국제전으로 확장될 수 있기에 되도록이면 피해야 한다. 이를 위해서는 전쟁을 막을 전방위적 노력을 해야 하고, 특히 북한의 남침을 예방하려면 한미상호방위조약을 준수할 것을 다짐해야 할 것이다.

---

42) J. Wiz, "How Crazy are the North Koreans," *The New York Times, Sunday Review,* opinion, Jan. 9, 2015; H. Tan, "North Korea prepares for next nuclear test as UN, US weight Sanctions Nuclear Weapons," Sep. 12, 2016; Stratfor, "Facing North Korea's Nuclear Reality," *Geopolitical Weekly,* July 26, 2016.

제3절. 강압적인 흡수통합론

1. 각국의 흡수정책 개요

1) 남한을 흡수통합하려는 북한의 활동

북한은 핵으로 무장하고 탄도미사일을 개발하며 백만대군을 유지하면서, 로동당 강령이 지적하는 바와 같이 전국을 해방한다며 투쟁 방법을 모두 동원하고 있다.[43] 첫째로는 무장침공으로 위협하여 남한 주민의 염전사상을 고취시켜 전쟁에 참여하는 것을 기피하는 부전사상을 만연하게 만들려고 심리전을 펼친다. 둘째로는 북한은 평등한 사회라고 자랑하면서 남한은 극소수 부자와 지주들이 독점했다며 계급투쟁을 고취·지휘하려고 한다. 셋째로는 주체사상 같은 이념을 퍼뜨리고, 남한을 자본주의 미국에 예속된 국가라고 하면서 자주독립 선동투쟁을 강화한다. 넷째로는 간첩을 남파하여 내전인 것처럼 혼란을 가중시키려고 한다. 다섯째로는 사이버 공격으로 국정을 마비시키려고 한다.[44] 이뿐만이 아니라 두 번이나 한국 대통령을 암살하려고 획책한 적도 있었다.

2) 북한을 흡수통합할 준비가 안된 남한

이승만 정부에서는 흡수통합론[45]을 거론했으나, 4·19 이후에는 사라진 것 같다. 4·19 이전에는 호전적인 북한에 대응하고자 비밀요원을 북한으로 보내 내란

---

43) C. Locker. *The conflict with North Korea/North Korea as a source of conflict*, Diss. FernUniversität Hagen; J. W. Choi, "The North Korean Domestic Situation and Its Impact on the Nuclear Crisis," *Ritsumeikan Annual Review of International Studies*, Vol. 5, 2006, pp. 1-18.

44) North Korea's Cyber Operations, CSIS, Dec. 2015; The North Korean Nuclear Chemical and Biological Weapons Threat, 2015; 김홍규, 「4차 북한 핵실험과 사드의 국내정치」, 《통일정책연구》 제25권 1호(2016); 전재성, 「북한의 핵능력 고도화와 대북경제 제재 심화에 동북아 국제관계 변화」, 《통일정책연구》 제25권 2호(2016).

45) A. Lankov, Unification by absorption: What the N. Korea of 2036 will look like, spacebattle. com, July 27, 2016.

을 기획하거나, 인민의 반정부활동을 조장하려고 노력한 적이 있으나, 북한이 강력하게 내부를 통제해서 성과를 거두지 못했다. 휴멘트의 첩보작전조차 이루어지지 못하는 것이 현실이다. 한국에서는 북한이 공격하려는 기미가 보이면 먼저 타격하겠다고 하지만 그럴 가능성은 거의 없다. 또 북한 내부를 혼란하게 만들어 무너지게 할 대북선전활동도 거의 하지 못하고 있다.

2. 강압에 의한 북한 정권 붕괴 유도론

1) 남한을 강제로 붕괴시키려는 북한의 활동

북한은 6·25전쟁 이후부터 남한 정부를 붕괴시키려고 심리전과 게릴라전, 사이버전을 벌이고 있다. 그러나 남한은 이에 옳게 대비하지 못하고 있다. 미국도 한국이 햇볕정책을 하는 동안에는 연대정책(engaging policy)을 써서 유화적인 태도를 취하였다. 그것이 오늘날 핵개발과 탄도미사일 같은 무기를 제조·실험하게 만들었다. 이에 미국에서는 더 강경한 흡수통일 요구가 나오고 있다.[46]

2016년 이후 북한의 비군사적 심리전과 스파이 게릴라전은 더 강해졌고, 심지어 국방부까지 사이버 공격을 하였다. 또 민중의 봉기를 선동하며 정부 전복운동을 전개하고, 촛불집회를 북한을 찬양하는 시위로 선전하고 있다.

2) 흡수통일 방법론

(1) 비정규군의 비군사적 행동

트럼프는 북한이 미국에 무력으로 도발하면 군사력을 쓰겠다고 했고 미국

---

46) C. Curry, "U. S. Wargames North Korean Regime Collapse, Invasion to Secure Nukes," YAHOO mail, Mar. 29, 2013; "Clinton To Blast Trump on North Korea, NATO in Foreign Policy Speech," Jan. 2. 2016. The Huffington Post; "Clinton: Time for rethinking of US approach to North Korea," Sep. 9. 2016. AP.

의회도 동의했지만, 그의 외교정책 원칙은 타국 정부의 전복을 부정하는 것이다.[47] 맥스월은 흡수통일에 대한 논문에서 북한의 붕괴를 유도하려면 북한 내부의 저항을 촉진시키고 시민의 항쟁을 도우라고 강조하였다.[48] 또 김정은 체제의 변고에 대비하면서 북한의 내부 분열을 조장하고, 저항세력을 지원하여 내부 붕괴를 촉진하라고 주장하였다. 이는 성공하든 실패하든 통일하려면 필요한 방법이라고 보았다. 맥스월은 내란 유발이나 반란세력을 돕는 여러 단계를 설명하고, 비정규전을 7단계로 나누어 단계마다 실행해야 할 전략을 제시했는데 경청할 만하다.

비정규적인 전투 방법은 ① 준비단계 ② 해외에 있는 망명정부에 대한 협력과 미국의 지원 ③ 침투작전 ④ 조직작전 ⑤ 훈련단계 ⑥ 정규군이 개입할 때까지 단독작전 ⑦ 전국을 통제하여 정규군이 접수하도록 한다는 것이다. 이는 주로 미육군의 특수비전투부대의 활동정략 지침을 근거로 한 것이다.

(2) 내부 붕괴로 정권 교체

북한을 흡수해서 통일하는 방법은 여러 가지가 있다. ① 북한 독재자를 제거하는 것이다. 과거에 북한이 했던 방법인데 특수요원을 보내 암살하는 계획을 들 수 있다. 한·미군은 유사시에는 참수작전을 할 준비도 한다고 한다. ② 내부 분쟁을 일으켜 지도부를 교체하는 것이다. 예를 들면 군부나 당 실세가 쿠데타로 지도자를 교체하는 것이다. ③ 인민의 봉기를 유도해 정권을 붕괴시키고, 내부 혁명으로 정권을 민주화하는 것이다. 이 밖에도 경제 제재로 고사시키는 작전을 들 수 있다. 그러나 북한에서는 이 방법이 잘 통하지 않을 것 같다.[49]

---

47) Ron Paul, Trump's Promised 'New Foreign Policy' Must Abandon Regime Change for Iran, Dec. 5, 2016.

48) D. Maxwell, "Unification Options and Scenarios: Assisting A Resistance", *International Journal of Korean Unification Studies*, Vol. 24, No. 2, Oct. 11, 2015.

49) Abramowitz, *Meeting the North Korean Nuclear Challenge*, Council on Foreign Relations Press, 2003; Anup Shah, North Korea and Nuclear Weapons, *Global Issues*, Oct. 20, 2006. W. Berry, North Korea's Nuclear Program: The Clinton Administration's Response, INSS Occasional paper, Mar. 1995, USAF Academy; K. Quinones, "Dualism in the Bush Administration's North Korea Policy," *Asian Perspective 21, A Journal of the Kyungnam University*, Apr. 2003; J. Hymans, Assessing North

3. 경제 제재로 북한 핵포기 유도 전략

1) 북한 정권의 핵 개발과 사용 위협

북한은 1970년대부터 핵을 개발하기 시작하였다. 한국은 북한이 핵을 개발하지 못하도록 남북기본합의서를 체결하고, 핵을 사용하지 못하도록 한국에 주둔했던 미국의 전술 핵무기를 전부 미국으로 돌려보냈다. 그런데도 북한은 계속 핵을 개발하여 남한·북한·미·중·소·일 6자회담으로 이를 억제하려고 하였다.

그러나 6자회담 수석이었던 중국이 소극적이었고, 다른 나라들도 적극 노력하지 않아 북한은 핵실험을 계속할 수 있었다. 이에 미국에서는 미국 정부의 대응에 비판이 많았다.[50] 북한은 김정은 정권이 들어선 뒤 더욱더 호전적이 되어 핵실험에 박차를 가하고 있다.

2) 북한의 핵개발을 억제하려는 서방 국가의 노력

(1) 미국의 북한 핵개발 억제론

2016년 북한이 핵실험과 장거리미사일을 발사한 뒤 미국 여론은 강경으로 바뀌었다. 미국 신문들은 2016년 1월 5일에 북한이 수소폭탄실험에 성공했다는 발

Korean Nuclear Intentions and Capacities: A New Approach, *Journal of East Asian Studies* 8(2008), pp. 259-292; J. Frank, Nuclear Lessons for Clinton and Trump from 1949, Daily Comment, *The New Yorker*, September 13, 2016; G. Chufrin, The North Korean Nuclear Crisis, *SSRC*, July 12. 2005; The MohaBlog "Blame Bush for North Korea's Nukes," Feb. 10, 2005; R. Wampler(ed.), "North Korea and the United States: Declassified Documents from the Bush I and Clinton Administrations," *National Security Archive Electronic Briefing Book* No. 164, August 23, 2005; M. Watchtler, *North Korea Collapse Predicted- US totally Unprepared*, Whiteout Press, Sep. 1. 2014; E. Epstein, Obama Admin: Collapse of North Korean Regime Not U. S. Goal, *The Weekly Standard*, Sep. 27. 2016.

50) J. Matray, "The Failure of Bush Administration's North Korea Policy: A Critical Analysis," *International Journal of Korean Studies*, Spring 2013, pp. 140-177; 김재천, 「4차 북한 핵실험과 전략적 인내의 종언: 미국의 대북정책분석」, 《통일정책연구》 제25권 1호(2016), pp. 1-24; 백성원, "심층취재, 트럼프 대북정책 … 미 전문가 20명 제안", VOA, 2016. 12. 7.

표를 보고 지금까지의 미온적인 정책을 비판하였다.[51] CSIS는 북한 핵실험 문제를 다루었고, 한국연구소장인 빅터 차는 계속적인 핵실험에 대한 발표문을 공표하기도 했다. 시드니대학 헤이즈 교수와 노우티러스연구소 카바로스 연구원은 이러한 북한의 위협과 모험은 로동당 전당대회와 당 인민군위원회 활동으로 볼 때 북한에 대한 외부 제재가 실패해서 나온 것이라고 지적하고, 강력한 방법으로 대응해야 한다고 하였다.[52] 자유베를린대학의 한쎈 연구원도 유엔의 제재가 미온적이어서 실패한 것이라고 지적하였다. 미국의 북한 핵 제재는 강경해질 것으로 보인다.[53][54]

(2) 유엔의 북한 경제제재론

유엔은 북한의 호전성과 침략 야욕을 억제하고 핵 없는 평화국가를 건설하기 위하여 이사회에서 결의한 뒤, 회원국들에게 북한에 대한 경제 제재를 강화하라고 요구하였다.[55] 그러나 유엔의 경제제재론은 중국과 러시아의 소극적인 자세 때문에 그 기능을 제대로 발휘하지 못하고 있다.[56]

앞으로 유엔은 이란에 한 것처럼 강력하게 제재하여 북한의 반평화적인 활동을 중단시키도록 노력해야 할 것이다. 지금은 인도적 차원의 자원 수출입을 허용하여 중국이 이 점을 악용하는 것이다. 유엔은 북한의 인권 침해 상황을 모니터하여 이를 규탄하며 처벌을 공언하여 사회 불안을 야기시키고 있다.

---

51) CSIS, Another North Korean Nuclear Test, Jan. 6. 2016; V. Cha, North Korea's Perpetual Provocations: Another Dangerous, Escalatory Nuclear Test, Sep. 14, 2016; B. Bennett, Preparing for the Possibility of a North Korea Collapse, Rand, 2013.

52) Hayes/Cavazos, East Asia Forum Quarterly Stuck in the Middle, Apr. 2016; Hayes/Cavazos, more threats and brinkmanship, Apr. 11. 2016.

53) B. Channg, "트럼프 대북정책 … 미 전문가 20명 제안", VOA, 2016. 12.

54) 정구연, 「트럼프 대외정책 기조와 동아시아 안보 지형의 변화 전망: 재균형 정책의 진화를 중심으로」, 《통일정책연구》 제25권 2호(2016), pp. 25-50.

55) Park/Walsh, "Stopping North Korea, Inc. Sanctions effectiveness and unintended consequences," Aug. 2016. 이 논문은 그동안의 북한 제재가 성공하지 못한 원인을 규명하고 새로운 대책을 제시하였다.

56) 나무위키, "북한 경제 제제"(2016. 12. 3)

(3) 한미동맹 군사훈련에 의한 경제제재론

한국과 미국은 북한의 항시 도발을 막고자 정기적으로 군사훈련을 한다. 이는 군사훈련이 주목적인데, 북한은 군사훈련에 대응하려고 군사 동원체제를 유지한다.[57] 이로써 북한은 노동력이 군사훈련에 동원되어 경제가 위협을 받고, 또 군비를 강화하려고 국방비를 많이 쓰게 되어 경제발전에 장애가 되고 있다. 트럼프 정권은 북한 핵에 강경책을 써서 북한을 약화시킬 것으로 보인다.[58]

(4) 한국 단독의 경제제재론

한국은 그동안 북한의 핵무장과 서해전쟁에 대한 보복으로 민간의 북한 지원을 막고, 금강산과 북한 관광을 금지하여 북한에 경제적 타격을 주었다. 북한이 핵실험을 한 이후에는 유엔의 제재에 동참할 뿐만 아니라, 단독으로 개성공단을 폐쇄하여 경제 제재를 가하고 있다.[59] 이러한 제재로 민간인의 인도적 지원 사업도 중단되고, 민간인 교류도 제한하자 북한은 반발하며 이를 반정부운동에 연결하고 있다. 북한은 남한에 있는 동조세력에게 파업이나 태업을 선동하며, 북한에 적대 행위를 하지 않도록 내부 분열을 선동하고 있다. 북한은 새로이 선전 방송을 강화하고, 삐라를 살포하고 있다. 남한에서는 탈북단체들이 북한의 민주화를 위해 풍선 날리기를 하지만, 이도 일부 단체의 반대로 잘 안 되는 실정이다. 2015년에 북한 인권법이 국회를 통과했으나 더불어민주당이 협조하지 않아 2016년 말까지 재단이사회와 사무소조차 활동을 하지 못하고 있다.

3) 경제 제재 무용론

서방이 북한의 핵무장에 대항하여 경제 제재를 하지만 북한이 핵을 포기할

---

57) S. Lee, "The ROK-US Joint Political and Military Response to North Korean Armed Provocations," CSIS, 2011; Political Positions of Donald Trump, Nov. 2016, Wikipedia.
58) "트럼프 시대, 취임하자마자 한국 찾는 美국방 … '북핵 최우선 대응' 메시지", 《동아일보》 2017. 1. 26.
59) A. Foster-Carter, "Why North Korea will benefit from Seoul's great leap backwards," the guardian 12. Feb. 2016.

가능성은 없고, 제3차 대전을 피하기 위하여 이 경제 제재도 약해질 수 있다.[60]

4. 북한의 자연붕괴방관론

1) 미국의 북한 붕괴 기대

　세계 각국에서는 북한의 내부붕괴론이 정설이 되고 있다.[61] 북한은 경제적 곤란 때문에 몰락(collapse)할 것이라는 설이 1970년대부터 계속되어 왔다. 그중에서도 울프와 아크라모프가 저술한 『북한 패러독스(North Korean Paradoxes)』[62]가 유명하다. 그들은 북한의 경제 통계를 믿을 수 없으며, 12년간 실질성장률은 −2% 정도라고 하였다. 또 1990~2002년까지 북한의 GDP 성장률은 −22%이고, 남한은 81%에 달한다고 하였다. 그리하여 남북한의 격차는 1 : 50 정도일 것으로 본다.

　한편 통일 방법으로 ① 체제 진화와 융합 ② 붕괴와 흡수 ③ 분쟁을 들었다. ①은 중국 대륙과 대만 간의 방식을 생각하여 북한이 경제를 개혁하여 남북한의 연방제 통일을 하는 것이라고 보았다. ②는 북한이 예상 외로 체제 유지력이 강하여 과거에 예상했던 것처럼 빨리 몰락할 것 같지는 않으나 경제 상황으로보아 경제공황이 올 가능성이 많고,[63] 이에 대비하여 남북한이 조약을 맺어 통일할 수 있다고 보았다. ③의 분쟁으로 인한 통합은 북한이 전쟁을 일으키거나, 한국이나 미국이 북침을 준비한다고 생각하고 전쟁을 벌이는 경우 전쟁은 불가피하다고 보았다. 이 경우에 미국과 중국이 합심하여 분쟁을 종결·통합할 수도 있다고 보았다. 그들은 통합에는 통일 비용이 많이 들어가므로 통일한 뒤 국민

---

60) E. Chanlett-Avery, North Korea: US Relations, Nuclear Diplomacy, and Internal Situation, Congressional Research Service 7-5700, Jan. 15, 2016.

61) 북한의 붕괴를 주장하는 학자는 A. Foster-Carter, *Korea's Coming Unification*, Economist Intelligence Unit Report, 1992; N. Eberstadt, *Korea Approaches Reunification*, Sep./Oct. 1995 있다.

62) Wolf/Akramov, *Noth Korean Paradoxes*, Rand, 2005.

63) 최근에 경제적 붕괴 가능성이 적다고 보는 의견도 있다. North Korean Economic Watch, Goldman Sachs on Korean Unification, Sep. 21. 2009.

통합에도 문제가 있을 것으로 보았다.

2) 북한의 필연적인 붕괴와 한국과 미국의 공동대비책

2013년에는 베네트 연구원이 『북한의 몰락 가능성에 대한 대비(Preparing for the Possibility of a North Korean Collapse)』라는 300면이 넘는 대저를 출판하였다.[64]

이 책은 모두 10장으로 되어 있는데, 제1장은 서론, 제2장은 몰락 가능성, 제3장은 몰락이 초래할 결과, 제4장은 북한에 통일 가능성 설명, 제5장은 인도적 황폐화에 대한 대책 준비, 제6장은 북한 내의 분쟁과 군사력의 결과에 대한 대책 준비, 제7장은 인권 공황상태와 사회 안전을 위한 대응 준비, 제8장은 소유권 문제에 대한 대응과 준비, 제9장은 중국이 개입할 가능성에 대한 대응과 준비, 제9장은 몰락 준비에 대한 고지를 상세히 설명하였다.[65]

이 책은 북한 정부가 몇 달 뒤나 몇 년 안에 인도적 곤경에 처하거나 심각한 상황에 처할 것이 틀림없다고 보고, 남한은 어떻게 개입할 것인가를 결정해야 하며 미국의 도움을 받아 한반도를 통일하려고 할 것이라고 예견하였다. 또 한국과 미국은 적절한 준비를 하지 않으면 개입하는 데 실패하거나, 지역의 불안정을 가져오거나, 전쟁상태에 들어갈 수도 있다[66]고 경고하였다. 이 책은 이러한 위기를 극복하는 데 꼭 필요한 대책을 권고하였다.

만약에 북한이 후계자나 실력자 없이 몰락하여 정국이 불안해지면 제일 큰 문제는 북한이 소유한 원자·생물·화학무기(ABC Warfare) 처리 문제다. 이 무기들을 안전하게 관리해야 하는데, 만일 이에 실패하면 통일은 어려워질 것이다. 그러므로 한국과 미국은 ABC무기를 안전하게 관리할 대책을 마련하고, 중국이나 러시아가 무장하고 개입하지 않도록 외교 노력을 다해야겠다.

---

64) B. Bennett, *Preparing for the Possibility of a North Korean Collapse*, Rand National Security Research Division, 2013.

65) B. Bennett, 상계서, summary 15.

66) M. Deans, *The Collapse of North Korea: A Prospect to Get Celebrate or Fear?*, The Johns Hopkins University Applied Physics Laboratory.

그동안 미국 정부는 중국을 자극하지 않으려고 북한의 핵과 장거리미사일을 반대하는 정책만을 했으나 트럼프는 중국에 강경책을 쓸 것이다.[67] 미국 정부는 남한의 핵개발을 반대하면서 핵우산을 제공하겠다고 약속하였다. 일부 퇴역 공무원은 선제공격과 김정은 암살을 거론하지만 그럴 가능성은 거의 없다.[68]

3) 한국의 북한 붕괴 대응책

북한이 붕괴할 때는 앞에서 말한 대책만이 아니라, 남한에서는 통일을 대비한 기반이 조성되어야 한다.

첫째, 북한 동포의 인도적 문제를 해결할 방법이 있어야 한다. 북한이 무너져 통행을 제한하는 조치가 없어지면 북한 난민이 남한으로 넘어올 가능성이 많으므로, 이들의 생활과 주거, 교육 문제를 해결할 준비를 해야 한다. 우선 폐교 같은 곳을 개보수하여 임시 주거로 사용하게 하고, 생활필수품과 의료를 제공하고, 사회보장을 해주어야 한다.

둘째, 이들의 정착·고용 문제를 보장할 통일기금을 마련해야 한다. 이 기금은 임시예산이나 긴급재정처분으로 마련해야 하므로 이에 대한 법적 연구도 해야 할 것이다. 또 북한 사람들의 생활수준을 향상시킬 수 있도록 농지를 재배분하거나 개인의 소유권을 보장해줘야 하고, 그들이 차별과 소급입법으로 처벌받지 않도록 신분을 보장해줘야 할 것이다. 그리고 조선로동당 간부나 고위군관, 고위공무원이었던 사람은 범죄자를 제외하고는 당분간 그 직책을 보장해줘야 할 것이다. 북한 주민에게 통일이 되면 자유를 누리며 잘 살 수 있다는 희망을 주는 정치·경제 제도를 마련해야 할 것이다. 특히 남북민 간에 신분을 차별하지 않는 평등사회를 만들도록 노력해야 할 것이다.

---

67) Trump stellt Ein-China-Politik offen in Frage, Die Presse, Dec. 12. 2016; 《조선일보》, 인터뷰 존 햄리, "워싱턴 反中기류 강해졌다 … 親中 기업인도 돌아서고 있다"/"美국방, 中·北을 최대 위협으로 생각… 첫 해외출장지가 韓·日"(2017. 1. 20).
68) D. Maxwell, 전게서.

5. 흡수통합론의 가능성과 평가

1) 흡수통일의 장단점

흡수통일은 전쟁을 하지 않고 북한이 무너져 일시에 통일이 된다는 장점이 있다. 북한 정부가 붕괴하기를 강력하게 유도하면 전쟁을 유발할 수 있으므로 이는 피하는 것이 좋다. 또 흡수통일은 북한의 내부 요인으로 무너지는 경우 북한 내에서 정권을 반대하는 세력이 붕괴를 촉진한 까닭에 남한의 체제나 통일정책에 찬성하는 사람이 많을 것이다. 그러면 통일한 뒤에 통합하는 데도 유리하다.

정부 붕괴에 의한 통일은 신속하게 이루어지므로 장기간의 과정을 두는 것보다 빨리 통일할 수 있고, 의견이 일치하기도 쉬울 수 있다. 그러나 단시간에 합의 없이 이루어지므로 국민 통합이 잘 되지 않을 단점이 있다. 독일은 동서독기본조약을 체결한 뒤 서로 왕래하며 언론을 교환하여 동질화 노력을 했지만, 즉시 통일이라는 흡수통일로 동독인과 서독인 간에 의식 대립이 있었고, 동화하는 데 20년이 걸렸다. 또 통일 비용이 많이 들 수 있으며, 준비기간이 부족하여 정권을 원만하게 교체하기 어려울 수 있다.

2) 흡수통일 찬성론자의 주장

북한이 붕괴하여 일시에 흡수통일을 해야 한다고 주장하는 이들은 독일에서 공부한 학자가 많다. 독일이 통일할 때 즉시통일파와 점진통일파가 대립했는데, 처음에는 모두 점진통일론을 주장하였다. 그리하여 장기간 토의 끝에 헌법을 제정하고, 그 헌법의 절차에 따라 점진적으로 통일하자는 것이 동독의 주장이었다. 서독에서는 독일사민당이 이에 동조하였다. 그러나 집권당인 기민당은 협상이 길어지면 통일 호기를 놓칠 수도 있고, 합의하는 데 시간이 걸리면 국내외적으로도 반통일 분자들이 준동할 수도 있다고 보고 1년 안에 통일을 완성하였다. 독일의 통일은 일반인들이 생각하는 것처럼 합의통일이 아니었다. 동독이 망하여 흡수통일한 것이다. 그 결과 시행착오가 약간 있었으나 빨리 성공할 수 있었

다. 이를 본받아 독일의 통일을 경험한 학자들이 흡수통일을 주장하고 있다.[69]

제4절. 평화적·일시적 합의통일 방안

1. 평화통일론의 의의

평화통일은 무력이나 내부 붕괴 공작 같은 것을 하지 않고 평화적으로 통합하는 것을 말하는데, 분단국 정부가 합의하여 하는 경우가 많다. 이 경우 헌법을 제정하여 일시적으로 하는 방법이 있고, 단계적으로 합의하여 통합하는 경우가 있다. 독일의 통일은 동서독의 합의와 주변 점령국의 합의로 이룬 평화통일이었으며, 비교적 짧은 기간에 이룰 수 있었다.[70] 한편 예멘의 통합은 새 헌법을 재정하는 데 많은 단계를 거친 통합이라 평화적이기는 했지만 단계적 통합이라고 하겠다.[71] 한국이 전쟁이나 분규 없이 평화적으로 통일할 수 있을지에 대해서는 논쟁이 있다.[72]

2. 일시적 통일방안, 독일 통일의 예

일시에 평화통일을 이룬 대표적인 예는 독일이다.[73] 독일의 통일은 실질적으

69) M. Yeo, *Die Möglichkeiten einer Wiedervereinigung Koreas: Zur Absorption der Demokratischen Volksrepublik Korea*, Diss. Uni. Bonn, 2007; J. Kim, *Preparing for the Possible: Korea Integration Proposals in the Event of a Sudden Collapse of North Korea or Sudden Reunification*, USC Korean Studies Institute, 2010.

70) 독일과 예멘의 통일에 대해서는 김철수, 「새 헌법 제정에 의한 통일 가능한가」, 《명지법학》 제13호(2014)/ 「독일통일을 가다 1·2」, 「독일통일에서 배운다 1·2」, 《문학과 사상》 8·9·10·12호(2015) 참조.

71) Strategy Paper, CNN Yemen: A Nation Divided, Mar. 8. 2015; Moon of Alabama, New Government of Yemen Ready to Accept Saudi Surrender, Aug. 16, 2016.

72) Editorial Board, Is Peaceful Korean Unification Possible?, The New York Times, Dec. 11. 2014.

73) J. Baker, Lessons *from German Unification for the Korean Peninsula*, Grin Verlag, 2008; M. Hart-Landsberg, "Korean Unification, Learning from the German Experience," *Journal of Contemporary Asia*, Vol. 26, No. 1, 1995; H. Wolf, *Korean Unification: Lessons from Germany, Economic Integration of Korean Peninsula*, Peterson Institute for International Economics; B. Ahn, *Die Wiedervereinigungsfrage Koreas unter der Berucksichtigung der deutschen Erfahrungen*, 2008; U. Blum, German Unification Lessons for Korea, *Jahrbuch für Wirtschaftswissenschaften*, 2012; R.

로는 동독이 무너져 흡수한 통일이었지만 형식적으로는 동서독과 점령국의 합의로 일시에 통합한 것이다. 그동안 서독 정부가 통합하려고 강력하게 노력했지만 1년 안에 이루어질 줄은 아무도 몰랐다. 1989년 5월 헝가리가 독일인이 서방으로 이동하는 것을 허용하자 이민의 파도가 높아졌다. 9월에는 동독인들이 각지에서 시위를 하기 시작하였고, 11월에는 베를린 장벽이 무너져 동독과 서독의 국경이 열렸다.

그뒤 얼마 지나지 않아 동독 정부는 서독 정부와 협상하기 시작하였다. 동독에서는 그동안의 지배 정당이었던 동독사회주의통일당이 선거에서 지고, 1990년 4월 기독교민주당이 정권을 잡았다. 1990년 7월에는 동독에서 서독 화폐를 사용하게 되었고, 1990년 10월 3일에는 통일이 되었다. 베를린 장벽이 무너진 지 1년도 안되어 동서독이 통일한 것이다. 겉으로 보면 1년 안에 이루어진 것이라 기적으로 보였다. 이에 한국도 독일의 통일 교훈을 따르라는 사람이 많지만[74] 반대하는 사람도 있다.[75]

3. 독일의 예를 한국에 실험

1945년 이래 동서냉전으로 분단된 국가는 독일이 1990년까지 분단되어 있었고, 한반도는 아직까지 분단되어 있다. 분단국 한국은 서독의 통일정치를 벤치마

Kelly, "The German-Korean Unification Parallel," *The Korean Journal of Defense Analysis*, Vol. 23, No. 4, Dec. 2011, pp. 457-472; World Affairs Council, *Lessons for Korea Two Decades of German Unifications: A source Packet for Educators*, Sep. 23. 2011.

74) M. Noland, German Lessons for Korea: The Economics of Unification, Working Papers Asia Pacific, No. 96-3, Institute for International Economics, 1996; Pollack/Lee, *Preparing for Korean Unification Scenarios and Implications*, Rand, 1999; Giesmann/H. German, "Ost Politik and Korean Unification: Parallels, Contrast, Lessons, *Pacific Forum* Vol. 16, Issue 2(2001), pp. 25-41; Mafael: Benefits outweigh costs of Korean Reunification, Asia/dw.com, Oct. 10. 2004.

75) 독일의 통일방식을 한국에 적용하는 것을 반대하는 사람은 Hart-Landsberg, *Korea: Division, Reunification, and U. S. Foreign Policy*, 1998, Chapter 8; R. Raj, German Model: Unsuitable for Korean Unification, Article #. 4968, Jan. 22, 2016, Institute of Peace and Conflict Studies; Deutsche Welle, German Reunification, Model not for Seoul, Nov. 4. 2005; S. Niederhafner, The Challenges of Reunification: Why South Korea Cannot Follow Germany's Strategy, *Korea Observer*, Vol. 44, No. 2, Summer 2013, pp. 249-287.

킹하면서 독일의 예에 따라 통일하기를 원했었다. 서독이 통일을 하기 위해서는 주변국과 선린관계를 구성하고 분단국 간에도 왕래관계를 구성해야 된다고 생각하여 빌리 브란트는 동방외교를 펼쳐나갔다. 그리하여 옛날의 적인 소련이나 폴란드, 체코, 유고슬라비아와 수교를 맺고, 1991년에 동서독기본조약을 체결하게 되었다.[76]

1972년에는 동서독기본조약을 체결했는데, 이에 앞서 서독 공무원과 학자들이 한국을 오가면서 독일식 통일 준비를 하라고 권고하였다. 박정희 대통령과 김일성은 비밀리에 협상하여 7·4공동성명을 발표하였다. 그뒤 남북조절위원회에서 쌍방이 서로 내정에 간섭하지 않고 협력할 것을 다짐하였다. 양측은 비밀리에 새 헌법을 제정하기로 하고 남한은 유신헌법을, 북한은 사회주의헌법을 만들어 남한은 남북통일용 헌법이라고 하여 국민투표로 통과시켰고, 북한은 사회주의건설용이라 하여 최고인민회의에서 제정하여 12월 27일 남북이 함께 효력을 발생하게 되었다. 그리하여 동서독처럼 평화공존이 이루어질 줄 알았으나 남북정부는 통일에는 관심이 없었고 권력을 강화하는 데만 혈안이 되었다.

1989년 동독에서 민중혁명이 일어나 1990년에 통일을 하게 되었는데, 이때 노태우 대통령은 새로운 북방정책을 폈다.[77] 그리하여 동서독기본조약 같은 남북기본합의서를 체결하고, 남북 정부가 활발하게 접촉하였다. 노 대통령은 브란트와 고르바초프와도 회담하여 동서독 통일 교훈을 듣고 콜 총리도 만났다. 그뒤 김영삼 대통령은 김일성과 정상회담을 하기로 약속했으나 김일성이 갑자기 사망하는 바람에 회담을 열지 못했다.

후임인 김대중 대통령은 김정일 국방위원장과 회담을 하고 새로운 북방정책을 펼쳤다. 이는 브란트의 동방정책을 모방한 것이며, 남북기본합의서만 잘 지켰더라면 통일할 수도 있었을 것이다. 그런데 북한은 남북기본합의서를 지키지 않을 뿐만 아니라, 핵실험까지 하여 통일할 기회를 놓쳤다. 그 후임자인 노무현 대

---

76) 동서독과 남북한 통일방식에 대한 한국 저술은 많다. 초기 것으로는 동아일보사, 『동서독과 남북한 통일방식의 유사성과 이질성』, 1973. 특히 윤근식, 「한국통일에 있어서 독일 방식의 적용상의 문제점」, pp. 523-553 참조.

77) 노태우 대통령의 북방정책은 노태우, 『노태우 회고록』, 하권, 조선뉴스프레스, 2011, pp. 158-170 참조.

통령은 남북정상회담을 구걸하다가 임기 말에야 성사시켜 실현할 수 없는 공약만 하고 임기를 끝냈다. 이들은 햇볕정책을 펴나갔다.[78]

2008년에 취임한 이명박 대통령과 2013년에 취임한 박근혜 대통령은 햇볕정책 같은 일방적인 퍼주기 정책에서 상호주의로 돌아섰다. 핵만 포기한다면 북한에 경제를 지원하여 민생을 살려주겠다고 하였다. 박근혜 대통령은 드레스덴에서 신뢰정책(Trust Politic)을 발표하고, 중국·러시아와 외교를 밀접히 하는 북방정책을 폈었다.[79] 그러나 독일식 통일정책은 한반도에서는 성공하지 못하고 25년이 지났다.

4. 한국에서 실패한 이유

한국에서는 예상한 것과 달리 통일이 되지 않은 이유는 독일과 정치·환경·사회가 달라서다. 첫째는 동서독과 달리 남북한은 아주 이질적이다. 북한은 일제 침략이 끝난 뒤 소련이 점령하고, 김일성이 정권을 잡아 민주화할 기회가 없었다. 북한 인민들은 아직도 김일성 일가의 세뇌공작에 빠져 김일성 일가를 영웅이나 지도자, 천황으로 보고 절대 복종하는 문화에 익숙해있다. 김 일가에 대한 숭배는 종교적인 하느님 혹은 유일신에 가깝다. 또 주체사상을 강요하며 모든 종교를 금지하여 수령의 절대성만을 믿게 하였다.

동독에서는 바이마르 헌법 시대에 민주주의를 경험한 사람이 많았고, 나치의 독재에 저항한 경험도 있었다. 그리고 종교의 자유가 있었고, 기독교의 저항사상이 살아있었다. 민주주의와 국민주권주의 사상이 살아있었기에 동독 인민들은 "우리는 인민"이라고 외치면서 월요 시위를 계속할 수 있었다. 그들은 신문·방송·텔레비전·잡지·서적을 서독과 교환하여 읽을 수 있었고, 민주주의 사회와

---

78) Geonwoo Kim, *Die Sonnenscheinpolitik Kim Dae Jungs im Vergleich mit der Ostpolitik Willy Brandts*, Diss. Freiburg 2007; U. Blum, German Unification Lessons for Korea, Jahrbuch für Wirtschaftswissenschaften Band 63(2012), pp. 314-338.

79) KEI, *Trust Building through Institutions: European Lessons for Korean Unification*; R. Raj, German Model: Unsuitable For Korean Unification, Jan. 2016. Institute of Peace and Conflict Studies.

헌법상의 인권도 알았기에 독재 정치에 반대하는 시위로 내부 몰락이라는 기적을 끌어낼 수 있었다. 그러나 북한은 민주주의나 법치주의 경험이 전혀 없고, 일사불란한 통치에 길들여졌으며, 5호 상호감시제도로 밀고나 제보가 활발하여 민중혁명 같은 조직적인 저항은 생각하기 어렵다.

둘째, 동독에서는 바이마르 헌법 시대의 민주주의 사상이 남아있었고, 법률지상의 법치주의가 살아있었다. 그러나 북한은 입헌주의나 법치주의를 경험한 적이 없다. 그들은 남북기본합의서나 정전협정, 국가 사이의 조약이나 경제 계약 같은 것을 존중하는 훈련이 되어 있지 않아 그들에게 조약·법률이나 계약 준수를 바랄 수 없다. 아직도 봉건시대라 수령의 지시가 절대적이며 불법에 대한 저항이 있을 수 없다. 지배층은 최고인민회의 상임위원회 등에서 수령의 명령을 문서화하면 법인 줄 알고 맹목적으로 복종하기 바쁘다. 그리고 지배자는 외국과의 조약이나 약속을 휴지 조각처럼 여긴다. 그들은 동독 정부처럼 남북기본합의서를 준수하려 하지 않고 일방적으로 무시하였다. 그래서 남북 간의 여행 자유, 인적 교류 자유, 교역 자유 규정을 완전히 무시하면서 조약이나 법률, 약속을 지키지 않는 집단이라 조약 준수나 인권 존중을 모르고 세계 질서에 위배되는 행위를 하여 세계의 제재를 받고 있다.[80]

셋째, 금융이나 무역 같은 상거래 질서도 확립되지 않아 경제 개발과 개방을 바랄 수 없는 우물 안 개구리라 신용을 쌓기 어렵다. 이런 점에서 동독의 내부 사정과 다르고, 동서독처럼 남북이 경제 교류를 할 수 없었다.

넷째, 북한이 핵 개발과 실험을 끝냈다고 하며 대륙간탄도미사일(ICBM) 등의 배치로 비대칭 무기를 사용하면 남한은 방위 능력이 없어 전쟁을 하지도 못하고 항복할 가능성이 많다. 따라서 북한이 쉬운 길을 두고 어려운 협상 통일에 응할 가능성은 적다.

---

80) Park/Harte, Inter-Korean Relations and the Unification Process in Regional and Global Contexts, KINU(Korean Institute for National Unification), Dec. 2015.

제5절. 평화적·점진적 합의통일 방안

1. 평화적 합의통일의 예

1) 오스트리아의 통일

평화통일은 전쟁을 하지 않는 합의통일이라고 할 수 있다. 점령국들과 평화적으로 합의하여 통일한 나라로는 오스트리아가 있다. 오스트리아는 제2차 세계대전 이전에 독일과 합병했으나 대전이 끝난 후에 독일과 분리되었고, 소·미·영·불 4개국에 점령되었는데 과거의 정당을 재창당하고, 당시 지도자들이 이념을 초월하여 총선거를 하여 통일정부를 구성할 수 있었다. 오스트리아인들 사이에는 대립이 없었고, 점령국 간의 협상만이 문제였다. 소련이 오스트리아 정부에 중립화 독립을 요청하고, 오스트리아 정부가 이를 받아들이기로 하여 미·영·불과 협상하여 통일한 뒤 중립화 법률을 발효하였다. 이 과정에서도 전국 통일선거, 헌법개정, 새 정부 구성, 네 점령국 간의 협상으로 시간이 많이 걸렸다.[81]

2) 예멘의 통일

예멘은 북예멘과 남예멘으로 나뉘어 있었다. 1962년 9월 쿠데타로 아맘왕조가 몰락하고, 1970년 12월 예멘공화국헌법을 제정하여 입헌공화국이 되었다. 남예멘은 1965년까지는 영국의 식민지였다가 1967년 11월까지 영국 군대가 철수하고, 1967년 11월에 예멘인민공화국이 탄생하였다.

이념과 제도가 달랐던 남북 예멘은 통일헌법을 제정하여 통일하는 협상회의를 오랫동안 진행하면서 1990년에야 통일헌법을 제정하여 통일하였다. 통일예멘에서 대통령과 수상을 전부 남부 사람이 맡아 분리 요구가 많았다. 2013년에는 30여 년간 통치하던 살레 대통령이 퇴출당하고 연립정부가 들어섰다. 이에 하디

---

81) 상세한 것은 이 책 오스트리아의 통일, pp. 325-332 참조.

가 대통령이 되었으며 2015년에는 연방제 헌법을 시행하기로 하였다. 하디 대통령은 6개 지역 연방제를 주장했으나 후티족은 이를 반대하였다.

2015년 후티족은 다시 내전을 일으켰고, 여기에 사우디아라비아가 참전하였다. 사우디아라비아는 하디를 다시 대통령으로 추대하며 중무기를 양도하는 선에서 항복을 요구하였고, 하디는 이를 받아들였다. 그러나 후티족과 살레는 이 조건에 합의하지 않았다. 후티와 살레 측은 다시 사우디아라비아로 진격하였다. 공군전에서는 사우디가 이겼으나 육지전에서는 반란군 예멘이 승리하였다.

정치적으로 예멘은 사우디에 승리하고, 하디 정부를 축출하였다. 2016년 7월에는 후티족이 전 대통령 살레와 최고정치위원회를 설치하는 데 합의하였다. 의회는 최고정치회의 설립에 동의하였다. 대통령과 부통령, 최고정치위원회 의원들이 의회에서 취임선서를 하였다. 이들은 후티 정당과 살레를 추종하는 자들이었다. 하디 대통령은 쫓겨난 뒤 사우디로 망명하였다.[82]

예멘의 사태는 이념과 신앙이 다른 두 분단국이 오랜 협상 끝에 새 헌법을 제정하여 통일하더라도 실력으로 다시 분열된다는 것을 입증하였다.

2. 점진적 통일의 주장

1) 북한의 고려연방제 주장

북한은 형식적으로는 고려연방제를 주장하는데, 이 방안은 1980년에 주장하고 1983년에 보강한 것이다. 그 내용은 남북이 상대방의 사상과 체제를 그대로 유지하면서 쌍방이 동등하게 참가하는 민족통일정부를 조직하고, 그 아래에서 남북이 동등한 권한과 의무를 담당하고 각기 지역자치제도를 실시하는 연방공화국으로 하고, 국호는 고려민주연방공화국으로 하자는 것이다. 연방국가의 통일정부로는 최고민족연방회의와 상설위원회를 두어 남북이 각기 공동의장과 공

---

82) Yemen: A Nation Divided, Omega World News, Mar. 8. 2015; Moon of Alabama, New Government Of Yemen Ready To Accept Saudi Surrender, Aug. 15. 2016.

동위원장을 선출하고, 이를 윤번제로 운영하는 것이 합리적인 것이라고 한다.

김정일은 1998년 4월 18일에 민족단결 5대 방침을 발표하였다. 이는 조국통일의 기치 아래 온 민족의 단결을 강조하는 것이다. 2002년에는 고려민주연방공화국 창립방안을 발표하였다. 고려연방 제안은 김일성의 유훈이 되어 김정일과 김정은 정권에서도 형식적으로 제안하는 상황이다. 그러나 이것은 단계적 통합론이 아니다. 북한은 이를 연합제라고 한다.[83]

2) 한국의 한민족공동체 주장

한국에서는 단계적 통일방안을 제창한다. 처음에는 노태우 정부가 한민족공동체통일방안을 제안했고, 야인이었던 김대중은 3단계통합론을 주장하였다. 1994년에는 김영삼 정부가 3단계 통합방안을 제안하였다. 김대중이 대통령이 되면서 3단계통합론이 정부의 공론처럼 되었다. 여기서는 남북연합에서 연방으로, 연방에서 완전통일 단계로 통일을 현실화한다는 것이다.

이 안은 북한이 '낮은 단계 연방제'라고 하여 남한의 '연합제'와 공통점이 있다고 보고 있다. 남한이 주장하는 통일방안은 합의에 의한 점진적 통일방안이라고 할 수 있다. 통합 단계를 국가연합—남북연방—완전통일로 단계적인 구성 형태를 제안했고, 즉시 통일이 아닌 점진적 통일을 제시한 것이 특색이다. 김대중 대통령은 6·15공동선언 2항이 의미하는 것은 현재대로 하자는 것이며, 통합은 30~40년 뒤에나 가능하다고 하여 이것이 점진적·단계적 통일안이라는 것을 확인하였다.[84]

---

83) 남한과 미국이 양보하는 통일방안을 발표한 한국 진보논객도 있다. Young-Sun Ji, *Conflicting Visions for Korean Reunification*, Weatherhead Center, Harvard University, June 2001. Donald Trump's foreign policy endorsed⋯ by North Korea, June 1. 2016 http://capx.co/donald-trumps-foreign-policy-endorsed-by-north-korea; BBC, US election: Donald Trump open to talkes with North Korea, May 18, 2016, US Election 2016.

84) 조민 외, 『제2차 정상회담 대비 남북한 통일방안 분석』, 통일연구원, 2001; 박기학, 「통일방안에 관한 민족화해자주통일협의회의 입장: 6·15 남북공동선언 2항과 관련하여」, 사회진보연대; B. Klingner, *Growing Threats and Shifting Policies on Korean Peninsula*, The Asan Forum, Nov. 1. 2016.

3) 남북한 통일론의 차이

진보진영에서는 6·15선언의 연합제와 낮은 단계 연방제가 공통점이 있다면서 곧 통일이 될 것이라고 생각하였다. 그러나 북한이 말하는 '낮은 단계 연방제'가 무엇을 뜻하는지 명확하지 않아 해석하는 데 문제가 생겼다. 북한이 주장하는 고려연방제는 강학상 두 국가의 연합, 즉 국가연합을 말하는 것으로 통일국가의 완성이 아니다. 북한은 동독이 주장했던 Konföderation을 연방(Föderation)으로[85] 오해하여 계속 연방제를 주장해왔다. 북한은 초기의 고려연방제 주장이 국가연합 주장이라는 비판에서 벗어나려고 한다. 1970년부터 고려연방국 안을 연방제에 가깝다고 호도하려고 한다.

국호인 고려민주연방공화국을 Democratic Confederal Republic of Koryo라고 번역하면서 국가연합임을 주장한다. "북과 남의 사상과 제도를 그대로 두고 북과 남이 련합하여 하나의 련방국가를 형성하는 것"[86]이라고 하는데, 이는 중국식 1국가 2체제를 말하는 것이다. "련방 형식의 통일국가에서는 북과 남이 같은 수의 대표들과 적당한 해외동포들로 고려민족련방회의를 구성하고, 거기에서 련방상설회의를 조직하여 북과 남의 지역정부들을 지도하며 련방국가의 전반적인 사업을 관찰하도록 합의하는 것이 합리적인 것입니다."

이 주장은 남북의 정치제도 차이를 무시한 것이다. 북한에는 최고인민회의가 최고 주권기관인데 일 년에 2~3일만 열리고, 최고회의가 휴회할 때는 상설회의가 전권을 대표해 행사하므로 우리의 국회제도와 다르다. 아무런 합의 없이 공산주의 제도와 사상을 강요하는 것이기에 받아들일 수 없다. 또 인구 차이를 생각하지 않고 동수 의원으로 최고회의를 구성하자는 것도 잘못이다.

북한은 1991년에는 1민족 1국가 2제도 2정부제를 주장했는데, 이는 소련 붕괴로 독일이 통일된 것을 보고 동독처럼 흡수통합되지 않겠다는 의도로 발표한

---

85) 동독은 통일방안으로 Konföderation을 주장했고, 서독은 Föderation(Bund)을 주장했다. 국가연합은 두 주권국가의 연합으로 국제법적인 결합이고, 연방은 한 주권국가로 그 아래 여러 지방(支邦)을 두는 국내법적 결합체다.
86) 김일성의 로동당 제6차 대회보고(1980. 10. 10).

것이다. 2000년 6월에는 낮은 단계 연방제를 주장했는데, 이것이 무엇인지는 확실하지 않다. 정상회담 후 북한은 낮은 형태(단계) 연방제는 정치와 군사, 외교권은 현존하는 남북 정부의 기능과 권한을 그대로 두고 그 위에 민족통일기구를 내오는 방안이라고 공식화하였다. 잠정적으로 연방공화국의 지역자치정부에 더 많은 권한을 주고, 앞으로는 중앙정부의 기능을 더욱 높여나가는 방향에서 연방제통일을 점차적으로 완성하는 방안이라고 하고 있다. 그리고 궁극적으로는 1민족 1국가 2제도 2정부의 연방제 통일방식으로 완성된 형태가 아닌 잠정적 통일방식이라고 하였다.

반면 한국의 한민족공동체통일방안(한민족공동체건설을 위한 3단계 통일방안)[87]은 통일로 가는 중간 단계로서 국가연합을 규정하였다. 이 체계는 2체제를 전제로 하고, 그 체제 위에 남북정상회의, 남북각료회의, 남북평의회를 두고, 그 아래에 공동사무처를 두는 방안이다. 이 제도는 일종의 국가연합 방식이며, 단일국가로 가는 전 단계다. 남한의 궁극적 통일방안은 1국가 1체제의 단일국가 방식이다.

김대중의 공화국연합제는[88] 국가연합제로 평화공존, 평화교류, 평화통일 3단계를 거치는데, 1연합 2독립정부 → 연방 2지역정부 → 1국가 1정부로 3단계 체제로 되어 있다. 제1단계는 북한이 주장한 1국 2제도 2정부제와 비슷하다. 김대중 안에서는 국가연합 기구에 대해서는 남북정상회담과 각료회의 정례회, 분단 상황의 평화적 관리 기구를 들었다.

3. 실현 가능성

6·15선언은 대한민국에서 통일 가능성이 있는 것으로 보아 이를 실현할 방법론이 우후죽순처럼 나왔다. 북한은 6·15선언을 발표한 날을 기념하여 이때가 되면 남북연방제 약속을 지키라고 요구한다. 북한은 또 민족통일기구 설립을 제

---

87) 「한민족공동체통일방안」, 제6공화국 문민정부, 통일부(1994); 서울대 국제문제연구소, 「민족공동체통일방안 계승 및 발전공론화(최종보고서)」(2013. 12).
88) 김대중, 「공화국연합제 통일의 제창: 3원칙과 3단계 통일방안」, 『후광 김대중 전집』, 중심서원, 1993.

의하였다. 그러나 그들은 통일 논의 전제로 민족과 자주 원칙을 내세우며 ① 평화조약 체결 ② 외군철수 ③ 내정간섭 반대를 조건으로 내걸었는데, 이를 충족시키기 어려워 민족통일기구를 구성하기 어려운 것이 현실이다.

진보정권에서 오히려 북한의 도발이 심하여 통일 협상이 진전되지 않자, 이명박 정부는 북한의 도발을 막고 민족공동체통일방안의 계승·발전시키기 위한 '3대 공동체 통일구상'을 발표하였다. 첫째, 북한의 핵문제를 해결하여 한반도의 실질적 평화정책을 실현함으로써 평화공동체를 만든다. 둘째, 우리 민족 구성원이 모두 풍요로운 삶을 누릴 수 있도록 남북이 폭넓은 교류와 협력을 하여 하나의 경제공동체를 이룬다. 셋째, 진정한 통일을 위해서는 한민족의 존엄과 기본권, 자유, 복지를 보장하여 행복한 삶을 보장하는 민족공동체를 건설하고자 한다. 이러한 좋은 정책도 상대방이 호응하지 않았기에 실현할 수 없었다. 김정일 사후 김정은 정권과의 통일 협상은 진전되지 않았다.

박근혜 정부는 통일대박론을 주장하면서 통일준비위원회를 꾸려 새로운 통일방안을 구상하였다. 그는 통일하려면 북한과 신뢰를 구축하는 것이 필요하다고 하여 드레스덴에서 평화통일 구상을 발표하였다. 또 2014년 6월 국립외교원은 2040년 통일한국비전보고서를 제출하여 2040년까지의 통일상을 밝혔다.[89]

그러나 2016년이 되자 북한은 핵실험을 하고 장거리미사일을 발사할 뿐만 아니라 악랄한 내부 붕괴 선전 공세를 하여 박근혜 정부는 강경책을 쓸 수밖에 없었다. 평화통일을 위한 점진적 통일방안은 연착륙(Soft Landing)을 위해서는 필요한 방식이다. 독일의 통일은 장기간에 걸친 통일정책의 결과라고 하겠다. 독일은 처음부터 통일을 기대한 것이 아니라, 평화적으로 공존하기 위하여 외교와 통일정책을 병행하였다. 작은 걸음으로 착실하게 다지면서 나간 것이 브란트 수상의 동방정책이며 대(對)동독정책이었다. 그는 연정을 하면서 동서독기본조약을 체결하여 평화적으로 공존하기로 했는데, 그것이 1990년에 통일이 될 줄은 꿈에도 생각하지 못했었다. 1989년 동독에서 시민혁명이 일어났을 때 서독 콜 수상은

---

89) 박근혜 정부 통일정책은 J. C. Park, "South Korea's Trust Politicy and International Cooperation, Law and Policy on Korean Unification", KINU-Columbia Law School, 2014, pp. 3-29 참조.

처음에는 단계적 통일론을 발표하였다. 그러나 동독의 경제 파탄으로 1년 안에 통일을 하지 않으면 안 되었다.[90]

예멘은 20년 동안의 내전 중에 협상하여 1990년에 통일했으나, 종교와 경제 문제로 다시 내전이 불거져 2015년에는 다시 분열되었다. 예멘이 다시 나뉜 것은 아랍 주변국의 간섭 때문이라고 볼 수 있다.

우리나라도 주변 4대 강국이 버티고 있고, 세계에서 유례를 찾아볼 수 없는 무모한 김정은 정권이 통치하고 있기에 통일은 거의 무모하다고 볼 수 있다.[91] 그렇다고 독일같이 도적처럼 몰래 통일이 오기를 기대하기도 어렵다.[92] 그러나 희망적으로 생각하면 평화상태를 유지하는 것이 급선무다. 북한의 핵무기와 장거리미사일을 폐기해야 하며 평화상태를 유지하기 위한 방어장치가 요구되고 상호적 군비감소 등의 약속을 이행해야 한다. 둘째, 남북이 합의하여 다시금 남북기본합의서가 효력을 발생하게 해야 하며, 상호 방문과 정보를 공개해야 한다. 북한은 개방과 내정개혁을 단행해야 한다. 셋째, 경제외교를 강화하고 경제공동체를 구성하여 남북의 경제를 발전시켜야 한다. 그래야만 통일 비용도 줄이고 북한 사람들의 생활수준도 올라갈 수 있을 것이다. 넷째, 사법공조 공동체를 구성하여 남북 국민의 인권을 보장하고 법치정신을 고양해야 한다.

동족 간 전쟁을 경험하지 않았고 핵무기가 없었던 독일에서조차 통일은 기적이었다. 적어도 독일이 통일될 정도의 국제관계와 국내에서의 호응이 있어야만 평화통일은 가능할 것이다.[93]

90) 독일의 통일에 대해서는 김철수, 『독일통일의 정치와 헌법』, 2004 참조.
91) Phillips, "Costly and complicated -why many Koreans can't face reunification", the guardian, Oct. 9. 2015.
92) 레흐 바엔사, '한반도 통일, 영웅심 버리고 실리 집중해야', 《조선일보》(2016. 11. 3).
93) 전재성, 「분단 70년의 국제 환경, 대내 구조, 남북관계의 조명」, 《통일정책연구》 제24권 1호(2015), pp. 1-27.

제6절. 분단 유지시 적대적 공존이냐 평화적 공존이냐

1. 통일국가와 분단국가

1) 분단을 극복하고 통일한 나라의 현실

분단되었던 국가라도 합의와 평화적으로 통일한 경우에는 후유증이 적었다. 오스트리아는 원래 분할되었다고 하나 5년쯤 걸려 지역적인 통합을 하여 분단 후유증은 거의 없었다. 영세중립을 서약한 중립조약에 따라 통일한 뒤 중립국가로 있었으나, 독일이 통일한 후 개정하여 완전한 자율권을 갖게 되었다. 오스트리아의 통일은 민주주의 면에서나 경제적인 면에서나 성공했다고 볼 수 있다.

독일의 통일은 기적이었다. 통일을 포기하고 평화공존을 추구했던 독일이 1년 안에 통일을 이룬 것은 기적이었다. 이것은 소련의 갑작스런 경제 파탄과 동독의 경제 파탄, 동독인들의 시민혁명 결과였다. 경제대국이었던 서독이 서독 인구의 3분의 1밖에 안되는 동독을 재건하고자 천문학적인 비용을 지불하고, 서독인에게 높은 통일세를 부과하여 서독인들은 불만이 많았다. 동독인들은 갑작스러운 통합으로 서독의 식민지화하고 실업자가 늘어났고 옛 동서독 간의 임금격차와 생활수준 격차 때문에 옛 동서독인 사이에 불화가 심하였다. 초기에 실직한 구 동독 청년들이 이민와서 일자리를 빼앗는 터키인들을 폭력으로 공격하기도 하여 큰 사회문제를 일으켰다.[94]

처음에는 동서독 분리론이 등장하기도 하였다.[95] 독일은 25년이 지난 지금에야 옛 동독지방의 경제와 생활 환경이 좋아져 통일된 것에 만족한다.[96]

그러나 베트남은 전쟁으로 통일을 하여 그 상처가 아직도 아물지 않고, 40년이 지났지만 아직도 완전히 통합하지 못한 것 같다. 베트남은 공산주의 계획경

---

94) 김철수, 「독일통일을 가다」, 《문학과 사상》 8·9호(2014)/『독일통일의 정치와 헌법』, 박영사, 2004.
95) 한나라(mixter723), "남북통일 독일통일", 다음 블로그
96) Beauftragter der Bundesregierung für die neuen Bundesländer, *Jahresbericht der Bundesregierung zum Stand der Deutschen Einheit*, 2015; 김철수, 『헌법과 법률이 지배하는 사회』, 진원사, 2015.

제, 일당독재였던 북베트남이 자본주의 시장경제와 다당제 민주주의를 채택했던 남베트남을 흡수했기에 정치와 경제, 사회 통합이 어려웠다. 남베트남의 부유층은 외국으로 이사가고, 빈곤층도 보트피플이 되어 방랑하였다. 지식인과 자본가, 인텔리들이 사상교육을 받기 원하다 감금되고, 표현의 자유가 없었다. 특히 계획경제를 채택하고 배급제를 실시하여 직업을 선택하는 자유를 인정하지 않아 남쪽 사람들은 정권에 협조하지 않았고, 많은 사람이 반동분자가 되어 숙청을 당했다. 남베트남은 북베트남을 닮아 농업국가화하여 노동자, 농민의 나라가 되었다. 그러자 경제성장률이 떨어지고, 남베트남인은 통일 전보다 생활수준이 더 나빠졌다.[97]

통일베트남은 경제를 살리려고 소위 사회주의 시장경제를 도입하였다. 이에 따라 경제를 개방·개혁하여 이제 경제가 발전하는 단계에 들어갔다. 외국 자본 도입을 허가했으며, 시장경제 덕으로 경제가 발전하고 있다. 그러나 남베트남으로 봐서는 잃어버린 40년이라고 할 수 있겠다. 베트남의 통일은 민족주의 승리로 식민지에서 벗어난 것은 좋았으나, 남북 베트남이 나뉘어 평화공존정책을 썼더라면 남측은 경쟁적으로 훨씬 발전했을 것이다.

예멘은 오랜 협상 끝에 1990년에 통일했지만, 남북의 이념 대립과 정권을 장악하려고 대립하여 통일한 뒤에도 안정되지 않았다. 양대 정파가 전직 대통령을 중심으로 나뉘어 내전을 일으켜 다시 분열하게 되었다. 분단국은 주변국인 사우디와 전쟁을 하게 되었고, 전쟁이 국제화되자 남북 정부가 공존할 때보다 못한 형편이 되었다.[98] 많은 시민이 사우디의 공습으로 무참하게 죽어갔다.

2) 새로 분단된 국가

제2차 세계대전 이후에 분단된 나라도 많다. 1991년 소비에트연방이 해체되어 독립한 16개국이 있고, 유고슬라비아가 1990년대에 5개 독립국가로 나뉘었으

---

97) 윤한열, 「통일베트남은 지금 왜 '40'일까」, 《통일코리아》, 2014 겨울호.

98) F. Gardener, "Torn in Two: Yemen divided", BBC, Dec. 24. 2015; F. Al-Muslimi, "A History of Missed Opportunities: Yemen and the GCC", Cambridge Middle East Center, Jan. 5. 2016.

며, 1990년에는 나미비아가 남아공연방에서 독립하였고, 1991년에는 마샬군도
가 독립하였고, 1993년에는 체코슬로바키아가 체코공화국과 슬로바키아공화국
으로 나뉘었고,[99] 1993년에는 에리트리아가 에티오피아에서 독립하였고, 1994
년에는 파라우가 독립하였고, 2002년에는 동티모르가 인도네시아에서 독립하였
고, 2006년에는 몬테네그로가 유고슬라비아에서 독립하였다. 2008년에는 코소
보가 세르비아에서 독립하였고, 2011년에는 남수단이 수단에서 독립하였다.[100]
이 나라들은 대개 국내 사정으로 독립하여 평화적으로 공존하고 있다.

3) 사실상 분리된 국가

연방제도를 유지하나 사실상 분단국으로 보는 나라도 많다. 영국은 2015년의
선거 결과로 5개 국가로 독립되어 있다고 한다.[101] 2015년 선거에서처럼 정치적
으로 분리된 적은 없었다. 스코틀랜드는 황색, 잉글랜드는 적색 혹은 청색, 웨일
즈는 혼합이고, 북아일랜드는 독립이다. 스코틀랜드는 스코틀랜드국민당이 북아
일랜드는 국수주의 정당들이 지배하고 있고, 웨일즈는 노동당과 여러 정당이 지
배하고 있고, 잉글랜드는 두 개의 국가, 즉 농촌은 토리당이, 시는 노동당이 지배
한다.[102] 영국은 연방제 국가가 아닌데도 사실상은 스코틀랜드와 북아일랜드는
국수주의에 따라 분리되어 있고, 잉글랜드나 웨일즈는 정치적으로 분리되어 있
다. 특히 유럽연합(EU) 탈퇴를 묻는 선거에서 완전히 분리되어 어떤 곳에서는 잔
류를 요구하는 곳도 있다.

미국은 50개 주의 연합국(United State)이라 정치적으로는 50개 주가 각각 헌법

---

99) J. Pehe, "The Split of Czechoslovakia: A Defeat or a Victory?", CERI, Nov. 8. 2004.
100) New Countries of the World, Nikkei Asian Review. 이중에서도 소비에트연방 해체와 유고슬라비
아 해체, 체코슬로바키아의 분리가 관심을 끈다. 유고슬라비아는 1943년에 연방으로 통합했으나
1992년에 5개국으로 나뉘었는데 주로 종족 문제 때문이었다. 체코와 슬로바키아는 분리되어 있다.
한 섬이 여러 나라로 분리되어 있는 곳도 많다.
101) 민족주의 감정에서 분리되었다. 상세한 것은 K. London(ed.), *New Nation in a divided World:
The International Relations of the Afro-Asian States*, 1963; I. Goldin, *Divided Nations*, Oxford
Univ. Press, 2013 참조.
102) New Statesman, "Politically England is now five nations", May 2015.

을 갖고 독립적으로 입법·행정·사법 기관이 있어 독립된 것처럼 보인다. 그런데 선거 때만 되면 민주와 공화 양당으로 전국이 둘로 나뉘고, 인종적으로는 7개 민족국가다. 그러기에 미국의 경제가 낙후되어 진정한 통일정부가 필요하다.[103]

대한민국도 사실상 두 진영으로 분열되어 있다. 지역적으로는 영남과 호남, 경제적으로는 도시와 농촌, 정치적으로는 보수와 진보로 나뉘어 심하게 대립한다. 이로써 국가 경쟁력이 낮아지고 통일하는 데도 장애가 되고 있다. 통일에는 찬성파와 반대파가 대립하고, 국방·안보·외교 관계에서는 친미파와 친중파가 대립한다고 주장한다.[104]

4) 통일은 대박일까 쪽박일까

분단국이 통일한 예를 보면 선진국에서는 대박(bonanza)이 되었지만, 후진국에서는 쪽박(crackpot)이 되었다.[105] 베트남과 예멘의 통일을 본 분단국에서는 통일보다 현상 유지를 원하는 나라들도 있다. 과거에 분단되었다가 통합한 나라들이 다시 분열되는 경우도 있다. 이집트와 시리아도 통합했다가 곧 분리되었다.

기적이라고 하는 독일에서도 통일은 아직 진행 중이며, 초기에는 혼란을 많이 겪어 당시 청장년에게는 대박일 수 없었다. 이들이 아직도 동독에 대한 향수를 버리지 못하고 고물 자동차 트라반테를 구하는 것을 보면 대박이라고만은 할 수 없을 것이다. 그러나 25년이 지난 지금 독일 청소년들은 대박으로 인식한다.

통일 후에 대박이 굴러오느냐 쪽박이 굴러오느냐는 국내 정치의 안정과 경제 성장에 달려있으므로 통일 주체가 현명한 정책을 펴야 한다. 물론 독일의 오류를 거울삼아 그러한 과오를 피하면 대박이 될 수도 있다. 그러나 통일 후의 한반

---

103) Porter/Rivkin/Desai/Raman, *Problems Unsolved and a Nation Divided: The State of US Competitiveness*, Sep. 2016, Harvard Business School.
104) 대한민국 분열에 대한 연구는 많다. 통일 국론 분열은 서울대 국제문제연구소, 「민족공동체통일방안 계승 및 발전 방향 공론화(최종보고서)」, 2013년 12월 여론조사 결과; 통일연구원학술회의, "통일준비를 위한 통합의 과제", 2014. 12. 5 참조.
105) 최용환, 「통일대박? 통일의 손익계산서: 통일논의의 현실과 경기도의 과제」, 《이슈와 진단》 제171호 (2015), 경기개발연구원; "이애란의 통일대박과 정동영의 쪽박", 뉴스타운(2014. 1. 26).

도는 불안정할 것이고, 주변 강대국들 때문에 전쟁과 무역전쟁의 위험에 놓일 것이 틀림없다.

통일한 나라들이 분열하고도 평화적으로 공존하는 것을 우리는 보아왔다. 우리도 불안한 통일보다는 안정적인 분단을 유지하려는 욕구가 늘고 있다. 특히 상대방인 북한이 대화하지 않으면 무력이나 폭력 통일만이 가능하기에 북한과 주변 강대국의 향방을 주시하면서 통일 시기를 늦출 수도 있을 것이다.

북한과 공존을 원하는 경우에는 상대방의 태도에 따라 적대적 혹은 평화적으로 공존할 수 있다. 어떤 경우든 궁극 목표는 통일이지만 어떤 경우에도 충분히 대비해야 한다.[106] 동족 간에 전쟁을 경험하지 않고 핵무기가 없었던 독일에서조차 통일은 기적이었다. 적어도 독일만큼 국제 관계와 국내의 호응이 있어야만 평화통일을 할 수 있을 것이다.

2. 적대적 공존정책

1) 적대적 공존정책 의의

적대적 공존정책은 평화적으로 통일할 가능성이 없고, 그렇다고 전투나 폭력에 의한 흡수통일이 불가능한 경우에 분단국이 전쟁도 아니고 평화도 아닌 대립상태에서 통일보다는 공존을 택하는 정책을 말한다. 한국은 북한과 정전한 뒤 적대적 공존관계에 있다고 하겠다.

2) 적대적 공존관계 예

적대적 공존관계에서는 남한이나 북한이 주권의 유일성을 근거로 상대방을 국가로 인정하지 않으며 단독 대표성을 강조한다. 이를 할슈타인 원칙(Hallstein

---

106) R. Weiz, "Can North Korea Have Soft Landing?", The Diplomat, Dec. 20. 2011; J. Lind, "The Perils of Korean Unification", The Diplomat, Feb. 23. 2015; Lankov, "The dream of a Korean unification", Aljazeera, Nov. 2014.

Prinzip)이라고 하는데, 서독이 계속 주장하던 것이다. 서독은 이러한 단독대표권 주장을 포기하고 상호 독립과 중간 단계로 '사실상 승인'을 거쳐 '국제법적인 승인' 단계를 거쳤다. 브란트 수상은 동방정책을 펴면서 '통일'을 염원하지 않고 주변국과 평화를 유지하는 것을 근본으로 삼았다.

우리나라도 1948년 이후 계속 할슈타인 원칙을 고집하였다. 7·4남북공동성명에서 상호 독립을 인정하게 되었고, 이때부터 독일처럼 상호 승인으로 공존관계로 들어가기로 하였다. 그러나 1973년부터는 7·4공동성명의 약속을 지키지 않고 현재까지 거의 적대적 공존관계를 유지하고 있다.[107]

독일은 동서독기본조약 체결로 평화적 공존체제에 들어갔으나 소련의 고르바초프가 동독을 포기하여 기적적으로 통일이 되었다. 한반도에서는 독일의 통일을 보고 독일식을 채택하려고 남북기본합의서를 체결하고 평화적 공존단계에 들어갔으나 북한이 지키지 않아 적대적 공존관계로 되돌아갔다. 한국은 할슈타인 원칙을 포기하고 남북이 동시에 유엔에 가입하여 공존정책을 쓰게 되었다.

김대중 정부에 들어와 햇볕정책을 채택하여 북한을 원조하고, 6·15남북정상회담 결과 평화적 공존관계에 들어갔다. 노무현 정부 때 다시 남북정상회담을 열어 평화공존정책을 쓰기로 하였다. 그러나 이 시기에도 북한은 핵무기를 제조하고, 6자회담을 무력하게 만들었다. 이명박·박근혜 시대에는 일방적인 퍼주기 정책에서 상호주의 정책으로 바꿨다.

북한은 김일성 사후 김정은이 3대 독재체제를 구축하여 핵실험과 미사일실험을 하여 전쟁일보전 작전을 펴고 있다. 박근혜 정부는 이에 대항하여 신뢰프로세스를 내걸고 상호주의 정책을 펴고 있다.[108] 2017년에 들어설 새 정부 정책은 예측하기 어렵다.

3) 적대적 공존정책의 불가피성

한국은 그동안 적대적인 남북관계를 청산하고 평화적으로 공존하는 단계적

---

107) 제성호, 「법적으로 본 남북관계의 위상」, 《통일정책연구》 제24권 1호(2015), pp. 89-115, 특히 96-97 참조.
108) 정성임, 「한반도 신뢰프로세스, 구성, 인식, 접근방식」, 《통일정책연구》 제22권 2호(2013), pp. 191-213.

통일방식을 채택해왔다. 김대중·노무현 정부에서는 햇볕정책으로 통일을 유도하려고 했으나 10년 동안 퍼주는 데 그치고 얻은 것은 두 번의 남북정상회담뿐이었다. 이러한 남북정상회담 합의를 이행하는 실무 협의는 거의 없었다. 이때도 북한은 서해 5도 북방한계선(NLL)에 도발하여 한국은 해전에서 패하였다. 그런데도 정부는 북한의 도발에 적극 대응하지 못했다.

이명박 정부의 5년과 박근혜 정부의 4년 동안에는 상호주의원칙을 내세워 대한민국의 통일정책에 북한이 응답하기를 기대하였다.[109] 남한에서는 북한의 금강산관광을 허용하여 많은 사람이 돈을 갖다주었으나 북한은 민간인 여자 관광객을 사살하고도 사과조차 하지 않았다. 이에 이명박 정부는 금강산관광을 중단시켰다. 북한은 천안함을 어뢰로 폭격하여 장병 46명을 희생시켰으나, 즉각 응전도 하지 못하고 미국 등의 만류로 보복조차 하지 못했다. 또 서해 NLL에서 도발행위가 자행되었다. 박근혜 정부는 북한에 당근정책을 쓰려고 했으나, 2015년 김정은은 통일전쟁을 일으켜 3일 만에 서울을 함락하겠다고 협박하였다. 박근혜 정부는 이에는 이, 눈에는 눈이라는 응보주의로 개성공단을 폐쇄하였다.

앞에서 본 바와 같이 우리나라는 평화적·단계적 통일을 지향하나, 북한은 적반하장으로 원자·생물·화학무기(ABC Warfare) 개발에 따른 협박을 일삼고 있다. 북한의 핵위협 등 무력위협은 국제평화를 침범하는 것이기에 유엔에서 결의하여 북한에 경제 제재를 하고 있으나 중국이 협조하지 않아 별 효과를 얻지 못하고 있다.[110]

박근혜 정부는 통일대박론을 내걸고 통일외교를 적극 추진했지만 북한이 고위급 회담에조차 응하지 않아 2016년 초부터 보복정책을 쓰고 있다. 박근혜 정부는 북한을 평화통일노선으로 끌어내려고 북방 외교에도 노력하였다. 러시아와 정상회담을 열어 한국과 시베리아 철도를 연결하자는 회담을 하였고, 시베리아산 석탄까지 수입하였다. 특히 북한에 절대적 영향력이 있는 중국과 무역을 확대하려고 노력하며, 시진핑 주석과 여러 번 정상회담을 하였다. 자유진영에서는 유일

---

109) 통일능력과 통일비용 '우리는 통일할 능력이 있다', 《조선일보》 한선재단 제4차 포럼(2011. 9. 23).
110) 위키백과, '한국의 재통일'에 간단하게 잘 설명해 놓았음.

하게 북경에서 연 전승절 기념식에 참석하여 등거리외교 의심을 사기도 하였다.

박근혜 정부의 짝사랑에도 중국은 북한의 핵개발 제재에 미온적이며, 핵무기를 격추하는 사드(THAAD, 고고도미사일방어체계) 배치 문제로 무역 보복 직전까지 가있고, 북한에 경제원조를 늘려 핵도발을 고무하고 있다.

한국 정부가 중국 정부에 기울어 있다고 보는 서방 사회의 의혹을 불식시키려고 미국 주선으로 한일정상회담을 열어 위안부 문제도 해결하였다. 이 조치는 진보적인 국민들의 저항을 받고 있으나 국가 안보의 중요성을 감안하여 한·미·일 3국 정상회의도 열었다. 그러나 2016년 후반에 들어 세계경찰 지위가 약해진 미국이 동맹외교에서 후퇴하여 쇄국주의를 하게 되었다.

이에 한국 정부는 트럼프 후보 참모들을 127번이나 만나 한미방위조약을 강화하자고 요청하였다. 다행히 현 미국 정부와 군은 한국의 안보 가치 중요성을 인정하여 한국 방위를 약속하였다. 미국은 2016년 11월 4~8일에는 한국만이 아니라 캐나다와 영국 공군까지 동원하여 방위훈련을 하였다. 그러나 트럼프 대통령이 취임하면 한미방위조약을 실현한다며 한국에 방위비 부담을 늘릴 것이 확실하다. 이뿐만이 아니라 한국이 독자적으로 많은 무기를 도입해야 할 것이다.

한국에는 친북·친중 좌파가 발호하여 국론을 분열시키고, 노동자 파업으로 경제는 후퇴하여 북한 정부의 붕괴를 유도하지도 못하며, 북한과 적대적 공존정책을 쓸 수밖에 없을 것으로 보인다.

4) 적대적 공존정책의 문제점

2017년 이후에는 전쟁을 피하면서 적대적 공존관계를 유지하는 방법밖에 없으나 이 정책은 다음과 같은 문제들이 있다.

첫째, 남북이 적대적 공존관계를 유지하면 안보와 경제에 부담을 많이 준다. 북한이 개발하는 핵무기와 장거리포, 원자·생물·화학무기(ABC Warfare)를 쓰지 못하게 하려면 우리도 군비를 늘려야 한다. 따라서 국방비 예산이 늘 수밖에 없고, 무기를 생산하느라 민생경제가 희생될 수 있고, 병력을 증강하느라 청년노동력이 부족해진다.

둘째, 언제 전쟁이 일어날지 모르는 상태가 계속되면 경제가 후퇴하게 된다. 전쟁 위험이 있는 불안한 나라에 투자할 나라는 없을 것이고, 지금까지 투자한 나라들도 자금을 회수할 가능성이 있다.[111] 경제 후퇴는 국민의 생활을 불안하게 한다. 투자와 수출이 줄면 소비도 줄고, 경제는 마이너스 성장을 할 것이다.

셋째, 이렇게 불가피하게 경제가 후퇴하는 것을 이해하지 못하는 국민은 심리적으로 불안해진다. 청년들은 전쟁이냐 평화냐 하는 정치인들의 선거 구호에 따라 전쟁보다는 항복을 원하는 패배주의자가 늘 것이다. 과거 북한이 위협할 때 정부가 보복이라는 강경책을 쓰려고 하면 전쟁을 하자는 것이냐고 협박하여 청년들의 표를 훔친 일이 많았다. 전쟁이 일어나지 않도록 방어체제를 확립하지 않으면 적의 침공을 자초하게 될 것이다. 또 북한의 선전이나 선동, 사이버 공격으로 국론이 분열되면 간첩이 활동하여 사회가 불안해질 가능성이 많다.

넷째, 정부가 여론에 휩쓸려 중국과 미국 중에서 하나를 선택하라고 강요받을 가능성이 있다. 이렇게 되면 미국은 6·25때처럼 우리나라를 방위선에서 빼버려 다시 남침을 유도할 가능성이 있다. 미국이 필리핀의 친중정책 때문에 남중국해 방위를 포기하면 수출길이 막혀 수출입으로 살아가는 한국으로서는 큰 피해를 입게 될 것이다. 한국은 부득이 대륙국가가 아닌 해양국가의 편에서 동맹의 지원을 받을 수 있도록 동맹외교를 잘 해야 할 것이다.

5) 적대적 공존관계 기간의 통일 전망

이러한 적대적 공존관계는 대한민국만이 아니라 북한에도 심각한 타격을 줄 것이다. 북한은 앞에서 든 문제로 머지않아 정부가 몰락할지도 모른다. 북한의 붕괴설을 지적하는 학자는 많다.[112] 그중에서는 에버스타트는 1999년에 이미 북

---

111) 조영환, "남북통일보다 급한 좌익분자 정신개조", 올인코리아, 2008. 8. 17.

112) N. Eberstadt, *The End of North Korea*, 1999; Wolf/Akramov, *North Korean Paradoxes*, Rand, 2005; B. Bennett, Preparing for the Possibility of a North Korean Collapse, Rand National Security Research Division, 2013; N. Levi, "Can North Korea exist without unification with South Korea?," *Foreign Policy Journal*, Dec. 1. 2010; Terry, Let North Korea Collapse, *New York Times*, June 16. 2014; D. Maxwell, If North Korea Collapse, *Fortuna's Corner*, July 14. 2014; M. Deane, The Collapse of North Korea: A Report to Celebrate or Fear?, Johns Hopkins University.

한의 종말을 예언했고, 울프와 아크라모프는 2005년에 북한 정권이 몰락해서 통일이 될 것이라고 논증하며 경제적 붕괴 가능성을 언급했고, 베네트는 2013년에 북한의 붕괴에 대비하라고 경고하였다. 또 레비는 남북이 통일되지 않으면 북한이 존재할 수 있을까를 물었고, 《뉴욕타임즈》는 북한을 멸망하게 하라고 했으며, 포투나 코너(Fotuna's Corner)에서는 북한이 멸망했을 때를 우려하였다. 핵과 미사일 개발에만 몰두하는 북한은 언젠가 붕괴할 것이다.

우리는 북한이 무너지면 북한에 중국이 쳐들어와 전쟁을 일으키지 않도록 예방해야 한다.[113] 또 대량의 난민을 수용하고, 사회보장을 해주는 방법도 강구해야 한다. 우리는 전쟁의 참화를 경험했기에 다소 불편한 일이 있더라도 북한이 원하지 않으면 통일할 수 없고, 북한이 무너지면 흡수통일을 해야 할 것이다.

우리는 그동안 국력을 길러 통일 비용을 적립하면서 대비해야 한다. 주변 4대 국만이 아니라 동북아 국가들은 물론 아세안(ASEAN) 국가들과 외교를 잘 맺어 그들이 대한민국의 통일을 기쁘게 받아들이도록 해야 할 것이다. 2016년 8월에 통과한 하버드대학과 MIT대학의 논문에서는 지금까지의 조치는 효과가 없었다고 보고, 제재 목표와 목적을 명확하게 설정하고 그에 적합한 수단을 써야 한다고 권고하였다. 그들은 또 정부 변경(regime change)을 목적으로 하고, 인권을 침해한 자를 처벌하며, 회담 장소로 나오도록 강요하고, 기술력 차단과 협상을 제의하라고 하였다. 나아가 11가지 권고 사항을 제시하였다. 북한 정권을 약화시킬 강경책으로는 북한 사람들이 중국에서 활동하는 것을 억제하고, 북한 정보를 수집하고, 남한에서 북한 사람을 많이 고용하고, 북한 사람들이 장마당에 나오게 하고, 부를 쌓아 북한과 빈부격차를 많이 벌려놓으라고 하였다.[114]

---

113) R. Kelly, China's mendacious Manipulation of Korean Unification, Oct. 10; J. Choo, "China's Defense Against Post-unification Korea-US Alliance: Not at Yalu but Taiwan Strait," *East Asia*, Vol. 33, Issue 3(Sep. 2016), pp. 197-212; R. Kelly, Korean Unification: a rising cost for Beijing, Oct. 17. 2014; S. Tisdall, WikiLeaks row: China wants Korean reunification, officials confirm, *Theguardian*, 30 Nov. 10. 2010; S. Lee, Chinese Perspective on North Korea and Korean Unification, *Asia Times* Vol. 6, 2013; 배정호 외, 「중국의 대외전략과 한반도」, 『동북아 4국의 대외전략 및 대북전략과 한국의 통일외교전략』, 통일연구원, 2015; 김진하, "중국의 부상과 동북아 국제질서 변화: 분석과 전망", 통일연구원 온라인서비스, 2014. 12. 24, pp. 14-19.

114) Park/Walsh, "Stopping North Korea, Inc. Sanctions effectiveness and unintended

3. 평화적 공존정책

1) 평화적으로 공존하기 위한 현상유지정책

어떤 이들은 대한민국 안의 분열과 갈등도 해결하지 못하면서 남북이 통일할 수 있겠느냐고 걱정한다. 국민들은 통일에 상당히 부정적이며, 노년층에서는 찬성이 많지만 청년층에서는 반대가 더 많다고 한다.[115] 그 이유는 여러 가지가 있는데, 첫째는 통일 비용이 많이 들 것이므로 세금폭탄을 걱정해서다. 둘째는 북한의 싼 노동력이 내려오면 남한 청년들이 더 취업하기 어려워지고, 노동 조건을 나쁘게 만들 것이라고 보아서다. 셋째는 그들이 동포이기는 하나 70년이라는 분단으로 사고나 생활 방식이 달라 통합하기 어려울 것이라고 보아서다.

한국 정부는 통일에 들어가는 비용보다는 이득이 더 많을 것이라고 선전하지만, 국민들이 빠른 시일 안에 통일을 원하는 쪽으로 바뀌지는 않을 것이다. 통일 비용은 학자마다 다르지만 최소 500억에서 최대 5조 달러까지 들 것으로 본다. 이런 점에서 통일보다 평화공존을 택하려는 경향이 많다.[116] 이는 독일이 통일된 뒤 동서독 국민의 비동화 경향에 영향을 받은 것이기도 하다.

2) 평화적 현상유지론

크로니는 한국의 통일은 실현할 수 없는 유토피아라고 하면서[117] 사실상 불

---

consequences," Aug. 2016.

115) T. Phillips, "Costly and complicated-why many Koreans can't face reunification", *theguadian*, Oct. 9. 2015. 상세한 것은 박종철 외, 「남북통합에 대한 국민의식 조사」, 통일연구원, 2015 참조. 여기를 보면 남북통일이 필요하다는 68.5%, 필요하지 않다는 31.5%라고 한다. R. Mafael, "Benefits outweigh costs of Korean Reunification", Asia/dw.com. Oct. 10. 2004. Interview; 深尾光洋, 「南北統一と韓國経済の負担能力」, JCER. 2014. 5. 28.

116) 재무부는 2020년까지 통일이 되면 2조 8천억 달러, AEI는 5조 달러가 들 것으로 보았다. 통일 후 20년 동안 남한 GDP의 10% 이상을 써야 한다고 보았다. 상세한 추계는 Noland, Wolf/Akramov, Credit Suisse, AEI, 재무부, 통일연구원의 예측 참조. C. Kim, "Korean Unification may cost 7 Percent of GDP: ministry", World News, Jan. 1. 2013.

117) Krony, "Die Wiedervereinigung Koreas-eine irreale Utopie?", May 26. 2010. www.krony.de/die.

가능하다고 하였다. 그는 첫째 이유를 한국의 지정학적 지위 때문에 미국·중국·러시아·일본이 모두 부정적임을 들었다. 특히 중국이 강대해져 미국과 대결하게 되었고, 중국과 러시아가 대한민국과 국경을 접하기를 꺼리며,[118] 일본이 핵을 가진 한반도가 통일하는 것을 반대한다고 보았다. 국내 문제로는 많은 통일비용을 한국이 감당할 수 없음을 들었다. 특히 일본인들은 통일한국이 자유선거를 하면 공산주의자들이 이겨 공산국가가 될 것으로 보아 반대한다. 그들은 남한 인구의 3분의 1과 북한 인구의 95%가 노동당을 지지할 것으로 본다. 하버마스도 독일의 통일이 성공한 것은 아니라고 보고, 한국도 서둘러서는 안 된다고 하였다.[119]

북한에서도 사실 통일을 원하지 않는다. 미국 국가정책연구소에서 주관한 회의에서 북한의 미래가 어떻게 될 것인가를 토론했는데, 북한은 현상유지(status quo)를 원할 것이라는 의견이 나왔다.[120] 중국의 시진핑 주석도 한반도가 통일하기보다는 북한이 현상을 유지하는 것을 원한다.[121]

3) 평화적으로 공존하는 방법

앞에서 살펴본 바와 같이 한국의 통일은 주변국들이 반대하여 힘들고, 급진적 통일은 비용 때문에 국민들의 반대가 많을 것이기에 당분간 포기하고, 새로 생긴 분단국처럼 현상을 유지하는 방법이 유일한 대안일 수 있다. 그렇다고 계속 분단상태로 있을 수는 없으므로 북한과 평화적으로 공존하는 방법을 강구하며, 장기적이며 단계적으로 통합하는 방법을 찾아야 할 것이다.[122]

---

118) 南北朝鮮統一は誰の利益にもならない, The Voice of Russia, 統一後 北朝鮮で失業者 300万人-ARK のつぶやき.

119) Habermas, "On National Unification in Germany and Korea", Rede.

120) Saunders/Przystup/Helvey, "North Korea 2025: Alternative Futures and Policy Challenges," Feb. 2. 2016, Event Report, Institute for National Strategic Studies.

121) J. Pollack, "Is Xi Jinping Rethinking Korean Unification?", Brooking Institute, Jan. 20. 2015.

122) 브란트 수상의 장기적 통일방안을 모방할 수 있을 것이다. 예곤 바, 「독일통일의 주역 빌리 브란트를 기억하다」, 2014; 김영희, 「동방정책의 설계자 예곤 바에게 통일을 묻는다」, 《중앙일보》 2014. 11. 25; Peter Brandt, *Mit Andersen Augen*, 2013.

(1) 남북기본합의서 부활

남북이 평화롭게 공존하려면 상호왕래 등을 규정한 남북한 기본조약을 이행하는 것이 중요하다. 독일의 통일을 본 한국은 북한과 1992년에 동서독기본조약을 모델로 한 남북기본합의서를 체결하였다. 이는 평화적으로 공존하기 위하여 통일할 때까지 상대방을 국가가 아닌 특수한 관계로 규정한 것으로, 이 합의서를 지킨다면 남북의 동질성과 북한의 개방·개혁을 촉진할 것이다. 정부는 6·15선언의 낮은 단계의 연방제로도 발전할 수 있게 이를 엄중히 지키도록 다시 합의해야 한다.[123]

(2) 군비축소와 원자·생물·화학무기 폐기

남북 사이에 긴장을 완화하려면 북한의 핵무기 개발과 미사일 실험을 중지시켜야 한다. 남북이 체결한 비핵화 합의서를 실행하도록 촉구하고, 또 세계적으로 금지한 원자·생물·화학무기(ABC Warfare)를 폐기하도록 확약해야 한다. 평화를 보장하려면 한미안전보장조약에 따른 강화조약도 필요하지만, 남북기본합의서만 성실하게 이행해도 평화와 질서를 유지할 수 있을 것이다.

(3) 경제공동체를 위한 합의 도출

뒤떨어진 북한 경제를 부흥시키고, 북한 인민의 복지를 위하여 경제협력을 강화해 나가야 하겠다. 남한은 북한 인민의 삶의 질을 향상시키기 위하여 인도적 지원을 해야 할 것이다. 북한에 남한의 생산 공장을 세우고, 개성공단 같은 공단을 많이 만들어 가공무역을 해야 할 것이다. 북한이 남북기본합의서를 준수한다는 조건으로 경제공동체를 만들어 남한이 북한 노동력을 수용하고, 남북이 경제교류를 활발하게 하여 통일 기반을 다져야 할 것이다.[124]

---

123) 통일연구원 편,『제10차 KINU 통일포럼: 통일담론 3.0과 북한 변화 전략』, 통일연구원, 2015. 9. 16.
124) 정은이,「시장화를 통한 북한주민의 남한화 유도방안」,《North Korea Development》, pp. 54-95

(4) 국가연합조약 체결

이러한 평화질서가 보장된다는 전제에서 10여 년이 지나면 경제와 외교 정책을 조정하는 국가연합을 형성할 수 있을 것이다. 이때는 남북의 체제를 그대로 유지하면서 남북정상회의와 남북조절위원회, 중재법원을 두어 남북의 공통과업을 달성해야 할 것이다. 국가연합 단계에서는 남북의 사회·경제 동질성을 회복할 수 있는 교육을 강화해야 할 것이다.

(5) 통일 후의 비전 제시, 통일헌법안 제정

남북한 국민들은 통일이 되면 생활이 불안해진다고 보아 통일을 기피할 수 있는데, 이를 막으려면 통일 후의 정치·경제·사회·군사적인 면을 일목요연하게 알 수 있는 통일헌법안을 제정해야 한다. 이는 남북조절위원회와 남북정상회의에서 입안할 수 있을 것이다. 예멘은 남북 정부에서 헌법기초위원을 뽑아 장기간에 걸쳐 통일헌법안을 만들었다.[125]

(6) 통일헌법안 채택과 연방국가 건립

통일헌법안을 제정하면 이를 양쪽에서 토의한 뒤 국민투표에 부쳐 효력을 발생시켜야 할 것이다. 이때는 지방분권에 근거한 연방제를 택하여 남북 간에 소외감이나 박탈감을 없애야 할 것이다.

4. 평화적·점진적 통일 가능성

앞에서 본 바와 같이 무력통일이나 북한 정권을 붕괴시켜서 하는 통일은 일시적 방법으로는 괜찮으나, 전쟁의 참화와 혼란을 막기 어려우므로 권장할 것은

---

125) 박종철, 「남북한 주민의 통일국가 정체성 인식조사」, 통일연구원, 2016. 12.

못된다. 북한이 붕괴했을 때의 국제관계를 고려하면 우리는 북한과 평화적으로 공존하는 방법을 택할 수밖에 없다. 그동안에 북한이 중국만큼만 개방한다면 합의와 점진적 통일도 할 수 있을 것이다. 북한 정권은 동독처럼 스스로 무너질 수도 있으므로 언젠가는 통일할 수 있을 것이다.

제7절. 참고문헌

1) 분단국 통일 관련 문헌

1. Ahn, Bok-Rok, *Die Wiedervereinigungsfrage Koreas unter der Berücksichtigung der deutschen Erfahrungen*, Dissertation, Freie Univ. Berlin, 2005.

2. Ahn, B., "Peace, Cooperation, and Reunification in Korea," Zhao/Sutter. *Politics of Divided Nations: China, Korea, Germany and Vietnam-Unification, Conflict Resolution and Political Development*, 1991.

3. Bae, Jong-Ho, *The Perceptions Of Northeast Asia's Four States On Korean Unification*, KINU, 2014.

4. Bennett, B., *Preparing for the Possibility of a North Korea Collapse*, Rand Corp, 2013.

5. Brockhaus, Die Infothek: Die Kosten der Einheit, 1999-2002.

6. Choi, et al, *The Trust Building Process and Korea Unification*, KINU, 2014.

7. Chung, Y., *Die politischen Beziehungen Nordkoreas zur VR China und zur Sowjetunion im Hinblick auf die Wiedervereinigung Koreas*, Diss. Heidelberg, 1977.

8. Corson/Minghi, "Reunification of Partitioned Nation-States: Theory Versus Reality in Vietnam and Germany," *Journal of Geography,* Vol. 93, Issue 3, Sep. 11. 2007.

9. Forster, B., *Korean Unification: the Way Forward*, 2009

10. Fuqua, J., *Korean Unification, Inevitable Challenges*, 2011.

11. Georgetown Univ, *Unification of the Korean Peninsula: Issues and Opportunities*, June 26. 2015.

12. Haas, M., *Korean Reunification: Alternative Pathways*, July 8. 2012.

13. Han, Dong-Ho, *Problem of Korean Reunification, Scenario Analysis*, Diss. University

of Nebraska, 2010.

14. Han, Sung-Joo, "Problems and Prospects for Peace and Unification in Korea," Zhao/ Sutter, *Politics of Divided Nations*.

15. Hanns Seidel Stiftung, *20 Jahre Deutsche Einheit und Die Wiedervereinigung der Koreanischen Halbinsel*, Oct. 2010.

16. Konferenz, 20 Jahre nach der deutschen Einheit und Vorbereitung der koreanischen Wiedervereinigung, 2000.

17. Seminar, Das richtige Umfeld und die richtige Richtung für die koreanische Wiedervereinigung, Okt. 15. 2000.

18. Harnisch, S., *Korea vor der Wiedervereinigung*, Manuskipt. Universität Trier, 2001.

19. Hong, Jeon-Hyung, *Building Local Autonomy after Unification in Korea*, Diss. Freie Univ. Berlin, 2001.

20. Kim, A-Joo, *Analysis on the Reunification Experiences of Germany, Vietnam, and Yemen: Finding an ideal process and conditions towards successful reunification of Korea*, Sweet Briar College, 2012.

21. Kim, Choong-Gu, *Die Staatliche Einheit Koreas unter Berücksichtigung des Selbstbestimmungsrechts des koreanischen Volks*, Würzburg, 1994.

22. Kim, Kyuryoon et al, *Lessons of Transformation for Korean Unification*, KINU, 2014.

23. Kim, Min-Jung, *Becoming one: A comparative study of national unification in Vietnam, Yemen and Germany*, Diss. Georgetown University, 2009.

24. Kwon/Weber/Kim, *German Unification: Are There Any Lessons for Korea?*. Ivan Allen College, Georgia Institute Technology.

25. Juetten, S., *North Korea's Juche ideology and the German re-unification experience*, Naval Postgraduate School, 2008.

26. Park/Harte, *Inter-Korean Relations and the Unification Process in Regional and Global Contexts*, KINU, 2015.

27. Park/Roh, *Law and Policy on Korean Unification: Analysis and Implications*, KINU, 2014.

28. Pollack/Lee, *Preparing for Korean Unification Scenarios and Implications*, 1999.

29. Trung/Nguyen/Ning/Lee, *North and South Korea reunification*.

30. Schankin, T., *Die Transformation des politischen Systems in Deutschland und in Korea im Hinblick auf die Wiedervereinigung-ein Vergleich*, GRIN Verlag, 2007.

31. Shin, Gi-Wook, *Ethnic Nationalism in Korea: Genealogy, Politics, And Legacy*, Stanford University Press, 2006.

32. Son, Hyeonju, *The Future of South Korea: alternative scenarios for 2030*, Diss. University of Hawaii, 2012.

33. Tkachenko, S., "Korean Unification: Political and Economic Aspects in the East-Asian Context," *S/N Korean Humanities*, Vol. 1, No 2, Sep. 2015.

34. US Senate Committee, *Chinas Impact on Korean Peninsula Unification and Question for the Senate*, GPO, 2012.

35. Willson, B., History of US sabotage of Korean Peace and Reunification, 2011.

36. Zhao/Sutter, *Politics of Divided Nations: China, Korea, Germany and Vietnam-Unification, Conflict Resolution and Political Development*, 1991.

2) 통일과 경제 관련 문헌

1. Blum, U., *Vade Mecum for Korean Unification*, Konrad Adenauer Stiftung, 2013.

2. Cha, Victor(ed.), *Korean Unification in a New Era*, CSIS, Nov. 2014.

3. Choi/Merrill/Yang/Chang, *Perspectives on Korean Unification and Economic Integration*, 2001.

4. Hong, Joon-Seok, "The Economic Cost of Korean Reunification." Stanford Univ. Institute for International Studies, 2010.

5. Kim, Sam, "Korean Unification Costs Clouded by Dearth of Date on North," Bloomberg Business. Nov. 21. 2014.

6. Kwark, John Y. T., "Economic Impact of Korean Reunification," *Economic Integration of North and South Korea and Prospects for North East Economic Integration*.

7. Lee, Chung H, "Reunification of the Two Koreas: An Economic Agenda."

3) 통일 비용 관련 문헌

1. Kim, Kyuryoon et al, *The Attraction of Korean Unification: Inter-Korean and International Costs and Benefits*, KINU, 2013.

2. Kim, Kyuryoon et al, *Global Expectations for Korean Unification: Research on*

Unification Costs and Benefits, KINU, 2014.

3. Kim, Kyuryoon et al, *Lessons of Transformation for Korean Unification*, KINU, 2014.

4. Korea Economic Research Institute. "The Cost and Financing of Korean Unification," *Constitutional Handbook on Korean Unification*. 2002.

5. Lee, Joon-koo, "Reflections on Korean unification cost studies," *Germany and Korea: Lessons in Unification*, SNU Press, 1995.

6. Noland, M., *German Lessons for Korea: The Economics of Unification, Working Papers Asia Pacific*, No. 96-3, Institute for International Economics, 1996.

7. Noland, M./Liu, Li-Gang, "The Cost and Benefits of Korean Unification," Peterson Institute for International Economics Working Paper, Jan. 1998.

8. Pethokoukis, J., "North Korea's horrific economy and the cost of reunification," American Enterprise Institute. Dec. 19. 2011.

9. Seliger, B., "Lessons from Germany on unification cost," Korea Herald.

10. Shim, E., "Korea unification could create $8.7T economy, think tank says," UPI News. Oct. 28. 2015.

11. Silva, C., Korean Reunification Cost: South Korea Says Developing North Korea's Economy Would Cost Billions of Dollars. On 11. 19. 2014.

12. The Emory Wheel, "The Costs of North and South Korean Reunification," Oct. 3. 2013.

13. Vaknin, S., *The Cost of Unification: German Lessons for Korea*, UPI, 2002.

14. Wolf/Akramov, *North Korea Paradoxes, Circumstances, Costs, and Consequences of Korean Unification*, Rand National Defence Research Institute, 2005

15. 김규륜 외, 『한반도 통일의 미래와 주변 4대국의 기대』, 통일연구원, 2013.

16. 김규륜, 『한반도 통일의 효과: 통일 비용편익종합연구』, 통일연구원, 2014. 3.

17. 김갑식 외 편, 『김정은 정권의 정치체제: 수령제, 당·정·군 관계, 권력엘리트의 지속성과 변화』, 통일연구원, 2015. 12.

18. 김국신, 「독일·베트남·예멘 통일 사례」, 『분단국 통합과 평화협정』, 통일연구원, 2001.

19. 김수암 외, 『남북한 통합과 북한의 수용력: 제도 및 인식 측면』, 통일연구원, 2015.

20. 김철수, 『독일통일의 정치와 헌법』, 박영사, 2004

21. 김철수, 「독일 통일의 결산과 교훈」, 《문학사상》, 2015년 10·12월.

22. 박정원, 「한반도 통일모델의 탐색: 중립화통일론의 적용가능성」, 《통일정책논총》 제16권 2호(2007).

23. 박형중 외, 『통일대계연구: 4년 연구 종합논의』, 통일연구원, 2013.

24. 배정호 외, 『오바마·시진핑 시대의 동북아 국가들의 국내정치 및 대외정책과 한국의 대북 및 통일외교 전략』, 통일연구원, 2013.

25. 배정호 외, 『동북아 4국의 대외전략 및 대북전략과 한국의 통일외교 전략』, 통일연구원, 2014.

26. 배정호 외, 『한반도 통일에 대한 동북아 4국의 인식』, 통일연구원, 2013.

27. 백영서 외, 『동아시아의 지역질서: 제국을 넘어 공동체로』, 창비, 2005.

28. 서옥식·장덕환, 『신동북아 질서의 제문제』, 법영사, 2004.

29. 성기영 외, 『신동북아 질서 시대의 중장기 통일전략』, 통일연구원, 2014.

30. 신기현, 「분단국가 통일 경험과 남북한 통일 모형」, 《사회과학연구》 제21권(1995. 2), 전북대.

31. 신정현, 『동북아 국제정치와 한반도』, 경희대 출판부, 2004.

32. 양영조, 『한국전쟁과 동북아 국가 정책』, 선인, 2007.

33. 이승철, 『동아시아 공동체: 비전과 전망』, 한양대 출판부, 2005.

34. 임현진·정영철, 「통일과정: 통일능력과 통일비용 '우리는 통일할 능력이 있다」, 《조선일보》 한선재단 제4차 통일포럼, 2011. 9. 23.

35. 조한범 외, 『한반도 통일에 대한 국제사회의 기대와 역할 주변 4국과 G20』, 통일연구원, 2015.

36. 최진욱, 『드레스덴 구상과 행복한 통일』, 통일연구원, 2014. 6.

37. 통일연구원, 『통일준비를 위한 과제와 전략』, 2014. 6.

38. 통일연구원, 『동북아전략환경의 변화와 한국의 대응방향』, 2014. 6.

39. 통일연구원, 『동북아 국제질서 전환기 한국의 전략적 딜레마와 통일·외교정책 방향』, 2015. 12.

40. 통일연구원, 『분단 70년 남북한 통일정책 및 통일담론 평가』, 2015.

41. 한승주 외, 『동북아평화협력구상과 유라시아 협력 추진을 위한 다자주의적 접근』, 통일연구원, 2015.

42. 한홍렬, 『갈등과 협력의 정치경제: 한반도와 동북아』, 한양대 출판부, 2003.

43. 황병덕 외, 『한반도 통일공공외교 추진전략(II): 한국의 주변 4국 통일공공외교 실태 연구 (총괄보고서)』, 통일연구원, 2013.

4) 한국 통일 관련 일본과 기타 문헌

1. 金成昱 著, 金英彦 譯, 『金正日にひれ伏す韓国—このままでは統一一国家は北朝鮮になる』, 徳間書店, 2006.

2. パク·ソンジョ 著, 蔡七美·桑畑優香 訳, 『韓国崩壊 統一がもたらす瓦解のシナリオ』, ランダムハウス講談, 2005.

3. 森 千春, 『朝鮮半島は統一できるのか—韓国の試練』, 中央公論新社, 2003.

4. 10th German-Korean Forum Public Panel Discussion.

5. Germany, The EU, and the Question of Peace and Security on the Korean Peninsula Nov. 17. 2011(Deutschland, die EU und die Frage von Frieden und Sicherheit auf der koreanischen Halbinsel).

5) 트럼프의 외교정책과 아시아 관련 문헌

1. Wikipedia, "Political Positions of Donald Trump", 2017. 1.

2. McAdams, D., "The Mind of Donald Trump: A Psychologist analyzes Donald Trump's Personality", *The Atlantic*, 2016. 6.

3. Wickett, X., "America's International Role Under Donald Trump", Chatham House Report, The Royal Institute of International Affairs, Jan. 2017.

4. Swaine, M., "Managing Asia's Security Threats in the Trump Era", *Carnegie Endowment for International Peace*, Jan. 19. 2017.

5. Fisher, M., "What Is Donald Trump's Foreign Policy?", *The New York Times*, Nov. 11. 2016.

6. CSIS, "Asia Forecast 2017", Jan. 25. 2017.

7. U. S. Politics, "Trump's Praise of Putin could signal a new day for U. S. Policy", Dec. 31. 2016.

8. Ide/Huang, "Analyst See Trump Comments on One China as Part of Bigger Game", VOA News, Dec. 14. 2016.

9. Taiwan Politik, "Trump bringt China gegen sich auf", Neue Presse, Dec. 12. 2016.

10. Chang, B., "A Political Earthquake in Seoul and Its Repercussions for U. S. Policy", The National Interest, Jan. 24. 2017.

11. Klinger/Venuccio/Novak, "New York Analysts of Policy and Government", The Blog. HeritageFoundation, Jan. 17. 2017.

12. Fisher, M., "Trump inaugural speech was a sharp break with the past, and with his party", The Washington Post, 2017. 1. 20.

13. Moody's Analytics, "The Macroeconomic Consequences of Mr. Trump's Economic Policies", June 2016.

14. Berman, R., "The Donald Trump Cabinet Tracker". The Atlantic, Jan. 24. 2017.

15. LoBianco, T., "The Donald Trump Outlines Policy Plan for First 100 days", Nov. 22. 2016.

16. Lo, J., "Who will lose in the looming US-China trade war?", *Nikkei Asian Review*, Jan.

10. 2017.

17. 통일연구원, 「트럼프 대통령의 한반도 관련 주요 발언」, 2017. 01.

18. 신종호, 「트럼프 시대 미중관계 전망과 한반도에 대한 함의」, 통일연구원 온라인서비스, 2017. 01. 25/CO 17-02.

19. 김성기, 「트럼프 시대 미국 대전략의 전환과 동아시아 한반도 정세 변화」, 통일연구원 온라인서비스, 2017. 01. 26/CO 17-03.

20. 노용관, 「미 트럼프 정부 출범이후의 북중관계 전망」, 《KDB산업은행》, 2017. 1.

21. 정구연, 「트럼프 대외정책 기조와 동아시아 안보지형의 변화 전망」, 《통일정책연구》 제25권 2호(2016).

22. 빅터 차, 「강경 대북정책가 빅터 차도 트럼프에 한반도 통일 공개 제안」, 《자주시보》 2016. 12. 15.

23. "트럼프 행정부의 한반도 정책전망", 시민정치마당, 2016. 12. 19.

24. 박병률, "트럼프·한한령 앞 '눈치보는' 대외정책", 경향비즈 마켓·비즈, 2017. 1. 26.

25. 장규석, "한반도 덮치는 트럼프 리스크 ①-⑤", CBS 노컷뉴스, 2017. 1.

26. 조의준, "윤곽 잡힌 트럼프 구상 … '北·中 더 압박하고, 청구서는 한국으로'", 《조선일보》 2017. 1. 14.

27. 이춘근, "트럼프 행정부의 대외 및 대한반도 정책", 통일연구원 발제 원본, 2016. 11. 14.

28. 권영근, "예상되는 트럼프의 대북정책!!!", 네이버 블로그, 한국국방개혁연구소.

29. 백성원, 심층취재 "트럼프 대북정책 … 미 전문가 20명 제안", VOA 한국어, 2016. 12. 7.

30. 비주얼 라이브, "도날드 트럼프의 당선이 한국에 미칠 영향", 네이버 포스트, 2016. 11. 9.

제Ⅲ부.
통일헌법 제정으로 통일

제I장. 분단국의 헌법과 통일

머리말, 분단국의 헌법과 통일 문제

제2차 세계대전 이후 세계에서는 여러 분단국가가 성립하였다.[1] 이러한 분단국은 미국과 소련의 냉전에 따라 양극으로 나뉘는 과정에서 생겼다고 할 수 있다.[2] 일반적으로 분단국으로는 한국·독일·베트남·중국을 들었는데, 이제는 한국만 남았다. 베트남은 이제 분단국이라 할 수 없고, 중국도 분단국 문제가 아니라 대만 문제로 본다.

물론 세계에는 분열되어 있는 나라가 많다. 캄보디아와 라오스, 몽고, 아일랜드, 인도와 파키스탄·방글라데시, 루안다·우룬디, 팔레스타인·에레쯔 이스라엘 등이 있다.[3] 핸더슨과 리보우, 스퇴싱어는 분단국가(분단민족, divided nations)와 분열국가(분할국가, partitioned countries)를 구분해서 분단국가로는 독일·한국·중국·베트남·캄보디아·라오스·몽고를 들고, 분열국가로는 아일랜드·인도· 파키스탄·방글라데시·루안다·우룬디, 팔레스타인·에레쯔 이스라엘을 들었다.

그 분류 기준으로 분단국가는 민족·언어·역사·문화 동질성을 바탕으로 하고, 분열국가는 민족·언어·역사·문화 이질성을 들었다.[4] 법이론으로 본다면 분단국가는 '법적으로 지속되는 하나의 전체국가를 잠재화시킨 가운데 이 전체국가의 대표권을 가질 것을 경쟁하지만, 제3국에서 전체국가로서 단독 대표권을 인정받지 못하는 두 개의 부분국가로 분단되어 있는 국가'라고 할 수 있겠다. 한편 분열국가는 '법적으로 지속되는 전체국가의 존재는 소멸하고, 두 개의 부분국

---

1) 분단국에 대한 문헌으로는 Henderson/Lebow/Stoessinger, *Divided Nations in a Divided World*, 1974; 김도창, 「분단국 헌법과 통일관계 조항」, 《법학》 제8권 2호(1955), 서울대 법학연구소.

2) 홍승면, 「분단국 문제의 재발견」, 「동서독과 남북한」, 동아일보사, pp. 10~35.

3) 상세한 것은 Henderson/Lebow/Stoessinger, *op. cit*; D. Blumenwitz, *The Legal Status of the Divided Nations*(최창동 역, 「분단국가의 법적 지위」, 법률행정연구원, 1996 참조.

4) Henderson/Lebow/Stoessinger, *ibid.*, p. 434.

가가 각각 독립하는 경우'를 말한다.[5]

분단국가는 '법적으로 지속되는 하나의 국가가 국제법상 부분국가로서 동등한 지위를 가진 두 개의 국제법적인 주체로 잠정적으로 분단되어 있는 국가'이기에 이 부분국가의 통일을 지향한다. 독일은 전체국가요, 동독과 서독은 그 부분국가라고 보는 것이 이 이론이다. 우리나라도 대한제국과 상해임시정부가 대한민국으로 계속된다고 보고, 남한과 북한이 부분국가라고 보는 것이 그 적용이라고 하겠다.

이러한 분단국가는 헌법에서도 통일을 지향한다. 서독 헌법은 전문에서 "민족자결에 의한 통일"을 구가하며, 제146조에서 "민족자결로 헌법을 제정할 때 효력을 상실한다"고 규정하였다. 동독도 1968년 헌법 제8조에서 "강요된 독일 분단을 극복하고, 두 독일 국가의 단계적인 접근을 통하여 … 통일이 이룩되도록 노력한다"고 하였다.

우리나라도 분단국가이기에[6] 통일을 그 지상명제로 하였다. 그러나 헌법에는 무력통일을 원칙으로 규정했다가, 1972년 헌법에서 평화통일주의로 이행하였다. 북한도 1972년 헌법에서 조국을 평화적으로 통일하기 위하여 투쟁한다고 선언하였다. 자국의 의사가 아니라 미소 강대국의 양극화 현상에 따라 부득이 분단된 독일과 한국이 통일 문제를 헌법에서 어떻게 표현했는가를 간단히 고찰해보기로 하자.[7]

제1절. 독일 헌법의 통일 조항

독일은 1945년 5월 8일 패전하면서 국토가 분단되고 점령군이 관리하게 되었다. 1938년의 영토 중에서 일부는 소련령으로 편입되고, 오데르-나이쎄 강 이동

---

5) 同旨: 이영일, 「평화통일의 정치이론 서설」, 『통일이론연구논총』, pp. 3~16; 김준희, 「분단국가 일반 이론에서 본 한국통일 문제의 법적 성질」, 같은 책, pp. 137~185.
6) 반대설, 김준희, 전게 논문.
7) 분단국 독일과 한국을 비교 분석한 것은 林建彦, 『分斷國家』, 廣島平和研究所; 백행걸, 「양단된 국가의 통일문제」, 경희대 석사학위 논문, 1968.

은 폴란드령으로 편입되었다. 서부 독일에서는 1949년 5월 23일 독일연방공화국 기본법(이하 서독 기본법이라 함)을 제정하고,[8] 동부 독일에서는 1949년 10월 7일 독일민주주의공화국 헌법(이하 동독 헌법이라 함)을 제정하였다. 이 헌법들은 독일 통일의 염원을 표현하고, 재통일 방법도 암묵적으로 규정하였다. 이 헌법들은 그뒤 수차 개정했는데[9] 통일 조항을 살펴보기로 한다.

1. 서독 기본법의 통일 조항

서독 기본법은 통일 조항을 몇 개만 두었다. 헌법 전문에서는 "모든 독일 국민이 자유로운 민족자결로 독일의 통일과 자유를 완성할 것을 요청"한다고 하였고, 제146조에서 "이 기본법은 독일 민족이 자유로운 결단으로 제정한 헌법이 효력을 발생하는 날 효력을 상실한다"고 규정하여 기본법이 잠정법임을 선언하였다. 이 조항 외에도 제23조에서 "독일의 기타 지역은 연방에 가입(Beitritt)하면 효력을 발생한다"고 하여 타지역 연방 가입을 예정하였다. 이 조항들을 약술하여 보기로 하자.[10][11]

1) 서독 기본법 전문 의의

(1) 서독 기본법 전문 내용

독일연방공화국 기본법 전문에서는 "신과 인류에 대한 책임을 자각하고, 민족적·국가적인 통일을 유지하며, 통합된 유럽의 평등한 권리를 가진 구성원으로서

---

8) 서독 기본법 제정 경과는 *Jahrbuch des öffentlichen Rechts*(이하에서는 JöR로 함), Neue Folge, Bd. 1, 1951; R. Mußgnug, Zustandekommen des Grundgesetzes und Entstehen der Bundesrepublik Deutschland, Isensee Kirchhof(hrsg.), *Handbuch des Staatsrecht*, Bd. I, S. 219ff. 참조.
9) 동독의 헌법 개정은 Mampel, Die neue Verfassungsordnung in Mitteldeutschland, *JöR*, N. F. 18, SS. 333-466 참조.
10) 상세한 것은 Friedrich Klein, Bonner Grundgesetz und Wiedervereinigung Deutschlands, *Gedächtnisschrift für Walter Jellinek*, SS. 119-140 참조.
11) 김도창, 「헌법과 국가 통일 문제」, 《서울대학교 법학》 제8권 2호.

세계 평화에 기여하려는 결의에 차서 바덴, 바이에른, 브레멘, 함부르크, 헷센, 니이더작센, 노르트라인·베스트팔렌, 라인란트·팔쯔, 슐레스비히·홀슈타인, 뷔르템베르크·바덴과 뷔르템베르크·호오엔쫄러른 지방의 독일 국민은 과도기의 국가생활에 새로운 질서를 부여하기 위하여 헌법 제정권력을 행사하여 이 독일연방공화국 기본법을 제정하였다. 이 독일 국민은 참여를 거부당한 다른 독일 국민을 대신하여 행동하였다. 모든 독일 국민은 자유로운 민족자결로 독일의 통일과 자유를 완성할 것을 요청한다"고 규정하였다.

이 전문은 민족 통일의 염원을 내포하며, '독일 재통일의 명제'(Wiedervereinigungsgebot)를 규정한 것이라고 본다. 첫째로는 민족적·국가적 통일을 유지하려는 결의에 차서 이 기본법을 제정했다고 하여 민족적·국가적 통일을 유지할 의무를 강조하였고, 둘째로는 모든 독일 국민은 자유로운 민족자결로 독일의 자유를 완성할 것을 요청하였다.

(2) 서독 기본법 전문의 법적 성격

이 통일 명제를 규정한 전문의 법적 성격에 대해서는 이를 부인하는 학설과 법적 구속력을 인정하는 학설이 대립한다. 비스마르크 헌법이나 바이마르 헌법 전문은 법적 효력이 없는 것으로 인정되었다. 망골트 클라인은 전문이 헌법을 구성하는 부분이기는 하나 법적 구속력이 있는 법규(Rechtssatz)는 아니라고 하였다.[12] 마르틴 크릴레도 전문은 선언적·정치적 프로그램을 선언한 것이며, 직접적인 구속력은 없는 것이라고 하였다.[13]

그러나 전문은 정치적 의의만이 아니라 법적 성격도 있다고 보는 것이 다수설이다.[14] 제헌평의회에서도 카를로 슈미트 교수가 전문은 정치적 의의만이 아니라 법적인 의의도 있음을 명백히 하였다. 연방헌법재판소도 공산당 위헌판결에

---

12) v. Mangoldt/Klein, *Das Bonner Grundgesetz*, 2. Aufl. Bd. 1, SS. 40-41.

13) Martin Kriele, in *Der Grundlagenvertrag vor dem Bundesverfassungsgericht*, S. 216; Martin Kriele, *Einführung in die Staatslehre*, 1975.

14) Giese/Schunck, *Grundgesetz*; Hamann/Lenz, *Grundgesetz*; Leibholz/Rinck, *Grundgesetz Kommentar*; Badura, *Staatsrecht*.

서 전문은 정치적 의의만이 아니라 법적 의의도 있다고 하였다.[15] 전문에 대해서는 그동안 별 논의가 없다가, 동서독기본조약의 합헌성 문제와 관련하여 중요한 정치적·법적 논쟁 대상이 되었다.

(3) 서독 기본법 전문의 통일 명제 의의와 효력

전문에 규정한 통일 명제의 법적 성격에 대해서도 학설이 대립하였다. 레발트와 퀴스트는 이 전문의 통일 명제는 이데올로기적인 성격이 강하므로 법적인 효력이 없다고 하였다.[16] 그러나 마운츠는 법적인 효력을 인정하였다.[17] 마운츠는 통일 명제에서 직접적으로 독일연방공화국과 독일민주공화국으로 분할되어 있는 독일을 통일하는 데 노력하고, 독일 통일을 법적으로 저해하거나 사실상 불가능하게 만드는 것을 금지하는 법적 의무가 모든 국가기관에 부과된다고 보았다. 따라서 연방의 입법이나 행정, 사법이 이를 침해할 때는 위헌이며 헌법재판소의 판결로 무효가 된다고 보았다. 그러나 시민들까지 독일 통일을 촉진하며 이를 저해하는 행위를 중지할 의무가 있는가에 대해서는 명확한 결론을 내리지 않았다. 정치적으로는 모든 국민의 의무만이 아니라 법적인 의무라고 보는 견해도 있다.[18]

연방헌법재판소는 전문이 독일연방공화국의 모든 정치적 기관에 독일 통일에 전력을 경주하여 노력할 것과, 이 목적을 위하여 모든 행위를 하여 정치적 행위의 척도를 통일이라는 목적을 실현할 가능성에 비견할 의무를 부과하는 것보다는 소극적인 면에서도 모든 국가기관이 통일을 법적으로 방해하거나 사실상 불가능하게 하는 행위를 금지하는 것이라고 보았다.[19] 그런데 어떤 행위가 이 통일 명제에 합치하는가에 대한 재판에서는 당해 기관이 광범한 정치적 재량권을 갖고 있다고 본다. 연방헌법재판소는 연방공화국 기관이 독일 재통일의 목적을 위하여 특정한 행위를 해야만 한다는 것이나, 어떠한 방법으로 독일 재통일을 하

---

15) BVerfGE 5, 85, KPD-Verbot Urteil, BVerfGE 36, 1.

16) Lewald, NJW, 1971, 90; Quist, Pol. Stud., 1971, 622.

17) Maunz, in Maunz/Dürig/Herzog/Scholz, *Grundgesetz Kommentar,* Präambel.

18) Schramm, Einführung in das Grundgesetz.

19) BVerfGE 5, 127-28.

는 것이 정치적으로 정당하며 합목적적인가를 결정하는 것은 정치 행위를 하는 연방기관에 위임해야 한다고 하였다.[20]

재통일 명제와 관련하여 통일을 촉진해야만 하는가,[21] 그렇지 않으면 사실적으로나 법적으로 통일을 명백히 반대하지 않으면 족한가[22]에 대해서도 논쟁이 있었다. 물론 독일 통일을 촉진하는 것은 통일 명제에 합치하는 것이지만, 독일 문제의 복잡성으로 보아 통일의 길을 방해하지 않고 개방해두는 것만으로 족하다고 보아야 한다는 게 중론이었다.[23] 독일 헌법재판소는 동서독기본조약 판결에서 통일 명제에 관하여 다음과 같이 판결하였다.[24]

독일연방공화국의 어떤 헌법기관에도 정치적 목적으로 정치적 통일 재현을 포기해서는 안 되며, 모든 헌법기관은 그 정책을 수행하는 데 이 목적을 이루고자 협력해야 하며(국내적으로는 재통일 청구권을 경각시키고, 대외적으로는 완강히 이를 대표해야 한다는 요청을 포함한다) 또 재통일을 불가능하게 하는 모든 행위를 중지해야 한다. 자유로운 독일 국민의 자결권에 근거한 재통일에 이바지하는 기본법의 어떠한 법적 지위도 포기해서는 안 되며, 다른 면에서는 연방공화국의 헌법기관이 참여한 가운데 연방정부의 재통일 노력에 반대되는 어떠한 기본법에 위배되는 법제도도 창설해서는 안 된다.

2) 서독 기본법 제146조

(1) 서독 기본법 제146조 내용

서독 기본법 제146조는 기본법의 마지막 조항으로, 모든 독일 민족이 자결권을 행사하여 헌법을 제정했을 때 기본법은 효력을 상실한다고 규정하였다. 이는

---

20) BVerfGE 5, 128; BVerfGE 12, 51; BVerfGE 36, 1.

21) Kimminich, DVBl., 1970, 441.

22) BVerfGE 12, 52; Ress in Doehring/Kewenig/Ress, a. a. O., S. 41.

23) Ingo v. Münch, Präambel, v. Münch, *Grundgesetz Kommentar*, Bd. 1.

24) BVerfGE 36, 1, NJW 1973, 1539ff; *Der Grundlagenvertrag vor dem Bundesverfassungsgericht*, SS. 383-403.

기본법을 전(全) 독일 헌법으로 대체함을 인정하는 것으로 그 의의가 매우 크다. 이 규정은 독일 통일을 민족자결권의 행사로써 헌법을 제정하여 달성할 것을 규정한 것이다. 폰 데어 하이데는 이 조항이 연방공화국이 전(全) 독일 헌법으로 가는 길을 열어주며 그것의 민주적인 성립을 보장하고, 서독 기본법을 폐지할 때부터 전(全) 독일 헌법이 효력을 발생할 때까지 헌법 공백 상태를 막는 것이었다[25]고 했는데 이는 타당한 이론이라 하겠다. 그러나 이 조항을 해석하는 데도 여러 가지 문제가 있었다.

(2) 서독 기본법 제146조 해석 문제

기본법 제146조는 해석상 독일의 재통일을 전제로 한 것이므로 서독 기본법의 전면 개정 방법을 의미하는 것은 아니다. 이는 전문과 달리 모든 독일 국민이라고 하지 않았는데, 당연한 결론이라 하겠다.[26] 서독 기본법 개정은 어디까지나 제79조의 방법에 따라야 할 것이요, 그 한계를 지켜야 한다. 반면 전(全) 독일 헌법은 기본법 규정과는 완전히 독립적인 것이요, 자유롭게 형성되어야 한다. 그것은 서독 기본법과 분리된 독창적 헌법이어야 한다.[27] 그러나 기본법 제146조가 새로운 헌법을 만드는 것을 의무화하는 것은 아니다. 만약에 모든 독일 국민이 서독 기본법에 만족한다면 독일연방공화국 기본법으로 통일할 수 있다.

(3) 전(全) 독일 헌법의 전제

서독 기본법 제146조에 의한 새로운 헌법으로 통일했을 때는 연방기관은 일정한 절차와 원칙에 구속된다고 본다. 첫째, 동독과 서독에 있는 주민, 즉 모든 독일 국민의 자유로운 자결권(Selbstbestimmungsrecht) 행사를 보장해야 한다. 그것

25) v. d. Heydte, Die staatsrechtliche Problematik der Wiedervereinigung, Bundesverfassungsgericht, No. 1, vom 7, Jan. 1954, SS. 2-4.
26) 同旨: Klein, a. a. O., S. 129; Maunz, in Maunz/Dürig/Herzog/Scholz, a. a. O., Anm 18 zu 146.
27) Klein, a. a. O., S. 130.

은 인민민주주의 헌법이어서는 안 되고, 서독 기본법과 다르더라도 자유민주주의 헌법이어야 한다. 둘째, 동서독에서 모든 시민이 자유선거를 해야 한다. 새로운 헌법은 전체 국민을 대표하는 선출된 제헌회의에서 제정해야 한다. 셋째, 국법적인 계속성을 확보해야 한다. 넷째, 초국가법인 점령법이나 점령국인 4대국의 통치명령에도 구속된다.[28]

3) 서독 기본법 제23조

(1) 서독 기본법 제23조 의의

서독 기본법 제23조에서는 기본법의 효력 범위, 즉 영역을 이렇게 규정하였다. "이 기본법은 우선 바덴, 바이에른, 브레멘, 대베를린, 함부르크, 헷센, 니이더작센, 노르트라인·베스트팔렌, 라인란트·팔쯔, 슐레스비히-홀슈타인, 뷔르템베르크·바덴과 뷔르템베르크·호오엔쫄레른 지방에서 효력이 있다. 독일의 다른 영역에서 가입하면 효력을 발생한다." 이는 기본법이 독일의 다른 영역이 가입하면 효력을 발생하도록 헌법기관에 위탁한 것이다.[29] 나아가 제23조는 독일의 다른 영역이 가입할 수 있도록 개방해둬야 할 의무를 포함하였다.[30]

(2) 서독 기본법 제23조의 문제점

서독 기본법 제23조에서 가입은 자의로 가입한 것을 말한다. 서독은 무력을 금지하므로 강제 합병은 인정하지 않는다. 서독연방에 가입하려면 서독 기본법 제28조에서 규정한 공화적·민주적·사회적 법치국가여야 한다. 따라서 동독이 사회주의 체제인 채로 가입할 수 없다. 또 다른 지역의 가입도 서독의 권한이라기보다는 외국이나 타지역의 결정에 의존하는 만큼 타지방을 가입시킬 사실상

---

28) Maunz, in Maunz/Dürig/Herzog/Scholz, *a. a. O.*, Amm, 19-23 zu Art, 146.
29) Schmidt-Bleibtreu/Klein, *Kommentar*, Rdnr. 1, zu Art 146.
30) BVerfGE 36, 1ff., 29.

의 보장을 한 것은 아니다. 서독 정부기관은 타지역의 가입을 곤란하게 하거나 제한해서는 안된다.[31] 어디까지나 법적인 가입 가능성을 개방해둬야 한다[32]는 것을 뜻한다.

2. 동독 헌법의 통일 조항

동독 헌법은 3차에 걸쳐 제정·변경하였다. 1949년 10월 7일 독일민주공화국 헌법을 제정하였고, 이를 1968년 4월 9일 전면 개정하였고, 다시 1974년 10월 7일 대폭 수정하였다. 1949년 헌법에는 통일 조항을 두지 않았으나, 1968년 헌법에서는 제8조 2항에서 민주주의와 사회주의에 근거한 통일을 말하였다. 그러나 1974년 헌법에서는 이 조항을 삭제하고 통일에 대해서는 침묵하였다. 이하에서는 이 헌법들의 통일에 대한 태도를 간단히 보기로 한다.

1) 1949년 동독 헌법의 통일 조항

(1) 1949년 동독 헌법의 통일 조항 내용

1949년의 동독 헌법에서는 통일 조항을 두지 않았다.[33] 그러나 제1조에서 "독일은 불가분의 민주주의공화국이다"라고 하여 통일독일을 전제하였다. 서독 기본법은 그것이 서독 영역에서만 효력을 발생하는 잠정 헌법임을 강조했지만, 동독 헌법은 영구적인 완성 헌법임을 묵시적으로 나타냈으며, 바이마르 헌법의 후계 헌법인 것처럼 규정하였다.

---

31) BVerfGE 4, 174.

32) BVerfGE 36, 1ff., 28/29.

33) 동독 헌법은 Drath, *Verfassungsrecht und Verfassungswirklichkeit in der sowjetischen Besatzungszone*, 1954; Mampel, *Die Verfassung der sowjetischen Besatzungszone Deutschlands*, 1963; Mampel, Die Entwicklung der Verfassungsordnung in der Sowjetzone Deutschlands von 1945-1963, *JöR*, 1964, S. 455ff; Mampel, *Herrschaftssystem und Verfassungsstruktur in Mitteldeutschland*, 1968; Brunner, Das Staatsrecht der Deutschen Demokratischen Republik, Isensee/Kirchhof(hrsg.), *Handbush des Staatsrechts*, BdⅠ, 1987, S. 386ff 참조.

(2) 1949년 동독 헌법의 통일정책

동독은 실제 통일 문제에서는 동서독의 국가연합을 주장하였다. 국가연합(Konföderation) 안은 1957년 1월 30일 사회주의통일당의 제30차 중앙위원회에서 발표하고, 각료회의가 7월 26일 인민의회에 보고하였다.[34] 그뒤에도 이 안을 계속 주장하였다.[35] 그 내용은 다음과 같다.

"국가연합은 서독·동독·자유베를린으로 구성한다. 국가연합에는 이 구성원에 상위하는 중앙 국가권력을 두지 않으며, 사회 질서를 변경하지 않아도 된다. 국가연합 기관은 구성원의 의회와 정부에 대하여 권고안을 심의·결정한다. 권고는 무엇보다도 다음 목적을 충족시키는 것이어야 한다. ① 독일 민족의 항구 평화 유지 ② 평화 조건 여러 규정 집행 ③ 핵무기와 핵무기 운반체 금지 ④ 서독이 다른 국제단체에 가입해서 생기는 군사적 의무의 단계적인 감축 ④ 군사적인 중립성과 완전한 군축 ⑤ 독일 공동체 구성원의 국제기구 참여와 협조 ⑥서독·동독·베를린 사이에 경제·무역·문화·과학·기술·스포츠 영역에서 정상적인 관계 수립 ⑦ 그뒤 국가적 통일을 완전히 재현해야 한다."

이러한 동독의 국가연합안은 서독의 할슈타인 원칙(Hallstein Prinzip)을 따른 것으로, 동독이 국제사회에서 고립되는 것을 막으려는 것이며, 국가연합 구성원으로서 국제기구에 가입하여 서독에서 승인을 받기 위한 정책이었다고 하겠다.

2) 1968년 동독 헌법의 통일 조항

(1) 1968년 동독 헌법의 제8조 2항 내용

1968년의 동독 헌법은[36] 1949년 헌법과 달리 통일 조항을 두었다. 동독은 1968년 헌법에서 독일 국가의 계속성을 인정하면서도 두 개의 국가를 전제로 하

---

34) 국가연합안을 비롯한 통일방안은 김철수, 「분단국의 문제」, 삼성문화문고, 1972 참조.
35) Parteiprogramme der SED von 1963.
36) 상세한 것은 Mampel, *Die sozialistische Verfassung der Deutschen Demokratishen Republik*, 1972.

였다. 그리하여 헌법 제8조 2항에서 "동권의 기반 위에서 양 독일 국가의 정상 관계 수립과 공동으로 협력을 유지하는 것은 독일민주주의공화국의 국가적 과업이다. 독일민주주의공화국과 그 시민은 한걸음 나아가 독일 민족은 제국주의자가 강요한 분단을 극복하고, 두 독일 국가가 단계적으로 접근하여 민주주의와 사회주의의 기반 위에서 통일하도록 노력한다"고 하였다. 이는 투표나 선거에 의한 모든 독일 국민의 결단을 거부하는 것이다. 따라서 헌법은 독일의 재통일을 언급하지 않고, 양 독일의 통합만을 주장하였다.

(2) 1968년 동독 헌법 제8조의 의의

이 조항은 독일 통일을 공산주의에 입각한 것으로만 인정하였다. 헌법 전문에서도 독일의 분할 책임을 서독의 독점자본주의와 미국이 주도하는 제국주의에 돌렸으며, 서독을 사회주의에 대한 투쟁기지로 삼았다고 하여 이를 배격하려는 목적으로 헌법을 제정했음을 강조하였다. 1968년 헌법에서는 국가연합론에 침묵했으나, 그 가능성을 완전히 배제한 것이라고 할 수는 없다.

그러나 1970년대에 들어와 국가연합론은 자취를 감추고, 두 개의 국가론을 주장하였다. 통일은 어디까지나 서독이 포츠담선언의 근본적인 규정을 준수하여 군국주의와 나치즘을 완전히 극복하는 것을 전제해야 한다[37]고 하고, 공산주의와 무산계급의 독재에서만 가능하다고 하였다. 이는 통일 단계에 들어가기 전에 서독이 공산화해야 함을 강요하는 것이었다. 발터 울브리히트는 동독의 사회주의 헌법을 서독이 완전히 모방해야 하는 것은 아니지만, 서독이 신나치주의와 독점자본주의를 극복하는 데 큰 도움이 될 것이라고 하였다.[38] 이 조항은 동서독기본조약이 발효하자 그 기능을 상실하였다.

---

37) Bericht der Verfassungskommission, S. 701.
38) Begründung des Verfassungsentwurfs, S. 340.

3) 1974년 동독 헌법의 통일 조항

(1) 1974년 동독 헌법의 통일 조항 내용

1974년 10월 7일 개정한 헌법은 1968년의 헌법을 대폭 수정한 것인데, 투쟁적이던 전문을 개정하고 헌법 제8조 2항을 삭제하였다. 또 제1조에서도 독일 민족이라는 전문을 개정하고, 헌법 제6조를 개정하여 독일민주주의공화국이 소련연방과 영구히, 또 번복될 수 없는 동맹관계에 있음을 강조하였다. 이에 따라 1975년 10월 7일에는 동독과 소련이 동맹조약을 맺었다.[39] 이로써 동독은 통일을 포기하고 사회주의 국가로서 자주성을 강조하였다. 1976년 5월 사회주의 통일당 제9차 전당대회에서 채택한 당헌에서도 공산주의 소련의 우월성을 강조하였다.

(2) 1974년 동독 헌법에서 통일 불언급

동독은 1972년 동서독기본조약을 체결하고 유엔에 가입하면서 외국에서 국가적 승인을 받아 외교관계를 개설했기에 이제는 독일 통일을 헌법에서 운운할 필요가 없다고 생각한 것 같다. 동독은 국가 승인을 받았기에 동독의 공산주의 성과를 고수하는 방향으로 나아갔다.[40]

헌법제정회의에서는 제헌에 의한 통일 방법을 개방했는데, 동독은 2개 국가로 고정시키면서 통일독일을 배제하여 사실상 평화통일 가능성은 거의 없는 것 같았다. 동독은 앞서 본 바와 같이 동유럽 공산권 국가들과 불가결한 국가연합(Staatengemeinschaft)에 돌입하고, 서독은 유럽공동체에 가입하여 분단이 고정되는 것처럼 보였다.[41]

---

39) 상세한 것은 Vertrag über Freundschaft, Zusammenarbeit und gegenseitigen Beistand vom 7. Oct. 1975 in *Europa-Archiv*, 1975, SS. 753-764 참조.
40) 상세한 것은 Jens Hacker, *Deutsche Unter Sich, Politik mit dem Grundvertrag*, 1976 참조.
41) 상세한 것은 김철수, 『분단국의 문제』, 삼성문화문고, 1972 참조. 통일 전 서독의 관계는 G. Ress, Grundlagen und Entwicklung der innerdeutschen Beziehungen, Isensee-Kirchhof, *Handbuch des Staatsrecht* Bd. Ⅰ. 1987. S. 499ff; Blumenwitz/Meissner(Hrsg.), *Staatliche und nationale*

3. 독일의 통일과 기본법 개정

1) 동독의 붕괴와 서독으로 편입

서독은 빌리 브란트가 정권에 참여한 뒤 동방정책을 펼쳐 동방 국가들과 화해·협력하는 방향으로 나아갔다.[42] 그 결과 1972년에는 동서독기본조약(Vertrag über die Grundlagen der Beziehungen zwischen des Bundesrepublik Deutschland und der Deutschen Demokratischen Republik)을 체결하고,[43] 동서 교류가 활발해졌다. 동서독의 교류가 빈번해지자 동독 국민들은 서독의 실정과 동독의 사회주의가 비민주적·비능률적임을 알게 되었다.

소련의 신사고정책에 따라 동유럽이 개방하기 시작했는데 동독도 예외가 아니었다. 1989년 동독 인민들은 거주지를 이전할 자유, 여행할 자유, 독일의 통일을 주장하며 시위를 벌였다. 이 동독 인민들의 무혈혁명으로 1989년 11월 9일 베를린 장벽이 허물어지고, 동독 정권은 무너지기 시작하였다.[44] 동독은 이 성공적인 혁명으로 기존 헌법이 사실상 효력을 잃고, 새로운 헌법으로 변천하기 시작하였다. 1989년 12월 8일에는 새로 구성한 정당 간부들이 원탁회의(Runder Tisch)를 열어, 이 정당원들이 인민회의에 진출할 선거를 요구하게 되었다. 1990년 2월 16일에는 원탁회의에서 독일민주주의공화국의 잠정 헌법(Vorläufiges Grundgesetz der DDR)을 발표[45]하고, 1990년 2월 18일에는 인민의회 선거를 하였다. 이 잠정 헌법은 헌법 형식으로 성립된 것이라기보다는 선거공약 기능이 강하였다.

1990년 6월 19일 동독 인민회의는 헌법원칙법률(Verfassungsgrundsatzgesetz)을 의회 재적 3분의 2 이상 찬성으로 가결했는데, 이는 인민회의 선거 전에 정부가 발표한 헌법안에 근거한 것이었다.[46] 이 법률에서 동독 정부에 국가 간 기구나 서독 기

Einheit Deutschlands ihre Effektivität, 1984, Bd. I S. 449ff.

42) 상세한 것은 김철수, 『분단국의 문제』, 삼성문화문고, 1972 참조.

43) 동서독기본조약의 내용과 법적 성격은 김철수, 「분단국가의 법적 지위와 동서독기본조약」, 『현대헌법론』, 박영사, 1979 참조.

44) 간단한 것은 Maunz-Zippelius, *Deutsches Staatsrecht*, 28. Aufl. 1991, S. 417ff 참조.

45) 이 잠정 헌법을 간단하게 소개한 것은 Maunz-Zippelius, *a. a. O.*, S. 419ff 참조.

46) 간단한 해설은 Maunz-Zippelius, *a. a. O.*

관에 주권을 이양할 것을 수권하고, 또 동독의 주권 제한에 동의하였다. 동독의 국가기관은 이 헌법원칙법률을 실효적인 헌법으로 인정하였다.

1990년 7월 22일에는 동독지역에 5개 지방을 재구성하는 헌법법률(Verfassungsgesetz zur Bildung von Ländern in der deutschen demokratischen Republik-Ländereinfürungsgesetz)을 통과시켜[47)48)] 메클렌부르크-포어포메른, 브란덴부르크, 작센-안할트, 작센, 튀링겐 5개 지방을 재건하였다.

2) 동독이 서독에 가입하여 통일

동서독을 통일하는 방법으로 동독 헌법은 아무런 규정을 두지 않았으나, 서독 기본법은 앞서 본 것처럼 제23조와 146조에 따른 두 가지 방법을 예상하였다. 서독의 집권당인 기독민주동맹은 제23조에 가입하여 조속히 통일하자고 주장하였고, 야당인 사회민주당은 제146조에 따라 점진적인 통일헌법을 제정하자고 하였다. 독일의 조기 통일을 원한 동서독 정부는 제23조의 연방 가입으로 통일하는 방법을 채택하였다.

1990년 3월 18일 동독에서 치른 인민의회 선거 결과 동독인들은 서독연방에 가입하여 통일하는 방법을 지지하였고, 동독과 서독 정부는 협상에 들어가게 되었다. 1990년 4월 5일 서독 정부는 통독조약에 주안을 둔 조약안을 제시하고, 1990년 4월 24일 서독의 콜 수상과 동독의 드 메지에르 수상이 일차적으로 통화와 경제를 통합하는 데 합의하였다. 1990년 5월 18일에는 화폐·경제·사회 동맹을 창설하는 조약(Vertrag über die Schaffung einer Währungs-Wirtschafts-und Sozialunion)을 체결하고, 7월 1일 효력을 발생하였다.

이 조약을 제1차 국가조약(Staatsvertrag)이라고 한다. 이 조약으로 동독은 서독 기본법 제23조에 따라 서독연방에 가입하여 통일하도록 전문에서 선언하고, 동

---

47) O. Luchterhand, Der Aufbau des Parlamentarischen Regierungssystems der DDR, *Handbuch des Staatsrecht* Bd. 8. SS. 35-54.

48) M. Kilian, Wiedererstehen und Aufbau der Länder im Gebiet der vormaligen DDR, *Handbuch* Bd. 8. SS. 55-100.

독 헌법은 많이 바뀌게 되어 종래의 사회주의적인 사회·정치 체제 중에서 이에 저촉되는 규정은 효력을 잃게 되었다(제2조 2항). 쌍방은 법으로 평화적·민주적·연방주의적·법치국가적인 사회의 기본 질서를 약속하였다.[49]

1990년 7월 1일을 기하여 통화·경제·사회를 통합하는 국가조약이 효력을 발생하자 동독 정권은 권력을 유지하기가 어려워졌고, 동독 인민회의는 8월 23일 서독 기본법 제23조에 따라 서독연방 가입을 의결[50]하고, 가입일을 10월 3일로 확정하였다. 그리고 서독 정부와 가입 문제를 협상한 끝에 동서독은 1990년 8월 31일 독일의 통일 완성에 대한 독일연방공화국과 독일민주공화국 간의 조약(Vertragzwischen der Bundesrepublik Deutschland und der Deutschen Demokratischen Republik über die Herstellung der Einheit Deutschlands)을 체결하였다. 이 조약을 통일조약(Einigungsvertrag)이라고 하며, 제2차 국가조약이라고도 할 수 있다. 이 조약은 9월 20~21일 서독의 하원과 참의원에서 3분의 2 이상 다수의 승인을 받아 입법화되었다. 동독 인민회의도 9월 20일 3분의 2 이상의 다수로 통과시켰다. 통일조약 체결은 선거조약 체결과 밀접한 관계가 있었다.

독일 전역 선거일을 1990년 12월 2일로 결정한 것은 8월 13일이었다. 9월 2일에는 선거조약이 효력을 발생하였고, 동독이 서독에 가입하여 독일 전역에서 하원의원 선거를 할 수 있게 되었다. 선거조약(Wahlvertrag)은 서독 선거법과 정당법을 동독에도 적용하도록 하고, 서독 선거법을 개정하였다.[51] 통일독일 선거에서 기민당과 기사당, 자유민주당이 승리하여 콜이 전체 독일의 총리가 되었다.

3) 통일조약에 따른 헌법 개정

통일조약은 헌법 개정 성격을 갖는 것으로, 통일 후 동독의 지위와 서독 기본

---

49) 이 조약 내용은 *Verträge und Rechtsakte zur Deutschen Einheit*, Bd I 참조.

50) R. Lerche, Der Beitritt der DDR-Voraussetzungen, Realisierungen Wirkungen, *Handbuch* Ⅷ. SS. 403-446.

51) 상세한 것은 K. Stern, die Wiederherstellung der staatlichen Einheit, *Verträge und Rechtsakte zur Deutschen Einheit*, 2. Bd. S. 21ff.

법상의 국가기구를 구성하기 위한 기본법 개정을 내용으로 하였다.[52] 통일조약 제1장에서는 동독이 서독에 가입하여 동독지방들이 독일연방공화국의 지방이 됨을 규정하고, 연방수도를 베를린으로 정하고, 가입일인 10월 3일을 독일의 통일절이며 법정공휴일로 정하였다. 동독은 서독 기본법 제23조 2항에 따라 서독에 가입하여 몰락하고 국제법 주체성을 잃었으나, 서독은 국내법적으로나 국제법적으로나 존속하게 되었다. 이렇게 동독을 흡수통일한 서독은 그 영역이 과거 동독에까지 확대되었다.[53]

제2장에서는 통일을 하기 위하여 서독이 기본법을 개정하게 되었다. 제3장에서는 새로 가입한 5개 지방에 기본법이 효력이 있음을 규정하고, 제4조에서는 통일에 따른 기본법 개정을 규정했는데 그 내용은 다음과 같다. ① 전문을 개정하여 자유로운 민족자결로 독일의 통일과 자유를 완성했다고 선언하고 ② 가입 조항인 제23조를 삭제하고 ③ 연방상원의 의결권 수를 다시 조정하고 ④ 동독의 재산권 이양에 대해 규정하고 ⑤ 경과 규정으로 1992년 12월 31일까지는 옛 동독의 법질서가 기본법과 합치되지 않을 때도 계속 시행할 수 있음을 인정하고 ⑥ 통일 조항인 제146조를 개정하였다.

제5조에서는 통일 후 2년 안에 통일과 관련된 문제를 해결하기 위하여 기본법을 보완하거나 개정하도록 권고하였다. 이외에 제3장 이하에 여러 경과 조항을 두었다. 제7조에서는 재정헌법의 기본 문제를 다루었는데, 서독의 재정헌법이 동독지역에도 적용됨을 규정하였다. 또 동독에 새로 생긴 지방과 연방의 관계도 서독의 지방과 연방의 관계와 같게 했으나, 1994년 말까지는 다른 분배 방법에 따르도록 하였다. 제9조에서는 동독 법률을 지방 법률로 인정하면서 계속 효력이 있음을 규정하였다.

제4장에는 국제법적인 조약과 합의 규정을 두고, 제5장에는 공동 행정과 사

---

52) 법적 성격을 상세히 설명한 것은 K. Stern, Die Wiederherstellung der staatlichen Einheit, *Verträge und Rechtsakte zur Deutschen Einheit*, Bd. 2 Einigungsvertrag und Wahlvertrag, S. 33ff.

53) 통일조약에 대한 것은 B. Schmidt-Bleibtreu, Der Einigungsvertrag in seiner rechtlichen Gestaltung und Umsetzung, *a. a. O.*, S. 57ff; P. Badura, Die innerdeutschen Verträge, insbesondere der Einigungsvertrag, *Handbuch* Bd. 8, SS. 171-197 참조.

법 규정을 두고, 제6장에는 공공 재산과 채무 규정을 두고, 제7장에는 노동·사회·가정·여성·보건·환경보호 규정을 두고, 제8장에는 문화·교육·과학·체육 규정을 두고, 제9장에는 경과와 종결 규정을 두었다.

4) 통일독일 헌법의 통일 조항

통일조약 체결, 동독의 서독연방 가입, 독일 전역에서 통일선거 실시로 독일은 통일하고, 서독의 기본법은 독일연방공화국의 기본법이 되어 명실공히 통일헌법이 되었다.[54] 이 통일헌법에서는 이제 통일이 완성되었으므로 통일 조항들을 삭제하였다.

(1) 전문 개정

서독 기본법 전문은 독일의 통일과 자유를 완성할 것을 요청했었으나, 통일조약 제4조에 따라 다음과 같이 개정하였다. "신과 인류에 대한 책임을 자각하고, 결합된 유럽에서 평등한 구성원으로서 세계 평화에 기여하려는 결의에 차서 독일 국민은 헌법 제정권력에 따라 이 기본법을 제정하였다. 바덴·뷜텐베르크, 바이에른, 베를린, 브란덴부르크, 브레멘, 함부르크, 헷센, 메크렌부르크-호오폼메른, 니이더작센, 노르트라인-베스트팔렌, 라인란트-팔쯔, 자아르란트, 작센, 작센-안하르트, 슈레스뷔히-홀슈타인, 튜링겐 지방 독일인은 자결권으로 독일의 통일과 자유를 완성하였다. 이로써 이 기본법은 모든 독일 국민에게 적용된다."

이 전문에서 독일의 통일과 평화를 완성했다고 선언함으로써 오델-나이쎄 강 이동 영역을 완전히 포기하고, 동독과 서독 영역만의 통일로 만족하였다. 이는 대게르만주의를 포기한 것이며, 폴란드·러시아·체코·슬로바키아가 점령한 지역의 독일인 통합을 포기한 것이다. 또 동독지역 주민들이 민족자결원칙에 따라 평등하게 독일의 통일과 자유에 참여했음을 선언했다는 데 의의가 있다.[55]

---

54) Guggenberger/Stein(Hrsg.), *Die Verfassungsdiskussion im Jahre der deutschen Einheit*, 1991; Mahrenholz, *Die Verfassung und das Volk*, 1992.

55) 그 이유는 Einigungsvertrag mit Begründung Verträge und Rechtakte zur Deutschen Einheit, Bd.

(2) 제23조 삭제

서독 기본법 제23조에서는 "독일의 다른 영역은 가입하면 효력을 발생한다"고 규정했었다. 그런데 이 조항을 삭제하여 전문과 함께 통일이 완성되었음을 확인하고, 앞으로는 과거 독일의 다른 영역이 독일연방에 가입할 수 없게 하여 주변국의 의구심을 풀어주었다.

(3) 제146조 개정

전(全) 독일 헌법의 제정 방법을 규정했던 제146조는 통일과 자유를 완성함에 따라 개정하였다. "독일의 통일과 자유를 완성한 후에 모든 독일 국민에게 적용될 이 기본법은 독일 국민이 자유롭게 결정한 헌법이 효력을 발생하는 날 효력을 상실한다." 이로써 통일 후에도 독일 기본법이 전(全) 독일 헌법으로 효력이 있음을 명시하고, 독일 국민의 헌법 제정권력 행사로 새 헌법을 채택하면 새 헌법이 효력을 발생하는 날부터 효력이 없음을 규정하였다.[56]

이로써 잠정 헌법이었던 기본법은 완성 헌법이 되었고, 이 헌법의 전면 개정이나 대체도 기본법 제79조의 개정 절차를 따를 것을 확인했다고 보아야 할 것이다. 통일조약을 체결하고 비준하여 동서독 기본법을 개정함으로써 서독 기본법은 독일 전체에서 효력을 갖게 되었고, 통일 조항은 모두 삭제하였다. 독일의 통일정책에서 금지 규범으로 인정되었던 제146조는 그 의의가 바뀌었다고 하겠다.

(4) 독일 통일헌법 조항의 특색과 효력

서독 기본법은 통일헌법에 대해 제23조와 146조에서 규정했기에 독일이 통일할 때 유용하게 이용할 수 있었다. 서독이나 동독이 유일한 합법성을 헌법에 규정하지 않은 것이 오히려 평화통일을 이루게 했다고 할 수 있다. 독일은 통일할

---

2. S. 127ff 참조.

56) 이 내용과 의의는 v. Mangoldt/Klein-v/Campenhausen, *Grundgesetz Kommentar*, Bd. 14, 3. Aufl., S. 352ff 참조.

때 제23조의 가입 방법으로 할 것인가, 제146조에 따라 새로운 헌법을 제정하여 할 것인가가 논란이었으나[57] 동독 국민의 무혈혁명으로 손쉽게 가입하는 방식을 채택하고, 헌법 문제들은 통일 후에 재고하기로 하고 헌법 개혁 방향을 설정한 것이 흥미롭다.

통일조약 제5조에서는 통일과 연관되어 제기된 문제들을 해결하기 위하여 양독 정부가 2년 안에 헌법을 개정·증보하라고 통독 입법부에 권고하였다.[58] 그러나 ① 연방과 지방의 관계 ② 베를린과 브란덴부르크 영역에서 새로운 지방으로 재편성하는 문제 ③ 기본법에 국가의 목적 규정을 추가할 것인가 문제 ④ 기본법 제146조의 적용과 그 범위에서 국민투표의 문제를 지적하면서도 급격하게 통일이 되어 25년이 지났는데도 이에 대한 헌법 개정이나 증보를 하지 못했다.

헌법을 개정하여 통일한 독일 방식이 우리나라에서도 가능할 것인가가 문제다. 남한이나 북한 헌법은 모두 한반도 전역에서 유일한 합법성을 주장하고 있기에, 무력통일이나 합의하여 흡수통일하는 것 외에는 어느 일방의 헌법으로 통일하기는 어려울 것으로 생각하여, 대한민국은 그동안 통일헌법을 제정하여 통일하는 방식을 주장해왔다.

그러나 우리나라에서도 남북이 기본합의서를 채택하였고, 대한민국과 중화인민공화국, 대한민국과 러시아공화국 간에 선린우호 기본 조약을 체결하였다. 이로써 고립될 북한은 개방할 가능성이 점차 높아지고 있다. 주변 강대국이 북한의 개방을 강요하면 북한 주민의 무혈혁명이 닥쳐올 수도 있다. 그러나 우리는 동서독의 급격한 통일 부작용을 거울삼아 점진적인 통일방식을 선택하는 것이 더 바람직하다고 보인다. 현재로는 남북한의 교차 승인에 따라 북한이 국제사회에 개방하도록 압력을 행사하도록 해야 할 것이요, 평화를 유지하며 공존 단계를 거친 점진적인 통일이 더 좋다고 하겠다. 이를 위해서는 독일 기본법 제146조처럼 헌법

---

57) 상세한 것은 G. Feiling, Mehr Demokratie und Mehr Sozialstaat in Bund und neuen Länder Verfassungskonzepte und Verfassungsgebung im deutschen Eeinigungsprozeß, Diss. Giessen 2014; 장명태, 「독일 통일에 관한 서설적 고찰」, 《법제연구》, 창간호(1991. 12), pp. 163-187; 전광석, 「동서독 통일의 헌법 문제」, 《한림대학교 논문집》 제8집(1990), pp. 321-360; 박수혁, 「통독에 있어서의 동서독 헌법통일」, 《법제연구》 제2권 1호, pp. 125-144 참조.

58) 상세한 것은 전광석, 「독일 통일 관련 조약과 독일 헌법의 발전」, 「한림법학」, 한림대 법학연구소, 1992, p. 13 이하.

을 만들어 통일하는 것이 더 바람직하다고 하겠다.

제2절. 한국 헌법의 통일 조항

세계의 분단국가 중에서 예멘과 베트남, 독일이 통일하여 이제 한국만이 남았다. 한국은 1945년 8월 일본이 항복하여 해방되었으나 38선이라는 무장해제선으로 국토가 분단되고 말았다. 1948년 7월 17일에는 대한민국 헌법을 제정·공포·시행하였고, 북한에서는 1948년 9월 8일 소위 조선민주주의인민공화국 헌법을 제정하였다. 이 헌법들은 각각 완성 헌법임을 내세우면서 통일 규정을 두지 않고, 무력·병합통일을 암묵적으로 규정하였다. 그것이 1972년 7·4남북공동성명 이후 개정하여 현재는 두 헌법이 모두 평화통일을 구가하나, 실제는 구체적인 통일 방법을 명시하지 않아 독일 헌법과는 다르다고 하겠다. 1991년 말에는 남북기본합의서를 체결하고, 그뒤 이를 실현할 부속합의서를 체결하였다. 이로써 동서독기본조약과 같은 효과를 갖게 되었으며, 독일이 동독 인민의 평화혁명으로 통일한 것처럼 우리나라에서도 남북이 교류하여 평화혁명이 일어날 가능성이 농후해졌다. 이에 우리나라 헌법의 통일 조항과 정책을 살펴본 뒤, 독일이 통일조약으로 통일한 것처럼 한반도에서도 가능한지 살펴보기로 한다.

1. 대한민국 헌법의 통일 조항

대한민국 헌법은 그동안 9차례 개정하였다. 1948년의 제헌헌법은 1960년에 대폭 개정하여 제2공화국 헌법이 되었다. 1962년에는 제3공화국 헌법을, 1972년에는 제4공화국 헌법을, 1980년에는 제5공화국 헌법을, 1987년에는 제6공화국 헌법을 제정하였다. 이 헌법들에는 약간의 통일 조항이 있는데 살펴보면 다음과 같다.[59]

---

[59] 상세한 것은 김철수, 『한국헌법사』, 대학출판사, 1988; 김상겸, 「헌법상의 남북 관련 조항에 관한 연구」, 《헌법학연구》 제10권 3호(2004. 9), pp. 221-240; 김정균, 「남북한 간의 협정형태에 관한 연구」, 《국제법학회논총》 제30권 1호(1985); 김선택, 「헌법과 통일정책」, 한국법학 50년: 과거, 현재, 미래(1)」, 『건국50주년기념 제1회 한국법학자대회논문집』, 1998. 12; 김승대, 『통일헌법이론』, 법문사, 1996; 김종세, 「한국의

1) 제헌헌법의 통일 조항

(1) 제헌헌법의 성립 근거

1943년 11월 27일 카이로선언에서는 "3개국은 한국 인민의 노예상태에 유의하여 적당한 절차를 밟아 맹세코 한국을 독립시킬 것을 결의"한다고 하였고, 1945년 5월 8일 포츠담선언에서도 한국의 독립을 재확인하였다. 그럼에도 한국은 미소 냉전의 희생물이 될 수밖에 없었다. 1947년 9월 한국 문제는 유엔에 상정하게 되었고, 11월 14일에는 유엔소총회에서 남북총선거로 국회와 정부를 수립하게 하고자 한국임시위원단을 파견하기로 결의하였다. 1948년 1월 한국에 온 유엔한국임시위원단은 곧 활동을 시작했으나, 북한의 소련군 사령부는 이들의 입북을 거절하였다. 그리하여 유엔한국임시위원단이 유엔과도위원회에 질의하여 선거를 할 수 있는 지역에서 선거를 하였다. 이 5·10선거로 구성한 국회에서 헌법을 제정한 것이다.

1948년 5월 31일에 소집한 제헌국회는 6월 12일 국회 결의로 북한의 인구에 비례한 의석 약 3분의 1을 공석으로 남겨두고, 북한에서 국회의원을 선출하여 합류하자고 호소하였다. 또 7월 17일 헌법을 공포할 때 이승만 국회의장은 "북한 동포들에게 북한 대표를 뽑고자 100여 석을 남겨놓았음을 상기시키고, 북한도 유엔 결의에 순응하여 자유선거로 선출한 대표를 국회에 보내달라"고 요청하였다. 1948년 8월 15일 정부는 국내외에 독립을 선포하고, 대한민국이 성립하는 과정에서 국회가 국토의 통일에 취한 입장과 여러 조치를 확인했으며, 북한 수복은 북한 동포들의 자발적인 의사로 이룰 수 있지만, 부득이한 경우 무력통일도 불사하겠다고 선언하였다.

통일방안을 위한 헌법적 접근, 《공법학연구》 제9권 1호(2008. 2), pp. 61-83; 김형성, 「한반도 통일의 헌법적 과제」, 《헌법학연구》 제4집 2호(1998. 10); 박인수, 「통일시대를 대비한 헌법개정의 방향」, 한국공법학회 제129회 학술발표논문 토론문(2006. 5. 20); 박정원, 「구동독의 헌법개혁과 남북한 통일헌법 구상」, 《공법연구》 제25권 4호(1997. 8), pp. 574-597; 장명봉, 「남북한 헌법체제의 비교와 헌법 통합 방안」, 『2006년도 남북법제개선연구보고서』, 법제처, 1-30; 최대권, 『통일의 법적문제』, 법문사, 1990; 홍준형, 「통일지향적 새 남북관계 정립을 위한 공법적 과제」, 《법제연구》 제19호, pp. 130~157.

(2) 제헌헌법의 통일 조항 내용

제헌헌법은 전문에서 "유구한 역사와 전통에 빛나는 우리 대한국민은 기미 3·1운동으로 대한민국을 건립하여 세계에 선포한 위대한 독립정신을 승계하여 이제 '민주독립국가를 재건함에 있어서 정의 인도와 동포애로 민족의 단결을 공고히 하며' 모든 사회적 폐습을 타파하고 민주주의제 제도를 수립한다"고 하고, "우리들의 정당 또 자유로이 선거한 대표로 구성한 국회에서 … 이 헌법을 제정한다"고 하여 대한민국이 모든 국민에 의하여 성립된 것임을 강조하였다.

나아가 제4조에서는 "대한민국 영토는 한반도와 그 부속도서로 한다"고 하여 헌법이 한반도 전역에서 효력을 발생함을 규정하였다. 이 규정은 "대한민국 헌법은 결코 남한에서만 시행되는 것이 아니라 우리나라 고유 영토 전체에 시행되는 것이라는 것을 명시하고자 특히 본 조를 설치한 것이다. 그리고 헌법에 영토에 관한 규정을 설치했으므로 영토 취득과 상실에 관해서는 헌법 개정을 요함은 물론이다"[60]라고 하였다. 이처럼 대한민국 헌법은 북한지역에서도 시행됨을 명시하였다.

제2차 헌법 개정은 영토 조항 개정을 더 어렵게 하고자 제7조 2를 두었다. "대한민국의 주권 제약 또는 영토의 변경을 가져올 국가 안위에 관한 중대 사항은 국회 가결을 거친 후에 국민투표에 부하여 민의원의원 선거권자 3분의 2 이상 투표와 유효 투표 3분의 2 이상 찬성을 얻어야 한다"라고 규정하여 영토 변경에 대한 국민의 거부권을 인정하였다.

(3) 제헌헌법과 통일정책

제헌헌법에서 통일방안은 무력으로 하는 병합정책이었다.[61] 1950년 10월 임병직 외무장관은 제5차 유엔총회에서 "북한의 유엔 감시 하의 자유선거를 환영하나, 남한에서 새로운 선거는 반대한다"고 선언하였다. 제2대 국회는 "대한민국

---

60) 유진오, 「신고 헌법해의」, p. 50.
61) 상세한 것은 국회도서관, 「통일백서」; 백행걸, 「양단된 국가의 통일문제에 관한 연구」, 경희대 석사학위 논문, 1968; 김철수, 「한반도의 경우와 독일의 경우」, 《월간중앙》, 1974 참조.

주권 하에 한국의 완전 자유통일을 선결 조건으로 하여 내외의 어떠한 휴전론에도 반대한다"고 결의하였고, 이승만 대통령은 북한으로 진격하자고 하여 무력통일을 주장하였다. 휴전 4개월 후인 1953년 11월 23일 이승만 대통령은 ① 북한의 단독선거로 국회 잔여석을 채우는 것이 원칙이다. ② 그러나 북한 주민이 희망한다면 전국 총선거를 받아들일 용의가 있다고 천명하였다.

휴전협정에 따라 열린 제네바 정치회담에서 1954년 5월 22일 14개 조항의 통일방안을 제시하였다. 그중 헌법과 관련있는 것을 보면 ① 6개월 안에 유엔 감시하에 대한민국의 헌법 절차에 따라 남북에서 비밀·보통·자유 선거를 한다. ② 대한민국 헌법은 선거 직후 서울에서 소집·개최할 남북 전체 국회에서 개정할 수 있으나, 그 외에는 헌법의 효력이 지속된다는 것이다. 제네바 정치회담이 실패한 뒤 정부는 유엔의 감시 체제에서 대한민국 헌법 절차에 따라 총선거를 하여 통일하는 방안을 고수하였다.[62]

2) 제2공화국 헌법과 통일정책

(1) 평화통일정책으로 전환

4·19혁명 이후 무력통일론은 자취를 감추고, 각 정당은 평화통일론을 주장하였다. 민주당은 1960년 7월 26일 "유엔 감시 하의 남북 자유선거에 의한 통일을 주장하고, 통일될 한국은 민주주의와 민권자유를 보유하는 국가가 되어야 하며, 적색독재나 백색독재 국가가 되어서는 안 된다"고 주장하였다. 8월 24일 민주당 정부도 정 외무장관의 7가지 외교정책 선언에서 "정부는 유엔 결의를 존중하여 한국 전역에서 유엔 감시 하의 자유선거를 실시함으로써 한국 통일을 이룩하는 원칙을 고수한다. 과거 자유당이 주장한 무력으로 한국을 통일하려는 무모한 정책은 이제 폐기해야 한다"고 천명하여 평화통일론으로 일대 전환하였다.

---

62) 제헌헌법 체제에서도 평화통일론 주장은 합헌적인 것이었다. 진보당의 평화통일론 합헌성에 관한 대법원 판결 참조. 김철수, 『판례교재 헌법』, 법문사, 1975, p. 87(4292. 2. 27. 대판, 4291 형상 559).

야당가에서는 중립화통일 논의까지 활발하게 벌였으며, 언론 자유가 보장되었기에 수많은 통일 논의가 개화하였다.

(2) 제2공화국 헌법의 통일 조항

그러나 제2공화국 헌법에서는 통일 조항에 아무런 변경이 없었다. 헌법 제4조는 그대로 유지하고, 제7조 2도 그대로 유지하였다. 다만 언론·출판 자유가 잘 보장되었고, 정당 해산은 헌법재판소의 판결로 하도록만 규정하였다. 이런 점에서 정부의 통일정책은 그다지 변할 수 없었던 것이다. 1960년 11월 2일 장면 총리는 오스트리아식 중립화통일론을 배격하고, 유엔 감시 하의 남북총선거로 평화적 방법에 의한 자유민주통일을 주장하였다. 제5대 국회도 11월 2일에는 '한국 통일 및 유엔 가입에 관한 결의'에서 "통일·독립된 민주한국을 수립한다는 유엔의 근본 원칙에 따라 한국 국민의 자유와 국가의 안전을 항구히 또 확고히 보장하는 조치를 강구하고, 대한민국의 헌법 절차에 따라 자유선거를 실시할 것"을 결의하였다.[63]

3) 제3공화국 헌법의 통일 조항

(1) 제3공화국 헌법의 통일 조항 내용

5·16 이후 혁명 정권은 공약 제5항에서 "민족적 숙원인 국토 통일을 위하여 공산주의와 대결할 수 있는 실력을 배양하는 데 전력을 집중해야 한다"며, 반공을 국시 제일의로 한다고 하여 다시 제1공화국의 통일정책으로 돌아가는 듯하였다. 그러나 1961년 6월 24일 김홍일 외무장관은 성명을 발표하여 "우리는 무력에 의한 국토 통일을 원하지 않고 평화적 방법으로 통일을 추구하며, 유엔 감시 하의 남북총선거 실시 안을 강조한다"고 하였다. 박정희 의장은 광복 17주년 기념식에

---

63) 국회도서관, 『통일백서』, p. 37; 김철수, 『학설판례 헌법학』(상), 박영사, 2008 참조.

서 "우리들은 공산주의 전제와 압제에서 북한 동포를 해방시켜야 하고, 가능한 한 시급히 북한 동포에게 우리와 같이 자유를 누리게 해야 한다. 혁명 정부는 조국의 비극적인 양단을 현명하게 해결해서 통일을 이룩하고, 이리하여 가능한 한 최단시일 내에 북한 동포의 고통을 덜어주는 데 최선을 다하고 있다"고 하였다.

이러한 방침에 따라 제3공화국 헌법은 제헌헌법처럼 통일에 대해서는 대한민국의 헌법 절차에 따를 것을 전제로 하였다. 이 헌법은 제3조에 영토 조항을 두었는데, 이는 제헌헌법 제4조와 같은 것이었다. 또 부칙 제8조에서 "국토 수복 후 국회의원 수는 따로 법률로 정한다"고 하여, "남북통일이 이루어져도 헌법을 개정하지 않고"[64] 국회의원을 늘릴 수 있도록 하였다. 이는 국토 수복 후 헌법 개정을 하지 않으면 의원을 늘릴 수 없다고 하면 심히 불편하기에 이를 예방하려고 규정한 것이다. 이런 점에서 서독 기본법과는 달리 완전한 헌법임을 강조한 것이다.

(2) 제3공화국 헌법과 통일정책

제3공화국을 성립한 후 박정희 대통령은 1964년 1월 10일 연두교서에서 "유엔을 통해서 자유민주주의 원칙에 따라 통일을 달성할 수 있도록 적극적인 외교를 전개할 것이며, 변천하는 국제 정세에 대처하여 통일을 위한 제반 문제에 대비하는 연구와 태세도 갖추어 나갈 것"을 천명하였다. 제6대 국회도 11월 29일 국토 통일방안 결의에서 "① 유엔 감시 하에 남북한 토착인구 비례에 따라 자유선거를 실시하여 국토를 통일하며 ② 선거감시단은 자유선거를 실시하는 유엔 회원국가 중에서 선임해야 하며 ③ 통일된 한국의 민주주의를 위협하는 통일방안은 일체 배제한다"고 하였다.[65]

5·16 이후 통일방안은 한마디로 '선건설 후통일'이었다. 통일을 위해 조국의 근대화를 서두르고 자유경제 건설에 박차를 가하여, 통일 문제의 본격적인 논의는 70년대 후반기가 될 것임을 강조하였다. 이러한 방안은 힘의 우위를 확보하여 북한을 통일노선으로 끌어들이자는 냉전 지향적인 것이었다.

---

64) 박일경, 『신헌법해의』, p. 422-423 참조.
65) 국회도서관, 『통일백서』, p. 45.

이에 재야에서는 정부가 주장하는 유엔 감시 하의 남북총선거가 사실상 실현 불가능하니 자주적인 통일방안을 모색하자는 논의를 하였다. 1964년에는 이만섭 의원이 남북가족면회소 설치를 제안하였고, 황용주 사장은 잡지 《세대》에서 남북한 유엔 동시 가입과 제3국에서 남북이 대화하는 방안을 모색하자고 주장하다 투옥되기도 하였다.[66][67] 이러한 남북 접촉 문제는 1966년 11월 5일 유진오 민중당 당수가 남북이 인도적 교류를 하자고 주장하였고, 신민당 창당대회에서도 남북 간 인도적 서신 교환, 기자 교류, 분단국가 회의체 구성 문제를 논의하였다.

1970년대 들어와 통일방안은 상당히 변천하였다. 1970년 박대통령은 8·15선언에서 북한이 무력·적화통일론을 포기하고 평화적인 경쟁과 공존을 하게 하자고 주장하면서 통일 문제에 적극적인 자세로 전환하였다. 이러한 정책 변경은 국제 정세의 급변에 따라 대처할 필요가 생기고, 북한의 무력통일 주장에서 오는 긴장을 해소하기 위한 것이었다. 야당도 지금까지 폐쇄적이었던 통일방안을 공격하면서 남북 간에 서신·기자·운동선수 교류와 라디오·텔레비전 상호 청취 같은 비정치적인 접촉을 주장하고, 정치 외의 분야에서 남북 동일화 정책을 추진하자고 요구하였다.

1971년 8월 12일에는 최두선 대한적십자사 총재가 이산가족을 찾는 적십자회담을 열자고 북한에 제의하였고, 8월 15일 박정희 대통령은 광복절 축사에서 한국의 통일 문제는 주체 세력의 자주적인 결단에 달려있음을 강조하고, 북한이 무력을 포기하고 진지한 자세로 나온다면 평화적으로 통일하는 길을 마련하겠다며 통일방안을 제시하였다. 1972년 1월 10일 박정희 대통령은 연두기자회견에서 자주적·평화적으로 통일하는 첫 길은 북한으로 하여금 무력·적화 통일을 포기하게 하는 것이며, 남북 적십자회담은 인도주의에 입각하여 인내와 성의를 다해야 한다고 하였다.

1972년 7월 4일 서울과 평양에서 동시에 발표한 남북공동성명은 남북관계, 특히 통일 문제를 해결하는 데 새로운 계기를 마련해주었다. 이는 7개 항으로 되

---

66) 법원 판결에 대해서는 김철수, 『판례교재 헌법』, 법문사, 1975, p. 298-299 참조.
67) 1966년 6월 7일 법무부는 1954년 5월 제네바회담에서 제안한 아국의 남북한 통일방안만이 적법하다는 유권해석을 내렸다.

어 있는데 ① 조국통일 원칙, 자주적 해결, 평화적 실현, 민족적 대단결 도모 ② 긴장상태 완화 ③ 다방면에서 제반 교류 실시 ④ 남북적십자회담 지원 ⑤ 상설 직통전화 가설 ⑥ 남북조절위원회 구성·운영 ⑦ 합의 사항을 실행할 것을 서약하는 것이었다. 이 성명에 따라 남북조절위원회 공동위원장회담을 열었고, 그 결과 남북조절위원회를 구성·운영하게 되었다.

4) 제4공화국 헌법의 통일 조항

(1) 제4공화국 헌법의 통일 조항 내용

1972년 12월 27일부터 효력을 발생한 제4공화국 헌법은 전문에서 "조국의 평화적 통일의 역사적 사명에 입각"하여 "조국의 평화통일을 추진하기 위한 온 국민의 총의에 의한 국민적 조직체로서 조국통일의 신성한 사명을 가진" 통일주체국민회의를 두고(제35조), "대통령은 조국의 평화적 통일을 위해 성실한 의무를 진다"(제43조 3항)고 하였다. 헌법 부칙 제10조에서는 "이 헌법에 의한 지방의회는 조국통일이 이루어질 때까지 구성하지 않는다"라고 규정하였다. 이런 점에서 제4공화국 헌법은 통일할 때까지만 적용되는 잠정 헌법임을 명확히 했다고 하겠다.

(2) 통일주체국민회의의 통일정책 심의

통일주체국민회의는 평화통일을 위하여 국민의 주권을 성실하게 행사할 2,000명 이상 5,000명 이하 의원으로 구성하였다. 이는 북한의 최고인민회의에 대응하려는 기관으로 구성한 것이 아닌가 추측한다. 과거에 북한 최고인민회의는 대한민국 국회와 통합하여 단일 입법기관으로 연합하자고 주장한 일이 있는데,[68] 이에 대비하려고 다수 대의원으로 구성한 통일주체국민회의를 신설한 것이 아닌가 생각한다. 그러나 북한의 최고인민회의는 주권기관이지만 통일주체국

---

68) 1950년 6월 19일 북한 최고인민회의 제안.

민회의는 주관적 수임기관이라는 점에서 차이가 있다.

대통령은 중요한 통일정책을 결정하거나 변경할 때 국론을 통일하기 위하여 필요하다고 인정할 때는 통일주체국민회의 심의에 부칠 수 있고(제38조 1항), 여기서 재적의원 과반수의 찬성을 얻은 통일정책은 국민의 총의로 본다. 통일주체국민회의 의결이 대통령을 구속하는지에 대해서는 명확한 규정이 없지만, 통일주체국민회의 성격상 대통령의 회부는 임의적이라고 하더라도 일단 회부하면 그 의결에 구속된다고 하겠다.[69]

(3) 평화통일 수행자로서 대통령

대통령은 통일주체국민회의 의장으로서 "조국의 평화적 통일을 위한 성실한 의무를 진다"(제43조 3항). 대통령은 취임할 때 "조국의 평화통일을 위하여 대통령으로서 직책을 성실히 수행할 것을 국민 앞에 엄숙히 선언해야 한다"(제46조). 대통령은 통일주체국민회의 의장으로서 통일주체국민회의를 사회하고 의사를 진행할 수 있다(제36조 제3항). 이 점에서 대통령은 평화통일 책임자이며,[70] 이를 보좌하는 기관으로는 국무회의 등이 있다.

(4) 제4공화국 헌법과 통일정책

1973년 6월 23일 박정희 대통령은 평화통일외교정책을 발표하여 통일정책에 일대 전환을 가져왔다.[71] 이 6·23평화통일외교정책선언에서는 ① 평화통일은 민족의 지상과제이며 ② 한반도의 평화를 유지하며 내정에 간섭하지 않으며 ③ 성실과 인내로 남북대화를 계속하며 ④ 북한이 국제기구에 참여하는 것을 반대하지 않으며 ⑤ 북한과 동시에 유엔에 가입하는 것을 묵인하며 ⑥ 호혜평등원칙에서 따라 모든 국가에 문호를 개방하며 ⑦ 평화선린이 대외정책의 기본임을 천

---

69) 상세한 것은 김철수, 『제4공화국 헌법학개론』, p. 373-399 참조.
70) 대통령에 대해서는 상게서, p. 399-437 참조.
71) 이는 『평화통일의 대도』, 『박정희 대통령 연설집』 참조.

명하였다. 이 선언은 북한의 세계보건기구 가입 결정과 유엔총회의 기상도를 감안하여 독일 방식인 남북 분단 고정화, 공산권과 상호 교환 승인, 유엔 동시 가입 정책을 천명했다는 점에서 그 의의가 크다.

나아가 박정희 대통령은 1974년 1월 18일 연두기자회견에서는 남북이 불가침 협정을 맺자고 제의했는데, 그 내용은 ① 남북 상호 간에 무력전쟁 배제 ② 상호 간에 내정불간섭 ③ 현행 휴전협정 준수 3가지를 골자로 하였다. 그리고 그 해 8월 15일 광복절 경축사에서는 ① 남북이 불가침 협정 체결 ② 남북대화 성실히 이행, 남북 신뢰 회복 ③ 토착인구의 비례로 남북총선거 실시를 주장하였다. 1977년 연두기자회견에서도 남북이 불가침 협정을 맺자고 계속 촉구하였다. 1978년 6월 23일에는 6·23선언 원칙을 실현하기 위하여 남북이 경제적으로 협력하자고 제의하고, 1979년 1월 19일에는 어떠한 시기, 어떠한 장소, 어떠한 수준의 회담도 가능하며, 어떠한 의제도 좋다고 하여 완전히 개방하는 백지회담을 제의하였다.

5) 제5공화국 헌법의 통일 조항

(1) 제5공화국 헌법의 통일 조항 내용

1980년 10월 27일부터 효력을 발생한 제5공화국 헌법에서도 통일 조항을 두었다. 전문에서는 "조국의 평화적 통일" 사명을 강조하면서 대통령은 "조국의 평화적 통일을 위하여 직책을 성실히 수행"하도록 선서하고, 통일정책을 국민투표에 회부할 수 있으며, 평화통일정책자문회의를 두게 하였다.

(2) 평화통일정책자문회의 설치

헌법은 대통령의 평화통일정책 자문기관으로 평화통일정책자문회의를 둘 수 있게 하였다. 이는 과거 통일주체국민회의보다는 권한이 약했지만 더 많은 자문위원으로 구성했으며, 그 조직과 직무 범위는 평화통일정책자문회의법에 규정하였다.

(3) 평화통일 수행자로서 대통령

대통령은 국가 원수인 동시에 행정권 수반으로서 통일정책을 수행할 의무를 진다. 헌법은 대통령에게 "조국의 평화적 통일을 위하여" 직책을 성실히 수행할 것을 선언하게 했으며(제44조), 대통령은 필요하다고 인정할 때는 중요한 통일정책을 국민투표에 부칠 수 있게 하였다(제47조).

(4) 제5공화국의 통일정책

1982년 1월 22일 민족화합·민주통일방안을 발표하였다.[72] 이 통일방안은 통일 전까지의 과도적 단계와 통일 단계 두 단계로 구성하였다. 통일을 이룰 때까지의 과도적 단계로는 '남북한 기본 관계에 대한 잠정 협정'을 체결할 것을 북한에 제의하였다. 그 주요 내용은 ① 쌍방의 현재 정치질서와 사회제도 인정, 내부 문제 불간섭 ② 현재 휴전체제 인정 ③ 상호 교류와 협정 ④ 쌍방의 현재 조약 존중 ⑤ 서울과 평양에 상주 연락대표부 설치 등이다. 제5공화국 정부에서는 서독을 모델로 '1민족 1국가 2정부' 방식을 채택하여 현실적으로 전환했다는 점이 특색이다.

6) 제6공화국 헌법의 통일 조항

(1) 제6공화국 헌법의 통일 조항 내용

1988년 2월 25일부터 효력을 발생한 제6공화국 헌법은 전문에서 평화통일 사명을 강조하는 한편, 제4조에 통일 조항을 두었다. "대한민국은 통일을 지향하며, 자유민주적 기본 질서에 입각한 평화적 통일정책을 수립·추진한다"는 평화통일

---

72) 이는 국토통일원, 《민족화합민주통일론》 제1집(1982) 참조.

조항을 두어 통일에 더욱더 적극성을 띠었다. 대통령이 조국의 평화통일을 선언해야 하는 규정과 통일정책을 국민투표에 부칠 수 있는 규정을 그대로 두었고, 평화통일정책자문회의는 민주평화통일자문회의로 이름을 바꾸고 개편하였다.

(2) 제6공화국 헌법의 평화통일 조항

이 조항은 대한민국이 통일을 지향하되 공산주의적 통일을 배격하고, 자유민주적 기본 질서에 입각하여 평화통일을 추진해야 함을 밝혔다는 점에서 특징이 있다. 또 영토 조항은 그대로 유지하고, 민주적 기본 질서에 위배되는 정당의 해산 규정을 그대로 두었다는 면에서 자유민주적 기본 질서를 지키는 통일만을 지향했음을 알 수 있다.

(3) 민주평화통일자문회의

대통령의 평화통일정책 자문기관으로 민주평화통일자문회의를 둘 수 있게 하였다. 이는 주민이 선출한 지역대표와 정당, 직능단체와 주요 사회단체의 대표급 인사 중에서 대통령이 위촉한 7천 명 이상의 자문위원으로 구성하며, 대통령이 의장이 된다. 민주평화통일자문회의 직능은 조국의 민주적 평화통일에 관한 국민적 합의를 확인하고 범민족적 의사와 역량을 집결하여, 민주적으로 평화통일하는 데 필요한 정책을 수립·추진할 것을 대통령에게 건의하고, 그 자문에 응하는 것이다.

(4) 제6공화국의 통일정책

제6공화국은 미소의 냉전 종료와 소련·동유럽 공산국가의 몰락으로 활발한 북방정책을 펼치면서 통일정책에도 많은 변용을 보였다. 1989년 9월에는 '한민족공동체통일방안'[73]을 발표하여 기존의 민족화합·민주통일방안을 대체하였

---

73) 이는 국토통일원, 한민족공동체통일방안, 1989; 김득주, 「한국의 통일정책: 과거, 현재, 미래」, 『강영훈 박사고희기념논문집, 민족통일의 길』, 법문사, 1992, p. 230 이하 참조.

다. 한민족공동체통일방안은 우선 민족공동체를 회복하고자 오늘의 분단과 미래의 통일 사이에 남북연합이라는 중간 단계를 설정하여 민족 사회를 하나로 잇고, 그 다음에 최종 단계로 통일국가를 이룬다는 것이었다.

통일의 중간 단계인 남북연합에서는 최고의사결정기구로 남북정상회의와 쌍방 정부의 대표로 구성하는 남북관계자회의, 남북의 국회의원으로 구성하는 남북평의회를 설치하여 연합체제에서 남북이 서로 합의한 사안만 처리하게 하였다. 남북평의회에서 통일헌법을 만들어 완전한 통일을 달성하도록 했는데, 이 통일국가는 단일국가로 "민족 성원이 모두 주인이 되는 하나의 민족공동체로 개개인의 자유와 인권과 행복을 보장하는 민주공화국을 구성"하는 것이었다.[74]

(5) 남북합의서 체결과 부속합의서 채택

1990년 8월 15일 광복절에 남북고위급회담을 제의한 데 대하여 남한이 호응하여 제1차 회의를 1990년 9월 4~7일에 서울에서 열고, 제2차 회의를 12월 16~19일에 평양에서 열었다. 그뒤로도 간헐적으로 이 회의를 개최하였다.[75] 1991년 9월 17일에는 남북이 동시에 유엔에 가입하고, 12월 13일에는 서울에서 제5차 회의를 열어 '남북 화해, 불가침 및 교류·협력 합의서'를 체결하였다.[76]

이 합의서는 남북에서 비준 절차를 거쳐 1992년 2월 19일 발효했는데, "정치·군사적 대결상태를 해소하여 민족적 화해를 이룩하고, 무력에 의한 침략과 충돌을 막아 긴장완화와 평화를 보장하며, 다각적인 교류와 협력을 실현하여 민족의 공동 이익과 번영을 도모하며, 쌍방의 관계가 나라와 나라 사이의 관계가 아닌 통일을 지향하는 과정에서 잠정적으로 형성되는 특수관계라는 것을 인정하고 평화통일을 성취하기 위한 공동의 노력을 다할 것을 다짐"하였다.

---

74) 박근혜 정부의 통일정책은 《NARS 현안보고서》 제290호(2015. 12. 31), 「박근혜 정부의 통일외교의 방향, 서독 빌리브란트 정부의 신동방정책과의 비교를 중심으로」, 국회입법조사처; Jihwan Hwang, The Paradox of South Korea's Unification Diplomacy, *International Journal of Korean Unification Studies*, Vol. 23, No. 1 참조.

75) 상세한 것은 《남북대화》 제50집 이하 참조.

76) 상세한 것은 통일원, 「남북기본합의서 해설」, 1992 참조.

이는 3개 장으로 되었는데 ① 남북 간 체제 인정과 존중, 내정 불간섭, 비방과 중상 금지, 파괴와 전복 행위 금지 등의 남북 화해 ② 무력침략 금지, 분쟁을 평화적으로 해결, 남북군사위원회 구성 등의 남북불가침 ③ 경제 교류와 협력, 과학·기술·교육 분야의 교류와 협력, 남북 간 자유 왕래와 접촉, 이산가족 재결합 등의 남북 교류와 협력을 합의하자는 것이었다.

1992년 9월 대한민국은 이 기본합의서를 이행할 3가지 부속합의서와 화해공동위원회구성운영합의서를 채택하였다. 이로써 남북이 평화적으로 공존할 장치는 마련했으나 실현 여부는 북한 태도에 달려있었다. 그러나 1993년 2월 정권을 교체한 뒤에도 본격적인 통일 협상은 이루어지지 않았다.

(6) 제6공화국의 통일헌법 제정 노력

제6공화국 헌법 체제에서 역대 정부는 자유민주적 기본 질서에 입각한 평화통일정책을 해왔다. 그러나 보수정권과 진보정권의 대응은 많이 달랐는데, 이는 남북한 통일정책에서 이미 보아왔다.

김영삼 정부에서는 3단계 통일방안인 민족공동체 통일방안을 주장했는데, 3단계에 가서 정치공동체를 실현하며 통일헌법을 제정하여 완전히 통일한다는 것이었다.[77] 김대중 정부에서는 3단계통일론을 주장했는데, 2단계는 하나의 체제 아래 외교와 국방과 주요 내정은 중앙정부가 관장하고, 그 밖의 내정은 2개 지역 자치정부가 담당하게 되는데 이 단계에서 통일헌법을 제정하고 연방 대통령과 의회를 구성하는 것으로 하였다.[78] 노무현 정부에서는 통일헌법은 별로 논하지 않았고, 실질적인 10·4선언으로 '남북관계 발전과 평화 번영을 위한 선언'을 하였다. 이명박 정부에서는 상호주의를 채택하고, 북한과 긴장이 고조되기도 하였다. 그러나 통일헌법 제정은 별로 언급하지 않았다.[79]

---

77) 박정원, 「남북한 통일헌법에 관한 연구」, 국민대 박사학위 논문, 1996.

78) 제성호, 「6·15남북공동선언과 후속문서의 법적 성격과 효력」, 《저스티스》 통권60호(2001. 4).

79) 이명박 대통령은 광복절 경축사에서 3대 공동체 구성 방안을 제의하였다. "한반도의 안전과 평화가 보장되는 '평화공동체', 북한 경제를 획기적으로 발전시켜 남북 경제 통합으로 나아가는 '경제공동체', 그리

박근혜 정부는 통일대박론을 주장하면서 통일헌법 제정도 언급하였다. 2014년 3월 28일에는 드레스덴연설에서 '한반도 평화통일 구상'을 발표하고, 7월 15일에는 대통령 직속으로 통일준비위원회를 구성·운영하였다. 통일준비위원회 민간부위원장은 국민적 합의에 기초하여 '통일헌장'을 제정하겠다고 하였다. 10월 13일에는 대통령이 "통일헌장 연구는 앞으로 통일헌법의 기초가 될 수 있도록 깊이 있는 연구와 논의를 거쳐 충실히 준비해달라"고 당부하였다. 그러나 2016년 1월 북핵 위기 때까지 통일헌장은 발표하지 않았다.[80] 민간에서는 대한민국 헌법 개정과 함께 통일헌법 제정에도 관심이 많아졌다. 대한민국학술원에서는 2015년에 '통일헌법안' 정책토론회를 열었고, 필자가 '통일헌법 초안'을 발표하였다.[81]

2. 북한 헌법의 통일 조항

소위 조선민주주의인민공화국 헌법은 1948년에 제정한 후 수차 개정한 뒤 1972년 12월 27일 새로 제정하고, 1992년 4월에 전면 개정하였다. 1948년 헌법에서는 "조선민주주의인민공화국의 수도는 서울시"(제103조)라고 하여 한반도 전역에 효력을 미치는 것처럼 규정하였다. 그러다 1972년 헌법에서는 "조선민주주의인민공화국의 수도는 평양"(제149조)이라고 하여 현실을 반영했으며, 제5조에서 조국을 평화적으로 통일한다고 규정하였다. 이 헌법은 남북기본합의서를 채택한 후 개정했는데, 제9조에서 자주, 평화통일, 민족대단결 원칙을 강조하였다. 1992년 헌법에서는 약간 개정하였다.[82] 북한의 헌법만으로는 현실을 파악할 수 없기에 현실적인 통일정책을 중심으로 북한 헌법이 노리는 통일방안을 보기로 한다.[83]

고 모든 한민족이 자유와 행복이 보장되는 '민족공동체'가 그것이다"(이명박, 『대통령의 시간』, 알에이치코리아, 2015 참조).

80) 이명박, 『대통령의 시간』, 알에이치코리아, 2015, pp. 363-364.

81) 대한민국학술원, 2015 대한민국학술원 정책토론회(2015. 11. 13) 자료 참조. 간단하게 요약한 것은 김철수, 「통일헌법안의 연구(요약)」, 《대한민국학술원논문집: 인문·사회과학편》 제54권 2호, pp. 35-115 참조.

82) 장석권, 「북한 헌법의 성립 배경과 그 특색」, 《헌법학연구》 제1권(1995. 11), 한국헌법학회.

83) 상세한 것은 류석열, 「북한의 통일정책, 민족통일의 길」, 『강영훈박사고희기념논문집, 민족통일의 길』, p. 239 이하; 양호민 외, 『남과 북 어떻게 하나가 되나, 한반도 통일의 현실과 전망』, 나남, 1992.

1) 1948년 북한 헌법의 통일 조항 내용

(1) 북한 헌법의 성립 근거

한반도에 통일정부를 수립하기 위하여 유엔의 감시 체제에서 통일선거를 치르게 하자는 유엔의 결의를 거부한 소련은 1948년 9월 북한에 괴뢰정권을 세웠다. 그 근거가 된 법이 헌법인데 104개 조로 구성되어 있었다.[84] 이 헌법에는 영토 규정도 통일 조항도 없었으나 수도를 서울로 한 점에서 한반도 전역에서 시행할 것을 목적으로 한 것이라고 하겠다.

(2) 1948년 북한 헌법과 무력통일정책

북한 정권은 1949년 6월 소위 조국통일민주주의전선을 결성하여 통일 제안을 발표하였다. 그 골자는 ① 유엔한국위원단 철수 ② 입법기관을 1950년 6월에 소집할 것을 목적으로 하는 남북 정당·사회단체 대표로 구성하는 선거지도위원회 구성 등이었다. 1950년 6월에는 8월까지 통일입법기관을 설립하자고 주장했는데, 이는 무력남침을 호도하려는 양동작전이었다.

휴전협정 뒤 1954년 제네바에서 열린 정치회담에서 남일은 ① 남북 조선 대표와 사회단체 대표로 전조선위원회를 구성하여 통일선거법을 초안하고 ② 중립감시위원단이 선거를 감시하자고 주장하였다. 여기서 병력을 각각 10만으로 감축할 것을 제안하며 주변국이 보장해줄 것을 요구하였다.[85] 10월 30일에는 최고인민회의 제1기 18차 회의 호소문에서 평화통일 문제를 토의하기 위하여 남북의 각 정당·사회단체 및 각계각층의 대표자 연석회의를 열거나, 조선민주주의인민공화국 최고인민회의와 대한민국 국회가 공동회의를 열자고 선전·호소하였다. 북한은 그뒤에도 계속 평화통일 공세를 취하며 선전하기에 급급하였다.

---

84) 상세한 것은 국토통일원, 『남북한 법체제의 비교연구: 공법관계를 중심으로』, 1972; 국토통일원, 《북괴법령집》 제1권 참조.
85) 이하 논술은 주로 국회도서관의 『통일백서』 연표를 참고함.

1957년부터는 한반도 문제를 평화적으로 조정하기 위하여 남북 대표가 참가하는 유관 국가들의 국제회의를 소집할 것을 제안하고, 선거 방법으로 통일하자고 주장하였다. 1959년에는 남북 당국은 상대방에게 무력을 사용하지 않을 것을 선언하자고 요구하였고, 4·19 이후에는 평화통일 공세를 더욱더 강화하였다.

김일성은 1960년 8월 15일 경축사에서 남한이 자유로운 남북총선거를 받아들일 수 없다면 과도기 조치로 남북연방제를 제의하고, 이에도 동의하지 않으면 남북 실업계 대표로 구성하는 순수한 경제위원회라도 조직하자고 선전하였다. 남북연방제는 이때 비로소 제안한 것으로 동독의 국가연합안을 모방한 것이 특색이다. 그는 남북의 현존 정치제도를 그대로 두고 양 정부의 독자적인 활동을 보장하는 동시에, 양 정부 대표로 구성하는 최고민족위원회를 조직하여 주로 남북 간의 경제·문화 발전을 통일적으로 조정하자고 제의하였다.

1960년 11월에는 최용건이 이 연방 제안을 구체화하여 발표하고, 최원택도 이를 호소하였다. 이는 남북 교류를 주장하여 대한민국에서 동조하는 세력을 고무시키려는 것으로 보였다. 1961년 5월 9일에도 같은 주장을 되풀이하였었다. 5·16 이후에도 북한은 계속 평화통일 공세를 폈는데 미군철수에 중점을 두었다. 1962년 10월에는 다시 무력불가침조약을 체결하자고 주장하였고, 10만 감군안을 들고나왔다. 이 제의는 1963년 9월에도 반복하였고, 11월 22일의 유엔에 대한 각서에서도 나왔는데 이는 선전공세에 불과한 것이었다고 할 것이다. 북한은 대내적으로는 폭력혁명을 주장하면서 대외적으로는 계속 평화통일론을 주장하였다.

1966년 제21차 유엔총회와 1969년 제24차 유엔총회에 보낸 비망록에서는 외군철수와 남북연방제를 계속 주장하였다. 이는 유엔 토론에서 외군철수를 얻어내려는 방안이며 전술적인 것이었다. 1970년 11월에는 제5차 노동당대회에서 과거에 주장했던 통일방안을 재확인하였다. 이는 ① 미군철수 후 남북 군대 각각 10만으로 감축 ② 무력 불행사 협정 체결 ③ 경제·문화 교류 ④ 총선거로 통일정부 수립 ⑤ 과도기 조치로 연방제를 실시하자는 것이었다.

1971년 4월 12일에는 허담이 8개 항으로 된 통일방안을 제시하였다. 그 내용은 ① 미군철수 ② 남북 군대 각각 10만으로 감축 ③ 한미상호방위조약을 비롯한 조약 폐기·무효 선언 ④ 외부 간섭 없이 자주적·민주주의적 기초 위에서 자유로운 남북총선거로 통일정부 수립 ⑤ 자유로운 남북총선거를 위해 남북 전역에서 정치활동 완전 자유 보장과 정치범 무조건 석방 ⑥ 완전한 통일에 앞서 필요하다면 현재와 같은 남북의 판이한 사회제도를 그대로 두고 과도기 조치로 남북연방제 실시 ⑦ 연방제를 받아들일 수 없다면 남북 간에 통상과 경제적 협조, 과학·문화·예술·체육 등에서 교류·협조, 편지·인사 교류 ⑧ 이상의 문제를 협의하기 위하여 정당·사회단체와 전체 인민적 성격을 가진 사람들로 남북정치협상회의를 진행하자는 것이었다. 그러나 이 제안도 그동안의 선전용 되풀이였다.

그런데 김일성은 1972년 1월 10일 ① 평화적 방법으로 자주통일 ② 정전협정을 평화협정으로 대체 ③ 남한에서 미군철수와 남북한 군인 감축 ④ 남북 정치 협상 진행 ⑤ 유엔 결의를 취소하자고 주장하였다. 7월 4일에는 그 유명한 남북공동성명을 발표하였고, 통일 요건을 조성한다는 명목으로 12월 27일에는 새로운 헌법을 제정·공포·시행하게 되었다.

2) 1972년 북한 헌법의 통일 조항

(1) 1972년 북한 헌법의 통일 조항 내용

1972년 헌법은 소위 사회주의 헌법으로, 이를 전체 조선 인민의 이익을 대표하는 자주적인 사회주의 국가의 헌법이라고 호언하였다.[86] 제5조에서는 "조선민주주의인민공화국은 북반부에서 사회주의의 완전한 승리를 이룩하며, 전국적 범위에서 외세를 물리치고 민주주의적 기초 위에서 조국을 평화적으로 통일하며, 완전한 민족적 독립을 달성하기 위하여 투쟁한다"고 하였다. 이 규정은 동독의 1968년 헌법 제8조를 모방한 것으로 보인다. 그러나 동독 헌법과 달리 남북

---

86) 1972년 헌법에 대해서는 강구진, 『북한 사회주의 헌법』, 국토통일원, 1976; 중앙정보부, 『북한 신헌법 비판』, 1973; 장명봉, 『북한 사회주의 헌법상의 통치기구』, 1976 참조.

의 권리가 동등함을 규정하지 않았으며, 서로 접근하는 방법이 아니라 민주기지론 입장에서 무력·적화통일을 표현한 것처럼 보인다.

김일성은 1962년 12월부터 4대 군사전략을 내세워 폭력혁명론을 전개하였다. 그 내용은 ① 북한을 정치·경제·군사적으로 더욱 강화하고 ② 남한 인민을 정치적으로 각성·결속시켜 남조선의 혁명 역량을 강화시키고 ③ 국제 민주 역량과 단결을 강화한다는 3대 혁명 역량을 강조하여 남조선의 혁명을 통한 통일을 강조하였다. 제14조에서도 이 자위적 군사노선을 강조하고, 제16조에서도 민족 해방투쟁과 혁명투쟁의 지도·성원을 규정한 것을 보면 완전히 평화통일 노선으로 전환했다고 보기는 어려울 것이다. 제11조 "국가는 내외 적대분자들의 파괴책동에서 사회주의 제도를 보위하며 사상혁명을 강화하여 온 사회를 혁명화 노동계급화한다"고 한 것을 보면 전투적임을 알 수 있다.

(2) 1972년 북한 헌법과 통일정책

북한은 7·4공동성명에 따라 남북조절위원회를 설치했으나, 통일 노력은 포기하고 선전에만 집중하는 감이 짙었다. 조절위원회에서는 ① 조절위원회 확대 ② 정치 협상 개최 ③ 다방면에서 동시 합작 ④ 선행 조건으로 미군을 철수하기 위하여 평화협정 체결을 내세웠다. 1973년 8월 28일에는 남측의 조절위원회 공동위원장을 피하여 조절위원회 기능을 잃게 하였고, 1974년에도 선전에만 급급할 뿐 실질적인 문제 토의는 피하는 실정이었다.

북한은 1973년 6월 23일 소위 평화통일 5대 강령을 발표했는데, 그 골자는 ① 군사적 대치상태 해소와 긴장완화 ② 정치·군사·외교·경제·문화 다방면에서 합작·교류 ③ 남북의 정당·사회단체와 각계 대표로 대민족회의 소집 ④ 고려연방공화국이라는 국호로 연방제 실시 ⑤ 단일 국호로 유엔에 가입하자는 것이었다.

1979년부터는 남북의 변칙대좌가 시작되면서 북한은 남북연방제 통일방안을 계속 주장하였다. 1980년 10월 10일 제6차 당대회에서는 '고려민주연방공화국'이라는 새로운 연방제를 주장하였다. 연방기구로는 최고민족회의와 그 상설기구로 연방상설위원회를 설치하여 남북 두 지역 정부를 지도하고, 연방제를 실시하는 방침으로 남북의 합작과 교류를 내용으로 하는 10대 시정 방침을 실시하자고 주장하였다. 그리고 1983년 9월 9일에는 최고민족연방회의와 연방상설위원회는 남북이 공동으로 의장과 위원장을 선출하여 윤번제로 운영하자고 제안하기도 하였다.

김일성은 1991년 신년사에서 "하나의 민족, 하나의 국가, 두 개의 제도, 두 개의 정부에 기초하여 연방제 형식으로 통일하자"고 제의하였고, 9월 4일부터는 서울과 평양을 오가면서 남북 총리를 수석대표로 하는 남북고위회담을 열었고, 남북이 동시에 유엔에 가입하게 되었다.

1992년 2월 19일 평양에서 연 남북고위급회담에서 '남북 사이의 화해와 불가침 및 교류·협력에 관한 합의서'와 '한반도 비핵화에 관한 공동선언'과 '남북고위급회담분과위원회 구성·운영에 관한 합의서'를 채택·발효시켰다. 이 남북기본합의서는 실현할 의사도 없이 한반도에서 외세를 몰아내고 무력으로 통일하려는 방편으로 채택한 것일 수도 있다.

3) 1992년 북한 헌법의 통일 조항

(1) 1992년 북한 헌법의 통일 조항 내용

1992년 헌법은 4월 9일 최고인민회의에서 수정한 것으로, 많은 조항을 추가하여 7장 171조로 구성하였다.[87] 마르크스·레닌주의 퇴조에 따른 시대적 상황 변화를 반영하고, 대외적으로는 경제개방정책을 시도하였다. 그런데 실질적으로는 내부 결속을 강화하려는 목적이 엿보이고, 국방 관련 규정을 보강한 것이 특색이다. 1992년 헌법에서는 구헌법 제5조 규정을 개정하여 "조선민주주의인민공화국은 북반부에서 인민 정권을 강화하고, 사상·기술·문화 3대 혁명을 힘차게 벌여 사회주의의 완전한 승리를 이룩하며, 자주·평화통일·민족대단결 원칙에서

---

87) 개정 전문은 장명봉, 『최신 북한법령집』, 북한법연구회, 2015, pp. 38-48; 《시사저널》, 1992. 12. 15 참조.

조국의 통일을 실현하기 위하여 투쟁한다"(제9조)고 하였다. 여기서는 자주, 평화 통일, 민족대단결 원칙에서 투쟁함을 강조하였다.

1972년 헌법 제5조보다는 약간 덜 전투적인 것처럼 보이나, 제11조에서 "조선 민주주의인민공화국은 조선로동당의 령도 밑에 모든 활동을 진행한다"고 하였 고, 전국적 범위를 삭제했으나 그 당규약 전문에서 '전국적 범위에서 민족 해방 과 인민 민주주의 가업 완수' 규정을 그대로 둔 것으로 보아 과거의 적화통일 노 선을 고수한 것으로 보인다. 또 제1조에서 "조선민주주의인민공화국은 전체 조 선 인민의 리익을 대표하는 자주적인 사회주의 국가"라고 한 것을 보면 유일한 합법 정부라는 주장을 포기했다고는 보기 어렵다. 특히 제59조에서 "조선민주주 의인민공화국의 무장력 사명은 근로인민의 이익을 옹호하며, 외래 침략에서 사 회주의 제도와 혁명의 전취물을 보위하고, 조국의 독립과 평화를 지키는 데 있 다"라고 한 것도 체제를 유지하려는 것임을 느끼게 한다.

(2) 1992년 북한 헌법과 통일정책

북한은 '남북 사이의 화해와 불가침 및 교류·협력에 관한 합의서'를 체결·비 준·발효한 뒤 1992년 헌법을 채택하였다. 그러나 여기에는 이 합의서 정신이 잘 반영되어 있지 않다.

김일성은 1993년 4월 7일에 조국통일을 위한 전민족대단결 10대 강령을 발 표하면서 연방제를 또 주장하였다. "전 민족의 대단결로 자주적이고 평화적이며 중립적인 통일국가를 창립해야 한다. 북과 남은 현존하는 두 제도와 두 정부를 그대로 두고 각당, 각파, 각계각층의 모든 성원을 대표할 수 있는 범민족 통일국 가를 창립해야 한다"고 하였다.[88]

1991년 6월 30일 김일성은 서독이 동독을 흡수한 식의 통일은 반대한다면 서 고려민주공화국 창립 방안을 설명하였다. 1992년 5월 5~8일에는 서울에서 제7차 남북고위급회담을 열었고, 9월 15~18일에는 평양에서 제8차 회담을 열었

---

88) 김일성, '조국통일을 위한 전민족대단결 10대 강령」, 『김일성 저작집』, 44.

다.[89] 이 평양회담에서는 남북기본합의서의 제1장 남북 화해, 제2장 남북 불가침, 제3장 남북 교류와 협력을 준수할 3가지 부속합의서와 '남북화해공동위원회 구성·운영에 관한 합의서'를 채택·발효하였다. 그러나 그뒤 기본합의서와 부속합의서를 이행하는 데는 소극적이었고, 북한의 적화통일 노선이 바뀌었다는 증거는 아직도 찾을 수 없다.

4) 1998년 북한 헌법의 통일 조항

(1) 1998년 북한 헌법의 통일 조항 내용

1998년 9월 5일 최고인민회의는 헌법을 수정하였다.[90] 이것은 김일성이 남북정상회담을 앞두고 의문의 사망을 한 뒤 김정일이 승계한 다음 만든 헌법으로 김일성 헌법이라고도 한다. 이 헌법에서 처음으로 서문을 추가했는데, 시종 김일성의 업적을 찬양하였다. 통일에 관한 것을 보면 "위대한 수령 김일성 동지는 민족의 태양이시며, 조국통일의 구성이시다. 김일성 동지께서는 나라의 통일을 민족의 지상과업으로 내세우시고, 그 실현을 위하여 온갖 로고와 심혈을 다 바치시었다. 김일성 동지께서는 공화국을 조국통일의 강유력한 보루로 다지시는 한편, 조국통일의 근본 원칙과 방도를 제시하도록 조국통일운동을 전민족적인 운동으로 발전시키시어, 온 민족의 단합된 힘으로 조국통일 위업을 성취하기 위한 길을 열어놓으시었다"고 하였다. 통일 조항은 제9조를 그대로 두었다.

(2) 1998년 북한 헌법과 통일정책

2000년 6월 김정일은 김대중 대통령과의 정상회담에서 '낮은 단계 연방제'를 주장하였다. 북한은 낮은 단계 연방제는 정치·군사·외교권 등 현존하는 남

---

89) 상세한 것은 《남북대화》 제55호와 56호 참조.
90) 전문은 장명봉의 전게 법령집, 49-59.

북 정부의 기능과 권한을 그대로 두고, 그 위에 '민족통일기구'를 내오는 방안이라고 하였다. 이는 국가연합(Konföderation)을 말하는 것으로 동독이 붕괴하기 전 주장한 방안이다.[91]

5) 2010년 북한 헌법의 통일 조항

2010년 4월 9일 최고인민회의는 헌법을 수정했는데, 전문과 통일 조항은 그대로 두었다. 다만 제8조에 '인권을 존중하고 보호한다'는 규정을 추가하고, 2항에서 "국가는 착취·압박에서 해방되어 국가와 사회 주인으로 된 로동자·농민·군인·근로인테리와 모든 근로인민의 리익을 옹호하며 인권을 존중하고 보호한다"고 하였다. 또 교육 목표를 약간 수정하였다. "국가는 사회주의 교육학 원리를 구현하여 후대들을 사회와 인민을 위하여 투쟁하는 견결한 혁명가로 지덕체를 갖춘 주체형의 새 인간으로 키운다"라고 하여 인간 개조와 혁명가 양성을 목표로 하였다. 2009년에는 국방위원회 위원장 조항을 신설하고 최고 령도자로 선언하였다(제100조).

6) 2012년 북한 헌법의 통일 조항

(1) 2012년 북한 헌법 수정과 통일 조항 내용

2012년 4월 13일 최고인민회의는 김정일의 사망에 따라 김정은 후계체제를 구축하고자 헌법을 수정하였다. 특히 서문에서 김일성을 위대한 수령으로, 김정일을 위대한 령도자로 추앙하며 김정일의 신격화를 기도하였다. 서문을 "위대한 수령 김일성 동지와 위대한 령도자 김정일 동지는 민족의 태양이시며 조국통일의 구성이시다. 김일성 동지와 김정일 동지께서는 나라의 통일을 민족의 지상과

---

91) 상세한 것은 이 책 제I부 II장 남북한 정부의 통일 노력; 장명봉, 「북한의 1998년 사회주의 헌법개정의 배경, 내용, 평가」, 《공법연구》 제27집 2호(1999) 참조.

업으로 내세우고, 그 실현을 위하여 온갖 로고와 심혈을 다 바치시었다. 김일성 동지와 김정일 동지께서는 공화국을 조국통일의 강유력한 보루로 다지시는 한편 조국통일의 근본 원칙과 방도를 제시하시고, 조국통일운동을 전민족적인 운동으로 발전시키어 온 민족의 단합된 힘으로 조국통일 위업을 성취하기 위한 길을 열어놓으시었다."라고 수정하였다. 통일 조항인 제9조는 변경하지 않았다.

(2) 2012년 북한 헌법과 통일정책

김정은은 핵보유를 헌법에 규정하면서 핵과 군사도발로 긴장감을 고조시키는 한편, 신년사에서 남북대회 문제를 거론했는데 아직 확실한 통일방안은 없다. 김일성과 김정일의 고려연방제공화국 통일방안을 고수하는 것으로 보인다.[92]

7) 2016년 북한 헌법의 통일 조항

(1) 2016년에 수정한 북한 헌법 통일 조항

서문에서 "김정일이 조국을 불패의 정치사상강국, 핵보유국, 무적의 군사강국으로 전변시키시었으며 강성국가 건설의 휘황한 대통로를 열어놓으시었다"라고 하고, 핵을 보유한 국가임을 강조하였다. 통일 관련 서문은 그대로 두었는데, 여기서 "조국통일 운동을 전민족적인 운동으로 발전시키시어 온 민족의 단합된 힘으로 조국통일 위업을 성취하기 위한 길을 열어놓으시었다"라고 하였다. 통일 조항인 제9조 "사회주의의 완전한 승리를 이룩하며 조국통일을 실현하기 위하여 투쟁한다"는 고치지 않았다.[93]

---

92) Stimme Russlands, Nordkorea Atomrausch: Rund 80 Kernsprengladungen bis 2020-Bloomberg; Young-Ja Park, Informal Political System in North Korea: Systematic Corruption of Power-Wealth Symbiosis, *International Journal of Korean Unification Studies*, Vol. 24, No. 1, 2015, pp. 123-156.

93) 오경섭·이경화, 『김정은 정권의 대남정책 및 통일담론』, 통일연구원, 2016.

(2) 김정은의 지위 강화

국방위원회를 국무위원회로 개편하고, 김정은을 국무위원회 위원장으로 추대했으며, 국가의 전반 사업을 지도하고 나라의 비상사태와 전시상태, 동원령을 선포하고, 전반적 무력의 최고사령관으로 국가의 일체 무력을 지휘 통솔하게 하여 1인 독재정치를 가능하게 하였다. 김정은은 2015년을 무력통일의 해로 정했으나, 이것이 불가능해지자 계속 남한 정부를 초토화하는 핵전쟁으로 위협하고 있다.

(3) 로동당 령도자

조선로동당규약을 개정하여 "김정은 동지는 조선로동당과 조선 인민의 위대한 령도자"라고 하였다. 또 "조선로동당은 남조선에서 미제의 침략무력을 몰아내고 온갖 외세의 지배와 간섭을 끝장내며", "사회민주화와 생존의 권리를 위한 남조선 인민들의 투쟁을 적극 지지 성원하며 우리 민족끼리 힘을 합쳐 자주, 평화통일, 민족대단결 원칙에서 조국을 통일하고 나라와 민족의 통일적 발전을 이룩하기 위하여 투쟁한다"고 하였다.

여기서 통일은 남북을 합친 사회주의 강국으로, 최종 목표는 온 사회를 김일성·김정일주의를 실현하는 것이다. 헌법 제9조에서 "북반부에서 인민정권을 강화하고 사상, 기술, 문화의 3대 혁명을 힘 있게 벌려 사회주의의 완전한 승리를 이룩하며 자주, 평화통일, 민족대단결의 원칙하에 조국통일을 실현하기 위하여 투쟁한다"라고 한 것을 보면 궁극적으로는 남한을 사회주의 국가로 통일하려는 것이 목적임을 알 수 있다.

3. 남북한 통일헌법 제정 필요성

남북은 모두 헌법에 통일 규정을 두었으나 대한민국은 평화통일을, 북한은 수령과 국방위원회위원장의 유훈을 강조하였다. 대한민국은 독일처럼 점진적으로 접근하는 방식의 통일을 원하고, 북한은 핵과 무력으로 하는 통일을 원한다. 한반도는 독일과 달리 북한의 남침으로 국민의 희생이 너무 컸고, 법률문화와 민주주의 전통이 달라 합의통일은 어려울 것으로 보인다. 어느 방식을 택하든 빠른 시일에 통일하기는 어렵겠지만 통일을 준비하기 위하여 통일헌법은 제정해야 할 것이다.[94]

통일헌법은 먼저 통일 한반도의 청사진을 그려 남북 주민에게 통일이 되면 인권이 세계 수준으로 올라가고, 모든 국민이 자유와 평등을 누리며 행복하게 살 수 있다는 희망을 주어야 할 것이다. 그리고 북한 주민에게는 삶의 희망을 주어 통일 노력을 유도하는 계기가 될 것이다.

---

94) 김철수,「통일헌법 제정에 의한 통일 가능한가」,《명지법학》 제13호(2015. 12).

제II장. 통일헌법을 제정하여 통일한 나라

제2차 세계대전 이후 분단국이 통일한 경우는 많지 않으나 몇 나라의 사례를 살펴보기로 한다.[1]

제1절. 오스트리아의 통일

1. 오스트리아의 통일과정

오스트리아는 나치스의 합병에서 해방된 뒤 4개국의 점령체제로 들어갔다. 오스트리아는 냉전 중에도 정치인의 현명한 판단으로 헌법을 부활시켜 합헌적인 방법으로 통일정부를 세웠다. 물론 오스트리아의 독립은 이미 1943년 모스크바3상회의에서 결정되었지만 그 실현은 쉽지 않았다.

소련은 1945년 4월 4일 오스트리아에 진출한 뒤 전직 대통령이었던 카를 렌너 박사에게 임시정부를 세우라고 요청하였다. 카를 렌너는 소련점령군이 자기가 속했던 독일사회노동당과 독일공산당만의 연립정부를 세우라고 요구했으나 반대하였다. 스탈린은 그 점을 알면서도 그에게 임시정부 수립을 허용하였고, 카를 렌너는 모든 정당과 사회단체를 포함하는 거국 정부를 구성하여 오스트리아

---

1) 김국신, 「독일·베트남·예멘 통일사례」, 『분단국 통합과 평화협정』, 통일연구원, 2001, pp. 1-38; 박정원, 「한반도 통일모델의 탐색: 중립화통일론의 적용 가능성」, 《통일정책연구》 제16권 2호(2007), pp. 75-96; 신기현, 「분단국가 통일 경험과 남북한 통일 모색」, 《사회과학연구》 제21권(1995), 전북대; A Joo Kim, Analysis on the Reunification Experiences of Germany, Vietnam, and Yemen, Finding an ideal processes and conditions towards successful reunification of Korea, Sweet Briar College, 2012; Y. Chung, Die Politische Beziehungen NordKoreas zur VR China und Sowjetunion im Hinblick auf die Wiedervereinigung Koreas, Diss. Heidelberg, 1977; Corson, M./Minghi, J. Reunification of Partitioned Nations-States: Theory Versus Reality in Vietnam and Germany, *Journal of Geography,* Vol. 93, Issue 3, Sep. 11. 2007, pp. 125-131.

전역의 의회를 구성하려고 선거를 하기로 결정하였다.

이 임시정부는 1945년 5월 13일 헌법승계법(Verfassungsüberleitungsgesetz)을 제정하여 임시정부의 정당성을 확보하고 구헌법(1920년 제정, 1929년 개정)을 부활시켰다. 그러나 헌법에 다른 통치기구를 구성하지 않았기에 임시헌법(Provisorische Verfassung)을 제정하여 과도기에는 빈에서 통일적으로 지도하기로 하였다. 임시정부는 이에 따라 주지사와 빈 시장을 임명하고, 임시정부에 행정권과 입법권을 부여한 뒤 최고법원·헌법재판소·회계검사원을 다시 구성하였다. 연방대통령의 행위는 정치적 각료회의에서 하도록 했는데, 이 각료회의는 3개 정당에서 1명씩 지명한 수상과 장관으로 구성하였다. 주는 부활하고, 임시헌법은 헌법재판소가 1945년 12월 19일에 위헌으로 선언하여 1929년의 헌법이 다시 효력을 회복하였다.[2]

서방 점령국들은 이를 처음에는 반대했으나 1945년 9월 20일 영국이 찬성하였다. 1945년 9월 26일 4개 점령지역 지방 수장들이 연방집회를 열어 11월 25일에 오스트리아 전역에서 선거를 하기로 결의하였다. 소련·미국·영국·프랑스 4개국이 점령하였던 오스트리아 전역에서 선거를 한 결과 사회노동당이 42%, 공산당이 5%, 새로 창설한 농민당이 42%를 얻었다. 의석은 농민당이 과반수를 얻어 연방의회에서 농민당 레오폴트 피글을 연방수상으로 선출하고, 12월 20일 연방집회는 카를 레너를 대통령으로 선출하였다. 4개국에게 분할점령되었던 오스트리아는 정치인들의 현명한 선택으로 통일정부를 세운 것이다. 카를 레너 대통령은 1950년 12월 31일 80세로 사망하였다.[3]

피글 수상은 1945년 성탄절에 유명한 연설을 하였다. "나는 성탄절에 여러분에게 아무것도 드릴 수 없습니다. 나는 여러분에게 크리스마스 트리도 드릴 수 없습니다. 여러분이 크리스마스 트리를 가졌다고 해도 양초도 드릴 수 없으며, 빵도 드릴 수 없고, 석탄도 드릴 수 없고, 조각할 얼음도 드릴 수 없습니다. 우리는 아무것도 가진 것이 없습니다. 나는 여러분이 이 오스트리아를 믿어줄 것을 빌

---

2) 오스트리아의 임시헌법에 대해서는 W. Brauneder, *Österreichische Verfassungsgeschichte*, 1976. SS. 255-266; K. Berchtold, *Verfassungsgeschichte der Republik Österreich*, 1998.

3) W. Rauscher, Karl Renner: *Ein Österreichische mythos*, Wien, 1995; H, Portisch, *Österreich II, Die Wiedergeburt unseres Staates*, 2Bde, Wien, 1978.

뿐입니다."

　오스트리아는 전후에 정치인과 국민이 함께 노력하여 경제 기적을 이루었다. 그러나 영토 전역에는 4개국 점령군이 주둔하고, 수도 빈은 4개국이 공동으로 관리하였다(영화 '짚차에 탄 네 헌병' 참조). 이 점령군들이 철수한 것은 오스트리아가 이 4개 점령국과 국가조약을 맺은 덕분이었다.

2. 국가조약 체결로 독립통일

1) 국가조약 체결

　레오폴트 피글은 1953년 4월 2일 수상직에서 사임하고, 11월 26일에는 외무장관이 되었다. 소련은 오스트리아에서 철군하기를 꺼리며 오스트리아의 중립화를 요구하였다. 피글은 이를 받아들여 소련과 1955년 5월 15일에 국가조약을 맺었고, 델레스·몰로토프·맥밀런·피네 외상과도 국가조약을 체결하였다.[4] 그는 이 조약을 맺은 뒤 "오스트리아는 자유"라고 선언하였다. 이로써 4개국 점령군은 본국으로 돌아가고, 오스트리아는 완전한 주권국가가 되었다.[5] 1955년 10월 26일에는 연방의회 의원 3분의 2 이상의 다수로 헌법 효력을 가진 중립법 (Neutralitätsgesetz)을 통과시켰다.

　필자는 1956년 가을, 오스트리아의 수도 빈을 방문했다가 평화롭고 풍요로운 생을 즐기는 시민들을 보면서 조국의 정치인들을 원망하기도 했다. 한반도에서

---

4) G. Stourzh, *Österreichische Weg zum Staatsvertrag und zur Neutralität*, Forum Politische Bildung(Hrsg.), *Frei-Souverän-Neutral-Europäische, 1945-1955-1995-2005*, 2004. SS. 7-20; H. Hautmann, Befreiung, Staatsvertrag, Neutralität und das Österreich von heute, Alfred Klahr Gesellschaft, *Die Steiermark wird frei 1945-1955-2005*, 30. Apr. 2005. in Graz; Csaky Eva-M(Hrsg.), *Der Weg zu Freiheit und Neutralität, Dokumentation zur Österreichischen Außenpolitik 1945-1955*, 1980; G. Stourzh, *Neutralität und das Ende der Ost-West-Besetzung Österreichs 1945-1955*, 4. Aufl, 1998.

5) 오스트리아는 5가지 가능성이 있었다. 첫째는 소련의 위성국으로 인민공화국이 되는 것이고, 둘째는 북대서양조약에 가입하여 서유럽공동체에 가입하는 것이고, 셋째는 냉전 결과 독일처럼 동오스트리아와 서오스트리아로 분립하는 것이고, 넷째는 각 점령지역의 생활 여건이 달라졌기에 4개국의 점령지역이 고정화되어 4개국으로 분할되는 것이고, 다섯째는 중립화로 통일하는 것이었다. 오스트리아 공산당이 암약했음에도 자유주의 오스트리아로 중립을 약속하여 통일·독립할 수 있었다. 이에는 카를 레너 대통령과 쾨르너 대통령의 지도력과 피글 외상의 노력이 컸다(Stourzh, *a. a. O.* S. 11-14).

도 해외로 망명한 정치인과 국내에 있던 정치인들이 쓸데없는 이념을 버리고 타협했다면 통일되었을 것이고, 동족상잔의 전쟁을 벌이지 않고 잘 살 수 있었을 텐데, 영구적인 분단을 가져온 선배들을 비난하였다. 오스트리아의 통일이 중립화 약속 때문에 가능했다고 생각하여 한국에서도 중립화통일을 주장하는 학자들이 있다. 분단국가의 통일이 반드시 중립화를 요구하는 것은 아니다. 오스트리아는 국민 의사를 통합하여 중립화에 성공할 수 있었다. 무엇보다 중요한 것은 정치인과 국민의 국론 통합이라고 하겠다. 오스트리아는 중립에서 시작했으나 독일이 통일한 후에는 헌법을 개정하여 중립을 그만두고 유럽연합(EU)에 합류하였다.

2) 국가조약 내용

이 국가조약은 전문 9부와 부칙 2조로 되어 있다.[6] 전문에서는 오스트리아가 히틀러 독일에 강제로 병합되었으나 연방국에 의하여 해방되었으며, 오스트리아 국민이 재통일과 민주적 재건을 위하여 노력함을 지적하였다.

제1부에서는 정치 조항(제1~11조)까지 규정했는데, 그 내용은 1938년 1월 1일의 국경을 가지는 자유·독립국가로 재건, 연합국이 오스트리아의 독립과 영토 불가침 존중, 독일과 경제적·정치적 결합 금지, 인권 존중, 케르텐·부르겐란트·슈타이어마르크 지방에서 슬로베니아·크로아티아 소수파 권리 인정, 1919년 4월 3일의 합스부르크 법률 유지, 평화조약 승인이다.

제2부에서는 군사와 항공 규정(제12~19조)을 두었는데, 원자·화학·로켓 무기 금지, 오스트리아 전쟁포로 귀환을 언급하였다. 제3부에서는 연합군 철수(제20조) 규정을 두어 국가조약 발효 후 90일 내에 오스트리아에서 연합군 철수한다고 하였다. 제4부에서는 전쟁 청구권(제21~24조) 규정을 두었는데, 오스트리아는 소련 정부가 전쟁에서 얻은 재화를 돌려받은 대가로 6년 안에 1억 5천만 달러를 지불하고, 오스트리아는 소련에 원유 1,000만 톤을 무상으로 제공하고, 오스트

---

6) 상세한 것은 F. Ermacora, *Österreichs Staatsvertrag und Neutralität*, 1957.

리아는 연합국에 대한 청구권을 포기한다고 하였다.

제5부에서는 재산권과 권리 · 이자(제25~28조), 제6부에서는 일반적인 경제관계 (제29조), 제7부에서는 분쟁 규제(제30조), 제8부에서는 각종 경제 규제(제31~33조), 제9부에는 종결(제34~38조까지) 규정을 두었다. 그러나 오스트리아의 중립 의무는 규정하지 않았다.

3. 오스트리아의 중립에 관한 헌법 개정

1) 중립화법 제정[7]

오스트리아는 1945년 이후 중립화를 논의하였다. 카를 레너 대통령은 이를 주장했으나 정부는 응하지 않았다. 그 이유는 국민 대부분이 서방 국가의 일원 이 되기를 원했서였다. 그런데 오스트리아 정부는 연합국 정부 대표와 점령군 철수 협상을 했으나 소련이 응하지 않았다. 스탈린 사후 사정이 달라졌다. 1954 년 소련은 베를린 외상회의에서 오스트리아의 중립을 요구하였고, 이를 위하여 4개 점령국은 많은 논의를 하였다.

1955년 봄 오스트리아의 율리우스 라브 수상과 아돌프 세르프 부수상, 레오 폴트 피글 외무장관, 브루노 크라이스키 차관이 모스크바에서 협상하였고, 소련 은 4월 15일 모스크바 메모에 서명하였다. 이 메모로 오스트리아는 점령군이 오 스트리아에서 철수한 뒤 군사적 중립을 선언할 정치적 의무를 지게 되었다. 이 에 따라 러시아는 국가조약에 서명하기로 하고 1개월 후에 철군하였다. 5월 15일 에는 국가조약에 서명한 뒤 의회에 중립화법을 제출하고, 10월 26일에는 중립에 대한 헌법법률[8]을 통과시켰다.

---

7) J. Schlesinger, Austin Neutrality in Postwar Europe, 1972; K. Ginther, Neutralität und Neutralitätspolitik: Die Österreichische Neutralität Zwischen Schweizer Muster und Sowjetischen Koexstenzdoktrin, 1975; W. Mueller, Österreich, http://www.das-palament.de/2009/01-02/ Beilage/002html.Wikisorce.Neuralitätgesetz.

8) Bundesverfassungsgesetz vom 26. Oct. 1955 über die Neutralität Österreichs: Neutralitätsgesetz.

2) 중립화법 내용

이 헌법법률은 2조로 되어 있는데, 제1조에서는 ① 오스트리아는 외부에서 계속된 독립성을 유지하고, 영토 불가침을 목적으로 자유의사에 근거하여 항구 중립을 선언한다. 오스트리아는 이 명제를 모든 수단으로 유지하며 지킨다. ② 오스트리아는 이 목적을 보장하기 위하여 어떠한 군사동맹에도 가입하지 않을 것이며, 영토 내에서 외국의 군사기지를 설립하는 것을 허가하지 않는다고 하였다. 제2조에서는 이 헌법법률 집행은 연방정부에 위임한다고 하였다.

3) 중립에 관한 헌법 개정

헌법 제9a조 1항을 개정하여 영세중립 수호를 규정하였다. ① 오스트리아는 포괄적 국방을 인정한다. 그 과업은 외부에서 독립과 연방 영토 불가침과 불가분을 보장하는 것이며, 특히 영세중립 유지와 보장을 해야 한다. 이를 위하여 외부의 폭력적 침범에서 헌법제도와 행위 능력 및 주민의 민주적 자유를 보호·방위한다. ② 이 포괄적 국방에는 군사적·정신적·시민적·경제적 국방을 포함한다.

4) 오스트리아의 중립 의의와 변화

오스트리아는 영구 중립을 선언한 후에도 활발한 외교를 벌였다. 1995년 12월 15일에는 유엔에 가입하였고, 1956년에는 헝가리 시민들이 소련점령군에 항거할 때 새로 창설한 연방군이 국경 수호 과업을 수행하였고, 단기적으로나마 18만 이상의 피난자를 보호하며 대부분 다른 나라로 여행할 수 있게 하였다. 1968년 프리하의 봄에 바르샤바조약 군대가 시민을 진압했을 때도 피난민 다수를 보호해주었다. 이때도 오스트리아 국경은 외국인에게 존중되어 침범하지 않았다. 또 유엔의 평화적인 활동을 위하여 군대를 파견하였다. 예를 들면 옛 벨기에령 콩고·키프로스·골란고원의 평화유지군 활동에 참여하였다.

많은 국제기구가 빈에 주소를 두었고, 1979년에는 빈 유엔 도시에 유엔의 제 3주소로 유엔기구가 들어서게 되었다. 오스트리아는 중립법을 규정했음에도 1989년 7월 17일 유럽연합(EU) 가입을 신청하였고, 1994년 6월 12일에 치른 국 민투표에서 3분의 2의 찬성을 얻었다. 이에 따라 1994년 9월 9일 헌법을 개정하 여 가입이 정부에 수권되었다. 1995년 1월 1일에는 EU에 가입하였고, EU의 공 동외교와 안보조약에 참여하고자 헌법 제23f조를 추가(2008. 1. 1. 발표)하였고, 나 중에 제23j조로 변경(2010. 8. 1. 발표)하였다.

이에 따라 오스트리아는 EU의 공동외교와 안보정책에 참여할 수 있게 되었 다. 이 밖에도 EU에 가입함에 따라 헌법을 개정(제23f~23k조)하였다. 그런데 EU 에 가입한 것이 중립 헌법에 맞는지가 문제가 되었다. 헌법 제9a조 1항은 개정하 지 않았으므로 오스트리아는 아직도 영세중립이라는 견해와, EU에 가입했으므 로 이미 효력을 잃었다는 이론이 있다. 오스트리아 안에서는 영세중립은 소련과 모스크바 메모로 한 것인데 소련이 붕괴했으니 이제는 중립 의무가 없어졌다는 주장, 국민 의식으로 보면 아직도 영세중립 의무가 있다는 주장, 국제법적으로는 인정되나 이미 현실적으로 중립 조항은 효력을 잃었다는 주장이 있다.

4. 오스트리아의 헌법 개정

오스트리아 헌법은 1920년 켈젠이 주동하여 기초한 것인데, 1929년에 개정하 였다. 1945년 이후에는 헌법승계법에 의하여 임시헌법을 운영했으나, 그뒤 구헌 법이 효력을 발생하였다. 1945년에는 국회 하원의원 선거법을 제정(헌법적 법률)하 고, 1954년에는 니더외스터라이히와 빈의 경계 변경에 관한 법률이 효력을 발생 하고, 1955년에는 국가조약을 체결하고 중립법을 헌법법률로 제정하였다.

1958년에는 유럽인권보호협정에 가입하고, 1964년 3월 4일 헌법법률로 확 정되었다. 이 밖에도 1988년에는 인신자유 보호에 관한 헌법법률이 통과되어 1991년 1월 1일부터 시행하고, 1994년에는 헌법 개정 법률로 EU 가입 조항을 추 가하고, 1999년 8월 13일에는 핵 없는 오스트리아에 관한 연방헌법법률을 제정하였다. 2008년 1월 8일에는 연방헌법을 수정했는데, 이는 헌법정비법(Bundesver fassungsrechtsbereinigsgesetz)으로 많은 헌법법률이 개폐되었다. 2012년에는 유럽인 권헌장의 효력을 인정하여 이에 반하는 법률 위헌을 헌법재판소가 결정하였고, 행정소송에 관한 헌법을 개정했으며, 많은 행정법원을 새로 설치하였다(2014. 1. 1. 효력 발생).[9]

제2절. 베트남의 통일

1. 베트남의 분열

베트남은 1862년 프랑스의 침공을 받아 사이공조약에서 남부 영토를 프랑스에 이양하였다. 프랑스는 1887년에 인도차이나연합(Union of French Indochina)을 만들이 고친차이나(남부)·안남(중부)·통킹(북부)·캄보디아를 식민지로 하였다. 베트남은 1926년 12세의 바오다이가 왕조의 마지막 왕으로 등극하였고, 1930년에는 호찌민이 인도차이나공산당(ICP)을 창당하였다.

1940년 9월에는 일본군이 베트남을 침공하였고, 1941년 5월에는 국수주의자와 공산주의자가 베트남·인도차이나독립동맹을 구성하였다. 1945년 2월 호찌민은 루스벨트 미국 대통령에게 지원을 요청했으나 회답하지 않았고, 3월에는 일본점령군이 프랑스의 통치를 종식시키고 일본의 통치를 선언하였다.

1945년 8월 14일 일본은 항복했으나 임시로 베트남을 통치하였고, 9월 2일 호찌민은 하노이에서 40만 군중 앞에서 베트남의 독립을 선언하였다. 9월 13일 영국군이 일본군의 무장해제와 철수를 감독하고자 베트남 남부에 도착하였다. 또 9월에는 국민당 중국군 18만이 하노이에 들어와 일본군의 항복을 받았고, 22일에는 프랑스군 1,400이 사이공에 도착하여 베트남 정부와 민간인을 공격하였

---

9) 상세한 것은 T. Öhlinger, *Verfassungsrecht*, 2014; B. C. Funk, *Einführung in das Österreichische Verfassungsrecht*, 2014.

다. 10월에는 프랑스군 35,000이 베트남 남부에 들어와 다시 식민통치를 하였고, 중국군이 호찌민 공산당을 해산시켰다.

1946년 2월 프랑스와 중국은 프랑스 군인이 북베트남으로 귀환하는 것을 승인하였고, 3월 6일 호찌민은 북베트남 자치를 조건으로 프랑스 군대의 귀환을 승인하였다. 3월에는 중국군이 하노이에서 철수하였고, 5월에는 호찌민이 베트남의 독립을 협의하려고 프랑스를 방문했으나 실패하였다. 6월에는 프랑스 총독이 코친차이나(남베트남)를 독립공화국으로 선포하였고, 8월 27일에는 드골 프랑스 대통령이 프랑스의 식민지와 국외 영토를 유지할 것을 선언하였다.

2. 베트남전쟁

1946년 11월 20일에는 하이퐁항 주변 시민들과 프랑스군이 전투하였고, 12월 19일에는 베트남군 3만이 하이퐁항에서 프랑스군을 공격하여 제1차 인도차이나전쟁이 일어났다. 1947년 1월에는 호찌민과 지압 장군이 이끄는 월맹군이 정글에 숨어 전쟁을 계속하였고, 1949년 3월 8일 프랑스는 바오다이 왕을 원수로 하는 베트남독립국을 승인하였다.

1950년 1월 중국인민공화국과 소비에트러시아는 호찌민이 이끄는 베트남민주공화국을 승인하고, 중공은 월맹군에게 무기 등을 원조하였다. 2월에는 미국과 영국이 사이공에 있는 바오다이 친프랑스 정부를 승인하고, 5월 8일에는 미국이 베트남·라오스·캄보디아의 친프랑스 정부에 군사와 재정을 원조하기 시작하였다. 전쟁은 점점 가열되어 12월 22일에는 네이팜탄을 사용하기 시작하였다. 1951년 프랑스 전사자는 9만에 달하였다. 1954년 5월 8일에는 베트남 문제를 다루려고 제네바회의가 열렸고, 7월 20일에는 제네바협정을 체결하여 북위 17도 선을 경계로 남북 베트남으로 나누기로 하면서 프랑스와 월맹의 전쟁은 끝이 났다.[10]

---

10) G. Im, *A Comparison of the French Indochina War and the Vietnam War*, Silvapages, 1995; Questia, Vietnam War 2008; Wikipedia, Vietnam War; F. Logevall, The Indochina War and Cold War 1945-1975, *The Cambridge History of Cold War*, 2010; J. Neale, *The American War: Vietnam 1960~1975*, 2001; H. Schandler, *American in Vietnam: The War That Couldn't Be*

1959년 3월 호찌민은 베트남을 통일하고자 인민전쟁을 선언했는데, 이것이 제2차 인도차이나전쟁의 시작이었다. 5월에는 베트남의 고딘디엠 정권은 미국에 군사지원을 요청하고, 미국은 군사고문단을 파견하였다. 월맹은 남북통일 전쟁에 대비하여 남북 간 도로를 확장·정비하기 시작하였다. 7월에는 북월맹이 베트남에 게릴라군을 보내 게릴라전을 개시하였다. 1960년 12월 20일에는 베트남에 민족해방전선(NLF)을 구성했는데, 나중에 베트콩이 되었다.

1961년 1월 소비에트러시아는 월맹의 해방전선을 지원한다는 성명을 발표하였고, 4월에는 고딘디엠이 남베트남 대통령으로 재선되었다. 1962년 8월에는 오스트레일리아 군사고문단이 베트남에 도착하였다. 10월 31일에는 남베트남에서 두옹반민 장군이 쿠데타를 일으켜 고딘디엠을 축출하고 이튿날 처형하여 정권을 장악하였다.

1964년 8월 2일에는 북월맹 함선이 통킹만에서 미국 선박을 포격했는데 미국은 이를 침략 행위로 간주하고, 8월 5일 존슨 대통령은 의회에 미국과 동맹국의 이익을 위하여 베트남에 군사 개입을 할 수 있는 결의안을 통과시켜 달라고 요청하였다. 8월 10일 미국 상하 양원은 만장일치로 통킹만 사태에 대해 의결하여, 이로써 형식적으로 미국이 베트남전에 참전하게 되었다. 10월 31일에는 베트남 정부의 요청에 따라 한국군도 베트남전에서 베트남 정부를 돕게 되었다.

1965년 3월에는 미해병 3,500이 다낭 근처에 상륙하였다. 미군은 북월맹을 폭격하고 헬리콥터 부대로 베트콩을 공격하여 큰 성과를 얻었다. 1967년 미

Won, 3 vols, 1998: S. Tucker(ed.), Encyclopedia of the Vietnam War, 3 vols, 1998; M. Young, The Vietnam War 1945-1990, 1991; M. A. Lawrence, The Vietnam War: A Concise International History, 2008; L. Nguyen, Hanoi's War: An International History of the War for Peace in Vietnam, 2012; M. Hunt, A Vietnam War Reader: A Documentary History from American and Vietnamese Perspectives, 2010; R. Schulzinger, A Time for War: The United States and Vietnam, 1941-1975, 1997; K. Kinney, Friendly Fire: American Images of the Vietnam War, 2000; B. VenDeMark, Into the Quagmire: Lyndon Johnson and the Escalation of the Vietnam War, 1995; S. Stanton, The Rise and Fall of an American Army U. S. Ground Forces in Vietnam, 1965-1973, 1995; Ang Cheng Guan, Ending the Vietnam War: The Vietnamese Communist' Perspective, 2004; B. Keever, Death Zones and Darling Spies: Seven Years of Vietnam War Reporting, 2013; D. Anderson, The Columbia Guide to the Vietnam War, 2002; W. S. Turley, The Second Indochina War, 1986; R. B. Smith, An International History of the Vietnam War, Vol. 2, 1987; The Columbia Encyclopedia, Vietnam War, 2015.

군은 현역병 480,000을 베트남에 보냈고, 1968년 1월 30일에는 베트콩과 북월맹군이 미군을 공격했으나 대패하였다. 1968년 말 베트남에 주둔한 미군은 540,000에 달하였다.

1969년 1월 닉슨 대통령은 베트남전쟁의 월남화를 주장하며 미군 감축을 결정하였고, 1월 25일에는 남북 베트남과 베트콩, 미국이 파리에서 평화회담을 열었다. 5월 14일 닉슨 대통령이 평화를 제안했으나 하노이가 거부하였다. 여기서 미군은 베트남에서 철수하자고 제의하였고, 7월에 미군 8만을 철수하였다. 9월 2일에는 호찌민이 자연사하였고, 11월 15일에는 50만 군중이 워싱턴 D. C.에 모여 베트남전쟁을 종결하라는 시위를 벌였다. 12월 미국은 베트남 주둔군을 115,000으로 감축하였다.

1971년 1월 미국 의회는 연말까지 베트남에서 미군을 모두 철수하기로 결의하였고, 4월 24일에는 2십만이 넘는 미국 시민이 워싱턴 D. C.에서 베트남전을 반대하는 행진을 하였다. 6월 22일에는 미국 상원에서 연말까지 미국 군대를 모두 베트남에서 철수하라는 결의안을 통과시켰다.

1972년 1월 25일 닉슨 대통령이 8개 항으로 된 베트남평화협정안을 제안했으나 월맹이 반대하고, 3월 23일에는 미국이 파리평화협상을 거부하고, 5월 4일 파리평화협상은 실패하였다. 미국과 베트남이 협상을 포기한 것이다. 8월에는 미국 지상군이 모두 베트남에서 철수하였다.

1973년 1월 7일 미국 의회는 미군이 베트남에 관여하는 것을 금지하였고, 1월 27일에는 미국이 주동한 파리평화협정에 서명하였다. 이 협정에서는 미국·베트남·월맹·남베트남공화국 임시혁명정부의 정전과 미군과 외국 군대 철수, 베트남에서 평화 절차를 밟으라고 규정하였다. 여기서는 자유로운 총선거로 베트남을 대표하는 정식 정부를 세우고, 이 민주적 정부가 회담을 하여 남북 통일을 실현함을 전제로 하였다.

미국이 이 전쟁에서 진 것은 여러 이유가 있으나 여론전에서 졌기 때문이었다.[11] 미국은 전쟁 목적을 승리가 아니라 현상유지에 있는 것으로 알았다. 월맹

11) C. Neu, *America's Lost War: Vietnam 1945-1975*, 2005; H. Zinn, Chapter 18 The Impossible

은 통일하려고 사생결단으로 전쟁했는데, 미국은 베트남이 통일하려고 북진하는 것을 막았고, 전쟁 이전 상태를 유지하는 데 골몰하였다. 1967년 가을 미국 국민들은 전쟁을 반대하기 시작하였다. 미군은 국민의 지지를 잃으면 패배하는 것이 일반적이었다. 존슨 대통령 시대에는 미국 국민의 지지를 받았는데, 이때까지만 해도 미국은 승전할 가능성이 있었다. 그러나 이길 가능성 없이 전쟁을 끌자 미국의 민심이 변한 것이다. 신문·언론·시민단체·학생·흑인단체·반전주의자들이 들고나와 전쟁을 끝내라고 외쳤고, 의회도 이에 응하여 미국은 베트남을 포기할 수밖에 없었다.

3. 월맹으로의 통일

1954년 7월 제네바합의는 베트남의 독립을 국제적으로 확인해주었다. 그러나 국토는 북위 17도를 경계로 남북으로 분단되었다. 이것은 지역적·인종적 분할이 아니라 이데올로기적 분할이었다. 베트남의 분할은 남북 정부가 원하는 것이 아니었다. 양 정부는 통일을 원하였다. 제네바 최종 선언에서는 늦어도 1956년 7월에는 통일선거를 하기로 결정하였다. 두 지역은 이 선거를 조직하려고 1955년 7월 전에 교섭하기로 하였다. 그런데 이 회의에서 프랑스는 선거를 일찍하면 호찌민과 그 추종자들이 이길 것을 두려워하였다.[12]

1954년 5월 한국도 제네바에서 통일 협의를 했는데, 한국 외무장관은 통일선거를 유엔선거감시위원단의 감시 체제에서 하자고 요청하였다. 베트남도 통일선거는 유엔감시위원단의 감시 체제에서 하자고 주장했는데, 러시아·중국·월맹

Victory: Vietnam, History is a Weapon; Why the USA lose the war in Vietnam, Bitesize, Higher History; H. Summers, Military Strategy, The case of Vietnam, Mar. 6, 1996, University of California; G. Daddis, *No Sure Victory: Measuring U. S. Army Effectiveness and Progress in the Vietnam War*, 2011; A. Huebner, Rethinking American Press Coverage of Vietnam War, 1965-68, *Journalism History*, Vol. 31, No. 3, Fall 2005; R. Woods, *Vietnam and the American Political Tradition: The Politics of Dissent*, 2003.

12) 이는 중국 주장이다. 상세한 것은 P. de Villers, The Strategy for the Unification of Vietnam, *The China Quarterly* No. 9(Jan. -Mar. 1962), pp. 2-23; 木村哲三郎, 北ベトナムの南部統一作戦について NII-Electronic Library Service 참조.

은 반대하였다. 제네바합의는 북의 인민군과 프랑스군의 협약에 불과하고, 베트남의 두 동맹국인 프랑스와 미국이 서명하지 않았기에 이를 강제할 수단은 전쟁밖에 없었다. 월맹은 전쟁에는 호소할 수 없어 베트남의 발전을 막으려고 노력하였다. 많은 월맹 사람들이 공산 치하에서 살기를 반대하고 베트남으로 도망하여 베트남 인구가 많이 늘어났다.

월맹은 제네바합의를 실현하려고 여러 번 제안했으나(예를 들면 1955년 2월 4일, 1958년 3월 7일, 1960년 10월 4일) 베트남은 응하지 않았고 17도 전선은 더욱더 견고해졌다. 1955년 10월 고딘디엠은 국민투표로 바오다이 왕조를 폐하고 베트남공화국을 선포하였다. 공산주의 게릴라들이 고딘디엠 대통령의 강력 통치를 반대하여 혼란을 야기하였고, 1960년 말에는 베트콩을 결성하여 고딘디엠 정부와 게릴라전을 벌였다.

월맹은 처음에는 중국의 지원을 받았으나 브레즈네프 시대에 와서 러시아는 월맹에 중화학무기인 T-54탱크, 장사포, MIG전투기, 저대공미사일을 제공하였다. 남베트남은 미국에 군사 원조를 요청하였고, 미국은 베트남군을 돕기 시작하였다. 월맹과 미국의 전쟁은 앞에서 살펴본 것처럼 통킹만에서 월맹군이 미군 군함을 포격하여 시작되었다. 베트남의 통치는 안정되지 않았고, 미군도 한국전 경험만 믿고 베트남의 특수한 상황을 잘 몰랐고, 미국은 본국의 반전사상 때문에 1973년 1월 파리협정을 체결하고 베트남에서 철수하였다.

월맹군은 1973년 3월 베트남 정부를 위한 계획을 수립하였다. 월맹노동당은 1973년 6월 당총회에서 최종 결의를 하기 전에 중국과 소련을 방문하여 앞으로 월맹을 지원해 달라고 요청하였다. 이들은 미국이 참전하지 않으리라고 확신하고, 1973년 5월 24일부터 작전회의를 열어 ① 평화·독립·민족 해방이라는 기치를 내걸고 파리협정을 파괴하려는 적의 음모와 행동을 타파하고 ② 혁명세력을 지키며 베트남혁명을 완전한 승리로 이끌 여건을 준비하기로 했으나 베트남군을 이길 만한 전력이 없었다.

1974년 중국은 베트남의 통일에 부정적이었으나, 소련은 월맹에 군사 원조를 증강했는데 이는 친소파의 활동에 의한 것이었다. 이들은 1975년 봄 대공세를 하여 베트남군을 압박하여 항복을 받아내 4월 31일 베트남공화국은 막을 내렸다. 5월 15일에는 사이공에서 월맹 대통령이 참가하는 전승 축하 기념식을 성대히 열었다. 이로써 무력으로 통일을 이루었다.

이에 앞서 월맹군은 1975년 5월 3일 사이공 지아딘 지구에 군사관리위원회를 설치하여 옛 사이공 정권의 수도권을 군정 아래에 두었다. 이 군사관리위원회는 남부의 PRG(Provisional Revolutionary Government, 베트남남부공화임시혁명정부)에서는 경제부 차관을 제외하고는 전부 월맹군이나 노동당 사람이었다. 치안을 유지하려고 설립한 군사위원회는 법적으로 완전한 통일이 될 때까지 잠정 정부로 기능하였다. 정권 이양 문제나 시정은 모두 하노이의 노동당 정치국이 결정하였다. 이들은 월맹공산당의 지시에 따라 많은 베트남인들을 재교육이라는 이름으로 감옥에 보내고, 고문하여 죽게 만들었다.

PRG는 하부 조직이 없어 월맹 공산당원이 집행관으로 활동하였다. 1975년 11월 5~6일 해방전선·민족민주연맹·PRG·남베트남 애국인사들이 합동회의를 열어 북월맹의 국회 내표단과 조국의 통일 협의에 출석할 대표단을 선출히였다. 그러나 그 구성원들은 노동당 정치국 동지들이었다. 따라서 베트남의 통일은 베트남의 사회 상황이나 의사를 반영한 것이 아니라, 월맹의 노동당이 결정한 계획에 따라 행한 베트남의 흡수·합병이라고 하겠다. 남베트남은 민족의 민주주의 혁명을 거쳐 사회주의 혁명을 하려고 했으나, 기회가 주어지지 않고 월맹의 사회주의 체제를 실행하게 된 것이다.

베트남의 반정부전선 구성원들은 베트남의 통일을 베트남인이 총선거를 하여 헌법을 제정한 뒤 임시 연합 정부를 조직하고, 베트남의 평화·중립의 대외정책을 실시하여 남북 간에 협의로 한걸음 한걸음 실현하기를 원하였다. 통일할 때까지 양 지역은 외국과의 군사동맹에도 참가하지 않고 보호를 받지 않기를 원하였다. 그들은 평화를 회복한 후에도 베트남 정부가 일정 기간 존속하리라고 생각하였다. 해방전선과 민족민주연맹은 이를 위하여 PRG를 수립했던 것이다. 그러나 이들의 소원은 이루어지지 않았고, PRG도 베트콩도 해체되었다. 베트남의 저항세력이 길을 잃어버린 것이다.

노동당 지도부가 급하게 통일한 이유는 경제 문제 때문이기도 하였다. 베트남은 농업이 발전하여 생필품이 풍부하였고, 월맹은 전후복구를 하려면 베트남의 부가 필요하였다. 가난한 월맹이 정복자가 되어 부자 베트남을 수탈하여 남북의 융화와 노동당의 신뢰, 베트남의 민족 화해를 방해하는 결과를 가져왔다. 노동당은 빨리 통일하려고 1976년 4월 남북 통일선거를 하였고, 7월 1일에는 베트남 사회주의공화국을 선포하였다.

베트남이 이렇게 쉽게 멸망한 것은 베트남 정부의 부정부패와 무능 탓이었다고 하겠다. 고딘디엠은 농민들의 요구를 외면하며 농지개혁을 하지 않았고, 다수(80%)인 불교도를 홀대하고 소수인 가톨릭을 우대했으며, 권위적으로 다스려 민심이 이반하였다. 또 미국이 폭격과 고엽제를 살포하여 농민의 생활 기반을 망가트리게 한 것이며, 내부에 많은 공산당원과 스파이를 숙청하지 못한 것이 문제였다. 또 내부적으로는 쿠데타가 연달아 일어나 민심이 돌아섰고, 언론 대책에도 미숙하여 세계에서 고립되었다. 특히 군장교 중에도 공산당 지지파가 있어 군 지휘 계통이 문란해져 베트남의 멸망을 가져왔다.[13]

4. 전쟁으로 이룬 통일의 대가

월맹은 전쟁으로 베트남을 통일하였다. 아마도 미국이 국내 사정 때문에 베트남을 포기하지 않았으면 전쟁으로도 통일하기 어려웠을 것이다. 미국이 데탕트로 중국·소련과 밀월을 유지하는 사이에 월맹의 친소파가 봄에 대공세를 취하여 통일할 수는 있었다. 그러나 이 전쟁의 대가는 너무 컸다. 월맹은 공산통일을 위해서는 인명의 중요성을 무시하였고, 수많은 인민이 희생되었다. 베트남군과 월맹 민간인 사망자는 65,000, 군인 사망자는 444,000~1,100,000, 군인 실종자는 600,000이다. 이외에도 수많은 부상자가 나왔다.[14]

이 전쟁에서 사망한 공산군은 455,462~1,170,462, 부상자는 608,200으로 추

---

13) UK Essays, *Vietnam War between The North and South History Essay*, 2014.
14) Wikipedia, Vietnam War.

산한다. 반공산측의 베트남 민간인은 195,000~430,000에 달하고, 군인 사망자는 220,357~313,000으로 추산하며, 부상자는 1,170,000명이나 된다. 미군도 58,307명이 사망하고 303,644명이 부상하였다. 한국군도 5,099명 사망, 10,962명 부상, 4명이 실종되었다.

미군은 월맹 지방에 제2차 세계대전 때 사용한 폭탄의 4배 이상을 퍼부어 월맹과 베트남의 베트콩 기지를 초토화하였다. 또 정글전에 대항하고자 수많은 고엽제를 뿌려 환경을 파괴하고 농업을 황폐화시켰다. 이러한 전쟁의 참화가 통일이후 경제를 살리는 데도 많은 장애가 되었다.

월맹이 무력으로 베트남을 접수함에 따라 많은 베트남인이 국외로 망명하고, 많은 베트남인이 보트피플(Boat People)이 되어 태국이나 다른 나라로 도주했으며, 많은 사람이 도망가다 죽었다. 또 경비대가 사살하기도 하고, 해적들이 살해하기도 하였다. 탈출한 사람들은 말레이시아·인도네시아·필리핀·홍콩에 정착했으나, 유엔 피난민수용소에 수용된 사람도 많았다.

1975년에는 피난민 15만 5천이 사살당하고, 베트남인 16만 5천이 재교육장에서 사망하였다. 이 재교육장에는 1백 만~2백 50만 명이 수용되어 있었는데 5만~25만 명이 사형을 당했다고 한다. 또 100만 명이 신경제지역에서 강제노역을 했는데 5만 정도가 죽었을 것이라고 한다.[15] 또 보트피플이 약 250만 정도였는데 20만~40만이 죽었을 것이라고 하고, 북월맹이 베트남을 정복한 후에 자살한 사람도 수십 만이 될 것이라고 한다. 월남은 독일과 달리 북은 가난하고 남은 풍요로웠다. 그리하여 주민의 삶은 통일 후에도 좋아지지 않고 기근에 시달렸다. 이것은 공산당의 계획경제 때문이라고 하겠다.

5. 통일베트남

통일베트남은 2015년에 40주년을 맞이했는데, 북월맹의 헌법(1948년 헌법)을

---

15) Wikipedia, History of Vietnam Since 1945; N. Basu, 40th Anniversary of Reunification of Vietnam, *Peoples Democracy* Vol. 34, No. 33, Aug. 23. 2015; Huy Duc, *The Winning Side*, Amazon Book, 2010.

그대로 유지하고 있다. 월맹은 1945년 남북 베트남인들이 총선을 하여 국민의회를 만들고, 1946년 1월 6일 헌법을 만들었다.[16] 그러다 1960년에 베트남민주공화국을 선포하면서 수정하였다. 그후 베트남에서는 법학을 교육하지 않아 1976년에는 새 헌법을 만들 인재가 없어 1980년에야 외국 학자의 도움으로 헌법을 만들었다. 그뒤 도이모이(Doi Moi) 경제개혁을 하고자 1992년에 개정하였다. 그들의 사회주의는 이상으로는 남아있으나, 베트남의 경제 문제를 해결하기 위해서는 시장경제와 개인의 창의 이익이 필수임을 알게 되었다고 하였다.

1992년 헌법은 경제적 자유와 국가의 경제·행정을 개혁하고자 노력하였다.[17] 1992년 헌법 개정에서는 경제 조항 7가지를 수정하였다. 제15조에서는 시장원칙에 따른 소비경제의 발전을 지원한다고 하였고, 또 소유권의 주체를 국유·집단·개인으로 나누었다. 이것은 1980년 헌법에서는 규정하지 않은 개인 소유를 규정한 것이 특색이다. 그러나 개인 경제는 국가 경영과 사회주의를 지향하게 운영할 것을 규정하였다. 토지는 전체 인민 소유에 속한다고 하였다. 새 헌법은 2013년 11월 28일 국민의회를 통과했는데 이것이 현행 헌법이다.[18]

이 헌법의 경제 조항에서는 베트남 경제는 사회주의를 지향하는 시장경제이며, 복수 소유 형식과 복수 경제 구성 요소를 인정하고, 국가 경제는 주도적인 역할을 한다(제51조 1항)고 하여 크게 바뀐 것이 없다. 다만 기업인과 기업인의 보호·투자·생산·경영 장려와 조건 창조를 강조하였다(제51조). 이 기업들의 투자나 생산물은 법으로 보호하고 국유화하지 않는다고 명시하였다. 그러나 국민이 요구하는 공산당의 지도적 지위(제4조)는 개정하지 않았고, 사법권 독립도 부족한 것으로 나타났다.

이러한 헌법 개정은 월맹공산당의 정책 실패를 만회하기 위한 것이었다. 통일 베트남의 내정은 월맹에서 하던 스탈린식과 프롤레타리아 독재였다. 공안은 모

---

16) Constitution of the democratic Republic of Vietnam 1946.

17) J. Harrington, *Constitutional Revision in Vietnam: Renovations but no Revolution*, Occasional Paper #7 University of Victoria, 1994.

18) Nguyen Sinh Hung, Building the Law Government Socialist State, *Communist Review* No. 855, Jan. 2014.

든 분야에서 사람의 생활을 감시[19]하고, 음악·문학·예술 분야에서 1975년 이전 책은 검열·금지했으며, 공산당에 대한 반대는 금지·체포하고 형무소로 보냈다. 공산당의 독재와 우위는 헌법 규정보다도 더 심하게 집행하였다. 모든 종교는 국가가 지배하는 교회로 다시 조직하고, 반공산주의자는 학교나 직장에서 쫓겨나거나 교도소로 보내졌다.

그러나 공안과 비밀경찰도 암시장과 국외 탈출을 막기 어려웠고, 이러한 문제와 관련하여 공무원들은 부정부패를 저지르기 시작하였다. 어쨌든 통일 후 10년은 불행한 시기였다. 경제는 좋지 않았고, 1980년에는 기근까지 닥쳤다. 이것은 1976년에 채택한 5개년계획 때문이었다. 그리하여 통일베트남은 세계에서 가장 가난한 나라가 되어 1인당 GDP는 300달러에도 미치지 못했다. 경제는 소련의 도움으로 지탱했는데, 1982년에만 3,000억 달러를 원조하였다. 이에 공산당은 연로한 간부진을 몰아내고 젊은이들을 지도부에 앉혔다. 1981년에 시작한 제2차 5개년계획에서는 1976~80년의 경직된 계획경제에서 벗어나 시장경제를 개혁하였다. 그들은 지도자를 바꾸고 시장경제적 요소를 가미[20]했는데, 이를 1992년에 헌법을 개정하면서 확정하였다.

새 정부는 중국식 사회주의 시장경제를 도입했으며, 미국과 화해한 뒤 원조를 받고, 프랑스와도 화해하였다. 1998년에는 아시아·태평양경제협력체(APEC)에 들어갔고, 2007년 1월 11일에는 세계무역기구(WTO)에 정식으로 가입하여 150번째 가맹국이 되었다.

그뒤 통일베트남은 경제 기적을 이루고 있다. 경제성장률은 중국에 이어 세계 2위이며, 농업은 85%나 성장하였다. 식량 생산은 1,950만 톤에서 1988년에는 2,170만 톤이 되었고, 1991~2005년에는 4,190만 톤으로 늘어났다. 공산품은 연간 15%, 서비스업은 7.5% 상승하였다. 농어업 비율은 1988년 46.5%였던 것이 2009년에는 20.7%로 낮아졌으며, 공업과 건설업은 이 기간에 21.6%에서 42.3%로 늘었다. 최근 5년 동안 750만 일자리가 생겼다.

---

19) Wikipedia, History of Vietnam since 1945.
20) Bui Tat Thang, After the War: 25 Years of Economic Development in Vietnam, *NIRA Review*, Spring 2000, pp. 21-25.

인구는 9,170만으로 세계 12위이고, 국민총생산은 1,706억 달러(55위), 1인당 국민소득은 4,012달러로 높은 편이다. 세계은행(World Bank)이 발표한 통계를 보면 최근 10년간 경제성장률은 6.4%이고, 수출이 증가하였다. 경제전문지 《블룸버그(Bloomberg)》 자료를 보면 베트남은 2014~50년에 경제성장을 빨리 이룰 나라 가운데 하나다.[21]

그러나 문제는 중산층이 늘어나 빈부격차가 심해진다는 것이다. 최하위층은 10% 이하이나 중산층이 30% 이상으로 늘어날 것이라고 한다. 농어촌과 도시의 소득격차도 벌어지고 있다. 경제적 평등을 기치로 내걸은 공산당에게는 위협이 되고 있다. 공산당의 독재에는 많은 사람이 불평을 하지만 아직까지 반란단체가 발견된 적은 없다. 다만 외국으로 망명한 베트남인들이 공산당 독재를 반대한다. 아시아에 남아있는 공산당 독재국가 중에서 베트남은 중국을 모델로 시장경제를 채택하여 발전했으나, 공산당의 독재정권은 러시아에서처럼 반드시 국민의 저항을 받게 될 것이다. 중국처럼 국민 소득이 높아짐에 따라 정치적 자유 욕구도 높아질 것이므로 공산당 독재를 끝내고 민주화로 가야 안정될 것이다.

신헌법은 2013년 11월 28일 국민의회를 통과했는데, 제4조에서 "① 베트남 공산당은 노동자 계급의 선도대이면서 일하는 인민과 베트남 민족의 선도대다. 마르크스·레닌주의와 호찌민 사상을 기초로 하여 노동자 계급과 일하는 인민, 민족의 이익을 충실히 대표하는 사회 지도세력이다. ② 베트남 공산당은 인민과 밀접하게 결합하며, 인민에게 봉사하고 인민의 감찰을 받아 스스로 결정에 따라 인민에 책임을 진다. ③ 당의 각 조직과 베트남 공산당 당원은 헌법과 법령 범위에서 활동한다"고 하여, 노동자·농민의 정당에서 모든 인민의 정당으로 변신했으며, 헌법과 법령 준수를 강조하여 법치주의임을 강조하였다.

그러나 이것은 "인민은 직접민주제로 혹은 국회와 인민평의회, 기타 국가기관을 통하여 대표민주제로 국가권력을 행사한다"(제5조)는 민주주의 원리에 맞지 않는 일당독재라는 점에 문제가 있다. 이는 중국의 영향이 큰 것으로 보이며, 경

---

21) Vietnam law guide, Vietnam economy after 40 years unification under international perspective 2015; Huong Le Thu, Forty years on, a middle class emerges in Vietnam, The Japan Times.

제발전 단계에 따라 일당독재제는 인민의 저항을 받을 것으로 보인다.

"베트남사회주의공화국은 인민의 인민에 의한 인민을 위한 사회주의적 법치국가"(제2조)라고 하면서 법치를 강조하고, "국가는 헌법과 법령에 따라 조직·활동하며, 헌법과 법령으로 사회를 관리하고, 민주집중원칙을 실시한다"(제8조 1항)고 했으나, 법치주의를 완성하려면 아직도 멀었다는 게 현실이다. "모든 인간은 기관·조직·개인의 법령 위반에 대한 권한을 가진 기관·조직·개인에게 불복신청과 고소·고발할 권리가 있다"(제30조 1항)고 하고, 법률에 따라 재판을 받을 권리를 규정하였다(제31조). 사법부는 말썽 많던 감독심을 없애 사법권 독립으로 한 발 나간 것 같다. 그러나 최고인민재판소장과 최고검찰원장은 국회·국회상무위원회·국가주석에 대하여 책임을 지게 되어 있어 사법권이 완전히 독립했다고는 보기 어렵다. 아직도 공산당이 지도하고 있다.[22]

제3절. 독일의 통일

1. 독일의 통일과정

1945년 나치독일이 제2차 세계대전에서 패배하면서 독일은 분단되었다. 서독은 미국·영국·프랑스가 점령하고, 동독은 소련이 점령하였다. 과거의 수도 베를

---

22) 베트남의 통일이 준 교훈은 Junhong 74, Diplomatic Presidential And Cultural Lessons Of The Vietnam War, Dec. 27. 2010; J. Starr, *The lessons of the Vietnam War*, 1996; J. Moore/R. Tuner(eds.), *The Real Lessons of Vietnam War: Reflections Twenty-Five Years After the Fall of Saigon*, 2002; D. Horowitz, My Vietnam lessons, 1985; L. Zanolli, What Happened When Democrats in Congress Cut Off Funding for the Vietnam War 2006; The Fog of War - Eleven Lessons from the Life of Robert S. McNamara, 2003 Film; D. Petraeus, Lessons of History and Lessons of Vietnam, Parameters, Autumn, 1986; 최용호,「베트남공화국 패망의 군사사적 고찰」,《군사》, 국방부, 2012; 이대용,「'인민혁명' 세력 제거가 안보의 관건: 민중봉기 단계와 북의 대남전략」,《자유공론》 351(1996. 6), pp. 30-39; 이대용, "통일의 교훈은 독일보다 베트남에서 찾아야", Http://user.chollian.net/YSLEE431/index01/vietnam01.htm; 조은남, "베트남 패망의 교훈", 다음 카페; 이대용, "지옥에서 살아온 이대용 공사의 회고", 네이버 블로그(2013. 10. 19); 주베트남대사관, 베트남 통일 이후 국민 통합과정 및 부작용과 우리의 통일 추진에 주는 교훈, 2005. 2 참조.

린은 동서로 나뉘어 동베를린에는 소련군이 주둔하고, 서베를린에는 미군을 비롯해 영국군과 프랑스군이 주둔하였다. 다만 '라인강의 기적'으로 서독인들의 생활은 좋아졌다. 서독의 재무장은 국론을 분열시켰으나, 공산당 활동을 금지하며 헌법재판소 판결로 해산시켜 불법시위는 없고 치안은 좋았다.

당시 서독 정치인들은 동서독 분단을 기정사실화하고, 동독과 체제 경쟁에 나섰다. 브란트 서베를린 시장은 그뒤 총리가 되어 동방정책을 폈다. 과거 나치독일이 점령했던 동부 영토를 원 국가에 영원히 돌려주는 불가침조약을 체결하고, 소련과도 불가침조약을 맺었다. 1972년에는 동독과도 공존하는 동서독기본조약을 체결하여 서독은 동독과 교류와 협력을 강화하였다. 그 결과 동독에서도 서독 신문과 잡지 구독이 자유로워졌고, 텔레비전과 라디오 시청이 자유로워졌다. 동독에서는 종교 자유가 인정되었고, 시민들은 자유로운 서독 여행과 통일을 갈구하게 되었다. 그러나 서독에서는 브란트 전 수상을 비롯하여 당시 콜 수상 등 아무도 통일이 1990년에 빨리 올 줄은 몰랐다.[23]

독일이 통일할 수 있었던 것은 소련에 고르바초프가 등장한 덕분이다. 고르바초프는 동유럽의 자유화운동을 군사력으로 막지 않았고, 동유럽인들의 서유럽 여행 자유를 인정하였다. 소련군의 동유럽 주둔 비용을 감당하기 어려웠던 고르바초프는 동독을 포기할 생각을 했었다. 동독인들은 서독으로 탈출하기 시작하였고, 월요일마다 교회에서는 '우리는 한 민족'이라는 구호 아래 집회와 시위를 하였다. 이에 울브리히트 동독 수상은 퇴진하고, 더 민주적인 정부가 들어서서 시민들의 민주화 개혁에 호응하기로 하였다. 동독 정부가 서베를린 여행 자유를 선언하면서 베를린 장벽은 무너지고, 1년 내에 동서독은 통일하였다. 이것은 동독인들의 시민혁명으로 이룬 것이다.

서독 정치인들은 동독의 시민혁명을 잘 이용하여 반대가 심했던 주변국을 설득하고 1990년에 통일하였다. 콜 수상을 비롯하여 외무장관 등이 소련에 경제적인 원조를 하여 통일 승낙을 받아냈으며, 미국의 전폭적인 지지를 얻어 반대하

---

23) 김철수, 「독일통일의 정치와 헌법」, 박영사, 2004; 김성수, "독일의 통일과정과 통일헌법 분석", 네이버 블로그(2011. 9. 11); 박정원, 「동독의 헌법 개혁과 남북한 통일헌법 구상」, 《공법연구》 제25권 4호(1997).

는 프랑스와 영국을 설득하고 통일을 달성할 수 있었다. 서독에서는 국가연합부터하여 장기적으로 통일하기를 원하였다. 동독 정치인들도 원탁회의를 만들어 통일을 준비했는데, 동독 정부와 국민이 예외로 빠른 통일을 원하여 1년 내에 통일이라는 대업을 이룰 수 있었다. 통일 속도에 대해서는 정당 간에 이견이 있었으나, 통일에 대한 국민의 의사가 합치되었기에 정부가 과감하게 통일정책을 펼수 있어 빨리 통일할 수 있었던 것이다.

2. 독일의 헌법 통일에 의한 통일

독일의 통일은 동독과 서독이 각각 헌법 질서를 준수하면서 헌법 개정과 조약 체결 같은 적법한 절차를 밟아 확정한 것이다.[24] 물론 동서독이 통일한 것은 동서독기본조약 실행으로 동서독 간 교류로 동독 국민들이 서독 사회가 풍요롭고 자유로우며 인간다운 삶을 보장한다는 것을 알았기 때문이다. 동서독은 입헌주의 전통에 따라 헌법을 개정하는 등 헌법 절차를 밟아 통일한 것이 특색이다.

1) 동독 헌법 개정[25]

1989년 동독 인민들은 거주지를 이전할 자유, 여행할 자유, 독일의 통일을 주장하며 시위를 벌였고,[26] 이 동독 인민들의 무혈혁명으로 11월 9일 베를린 장벽이 무너지고, 동독 정권은 붕괴하기 시작하였다.[27] 동독은 이 성공적인 혁명으로 기존 헌법이 사실상 효력을 잃고 새 헌법으로 변천하기 시작하였다. 12월 8일

---

24) 상세한 통일과정은 김철수, 『독일통일의 정치와 헌법』, 박영사, 2004; 장명봉, 『분단국가의 통일과 헌법』, 국민대 출판부, 2001 참조.

25) 박정원, 「구동독의 헌법개혁과 남북한 통일헌법 구상」, 《공법연구》 제25권 4호(1997. 8) 참조. 이하 부분은 김철수, 『헌법과 정치』, 진원사, 2012년에 발표한 일부와 중복될 수 있음.

26) 동독이 무너진 원인에 대해서는 여러 의견이 있다. 그중에서도 서독 기본법 제116조가 동독인까지도 모두 독일인으로 서독 국적을 가진다는 조항에 따라 동독인이 서독 국적을 갖고 자유롭게 여행한 것을 드는 사람도 있다.

27) 간단한 것은 Maunz-Zippelius, *Deutsches Staatsrecht*, 18. Aufl. 1991. S. 417ff; Hesse, Die Verfassungsentwicklung seit 1945, *Handbuch des Verfassungsrecht*, BdⅡ. SS. 35-52 참조.

에는 새로 구성한 정당 간부들이 원탁회의를 열었고, 이 정당원들이 인민회의에 진출하고자 선거를 요구하게 되었다.

1990년 2월 16일에는 원탁회의에서 독일민주주의공화국의 잠정 헌법을 발표하고,[28] 18일에는 인민의회 선거를 하고, 4월 4일에는 원탁회의에서 동독의 헌법 초안을 작성하여 동독 의회 의원들에게 제안하였다.[29] 6월 19일에는 동독 인민의회에서 재적의원 3분의 2 이상 찬성으로 헌법원칙법률을 가결했는데, 이는 인민의회 선거 전에 정부가 발표한 통일안에 근거한 것이었다.[30] 이 법률에서 국가 간 기구나 서독 기관에 주권을 위양하는 것을 동독 정부에 수권하고, 동독의 주권 제한에 동의하였다. 동독의 국가기관은 이 헌법원칙법률을 실효적인 헌법으로 인정하였다.

1990년 7월 22일에는 동독지역에 5개 지방(支邦)을 재구성하는 헌법법률을 통과시켜 메클렌부르크-포어포메른, 브란덴부르크, 작센-안할트, 작센, 튀링겐 5개 지방을 재건하였고, 이 지방들도 각각 독자적인 헌법을 제정하였다.

2) 통일조약 체결

동서독을 통일하는 방법으로 동독 헌법은 아무 규정을 두지 않았으나, 서독 기본법은 제23조와 146조에 따른 두 가지 방법을 예상하였다. 서독 집권당인 기독민주동맹은 제23조의 가입에 의한 조속한 통일을 주장하였고, 야당인 사회민주당은 제헌에 의한 통일방안, 즉 제146조에 의한 점진적인 통일헌법 제정 방법을 원하였다. 동독인들이 빨리 통일하기를 원하여 동서독 정부는 제23조의 연방 가입에 의한 방법을 채택하였다.[31]

동독에서 1990년 3월 18일에 치른 인민의회 선거 결과 동독인들이 서독연방

---

28) 이 잠정 헌법에 대해서는 Maunz-Zippelius, a. a. O., S. 419ff 참조.
29) 이 안은 Verfassungsentwurf für die DDR, Staatsverlag der DDR, 1990인데 채택되지 않았다.
30) 간단한 해설은 Maunz-Zippelius, a. a. O., S. 419ff.
31) Press-und Informationsamt der Bundesregierung(Hrsg.), *Artikel 23 des Grundgesetzes*, Bonn, 3. Aufl. 1990; 김철수, 『현대헌법론』, 박영사, 1979 참조.

에 가입하여 통일하기를 바란다는 것을 알게 되었고, 4월 24일 서독의 콜 수상과 동독의 드 메지에르 수상이 일차적으로 통화와 경제를 통합하기로 합의하였다. 5월 2일 이후에는 통화동맹을 맺는 협상을 개시하고, 5월 18일에는 화폐·경제·사회 동맹을 새로 맺자는 조약을 체결하고, 7월 1일 효력을 발생하였다.

이 조약을 제1차 국가조약이라고도 한다. 이 조약으로 동독은 서독 기본법 제23조에 따라 서독연방에 가입하여 통일할 수 있도록 전문에서 선언하였다. 그뒤 동독 헌법은 많이 바뀌었고, 사회주의적인 사회·정치 체제 규정 중에서 시장경제에 저촉되는 것은 효력을 잃게 되었다(제2조 2항). 이로써 쌍방은 법질서에 따라 평화적·민주적·연방주의적인 법치국가의 기본 질서를 갖게 되었다.[32]

1990년 7월 1일 통화·경제·사회를 통합하기 위한 국가조약이 효력을 발생하자, 동독 정권은 사실상 권력을 유지하기가 어려워졌다. 동독 인민의회는 8월 23일 서독 기본법 제23조에 따른 동독의 서독연방 가입을 의결하고, 이때 가입일을 10월 3일로 확정하였다.[33]

동독과 서독 정부는 동독이 서독연방에 가입하는 문제를 협상한 끝에 1990년 8월 31일 독일연방공화국과 독일민주공화국 간에 통일을 완성하는 조약을 체결하였다. 이 조약은 9월 20~21일에 서독 하원과 참의원에서 3분의 2가 넘는 찬성을 얻어 입법하였고, 동독 인민의회에서도 9월 20일에 3분의 2 이상이 찬성하여 통과하였다. 통일조약 체결은 선거조약 체결과 밀접하게 연결되어 있었다. 독일 전역 선거일을 1990년 12월 2일로 결정한 것은 그해 8월 13일이었다. 1990년 9월 2일 선거조약이 효력을 발생하고, 동독이 서독연방에 가입하여 독일 전역에서 하원의원 선거를 치를 수 있게 되었다. 선거조약은 서독 선거법을 동독에 적용하도록 규정하고, 서독 정당법이 동독에도 적용하도록 했으며, 또 서독 선거법 개정을 가져왔다.[34]

---

32) 이 조약은 *Verträge und Rechtsakte zur Deutschen Einheit*, Bd. 1 참조.

33) *Ibid.*

34) 법적 성격을 상세히 설명한 것은 K. Stern, Die Wiederstellung der staatlichen Einheit, *Verträge und Rechtsakte zur Deutschen Einheit*, Bd., 2 Einigungsvertrag und Wahlvertrag, S. 21ff.

3. 통일조약과 헌법 개정

1) 통일조약에서 헌법 개정

통일조약은 헌법 개정적 성격을 갖는 것으로, 통일 후 동독의 지위와 서독 기본법상의 국가기구를 구성하기 위한 기본법을 개정하는 것을 내용으로 하였다. 제1장에서는 동독이 서독에 가입하여 서독의 지방이 됨을 규정하고, 연방수도를 베를린으로 하고, 가입일인 10월 3일을 독일 통일절이며 법정공휴일로 하였다. 동독이 서독 기본법 제23조 2항에 따라 서독에 가입하여 동독 국가는 몰락하고, 국제법 주체성을 잃었다. 반면 서독은 국내법적으로나 국제법적으로나 계속 존속하게 되었다. 서독은 이제 동독을 흡수통일하여 그 영역이 과거 동독 영역에까지 확대되게 되었다.[35]

제2장에서는 통일하면 서독 기본법을 개정해야 한다고 규정하고, 제3장에서는 기본법이 새로 가입한 5개 지방에도 효력이 있음을 규정하였다. 제4조에서는 통일에 따른 기본법 개정을 규정했는데 다음과 같다. ① 전문을 개정하여 자유로운 민족자결로 독일의 통일과 자유를 완성했다고 선언한다. ② 가입 조항인 제23조를 삭제한다. ③ 연방참의원의 의결권 수를 다시 조정한다. ④ 동독의 재산권 이양을 규정한다. ⑤ 경과 규정으로 1992년 12월 31일까지는 구동독의 법질서가 기본법에 맞지 않아도 계속 시행한다. ⑥ 통일 조항인 제146조를 개정한다. 그리고 제5조에서는 통일된 뒤 2년 안에 통일 관련 문제를 해결하기 위하여 기본법을 보완·개정하거나 새 헌법을 제정하도록 권고하였다.[36]

이 밖에도 제3장 이하에 여러 가지 경과 조항을 두었다. 제7조에서는 재정헌법의 기본 문제를 취급했는데, 서독의 재정헌법이 동독지역에도 적용됨을 규정

---

35) 상세한 것은 Isensee/Kirchhof(Hrsg.), *Handbuch des Staatsrechts*, Bd. 8, Einheit Deutschlands -Entwicklung und Grundlagen-, 1995; 김철수, 「독일 통일에 관한 문헌」, 《공법연구》 제29권 2호 (2010) 참조.

36) 통일조약 내용은 B. Schmidt-Bleibtreu, Der Einigungsvertrag im seiner rechtlichen Gestaltung und Umsetzung, *a. a. O.*, S. 57ff; 장명봉, 「독일 통일과 헌법 문제」, 《국민대 법학논총》 5집(1993. 2), p. 51 이하 참조.

하고, 동독지역에 새로 생긴 지방과 연방의 관계도 서독지역의 지방과 연방의 관계와 일치하도록 했으나, 1994년 말까지는 다른 배분 방법에 따르도록 하였다. 제9조에서는 동독 법률을 지방 법률로 인정하고, 계속 효력을 가지는 법률에 관하여 규정하였다. 제4장에서는 국제법적인 조약과 합의 규정을 두었고, 제5장에서는 공공 행정과 사법 규정을 두었고, 제6장에서는 공공 재산과 채무를 규정하였다. 제7장에서는 노동·사회·가정·여성·보건·환경보호를 규정하고, 제8장에서는 문화·교육·과학·체육에 대하여 규정하고, 제9장에서는 경과와 종결 규정을 두었다.

2) 통독 헌법의 개정 문제를 다룬 헌법개혁법

통일조약 체결, 동독의 서독연방 가입, 독일 전역에 걸친 통일선거로 독일은 통일되고, 서독 기본법은 독일연방공화국 기본법으로 명실공히 통일헌법이 되었다. 통일조약 제5조에서는 통일 후에 통일과 관련된 헌법 문제를 해결하기 위하여 2년 내에 기본법을 증보하거나 개정하도록 권고했는데, 이 요청은 1992년 10월 3일까지는 실현되지 않았다. 그 이유는 여·야 간 대립 때문이었다. 사회민주당(SPD)을 비롯한 야당은 헌법제정회의(Verfassungsrat)를 소집하여 새로운 헌법 제정을 촉구하고, 기독교민주연합(CDU)을 비롯한 여당은 헌법 개정 방법으로 현행 헌법을 개정하면 된다고 주장하였다.

1991년 11월 2일 기독교민주연합, 기독교사회연합, 자유민주당은 연방의회에서 공동헌법위원회를 설치하게 하고, 이 위원회에서 헌법개정안을 자문하게 하였다. 당시 헌법에는 기본법 제79조에 따른 개정 방법과 기본법 제146조에 따른 헌법 제정 방법이 있었는데, 어느 방법으로 할 것인가가 문제였다. 이 공동위원회에서는 전폭적인 개정을 하지 않고 소폭 개정만 하였다. 통독의회에서는 1994년 11월 헌법을 개정(Verfassungsreformgesetz)하고 그뒤에도 수시로 개정하였다.[37]

---

37) 독일의 통일 이후 문제는 Isensee/Kirchhof(Hrsg.), *Handbuch des Staatsrechts*, Bd. 9, Die Einheit Deutschlands-Festigung und Übergang-, 1997; 김철수, 「동독헌법에서 통독헌법으로」, 《미국학연구》 8(문홍주박사팔순기념 특집호), pp. 461-514 참조.

4. 통일 후 헌법 통합에 대한 반응, 헌법 개정이냐 제정이냐

공동헌법위원회에서도 서독 기본법 개정으로 족한가, 그렇지 않으면 새 헌법을 제정해야 하는가를 놓고 논쟁하였다. 전자를 기본법 보존자, 후자를 기본법 개혁자라고 하겠다. 기본법 보존자들은 기본법은 유럽 가입에 의한 개정만 하고 그 외의 것은 꼭 필요한 것만 하면 된다는 입장이었고, 기본권 개혁자들은 통일이 되었으니 민의에 따라 헌법을 새로 제정하자는 이론이었다. 전자의 입장은 콜 수상이 주장하고, 후자의 입장은 바이스잭커 대통령이 주장하였다.[38]

콜 수상은 기독교민주당의 총리였기에 빠른 통일이 필요하며 서독 기본법의 통일조약 개정으로 족하다고 보았다. 같은 당이었던 바이스잭커 대통령은 동독 시민을 헌법 제정에 참여하게 하여 그들의 참여감을 높이자는 뜻이었다. 서독 기본법 개정으로 족하다고 본 학자 100명이 공동성명을 냈다.[39] 이들은 서독 헌법이 완전하며, 새로 제정하면 서독의 사회민주당원과 동독의 주민들이 뭉쳐 사회민주주의 헌법을 제정할 것이라고 두려워한 것이다. 그들은 근로자의 권리와 생존권을 헌법에 규정하는 것을 반대하고, 시장경제원칙의 고정을 원하였다.

이에 반하여 사회민주당과 동독의 원탁회의 의원들은 새 독일 헌법을 제정하는 방식을 선호하였다. 동독 시민들은 서독 기본법이 근로할 권리나 근로자의 권리, 생존권 규정이 미흡하니 동독 헌법에 있던 생존권 규정을 두어 사회보장을 충분히 받기를 원하였다. 동독의 원탁회의는 동독의 헌법 초안을 만들었는데, 여기에는 생존권 보장 규정이 다수 포함되었다.[40]

---

38) Helge-Lothar Batt, *Die Grundgesetzreform nach der deutschen Einheit*, 1996; Guggenberger/Preuß/Ulimann, *Eine Verfassung für Deutschland*, 1991; R. Scholz, *Grundgesetz zwischen Reform und Bewährung*, 1993; Guggenberger/Stein(Hrsg.), *Die Verfassungsdiskussion im Jahr der deutschen Einheit*, 1991; Podiumsdiskussion: *Neue Wege, Das Grundgesetz für die alte und die neue Bundesrepublik Deutschland*, FE Stiftung entwurf(1990): Verfassung der DDR. Arbeitsgruppe 'Neue Verfassung der DDR' des Runden Tisches, Staatsverlag der DDR, 1990.

39) Der Beitritt über Artikel 23 ist der richtige Weg zur Deutschen Einheit *Die Welt*, 18. 3. 1990.

40) Entwurf, *Verfassung der DDR*. Runden Tisches, 1990; Kuratorium für einen demokratisch verfaßten Bund deutscher Länder, *Entwurf eines Gesetzes über die Einrichtung und die Aufgaben eines Verfassungsrates und über die Verabschiedung einer gesamtdeutschen Verfassung*, Vorgange 107 Oct. 1990.

양측은 통합 후 2년 내에 전독헌법에 기초하여 국민투표에 회부해야 한다는 요청과 이 헌법제정회의에서는 3분의 2의 다수결로 통과시켜야 한다는 원칙이 지지자들의 분열로 3분의 2를 얻을 수 없게 될 것 같아 통일조약에서 결정한 기본법 개정에 만족할 수밖에 없었다.[41]

기본법 개정이냐 새 헌법 제정이냐는 그뒤에도 논의하였다. 그러나 새로운 헌법 제정론은 소수이고, 다수는 서독 기본법 개정에 만족하였다. 다만 구동독의 일부 주민이 독자적인 헌법안을 만들었다. 이들은 새로운 동독 헌법안을 만들어 통과시키려고 노력하기도 하였다.[42]

구동독의 잔당들은 서독 기본법은 헌법이 아니라며, 새 헌법 제정을 요구[43]했으나 이들의 세력은 미미하였다. 그런데 통일 10주년 이후에 새 헌법을 제정하자는 여론이 일었다. 독일사회민주당 계열에서는 아직도 헌법 제146조에 의한 새 헌법 제정을 요구하였다.[44] 또 일부에서는 대통령 직선제와 헌법안을 국민투표에 회부할 것을 요구하였다.[45] 이들은 현행 헌법이 점령국 지배에서 만들어졌으

---

41) P. Häberle, Verfassungspolitik für die Freiheit und Einheit Deutschlands, *JZ 45*. Jhg. Nv. 8(20. Apr. 1990).

42) Demokratische Initiative Autonomie Ost. Stand 23 März, 2014, pp. 358-363; J. Seifert, Klassenkampf von Rechts oder Modernisierung des Grundgesetz, Forum: Verfassungsdebatte; P. Badura, Thesen zur Verfassungsreform in Deutschland in Festschrift für Konrad Bedeker zum 80, Geburtstag 1993; P. Badura. Das Grundgesetz-Verfassung für Deutschland in Die Verfassungsdiskussion in Jahr der deutschen Einheit, S. 325-335; H. Bauer, Die Verfassungsentwicklung des wiedervereinigten Deutschland §14; I, pernice, Europäisches und nationales Verfassungsrecht Bericht, Walter Hallstein-Institut, Humboldt Universität zu Berlin, 2004; B. Stückrath, Art. 146 Verfassungs Ablösung zwischen Legalität und Legitimität Dunker und Humblot, Berlin; U, Preuß, *Die Chance Die Verfassungsgebung in Verfassungsdiskussion in Deutschland* 1992; von Croy, Warum Deutschland eine Verfassungsreform braucht, 06. 01. 2012; *Verfassungsdiskussion und Verfassungsgebung 1990 bis 1994 in Deutschland*(3 Bände) 17. Oct. 2005; M. Nettesheim, Wo 'endet' das Grundgesetz? -Verfassungsgebung als Grenzubeschreitender Prozess, *Der Staat* Vol. 51, No. 5, pp. 313-355; H. Dreier, Ein neues Deutschland Die Zeit, 20. 10. 2011. Friedrich-Ebert-Stiftung, Podiumsdiskussion Neue Weg: Das Grundgesetz für Die alte und neue Bundesrepublik Deutschland, Apr. 1999.

43) Justiz-Opfer-Bürgerinitiative JOB, Entwurf einer Verfassung vom 1. September 2003; Neue Verfassung für Deutschland; Ossi Forum—bundesweites Kontakt-und Unterhaltungsforum.

44) von Croy, Warum Deutschland eine Verfassungsreform braucht, 06. 01. 2012.

45) Müntefering fordert neue Verfassung 13. 04. 2009; Friedrich Ebert Stiftung, Podiumsdiskussion: Neue Wege.

며, 새로운 헌법을 국민투표에 부쳐야 한다고 주장하였다.[46] 통일 후 서독 기본법이 효력을 발생했으나 이는 국민의 승인 절차가 없었기에 헌법(Verfassung)이 아니며, 주권을 가진 독일 국민이 헌법 제146조에 따라 새로운 헌법을 승인해야 한다고 주장한 것이다. 이러한 주장은 주로 구동독인들이 현재의 기본법을 승인한 적이 없다는 데 근거를 두고 펼쳤지만, 새 헌법에 대한 요청은 법적 구속력이 없어 큰 호응을 얻지 못했다.

2014년에는 기센대학에서 독일 통일과정에서 헌법 내용과 제정에 관한 박사학위 논문이 나왔는데, 연방과 지방에서 "더 많은 민주정치와 더 많은 사회국가" 요청이 지배적이었다고 결론내렸다.[47] 저자인 게르하르트 프라이링은 495면에 달하는 이 논문에서 동독 원탁회의에서 만든 헌법안을 비록 서독 기본법에는 반영하지 않았으나, 독일의 새로운 지방의 헌법에는 반영했음을 논증하였다. 동독인들은 직접민주주의적인 요소와 사회국가적인 사회보장 규범을 헌법에 반영하기를 기대하였다. 그러나 집권당이던 기독교민주당과 기독교사회당이 반대하여 이루지 못하다가 새로운 지방의 헌법에서는 반영했음을 증명한 것이다. 이것은 서독의 진보적인 학자, 특히 사회민주당의 주장이었다. 만약 앞으로 헌법을 개정한다면 그러한 방향으로 나아갈 것으로 보인다.

통일독일은 새 헌법을 만드는 대신 기본법을 개정하여 새로운 시대에 적응하려고 하였다.[48] 독일 기본법은 통일 후 25회나 개정했는데, 그중에서도 1994년 10

---

46) Die Mär von der gesamtdeutschen Verfassung(Art. 146 Grundgesetz); H. Dreier, *Ein neues Deutschland*, 2011; T. Schilling, Eine neue Verfassung für Deutschland, Art. 146, GG und die Rolle des Bundesverfassungsgerichts, *Der Staat* Vol. 53, No. 1, pp. 95-119; G. Flegelskamp, *Verfassungslüge*, 20. 8. 2007; Spiegel Online, *Grundgesetz-Nachfolger: Müntefering empfiehlt neue Verfassung für Deutschland*, Sonntag 12. 04. 2009; Verfassung Jetzt! Zeit für eine neue Deutsche Verfassung http: verfassung-jetzt.org/Fehler im Staatsaufbaucher 'Bundesrepublik Deutschland' Deutschland hat keine Verfassung, 18. 08. 2015. Online Zeitung 24 de von Rainer Kahni.

47) G. Freiling, *Mehr Demokratie und Mehr Sozialstaat in Bund und neuen Ländern Verfassungskonzepte und Verfassungsgebung im deutschen Einigungsprozess*, Dissertation Uni Giessen, 2014. 여기서는 문헌 목록을 상세히 수록하였다(pp. 449-489).

48) Schlussbericht, der Enquete-Kommission Wachstum, *Wohlstand, Lebensqualität-Wege zu nachhaltigem Wirtschaften und gesellschaftlichen Fortschritt in der Sozialen Markssirtschaft*, Deutsche Bundestag 17. Wahlperiode Drucksache 17/13300; A. Lorenz, Politische Institutionen: Die ostdeutschen Landesverfassungen als dynamische Integrationsstifter, *Ostdeutschland*

월 27일의 제42차 개정, 2006년 8월 28일의 제52차 개정, 2009년 7월 29일의 제
57차 개정에서 연방제를 대폭 개정하였다.[49] 2006년 개정을 제1차 연방제 수정이
라고 하는 주장도 있다.[50] 독일의 연방제를 협동적 연방제(Kooperative Föderalismus)
라고 하는데, 미국의 경쟁적 연방제(Wettbewerbs Föderalismus)와는 다르다.

제4절. 예멘의 통일

1. 예멘의 분단

예멘은 원래 통일되지 않은 부족국가로, 몇 왕조가 나누어 통치하였다. 그것을 16
세기와 19세기에 오토만제국이 지배했다가 1918년에 오토만제국이 해체되었다.[51]

1) 북예멘

이맘 야히아가 권력을 잡았는데, 그것이 북예멘이라고 부르는 예멘아랍공화
국(YAR)이 되었다. 1948년 궁전쿠데타로 야히야는 암살당하고, 봉건체제를 반
대하는 세력이 권력을 잡았다. 야히아의 아들인 아흐마드가 1962년까지 지배하
였다. 1958~61년에는 이집트·시리아와 함께 아랍국가연합을 형성하였고, 1962
년에는 살랄 대령이 쿠데타를 일으켜 예멘아랍공화국을 독립국가로 만들었고,
1971년 헌법을 개정하였다.

---

und Sozialwissenschaften, 2011. S. 75-98; Jahresbericht der Bundesregierung zum Stand der
deutschen Einheit, 2015; Statische Ämter, 25 Jahre Deutsche Einheit, 2015.

49) 상세한 것은 Wikipedia, Grundgesetz für die Bundesrepublik Deutschland, 2015.

50) Föderalismus in Deutschland, Information zur politischen Bildung 318, 1-2, 2013. 간단한 설명은
김철수, 「독일 통일 25년의 결산과 교훈」, 《문학사상》, 2015년 10·12월호.

51) Sharif Ismail, Unification in Yemen Dynamics of Political Integration, 1978-2000, Wadham
College, University of Oxford, 2008; B. Whitaker, The Birth of modern Yemen, e-Book, 2009;
장명봉, 「남북예멘의 통일과정 연구」, 《정책연구》 제109호(1992. 4), pp. 113-146.

2) 남예멘

예멘의 남부와 동부는 1839년 영국군에게 아덴항을 점령당한 뒤 1937년까지 영연방 인도의 한 부분으로 통치를 받았다. 이때는 마르크스주의 민족해방전선(NLF)이 지배하였다. 1967년 11월 30일 아덴 항구와 남아라비아로 구성한 예멘민주공화국을 선포하였다. 1961년 6월에는 민족전선 급진파가 정권을 장악하였고, 1970년 12월 1일에는 나라 이름을 남예멘인민민주주의공화국(PDRY)으로 바꿨고, 1978년에는 헌법을 개정하여 소련식 제도를 도입하였다.

2. 예멘의 통일과정

남북예멘은 같은 종족이면서도 내부 분열이 심하였다. 경제적으로도 가난한 북예멘과 부유한 남예멘이 대립하고, 제도와 이념적으로도 북예멘은 자유주의 정부를, 남예멘은 공산주의 정부를 가져 서로 대립했하였다. 게다가 국경을 둘러싸고 전투까지 했기 때문에 통일은 매우 어려울 것으로 보였다. 그러나 예멘이 통일할 수 있었던 것은 국내적 요인과 국제적 요인이 있었다. 국내적으로는 정치가 안정되지 않았고, 경제적 통합이 필요하였다. 국제적으로는 남예멘의 종주국인 소련이 붕괴되고, 아랍 국가들이 큰 도움을 주었다.

남북예멘은 1972년부터 남북정상회의를 거듭하여 통일 방법에 합의하고, 이를 지켰기에 통일할 수 있었다. 남북예멘은 1972년 카이로협정에서 통일헌법을 제정하여 통일하자는 방안에 합의하고, 헌법을 제정하는 방법과 그 내용에도 합의하였다. 남북예멘 대통령은 1979년 3월 쿠웨이트에서 정상회담을 열어 공동성명을 발표하였다. 여기서 헌법위원회가 4개월 내에 통일헌법 초안을 만들고, 양국 정상이 이 초안을 확정하는 회의를 열어 합의하고, 최종 헌법안을 양국 입법회의에서 동의를 받기로 하였다. 1980년대 들어와 협력과 교류가 활발해졌고, 1981년 12월 2일에는 양국 대통령이 정상회담을 열어 '남북예멘 간 협력과 조정에 관한 협정'(아덴협정)을 체결하였다. 여기서 상호 협력 방향만이 아니라 이를 실현할 공동기구 설치에도 합의하였다.

1981년 12월 30일에는 트리폴리 정상회담에서 발족한 남북예멘 헌법위원회가 최종 통일헌법 초안을 만들어 양국 정상에게 제출하였다.[52] 그러나 이 초안을 합의·비준·채택하지는 않았다. 1987년 고르바초프 정권이 페레스토로이카 정책을 실시하면서 남예멘은 경제 원조가 줄어들자 통일 문제를 재개하기 원하였다. 1988년 4월 17일에는 양국 정상이 회합하여 통일헌법안을 양국 의회가 심의하고, 국민투표를 준비하자는 데 합의하였다.

1989년 11월 30일 양국 정상은 아덴에서 정상회담을 열어 통일헌법 초안에 서명하고, 1990년 11월 30일 통일을 선포한다는 합의서를 채택하였다. 1990년 4월 22일에는 '예멘공화국 선포 및 과도기 조직에 관한 합의서'를 채택하고, 통일을 선언한 후 30개월 동안 과도기간을 설정하였다. 1990년 5월 21일부터는 남북예멘의 입법기관이 합동회의를 열어 통일헌법을 승인하고 헌법을 확정하였다. 이것이 1990년 헌법이다.[53]

3. 예멘의 통일헌법 제정

1990년의 통일헌법 내용은 북예멘의 1971년 헌법을 위주로 한 것으로, 남예멘이 양보했음을 알 수 있다.[54] 남북예멘의 통일은 공산주의 국가가 몰락하는 것을 보면서 자극받은 것이라고도 하겠다. 독일의 통일과 공산국가의 몰락을 본 남예멘 당국이 그동안의 합의를 지켜 1990년에 통일헌법을 제정했기 때문이다.

남북이 이념을 달리하며 영토분쟁을 일으켰으며, 정국이 불안정했는데도 합의로 통일한 것은 다행이라고 하겠다. 이후 예멘공화국은 1991년 5월 국민투표를 실시하여 헌법이 최종적으로 효력을 발생하게 하였다.[55] 예멘의 1991년 헌법

---

52) 이 헌법의 초안은 통일원, 『예멘통일관계자료집』, pp. 234-262; 김영주, 「예멘 통일방식의 남북한 통일에 적용 가능성 연구」, 명지대 석사학위 논문, 1998 참조.

53) Yemen gateway, *Constitution of Republic of Yemen 1990*.

54) Brian Whitaker, *Commentary of the 1990 Constitution*, Yemen gateway, 1991.

55) Constitution of Republic of Yemen, 1991(1991. 5. 16 채택); 장명봉, 「남북예멘 통일헌법에 관한 연구」, 《공법연구》 제21집(1993), 한국공법학회, pp. 113-156.

은 1971년의 북예멘 헌법과 매우 닮았다. 그 이유는 헌법기초위원회가 북예멘 헌법을 기초로 수정·가필했기 때문이다. 특히 정부 조직이 북예멘 헌법 내용과 흡사하다. 단원제 국회와 대통령평의회를 둔 것을 보면 알 수 있다. 남예멘 헌법에서는 국가의 사회적·문화적 조문을 약간 수용했을 뿐이다.

4. 예멘 통일헌법의 특색

① 헌법 이념에서 많은 변화를 보였다.

북예멘의 의회는 자문기구였으나 통일예멘의 국회는 입법기관이 되었다. 또 제1조에서 예멘공화국은 독립된 주권국가이며 불가침의 국가로 어느 부분도 폐지할 수 없다 하고, 예멘 국민은 아랍민족과 이슬람 세계의 부분임을 강조하였다. 여기서는 남예멘의 1970년 헌법에서 규정했던 "노동자·농민·지식인의 이익을 대변하며 민족·민주혁명 과업과 사회주의를 달성하는 혁명적 준비 단계"라는 공산주의적 표현을 삭제하였다. 또 이슬람을 국교로 하며, 이슬람 율법(Islamic Law 혹은 Islamic Jurisprudence)을 모든 입법의 원천으로 한다(제3조)고 하였다. 그리고 남예멘 헌법에서 규정했던 다른 종교의 신앙 자유(제47조)는 삭제하였다.

제4조에서는 권력은 인민에게 있고, 인민은 모든 권력의 원천이라고 하였다. 인민은 이 권력을 국민투표나 보통선거로 직접 행사할 수 있으며, 입법부·행정부·사법부와 선출된 지방회의를 통하여 간접 행사할 수 있다고 하여 직접민주주의와 간접민주주의를 구가하였다. 제5조에서는 국제협조주의를 규정하여, 국가는 유엔헌장·유엔인권선언·아랍국가연맹헌장과 일반적으로 인정하는 국제법규를 존중해야 한다고 하였다.

② 경제 조항 변화다.

남예멘 헌법과 달리 사유재산제도를 인정하고, 공공의 필요에 의하여 법률이 정한 정당한 보상을 하지 않는 한 침해할 수 없게 하였다(제6조). 경제제도는 생산과 사회 관계에서 이슬람사회의 정의에 기초해야 하고, 모든 국민에게 본질적으로 필요한 생산수단을 소유할 수 있도록 현대적 공적기구를 설립할 것을 요구하였다. 자연자원과 에너지자원은 국유로 하되, 공공의 이익을 위해서만 개발할 수 있게 하였다(제7조). 그리고 남예멘 헌법에서 규정했던 계획경제 요소를 약간 도입했는데, 자연자원을 개발하기 위해 공기업 설립을 지도하고, 경제적·사회적 발전을 위해 국가의 계획 아래 공기업과 사기업, 혼합 경제기구 활동을 보장하였다(제8조). 또 국가는 국가의 경제에 유익하도록 무역 효율성 제고를 지도·발전·장려하도록 규정하였다. 국가는 국내 교역에서도 소비자를 보호하며, 시민의 기본 수요를 충족시키기 위하여 감독하도록 하였다(제9조).

이 밖에도 통화관리·은행제도·도량형제도를 규율하고, 조세와 공공부담은 공익과 시민의 사회정의를 보장하도록 조직해야 한다(제11조)고 규정하였다. 조세제도 창설은 법률에 근거하도록 하고, 법률이 규정한 특별한 경우 외에는 조세를 감면할 수 없으며, 법률이 정하지 않은 조세나 공적 부담을 부과할 수 없다고 (제12조) 규정하였다.

③ 사회적·문화적 기조 변화다.

과학을 연구할 자유와 문화를 향유할 자유를 헌법의 정신과 목적에 적합하도록 보장하였다. 국가는 과학과 예술을 진흥하고자 지원하며, 과학적·기술적 발명과 창조적 예술 발전과 그 결과물의 권장과 보호를 규정하였다(제18조). 또 모든 시민에게 법률이 정하는 정치적·경제적·사회적·문화적 기회를 보장하였다(제19조). 공직제도 의무와 명예를 보장하고, 노동의 신성성과 권리도 보장하였다.

④ 이 밖에도 국방기조(Military Foundations)도 규정하였다. 여기서는 국방과 경찰 제도를 규정하였다.

5. 예멘 통일헌법의 기본권 규정

통일헌법에는 기본권 규정이 많아졌는데, 북예멘이나 남예멘 헌법보다 발전한 것이다. 그런데 인신 자유는 상세히 규정했으나 생존권 보장은 소홀히하였다.

이미 제5조에서 유엔인권선언을 준수할 것을 규정하고, 일반적으로 승인된 국제법 규범을 준수할 것을 선언하여 인권을 보장하는 데 중점을 두었다. 이는 남예멘 헌법의 기본권 규정보다 훨씬 진보한 것이다.

통일헌법 제2편에서는 시민의 기본권과 의무를 규정했는데, 제26~39조에서 참정권, 경제생활 참여권, 종교생활과 문화생활 참여권을 보장하였다. 이 목적으로 국가는 시민에게 사상의 자유와 의견의 자유를 문자로나 구두로나 서면으로나 도화로 표현할 수 있는 자유를 법률의 범위 안에서 보장하였다(제28조). 또 모든 국민은 법 앞에서 평등하다고 하면서·권리와 의무도 평등하다고 하고, 성별, 피부색, 인종, 직업, 사회적 신분, 종교로 차별할 수 없다고 하였다(제28조).

예멘은 국적을 법률로 정하여 예멘인은 국적을 박탈당하지 않으며, 예멘 국민은 법률이 아니면 국적을 상실하지 않게 하였다(제28조). 또 예멘 국민은 국외로 추방당하지 않고(제29조), 정치적 망명자는 추방당하지 않는다(제30조)고 규정하였다. 죄형법정주의를 규정하고, 개인책임제를 강조하고, 법률에 의하지 않은 처벌을 금지하고, 모든 피의자는 법원에서 확정판결을 받을 때까지는 무죄로 본다(제31조)고 하였다.

국가는 모든 시민의 자유와 존엄과 안전을 보장한다고 하여 존엄권을 보장하였다. 시민의 자유는 법률에 특정한 사안을 규정하지 않는 한 박탈당하지 않으며, 권한 있는 법원의 평결이 없으면 침범할 수 없다고 규정하였다(제32a조). 또 신체의 자유를 보장하면서 현행범이나 수사 목적으로나 안전 보장을 위하여 필요한 경우에 법률이 정한 판사나 검사가 발부한 영장이 없으면 체포·수색·구류할 수 없도록 하였다(제32b조). 고문과 체벌을 금지하고, 묵비권을 인정했으며, 변호사 면전에서만 말할 수 있는 권리를 보장하였다(제32b조 2항). 범죄를 의심받아 임시 구금된 자는 24시간 내에 적부심사를 받게 했으며, 판사는 당사자한테 체포 이유를 고지하며 변호할 기회를 주고, 판사는 즉시 이유를 적은 석방영장을 발부하거나 계속 구금할 영장을 발부할 수 있고, 구금 기간은 판사의 명령으로 지정한 시간을 초과할 수 없다고 규정하였다(제32c조). 또 체포 사실을 고지받을 권리(제32d조), 손실보상청구권(제32e조), 잔혹하거나 모욕적인 처벌 금지 등을 규정하였다(제33조).

이 밖에도 법원에서 재판을 받을 권리를 보장하고, 법적 권리와 이익 보호를 청구할 수 있게 하였다. 국가기관에 직·간접으로 억울함을 호소하거나 비판하거나 제안할 권리를 인정하였다(제34조). 주거·예배당·교육기관은 불가침이며 법률에 정한 특별한 경우 외에는 수사할 수 없다고 규정하였다(제35조).

또 서신·우편·통신 등 모든 교신 자유와 비밀을 보장하였다(제36조). 예멘 시민의 국내 거주 이전 자유와 입·출국 자유를 보장하였다(제38조). 또 결사 자유와 직능을 조직할 자유, 과학적·기술적·문화적·사회적·국민적 조직과 조합을 구성할 권한을 보장하고, 국가는 정치적·문화적·과학적·사회적인 조합과 노동조합을 조직할 자유를 보장해야 한다고 규정하였다. 국가는 시민이 이 권리들을 행사할 수 있도록 필요한 수단을 보장해야 하며, 이 권리는 헌법의 명문 조항에 반하지 않으며 헌법의 목적에 합치해야 한다고 하였다(제39조).

이처럼 자유권은 상세히 규정했으나 생존권은 교육받을 권리만을 보장하였다. "국가는 여러 종류의 학교와 교육·문화 기구를 설립하여 이 권리를 보장해야 한다. 국가는 특별히 청소년을 보호하며 그들에게 종교·정서·체육 교육 등을 보장해야 하고, 모든 영역에서 청소년이 발전할 수 있는 조건을 조성해야 한다"(제37조)고 규정하였다.

6. 예멘 통일헌법의 통치 조직

1) 특 색

통일 이전 북예멘 헌법은 통치기관으로 입법기관인 슈라의회와 공화국평의회, 정부, 지방의 기관, 사법부와 최고법원을 두었다. 남예멘 헌법은 공산주의 형태의 권력 구조였다. 국가의 최고 기관으로 최고인민회의를 두고, 대통령평의회, 각료회의, 지방의 기관, 사법부를 두었다. 통일헌법에서는 남예멘의 공산주의 권력기관을 없애고, 의회민주주의적인 권력분립주의에 입각하였다. 이 점에서 북예멘의 헌법과 비슷하다고 하겠다.

2) 의 회

북예멘 헌법에서는 4년 임기의 단원제 국회로, 자유롭고 민주적으로 선출한 159명과 20%의 지명직 의원으로 구성하였다. 이 기구는 자문회의(Consultive Council)로 자문 역할을 강조하였다.

이에 대하여 통일헌법의 대의원(House of Representative)은 이름을 바꾸었을 뿐만 아니라, 단순한 자문기구 이상의 실권을 갖게 되었다. 이 대의원은 최고기관이 아니라 국가의 입법기관이며, 집행기관의 행위를 지시·통제하는 기구다(제40조). 대의원은 일반적인 사항을 정부에 지시하고, 정부는 이 지시를 실행할 수 없을 때는 대의원에 소명·정당화할 의무가 있다(제68조). 또 새 정부를 구성한 뒤 25일 이내에 수상은 신임을 묻기 위하여 대의원에 정부 정책을 제시해야 한다. … 정부가 대의원 과반수의 지지를 얻지 못하면 불신임으로 간주(제72조)하고, 정부는 사임해야 한다(제112조). 대의원은 정부에 대한 불신임권을 가진다. 이 점에서 의원내각제적인 운영할 수 있다. 대의원은 입법권을 가지는데, 대통령평의회는 법률안 거부권을 행사할 수 있으나 2분의 1 이상의 찬성으로 대의원이 재의결하면 법률로 확정된다(제79조). 대통령평의회는 특별한 경우 외에는 대의원을 해산할 수 없다. 대의원 의원은 면책특권과 서방 의회에서처럼 의회자율권을 가진다.

3) 집행부

집행부는 대통령평의회와 각료회의로 구성하였다. 원래 남예멘과 북예멘[56] 집행부는 대통령평의회와 각료회의로 구성되어 있었다. 이 집단적 대통령제는 남북예멘에 공통적이었다. 북예멘의 1971년 헌법에서는 이 공화국평의회(Republican Council)는 국가의 일반 정책에 책임을 지고 행정부를 감독하는 기관으로, 의회에

---

56) 남예멘의 1978년 헌법.

서 선출한 3명이나 5명의 의원으로 구성하였다. 이 평의회에서는 의장을 선출하고, 그는 국가의 대통령이며 무력의 최고사령관이었다. 남예멘에서도 1974~78년에 비슷한 권한을 가진 대통령평의회(Presidential Council)를 두었는데, 의원 3명이나 6명으로 구성하였다. 이 기구는 대통령(의장), 수상, 공산당 사무총장으로 구성하여 최고 기관으로 활약했으나 1978년에 폐지하고, 11명으로 구성하는 최고인민회의간부회가 그 기능을 대신했는데 이 기구의 의장이 국가원수였다. 그러나 점차 집행권이 대통령과 내각으로 가서 국가권력이 이동하였다.

(1) 대통령평의회

통일예멘의 대통령평의회는 1978년에 폐지한 남예멘의 대통령평의회와 같으며, 1971년의 북예멘 공화국평의회와 같았다. 이 기구는 의회에서 선출한 회원 5명으로 구성하며 임기는 5년인데, 후보자 선출은 대의원에서 한다. 대통령평의회 후보가 되려면 의회에서 25% 이상의 지지를 얻어야 한다(제83조). 선거에서 소수가 선출하는 것을 막으려고 제1차 투표에서는 의회 3분의 2 다수로 선출하게 하고, 적격자가 없을 때는 제2차 투표에서 과반수로 선출하게 하였다. 대통령평의회 의장의 권한을 축소하고, 국가원수와 국군총사령관의 권한은 삭제하였다. 대통령평의회 의장은 평의회 업무를 관리하고, 그 결정에 서명해야 한다(제98조). 대통령평의회 의장은 대의원의 의무 이행을 수상에게 보고를 요구할 수 있다(제100조). 대통령평의회의 부의장에 관한 규정은 없었는데, 이것이 나중에 분규 요인이 되었다.

대통령평의회 권한은 국가의 일반 정책을 특정하고, 그 집행을 감독하도록 막연하게 규정하였다. 특별한 권한으로는 ① 고급공무원과 고위 장교 임명 ② 외국사절의 신임장 접수, 정부를 구성하기 위한 수상 지명과 정부 구성원에게 임명장 수여 ③ 국내외에서 국가를 대표 ④ 국민투표 회부 ⑤ 대의원 선거 시기 결정과 선거 실시 ⑥ 대통령평의회의와 각료회의의 공동회의 개최 ⑦ 국방위원회 회원 지명 ⑧ 영전 수여 ⑨ 조약 비준 ⑩ 국가 긴급사태 선언 ⑪ 법률 공포 등이다(제94조).

대통령평의회는 대통령령으로 국가 긴급상태를 선포할 수 있으며, 대의원(의회)은 긴급상태가 선포된 뒤 7일 이내에 개회해야 한다. 만약 대의원이 이 기간에 개의하지 않거나 승인하지 않으면 긴급상태 선언은 효력을 상실한다. 국가 긴급상태는 전쟁이나 국내 폭동, 자연재해가 있을 때만 선포할 수 있다(제97조).

(2) 각료회의

각료회의는 예멘공화국의 정부다. 이는 국가의 최고 집행부이며, 최고 행정기관이다. 집행기관과 서비스기관은 예외 없이 각료회의에 종속된다(제102조). 정부는 수상·부수상·장관으로 구성하며, 각료회의를 구성한다. 법률은 각료회의의 조직과 권한, 수상의 권한, 부수상의 권한, 장관의 조직과 권한을 결정하고, 수많은 행정부처의 기능과 조직을 규정한다(제103조). 수상은 정부 구성원을 대통령평의회와 상의하여 선임하며, 대의원에 대하여 정부로서 신임을 물어야 한다(제104조). 수상과 각료는 대통령평의회와 대의원 앞에 정부 업무에 대한 집단적 책임을 져야 한다(제105조). 수상은 각료회의 구성원과 협력할 수 없을 때는 이를 대통령평의회에 보고하고, 대통령평의회는 적정한 결정을 해야 한다(제113조).

각료회의 권한은 정치·경제·사회·문화·국방 영역의 국가 정책을 법과 대통령령에 적합하게 집행해야 한다. 개별적으로는 다음과 같은 권한이 있다(제109조). ⓐ 국내외의 정책 원칙을 준비하여 대통령평의회에 협조한다. ⓑ 국가의 경제계획을 제안하고, 예산을 편성·준비하며, 국가가 최종 결정을 집행·준비하는 것을 감독한다. ⓒ 입법과 결정 초안을 준비하여 각각 권한에 따라 대의원과 대통령평의회에 제출한다. ⓓ 대의원과 대통령평의회에 제출하기 전에 조약과 동의안을 승인한다. ⓔ 국가의 내외적 안전과 시민의 권리를 보장하기 위하여 필요한 조치를 집행한다. ⓕ 행정 각부의 기관, 공적제도, 일부 공·사 기관의 행정을 지도·협조·심사한다. ⓖ 고위공무원을 임명·면직한다. ⓗ 국유재산을 보호한다.

수상은 각료회의 의장으로서 각료회의 사업을 지도하며, 모든 사무에 관한 회의를 주재하고, 대표할 권한을 가진다(제110조). 그러나 대통령평의회가 면직할 수 있다. 대통령평의회는 수상과 부수상, 행정 각부 장관을 면직하고, 이들이 직무를 집행하면서 범죄를 저질렀을 때는 조사할 수 있다. 대의원은 수상과 부수상, 국무위원 해임 요청을 대통령평의회에 제안할 수 있다(제111조).

정부는 대의원에서 불신임을 받았거나 대의원이 해산되었을 때는 사임해야 한다. 그러나 새 정부를 구성할 때까지 그 집무를 수행한다(제112조). 수상은 그 직무를 다 할 수 없을 때나 대의원이 정부에 대한 신임을 철회했을 때는 대통령평의회 의장에게 정부사임을 제출할 수 있다(제114조). 또 각료 과반수 이상이 사임하면 수상은 정부사임서를 제출해야 한다(제115조).

4) 사법부

새 헌법에서도 사법부의 독립을 구가했으며(제120조), 법관의 독립과 재판, 사법 행정에 개입할 수 없음을 보장하였다. 법관과 검찰관의 신분은 보장했으나 징계 절차는 법으로 규율하게 하였다(제122조). 사법부에는 사법고등평의회를 두어 법관의 임명·승진·면직을 맡게 했는데, 이 평의회는 법관이 아닌 사람들로 구성하여 인사에 입법부나 행정부가 간섭할 수 있었다. 그리고 대법원을 두고(제124조) 여러 권한을 헌법에 명기했는데, 그 내용은 다음과 같다. ① 법률·명령·규칙과 대통령령 위헌 심사 ② 사법부 내부 분규와 권한쟁의 결정 ③ 선거 분쟁 재결 ④ 민·형사 사건 최종 심판 ⑤ 행정심판과 징계재판을 최종으로 심판한다.

7. 예멘의 통일헌법 시행

남북예멘 정부는 통일을 준비하는 과정에서 1990년 4월 22일 '예멘공화국 선포 및 과도기 조직에 관한 합의서'(약칭: 과도기합의서)에 따라 통일을 선언한 이후 30개월간(1990. 5. 22~1992. 11. 22) 과도기를 두기로 하였다(제3조). 이에 따라 1991년 헌법 제6장은 헌법이 전면 효력을 발생할 때까지 개정 조항과 과도기 규정을 두었다.

1) 부칙 규정

헌법이 효력을 발생하기 전에 임시대통령평의회를 구성해야 한다. 이는 북예멘에 있는 대통령자문회의 의장과 구성원, 남예멘에 있는 최고인민회의 간부회의 의장과 구성원으로 구성한다. 임시대통령평의회는 새 헌법에서 규정한 대의원과 대통령평의회를 구성할 때까지 대통령평의회 권한을 대행한다(제131조).

이 헌법이 효력을 발생한 날부터 남북예멘 두 의장은 사임한 것으로 간주하고, 남북예멘 입법부도 이날 해산한 것으로 간주한다. 임시대통령평의회는 새 헌법으로 대통령평의회를 선출할 때까지 임시정부를 조직하고, 헌법상 권한을 행사한다(제132조).

임시대통령평의회는 임시정부에 현 헌법이 효력이 발생한 후 6개월 이내에 대의원 선거를 준비하도록 수권한다(제133조).

남북예멘에서 시행하는 법률과 명령은 새 헌법으로 새로 제정하거나 개정할 때까지 효력이 있다. 다만 헌법에 규정한 국민의 자유와 권리 보장 규정을 위반하면 효력이 없다. 과도기간에는 어떤 법률과 명령이 헌법에 위반되는지를 임시대통령평의회가 결정한다(제134조).

임시대통령평의회는 첫 대의원을 구성할 선거법을 제정한다. 이 법률은 선거구 수와 그 구역의 주민 수, 구역 간의 경계선은 중앙선거관리기구와 그 부속기구가 결정한다. 대의원을 구성하면 첫 회기에 법률 위헌 여부를 결정해야 한다.

2) 현실적 집행

(1) 임시 집행

예멘은 통일헌법을 시행하면서 시간적 지연이 있었다. 전체 국민의 국민투표로 새 헌법을 승인한 것은 1991년 5월 16일이었다. 입법기관인 임시통일대의원(House of Representatives)은 남예멘의 최고인민회의 의원 111명, 북예멘의 슈라

의회 의원 159명, 부족대표 31명을 포함하여 301명으로 구성하였다. 최고 의사 결정기관인 임시대통령평의회는 북예멘 자문회의와 남예멘 최고인민회의의 간부회의 합동회의에서 1991년 5월 24일에 선출한 5명의 의원으로 구성하였다. 1991년 5월 25일에는 임시대통령평의회에서 행정권을 담당하는 각료회의 수상 1명, 부수상 4명, 각료 34명을 선출하였다. 과도기의 통치 조직 구성은 인적 구성 면에서 남북예멘 당국의 인사를 안배하여 구성한 것이 특색이다.

(2) 완전 시행

과도기를 청산하고 새 헌법으로 국가기관을 구성하는 일은 쉽지 않았다. 남예멘 사회당이 열세를 인정하여 총선거를 연기할 것과 집권당이었던 국민회의당과 연립정부를 구성하자고 요구하여 통일선거를 늦추었기에 통일선거로 정부를 조직하는 데 오래 걸렸다. 1993년 4월 27일에야 총선거를 하였다.

이 선거 결과 일당독주가 아닌 3개 정당이 의회를 대표하게 되었고, 기존 양대 정당이 연립정부를 구성하여 통일헌법을 완전히 시행하게 되었다. 1991년 헌법은 단원제의 대의원제도를 채택하고, 의회의원은 4년 임기로 선거하였다. 정부에 불복한 남부는 1994년 5월 21일 예멘민주공화국으로 독립했으나, 7월 7일 북군이 남예멘 수도 아덴을 점령하여 내전은 종식되었다.[57]

3) 예멘의 통일헌법 개정

(1) 대통령제 도입, 1994년 헌법 개정

1994년에는 통일헌법을 개정하고 대통령평의회제도를 개정하여 대통령제를

---

57) 유지호, 「남북예멘의 통합과 내전」, 《월간조선》 2003. 1; 조상현, 「예멘 내전과 남북한 통일 교훈 분석 통합 유형을 중심으로」, 《중동연구》 제31권 2호(2012), 한국외대 중동연구소, pp. 49-78; Transition in Yemen: An overview of constitutional and electoral provisions, International Foundation for Electoral Systems Briefing Paper, June 7, 2011.

채택하였다. 대통령은 직선제로 뽑는데, 입법부가 2명 이상의 후보자를 지명하여 국민이 직접투표로 선출하도록 하였다(제168조). 또 대통령은 국군통수권과 국가원수 지위를 갖게 하여(제111조) 대통령의 직책을 강화하였다. 사형은 공화국 대통령의 승인 없이는 집행할 수 없게 했으며(제123조), 부통령제를 도입하였다(제124조).

(2) 상원제도 도입, 2001년 헌법 개정

2001년 2월 20일 헌법을 개정하여 자문기관으로 대통령자문회의를 설치했는데, 111명으로 구성하며 대통령이 의원을 지명하도록 하였다. 이는 일종의 상원이라고 하겠으며, 필요하면 대통령이 대의원(의회)과 합동회의를 하여 헌법이 정한 문제를 토의하고, 출석 의원 절대 다수로 결정하게 하였다(제127조). 상원의 권한은 다양하다(제125조). 국민의 대표가 아닌 자격 있는 개인과 탁월한 직능을 가진 전문가의 광범한 참여를 기대하였다.[58]

8. 통일예멘의 헌법 변천과 새로운 제헌 기도

통일 후에도 예멘 국내에서는 긴장상태가 계속되었다. 남북 간 긴장이 계속되고, 남부 예멘인은 북쪽이 더 경제적 이익을 얻는다고 믿었다.[59] 2008년 남부분리주의자는 분립할 목적으로 남부국가의 독립을 선언하기도 하였다. 2004년 북에서 시작된 후티족은 반란을 일으켜 전통적인 자이디 이슬람(Zaydi Islam)의 옛땅을 반환하라고 요구하였다. 2010년 후티와 많은 사상자를 낸 결전 끝에 휴전하였다. 예멘은 테러분자의 암약지로 알려져 있다.

2011년 봄에는 지역적·정치적·경제적 긴장이 고조되어 전국적인 폭동이 일어났다. 높은 실업률과 부정부패와 경제적 빈곤으로 폭동은 심해졌고, 장기집권

---

58) Yemen's Constitution of 1991 with Amendments through 2001, constitute project.org; The Constitution of the Republic of Yemen, Amended via a Public Referendum -held on February 20. 2001; 장명봉, 「남북예멘 통일헌법에 관한 연구」,《공법연구》제21집(1993), pp. 113-156.

59) 홍성민, 「예멘의 사회적·경제적 통합과정과 시사점」, 『예멘 국가 연구』, 2010. 8. 23.

하던 알리 압둘라 살레 대통령은 실각하고 말았다. 새로운 헌법을 제정하라는 요구가 높아졌으며, 다수정당의 분열과 토호세력 간의 분열로 앞으로 통일을 유지할 수 있을지 우려되고 있다.[60] 전 남부예멘 대통령은 상태가 매일 더 나빠지고 있다고 보고,[61] 심지어는 남부예멘이 분리해야 한다고 하며 연내 분리까지 예상하였다.[62] 통일예멘의 대통령과 수상은 전부 예전 남부인이 맡았으나 많은 남부인이 독립을 원하였다.

2013년에는 30여 년을 통치하던 살레 대통령을 쫓아내고 연립정부를 세워 새로운 변혁을 시도하였다. 민족의 대화를 이끄는 변혁 기구는 사우디와 유엔, 걸프협력기구의 도움을 받아 활동하였다. 원래는 2014년 2월 새 대통령을 뽑기로 했으나 2015년으로 연기하였다. 2014년 11월 23일에는 만수르 하디 대통령이 새 헌법을 기초할 위원회를 구성하라는 명령을 발하였다. 이 위원회는 전직 외교관과 판사를 포함한 전문가 17명으로 구성하고, 집행부와 정당·사회단체에서 독립[63]해서 1년 안에 초안을 작성하고 국민투표에 부치기로 하였다.

새 헌법 내용은 연방제다. 남부에서는 두 개의 자치주가 연합하기를 원했는데, 후티족은 그것은 예멘을 빈곤과 부유로 나누는 것이라며 반대하였다. 일반적으로 남부에 2개 자치주를, 북부에 4개 자치주를 두어 6개 주로 이루는 예멘연방공화국을 원하였다. 그러나 이러한 연방제가 실현되기 전에 다시 전쟁이 일어나 또다시 분열되고 있다.

---

60) IFES Briefing Paper, Next Steps in Yemen's Transition, Mar. 2012; "예멘 범국민대화 18일 시작 … 6개월 뒤 헌법 초안 마련", 연합뉴스(2013. 3. 17); 홍성민, "예멘의 봄은 오는가"(2014. 2. 18); "예멘 6개 지역 연방국가로 바꾸기로", 뉴시스(2014. 2. 11)

61) Al-Zaman, Former South Yemen President says Situation worsening every day, June 13. 2014.

62) The end of a unified Yemen, Al Arabia News, Oct. 17. 2014.

63) Press TV, Yemen to prepare draft constitution on Six-region federation, Nov. 26. 2014.

제IV부.
한반도의
통일헌법

제I장. 한반도 통일헌법¹⁾의 준거법

제1절. 한반도와 체제전환 헌법

1. 현행 남북한 헌법

1) 남한 헌법

대한민국 헌법은 1948년 5월 31일 구성한 국회에서 1개월간의 심의를 거쳐 7월 12일 국회를 통과하고, 7월 17일 공포·시행하였다. 이 헌법은 독일의 바이마르 헌법 이념을 계승한 것이었으나 새로운 대통령제적으로 운영하였다. 1960년 4·19 이후 헌법을 대폭 개정하여 기본권의 자연권성을 강조하고, 의원내각제를 채택하였다. 이것은 형식적으로는 헌법 개정이었으나 실질적으로는 제2공화국의 헌법 제정이라고 하겠다.

1961년 5·16 이후 국가재건비상조치법을 제정하여 군사혁명 정부의 기본 장전이 되었다. 1962년 말에는 민정 이양을 전제로 한 제3공화국 헌법을 제정하고, 1972년에는 10월 유신을 단행하여 제4공화국 헌법을 제정하였다. 1979년 10월 26일 이후에는 새로운 민주화의 추세에 밀려 신헌법을 제정했는데, 이것이 1980년 헌법이며 제5공화국 헌법이라고 부르는 것이다. 제5공화국 헌법은 이념 면에서 구헌법과 마찬가지로 자유민주주의를 근거로 했으나, 사회정의를 실현

---

1) 한반도의 통일은 우리 민족의 염원이다. 통일은 분단국 쌍방이 통일헌법안을 작성하는 데 합의하여 이룰 수도 있고, 정치적으로 통합한 다음에 그 기본 질서를 확립하기 위하여 통일헌법을 작성하는 방법이 있다. 남북한은 통일방안에서 국가연합이라는 중간 단계를 거친 뒤 헌법을 제정하여 완전한 통일국가를 이루자고 합의한 적도 있다. 이 연구는 이 중간 단계를 위한 것이 아니라, 최종 단계의 헌법안을 만드는 것을 목적으로 하였다. 바꿔 말하면 이 통일헌법안은 남북통일을 협상하는 타협안이 아니라, 통일한 뒤에 한반도가 나아가야 할 이상적인 헌법을 제정하는 데 목적이 있다. 따라서 현재 분단 시점이 아니라 통일 후 헌법을 제정하는 데 참고가 될 것이다. 통일헌법을 작성할 때는 되도록이면 많은 헌법을 참고하여 가장 좋은 헌법을 만들어야 할 것이다.

하고자 강한 의욕을 내포하였다. 그러나 대통령 간선제와 대통령의 권력 집중에 대한 비판이 강하였다.

1987년에는 국민 항쟁에 따라 6·29항복선언이 있었고, 대통령 직선제를 골 자로 하는 헌법개정안을 공포하였다. 이 헌법을 제6공화국 헌법이라고 하는데, 평화통일주의를 규정하고 복지주의를 지향하였다. 통일헌법은 우리에게 익숙한 현행 남한 헌법을 근거로 해야겠다. 왜냐하면 남한 헌법은 그동안 여러 차례 제 정·개정하여 자유민주주의 헌법으로 거의 완결적이어서다.[2] 통일헌법을 만들 때는 그동안 논의한 새 헌법개정안도 참조해야 할 것이다.[3]

2) 북한 헌법

북한의 첫 헌법은 1948년 2월에 기초한 것으로 스탈린 헌법을 모방하였다. 1948년 9월 8일 최고인민회의를 통과한 이 헌법은 인민민주주의헌법이라고 할 수 있다. 그뒤 수차 개정했으나 근본적인 변경은 없었다.[4]

1972년 12월 27일 전인민국가라 하여 북한 정부는 '사회주의 헌법'을 채택하 기에 이르렀다. 사회주의 헌법이란 프롤레타리아 독재를 지양하고, 모든 국민에 게 정치에 참여하는 길을 개방하며, 경제적으로는 생산수단의 사유를 금지하고 국·공유만 인정하는 것을 말한다. 사회주의 헌법은 "각인은 그 능력에 따라 그 노동에 따라"라는 사회주의 원칙에 입각하였다.

그런데 북한의 1972년 헌법은 아직도 프롤레타리아 독재를 유지하여 계급노 선과 군중노선을 강조한다는 점에서 개발도상에 있는 사회주의 헌법임을 알 수

---

2) 대한민국 헌법에 대한 책은 많다. 김철수, 『입법자료교재 헌법』(증보판), 박영사, 1985/『헌법개정, 과거와 미 래』, 진원사, 2008/ 『한국헌법사』, 대학출판사, 1988; 김효전, 『헌법』, 소화, 2009; 정종섭, 『헌법학원론』, 박영 사, 2009; 헌법재판소, 『대한민국 역대 헌법전』, 2014. 9; 성낙인, 『대한민국 헌법사』, 법문사, 2012 참조.

3) 제18대 국회 헌법개정자문위원회 안은 김철수, 『새 헌법 개정안』, 진원사, 2014 참조.

4) 조재현, 『북한 헌법의 변화에 관한 연구』, 성균관대 박사학위 논문, 2012; 정동준, 『북한 헌법 변천에 관 한 일고찰』, 한국학중앙연구원 석사학위 논문, 1989; 양정윤, 『북한의 사회주의 사상 전개와 북한 헌법 에의 영향: 이른바 주체사상 및 선군사상과 관련하여』, 《고려법학》 제68호(2013. 3), pp. 315-356; 최엘 레나, 『북한 헌법제정에 미친 소련의 영향』, 한국학중앙연구원 석사학위 논문, 2012; 신광휴, 『사회주의 국가의 헌법이론에 관한 연구: 북한 헌법과 관련하여』, 단국대 박사학위 논문, 1988.

있다. 북한의 사회주의 헌법은 그 기본 원리로 ① 프롤레타리아 독재주의 ② 권력집중주의 ③ 프롤레타리아 국제주의 ④ 계획경제주의 ⑤ 사회주의적 민족문화주의를 내걸었다. 이런 점에서 발전한 사회주의 헌법인 소련의 1977년 헌법에는 아직도 미치지 못했다고 하겠다.

북한은 1992년 4월 9일 이 헌법을 20년 만에 개정하였다. 그 특색은 ① 우리식 사회주의 강조 ② 수령의 획일적 영도체제 ③ 김정일 지도노선 도입 ④ 국방위원회 독립 ⑤ 지방행정경제위원회를 추가한 것이다. 사상적으로는 마르크스·레닌주의를 주체사상으로 대체하였다.

1998년 9월 5일에는 제8차 개정을 하였다. ① 김일성을 공화국의 영원한 주석으로 규정하고, 주석제와 정무원제도를 폐지하고 내각을 부활시켰으며 ② 국방위원회 권한을 강화하고 ③ 지방행정위원회를 폐지하고 지방인민위원회로 흡수하였다.

2009년 4월 9일에는 제9차 개정에서 수정·증보하였다. 국방위원장의 지위를 공화국의 최고 영도자이며 인민군의 최고사령관으로 명문화하여 일인독재를 강화하고, 국방위원회 중심의 국정 운영 조직을 구축하였다. 주체사상과 함께 선군사상을 통치 이념으로 명문화하는 대신 공산주의 용어를 삭제하였다. 그러나 사회주의 계획경제 노선을 유지하였다.

2010년 5월 9일에도 개정하였다. 북한 헌법은 위대한 수령 김일성 동지의 주체적인 국가 건설 사상과 국가 건설 업적을 법화한 김일성 헌법이다(전문). 2012년에도 수정·보충하였다. 김정일이 사망한 후 2013년에도 수정·보충했는데, 김정일을 김일성과 같이 숭배하는 개정을 하고, 민족의 태양이라고 숭앙하였다. 김정일을 영원한 국방위원회 위원장으로 높이 떠받들었다. 2016년 6월 30일 헌법을 개정하여 김정은을 최고 수위인 국무위원장으로 높이 받들었다. 이것은 1인 독재를 더욱 견고히 한 것이다.

북한 헌법은 북한이 주장하는 주체사상에 근거하기에 독창성이 있을 수도 있다.[5] 그러나 사회주의 헌법이므로 이를 그대로 받아들일 수는 없을 것이다. 왜

---

5) **북한 헌법을 상세히 설명한 것은** 장명봉, 「북한 헌법개정의 내용과 특징」, 《북한연구》 제4권 1호(1993. 봄),

냐하면 일인독재 일당독재 국가이며, 권력 분립을 부정하는 인민민주주의 헌법
이기 때문이다.

2. 러시아연방공화국 헌법과 체제전환 헌법

1) 러시아연방공화국 헌법

사회주의 국가에서 사회적 시장경제로 변한 현행 러시아 헌법도 참조해야겠
다. 1993년 12월 12일 제정한 러시아 헌법은 구사회주의 헌법과 단절하고 새로
운 형태의 민주적·연방적 법치국가이기 때문이다. 특히 "사람, 인간의 권리와 자
유는 최고 가치다. 인간과 시민의 권리와 자유 승인 및 보호는 국가의 책무"(제2
조)라고 규정하여 과거 인권 경시주의에서 벗어나 인권 보장을 강조하였다.

또 러시아는 국민이 주권을 가진 국가인 동시에 사회주의 국가임을 강조하였

대륙연구소,「북한의 사회주의 헌법에 관한 연구」,《성곡논총》제11집(1980); 김일성,「조선 사회주의 헌법」,
백봉문고, 1979; 강구진,「북한 사회주의 헌법 연구」,《통일정책》제3권 2호(1977). 북한 사회주의 헌법에 대
해서는 김철수,「북한 헌법과 공산제국의 헌법과의 이동에 관한 연구」, 국토통일원, 1978; 장명봉·박정원,
「북한의 사회주의 헌법 개정과 통일문제에 관한 연구」,《성곡논총》27집 3권(1996), 성곡학술문화재단; 박
정원,「북한의 2009년 개정 헌법의 특징과 평가」,《헌법학연구》제15권 4호(2009), pp. 253-289; 장명봉,「분
단 65년: 북한 헌법의 변화와 지속」,《북한법연구》13(2011), 북한법연구회; 장명봉,「1989년 북한 헌법 개정
의 배경·내용·평가」,《북한법연구》제2호, pp. 7; 전광석,「북한 헌법상 통치조직의 변천: 1992년 개정 북
한 헌법상의 통치구조」,《계간 북한연구》, pp. 106-121; 정동기,「북한 사회주의 헌법의 기본 원리: 주체사
상」,《부산대학교 법학연구》제51권 4호 통권66호(2010. 11), pp. 219-243; 김명규,「북한 헌법상의 문제점」,
「단국법학」, pp. 25; 김동한,「북한 헌법 개정의 구조적 특징」,《북한학보》19(1993), 북한연구소, pp. 209-
237; 권영태,「근대 민주주의의 법원리와 북한 헌법」,「통일과 법률」, 2010, pp. 91-110; 박정원,「북한 헌법
체제의 특징과 전망」,「제헌23주년 공동학술대회 논문집」, 2011, pp. 23-52. 북한 헌법 조문은 장명봉,「북
한법령집」, 북한법연구회, 2012. 2009년 북한 헌법에 대해서는 장명봉,「북한의 2009 헌법 개정과 선군정
치의 제도적 공고화」,《헌법학연구》제11권 1호(2010); 박진우,「2009년 개정 북한 헌법에 대한 분석과 평
가」,《세계헌법연구》제16권 3호(2011); 張君三,「金日成と北朝鮮法令」, 1994, 東京; 大內憲昭,「朝鮮社會主
義法の硏究-チュチェ國家と法の理論」, 1994, 東京; 西尾昭, 北朝鮮の憲法と法制,《同志社法學》, 46卷 1號
(236호), pp. 1-112; 大內憲昭, アジアの社會主義憲法と適法性(1): 朝鮮民主主義人民共和國,《東京都立大
學法學會雜誌》第26卷 1號; 福島正夫,「朝鮮民主主義人民共和國社會主義憲法」, 1974; 間宮庄平, 朝鮮民
主主義人民共和國社會主義憲法(1972年 憲法)の改正とその意義,《産大法學》29卷 3號 이하(1995-1996);
Koo-Chin Kang, An analytical study on North Korean Socialist Constitution, *Korea and World Affairs*,
Vol. 2, No. 1, Spring 1978; Fukushima Masao, *On the Socialist Constitution of the Democratic People'
s Republic of Korea*, Foreign Language Press, 1975 참조.

다. "그 정책은 사람에게 적합한 생활과 사람의 자유로운 발전을 보장하는 여러 조건을 만드는 방향으로 행해야 한다"(제7조)고 하였다. 이 밖에도 사상의 다원성을 인정하고 3권분립을 규정했다는 점에서 북한 헌법을 개정하는 데 모범이 될 것이라 하겠다. 정부 형태도 대통령과 국무총리 투톱제도로 운영하여 독재를 예방하였다.[6]

2) 체제전환 헌법

이 밖에도 사회주의 국가에서 전향한 동유럽의 여러 헌법을 참조해야 할 것이다. 예를 들면 폴란드·체코슬로바키아·헝가리 헌법이 참고가 될 것이다. 체제전환 헌법은 대개 인민주권주의, 인민대표자대회 절대주의, 권력독점체제를 배격하고 자유민주주의, 국민주권주의, 권력분립주의를 채택하였다. 다만 경제제도와 생존권에 관해서는 진보복지주의를 자처하는 체제전환 헌법의 조항을 참조할 수 있을 것이다.[7]

제2절. 독일 헌법과 신생국 헌법

1. 독일의 통일헌법과 새 지방 헌법

1) 독일의 통일헌법

독일에서는 통일 후 새 헌법을 제정할 것인가, 그렇지 않으면 서독 기본법을 개정할 것인가를 논의하였다. 동독에서는 원탁회의(Runde Tisch)에서 동독 헌법 초안을 만들고 시민연합(Kuratorium)에서도 통일헌법 초안을 만들었다. 이 안들

---

6) 러시아 헌법의 정부 형태는 김철수, 『대한민국 정부형태 어떻게 할 것인가』, 예지각, 2010 참조.
7) 사회주의에서 자본주의로 이행한 동유럽 국가 헌법은 헝가리 통합헌법(2010. 4. 25. 제정), 슬로바키아(1993. 1. 1 시행), 폴란드(1997. 10. 17), 러시아(1993. 12. 12) 등이 있다. 국회도서관, 『세계의 헌법』 (1·2), 2014 참조.

은 동독과 서독 헌법을 참조한 것으로, 많은 점에서 이상적인 규정을 볼 수 있다. 그러나 여당의 다수가 반대하여 새 헌법을 제정하기가 어려워졌고 독일 기본법을 개정하는 데 그쳤다.[8)]

2) 독일의 새로운 지방 헌법

과거 동독지역에는 새로운 지방이 생겨 각각 헌법을 제정하였다. 이 새 헌법들은 사회주의 헌법에서 자유주의 헌법으로 변천되었다는 점에서, 또 통일 후의 헌법 제정이라는 점에서 중요성이 있다.[9)]

2. 새로 개정한 여러 나라의 헌법

새롭게 개정한 헌법은 여러 가지가 있다. 세계 각국에서는 2000년대 들어 헌법을 새로 제정하거나 개정하였다. 그중에서도 스위스 연방헌법과 베트남인민공화국 헌법(2003)이 새로운 경향으로 개정하였다.[10)]

제3절. 참고문헌

1) 헌법 관련 외국 문헌

1. 국회도서관, 『세계의 헌법』(1·2), 2014.
2. 김철수 외, 『세계비교헌법』, 박영사, 2014.
3. Kimber/Richard, *Constitutions, treaties, and official declarations*, 2012.

---

8) 상세한 것은 김철수, 『독일통일의 정치와 헌법』, 박영사, 2004/「헌법제정에 의한 통일 가능한가」, 《명지법학》, 2014 참조.
9) 상세한 것은 김철수, 「동독헌법과 통독헌법」, 《미국헌법연구》 제8권(1997), p. 461-514/『독일통일의 정치와 헌법』, 박영사, 2004 참조.
10) 그 번역들은 국회도서관, 『세계의 헌법』(1·2), 2014; 김철수 외, 『세계비교헌법』, 박영사, 2014; Constitution of Republic of Yemen 2001; Constitution of Socialist Republic of Vietnam 2013.

4. 국제문제조사연구소, 『각국 헌법자료집』

5. 김철수, 『입법자료교재 헌법』(증보판), 박영사, 1985.

6. 호주 헌법

7. 바이마르 헌법

8. 독일 기본법

9. 프랑스 제5공화국 헌법

10. 오스트리아 헌법

11. 스위스 헌법

12. 포르투갈 헌법

2) 유럽헌법안과 독일의 통일헌법안 관련 외국 문헌

1. Möstl, Markus, *Verfassung für Europa*, 2005.
2. 小林 勝 外, 『歐州憲法條約』, 2005.
3. Runde Tisch, Entwurf : *Verfassung der Deutschen Demokratischen Republik*, Berlin. Apr. 1990.
4. Guggenberger/Preuß/Ullmann, *Eine Verfassung für Deutschland*, 1991.
5. Däubler-Gmelin Herta, *Neue Verfassung für Deutschland*(Manuskript), 2000.

3) 통일헌법 관련 한국 단행본

1. 강현철, 『통일헌법연구: 정부 형태를 중심으로』, 한국학술정보, 2006.
2. 김승대, 『통일헌법이론』, 법문사, 1996.
3. 김철수, 『입법자료교재 헌법』, 박영사, 1985.
4. 김철수, 『헌법과 정치』, 진원사, 2012.
5. 김철수, 『법과 정의·복지』, 진원사, 2012.
6. 김철수, 『헌법정치의 이상과 현실』, 소명출판사, 2012.
7. 김철수, 『헌법학신론』, 박영사, 2013.
8. 김철수, 『새 헌법개정안: 성립·내용·평가』, 진원사, 2014.
9. 김형성, 『통일헌법상의 경제 질서』, 한들, 2001.
10. 도회근, 『남북한 관계와 헌법』, 울산대 출판부, 2009.
11. 법제처, 『2014 남북법제연구보고서』, 법제처, 2014.

12. 사법연수원편집부, 『통일법연구』, 사법연수원, 2008.

13. 이효원, 『통일재정법제연구』, 한국법제연구원, 2012.

14. 이효원, 『통일법의 이해』, 박영사, 2014.

15. 장명봉, 『분단국가의 통일헌법 연구』, 국민대 출판부, 1998.

14. 장명봉, 『분단국가의 통일과 헌법』, 국민대 출판부, 2001.

15. 정영화, 『평화통일과 경제헌법』, 법원사, 1999.

16. 최대권, 『통일의 법적 문제』, 법문사, 1990.

17. 최양근, 『단계적 연방통일헌법』, 선인, 2013.

18. 최용기, 『통일헌법』, 창원대 출판부, 1996.

19. 최창동, 『법학자가 본 통일 문제 1』, 푸른세상, 2002.

20. 김형준, 『통일대비 법제 구축 관련 국민의식 변화 고찰』, 통일부, 2009. 11.

21. 헌법을 생각하는 모임, 『남·북한 헌법의 이해』, 삼광, 2002.

4) 통일헌법 관련 한국 일반 논문

1. 김철수(공동 연구), 「통일헌법안」, 서울대 사회과학연구소, 1984.

2. 김철수, 「통일한국 헌법의 이념과 제도」, 《고시계》, 1980.

3. 김철수, 「한국통일과 통일헌법 제정문제」, 《헌법논총》 제3집(1992. 12).

4. 김철수, 「통일헌법 제정의 문제」, 《대한민국학술원논문집》 제36권(1997).

5. 김철수, 「통일헌법연구의 회고와 연구필요성(격려사)」, 2008. 9.

6. 김철수, 「통일헌법의 바람직한 미래상」, 《공법연구》 제39집 3호(2011. 9).

7. 성낙인, 「통일시대를 대비한 헌법과 통일법의 과제」, 《세계헌법연구》 제20권 2호(2014), 세계헌법학회 한국학회.

8. 이승우, 「남북통일에 대비한 헌법적 대응」, 《연세법학연구》 4(1997. 9), 연세대 연세법학연구회.

9. 장성호, 「통일시대의 대한민국 헌법 권력구조모색」, 『국민과 함께하는 개헌이야기』(1권), 국회미래한국헌법연구회, 2011.

10. 홍윤기, 「국가·시민·동반 개헌 아젠다」, 『국민과 함께하는 개헌이야기』(1권), 국회미래한국헌법연구회, 2011.

5) 통일헌법 제정과 현행 헌법 제정 관련 한국 문헌

1. 김승대, 「헌법 개정과 남북한 통일」, 《공법연구》 제39집 2호(2010), 한국공법학회.

2. 김욱, 「남북통일을 위한 헌법 제정권력의 민주적 실현에 관한 연구」, 《헌법학연구》 제15권 4
   호(2009), 한국헌법학회.

3. 이승우, 「남북통일에 대비한 헌법 개정의 필요성과 방향」, 《공법연구》 제39집 2호(2010. 12),
   한국공법학회.

4. 장명봉, 「남북한 헌법체제의 이질성과 통일헌법 구상」, 《자유공론》 341(1995. 8), 한국자유총연맹.

5. 정연주, 「통일에 대비한 개헌논의」, 《인권과 정의》 395호(2009. 7), 대한변호사협회.

6. 정윤선, 「남북한 헌법규범에 따른 통일헌법 제정에 관한 연구 : 통치권력 통합을 중심으로」,
   동국대 박사학위 논문, 2012.

7. 제성호, 「헌법상 통일 문제 조항의 개폐문제」, 《통일연구논총》 창간호(1992), 민족통일연구원.

8. 하재홍, 「통일과 헌법 제정권력」, 《경기대학교 법학논총》 제12호(2011), 경기대 사회과학연구소.

6) 통일조약 관련 한국 문헌

1. 엄정일, 「남북한 통일조약의 체결에 관한 연구」, 명지대 박사학위 논문, 2000.

2. 이효원, 「남북한 통일합의서의 법적 쟁점과 해결방안」, 《법조》 제60권 11호 통권662호
   (2011. 11), 법조협회.

3. 이효원, 「남북한 통일합의서의 쟁점과 해결 방안」, 《제헌63주년기념 공동학술대회》(국회법제
   실 한국공법학회 주최), 국회사무처, 2011.

7) 통일헌법 관련 한국 문헌

1. 강현철, 「통일헌법과 권력구조: 남북한 통일헌법상의 정부 형태에 관한 연구」(제헌66주년기
   념학술대회), 국회법제실·유럽헌법학회, 2014. 7. 11.

2. 김명규, 「남북한 통일헌법에 관한 연구」, 《단국대논문집》 17집(1983), 단국대 출판부.

3. 김명기, 「북한 붕괴시 통일헌법의 제정방안」, 《명지법학》 1(2000. 2), 명지대 법학연구센터.

4. 김민배, 「통일헌법이 나아갈 길」, 《민주사회를 위한 변론》 22호(1998. 8), 민주사회를 위한 변
   호사 모임.

5. 김병록, 「통일헌법 제정논의의 기초」, 《연세법학연구》 제5권 1호(1998. 5), 연세대 연세법학연구회.

6. 김병묵, 「남북한 헌법상의 통일 관계 조항 비교연구」, 《경희대 경희법학》 29권 1호(1994), 경
   희대학교.

7. 김영추, 「남북공동체의 헌법적 고찰」, 《경성법학》 9호(2000. 10), 경성대 법학연구소.

8. 김철수, 「독일 통일의 교훈(격려사)」, 《공법연구》 제39집 1호(2010), 한국공법학회.

9. 김철수, 「통일헌법의 제정방향」, 《고시계》 42권 12호 통권490호(1997. 11), 국가고시학회.

10. 김철수, 「남북한 헌법비교와 통일헌법의 제정방향」, 《고시연구》 9권 12호 통권105호(1982), 고시연구사.

11. 김현식, 「헌법상 통일에 관한 규정: 독일과 한국에서의 분단과 통일의 헌법 논의」, 서강대 박사학위 논문, 2010.

12. 김형성, 「한반도 통일의 헌법적 과제」, 《헌법학연구》 4집 2호(1998. 10), 한국헌법학회.

13. 김효전, 「통일을 위한 헌법적 논의」(제헌66주년기념학술대회), 국회법제실·유럽헌법학회, 2014. 7. 11.

14. 박정원, 「통일헌법에 관한 골격구상」, 《공법연구》 제27집 1호(1998. 12), 한국공법학회.

15. 성낙인, 「헌법상 통일 문제」, 『효산김계환교수회갑기념논문집』, 논문집간행위원회, 1996.

16. 이경주, 「통일헌법의 기본방향」, 《민주법학》 통권16호(1999. 8), 관악사.

17. 임천영, 「한반도의 통일과 법적 문제: 통일헌법에 관하여」, 《군사법논집》 2집(1995. 12), 국방부.

18. 장명봉, 「남북한 통일과 통일헌법의 구성원리」, 《아·태공법연구》 2집(1993), 아세아·태평양 공법학회.

19. 장명봉, 「남북한 헌법체제의 비교와 통일헌법의 지향점 및 과제」, 《공법연구》 제37집 1-1호 (2008. 10), 한국공법학회.

20. 장명봉, 「통일관련법 연구의 성찰과 방향」, 《국제법학회논총》 제49권 3호 통권100호(2004. 12), 대한국제법학회.

21. 장명봉, 「남북통일에 대비한 법적 대응방안」, 한국법제연구원, 1995.

22. 장영수, 「통일헌법 논의의 의의와 필요성」, 『헌법규범과 헌법현실』, 법문사, 2000.

23. 정원진, 「민족공동체의 구체적 전망으로서의 통일헌법」, 《신학사상》 87권(1994), 한국신학연구소.

24. 중앙대 헌법연구회, 「통일헌법에 관한 연구」, 《법정논총》 중앙대학교, 1995.

25. 제성호, 「통일을 대비하는 헌법」, 《국회보》 2014. 4.

8) 대한민국 헌법 개정 관련 한국 연구서

1. 국회의장 헌법개정자문위원회, 『결과보고서』(1·2·3), 헌법개정자문위원회, 2014.

2. 국회의장 헌법연구자문위원회, 『헌법연구자문위원회 결과보고서』, 헌법개정자문위원회, 2009. 8/『헌법연구자문위원회 참고자료집』, 헌법개정자문위원회, 2009. 8.

3. 국회미래한국헌법연구회 편, 『국민과 함께 하는 개헌 이야기』(1·2), 국회미래한국헌법연구

회, 2011.

4. 대화문화아카데미, 『헌법 개정 무엇을 담아야 하나』, 대화문화아카데미, 2011.

5. 크리스천아카데미, 『바람직한 헌법 개정』, 크리스천아카데미, 1980. 1.

6. 정부헌법 개정연구반, 『연구보고서』, 1980. 4.

7. 한국공법학회, 『헌법 개정연구』, 2007.

8. 한국 헌법학회, 『헌법 개정연구』, 헌법 개정연구위원회 최종보고서, 2006.

9. 이재오·우윤근, 『헌법 개정』, 2014.

10. 콘라트 아데나워재단, 『한국의 헌법 개정』, 2011.

9) 대한민국 헌법 개정 관련 한국 문헌

1. 김철수, 『헌법과 정치』, 진원사, 2012.

2. 김철수, 『헌법 개정 과거와 미래』, 진원사, 2008.

3. 김문현, 『헌법 개정의 기본방향』, 《공법연구》 제34집 4호 2권(2006).

4. 도희근, 『헌법 개정의 쟁점과 과제: 공법학자 설문조사 결과분석』, 《공법연구》 제34집 1호 (2005).

5. 임지봉, 『개헌의 바람직한 방향』, 《헌법학연구》 제13권 4호(2007).

6. 이종수, 『헌법 개정에 관한 최근논의의 개관』, 《콘라트 아데나워재단, 한국의 헌법 개정》.

7. 신평, 『헌법 개정의 필요성과 그 바람직한 방향』, 『국민과 함께하는 개헌이야기』(1권), 국회미 래한국헌법연구회, 2011.

8. 임혁백, 『개헌의 필요성과 실현 가능성』, 『국민과 함께하는 개헌이야기』(1권), 국회미래한국헌 법연구회, 2011.

9. 정재황, 『현행 헌법의 쟁점과 전망』, 《법제연구》 제34호(2008).

10. 정재황, 『사회변화와 헌법변화: 그 시론적 연구』, 《성균관법학》 제24권 4호(2012).

11. 장영수, 『개헌의 기본 방향』, 『국민과 함께하는 개헌이야기』(1권), 국회미래한국헌법연구회, 2011.

12. 박인수, 『헌법 개정과 선진한국』, 『국민과 함께하는 개헌이야기』(1권), 국회미래한국헌법연 구회, 2011.

13. 조정찬, 『일류국가를 위한 헌법 개정의 방향과 과제』, 『국민과 함께하는 개헌이야기』(1권), 국회미 래한국헌법연구회, 2011.

14. 김영래, 『개헌의 성공을 위한 절차와 합의』, 『국민과 함께하는 개헌이야기』(1권), 국회미래한 국헌법연구회, 2011.

15. 오호택, 「헌법 개정의 절차와 헌법 개정의 가능성」, 「국민과 함께하는 개헌이야기」(1권), 국회미래
한국헌법연구회, 2011.

10) 북한 헌법 관련 한국 문헌

1. 김병묵, 「북한 헌법상 기본권과 주체사상」, 《경희법학》 제28권 1호(1983), 경희대 법학연구
소.
2. 김수민, 「2009년 북한 개정 헌법의 정치적 함의: 내용과 특징을 중심으로」, 《평화학연구》
제10권 4호(2009).
3. 김운용, 「소련·중공·북한 헌법의 비교연구」, 《북한》 제5권 2호(1976), 북한연구소.
4. 김진욱, 「북한 사회주의 헌법과 조선로동당규약과의 상관관계에 관한 연구」, 경기대 석사
학위논문, 2002.
5. 김형성·조재현, 「북한 헌법 변화의 특징과 전망」, 《성균관법학》 제24권 2호.
6. 박기병, 「북한 헌법의 특성과 기본 원리」, 《사회과학논총》 제8집(2003), 관동대 사회과학연구소.
7. 박명림, 「남한과 북한의 헌법 제정과 국가정체성 연구: 국가 및 헌법 특성의 비교적 관계적
해석」, 《국제정치논총》 제49집 4호(2009).
8. 박진우, 「2009년 개정 북한 헌법에 대한 분석과 평가」, 《세계헌법연구》 제16권 3호(2010).
9. 백형구, 「남·북한 헌법 개정과 특성에 관한 비교 분석」, 경기대 석사학위논문, 2008.
10. 법원행정처, 「북한의 헌법」, 대법원, 2010.
11. 법제처, 「북한 헌법의 공권력 집행체계 및 지방자치제도에 관한 연구」, 법제처, 2008.
12. 양정윤, 「북한의 사회주의 사상의 전개와 북한 헌법에의 영향: 이른바 주체사상 및 선군사
상과 관련하여」, 《고려법학》 제68호(2013), 고려대 법학연구원.
13. 엄경영, 「북한 헌법에 나타난 수령제 사회주의의 형성과 변화에 관한 연구」, 연세대 석사학
위 논문, 2010.
14. 유욱, 「북한의 법체계와 북한법의 이해 방법: 북한 헌법에 나오는 법령·정령 등 입법형식
을 중심으로」, 《북한법연구》 제13호(2011).
15. 윤경섭, 「1948년 북한 헌법의 제정배경과 그 성립」, 성균관대 석사학위 논문, 1996.
16. 이계만, 「북한 헌법상 국가기구체제의 구성원칙 및 특성 분석」, 《북한연구학회보》 제7권 2
호(2003).
17. 이명철·차두현, 「7차 개정헌법을 중심으로 본 북한 권력변동 전망」, 《국방논집》 21(1993).
18. 이상훈, 「헌법상 북한의 법적 지위에 대한 연구」, 《법제》, 법제처, 2004.
19. 서희경, 「남한과 북한 헌법 제정의 비교 연구(1947-1948)」, 《한국 정치학회보》 41집 2호

(2007).

20. 신광휴, 「사회주의 국가의 헌법이론에 관한 연구: 북한 헌법과 관련하여」, 단국대 박사학위 논문, 1988.

21. 신태영, 「북한 헌법의 구조적 특성에 관한 연구」, 단국대 석사학위 논문, 1993.

22. 장명봉, 「북한의 2009 헌법 개정과 선군정치의 제도적 공고화」, 《헌법학연구》 제16권 1호(2010).

23. 장명봉, 「북한 헌법 40년과 그 동향: 남한에서의 이론전개를 중심으로」, 《북한법률행정논총》 8(1990), 고려대 법학연구원.

24. 장명봉, 「공산권 헌법이론에 관한 서론적 연구: 소련 및 북한 헌법을 중심으로」, 《공법연구》 13(1885).

25. 정동준, 「북한 헌법 변천에 관한 일고찰」, 한국학중앙연구원 석사학위 논문, 1989.

26. 정응기, 「북한 사회주의 헌법의 기본 원리: 주체사상」, 《법학연구》 제51권 4호(2010), 부산대 법학연구소.

27. 조재현, 「북한 헌법의 변화에 관한 연구」, 성균관대 박사학위 논문, 2012.

28. 최양근, 「북한 정권 수립과정과 임시헌법에 대한 연구: 한반도 평화통일에 주는 시사점」, 한국평화연구학회, 2011.

29. 최양근, 「북한 정권 수립과정시 헌법과 고려민주연방제 통일방안 상관성 연구」, 《평화학연구》 제12권 3호(2011), 한국평화연구학회.

30. 최용기, 「공산주의 헌법상 권력구조에 관한 연구」, 고려대 박사학위 논문, 1993.

31. 최용전, 「북한 헌법의 사상적 기초인 우리식 사회주의」, 《학술논총》 18(1995), 단국대학교.

32. 함성득·양다승, 「북한의 헌법 개정과 권력구조 변화 연구: 2009년 개정헌법의 특징을 중심으로」, 《고려대학교 평화연구논집》 제18권 1호(2010).

제Ⅱ장. 전문과 기본 질서

제1절. 통일헌법 전문

1. 통일헌법 전문 의의

헌법 전문을 어떻게 규정할 것인가는 나라마다 다르다. 어떤 헌법은 전문에서 헌법을 제정하는 주체와 방법, 시기를 규정하였고(미국), 헌법이 지향하는 근본 이념과 목적을 상세히 규정한 나라(일본·독일)도 있다.[1] 이러한 헌법 전문은 오늘날 재판규범의 성격이 있기에 헌법의 본문과 같은 중요성을 가진다. 특히 헌법의 이념이나 목적을 규정한 경우에는 제헌권자의 근본 결정으로서 근본 규범의 지위를 가진다.

2. 한반도 통일헌법 전문

대한민국 헌법에는 전문이 있고, 북한 헌법에는 서문이 있다. 북한 헌법의 서문은 김일성과 김정일 찬양일색이라 참조할 필요는 없다.[2] 헌법에 전문을 두는

---

[1] 통일헌법 이념에 대해서는 박정원, 「통일헌법의 이념과 기본 질서에 관한 일고」, 《헌법학연구》 3(1997), 한국헌법학회; 육종수, 「통일헌법 이념의 정립방안」, 《대구법학》 제5호(2002. 8), 대구대 법과대학 법학연구소; 장명봉, 「남북한 헌법 체제 조항과 헌법 통합구상」, 동국대 90주년기념문화관 북한연구학회, 1998; 송병록, 「통일한국의 새로운 이념과 질서의 모색」, 한국정치학회, 1993; 최용기, 「통일헌법의 기본 원리」, 《헌법학연구》 4권 2호(1998. 10), 한국헌법학회; 홍원식, 「통일헌법 이념에 관한 연구: 백범(김구) 사상을 중심으로」, 국민대 박사학위 논문, 2005; 김수규, 「통일헌법의 이념적 구상에 관한 연구: 동서독 통일과정에서 독일 헌법 기능이 주는 교훈을 중심으로」, 《시민문화연구》 제2호(2001), 월남시민문화연구소.

[2] 북한의 1948년 헌법에는 서문이 없었으나 1998년 헌법에서는 서문을 두어 김일성 사상을 강조하고, 2013년 헌법 서문에서는 '위대한 령도자 김정일 동지'의 사상과 령도를 추가하여 김일성·김정일의 국가임을 선언하였다. 권영태, 「1988년 북한 헌법 서문에 대한 새로운 분석: 법제전력 차원의 의미를 중심으로」, 《현대북한연구》 제15권 2호(2012), pp. 127-178; 이시균, 「북한 헌법과 김정은 체제 등장 분석」, 경기대 석사학위 논문, 2011.

것은 세계의 일반적인 경향이기에 통일헌법에도 전문을 두어야 할 것이다. 통일헌법 전문에는 통일의 역사성과 통일헌법 제정 경과, 헌법이 채택한 기본 원리나 이념을 표현해야 할 것이다.

3. 한반도 통일헌법 전문 내용

통일헌법 전문은 현행 남한 헌법 전문을 중심으로 하여 남북으로 분단되었음에도 상해임시정부를 계승한 국가임을 강조하고, 일제에 의한 한일합방이 무효이며, 해방 후 남북 분단에도 불구하고 한민족이 통일체로 기능하였음을 선언해야겠다.

전문에서는 기본이념으로 ① 국민주권주의 ② 권력분립주의 ③ 법치주의 ④ 기본권 존중주의 ⑤ 민족문화 국가주의 ⑥ 국제평화주의와 국제협조주의 ⑦ 정의 구현과 복지국가주의를 규정해야 할 것이다. 이 밖에도 한국의 역사적 과정과 (3·1운동) 통일헌법의 성립 과정(통일에서 국민의 통합 의지)을 규정하고, 헌법의 존엄성과 헌법을 제정할 권력이 국민에게 있음을 선언해야 할 것이다. 자유민주주의에 입각하여 자유와 평등, 복지와 행복을 추구하는 것을 이념으로 규정해야 할 것이다. 이 밖에도 단군사상이나 민족지상주의 규정은 두지 말고,[3] 인류공영과 다문화주의, 국제협조주의를 포용하는 방안으로 규정하는 것이 바람직할 것이다.

제2절. 총강과 기본 질서

1. 총강 의의

총강에는 헌법의 이념과 기본 질서, 국가의 구성 요소를 규정하였다. 이것은 하나의 장으로 규정하는 방식과 여러 절로 나누는 방식이 있다. 이는 헌법이 지

---

3) 찬성은 장영수, 「통일헌법 논의 의의와 필요성」, 『헌법규범과 헌법현실』, 법문사, 2000, p. 77 이하; 성낙인, 「헌법상 통일문제」, 『헌법학과 법학의 제문제』, 박영사, 1996, p. 175; 박정원, 전게 논문, p. 621. 반대는 육종수, 전게 논문; 최용기, 전게 논문.

향하는 최고 규범인 동시에 헌법의 기본 질서를 이루므로 헌법 해석상 중요한
의의를 가진다.

2. 남북한 헌법 총강

1) 남한 헌법 총강

대한민국 헌법은 총강 규정에서 대한민국의 구성 요소와 기본 질서를 규정
하였다.[4] 반면 북한은 1948년 헌법에서는 제1장에서 기본 원칙을 규정했으나,
1972년 사회주의 헌법에서는 제1장에 정치, 제2장에 경제, 제3장에 문화를 두어
기본 질서를 규정하였다. 그러다가 1992년 헌법에서는 제4장 국방을 추가하여
현재에 이르렀다. 1998년 헌법에서는 서문을 두어 김일성을 신격화하였고, 2013
년 헌법에서는 추가로 김정일을 신격화한 장문의 서문을 두었는데, 김일성의 주
체사상과 선군사상을 그 기본으로 삼았다.[5] 북한 헌법은 2009년에 개정하면서
공산주의라는 개념을 삭제하였다.

2) 북한 헌법 총강

북한 헌법에서 기본 질서 규정은 제1장에 정치, 제2장에 경제, 제3장에 문화,
제4장에 국방을 두었다. 그러나 선언적이며 이데올로기적인 것이 많기에 남한
헌법처럼 간략하게 실용적으로 규정하는 것이 좋을 것이다.[6]

---

4) 김철수, 『학설판례 헌법학』(상), 박영사, 2009, pp. 258-268.
5) 북한 헌법 서문; 정은기, 「북한 사회주의 헌법의 기본 원리: 주체사상」, 《부산대학교 법학연구》 제51권
   4호 통권66호(2010. 11), pp. 219-243; 장명봉, 「분단 65년: 북한 헌법의 변화와 지속」, 《북한법연구》
   13(2011), 북한법연구회; 박정원, 「북한의 2009년 개정 헌법의 특징과 평가」, 《헌법학연구》 제15집 4호
   (2009), pp. 253-289; 김수민, 「2009년 북한 개정 헌법의 정치적 함의: 내용과 특징을 중심으로」, 《평화
   학연구》 제10권 4호(2009), pp. 49-73.
6) 권영태, 「북한 헌법도 권리의 장전인가?: 확장된 총강의 국가 목적 규정을 중심으로」, The World
   Conference on North Korean Studies Day2, 2015, pp. 355-391.

3) 남북한 헌법 총강 비교

① 남한은 민주공화국인데 북한은 사회주의 국가다.

② 남한의 주권은 국민에게 있는데 북한의 주권은 노동자·농민·근로인테리·근로인민에게 있다.

③ 남한은 권력분산주의를 채택했는데 북한은 민주주의 중앙집권제 원칙을 채택하였다.

④ 남한은 평화통일주의를 채택했는데 북한은 3대 혁명을 힘차게 벌여 사회주의의 완전한 승리를 이룩하며, 자주·평화통일·민족대단결 원칙에서 조국통일을 위하여 투쟁한다고 하였다.

⑤ 남한은 다당주의를 채택했는데 북한은 노동계급이 영도하는 노농동맹에 기초한 조선로동당의 단일정당제도를 채택하였다.

⑥ 남한 헌법은 정의·인도·동포애를 부르짖는데 북한 헌법은 자주·평화·친선을 대외정책의 기본 원리로 하였다.

⑦ 남한은 개방주의를 채택했는데 북한은 폐쇄주의를 채택하였다.

⑧ 남한은 현대적 입헌주의를 지향하는데 북한은 사회주의 법률제도 완비를 구가하였다. 그러나 사실은 국방위원장 개인 독재를 강화하였다.

3. 통일헌법 이념

1) 통일헌법 총강

통일헌법에서는 북한의 사상과 이념은 고려할 필요가 없다. 공산주의 국가와 자유주의 국가가 합의하여 통합한 독일이나 예멘이 다 서양식 자유민주주의를 그 이념으로 한 것을 볼 때, 한국의 통일헌법도 자유민주주의에 입각해야 할 것이다.

2) 통일헌법 이념

통일헌법에서 국가 이념은 통일독일 헌법이나 통일예멘 헌법처럼 공산주의와 독재주의를 배격하고,[7] 민주주의·자유주의·권력분립주의·법치주의·사회적 복지주의·사회적 시장경제주의·국제평화주의·국제협조주의를 그 이념으로 해야 할 것이다.

(1) 국민주권주의

북한 헌법은 "주권은 로동자, 농민, 군인, 근로인테리를 비롯한 근로인민에게 있다"고 하여 프롤레타리아에 주권이 있다는 인민주권설에 입각하였다. 통일헌법에서는 노농계급이나 소비에트가 아닌 모든 국민에게 주권이 있음을 강조해야겠다. 주권이나 헌법을 제정할 권력이 국민 전체에게 있음을 선언하고, 그 행사 방법을 규정하는 것이 바람직하다. 예를 들면 "주권은 국민에게 있고, 국민은 그 대표자나 국민투표, 특별한 국가기관을 통하여 주권을 행사한다"로 하는 것이 바람직하다(프랑스 제5공화국 헌법 제3조 1항).

독일 헌법은 주권을 행사하는 방법으로 직접행사와 간접행사를 규정(모든 국가권력은 국민에게서 나온다. 그것은 선거와 투표, 입법과 집행, 사법의 특수한 기관을 통하여 국민이 행사한다)하였다. 간접민주정치에 직접민주정치 요소를 가미하여 국민이 발안하고 결정할 수 있음을 규정하는 것도 한 방법이다.

(2) 보통·직접·평등·비밀·자유 선거 원칙

선거도 자유·평등·비밀·직접·일반 선거를 보장해야 하며, 북한식인 인민전선에 대한 찬반투표 같은 것은 부정해야겠다.[8] 가능하면 정당선거와 인물선거를 겸한 독일식 비례대표제를 규정하는 것이 바람직하다. 또 공직 후보자 공천도 정당

---

7) 북한 헌법은 2012년 4월 13일 보충에서 "위대한 령도자 김정일 동지의 령도를 추가하면서 김일성 동지의 사상과 위업을 받들어 우리 공화국을 김일성 동지의 국가로 강화발전시키고 민족의 존엄과 국력을 최상의 경지에 올려 세우신 절세의 애국자, 사회주의 조선의 수호자이시다"라고 하면서 김일성 동지께서 창시하신 영생불멸의 주체사상과 선군사상을 전면적으로 심화발전시키시어 조선혁명의 명맥을 굳건히 이어놓으셨다고 하여 세습정권임을 강조하였다.

8) 북한은 "군인민회의로부터 최고인민회의에 이르기까지의 각급 주권기관은 일반적, 평등적, 직접적 원칙에 의하여 비밀투표로 선거한다"고 했으나 사실상은 찬반투표(흑백투표)를 하였다.

간부의 전횡이 아니라, 전 당원의 민주적 의사로 결정하도록 규정해야겠다.

(3) 복수정당주의

북한은 노동당 단일정당제도를 채택했는데[9] 이를 부정하고 복수정당제도를 도입해야 할 것이다. 국민의 사상·정치 자유를 인정하여 다원적인 정당제도를 도입해야겠다. 이것은 구사회주의 국가의 새 헌법이 다 인정하는 것이다. 정당에 대한 국가 보조를 규정해야 하고, 정당해산제도 같은 것은 국가의 민주적 기본 질서를 보호하기 위하여 규정해야겠다.

(4) 권력분립주의

북한 헌법과 같은 인민집중제와 권력집중제(북한 헌법 제5조)를 배제하고, 권력 분산주의를 규정해야 할 것이다. 지역적 권력을 분산시키려면 연방제 원칙과 지방자치제를 규정해야 할 것이다. 또 국방위원장이나 최고인민회의에 권력이 집중되는 것을 막고 권력분립주의를 규정해야겠다. 3권분립주의나 4권분립주의를 채택해야겠다[중화민국 헌법은 감찰권과 고시권을 독립시켜 5권분립주의를 채택하였다. 헝가리 헌법도 권력분립주의를 규정하였다(제C조)].

(5) 법치주의

통일헌법에서는 법치국가주의와 법치주의를 강조해야 할 것이다. 북한 헌법도 법을 규정했으나 "법은 근로인민의 의사와 리익의 반영"이라고 하여 계급성을 강조하였다.[10] 우리는 헌법과 법률은 모든 국민에 의하여 제정되고, 모든 국민의

---

9) 북한은 "조선로동당의 령도 밑에 모든 활동을 진행한다"(헌법 제11조)고 하여 사실상 일당독재를 하고 있다. 형식적으로는 우당을 인정했으나 민주연합전선을 통하여 모든 정당을 조선로동당의 기구로 바꿨고, 사실상 복수정당제도는 배제한다.

10) "법을 국가 관리의 기본 무기라 하고, 엄격한 준수 집행은 모든 기관, 기업소, 단체와 공민에게 있어서 의무적"이라고 규정하였다(제18조).

이익을 위하여 집행됨을 명시해야 한다. 사법기관에 의한 권리 구제도 규정해야
겠다(독일 법치국가, 스위스 법치국가, 헝가리 법 집행, 터키 법률에 의한 통치).

(6) 민족문화주의

북한은 "사회주의적 민족문화 건설에서 제국주의의 문화 침투와 복고주의적
경향을 반대하며, 민족의 문화유산을 보호하고 사회주의 현실에 맞게 계승·발
전시킨다"고 하면서 "후대들을 사회와 인민을 위하여 투쟁하는 혁명가로, 지덕체
를 갖춘 주체형의 새 인간으로 키운다"고 하여 사회주의적 인간과 문화를 창조
할 것을 강조하였다. 이러한 폐쇄적인 문화는 세계화에 역행하는 것이다. 통일한
국에서는 민족의 문화 계승과 발전을 기하는 민족문화 국가주의에 입각하되, 국
수주의적인 경향을 배제하고 평화를 애호하는 국민으로서 세계평화주의와 인
류공영주의를 규정해야겠다. 세계화를 위해 외국과 협력하는 것만이 아니라 국
외동포에 대한 법적 지위를 보장해주어야 하겠다. 세계화 경향에 따라 다문화국
가를 인정해야 할 것이다.

(7) 국제협조주의

북한 헌법은 "북한을 우호적으로 대하는 나라와만 국제관계를 맺는다"고 하였
다. 남한 헌법에서 규정한 국제협조주의와 국제법존중주의를 더 심층적으로 규
정해야 할 것이다. 독일 같은 유럽공동체에서는 주권의 일부까지 다른 나라나 기
구에 이양할 수 있도록 하였다. 정치적 망명자의 비호도 규정해야 하고, 평화적
생존권도 규정하는 것이 바람직하다. 프랑스는 조약이 법률에 우위라고 규정했으
며(제55조), 독일도 국제법의 일반 원칙이 법률에 우선한다고 규정하였다(제25조).

(8) 세계평화주의

북한 헌법은 "선군혁명로선을 관철하여 혁명의 수뇌부를 보위하고, 근로인민

의 리익을 옹호하며, 외래침략에서 사회주의제도와 혁명의 전취물, 조국의 자유와 독립, 평화를 지킨다"(제59조)고 하면서 "국가는 계급로선을 견지하며 인민민주주의 독재를 강화하여 내외 적대분자들의 파괴책동에서 인민의 주권과 사회주의제도를 굳건히 보위한다"(제12조)고 하여 투쟁노선을 강조하였다.

통일헌법은 남한 헌법 "국제 평화 유지에 노력하고, 침략적 전쟁을 부인한다"(제5조 1항)에 따라 국제평화주의와 침략전쟁 금지를 규정해야 할 것이다. 일본 헌법처럼 교전권을 포기할 필요는 없고, 독일 헌법처럼 국제 협조를 위하여 무력파병 같은 것은 할 수 있게 해야 할 것이다(제26조, 제24조 3항).

(9) 복지국가주의

북한 헌법은 "늘어나는 사회의 물질적 부는 전적으로 근로자의 복리증진으로 돌려진다. 국가는 모든 근로자에게 먹고 입고 쓰고 살 수 있는 온갖 조건을 마련해준다"(제25조)라고 하여 근로자의 복지만 보장하였다. 그러나 통일헌법에서는 일부 계급이 아닌 모든 국민의 복지 향상을 규정해야 한다. 남한 헌법에서 규정한 인간의 존엄과 가치, 행복추구권, 인간다운 생활을 보장하는 복지국가주의를 더 강화해야겠다. 국가의 사회정의 실현 의무를 명확히 하고, 국민의 생존권과 행복추구권을 최대한으로 보장하고, 나아가 생활보호와 사회보장을 더 철저히 하도록 해야겠다.

(10) 사회적 시장경제주의

북한 헌법에서 규정한 경제 질서는 계획경제이며, 국가나 집단 소유가 원칙이고 개인 소유는 극히 제한하였다(제2장 경제).[11] 통일헌법에서는 사유재산제도를 보장하되, 사회적 책임을 강조해야겠다. 생산수단 국·공유화는 필요한 만큼만 하고, 가

---

11) 북한 헌법은 "사회주의적 생산관계와 자립적 민족경제의 토대에 의거한다"(제19조), "생산수단은 국가와 사회협동단체가 소유한다"(제20조), "인민경제는 계획경제다"(제34조), "대외무역은 국가기관, 기업소, 사회협동단체가 한다"(제36조)라고 하여 개인 무역을 금지한다.

능한 한 경제적 자유를 누리게 해야 할 것이다. 중국에서도 사회주의적 시장경제 제도를 도입했는데, 북한은 아직도 완전계획경제를 고집한다. 독일처럼 사회적 시장경제를 채택해야 하며, 사회정책이 우선하는 경제정책을 펴야 할 것이다. 남한 헌법의 경제 조항처럼 규정하는 것도 좋을 것이다. 다만 물질적 평등을 보장하기 위한 국민의 재산 형성 정책 수립과 소비자 보호, 대기업의 독점을 방지하기 위한 주식 소유 상한제를 도입하고, 독과점 제한도 규정해야 할 것이다.[12]

(11) 기본권 존중주의

국가가 국민의 기본권을 보장하고 존중하는 것은 당연한 일이다. 이것은 기본권 장의 원칙 규정에서 하는 것도 좋을 것이다.

4. 통일국가의 구성 요소

1) 통일국가의 구성 요소

국가를 구성하는 요소로는 일반적으로 국민·주권·영토를 꼽는다. 이것은 국가 3요소설에 근거한 것이다. 국가에 관해서는 우선 국호와 국가의 종류, 국체를 규정할 수 있다.

2) 통일한국의 국호

통일국가의 국호를 어떻게 할 것인가. 이는 국민의 합의에 따라야 할 것이다. 남한에서는 그동안 대한민국이라는 국호를 사용하였고, 북한은 조선민주주의인민공화국이라고 해왔다. 통일방안으로 남한에서는 한민족공동체를, 북한에서는

---

12) 사회적 시장경제는 김철수, 「경제와 복지에 대한 국가역할」, 《공법연구》 제42권 1호(2013), 한국공법학회, pp. 31-53 참조.

고려민주연방공화국을 주장하였다. 여기서는 가칭 '한민족연방공화국'이라고 하는 것이 어떨지 모르겠다.

3) 통일한국의 국체

북한은 인민민주주의공화국이라고 하는 프롤레타리아 계급 독재, 로동당일당독재 국가이며 선군국가다. 북한은 "전체 조선 인민의 리익을 대표하는 자주적인 사회주의 국가"(제1조)라고 규정하였다. 대한민국은 자유민주주의공화국이다. 북한은 공화국이라고 했으나 사실은 김일성 일족의 세습왕국이다. 일제강점기의 천황제를 김일성 일가가 모방한 것이다.

남한과 북한은 현재 단일국가 체제이지만 앞으로는 연방제로 하는 것이 좋을 것이다.[13] 남한에 5~6개 지방(支邦=支分國)을 만들고, 북한에 2~3개 지방을 만들어 연방제로 하는 것이 옳을 것이다. 예멘은 통일한 지 25년이 지났는데도 통합이 안 되자 구 북예멘에 4개, 구 남예멘에 2개 지방을 만들어 2015년에 헌법을 제정하여 연방제로 하기로 한 것을 우리도 벤치마킹해야 할 것이다. 현재의 남한과 북한 두 나라의 연합이 아니라 단일국가이면서 7~9개의 지방을 두는 연방국가로 하는 것이 바람직할 것이다. 독일이 통합할 때 서독의 11개 지방에다가 동독에 5개 지방을 새로 만들어 연방국가를 만든 것을 본받아야 할 것이다.[14]

4) 통일한국의 국민

북한 헌법은 국민의 조건은 국적에 관한 법률로 규정한다고 하여 한민족에 국한하지 않았다.(제62조) 국민은 현재 남한 국민, 북한 공민, 해외에서 유랑하는 한족(韓族)을 포함하는 것이 좋을 것이다. 중국에 거주하는 소수민족인 간도 같은 곳의 한족을 포함하면 국제협조주의에 반하므로 이들은 포함하지 않아야 할

---

13) 연방제에 대해서는 김철수, 『헌법과 정치』, 진원사, 2012, pp. 997-1016 참조.
14) 러시아 헌법도 연방제를 채택(제1조, 4조)하고, 러시아연방 헌법과 법률들은 러시아연방 영토 내에서 최고 상위법이라고 규정하였다(제4조 2항).

것이다. 다만 이들이 한국에 거소를 두고 국적을 취득하길 원하면 귀화할 수 있게 하거나 국적을 회복시켜주는 것이 필요할 것이다. 외국인의 일반귀화나 특별귀화도 허용해야 할 것이다.[15]

5) 통일한국의 영토

영토는 한반도와 부속도서로 하되, 현재의 영토에 한정하는 것이 통일국가를 만드는 데 유리할 것이다.[16] 간도·녹둔도·대마도 문제는 언급하지 않는 것이 통일 여건을 조성하는 데 좋을 것이다. 이 밖에도 영해·영공·접속 수역을 규정할 수도 있다.

5. 통일한국의 상징

국가의 상징에 관한 규정을 두어 국민의 통합을 기하고, 국가의 상징이 침해받지 않도록 보호해야 할 것이다.

1) 통일한국의 국기

국기는 남한의 태극기와 북한의 인공기가 있고, 통일기로 한반도기를 주장하는 사람도 있으나, 한민족연방공화국의 국기는 전통이 긴 태극기로 해야 할 것이다.[17]

2) 통일한국의 국가

국가는 현재의 남한 애국가와 북한 애국가(제171조) 중에서 택일해야겠지만[18] 국민적 통일을 위해서는 대한제국 때부터 사용한 남한의 애국가가 옳을 것이다.

---

15) 한명섭, 「남북통일과 북한 주민의 국적승계에 관한 문제 고찰」, 『2014 남북법제연구보고서』, 법제처, 2014.
16) 최창동, 「헌법상 영토조항과 통일조항의 올바른 해석론」, 《경제정책연구》 통권144호(2005), 상명대 경제정책연구소.
17) 북한은 외국처럼 국장(國章)을 규정(제169조)했으나, 우리나라에서는 이를 사용하는 예가 드물어 규정하지 않는 것이 좋을 것이다.
18) 국가(國歌) 명칭은 애국가로 같으나 그 내용도 같은지는 모르겠다.

3) 통일한국의 국어

국어는 물론 한국어로 하되, 표준어는 서울말로 지정하는 것이 옳을 것이다. 국자는 한글과 한자를 혼용하는 것이 필요할 것이다.

4) 통일한국의 수도

북한은 제헌 당시에는 서울을 수도로 했으나, 현행 헌법에서는 평양이 수도다 (제172조). 수도는 서울로 하고 평양과 세종시는 지방정부 수도로 해야 할 것이다.

6. 통일국가의 기본 질서

1) 남북한 헌법의 기본 질서

헌법에서 기본 질서는 나라마다 규정하는 방식이 다르다. 총강에서 규정하는 방식과 정치·경제·사회·문화 장으로 나누어 규정하는 방식이 있다. 남한 헌법은 전문과 총강에서 기본 질서를 규정하였고, 북한 헌법은 제1장에 정치, 제2장에 경제, 제3장에 문화, 제4장에 국방 규정을 두고 제1~61조까지 상세히 규정하였다. 과거 사회주의 국가에서는 정치·경제·사회·문화 영역으로 나누어 규정하는 것이 관례였다.

한편 정치·경제·문화 제도를 기본권 장에서 규정하는 경우도 있었다(바이마르 헌법). 그런데 권리와 제도는 구별하는 것이 바람직하고, 기본 질서 규정을 기본권 장에 두면 권리와 질서를 혼동하게 하므로 기본 질서는 기본권 장이 아니라 남한 헌법처럼 제도보장으로 구별해서 규정하는 것이 좋을 것이다.

2) 통일헌법의 정치적 기본 질서

정치적 기본 질서에서는 국가의 형태, 주권의 주체, 주권을 행사하는 방법, 선거제도, 국민투표제도, 정당제도를 규정해야 할 것이다. 국가 형태는 자유민주공화국으로 하고, 자유민주적 기본 질서를 상세히 규정하는 것이 필요할 것이다. 주권을 행사하는 방법으로는 선거제도와 정당제도를 규정하는 것이 바람직하다. 선거제도는 인물선거를 할 것이냐, 정당선거를 할 것이냐, 지역구 소선거구제로 할 것이냐, 대선거구 비례대표제로 할 것이냐를 규정해야 할 것이다. 바람직하기는 정당선거와 인물선거를 같이 할 수 있는 제도, 즉 독일식 선거제도를 도입하는 것이 좋을 것이다.

직접민주주의 한 방법으로 중요 정책을 국민투표에 부칠 수 있게 규정해야 할 것이다. 프랑스 헌법이 국민투표 규정을 상세히 두었고, 덴마크는 법률 제정에 이의가 있으면 국민투표에 회부하게 했으며, 스위스는 필요적 국민투표와 임의적 국민투표를 규정하였다. 국민의 요구로 국민투표를 하는 경우에 국민투표에 회부할 수 없는 사항을 규정한 헌법도 있다(헝가리·이탈리아·포르투갈 헌법). 헌법 개정 확정에 국민투표를 결부하는 것이 일반적이다.

정당제도는 복수정당제도 보장을 규정해야 한다(러시아 헌법). 정당을 설립 할 자유와 정당 활동 자유를 보장해야 하며, 정당에 대한 국고 보조(멕시코·그리스·터키 헌법)와 정당의 의무를 규정한 나라들이 있다. 복수정당제는 반드시 보장해야 하고, 정당 공천의 민주화와 정당 자금의 공급 등을 규정해야만 한다. 정당제도에 관해서는 터키 헌법이 비교적 상세히 규정하였다(제68조, 69조).

3) 통일헌법의 행정적 기본 질서

통일헌법에서도 법치행정을 규정해야 한다. 헌법 중에는 헌법의 최고성을 규정한 것이 있다. 예를 들면 일본 헌법 제98조 1항 "헌법은 국가의 최고 법규로 이에 반하는 법률·명령·조칙·국무에 관한 그 밖의 행위 전부 혹은 그 일부는 효력이 없다", 남아공 헌법 제2조 "이 법은 남아프리카공화국의 최고 법으로 이와 상반되는 법률이나 행위는 효력이 없으며, 이 법으로 부과한 의무는 반드시 준수해야 한다", 터키 헌법 제11조 "헌법 조항은 입법부·행정부·사법부, 행정기관,

기타 기관과 개인을 구속하는 기본적인 규범이다. 법률은 헌법에 저촉되어서는 안 된다'가 헌법의 최고성을 규정하고 위헌법률심사권을 인정하였다.

또 행정은 헌법과 법률에 따라 행해야 한다. 예를 들면 포르투갈 헌법은 "행정부는 공익을 추구하며 법률의 보호를 받는 국민의 모든 권익을 존중해야 한다. 행정 기관과 요원은 헌법을 따라야 하며, 각자의 직무를 수행하는 과정에서 평등·비례·공평·초당파성 원칙과 신의·성실 원칙에 따라 행동해야 한다"(제266조)고 규정하였다.

행정공무원의 정치적 중립을 보장하도록 헌법에 규정해야 할 것이다. 독일 헌법도 공무원의 지위와 직업공무원제도 보장을 규정하고(제33조), 공무원의 헌법 충성 의무와 공무전임 의무를 여러 헌법에서 규정하고, 공무원의 불법행위로 비롯된 손해보상도 규정하였다.

또 공무원의 의무에 대해서도 국가와 기타 공공기관에 소속된 행정공무원과 기타 요원은 법의 테두리 안에서 관할 소속기관이 정의한 바대로 공익에 봉사해야 한다(포르투갈 헌법 제269조)고 규정하였다. 폴란드 헌법은 제2조에서 "폴란드공화국은 법과 사회정의로 통치하는 민주국가"라고 규정하였다.

통일헌법에서도 공무원의 권리와 의무를 명시하고, 공무원의 불법행위에 대한 배상청구권을 규정해야 한다. 그 배상액은 국가가 대납한 다음에 그 공무원에게 구상권을 청구하도록 해야 할 것이다. 또 행정절차법과 행정구제법 같은 입법 의무도 규정하는 것이 바람직하다.

4) 통일헌법의 경제적 기본 질서

경제적 기본 질서는 공산주의나 사회주의 헌법에서는 상세히 규정하나(북한·베트남 헌법) 자유주의 국가에서도 경제 부를 두는 예(포르투갈 헌법)도 있다. 그러나 대부분 기본 원칙이나 총강에서 간단히 규정하고, 기본권 장에서 경제·사회·문화 생활 등의 기본적인 경제제도를 규정하였다.

대한민국 헌법에서는 처음부터 경제 장을 독립시켜 경제 질서 전반을 규정하였다. 북한 헌법은 북한은 "사회주의적 생산관계와 자립적 민족경제의 토대에 의거한다"(제19조)면서 북한의 "인민경제는 계획경제"(제34조)라고 하였다. 그러나 베트남은 2013년 개정에서 "베트남의 경제는 사회주의를 지향하는 시장경제이며, 복수 소유 형식과 경제 구성 요소를 인정한다. 국가 경제는 주도적인 역할을 한다"(제51조 1), "국가는 시장의 각 규율을 존중함을 기초로 하여 경제체제를 건설·정비하고 경제를 조정한다"(제52조)고 하였다. 러시아 헌법도 "경쟁을 지원하며 경제활동 자유를 보장한다"(제8조)고 하였고, 체제전환 국가도 모두 계획경제를 포기하고 시장경제 질서를 채택하였다(슬로바키아 헌법 제55조).

통일헌법에서 경제 조항은 총강에서 기본 원칙만 규정하고, 상세한 것은 별도 장에서 규정하는 것이 좋을 것 같다. 독일식인 사회적 시장경제제도를 도입하여 최대한 경제적 자유를 인정하되, 최소한의 규제와 조정을 하도록 규정하는 것이 바람직할 것이다. 또 경제정책 목표를 선언하는 것이 필요할 것이다(스위스 헌법 제100조). "연방은 경제를 균형 있게 발전시키기 위하여 대책을 마련하고, 특히 실업과 물가 인상을 방지하고 억제할 조치를 강구해야 한다"라는 것을 모방하여 규정해야 할 것이다.

5) 통일헌법의 사회·문화적 기본 질서

사회적 기본 질서와 문화적 기본 질서도 상세히 규정하는 것이 바람직할 것이다. 독일 기본법은 "사회적 연방국가"(제20조 1항)라고 하여 사회국가임을 선언하였다. 러시아 헌법도 "사회적 국가"이며, "정책은 개인의 가치 있는 삶과 자유로운 발전을 보장해주는 여건을 만드는 것을 목표로 한다"(제7조)고 하였다. 스페인 헌법은 "사회적·민주적 법치국가이며, 법 질서의 최고 가치는 자유·정의·평등 과 정치적 다원주의"(제1조 1항)라고 강조하였다. 포르투갈 헌법도 "포르투갈은 인간의 존엄성과 국민의 의지를 기반으로 한 주권적 공화국으로, 자유롭고 공평하며 공동의 이익을 추구하는 사회를 건설할 것을 약속한다"(제1조)라고 하여 사회복지와 행복한 국가를 추구하였다. 통일헌법도 이러한 취지를 따라 인간의 공동생활과 가족생활을 보호하는 행복한 사회와 국가 건설을 약속해야겠다.

북한은 "사회주의 문화"를 강조하며, 이는 "근로자의 창조적 능력을 높이며 건전한 문화정서적 수요를 충족시키는 데 이바지 한다"(제39조), "문화혁명을 철저히 수행하여 모든 사람을 자연과 사회에 깊은 지식과 높은 문화 수준을 가진 사회주의 인간으로 만들어 온 사회를 인테리화한다"(제40조)라고 규정하였다. 남한 헌법은 "국가는 전통문화를 계승·발전시키고, 민족의 문화 창달에 노력해야 한다"(제9조)라고 규정하였다. 러시아 헌법은 "이데올로기의 다양성을 허용한다. 어떠한 이데올로기도 국가 이념이나 의무적 이념으로 규정할 수 없다"(제13조)라고 하여, 사회주의 이데올로기를 폐기하고 다양한 문화생활을 보장하였다.

통일헌법에서도 문화적 기본 질서 규정에서 이데올로기에서 자유로운 다문화 사회 건설을 두어야 할 것이다. 현대 헌법의 한 특색은 환경보호를 규정하는 것이다. 독일 기본법도 자연과 동물을 보호하는 규정을 추가하였다. 통일헌법에서도 이러한 환경보호를 규정해야 할 것이다.

제Ⅲ장. 기본권

제1절. 기본권 보장 규정 원칙

1. 기본권 장의 의미와 특징

1) 기본권 장의 위치

바이마르 헌법은 제1편에서 독일의 조직과 과업을 규정하고, 제2편에서 국민의 기본권과 기본 의무를 규정하였다. 멕시코 헌법은 제1편에서 기본권을 규정하고, 제2편에 국가에 관한 규정을 두었다. 독일 기본법은 제1장에서 기본권을 규정했는데, 이것은 국가의 조직 규범보다 국민의 기본권 보장이 더 중요한 국가의 과업임을 인정한 것이다. 세계 몇 나라 헌법이 기본권을 헌법 첫머리에서 규정하였다(아르헨티나·네덜란드·멕시코·1982년 캐나다 헌법). 다른 나라 헌법들도 제1장에 간단한 총강과 기본 질서 규정을 두고, 제2장부터 기본권을 규정하였다(일본·중국·터키·스위스·스페인·포르투갈·슬로바키아·헝가리·폴란드·이탈리아·남아공·그리스·핀란드 헌법). 유럽헌법안도 기본권을 제1장에서 규정하였다.

2) 기본권 장의 편별

제1차 대전 이전에는 기본권을 간단히 규정했지만 바이마르 헌법부터 편별로 구분하는 경향이 나타났다. 제2차 대전 후의 헌법에서도 편별로 나누지 않고 규정한 것이 많으나, 근자에 와서는 기본권이 많아지면서 편별로 나누는 경향이 있다(스위스·멕시코·스웨덴·스페인·슬로바키아·포르투갈·이라크·이탈리아·캐나다·터키·폴란드 헌법). 유럽기본권헌장과 유럽사회헌장, 유엔인권규약도 그 성격에 따라 분류하였다.

통일헌법도 새로 만든 여러 헌법의 기본권 규정을 참조하여 편별로 하되, 원칙 규정, 내용 분류, 기본권 제한, 기본권 구제를 편별로 나누어 상세히 규정하는 것이 바람직할 것이다.

3) 남북한 헌법의 기본권

(1) 남한 헌법의 기본권

기본권을 규정하는 방식에는 실정권적인 방식과 자연권적인 방식이 있다. 대한민국 헌법은 제10조에서 "모든 국민은 인간으로서 존엄과 가치를 가지며, 행복을 추구할 권리를 가진다. 국가는 개인이 가지는 불가침의 기본적 인권을 확인하고, 이를 보장할 의무를 진다"라고 하여 기본권의 천부인권성을 강조하였다. 이는 모든 국민의 기본권을 헌법에 보장함으로써 자연법을 실정법화하고, 인간의 존엄이 국가의 권력이나 이익보다 우선함을 선언한 것이다. 또 인간의 존엄과 가치, 행복추구권을 규정하여 명예권, 일반적 인격권, 행복추구권, 알 권리, 읽을 권리, 들을 권리, 일반적 행동 자유권을 보장하였다.

헌법은 전문에서 정치·경제·사회·문화 모든 영역에서 개개인의 기회를 균등히 한다고 선언하고, 제11조에서 "모든 국민은 법 앞에 평등하다. 누구든지 성별·종교·사회적 신분으로 정치적·경제적·사회적·문화적 생활의 모든 영역에서 차별대우를 받지 않는다"고 규정하였다. 이는 법 앞의 평등을 보장하며 불합리한 차별대우를 금지한 것으로, 헌법 전문의 실질적 평등 원리와 함께 민주정치에서 가장 중요한 평등권을 보장한 것이다. 헌법 제36조 1항은 혼인과 가족생활에서 남녀가 평등함을 강조하였다.[1] 이 밖에도 대한민국 헌법은 ① 신체의 자유 ② 사회적·경제적 자유 ③ 정신적 자유 ④ 정치적 자유를 보장하였다.

---

[1] 대한민국 헌법에서 기본적인 인권은 卞在玉, 米國憲法と日本憲法が韓國憲法基本權條項に及ぼした影響,《自治研究》63卷 2號(1987. 2); 김철수,『학설판례 헌법학』(상), 박영사, 2009/『법과 정의·복지』, 진원사, 2012/『새 헌법 개정안』, 진원사, 2014년과 앞에서 언급한 대한민국 헌법 기본권 개정 논문 참조. 남북한 기본권을 비교한 것은 최용기,「남북한 헌법상의 기본권」,《사회과학연구》6(2000. 2), pp. 49-73.

우리 헌법은 자본주의 국가에서는 보기 드물게 생존권적 기본권을 상세히 규정하였다. 전문에서 평등한 사회를 건설한다는 이념을 강조하고, 제34조 1항에서 "모든 국민은 인간다운 생활을 할 권리를 가진다"라고 선언하여 생존권적 기본권을 보장한다는 대원칙을 천명하고, 개별적으로 ① 교육을 받을 권리 ② 노동할 권리 ③ 노동자의 권리 ④ 사회보장을 받을 권리 ⑤ 혼인과 가족생활 ⑥ 보건의 권리를 보장하였다.

헌법은 또 일련의 청구권적 기본권을 규정하였다. 이에는 청원권, 재판청구권, 형사보상청구권, 공무원의 불법행위로 비롯된 손해배상청구권을 규정하였다. 이 형사보상청구권과 손해배상청구권은 정당한 보상청구권으로 적정한 보상을 받도록 하였다.

헌법은 또 국민주권주의를 채택하여 모든 국가권력은 국민한테서 나오며, 국민이 능동적으로 국정에 참여할 권리를 인정하였다. 참정권으로는 선거권, 공무담임권, 국민표결권을 규정하였다.

물론 기본권이라고 해서 절대적인 것은 아니다. 국가의 안전과 질서, 공공의 복리를 위하여 필요한 경우에는 법률로 제한할 수 있다. 그러나 그 본질적 내용은 침해할 수 없다. 기본권은 비상계엄이나 국가가 긴급할 때는 대통령의 긴급명령과 비상계엄령으로 예외적으로 제한할 수 있다.[2]

(2) 북한 헌법의 기본권

북한 헌법에서도 기본권을 규정했으나 천부인권이 아니라 실정권으로 공민에게만 인정하였다.[3] 제5장에서도 공민의 기본 권리와 의무를 규정하기는 하였다. 제

---

2) 이 부분은 《대한민국학술원논문집》에 실렸던 필자의 졸고 「통일헌법의 제정」을 전재했음.
3) 북한 헌법 기본권에 대해서는 Sung-Chul Choi, Human Rights in North Korea, 1995; The Current Situation of Human Rights in North Korea and Role of the International Community, 1995; 강구진, 북한법 연구, 1975; 장명봉, 「북한 헌법상의 기본권론 서설」, 《고시연구》 206(1991. 5), pp. 62-74/「제도적 측면에서 본 북한의 기본적 인권」, 《통일정책》 제2권 3호(1976); 강구철, 「북한 헌법상의 기본적 인권」, 서울대 석사학위 논문, 1978; 최성철, 「북한 인권의 이해」, 1995; 「국제학술심포지엄논문집」, 「북한의 인권 실상과 국제사회의 역할」, 1995; 「북한인권백서」 2011-2014; 국가인권위원회, 「북한인권보고서」; 통일연구원, 「북한 인권 실상과 효율적 개입 방안」, 2011; 홍성방, 「북한 헌법상의 기본권과 기본권 이

63조에서는 "공민의 권리와 의무는 '하나는 전체를 위하여, 전체는 하나를 위해서'라는 집단주의원칙에 기초한다"고 하였고, 제64조에서는 "국가는 모든 공민에게 참다운 민주주의적 권리와 자유와 행복한 물질·문화 생활을 실질적으로 보장한다"고 하였다. 북한은 "공민의 권리와 자유는 사회주의제도의 공고한 발전과 함께 더욱 확대된다"라고 하여, 사회주의제도 내에서의 기본권임을 명백히 하였다.

평등권을 규정하면서 "국가와 사회 생활 모든 분야에서 누구나 다 같은 권리를 가진다"(제65조)라고 했으며, 평등선거원칙(제66조)도 규정하고, 남녀평등권(제77조)도 규정하였다.

자유권 부분이 가장 빈약한데, 헌법에 규정한 것으로는 언론·출판·집회·시위·결사 자유와 민주주의 정당·사회단체의 활동 자유를 보장하였다(제67조). 신앙의 자유(제68조), 거주·려행의 자유(제75조), 주거불가침, 인신불가침, 서신의 비밀, 과학·문학·예술 활동 자유만 규정하였다. 인신 자유 규정을 보면 절차 보장

론」, 「남북한 통합 그 접근 방법과 영역」(하), 소화, 1996, pp. 32 이하; 김동한, 「북한 헌법에 있어서의 기본권」, 「북한의 법과 법이론」, 경남대 극동문제 연구소, 1988, pp. 79-108; 홍성방, 「1998년 개정된 북한 헌법상의 기본권」, 《서강법학》 제7권(2005), pp. 35-49; 조용진, 「북한 헌법상의 기본권」, 중앙대 석사학위 논문, 2000; 문병진, 「북한 헌법에서의 기본권에 관한 연구」, 경상대 석사학위 논문, 1989; 김영삼, 「북한 헌법상 기본적 인권: 북한체제에 있어서 헌법규범과 헌법현실에 나타난 기본권 규제를 중심으로」, 연세대 석사학위 논문, 1979; 박종순, 「북한 헌법상의 기본권 규정과 그 실제적용에 관한 연구」, 건국대 박사학위 논문, 1979; 손병기·임헌소, 「북한 헌법상의 기본권에 관한 연구」, 《목원대학교 논문집》 25(1994. 3), pp. 219-256; 김동한, 「사회주의 헌법상의 기본권에 관한 이념적 접근: 소련 헌법과 북한 헌법을 중심으로」, 경희대 박사학위 논문, 1992; 소진운, 「공산주의 헌법상의 기본권에 관한 연구: 소련·북한 헌법을 중심으로」, 건국대 박사학위 논문, 1988; 김동한, 「북한 헌법상의 기본권 조항 변천에 관한 고찰」, 《북한연구》 20(1995), 대륙연구소; 유정복, 「북한 헌법과 기본권 보장의 한계」, 《공법연구》 제24권 2호(1996), pp. 133-158; 김병묵, 「북한 헌법상 기본권과 주체사상」, 《경희법학》 28(1993. 12), pp. 5-28; 조휘제, 「북한 헌법상의 기본권 변천 내용에 관한 고찰」, 《윤리연구》 제61호(2006. 4), 한국윤리학회, pp. 367-405; 박종순, 「북한 헌법상의 기본권 규정과 그 운용실제에 관한 연구」, 건국대 박사학위 논문, 1997; 황규홍, 「북한 헌법에 나타난 자유와 권리에 관한 연구」, 경상대 석사학위 논문, 1989; 최용기, 「남·북한 헌법상의 기본권」, 《사회과학연구》 6(2000), 창원대 사회과학연구소, pp. 49-73; 정규서, 「북한 헌법상의 종교의 자유」, 《통일생활》 64(1975. 10), 대공문제연구소, pp. 50-52; 장명봉, 「북한 헌법상 생존권적 기본권에 관한 일고」, 《고시연구》 통권259권(1995. 10), pp. 59-75; 조갑제, "북한 헌법 제67조: 공민은 언론, 출판, 집회, 시위, 결사가진다", 다음 아고라(2014. 2. 2); 구병삭, 「북한 헌법상 재산 소유제의 비교헌법적 고찰: 특히 소련·중공과의 비교를 중심으로」, 《북한법률행정논총》 7(1989), 고려대 법학연구원, pp. 1-27; 김광선, 「북한 헌법상 평등권과 자유권적 기본권」, 《북한학연구》 제2집(2005), 성결대 북한연구소, pp. 21-41; 소진운, 「공산주의 헌법상의 기본권에 관한 고찰: 북한 헌법을 중심으로」, 《논문집》 22(1986), 건국대 교육연구소, pp. 301-322; 소진운, 「공산주의 헌법상의 기본권에 대한 고찰: 북한 헌법을 중심으로」, 《군산대논문집》 11(1985. 12), pp. 135-158.

이 부족하고, 구속적부심사, 자백의 증거 능력 제한, 직업을 선택할 자유, 양심의 자유, 사유재산제도를 보장하지 않았다. 신앙의 자유는 규정했으나 형식적이고, "누구든지 종교를 외세를 끌어들이거나 국가와 사회 질서를 해치는 데 이용할 수 없다"고 하여 제한하는 데 중점을 두었다.

생존권적 기본권은 비교적 상세히 규정하였다. 노동할 권리, 휴식할 권리, 무상으로 치료받을 권리, 교육받을 권리를 보장하였다. 또 여성과 소년 보호, 혁명 투사 같은 특별한 보장, 무상치료제를 규정하였다. 이 밖에도 제2장 경제와 제3장 문화에서 여러 가지 프로그램적 규정을 두었다. 8시간 근로제, 농민 보호, 12년제 의무·무상 교육을 규정하였다. 그러나 교육의 자유는 인정하지 않았으며, 획일적인 공산주의 인간으로 개조하는 작업을 하고 있다.

청구권적 기본권으로는 신소(申訴)와 청원권만을 규정하고 재판청구권, 형사보상청구권, 국가배상청구권은 규정하지 않았다.

참정권은 17세 이상의 모든 공민에게 평등한 선거권과 피선거권(제66조)에 관한 규정을 두었고, "민주주의 정당과 사회단체의 자유로운 활동 조건을 보장한다"(제67조 2항)고 규정하였다. 그러나 "조선로동당의 영도 밑에 모든 활동을 수행한다"(제11조)고 하여 반노동당적인 정당은 인정하지 않았다. 또 사상의 자유도 인정하지 않았다. 북한은 사람 중심의 세계관이며, 인민대중의 자주성을 실현하기 위한 혁명사상인 주체사상과 선군사상을 자기 활동의 지도적 지침으로 삼는다(제3조)고 하여 사상의 자유를 부정하였다.

북한 헌법은 의무에 많은 규정을 두었다. "공민은 인민의 정치사상적 통일과 단결을 수호해야 하며(제81조), 집단주의를 지켜야 하며, 노동 의무와 국가의 안전 보장 의무"를 규정하였다. 또 법과 사회주의적 생활 규범 준수(제82조), 사회주의적 행동 준칙을 철저히 지키도록 하고, 노동 의무와 노동 규율을 준수할 의무를 규정하였다(제83조). 이 밖에도 조국을 수호할 의무, 국가의 비밀을 지킬 의무 등을 규정하였다.

이처럼 헌법에는 국민의 권리를 규정했으나, 자연권으로 인정하지 않고 국가가 부여하고 보장하는 실정권으로 제도적 측면을 강조하였다. 이 보장이라는 것도 법률이나 사법 절차에 의한 것이 아니므로 그 실효성은 거의 없다고 하겠다. 새로 규정한 여행 자유는 명목적인 것이다. 북한 인민의 기본권은 보장되지 않으며, 공민은 능력에 따라 일하고 노동의 양과 질에 따라 분배받는다고 했으나, 강제노동과 기아임금에 허덕이고 있다. 북한의 인권 실상은 참담하다. 2014년 겨울(12월)에는 유엔총회에서 북한 지도자의 인권 침해 행위를 국제형사재판소에 제소하도록 의결하였다. 이 의결에는 유엔 회원국 절대다수가 찬성하고, 반대 표는 20표 이하였다.

(3) 남북한 헌법의 기본권 비교

① 남한은 개인주의적·인격주의적이고, 북한은 집단주의원칙에 근거하였다.
② 남한은 인간의 권리로서 자연권이고, 북한은 공민의 권리로서 실정권이다.
③ 남한은 자유권 보장에 중점을 두었고, 북한은 생존권 보장에 중점을 두었다.
④ 남한은 권리 위주로 규정하였고, 북한은 의무를 강조하였다.
⑤ 남한은 사법적 보장을 강조하였고, 북한은 사회적 보장을 강조하였다.
⑥ 남한은 상세하며 세계 일류로 규정하였고, 북한은 선언적 측면이 강하며 공산주의 국가에서도 뒤떨어져 있다.

북한은 국제인권규약에 가입했으나 이를 준수하지 않아 인권 침해를 가장 많이 하는 국가가 되었다.[4]

4) 통일헌법의 기본권 참조 준거법

① 포르투갈 헌법
② 스위스 헌법
③ 이탈리아 헌법

---

4) 최용기, 「남·북한 헌법상의 기본권」, 《사회과학연구》 6(2000), 창원대 사회과학연구소, pp. 49-73. 북한은 인권침해가 가장 심한 나라로 유엔인권위원회에서 경고를 받았으며, 국제형사재판소에 침해자 회부가 의결되어 있다.

④ 스페인 헌법

⑤ 독일 기본법

⑥ 터키 헌법

⑦ 폴란드 헌법

⑧ 아르헨티나 헌법

⑨ 슬로바키아 헌법

⑩ 유럽인권헌장

⑪ 유럽사회헌장

⑫ 국제인권 A규약

⑬ 국제인권 B규약

5) 통일헌법의 기본권 규정

기본권 조항은 유엔인권규약과 유엔인권선언을 참조하고, 유럽인권헌장과 유럽사회헌장도 참조해야겠다. 또 동독의 헌법 초안이며 시민연합(Kuratorium)에서 만든 초안과 동독지역의 새 지방 헌법을 참조해야 할 것이다. 새로운 체제로 가는 나라들의 헌법도 세계적인 인권 보장 규정을 두었다. 이 밖에도 유럽과 미주, 아프리카가 지역인권협정을 체결하였다. 이중에서도 유럽인권헌장이 새 인권을 망라하여 규정했으니 좋은 참고 자료가 될 것이다.

6) 기본권 참고문헌

(1) 기본권 일반 참고문헌

1. Oestrich, G., *Die Idee der Menschenrechte in ihrer geschichtlichen Entwicklung*, Berlin, 1963.

2. Oestrich, G., *Geschichte der Menschenrechte und Grundfreiheiten im Umriß*, Berlin, 1978.

3. Pereis, J(Hrsg.), *Grundrechte als Fundament der Demokratie*, Frankfrut/m., 1979.

4. Göller, Th(Hrsg.), *Philosophie der Menschenrechte, Methodologie, Geschichte,*

Kultureller Kontext, Göttingen, 1999.

5. Göller, Th., Die Philosophie der Menschenrechte in der europäischen Aufklärung-Locke, Rousseau, Kant. Göttingen, 1999.

6. Iwe, N. S., *The History and Content of Human Rights, A Study of The History and Interpretation of Human Rights*, New York, 1986.

7. Alexy, R., *Theorie der Grundrechte*, Baden-Baden, 1996(1985)

8. Pennock, J., Roland(ed.), *Human Rights*, New York, 1981.

9. Pollmann, A./Lohman, G(Hrsg.), *Menschenrechte*, Stutgart, 2012.

10. Ferry, L./A. Renault., Philosophie politique. t. 3: Des droits de l'homme ? l'homme à l' idee republicaine. Paris, 1985(Engl.: dies., Political Philosophy, Vol. 3: From the Rights of Man to the Republican Idea, Chicago 1992).

11. Kamemka, E./A. Erh-Soon Tay(eds.), *Human Rights*, New York/London, 1978.

12. Leiser, B. M./Tom Campbell., *Human Rights in Philosophy and Practice*, Dartmowth, 2001.

13. Blackburn, R., *Towards a Constitutional Bill of Rights for the United Kingdom*, 1999.

14. 김철수, 『기본권의 체계』, 관악출판사, 2009.

(2) 세계인권선언과 유엔인권규약 참고문헌

1. Paschotta, Giorgao., *Menschenrechte der UNO Charta*, 1948.

2. Buergenthal, T., *International Human Rights in a Nutshell*, St. Paul Minn, 1995(양건 역, 『국제인권법』, 교육과학사, 2001).

3. Schwartz, B(ed.), *The Bill of Rights: A Documentary History*, New York, 1971.

4. Floretta, H./T Öhlinger., Die Menschenrechtspakte der Vereinten Nationen. Ein Beitrag zum Stand der Grundrechte in Öserreich, insbesondere zu den sozialen Grundrechten. Wien, 1978.

5. Simma, B./Fastenrath, U., *Menschenrechte Ihr internationaler Schutz*, 5. neu bearb. Aufl. München, 2004.

6. Donnelly, J., *Universal human rights in theory and practice*, Ithaca, N. Y., 1989.

7. Sieghart, P., *International Law of Human Rights*, Oxford, 1983.

8. Robertson, A. H./J. G., Merills, *Human Rights in the World: An Introduction to the Study of International Protection of Rights*, Manchester, 1996.

9. Alston, Philip/Goodman, Ryan, *International Human Rights*, 2012.

10. Wronka, J. M., *Human Rights and Social Policy in the Twenty-First Century. A History*

of the Idea of Human Rights and Comparison of the United Nations Universal Declaration of Human Rights with the United States Federal and State Constitutions, Landham, MD, 1992.

11. 한국인권위원회 편, 『기본권 조항 주석서』.

12. 김철수, 「국제인권입법의 한국 헌법에의 반영과 앞으로의 과제」, 《인권년보》, 1969.

13. 김철수, 「국제인권규약과 한국 헌법의 기본권 조항」, 《사법행정》 1982. 12.

(3) 유럽연합 기본권헌장 참고문헌

1. Rengeling, H. W., Grundrechtsschutz in der Europäischen Gemeinschaft. Bestandsaufnahme und Analyse der Rechtsprechung des Europäischen Gerichtshofes zum Schutz der Grundrechte als allgemeine Rechtsgrundsätze. München, 1992.

2. Grabenwarter, Christoph., *European Convention on Human Rights, (Europäische Menschenrechtskonvention)*, Beck München, 2003. 5. Aufl. 2011.

3. Bates, Ed., *The Evolution of European Convention on Human Rights*, 2011.

4. Ehlers, D., *Europäische Grundrechte und Grundfreiheiten*, Bearb. von U. Becker, Berlin, 2005.

5. The charter of the fundamental rights of the european union, Reading Guide. Ingo of the Council of Europe European Social charter(revised) 1996.

6. Meyer, Jürgen, *Charta der Grundrechte der Europäischen Union*, 4. Aufl. 2014. Nomos Verlag.

7. Jarass, Hans, *Charta der Grundrechte der Europäischen Union,* 3. Aufl. 2016. Beck München.

8. Schulze, Sven, Die Charta der Grundrechte als Teil der Verfassung der Europäischen Union. 2004.

9. Lang, G. V./Strohmer, M. F(Hrsg.), *Europa der Grundrechte? Beiträge zur Grundrechtecharta der Europäischen Union. Mit einen Geleitwort des Bundespräsidenten der Republik Österreich*, Bonn, 2002.

10. 박인수, 「기본권체계」(헌법연구자문회의록), 2008.

11. 배정생, 「유럽인권 보장체제에 관한 연구」, 《국제법학회논총》 제48권 1호(2003. 6). 대한국제법학회.

12. 홍성필, 「유럽의 인권보호체제」, 『EU법강의』, 박영사, 2012.

13. 박진완, 「유럽헌법조약상의 기본권 보장」, 《공법연구》 제33집 5호(2005).

14. 박진완, 「유럽연합의 법질서에서 기본권의 효력보장문제」, 《유럽헌법연구》 제13호.

(4) 독일 기본법 기본권 참고문헌

1. Bleckmann, A., *Staatsrecht II-Die Grundrechte*, Neubearb. Aufl. Köln, 1997(1985).

2. Sachs, *Grundrechte Kommentar*, 2010.

3. Gallwas, H. U., *Grundrechte*, Bearb. Aufl. Neuwied/Kriftel/Berlin. 1995(1985).

5. Glenewinkel, W., *Grundrechte*, Reinbek bei Hamburg, 1995.

6. Hesse, K., Die Grundrechte Bestand und Bedeutung. in Benda, E./Maihofer, W./ Vogel, H-J.(Hrsg.), *Handbuch des Verfassungsrechts*, Berlin/New York, 1983.

7. Merten, D./H.-J. Papier(Hrsg.), *Handbuch des Grundrechte in Deutschland und Europa*, 12 Bände, Müller, 2006-2017.

8. Starck, *Grundgesetz Kommentar*, 3 Bde, 2012.

9. Jarras, H. D./B. Pieroth, *Grundgesetz für die Bundesrepublik Deutschland Kommentar*, Müchen, 2006.

10. Maunz, T./Dürig, G./Herzog, R./Scholz, R/Epping V.(Hrsg.), *Grundgesetz Kommentar*, München, 2003-2016.

11. Pieroth, B./Schlink, B., *Grundrechte Staatsrecht II*, Heidelberg, 1994.

12. Dietlein, J., *Die Grundrechte in den Verfassungen der neuen Bundesländer*, München, 1993.

13. Dreier, H., *Grundgesetz(GG) Kommentar*, 3 Bde. Tübingen, 2013.

14. Kneucker, R., F./Nowak, M./Tretter, H., *Menschenrechte-Grundrechte*, Hrsg. v. G. Neim-Wille, Wien, 1995.

15. Dolzer/Klaus/Hans, *Bonner Kommentar zum Grundgesetz*, Müller, 1993.

16. Kahl/Waldhoff/Walter (Hrsg.), *Bonner Kommentar zum Grundgesetz*, Müller, 2016.

17. Epping/Hillgruber, *Kommentar des Grundgesetzes*, 2. Aufl. 2013.

18. Münch/Kunig, *GG Kommentar*, 6. Aufl. 2012.

19. Isensee/Kirchhof, *Handbuch des Staatsrechts*, Müller, 2012.

20. Epping, *Grundrechte*, 5. Aufl. 2012.

21. Hufen, *Staatsrecht II-Grundrechte*, 3. Aufl. 2011.

22. Michael/Morlok, *Grundrechte*, 3. Aufl. 2012.

23. Münch/Mager, *Staatsrecht II-Grundrechte*, 6. Aufl. 2011.

24. 홍성방, 「독일기본권과 사회적 기본권」, 《서강법학》 제11권 2호(2009).

(5) 미국 헌법 기본권 참고문헌

1. Brugger, W., *Grundrechte und Verfassungsgerichtsbarkeit in den Vereinigten Staaten von Amerika*, Tübingen, 1987.
2. Hartnack, J., *Human Rights: Freedom, Justice, and Equality*, Lewiston, 1992.
3. Claude, R. P.(ed.), *Comparative Human Rights*, 1976.
4. Emerson/Haber/Dorsen, *Political and Civil Rights in the United States*, 2 vols, 1967.

2. 통일헌법의 기본권 보장 원칙

1) 자연권성

기본권 보장은 천부인권으로 보는 자연권적 규정과 국가가 국민에게 부여하는 실정권으로 규정하는 방식이 있다. 공산주의 국가는 실정권으로 규정했으나 러시아처럼 천부인권으로 규정하는 나라들이 늘어나고 있다. 헝가리 헌법 제1조, 독일 기본법 제1조, 일본 헌법 제11조, 남아공 헌법 제7조, 터키 헌법 제12조가 자연권성을 강조하였다.

북한 헌법은 아직도 구공산주의 헌법처럼 "국가는 모든 공민에게 참다운 민주주의적 권리와 자유와 행복한 물질·문화 생활을 실질적으로 보장한다"라고 하여 실질적으로 규정하였다.

기본권은 남한 헌법을 기본으로 하면서 세계인권선언과 국제인권규약, 유럽인권헌장를 참작하여 규정해야 할 것이다. 기본권은 남한 헌법처럼 자연권으로 규정해야 하며, 국가는 개인의 불가침 자연권을 확인하고 이를 최대한 보장하도록 규정하는 것이 옳을 것이다.[5] 또 사인에 의한 침해도 국가가 구제해주도록 보장 의무를 확대해야 하며, 사인도 타인의 기본권을 존중하도록 의무화해야겠다.

---

5) 상세한 것은 김철수, 「기본권 보장이 최우선이다」, 『한국헌법사』, p. 467 이하/『법과 정의·복지』, 진원사, 2012, pp. 139-214 참조.

2) 기본권의 주체

기본권의 주체도 북한에서는 공민에 한정했으나, 공산국가였던 러시아도 "인간의 권리"라 하여 인간을 기본권의 주체로 인정하였다. 자유민주국가에서는 대부분 인간의 권리로 규정하였다. 대한민국 헌법은 국민의 권리로 규정했으나, 이것은 사람의 권리로 바꾸는 것이 좋다. 또 배아와 태아의 권리도 보장하는 것이 좋을 것이다.

3) 불가침성

기본권은 원칙적으로 국가권력에 의해서도 불가침한 것으로 규정해야겠다. 독일 기본법도 "불가침과 불가양성"을 강조했으며, 스페인 헌법도 "인간의 불가침의 고유한 권리"라고 규정하였고, 헝가리 헌법도 "불가침 및 양도할 수 없는 기본권"이라고 규정하였다. 통일헌법에서도 "기본권의 불가침과 불가양성"을 강조해야 할 것이다.

4) 기본권의 효력

기본권을 법률로 보장해야만 효력을 발생한다는 규정도 있으나, 기본권은 "직접적 효력을 갖는 권리"로 보아 모든 국가권력을 구속(독일 기본법)한다고 규정해야겠다. 러시아 헌법조차도 "권리와 자유의 직접적 효력"을 인정하였다.

제2절. 인간의 존엄권과 평등권

1. 인간의 존엄권과 행복추구권

1) 인간의 존엄권 의의

통일헌법은 인간의 존엄성 존중을 규정해야 한다. 여기서 여러 가지 구체적인 권리가 나온다. 인간의 존엄과 가치, 행복추구권 원칙 외에 이를 구체화하는 개별적 존엄성과 행복추구권을 규정해야 할 것이다. 이 밖에도 여러 개별적 기본권을 세계 각국의 헌법에 따라 규정하는 것이 바람직할 것이다.

(1) 인간의 존엄권

인간은 존엄하다. 이 인간의 존엄은 태어날 때부터 누리는 권리이며, 이 권리는 절대적이고 불가침·불가양이다. 국가는 이 권리를 확인·보장할 의무를 진다. 이에서 여러 가지 권리가 나온다. 예를 들면 생명을 유지할 권리, 인격을 형성할 권리, 인격을 유지할 권리, 명예권, 초상권 등이다. 인간이 존엄성을 유지하려면 행복한 생활을 영위해야 한다. 이에서 인간다운 물질생활 권리, 인간다운 사회생활 권리, 인간다운 문화생활 권리가 나온다.

(2) 남북한 헌법의 인간의 존엄권 비교

남한 헌법에서는 "모든 국민은 인간으로서 존엄과 가치를 가지며, 행복을 추구할 권리를 가진다"고 하여 인간의 존엄권을 가장 중요시하였다.

북한 헌법에서는 인간의 존엄성은 무시하고, "하나는 전체를 위하여, 전체는 하나를 위하여"라는 집단주의원칙에 입각(제63조)하므로 개인의 존엄성보다는 집단의 한 단위로만 인정한다. 여기서는 "사상혁명을 강화하여 사회의 모든 성원을 혁명화·로동계급화하여 온 사회를 동지적으로 결합한 하나의 집단으로 만든다"(제10조)고 하였다. 국가는 "인민대중의 자주성을 실현하기 위한 혁명사상인 주체사상과 선군사상을 자기 활동의 지도적 지침으로 삼는다"(제3조)라고 하여개인의 존엄성을 인정하지 않았다.

(3) 세계 각국 헌법의 인간의 존엄권 비교

인간의 존엄을 최초로 규정한 것은 1919년의 바이마르 헌법이다. 1949년의 서독 기본법은 이를 헌법 제1조 1항에서 "인간의 존엄은 불가침이다. 모든 국가 권력은 이를 존중하고 보호할 의무를 진다"고 규정하였다. 그뒤 여러 나라가 이를 따라 인간의 존엄권을 규정하였다. 일본 헌법은 "개인의 존중·생명·자유·행복추구권"을 규정하였다. 그뒤 세계 각국 헌법은 모두 인간의 존엄성 보장을 규정하였다. 포르투갈 헌법 제25조, 러시아 헌법 제21조가 규정하였다. 유럽인권헌장도 첫머리에서 인간의 존엄성을 규정하였다.

2) 통일헌법의 개별 존엄권

여기서는 생명권, 인격권, 알 권리, 학습 권리, 초상권, 성명권을 규정해야겠다. 나아가 인간답게 생활할 권리, 행복을 추구할 권리 등을 구체화해야 할 것이다. 예를 들면 명예를 지킬 권리, 사생활의 비밀을 보호받을 권리, 천대받지 않을 권리, 강제노역을 당하지 않을 권리 등을 망라해야 할 것이다.

(1) 생명권

생명에 관한 권리는 인간에게 가장 원초적인 권리다. 외국 헌법에는 생명권을 규정한 것이 많고, 또 생명권을 침해하는 사형과 낙태 등을 금지하는 헌법이 있다(독일·헝가리·포르투갈 헌법). 우리나라의 판례는 생명권을 인정하면서도 사형제도는 합헌이라고 보고 있다. 그러나 사형선고를 받은 사람에게 사형을 집행하지 않으므로 실질적으로는 사형폐지국으로 인정한다. 통일헌법에서도 생명권 규정을 두어야 하고, 사형폐지 여부는 국민의 감정과 연관하여 헌법재판소의 판례에 맡기는 것이 옳을 것이다.

(2) 명예권과 인격권

모든 국민은 인격체로 대우받아야 하며, 천부적인 인격권을 가진다. 통일헌법에서도 인격형성권, 인격유지권, 인격표현권을 규정해야 할 것이다. 또 명예권은 타인의 명예 보호, 국가의 안전과 질서를 위하여 제한할 수 있다. 명예권·인격권과 관련해서는 사생활의 권리, 알 권리, 들을 권리, 표현할 권리 등이 있다. 명예 훼손 행위에 대한 구제 수단도 규정해야 할 것이다. 또 인격표현권은 표현의 자유에서 규정해야겠다. 그외 인격권에는 개인의 정체성에 관한 권리, 각자의 개성을 개발할 권리, 명예와 평판에 관한 권리, 초상권, 발언권 등을 보장해야 한다 (포르투갈 헌법 제26조).

(3) 인간답게 생활할 권리

인간답게 살기 위하여 물질적 토대를 보장받을 권리, 즉 생존권을 보장해야 한다. 이는 사회보장제도나 입법 절차로 구체적으로 보장해야 할 것이다. 세계 각국 헌법이 생존권을 규정했으나 사회권 보장은 국가 목적 규정으로 하여 자연권성을 인정하지 않는 경향이 있다(스위스 헌법).

(4) 행복추구권

일본 헌법을 비롯한 헌법들이 행복추구권을 규정하였다. 이것은 인간이 편안하고 안전하게 좋은 삶을 살 권리다. 우리 헌법은 이를 일반적 행동 자유권으로 인정했으나 일반적 행동 자유권은 주자유권이고, 이것은 자유권에서 규정하는 것이 좋을 것이다. 행복추구권은 물질적 생존권에서 규정하는 것이 좋을 것이다.[6]

(5) 사생활 비밀권

사생활에 국가가 개입하지 않고 공개하지 않음으로써 인격의 유지와 표현을

---

6) 상세한 것은 김철수,「인간으로서의 존엄과 가치 행복추구권에 관한 연구」,《대한민국학술원논문집 인문·사회과학 편》제47집 1호, pp. 199-279/『학설판례 헌법학』(상), 박영사, 2009, pp. 499-580 참조.

보호하는 것이다. 이는 양심이나 신앙의 자유처럼 개별 조항에서 다루어야 할 것이다.

(6) 노예·농노·강제노역 제도 금지

노예제도, 농노제도, 강제노역제도 금지는 인간의 존엄을 보장하기 위하여 필요하다. 성매매나 인신매매도 금지해야 한다.

2. 평등권

1) 법 앞에 평등 원칙

평등권은 오래된 기본권 중에 하나다. 제5공화국 헌법 내용이 되는 프랑스 인권선언에서도 자유·평등·박애를 규정하였다. 바이마르 헌법은 제2부 기본권 장 첫머리에서 "모든 독일인은 법률 앞에 평등하다"고 규정하였고, 1919년에 이미 남녀가 평등함을 규정하였다. 미국 수정헌법도 평등 조항을 두었고, 그뒤 많은 헌법이 평등에 관한 규정을 두었다. 현행 헌법은 모든 국민은 법 앞에 평등하다고 강조하였다. 평등은 차별대우를 금지하는 것인데 합리적인 차별은 인정된다.

2) 남북한 헌법의 평등권

북한 헌법은 "공민은 모든 국가·사회 생활 분야에서 누구나 다 같은 권리를 가진다"(제65조)고 하여 일반적 평등을 규정하고,[7] 특별히 남녀평등에 관한 규정을 두었는데 "녀자는 남자와 똑같은 사회적 지위와 권리를 가진다." 나아가 "국가는 녀성들이 사회에 진출할 온갖 조건을 지어준다"(제77조)라고 하여 적극적으로 지위를 보장하였다. 이것은 여성을 노동과 군대에 동원하려는 것으로 보인다. "혁명투사, 혁명렬사 가족, 애국렬사 가족, 인민군 후방 가족, 영예 군인은 국가와

---

7) 김광선,「북한 헌법상 평등권과 자유권적 기본권 보장에 관한 연구」,《북한학연구》제2집(2005), pp. 21-41.

사회의 특별한 보호를 받는다"(제76조)고 하여 특수계급을 인정하였다. 뿐만 아니라 "주권은 로동자·농민·군인·근로인테리를 비롯한 근로인민에게 있다"고 하여 프롤레타리아 계급의 지배를 강조하였다.

남한 헌법은 "모든 국민은 법 앞에 평등하다. 누구든지 성별·종교·사회적 신분으로 정치적·경제적·사회적 생활의 모든 영역에서 차별대우를 받지 않는다"고 하고, "사회적 특수계급 제도는 인정하지 않으며, 어떠한 형태로도 이를 창설할 수 없다"(제11조)고 하였다.

3) 세계 각국 헌법의 평등권

세계의 헌법은 전부 평등권 규정을 두었다. 프랑스의 인권선언을 비롯하여 서유럽 민주주의 국가들이 법 앞에 평등함과 남녀가 평등함을 규정하였다. 그리스 제4조, 독일 기본법 제3조, 벨기에 제11조의 2, 오스트리아 제7조, 캐나다 제15조, 터키 제10조, 핀란드 제5조, 남아공 제9조가 대표적이다. 사회주의 국가인 중국이나 베트남에서도 평등권을 규정하였다.

4) 통일헌법의 개별적 평등권

평등권도 일반적 평등권과 구체적 평등권으로 나누어 규정하고, 남녀평등권 규정을 보완해야 할 것이다. 여성을 보호하는 특별 규정을 두고, 모성을 우대하는 규정도 두어야 할 것이다. 재외 국민의 평등권도 보장해야 한다. 정치적 평등권도 강화하여 선거권이나 피선거권에서 차별대우를 두지 않도록 해야겠다. 피부색·인종·문화를 이유로 하는 차별도 금지하여 다문화국가의 현실에 적응해야 할 것이다.

(1) 신분적·인종적 평등권

사람은 출생 신분이나 인종이나 피부색으로 차별대우를 받지 않아야 하고, 인격은 국적에 의한 차별도 금지해야 한다. 특권제도나 귀족제도는 폐지해야 한다.

(2) 남녀평등권

성별에 의한 차별은 금지해야 한다. 남녀는 선거권과 피선거권에서 평등해야 하며, 결혼이나 임신 여부로 차별대우를 받지 않아야 한다. 임금도 동일 노동은 동일 임금을 받아야 한다. 단 모성이나 여성을 우대하는 정책은 인정해야 한다.

(3) 정치적 평등권

모든 사람은 정치생활에서 차별대우를 받지 않아야 한다. 특히 선거권과 피선거권에서 평등함을 보장해야 하고, 1인 1표와 1표 1가 원칙을 적용해야 한다.

(4) 경제적 평등권

경제생활에서 모든 사람은 차별대우를 받지 않아야 한다. 모든 근로자는 동일 노동에서 동일 임금을 받아야 하며, 특권을 금지해야 한다.

(5) 사회적 평등권

사회생활에서 모든 사람은 차별을 받지 않아야 한다. 식당이나 철도·버스 같은 객실을 이용하는 데 차별하지 않아야 하며, 인종차별정책은 금지해야 한다.

(6) 문화적 평등권

문화생활에서 모든 사람은 차별대우를 받지 않아야 한다. 학교 입학이나 문화 시설을 이용하는 데 차별은 금지해야 한다.

(7) 기타 평등권

이외의 생활영역에서 모든 사람은 차별대우를 받지 않아야 한다. 병역 의무를 남자에게만 지우는 것은 합리적인 이유가 있으므로 허용한다.

(5) 통일헌법의 평등권

통일헌법의 기본권은 남한 헌법을 기본으로 하면서 세계 각국의 기본권 규정을 모방하여 규정해야 할 것이다. 남아공 헌법은 과거 인종차별에 대한 반성으로 평등권을 상세히 규정했는데, "권리와 자유를 향유하는 평등"(제9조)도 강조하였다. 사회적 약자에 대해 적극적으로 평등 보장 조항을 많이 추가해야 한다.

제3절. 자유권과 생존권

1. 자유권

1) 자유권 보장 의의

자유권은 인간의 행동 자유에 관한 권리다. 여기서는 신체의 온전한 자유를 전제로 인정해야 한다. 세계의 각국 헌법은 자유권에 많은 규정을 두었다. 이것은 고전적인 기본권으로 오래전부터 국가권력에 대한 방어권(Abwehrrecht)으로 규정하였다.

2) 남북한 헌법의 자유권

북한 헌법은 인신·주택의 불가침과 서신의 비밀을 보장하고, 언론·출판·집

회·시위·신앙·종교·거주·여행 자유만을 규정하였다.[8] 반면 남한 헌법의 자유
권 보장은 선진국 수준이다. 그러나 외국 헌법에 있는 일반적 행동 자유권과 상
세한 적법 절차에 의한 신체의 자유 제한을 규정하지 않았으니 이를 보완해야
할 것이다. 이 밖에도 적법 절차에 관한 규정과 정치적·경제적 자유 규정을 추
가해야겠다.

3) 세계 각국 헌법의 자유권

공산주의 국가인 베트남 헌법은 신체의 자유, 사생활의 비밀, 거주지를 이전
할 자유, 출입국 자유, 신앙·종교의 자유, 언론 보도와 정보에 접근할 자유, 집
회·결사·시위할 자유를 규정한 것을 보더라도 자유권 보장이 취약함을 알 수
있다. 러시아 헌법은 신체·사생활·주거 불가침권, 정보접근권, 국적을 이탈할 자
유, 거주지를 이전할 자유, 양심과 종교의 자유, 사상과 언론의 자유, 집회와 시위
할 자유 를 보장하는 것과 비교하면 북한의 비자유성이 적나라하게 드러난다.

서방의 민주국가에서는 일반적 행동 자유권을 규정하였고, 남아공 헌법은 많
은 자유권을 보장하였다. 그중에서도 신체가 안전할 권리와 신체의 자유에 관한
규정을 상세히 두었다. 새 헌법들의 예를 들면 멕시코·필리핀·포르투갈·터키
헌법이나 옛날 미국 헌법과 일본 헌법은 신체의 자유를 적법한 절차로 보장하는
규정을 상세히 두었다.

4) 통일헌법의 신체적 자유권

(1) 일반적 행동 자유권과 신체의 온전성

일반적 행동 자유권 규정을 추가해야 할 것이다. 현재는 일반적 행동 자유권
에 관한 규정이 없어 행복추구권에 포함되는 것으로 보고 있으나 외국 헌법처럼

---

8) 김광선,「북한 헌법상 평등권과 자유권적 기본권 보장에 관한 연구」,《북한학연구》제2집(2005), pp. 21-41.

규정하는 것이 바람직할 것이다. 독일 기본법에서는 인격을 자유롭게 발현할 권리를 규정했는데, 우리도 "모든 사람은 일반적 행동 자유권과 인격을 자유롭게 발현할 권리가 있다"라고 규정하는 것이 좋을 것이다.

영장에 대한 실질 심사제를 헌법에 명문화해야 하고, 보석을 받을 권리와 불구속 재판을 받을 권리도 규정해야 할 것이다. 또 잔혹한 형벌을 금지하며, 재소자에게 비인도적 처벌을 하는 것을 금지하는 규정을 두어야겠다. 예를 들면 "국가는 범죄를 수사하거나, 공소를 제기하거나, 재판하는 과정이나, 형을 집행할 때 피해자·피고인·수형자의 인격을 존중해야 한다. 비인도적인 처우나 잔혹한 형벌은 금지하며, 이를 위반한 공무원이나 사인은 엄벌에 처한다" 같은 규정이 필요하다. 이 밖에 현재 있는 자유권은 다 규정해야 한다.

또 신체와 정신적 불가침을 규정해야 하고(스위스 헌법 "모든 국민은 신체적·정신적 불가침 자유를 가진다." 독일 기본법 "누구든지 신체적 훼손을 당하지 않을 권리가 있다.") 안전에 관한 권리를 추가해야겠다. 또 인간을 대상으로 하는 의학적·과학적 실험을 금지하고, 우생학을 목표로 하는 인체 또는 그 일부를 사용하는 것과 인간복제를 금지한다(헝가리 헌법)고 규정해야 할 것이다.

(2) 구속·압수·수색에서 신체의 자유

① 남북한 헌법 비교

북한 헌법은 신체의 자유를 간단하게 규정하였다. "공민은 인신과 … 불가침을 보장받는다. 법에 근거하지 않고는 공민을 구속하거나 체포할 수 없고, 살림집을 수색할 수 없다"(제79조).

남한 헌법은 신체의 자유를 제12조에서 보장했는데 죄형법정주의 원칙, 체포·구금·수색·압수는 영장주의, 적법절차원칙, 변호인의 조력을 받을 권리, 묵비권을 행사할 권리, 고문을 받지 않을 권리, 구속적부심사를 청구할 권리, 예포 이유를 통지받을 권리, 자백 증거 능력 제한을 규정하였다. 나아가 헌법 제13조에서는 형벌 법규의 불소급을 규정하고, 모든 국민이 친족의 행위로 불이익을 받지 않을 권리를 인정하였다. 형사 피고인은 신속한 공개재판을 받을 권리가 있고, 무죄 추정을 받을 권리가 있으며, 무죄선고를 받은 자는 정당한 형사 보상을 청구할 권리가 있다고 규정하였다.

② 외국 헌법 비교

그동안 신체의 자유가 잘 지켜지지 않은 나라에서는 헌법에 상세한 규정을 두었다. 예를 들면 멕시코 헌법(제16조, 19조), 필리핀 헌법(제3장 1, 2, 12, 14, 15, 17, 18, 19조), 터키 헌법(제17조, 19조), 포르투갈 헌법(제27조)이 대표적이다. 우리도 이들처럼 인신보호법의 근거 조항을 두고, 영장실질심사제와 불구속재판제를 도입해야 할 것이다.

③ 통일헌법의 신체의 구속·압수 수색에서의 자유

이 밖에도 신체를 체포하거나 구속할 때 지켜야 할 여러 형사 절차에 관한 규정과 죄형법정주의, 이중 처벌 금지, 소급 입법 금지, 자기 책임 원칙을 규정해야 할 것이다. 외국은 형사소송법이나 인신보호법에 규정할 것을 헌법으로 조문화한 것도 많은데, 이것도 참조하면서 남한 헌법을 기준으로 해야 할 것이다. 또 법률로 규정한 남한의 인신보호법도 한 조항으로 넣어야 한다. 이는 가장 오래된 고전적인 기본권이기에 적법절차(Due process of law)를 유류없이 규정해야 할 것이다.

5) 통일헌법의 정신적 자유권

(1) 정신적 자유권 내용

정신적 자유권은 인간의 존엄성을 보장하기 위하여 인격의 형성과 유지를 위한 권리다. 여기서는 양심·신앙·종교·학문·예술의 자유를 보장하고, 이를 표현할 수 있는 자유를 인정해야 한다.

(2) 남북한 헌법의 정신적 자유권

① 남한 헌법의 정신적 자유권

대한민국 헌법은 정신적 자유권을 상세히 규정하였다. 인격을 형성하는 데 기초가 되는 내심의 자유로서 양심의 자유(제19조)를 규정했으며 종교의 자유(제20조), 학문과 예술의 자유(제22조)를 보장하였다. 제도적 보장으로는 정교분리원칙과 학문연구의 정치적 중립성을 보장했으나 신앙에 기한 집총병역거부제도는 보장하지 않았다.

② 북한 헌법의 정신적 자유권

북한 헌법에서는 정신적 자유권을 거의 인정하지 않는다. "공민은 신앙의 자유를 가진다. 이 권리는 종교 건물을 짓거나 종교 의식 같은 것을 허용하는 것으로 보장된다"(제68조 1항)라고 한 것이 유일한 규정이다. 그러나 "종교를 외세를 끌어들이거나 국가와 사회 질서를 해치는 데 리용할 수 없다"(제68조 2항)라고 규정하여 종교를 인정하지 않는 것이 현실이다.

국민의 의무로는 "공민은 인간의 정치사상적 통일과 단결을 견결히 수호해야 한다. 공민은 조직과 집단을 귀중히 여기며 사회와 인민을 위하여 몸바쳐 일하는 기풍을 높이 발휘해야 한다"(제81조)라고 규정하여 주체사상 이외의 이데올로기를 부정하고 이에 반하는 일체의 이념과 사상을 배척하였다. 이는 문화 장에서 "조선에서 개화·발전한 사회주의적 문화는 근로자들의 창조적 능력을 높이며, 건전한 문화정서적 수요를 충족시키는 데 이바지한다"(제39조), "조선은 사람 중심의 세계관이며, 인민대중의 자주성을 실현하기 위한 혁명사상인 주체사상과 선군사상을 자기 활동의 지도적 지침으로 삼는다"(제3조)라고 하여 교육을 주체사상으로 인민을 개조하는 수단으로 삼고 있기 때문에 사실상 정치적 자유권은 보장하지 않았다.

(3) 세계 각국 헌법의 정신적 자유권

① 공산주의 국가의 정신적 자유권

북한 헌법은 "공민은 신앙의 자유를 가진다. 이 권리는 종교 건물을 짓거나 종교 의식 같은 것을 허용하는 것으로 보장한다. 종교를 외세를 끌어들이거나 국가나 사회를 해치는 데 리용할 수 없다"(제68조)라고 규정하여 사실상 종교활동을 금지하였다.[9] 주체사상과 선군사상의 이데올로기를 강요하므로 사실상 신앙과 종교의 자유는 부정하였다. 또 "공민은 언론·출판·집회·시위·결사의 자유를 가진다"(제67조)고 했으나 사실은 관제시위에 동원되고 있을 뿐이다.

사회주의 국가인 중국에서도 "종교와 신앙의 자유"(제36조)를 보장하였다. 또 언론·출판·집합·결사·행진·시위 자유(제35조)를 인정하였다. 그러나 종교를 이용하여 사회 질서를 파괴하거나, 공민의 신체 건강에 해를 끼치거나, 국가의 교육제도를 방해하는 활동은 할 수 없다(제36조)고 규정하여 파룬공이나 티베트 불교를 탄압하였다. 러시아 헌법도 이데올로기의 다양성을 인정하고, 이를 국가 이념으로 할 수 없다고 규정하였다(제13조). 사상과 언론 자유를 보장하고, 정보를 추구·수신·전달·생산·전파할 권리를 보장하였다(제29조). 나아가 보도할 자유도 보장하고, 검열은 금지한다고 규정하였다. 베트남 헌법도 "모든 사람은 신앙과 종교의 자유가 있다"(제24조), "시민은 언론과 보도 자유, 정보에 접근할 권리, 집회·결사·시위할 권리가 있다"(제25조)고 규정하였다. 이처럼 공산주의와 사회주의 국가에서도 정신적 자유를 보장하였다. 북한도 정신적 자유를 제한하는 것은 지양해야 하겠다.

② 자유민주주의 국가의 정신적 자유권

공산주의에서 자유민주주의로 체제를 바꾼 나라에서는 이 정신적 자유권을 철저히 보장하며, 세계인권선언과 유럽기본권헌장까지 준수할 것을 규정하였다. 헝가리 헌법은 모든 사람은 사상·양심·종교 자유가 있다고 하고, 종교나 종교적

---

9) 정규서, 「북한 헌법상의 종교와 자유」, 《통일생활》 64(1975. 10), 대공문제연구소, pp. 50-52.

신념을 갖거나 바꿀 자유, 종교적 활동이나 의식 또는 기타 방법으로 표현하고 종교 교육을 할 자유를 규정하였다(제8조). 슬로바키아 헌법은 표현의 자유와 정보에 접근할 권리를 규정하고, 사상과 정보를 자유롭게 구하고 받고 전파할 권리를 규정하였다. 또 평화적 집회 자유(제28조)와 결사 자유(제29조)를 보장하였다. 헝가리 헌법은 모든 사람은 의견을 표현할 권리가 있고, 언론의 자유와 다양성을 인정하며 이를 방어한다(제18조)고 하였다.

터키 헌법조차 모든 국민은 양심·종교·신념의 자유를 가진다(제24조)고 규정하면서 이슬람국가를 건설하려는 집권당까지 헌법재판소에서 해산시켰다. 또 사상과 견해 자유를 인정하고(제25조) 이를 보장하고자 추가 조항(제26조~31조)을 많이 두었다.

(4) 통일헌법의 정신적 자유권

정신적 기본권은 가장 기본적이며 고전적인 자유권이므로 신앙·종교의 자유와 그것을 표현할 자유를 보장해야 할 것이다. 나아가 언론·출판·집회·시위·결사의 자유만이 아니라 정교분리, 검열제, 허가제 금지를 규정해야 할 것이다. 남한 헌법에서는 이를 상세히 규정하였다. 또 정보접근권을 보장하고, 언론·홍보 기관을 보호하는 규정을 두어야 할 것이다. 포르투갈 헌법에서 양심과 종교 규정(제41조)과 표현과 정보의 자유 규정(제37~39조)을 참조하는 것도 좋을 것이다.

6) 통일헌법의 정치적 자유권

(1) 남북한 헌법의 정치적 자유권

① 남한 헌법의 정치적 자유권

대한민국 헌법은 정치적 자유권으로 여론을 형성할 자유를 인정하였다. 대한민국은 자유민주적 기본 질서에 입각하기에 언론·출판·집회·결사 자유를 보장했으며, 정당과 정치적 결사 자유를 보장하였다. 그러나 자유민주적 기본 질서를 위반하는 정당을 해산시키는 것은 인정하였다.

② 북한 헌법의 정치적 자유권

북한 헌법은 "국가는 사상혁명을 강화하여 사회의 모든 성원을 혁명화, 로동 계급화하며 온 사회를 동지적으로 결합한 하나의 집단으로 만든다"(제10조 2항), "북반부에서 인민정권을 강화하고, 사상·기술·문화 3대 혁명을 힘있게 벌여 사회주의의 완전한 승리를 이룩한다"(제9조), "국가는 3대 혁명 붉은기 쟁취운동을 비롯한 대중운동을 힘있게 벌여 사회주의 건설을 최대한 다그친다"(제14조)라고 하여 사회주의 사상에 입각하여 개인의 정치적 자유를 말살하였다.

기본권에서 "언론·출판·집회·시위·결사의 자유를 가진다"(제67조)고 했으나 사상과 정치적 이념 자유가 없기 때문에 정치적인 언론·출판·시위·결사 자유 는 사실상 봉쇄되어 정치적 자유는 보장되지 않는다. 나아가 "국가는 민주주의 정당과 사회단체에게 자유로운 활동 조건을 보장한다"(제67조 2항)고 하여 정당도 공산주의 정당에 한정하며 사실상 공산당의 한 분파인 우당만 인정하였다. 또 "조선로동당의 령도 밑에 모든 활동을 진행한다"(제11조)고 하여 로동당의 일당 지배를 제도적으로 보장하였다.

③ 남북한 헌법의 정치적 자유권 비교

대한민국 헌법에서는 사상의 자유를 인정하므로 다원주의에 입각한 언론·출판·집회·결사 자유와 정당 활동 자유를 보장하였다. 그러나 북한 헌법에서는 이데올로기 자유는 인정하지 않으므로 공산주의 주체사상에 입각한 언론·출판·집회·결사의 자유를 보장하였다.

(2) 세계 각국 헌법의 정치적 자유권

① 정치적 여론을 형성할 자유

헝가리 헌법은 "민주적 여론을 형성하는 데 필요한 정보를 적절하게 전파하고, 기회 균등을 보장하기 위하여 언론·매체에 한하여 무상으로 정치 광고를 게 재할 수 있다"(제9조 3항)라고 하여, 정치적 여론을 형성할 자유까지 인정하였다. 그리고 언론의 사회 통합 기능을 보장하기 위하여 언론의 남용을 엄격히 금지하였다. 포르투갈 헌법은 평화적으로 집회할 권리를 인정하며, 적극적인 결사 자유만이 아니라 결사에 가입하지 않을 소극적인 자유까지 규정하였다.

② 정보에 관한 자유

많은 헌법이 정보에 관한 권리를 규정하였다. 사상과 정보를 자유롭게 구하고 받고 전파할 권리(슬로바키아 헌법 제26조, 러시아 헌법 제29조, 그리스 헌법 제5A조, 헝가리 헌법 제6조, 남아공 헌법 제32조, 포르투갈 헌법 제37조, 핀란드 헌법 제12조)를 규정하였다. 또 정보사회에 참여할 권리(그리스 헌법 제5A조), 정치적 집회와 시위 자유(포르투갈 헌법 제46조 등), 정치적 결사 자유도 보장하였다(슬로바키아 헌법 제29조). 정치적 단체도 결사의 자유로 규정한 헌법(아이슬란드 헌법 제74조, 덴마크 헌법 제78조, 슬로바키아 헌법 제29조, 아이슬란드 헌법 제74조, 이라크 헌법 제39조)이 있다.

③ 선거와 정당의 자유

선거운동 자유와 정당활동 자유의 기초가 되는 정당제도를 헌법상 보장한다. 정당에 관해서는 독일 기본법 제21조에서 규정하기 시작했는데, 그뒤 많은 헌법이 정당활동 자유를 보장하였다. 스페인 헌법은 "정당은 정치적 다원주의 표현으로 국민의 의사 형성과 표명에 기여하는 정치 참여를 위한 기본적인 수단이다. 정당의 조직과 운영은 민주적이어야 한다"(제6조)라고 하였다.

남아공 헌법은 "① 정당을 결성할 권리 ② 정당활동에 참여하거나 당원을 모집할 권리 ③ 정당 혹은 정치적 주장을 하기 위한 운동을 할 권리를 포함해 정치적 선택을 할 자유가 있다"(제19조)라고 규정하였다. 포르투갈 헌법은 "결사의 자유는 정치적 으로 연합하거나 정당을 구성하거나 이에 참여할 권리를 포함한다"(제51조)고 하면서 정당에 관한 세부 조항을 두었다.

정당을 상세하게 규정한 헌법은 멕시코 헌법(제41조), 터키 헌법(제68조, 69조), 헝가리 헌법(기초 제U조), 포르투갈 헌법(제10조, 51조, 114조)이 있는데, 정당에 대한 국고 보조와 정당 해산을 규정하였다.

북한 헌법은 "민주주의 정당·사회단체의 활동 조건을 보장한다"(제67조)고 했으나, "조선로동당의 령도 밑에 모든 활동은 진행한다"(제11조)라고 하여 일당전제제를 채택했기에 다른 정당의 활동은 인정하지 않았다. 통일헌법은 남한 헌법의 규정(제8조)에 활동을 보장하는 규정을 두어야 할 것이다.

(3) 통일헌법의 개별적 정치권

① 정치적 자유권과 여론을 형성할 자유

정치적 자유권에서는 정치적으로 표현할 자유, 즉 정치적 언론·출판·집회·결사의 자유가 중요하며, 선거운동을 할 자유, 정당활동을 자유 등을 중시한다. 통일헌법에서는 국민의 정치적 자유를 중시해야 하며, 여론을 형성할 자유를 규정해야 한다. 이를 위하여 정치적 언론·출판·집회·결사 자유를 보장해야 한다. 정치적 자유는 정치활동 자유를 포함하며, 정당을 조직하거나 활동할 자유를 보장해야 한다.

② 복수정당제도 보장

통일헌법에서는 대한민국 헌법처럼 복수정당 설립과 활동을 보장해야 한다. 북한 같은 일당독재제도는 부정해야 하며, 정당의 이데올로기 자유를 인정해야 한다. 다만 자유민주적 기본 질서를 파괴하는 정당의 해산제도를 인정하고, 이는 헌법재판소가 결정하도록 해야 한다.

③ 정치적 시위·파업·저항할 자유

정치적 시위와 결사 자유는 인정해야 하나 국가의 안전과 질서, 공공복리를 위해 법률로 제한해야 한다. 정치적으로 저항할 자유는 저항권을 인정하는 범위로 한정하고, 정치적으로 파업할 자유는 인정하지 않아야 한다. 국가의 존립과 질서를 침해하는 정치활동을 제한할 수 있는 조치를 마련해야 할 것이다.

7) 통일헌법의 문화적 자유권

(1) 남북한 헌법의 문화적 자유권

① 남한 헌법의 문화적 자유권

대한민국 헌법은 문화생활 자유로 인격을 표현할 자유, 학문을 연구할 자유, 문화·예술 생활을 할 자유를 규정하였다. 제도적 보장으로는 신문·방송·인터넷통신을 사용할 자유, 교육 시설과 제도에서 정치적 중립성 보장, 표현이나 예술의 검열 금지를 규정하였다.

② 북한 헌법의 문화적 자유권

북한 헌법은 "공민은 과학·문화·예술 활동 자유를 가진다"(제74조)라고 규정했으나, 주체사상으로 인민을 통제하므로 학문과 예술 자유도 본질적으로 제약받고 있다. 북한 헌법에는 문화적 자유권은 거의 두지 않았다. "공민은 조직과 집단을 귀중히 여기며, 사회와 인민을 위하여 몸바쳐 일하는 기풍을 높이 발휘해야 한다(제81조 2항)", "사회주의 문화로 통일되어 있으며(제39조), 문화혁명을 철저히 수행하여 모든 사람을 자연과 사회에 대한 깊은 지식과 높은 문화·기술 수준을 가진 사회주의 건설자로 만들며 온 사회를 인텔리화한다(제40조)"고 하였다.

이처럼 북한 헌법은 "국가는 모든 분야에서 낡은 사회의 생활양식을 없애고 새로운 사회주의적 생활양식을 전면적으로 확립한다"(제42조), "국가는 사회주의 문화 건설에서 제국주의 문화적 침투와 복고주의적 경향을 반대하며, 민족의 문화유산을 보호하고 사회주의 현실에 맞게 계승·발전시킨다"(제41조 2항)고 하였다. 또 "국가는 사회주의 교육학 원리를 구현하여 후대들을 사회와 인민을 위하여 투쟁하는 견결한 혁명가로, 지덕체를 갖춘 주체형의 새 인간으로 키운다"(제43조)라고 하여 인간 개조를 목적으로 하였다.

③ 남북한 헌법의 문화적 자유권 비교

대한민국 헌법은 정신적 자유와 문화생활을 할 권리를 잘 보장하였다. 그러나 북한 헌법은 사회주의 주체사상을 가진 인간으로 개조하는 것이 목적이므로 사실상 문화생활 자유권은 없다.

(2) 세계 각국 헌법의 문화적 자유권

학문·예술·문화·창작·표현의 자유 외에 다음과 같은 것을 보호하는 나라들이 있다.

① 멕시코 헌법의 문화적 자유권

멕시코 헌법은 문화적 자유권을 상세히 규정하였다. "누구든지 문화에 접근하고, 국가가 제공하는 문화 상품과 서비스를 누리며, 문화권을 행사할 권리를 가진다. 국가는 모든 형태의 문화적 다양성을 고려하고, 창작의 자유를 존중하여 문화를 확산·개발하는 수단을 제공해야 한다. 문화적 표현에 대한 접근과 참가를 보장하는 제도는 법률로 정한다"(제4조 10호). "누구든지 신체의 문화와 스포츠를 즐길 권리가 있다. 국가는 이 사항을 법률에 따라 촉진하고 권장해야 한다"(제4조 11호).

② 포르투갈 헌법의 문화적 자유권

포르투갈 헌법은 "모든 국민은 문화를 향유·창달할 권리와 문화유산을 보존·유지·강화할 의무가 있다"(제78조 1항)라고 하여 국민의 문화적 권리와 이를 창달할 국가의 의무를 규정하였다. 또 "국가는 모든 문화적 행위자와 협력하여 다음에 열거한 의무를 수행해야 한다"(제78조 2항)라고 하면서 ① 문화활동에 필요한 수단과 방법을 국민이 이용할 수 있도록 독려·보장하고, 기존의 불균형을 교정할 의무 ② 개인이나 공동 창작을 촉진하고, 수준 높은 문화재와 문화 자산으로 더 많은 관광객을 유치할 계획을 뒷받침할 의무 ③ 문화유산을 보호할 의무 ④ 문화정책을 기타 분야별 정책과 조율할 의무를 들었다.

③ 헝가리 헌법의 문화적 자유권

헝가리 헌법은 자유와 책임 10조에서 "헝가리는 과학적 연구와 예술적 창조를 할 자유, 최고의 지식을 습득하기 위해 학습할 자유, 법률로 정한 범위에서 학문을 연구할 자유를 보장"하며, "헝가리는 헝가리과학원과 헝가리예술원의 과학적·예술적 자유를 보호해야 한다. 고등교육기관은 연구와 교수 내용과 방법을 자율적으로 정할 수 있다"고 규정하였다.

(3) 통일헌법의 개별 문화적 자유권

① 언론·출판의 자유

문화생활에서 언론과 출판의 중요성을 감안하여 언론·출판·방송·방영 등에서 표현할 자유를 보장해야겠다. "모든 국민은 언론·출판·방송·방영 등에서 표현할 자유를 가진다. 언론·출판·방송·방영에서 허가제나 검열은 금지한다. 신문·통신·방송·방영의 시설 기준과 편집·편성의 공정성을 보장하는 제도는 법률로 정할 수 있다"라고 두는 것도 필요하다.

정치적 표현 자유는 정치적 자유에서 규정하는 것이 옳을 것이다. 언론사나 출판사를 설립할 자유도 규정하는 것이 바람직하다. 종교생활도 문화적 자유권으로 규정할 수 있다. 예를 들면 종교 행사를 할 자유, 종교 결사를 할 자유, 종교적 단체활동을 할 자유도 여기에 규정할 수 있을 것이다. 제도 보장으로는 국교를 두지 않으며, 정교분리원칙을 규정해야 할 것이다.

② 교육·과학·예술의 자유

공산주의 헌법에서는 문화생활에 특별한 장을 둔 것(북한 헌법)도 있으나, 체제전환 헌법에서는 기본권에서 규정하였다. 북한 헌법은 문화 장이 독립되어 있으나, 사회주의적 생활양식에 치중하였다. 그러나 교육에 관한 규정은 상세히 두었다. 남한 헌법에서는 문화적 기본권을 자유권으로 규정했으나 간단한 것이 단점이다. 통일헌법에서는 문화적 기본권을 더 상세히 규정해야 할 것이다.

통일헌법에서는 입학하기 전 의무교육과 12년제 의무교육을 할 것을 명확히해야 한다. 나아가 평생교육과 사회교육 문제도 더 자세히 규정해야 한다. 학교교육의 질을 높여 사교육비를 줄이도록 규정하는 것도 필요하다. 교육문화에서는 국가 교육의 목적을 규정해야겠다. "교육은 모든 국민으로 하여금 개개인의 인격을 완성하고, 기본적 인권을 존중하는 의식을 강조하며, 자주적 생활능력과 시민의 자질을 갖추게 하여 사회발전과 인류공영이라는 이상을 실현하는 데 참여하게 함을 목적으로 한다. 국가는 이 목적을 실현할 수 있도록 교육과정을 편성하고 교과서의 기준을 정해야 한다"라고 규정하는 것이 바람직하다.

과학기술 발전과 예술 진흥, 체육문화 등 학문·문화·예술 규정을 보완하며, 단순한 자유권이 아닌 물질적 보장에 치중하도록 해야겠다. "모든 국민은 문화·예술 활동에 자유롭게 참가하며, 과학의 진보와 혜택을 누릴 권리를 가진다"라고 하여 국가가 문화를 창달해야 할 의무를 강조해야겠다. 또 의무교육과 교육을 진흥시키기 위하여 "국가는 유아교육과 초·중등교육을 의무교육으로 해야한다. 국가는 수학 능력이 있는 사람은 의무교육 이상의 교육을 받을 수 있도록 장학금이나 기타 방법으로 지원해야 한다. 국가는 모든 사람이 평생교육을 받을 수 있도록 사회교육을 진흥해야 한다. 국가는 신체적·정신적 장애자에 대한 특수교육을 실시해야 한다"는 조항을 두는 것이 바람직하다.

③ 문화생활에 참여할 자유

또 문화생활 참여, 문화시설 이용, 문화유산에 접근할 수 있는 권리를 보장해야 할 것이다. 또 문화적 다양성을 보장하고, 문화적 창작을 진작하며, 문화적 표현에 접근·참가할 수 있는 권리를 보장해야 한다(멕시코 헌법 제4조, 포르투갈 헌법 제78조). 또 체육문화를 누릴 수 있는 자유도 보장해야 할 것이다.

8) 통일헌법의 사회적 자유권

(1) 사회생활과 사생활의 자유

사회생활의 자유도 보장해야 한다. 사회생활의 자유로는 거주지 이전 자유, 주거 자유와 불가침, 통신 자유, 공동생활과 가정생활의 자유 등을 들 수 있을 것이다. 특히 사생활의 자유와 비밀, 가정생활의 비밀 등을 보장해야 한다.

(2) 남북한 헌법의 사회적 자유권

남한 헌법은 비교적 잘 규정했는데 거주지 이전 자유(제14조), 주거 자유(제16조), 사생활 자유와 비밀(제17조)을 보장하였다. 사회활동 자유는 민주주의의 기본 전제다. 북한 헌법은 사회적 자유권 보장이 잘 되어 있지 않다. "공민은 거주·려행의 자유를 가진다"고 규정했으나, 사실 이행하지 않고 있다. 북한 헌법은 주택불가침, 서신의 비밀 보장을 규정했으나 실질적으로는 인정되지 않는다. 북한 헌법은 여행할 자유를 규정했으나 허가증 없이는 할 수 없다. 또 사생활 비밀 같은 것은 생각할 수 없을 정도로 침해당하고 있다.

(3) 세계 각국 헌법의 사회적 자유권

세계 각국 헌법에서는 거주지 이전 자유와 신체활동 자유, 사생활 자유를 규정하였다. 거주지 이전 자유에서는 국내 거주지 이전 자유, 국제 거주지 이전 자유, 망명권, 입출국 자유를 보장하며 망명자 보호권도 인정하였다. 독일 기본법은 개정하면서 정치적으로 박해받는 자에게 망명권을 인정하였다(제16a조). 그러나 유럽공동체 국가 국민의 망명권은 인정되지 않는다(제16a 2~5항). 헝가리 헌법(제14조), 포르투갈 헌법(제33조) 등이 망명권을 인정하였다.

주거 자유와 불가침, 통신 자유와 불가침에서는 통신 감청이 문제되고 있다.

독일 기본법은 특별 유보 조항을 추가하여 주거 수색을 헌법상 예외적으로 인정하였다. 사생활 자유와 비밀은 헌법상 예외적으로 인정하였다. 아이슬란드 헌법은 "모든 사람은 사생활·주거·가족생활을 침해받지 않을 자유가 있다"(제71조)고 하였고, 러시아 헌법도 "모든 국민은 사생활 불가침, 가족의 사생활 불가침, 자신의 명예와 명성을 보호할 권리를 가진다"(제23조)고 하였다. 네덜란드 헌법도 사생활 자유를 보장하였고(제10조), 슬로바키아 헌법(제16조, 제19조)과 스위스 헌법(제13조)도 규정했으며, 터키 헌법은 제20조에서 보장하였다.

(4) 통일헌법의 개별적 사회적 자유권

통일헌법에서는 사회적 자유권을 잘 보장해야 한다. 그중에서도 거주지 이전 자유, 통신 자유와 불가침, 주거 자유와 불가침, 사생활 자유와 비밀을 잘 보장해야 한다.

① 거주지를 이전할 자유

통일헌법에서도 거주지 이전 자유를 규정해야 할 것이며, 거주이전 허가제는 금지해야겠다. 또 형벌로 외국으로 추방하는 것은 금지해야 할 것이다. 거주지 이전 자유는 국내에서만이 아니라 국외에서도 보장해야겠다. 독일 기본법 제11조 2항처럼 특별한 법률유보를 두어 제한할 수도 있다.

② 주거 자유와 불가침, 통신의 비밀

주거 자유와 불가침은 인정해야 한다. "주거는 신성하여 침해할 수 없다"(덴마크 헌법 제72조). 그러나 오늘날 주거 자유도 절대적인 것이 아니므로 각국 헌법은 개별적 법률유보 조항을 두었다. 주거나 서신을 압류하거나 수색할 때는 법관의 영장이 있어야 한다. 독일 기본법은 주거 감청에 관하여 특수한 법률유보를 두었다(제13조). 멕시코 헌법은 개인·가족·거주지·서류·점유물도 법적 절차에 따라 정당하게 기재한 관할기관의 서면 명령으로만 침해할 수 있다고 규정하였다.

우리의 통일헌법에서도 이를 유보 조항으로 도입할 수 있을 것이다.

③ 사생활 자유

근래에 와서 헌법상 사생활 자유를 보장하는 입법례가 늘어나고 있다. 러시아 헌법은 "모든 국민은 사생활 불가침, 자신과 가족의 사생활 불가침, 자신의 명예와 명성을 보호받을 권리를 가진다"(제23조)고 하고, "개인의 사생활에 관한 정보 수집·보존·이용·유포는 본인의 동의 없이는 허용되지 않는다"(제24조 1항)고 규정하고, 2항에서는 개인에게 본인의 권리와 자유에 직접 영향을 미치는 문서와 자료에 접근할 수 있는 기회를 보장하였다. 터키 헌법도 2010년 개정에서 "개인 또는 가족 사생활은 침해할 수 없다"(제20조)고 규정하였다. 물론 판사의 명령이 있는 경우 등에는 개인 또는 그 개인의 사적 문서나 소유물을 압수·수색할 수 있는 권한을 국가에 유보하였다.

통일헌법에서는 이들 나라의 헌법과 같이 개인과 가족의 사생활보호를 규정해야 할 것이며, 국가의 안전 보장과 질서 유지 등을 위한 개별적 제한을 규정해야 할 것이다.

9) 통일헌법의 경제적 자유권

(1) 경제적 자유권 의의

경제적 자유권에는 직업 자유, 경제활동 자유, 재산권 행사 자유 등이 포함된다. 사회주의 국가에서는 계획경제를 하며 개인소유권을 제한하고, 생산수단을 국유화하여 경제활동 자유가 잘 보장되지 않는다.

(2) 남북한 헌법의 경제적 자유권

① 남한 헌법의 경제적 자유권

우리 헌법도 직업 선택 자유를 규정하였다(제15조). 여기서는 직업활동 자유와 경제활동 자유를 보장하였다. 또 재산권 소유·매매·교환 같은 경제적 자유도 보장된다. 남한 헌법은 제23조에서 "재산권 내용과 한계는 법률로 정한다"고 하고, "공용 수용·사용·제한을 법률로 보상하되, 정당하게 보상해야 한다"고 규정하였다. 한국에서는 개발 제한 지역에 보상을 하지 않아 문제가 되는데, 통일 후 토지재산권 제한 등에 특례를 인정할 것인지 검토해야겠다.[10)]

② 북한 헌법의 경제적 자유권

북한 헌법은 경제 장에 계획경제와 생산수단 국유화 등을 규정하였다. 북한에서는 헌법상 경제 자유는 인정되지 않는다.[11)] 북한 헌법은 "생산수단은 국가와 사회협동조합이 소유한다"(제20조), 텃밭경영 등에서 얻은 개인 소유권은 인정하고, 개인 소유권은 보장하고, 개인 소유권과 상속권은 법적으로 보장한다"(제24조)고 하였다.[12)] 이것은 장마당 경제가 지배적인 현실을 반영한 것이라고 하겠다.

③ 남북한 헌법의 경제적 자유권 비교

북한 헌법에서는 계획경제를 채택하여 경제활동의 자유를 제한하고, 생산수단의 국·공유화를 규정했는데 이는 다른 공산국가에서도 지양된 것이다.

(3) 세계 각국 헌법의 경제적 자유권

① 자유시장경제 국가의 경제적 자유

서방 자유주의 국가에서는 직업 선택 자유와 소유권 보장 등은 근본적인 것이며, 모든 헌법이 상세히 규정하였다. 자유민주주의 헌법에서는 모든 재산의 개인소유권을 인정하였다. 다만 특정한 목적을 위한 공용 수용·사용·제한은 인

---

10) 이강욱, 「통일 후 북한지역 토지소유권에 관한 연구」, 경기대 박사학위 논문, 2008.

11) 이종상, 「북한 헌법상의 경제조항」, 《경남법학》 9(1993. 12), pp. 157-173; 민경식, 「1992년의 북한 헌법과 경제질서」, 《법정논총》 43(1994. 12), pp. 52-69.

12) 구병삭, 「북한 헌법상 재산소유제의 비교헌법적 고찰: 특히 소련·중공과의 비교를 중심으로」, 《북한법률행정논총》 7(1989. 6), pp. 1-27.

정하고 있는 바 시장가격으로 보상을 하도록 규정하였다.

② 옛 공산주의 국가의 경제적 자유

베트남 헌법은 "사회주의 지향 시장경제이며, 기업 및 개인 경영도 인정하였다"
(제51조). 러시아 헌법은 "경제활동이나 기업활동을 위해 자신의 재산과 능력을
자유롭게 이용할 권리를 가진다"(제34조)고 하고, "사유재산권은 법률로 보장한
다. 재산은 소유할 수 있고, 수용은 사전에 공정한 보상을 하는 조건에서만 가능
하다"(제35조)고 하였다. 헝가리 헌법도 "모든 사람은 직업과 직장, 기업활동을 자
유롭게 선택할 권리를 가진다"(제7조)라고 하였고, 슬로바키아 헌법도 직업 선택
자유, 경제활동과 직업활동 자유를 규정하고 개인소유권을 보장하였다.

(4) 통일헌법의 개별 경제적 자유권

① 직업을 선택할 자유

통일헌법에서도 직업의 자유를 상세히 규정해야겠다. 독일 기본법처럼 "모든 국
민은 직업과 직장, 직업훈련장을 자유로이 선택할 자유를 가진다"(제12조)라고 직업
선택 자유를 규정할 뿐만 아니라, 멕시코 헌법처럼 "누구든지 자신이 선택한 바에
따라 합법적인 직업·산업·무역·사업을 하는 것을 방해받지 않는다"(제5조)라고 직
업행사의 자유도 규정해야 한다. 직업행사의 자유 등에는 합법적인 개별 유보조항
규정을 많이 두었다. 직업행사의 자유는 법률이나 법률의 근거 하에서 제한할 수
있게 해야 한다(독일 기본법 제12조, 멕시코 헌법 제5조, 포르투갈 헌법 제47조 등).

② 경제활동의 자유

통일헌법에서도 경제활동의 자유를 상세히 규정할 필요가 있다. 경제활동의
자유는 직업행사의 자유와 직접 연관이 있다. 경제활동의 자유는 러시아 헌법
등 구사회주의 국가에서도 보장한다. 경제활동의 자유는 민법·상법·공정거래
법 등으로 제한될 수 있다. 러시아 헌법은 "불공정한 경쟁이나 독점적인 경제활

동은 허용하지 않는다"(제34조 2항). 이러한 특수한 유보를 두지 않더라도 일반 법률유보로도 제한할 수 있다.

③ 개인소유권 보장

구공산주의 국가에서도 생산수단 개인소유권이 보장되었음을 보아왔다. 통일헌법에서도 모든 국민의 소유권은 보장해야 하고, 토지 등 생산수단 사유도 인정해야 한다. 공공의 필요로 토지나 재산권을 수용할 때는 법률로 하되, 정당한 보상을 해주어야 한다. 한국 현행법에서는 개발 제한 지역에서 보상을 잘 해주지 않는데, 이러한 토지소유권에 대한 제한도 해제하는 것이 바람직할 것이다.

2. 생존권

1) 생존권 의의와 연혁

생존권은 인간에게 최저한의 인간다운 생활을 보장해주는 기본권으로, 20세기적인 기본권이었다. 이것은 사회민주주의자들이 주장하기 시작한 것이다. 바이마르 헌법에서는 "경제생활 질서는 개개인으로 하여금 인간다운 생활을 보장하는 것을 목적으로 하는 정의 원칙에 합치해야 한다"(제151조)고 하여, 인간답게 생활할 권리를 보장하였다. 이것이 1차세계대전 후 헌법에 계승되었고, 사회주의 헌법에서 상세히 규정하게 되었다.[13][14]

2) 남북한 헌법의 생존권 보장

(1) 남한 헌법의 생존권적 기본권 보장

대한민국 헌법도 제헌 이래 계속 생존권적 기본권을 보장하였다. 현행 헌법

---

13) 김철수, 「생존권적 기본권의 법적 성격과 체계」, 《대한민국학술원논문집》 통권40호(2001), pp. 347-392.
14) 장명봉, 「북한 헌법상 생존권적 기본권에 관한 일고」, 《고시연구》 통권259권(1995. 10), pp. 59-75.

도 전문에서 실질적 평등사회 건설 이념을 계승하고, 제10조에서 기본권 보장 대원칙을 선언하고, 제34조 1항에서 "모든 국민은 인간다운 생활을 할 권리를 가진다"고 선언함으로써 생존권적 기본권 보장 대원칙을 규정하였다. 이를 위하여 "국가는 균형 있는 국민 경제의 성장 및 안정과 적정한 소득분배를 유지하고, 시장의 지배와 경제력 남용을 방지하며, 경제 주체 간의 조화를 통한 경제 민주화를 위하여 경제에 관한 규제와 조정을 한다"(제119조 2항)고 규정한 것이다.

구체적으로는 교육받을 권리, 노동의 권리, 노동자의 권리, 사회보장의 권리, 혼인과 가족생활 보장과 보건에 관한 권리 등을 규정하였다. 현행 헌법은 복지국가주의에 입각하여 새로이 국가의 평생교육 의무와 사회복지 증진 의무, 상이군경과 그 유가족의 특별 보호 등을 규정하고 환경권, 소비자권리의 보장, 근로권과 근로3권, 인간의 존엄에 상당하는 근로 조건과 적정 임금 보장을 규정하였다. 남한 헌법은 제34조에서 "모든 국민은 인간다운 생활을 할 권리를 가진다"라고 규정하였다. 이는 인간다운 의·식·주 생활을 할 수 있는 권리를 말하는 것으로, 주생존권이라고 할 수 있다. 여기서 사회보장을 받을 권리, 사회적 약자의 보호를 받을 권리, 교육을 받을 권리, 건강한 생활을 할 권리, 가족생활을 보호받을 권리, 건강한 주거에서 생활할 권리, 근로할 권리, 근로자의 3권, 소비자 보호를 받을 권리, 건강한 환경에서 생활할 권리들이 나온다.

(2) 북한 헌법의 생존권적 기본권 보장

북한 헌법은 제2장 경제에서 생존권을 규정하였다. "국가는 인민들의 물질·문화생활을 끊임없이 높이는 것을 자기활동의 최고 원칙으로 삼는다. … 사회의 물질적 부는 전적으로 근로자의 복지 증진에 돌려진다. 국가는 모든 근로자에게 먹고 입고 쓰고 살 수 있는 온갖 조건을 마련해준다"(제25조)고 하고, "실업을 해소하고 근로자들의 노동이 보다 즐거운 것으로 사회와 집단과 자신을 위하여 자각적 열성과 창발성을 내어 일하는 보람찬 것으로 되게 한다(제29조). 근로자의 하루 로동시간은 8시간이다(제30조). 로동하는 나이는 16세부터다"(제31조)고 하고

제5장 공민은 기본 권리와 의무에서 약간의 권리를 규정하였다. "국가는 모든 공민에게 참다운 민주주의적 권리와 자유, 행복한 물질·문화 생활을 실질적으로 보장한다"(제64조), 로동에 대한 권리(제70조), 휴식에 대한 권리(제71조), 무상으로 치료받을 권리(제72조), 교육받을 권리(제73조), 과학과 문화예술의 자유, 서적권과 발명권, 특허권 보장(제74조) 등을 보장하였다.

헌법 규정은 화려하나 현실은 경제정책의 잘못으로 경제가 파탄 상태이고, 이밥과 고깃국을 먹는 사회는 커녕 아사지경을 헤매는 시민이 늘고 있다.[15] 사실상 강제노동과 위생시설 미비로 유아 사망률이 늘어나고 있으며, 유엔에서 규탄까지 받는 실정이다. 그 이유는 계획경제를 고집하면서 경제를 개방하지 않기 때문이다.

(3) 남북한 헌법의 생존권적 기본권 비교

남한 헌법은 사회적 시장경제원칙에 따라 개인의 생존권은 개인의 경제적 자유권을 행사하여 해결하는 것을 원칙으로 하고, 국가는 개인이 노력하는 데도 인간답게 생활할 최저 생계비를 벌지 못할 때 사회가 보조하도록 하였다. 그러나 북한 헌법은 모든 국민의 생존권은 국가의 계획경제로 보호해준다는 원칙에 입각하였다. 그 실현 방법으로는 완전고용 권리를 보장하고, 최저한의 생활을 유지할 것으로 낙관하였다. 그러나 현실적으로 국가의 계획경제로 경제가 발전하지 않아 빈곤 평준화를 가져왔다.

대한민국은 자유자본주의 폐단을 막기 위하여 경제민주화를 위한 규제 조정을 통하여 사회보장 증진에 노력하였다. 실업자에게는 노동할 권리를 보장하고, 생활무능력자에게는 사회보장으로 최저한의 생존권을 보장하였다.

---

15) 박종순, 「북한 헌법상의 기본권 규정과 그 운용실제에 관한 연구」, 건국대 박사학위 논문, 1997; 장명봉, 「북한의 헌법 변화와 경제 변화」, 《헌법학연구》 제9권 4호(2003), pp. 415-463; 김병묵, 「북한 헌법상 기본권과 주체사상」, 《경희법학》 28(1993. 12), pp. 5-28; 김영삼, 「북한 헌법의 기본적 인권: 북한체제에 있어서 헌법규범과 헌법현실에 나타난 기본권 규제를 중심으로」, 연세대 석사학위 논문, 1979; 강구철, 「북한 헌법상의 기본권에 관한 고찰: 그 허구성을 중심으로」, 서울대 석사학위 논문, 1981.

3) 세계 각국 헌법의 생존권적 기본권

(1) 자유주의 국가 헌법의 생존권

자유주의 헌법에서는 적극적인 생존권 보장에는 소극적이다. 독일 기본법은 생존권적 기본권 규정을 두지 않고 사회주의의 국가 목적을 규정했으며, 사회법에서 사회보장에 관한 권리를 규정하였다. 그러나 벨기에 헌법에서는 인간답게 생활할 수 있는 권리를 규정하였다. "모든 사람은 인간으로서 존엄성을 유지하면서 삶을 유지할 권리를 가진다. 이러한 목적을 위하여 법률과 연방법률들은 그에 상응하는 의무를 고려하면서 경제적·사회적·문화적 권리의 보호를 보장하고 그 행사 요건을 결정한다. 이러한 권리에는 특히 ① 사회보장권과 보건권 ② 사회적·의료적·법률적 구조를 받을 권리 ③ 적절한 주거에서 생활할 권리 ④ 위생적인 환경 보호권 ⑤ 문화적·사회적으로 실현할 권리(제23조)를 포함한다. 스위스 헌법(제12조, 41조)도 비슷하다.

(2) 옛 소련권 사회주의 국가 헌법의 생존권

계획경제주의를 채택했던 소비에트러시아연방헌법은 폐기하고 새 헌법에 생존권적 기본권을 화려하게 규정하였다. "러시아연방에서는 국민의 노동과 건강이 보호되며, 최저임금이 보장되며, 가족·모성·부성·아동·장애자와 노령자에 대한 국가 자원이 지원되며 사회보장 체계가 발전되며, 국가 연금과 수당, 여타 사회보장제도가 확립된다"(제7조 2). 나아가 사회보장, 연금, 자발적 보험(제39조), 주거 권리(제40조) 등을 규정하였다. 남아프리카공화국은 새로 독립하면서 생존권을 상세하게 보장하였다(제27~28조).

(3) 기타 국가 헌법의 생존권

이 밖에도 포르투갈 헌법이 사회보장 및 연대(제63조), 아동 보호(제69조), 청소년 보호(제70조), 장애인 보호(제71조), 노인 보호(제72조) 등을 상세히 규정하였다. 생존권적 기본권을 상세하게 규정한 헌법은 여럿 있다. 교육 조항은 스위스 헌법 (제19, 61a, 62, 63, 63a, 64a, 66, 67, 67a, 68조), 포르투갈 헌법(제42, 73, 74, 75, 76, 77조), 터키 헌법(제42, 58조), 필리핀 헌법(제14장 제1, 2, 3, 4, 5조) 등이 상세하게 규정하였다. 또 사회보장을 상세히 규정한 것으로는 스위스·남아공·포르투갈 헌법 등이 있다. 이러한 헌법 규정도 참고가 될 것이다.

4) 통일헌법의 개별 생존권

(1) 통일헌법의 인간답게 생활할 권리

생존권은 사회주의 헌법이 더 상세하면서도 이상적으로 규정하는데 남한 헌법보다는 북한 헌법이 더 상세하다. 통일헌법에서는 유럽사회헌장을 참고하여 완전고용 권리와 함께 사회보장 권리를 더 상세히 규정해야겠다. 또 소년노동을 금지하고, 동일노동에 대한 동일임금 원칙을 규정해야겠다. 근로3권을 완전히 보장해야겠다. 나아가 근로자의 기업 경영 참가권을 규정하고, 제헌헌법에 있었던 노동자의 기업이윤 균점권도 인정해야겠다.

이 밖에도 무주택자에 대한 최저한의 인간다운 생활을 보장하기 위하여 주택에 관한 권리에 대하여 더 상세히 규정해야 할 것이다. 이를 위하여 사회적 임대주택제도를 도입하는 것이 필요할 것이다. 환경권은 남북한 헌법이 다 규정했는데, 이를 참고하면 될 것이다.

생존권은 이를 현실적 권리로 규정하느냐, 기본 원리나 정책 방향으로 규정하느냐 여러 방식이 있다. 이를 기본 원칙이나 정책 방향으로 규정하는 것은 그 실현이 재정적 측면에서 어렵기 때문에 이를 지도 이념이나 선언적으로 규정하였다. 독일에서는 생존권 규정을 이에 두지 않았으나 사회국가 원칙에 따라 법률상 규정을 두었다.

우리 통일헌법의 생존권 규정도 이를 직접적 효력 규정인지, 법률에 위임한 입법 방침 규정인지 명확하게 규정해야겠다. 생존권 규정도 직접적 효력을 가진 규정으로 보아 실천 능력이 없는 입법 방침 규정은 두지 않는 것이 좋을 것이다. 통일헌법에서는 세계 각국 헌법 규정을 모방하여 이들 권리를 다 보장해야 할 것이다. 대한민국 헌법 제34조의 규정을 더 구체적으로 규정해야겠다.

(2) 통일헌법의 사회보장과 사회부조를 받을 권리

① 사회보장을 받을 권리 의의

누구든지 궁핍하고 자활 능력이 없는 사람은 기본적인 생활을 영위하는 데 필요한 재정적인 지원을 받을 권리가 있다(스위스 헌법 제12조). 이 권리를 확보하기 위하여 국가는 사회보장제도와 사회보험제도, 사회부조제도를 운영해야 한다. 이중에서 중요한 것은 연금제도다. 노령연금제도 등을 정비해야겠다. 사회보험제도에는 실업보험, 건강보험, 주택보험, 산재보험제도 등을 운영해야 한다. 사회적 급여로는 의료보호, 생활보호, 주택보호 등을 행해야 한다. 이러한 권리는 개인의 자기 책임과 자주성을 다한 뒤에도 자활할 수 없는 경우에 도움과 보호를 받게 된다. 또 국가의 재정이 허용되는 한에서 선별적 복지를 해야 한다. 사회적 약자인 어린이·모성·여성·노인·장애인 등에 대한 보호제도도 완비해야 한다.

② 남북한 헌법의 생활보호청구권
㉠ 남한 헌법의 생활보호청구권

남한 헌법은 제34조에서 국가는 사회보장과 사회복지에 노력해야 한다고 규정하고, 사회적 약자인 여자·노인·청소년의 복지·권익 향상과 정책 실시, 신체장애자와 질병이나 노령, 기타 생활 능력이 없는 국민 보호, 재해 예방과 위험에서 보호할 의무를 국가에 지웠다. 이에 따라 국민기초생활보장법, 청소년복지법, 노인복지법을 제정하였다. 국민은 헌법과 법률에 따라 최저 생활을 보장받을 권리를 인정하였다. 또 개별적인 사회복지에 관한 여러 가지 생활보호청구권을 규정하였는데, 이는 국가 목표 규정으로 보는 경향도 있으나 현재는 구체적 권리로 인정한다.

ⓛ 북한 헌법의 생활보호청구권

북한 헌법은 제64조에서 "국가는 모든 공민에게 참다운 민주주의적 권리와 의무, 행복한 물질·문화 생활을 실질적으로 보장한다"고 하여, 국민의 권리가 아니라 국가의 의무로 규정하였다. 경제 조항에서는 국가는 "인민들의 물질·문화 생활을 끊임없이 높이는 것을 자기 활동의 최고 원칙으로 삼는다"(제25조)고 하였다. 그러나 사회적 약자의 생활보호청구권 규정은 없다.

ⓒ 남북한 헌법의 생활보호청구권 비교

대한민국에서는 약자 보호를 국가 의무로 규정하고, 경제적 약자는 국가에 생활보호청구권을 갖는다. 그러나 북한에서는 사회적 약자의 생활보호청구권은 인정되지 않는다. 다만 국가는 "학령 전 어린이들을 탁아소와 유치원에서 국가와 사회 부담으로 키운다"(제49조), "공민이 로동하는 나이는 16세부터다"(제31조)라고 하여 16세부터 노동을 인정하여 노동으로 생활을 유지하도록 규정하였다.

③ 세계 각국 헌법의 사회보장청구권

자유자본주의에서도 사회보장청구권을 보장하는 데 많이 노력하였다. 스위스 헌법은 '궁핍에서 조력을 받을 권리' 원칙을 규정한 뒤(제12조), 연방 및 주에 "개인의 자기 책임과 자주성을 보완하여 ① 사회보장 혜택 ② 의료보호 혜택 ③ 가정의 보호 ④ 근로로 자신의 생계 확보 ⑤ 적절한 주택 마련 ⑥ 아동·청소년의 초등교육과 고등교육의 교육권 ⑦ 아동 및 청소년의 통합 등을 달성할 의무를 부과하였다. 그러나 이러한 권리는 국민이 국가에 직접 청구할 수 없다고 규정하였다(제41조 4항). 제111조에서 118조까지 상세히 규정하였다.

포르투갈 헌법도 "모든 국민은 사회보장을 받을 권리를 가진다"(제63조 1항)라고 하고, 제69조에서 아동, 제70조에서 청소년, 제71조에서 장애인, 제72조에서 노인의 권리를 상세히 규정하였다. 남아공 헌법에서도 상세한 보호 규정을 두었다(제27조, 28조). 그러나 독일 기본법에서는 사회주의 국가의 원칙만 규정하고, 국가에 대한 사회보장청구권을 인정하지 않았으나 사회보장법에서 현실적인 권리로 보장하였다. 러시아 헌법은 자유주의 국가에서처럼 사회보장을 받을 권리를 규정하였다(제7조). 구체적으로는 ① 노령·질병·신체장애·아동양육을 위한 사회보장 ② 연금과 사회적 수당 ③ 주거의 권리 등을 보장하였다(제39~40조). 그러나 이러한 권리는 법률이 정하는 범위로 한정하였다.

④ 통일헌법의 사회보장청구권

사회보장을 받을 권리를 광범하고 상세하게 보장하는 것은 세계적 경향이므로, 우리 통일헌법에서도 사회보장청구권을 상세히 규정해야 할 것이다. 생존권, 특히 사회보장권 보장은 국가의 재정 능력이 문제된다. 통일헌법에서는 국민의 사회보장청구권은 현실적 권리로서 사법기관을 통해서도 확보할 수 있게 규정해야 할 것이다. 그러나 스위스나 독일 헌법처럼 국가 목적 규정으로 규정하되, 국가와 주의 보장 의무를 강화하는 것도 방법일 것이다. 여성·아동·노인·장애인·실직자 등에 대한 사회보장청구권도 더 상세히 규정해야 할 것이다.

(3) 교육을 받을 권리

① 교육받을 권리 보장

모든 국민은 교육을 받을 권리를 가진다. 초등과 중등은 의무교육과 무상으로 해야 한다. 초등학교 입학 전 유·아동은 취학 전 교육과 보육을 받을 권리가 있다. 그러나 고등학교·대학교·대학원·평생 교육은 지적 능력에 따라 취학 기회를 균등하게 보장받는다. 인간의 교육받을 권리와 교육의 자유를 보장하기 위하여 국가는 교육 제도와 시설을 정비하고, 교육 도서를 제공해야 한다. 학부모·학생·교사 단체는 학교의 민주적 운영에 참여할 권리가 있으며, 국가와 지방자치단체의 교육감독권도 인정해야겠다.

② 남북한 헌법의 교육권
㉠ 남한 헌법의 교육권

대한민국 헌법은 교육권을 비교적 상세히 규정하였다. 헌법 제31조는 "① 모든 국민은 능력에 따라 균등하게 교육을 받을 권리를 가진다. ② 모든 국민은 그 보호하는 자녀에게 적어도 초등교육과 법률이 정하는 교육을 받게 할 의무를 진다. ③ 의무교육은 무상으로 한다. ④ 교육의 자주성·정치적 중립성 및 대학의 자율성은 법률이 정하는 바에 의하여 보장된다. ⑤ 국가는 평생교육을 진흥해야 한다. ⑥ 학교교육 및 평생교육을 포함한 교육제도와 그 운영, 교육재정 및 교원의 지위에 관한 기본적인 사항은 법률로 정한다"고 규정하였다. 교육기본법은 초등과 중등 교육은 무상 의무교육으로 규정하였다.

ⓒ 북한 헌법의 교육권

북한 헌법은 기본권 장에서 "공민은 교육을 받을 권리를 가진다. 이 권리는 선진적인 교육제도와 국가의 인민적인 교육시책으로 보장한다"(제13조)라고 규정했으나, 상세한 제도 보장은 문화 장에서 규정하였다. "국가는 사회주의 교육학 원리를 구현하여 후대들을 사회와 인민을 위하여 투쟁하는 견결한 혁명가로, 지덕체를 갖춘 주체형의 새 인간으로 키운다"(제43조).

"국가는 인민교육 사업과 민족간부양성 사업을 다른 모든 사람에 앞세우며 일반교육, 기술교육, 기술과 생산로동을 밀접히 결합시킨다"(제44조). "국가는 1년 동안의 학교전의무교육을 포함한 전반적 12년제 의무교육을 현대 과학기술 발전 추세와 사회주의 건설의 현실적 요구에 맞게 높은 수준에서 발전시킨다"(제45조). "국가는 모든 학생을 무료로 교육시키며, 대학과 전문대 학생들에게 장학금을 준다"(제47조). "국가는 사회교육을 강화하며, 모든 근로자에게 학습할 수 있는 온갖 조건을 보장한다"(제48조).

ⓒ 남북한 헌법의 교육권 비교

대한민국 헌법에서는 교육의 자유, 사학 교육기관 설립의 자유, 세계관적 중립성을 가진 교육, 종교교육 등이 인정된다. 그러나 북한에서는 교육의 자유를 인정하지 않으며, 사회주의 인간성 양성을 위한 교육, 집체주의, 주체사상 교육만을 인정한다.

③ 세계 각국 헌법의 교육권

스위스·포르투갈·필리핀·터키 헌법이 교육 제도와 내용 등을 상세히 규정하였다. 예를 들어 대학교육을 무상의무교육으로 규정한 헌법도 있으며, 음악과 체육 교육 등 교과 내용까지 규정한 헌법도 있다. 러시아 헌법은 교육받을 권리를 보장하면서 학령 전 교육, 중등교육, 중등직업교육을 무상으로 받을 수 있는 권리를 보장하고, 국가나 지방 교육단체가 기업체들에게서는 경쟁에 기반하여 무상으로 고등교육을 받을 권리까지 보장하였다(제43조).

멕시코 헌법은 교육받을 권리를 보장하면서 초등·중등·고등 교육까지 의무로 규정하였다(제3조). "국가가 제공하는 교육은 모든 인간의 능력을 조화롭게 개발하고 조국에 대한 사랑, 인권의 존중, 독립과 정의에 대한 국제 연대를 고취해야 한다"라고 규정하였다. 독일 기본법은 "모든 교육제도는 국가의 감독을 받는다. 중등교육과 사립교육을 받을 권리를 보장하였다(제7조).

④ 통일헌법의 교육권

통일헌법에서는 학교제도와 평생교육제도 등을 포함한 교육제도 정비, 교육의 정치적 중립 의무, 교사의 지위 등을 규정해야 할 것이다. 교육내용은 특정 이데올로기나 이념, 특정 종교, 특정 정치이념에 중립적인 교육을 받을 권리가 보장되며 학생은 학교를 선택할 자유와 교육 내용을 선택할 자유가 인정된다. 이러한 교육을 받을 권리와 자유를 통일헌법에 상세히 규정해야겠다.

이 밖에도 의무교육 연한을 취학 전 아동과 18세 이하 청소년까지 의무교육을 받게 하며 무상교육을 받을 권리를 보장해야 한다. 교육제도는 스위스 헌법처럼 구체적으로 규정하는 것도 한 방법이나, 구체적인 것은 교육기본법이나 고등교육법 등에서 상세히 규정하는 것도 한 방법일 것이다.

(4) 혼인·가족·보건·환경의 보호를 받을 권리

① 가족제도와 환경·보건에 관한 권리

모든 사람은 사회생활을 할 권리, 가족생활을 할 권리, 혼인할 권리를 가진다.

또 깨끗한 환경과 보건제도를 갖춘 사회에서 건강하게 생활할 권리를 가진다.

② 남북한 헌법의 사회생활보호

㉠ 남한 헌법의 사회생활보호

남한 헌법에서는 "혼인과 가족생활은 개인의 존엄과 양성 평등을 기초로 성립·유지되어야 하며, 국가는 이를 보장한다"고 하고, "국가는 모성을 보호하기 위하여 노력해야 한다. 모든 국민은 보건에 관하여 국가의 보호를 받는다"(제38조)라고 규정하였다. 또 "모든 국민은 건강하고 쾌적한 환경에서 생활할 권리를 가지며, 국가와 국민의 환경을 보전하기 위하여 노력해야 한다"(제35조), "국가는 주택 개발 정책 등으로 모든 국민이 쾌적한 주거생활을 할 수 있도록 노력해야 한다"(제35조 3항)라고 규정하였다. 한국에서는 이러한 규정이 노력해야 한다는 주의적 규정이지만 사실상 보험제도 같은 것으로 잘 보장되고 있다.

㉡ 북한 헌법의 사회생활보호

북한 헌법은 "결혼과 가정은 국가의 보호를 받는다"(제78조)라고 하고, "공민은 무상으로 치료받을 권리를 가지며 … 이 권리는 무상치료제, 계속 늘어나는 병원, 료양소를 비롯한 의료시설, 국가의 사회보험과 사회보장제로 보장한다"고 규정하였다. 그러나 현실은 의료시설과 의약품이 부족하여 병이 났을 때 제대로 치료받지 못하는 것이 현실이다.

③ 세계 각국 헌법의 사회생활보호

이 권리는 포르투갈 헌법(제36, 64, 68조), 필리핀 헌법(제12장 제12조, 제15조, 제13장 제11~13조, 제15장 제1-4조) 등이 여러 조항을 두었다. 이들 헌법은 현실적으로 건강이나 가족, 혼인, 임신 등에 보조를 받지 못하는 선언적 규정이 아닌가 한다.

독일을 비롯한 여러 헌법에서는 건강권 등을 국가에서 보호한다고 규정하지 않으나, 정치적 약속에 따라 법적으로 잘 보장되고 있다. 유럽인권헌장이나 유럽사회헌장으로 보호하기에 헌법에 규정하지 않은 나라도 있다. 유럽인권헌장은

제7조에서 사생활과 가족생활의 존중, 혼인과 가족 형성에 대한 권리를 규정하고 가족생활은 보호하면서 가정생활과 직장생활을 양립할 수 있도록 출산휴가나 양육휴가를 요구할 수 있다고 규정하였다(제33조). 또 보건(제35조), 환경보호(제37조), 소비자 보호(제38조) 등을 규정하였다.

④ 통일헌법의 사회생활보장

우리나라도 여러 나라의 좋은 제도를 모방하여 복지시설 확충과 건강한 사회생활을 할 수 있도록 보장해야겠다. 스페인 헌법처럼 ① 혼인할 권리 ② 가족에 대한 보호, 보건 권리 등을 보장해야 할 것이다. 현재 12조문으로 되어 있는 우리나라 것도 좋지만 외국 헌법처럼 건강보험, 질병보호, 환경보호, 가정보호제도 등을 명문으로 보호하도록 빨리 규정했으면 한다. 외국에서는 혼인·가정에 대한 국가의 보호만이 아니라 부모의 자녀의 혼인·가족생활에 대한 보호 의무를 규정한 것도 있다.

통일헌법에서는 "모든 사람은 인격의 발전에 적합한 환경을 누릴 권한을 가지며, 국가는 생활 수준을 보호·개선하기 위하여 노력해야 한다"라고 규정하는 것이 좋을 것이다.

5) 근로권과 근로3권

(1) 근로권과 근로3권 의의

모든 사람은 인간으로서 존엄을 유지하면서 살 권리를 가지는데, 근로 능력 있는 사람은 근로로 임금이나 보수를 받아 물질적 생활을 영위할 수 있다. 근로자의 인간다운 삶을 위하여 근로 조건을 정해야 한다. 또 근로자의 건강과 휴식, 적정한 임금을 보장해주어야 한다. 근로자는 사용자에 대하여 약자이므로 사용자에 대응하는 힘을 발휘하기 위하여 근로 조건을 향상하기 위하여 노동조합을 결성하고 단체협약을 하고 부득이한 경우에는 단체행동권을 행사할 수 있다.

(2) 남북한 헌법의 근로권과 근로3권

① 남한 헌법의 근로권과 근로3권

남한 헌법은 "모든 국민에게 근로할 권리를 인정하고, 고용 증진, 적정 임금 보장, 최저 임금제"를 규정하였다(제32조). "근로 조건 기준은 인간의 존엄성을 보장하도록 법률로 정하며, 여자의 근로는 특별한 보호를 받으며, 고용·임금·근로 조건에서 부당한 대우를 금지하고, 연소 근로자는 특별한 보호를 받는다"라고 하여 근로자의 근로3권을 보호한다(제33조).

② 북한 헌법의 근로권과 근로3권

북한 헌법은 "공민은 로동에 대한 권리를 가진다. 로동 능력이 있는 모든 공민은 희망과 재능에 따라 직업을 선택하며, 안정된 일자리와 로동 조건을 보장받는다. 공민은 능력에 따라 일하며, 로동의 량과 질에 따라 분배를 받는다"(제70조). "공민은 휴식에 대한 권리를 가진다. 이 권리는 로동시간제, 공휴일제, 유급휴가제, 국가 비용에 의한 정휴양제, 계속 늘어나는 여러 가지 문화 시설들에 의하여 보장된다"(제71조). 문언으로는 화려하게 규정했으나 실제는 직업 선택 자유가 인정되지 않으며, 직장에 대한 강제 배치가 행하여져 있고, 임금 수준도 낮다. 또 노동조합결성권과 단체교섭권, 단체행동권은 인정되지 않는다.

(3) 세계 각국 헌법의 근로권과 근로3권

외국 헌법에서는 노동할 권리를 상세히 규정하여 노동법의 중요 지침을 규정한 것도 있다(멕시코 헌법 제5조, 제123조 A1-31 B1-14). 또 이를 상세히 규정한 헌법도 있다(이탈리아 헌법 제34~37조, 슬로바키아 헌법 제35~38조, 헝가리 헌법 자유와 책임 17-10조, 중국 헌법 제42~44조). 이 헌법들은 완전 고용을 하기 힘들어 명목적인 규정을 많이 하였다.

독일 기본법에서는 이를 규정하지 않았으나 유럽인권헌장과 유럽사회헌장으로 보장되고 있으며, 노동법규를 상세히 규정하였다. 다만 근로자의 단결권은 결사의 자유로 규정하였다.

(4) 통일헌법의 근로권과 근로3권

슬로바키아 헌법처럼 "국민은 일할 권리를 가진다"고 하고, 실업수당, 적정한 보수, 부당해고 금지, 노동완전 및 작업시 건강 보호, 노동시간 제한, 노동 후 적절한 휴식, 최소 유급휴가 기간" 등을 보장하면 좋을 것이다. 근로3권은 멕시코나 포르투갈 헌법처럼 지나치게 상세히 규정할 필요는 없고, 스위스 헌법처럼 한 조문에서 간결하게 규정할 수 있을 것이다. "① 근로자와 사용자 및 그 조직은 결사조합을 결성할 수 있고, 노동쟁의는 가능한 한 교섭이나 조정으로 해석해야 하며, 파업 및 직장 폐쇄는 근로와 관계된 평화적 근로관계 유지를 위하여 불가피한 경우 허용하고, 특정 범주에 속하는 자의 파업은 법률로 금지할 수 있게" 규정하였다.

제4절. 청구권과 정치권

1. 청구권

1) 청구권적 기본권 의의

청구권은 국민이 국가에 대하여 행위 또는 부작위를 요청할 수 있는 권리다. 이것은 헌법마다 명칭이 다른데, 구제권이나 사법적 권리 등으로 규정하기도 한다. 청구권적 기본권은 국가에 요구할 수 있는 적극적 권리다. 이에는 청원권, 재판청구권, 행정청구권, 헌법소원청구권, 손실보상청구권, 형사보상청구권, 손해배상청구권, 국가배상청구권, 범죄피해구제청구권 등이 있다.

2) 남북한 헌법의 청구권

(1) 남한 헌법의 청구권

우리 헌법은 청원권(제26조), 법관에 의한 법률에 따른 공정하고 신속한 재판청구권(제27조), 형사보상청구권(제28조), 국가배상청구권(제29조)을 규정하였다. 형사보상청구권과 국가배상청구권에서는 정당한 보상이나 배상을 받을 권리를 보장하였다. 또 범죄 행위 때문에 생명이나 신체에 피해를 입은 국민은 국가에 구조를 청구할 수 있다(제30조).

(2) 북한 헌법의 청구권

북한 헌법은 "공민은 신소와 청원을 할 수 있다. 국가는 신소와 청원을 법이 정한 바에 따라 공정하게 심의·처리하도록 한다"(제69조)고만 하고, 다른 권리는 규정하지 않았다. 신소는 고소를 말하는 것으로 보이며, 기본권으로서 청구권을 인정하는지는 의심스럽다.

3) 세계 각국 헌법의 청구권

포르투갈 헌법은 청원권뿐만 아니라 민중소송을 할 수 있는 권리(제52조), 사법적 구제 수단에 접근할 권리(제20조), 소송 절차에 참여할 권리(제32조), 국가배상청구권(제22조) 등을 보장하였다. 멕시코 헌법은 법원에서 신속한 재판을 받을 권리(제17조), 집단소송청구권(제17조), 형사재판을 받을 권리(제20조), 피고인의 권리(제20조 B), 피해자의 권리(제20조 C) 등을 상세하게 규정하고, 재판청구권에 관한 상세한 규정을 두었다. 공무원의 책임도 명시하였다(제108조, 109조). 형사소송절차에 관하여 상세한 규정을 두었는데, 이는 형사소송법 사항이라고 하겠다. 남아공 헌법도 이 권리를 상세히 규정하였다(제34조~38조).

4) 통일헌법의 청구권

독일 기본법은 기본권 장에서는 청원권(제17조)만 규정하고, 사법 장에서 재판청구권(제101조), 법정진술권(제103조), 사형을 받지 않을 권리(제102조), 국가배상청구권(제34조) 등이 있으나 행정절차법과 소송법에서 공정한 재판을 받을 권리들을 잘 보장하였다. 스위스 헌법은 "사법 절차뿐만 아니라 행정 절차를 받을 권리를 보장하고(제29조), 사법기관에서 재판받을 권리"(제29a조), 사법 절차의 공정성·신속성·공개성 등을 규정하였다.

남한 헌법에서는 청구권적 기본권을 상세히 규정했으나 더 잘 규정해야겠다. 현행 남한 헌법에 있는 법률유보 조항은 없애야 할 것이요, 재산권손실보상청구권, 국가배상청구권, 형사보상청구권 등의 법률유보 조항을 없애 직접 청구할 수 있는 청구권으로 규정해야겠다. 통일헌법에서는 스위스 헌법처럼 "사법권뿐만 아니라 행정권도 공정한 절차에 따라 처리받을 권리"를 규정하는 것이 필요할 것이다. 근로3권 행사에서도 사용자와 소비자의 권리를 보호할 규정을 두어야 할 것이요, 동맹 파업이나 직장 폐쇄도 그 조건을 두는 것이 필요하다. 또 공무원의 근로3권 보장도 특별히 규정하는 것이 필요할 것이다.

5) 통일헌법의 개별 청구권

(1) 재판청구권

청구권적 기본권 중에서도 재판청구권은 중요한 의의가 있다. 우리 헌법에서와 같이 자격 있는 법관에 의하여 헌법과 법률에 따라 신속하고 공정하게 재판받을 권리를 가진다. 이를 위하여 사법제도가 보장되고 있는데 사법제도는 국민의 재판을 받을 권리를 충족시킬 수 있도록 정비해야 한다. 재판 절차를 상세히 규정한 멕시코·남아공·헝가리·포르투갈 헌법을 참작하여 이를 기본권 장이 아닌 사법 장에서 규정하는 것도 한 방법일 것이다. 또 국민참여 재판이나 중재·

조정 재판에 관한 규정도 두어 소액 사건은 신속하게 구제받을 수 있게 해야 할 것이다. 상고심 재판을 받을 권리도 규정하고, 인신보호청구권도 규정하는 것이 좋을 것이다(포르투갈 헌법).

(2) 행정행위청구권

우리 헌법은 행정기관에 대하여 헌법과 법률이 정한 행정을 요구할 수 있는 권리를 보장하지 않았다. 청원권 행사를 할 수 있으나 법원에 대해서 이를 집행해야 할 법적 의무가 발생하지 않기 때문에 법적 의무를 수반하는 행정행위청구권도 인정해야 할 것이다. 스위스 헌법은 "누구든지 행정 절차에서 평등하고 공정한 처우와 합리적인 기간 내에 결정을 받을 권리를 가진다"(제29조 1항)라고 규정하였다. 헝가리 헌법도 "모든 사람은 공공기관으로 하여금 본인의 사무를 공정하고, 공평하며, 합리적으로 적절한 시기에 처리하도록 할 권리를 가진다"(제24조)라고 규정하였다. 통일헌법은 새 기본권 초안에 포함되어 있는 바와 같이 좋은 행정을 요구할 권리를 규정해야 할 것이다.

(3) 국가배상청구권

공무원의 직무상 불법행위로 인하여 손해를 입은 사람이 국가에 손해배상을 청구할 수 있는 권리는 중요한 청구권이다. 우리 헌법의 군인·군무원·경찰공무원 등의 이중배상 금지 규정은 삭제해야 할 것이다. 우리나라에서는 공무원을 행정공무원으로 한정하는 해석이 있으나, 이 공무원에는 입법공무원과 사법공무원 모두 적용된다고 해석해야 한다. 이를 위하여 '모든' 공무원이라고 바꾸거나, 입법공무원과 사법공무원에 대해서도 따로 규정하는 것이 필요하다. 스페인 헌법의 "오판이나 사법 행정의 부당한 집행으로 손해를 입은 경우 법률이 정하는 바에 따라 국가에 배상을 청구할 수 있다"(제121조)라는 규정을 모방할 수도 있을 것이다. 포르투갈 헌법의 "국가와 그 밖의 모든 공공기관은 직무를 수행하는 과정에서 타인의 권리와 자유, 보장을 침해하거나 타인에게 손실을 입히는 행위 또는 부작위에 대해 소속공무원, 간부 및 요원 등과 공동으로 민사상 책임을 진다"(제22조)라는 규정도 참고가 될 것이다. 공무원의 행위에는 '작위와 부작위'가 아울러 들어가 있음을 명시할 필요도 있을 것이다.

2. 정치권

1) 정치적 기본권 의의

정치적 기본권은 국가의 통치 행위에 참여할 수 있는 기본권으로, 소극적인 정치적 자유권과 달리 적극적인 참정권이다. 정치적 기본권을 이제까지 참정권이라고 불렀다. 이에는 선거권, 피선거권, 공무담임권, 국민투표권, 국민발안권, 국민소환권 등이 포함된다. 이것은 간접적 참정권과 직접적 참정권으로 나눌 수 있다.

2) 남북한 헌법의 정치권

(1) 남한 헌법의 정치권

우리 헌법은 ① 선거권(제24조) ② 피선거권과 공무담임권(제25조), 국민투표권(제72조, 130조)을 규정하였다. 선거 연령은 만 19세로 했으며, 피선거권과 공무담임권의 연령은 법률에 위임되어 있다. 직접적 참정권으로는 국민투표권이 있으나, 국민발안권과 국민소환권은 규정하지 않았다. 지방자치단체는 법률로 소환권과 감사청구권 등을 규정하였다. 정치권을 행사하는 데 군인 등에 대한 신분적 제한은 없다.

(2) 북한 헌법의 정치권

북한 헌법은 선거권과 피선거권에 관한 규정을 두었다. "17세 이상의 모든 공민은 성·민족·직업·거주 기간·재산·지식·당·정견·신앙에 관계없이 선거할 권리와 선출될 권리를 가진다(제66조). 군대에 복무하는 공민도 선거할 권리, 선거받을 권리를 가진다. 재판소의 판결로 선거할 권리를 빼앗긴 자, 정신병자는 선거할 권리와 선거받을 권리를 가지지 못한다"라고 규정하였다.

이 밖에 제1장 정치에서 선거 규정을 두었다. "각급 주권기관은 일반적·평등적·직접적 원칙에 의하여 비밀투표로 선거한다"(제6조), "선거자들은 자기가 선거한 대의원이 신임을 잃으면 언제든지 소환할 수 있다"(제7조)고 규정하였다. 그러나 현실은 거의 강제투표를 행하며, 입후보 자유나 비밀선거는 보장되지 않는다.

(3) 남북한 헌법의 정치권 비교

남한 헌법은 참정권을 잘 규정하였다. 헌법 규정만 보면 북한 헌법도 손색이 없어 보인다. 그러나 선거제도는 완전히 다르다. 대한민국 헌법은 다당제를 보장하고 많은 정당들이 후보자를 공천하여 선거인이 개별 후보를 직접·자유·비밀투표로 선출한다. 그러나 북한에서는 사실상 1당제이며, 우당이 있으나 다가 북한로동당의 한 조직에 불과하다. 선거는 이 정당들이 만든 합동명부에 찬반만 표시하는 제도이기 때문에 사실상 후보자에 대한 개별적 선택권이 없다. 합동명부를 작성하는 데 선거인이나 후보자가 참여하지 못하기 때문에 선거인의 개별 선택권이 없다.

선거 연령은 대한민국은 19세이고, 북한은 17세로 했으나 사실상 후보의 선택권이 없으니 그 의의는 없다. 청소년은 동원선거이므로 자유·비밀선거 권리가 보장되지 않는다. 북한 헌법은 최고인민회의 등 의원 소환권을 규정했으나 실효성이 없다. 한국에서는 지방자치 의회와 장에 대한 소환권을 인정하고 있다.

3) 세계 각국 헌법의 정치권

(1) 미국 헌법

미국 헌법은 선거권과 피선거권을 규정하고, 수정헌법에서 확대하였다. 하원의원의 선거권은 각 주의 가장 많은 선거인을 가진 두 의회 선거인에게 요구되는 자격 요건을 구비해야 한다. "누구든지 연령이 25세에 미달한 자, 합중국 시민으로서 기간이 7년이 되지 않은 자, 선거 당시 선출되는 주의 주민이 아닌 자는 하원의원이 될 수 없다(제1장 2조 1항). 연령이 30세에 미달하거나, 합중국 시민으로서 기간이 9년이 되지 않았거나, 선거 당시 선출되는 주의 주민이 아닌 자는 상원의원이 될 수 없다(제1장 3조 3항). 출생에 의한 합중국 시민이 아닌 자, 이 헌법을 제정할 때 합중국 시민이 아닌 자는 대통령으로 선임될 자격이 없다. 연령이 35세에 미달한 자, 14년간 합중국 주민이 아닌 자도 대통령으로 선임될 수 없다(제2장 1조 5항). 미국 시민의 투표권은 인종이나 피부색, 과거의 예속 상태를 이유로 제한되지 않는다(수정 제15조). 여성에게도 성별을 이유로 한 투표권은 인정된다(수정 제19조). 시민의 선거권은 인두세나 기타 조세를 납부하지 않았다는 이유로 제한되지 않는다(수정 제24조). 18세 이상 시민의 투표권은 인정된다"(수정 제26조). 이것은 오랜 투쟁의 결과로 선거권이 확장되었음을 알 수 있다.

(2) 러시아 헌법

러시아 헌법도 제32조에 규정했으며, 제1장 34조에서 선거권과 피선거권을 규정하였다. 연령 제한은 규정하지 않았으나, 선거권과 피선거권은 법원이 무능력자로 선고하거나 법원 판결로 수감 중인 사람에게는 인정하지 않았다(제32조 3호).

선거 연령은 18세가 일반적이다. 필리핀 제5장 1조, 노르웨이 제50조, 룩셈부르크 제52조 3호, 스위스 제136조 1항, 아이슬란드 제33조, 체코 제18조, 중국 제34조, 터키 제67조, 포르투갈 제49조, 핀란드 제14조, 독일 제138조 2항에 규정하였다. 성년(이탈리아 제18조, 헝가리 제23조)을 요하는 헌법도 있으나, 성년은 대개 18세다.

공무담임권은 피선거권을 가진 사람이면 누구나 가진다. 피선거권과 공무담임권은 시민만이 갖는 것이 원칙이다. 선거권과 피선거권의 연령을 같이 하는 경향이 있다. 독일은 피선거권 연령도 성인(독일 기본법 제38조 2항)으로 하였다.

(3) 독일 헌법

독일에서는 18세 성인이 되면 선거권을 갖게 된다(스위스 헌법 제143조). 공무담임권에는 자격시험 등을 부과할 수 있는 근거를 마련해야 한다. 독일은 "적성·능력·전문능력에 따라 모든 공직에 취임할 평등한 권리를 가진다"(제33조 2항)라고 하여 자격을 제한할 수 있게 하였다. 급진주의자법에 따라 과거 급진과격단체에 가담한 사람에게는 공직담임 권리를 박탈하였다.

4) 통일헌법의 정치권

우리 헌법에 따라 정치권으로 선거권·피선거권·공무담임권·국민투표권 등을 규정해야겠다. 나아가 국민발안권과 국민소환권(국회해산권)을 규정하는 것이 필요할 것이다. 선거권과 피선거권의 공무담임권의 경우 법률로 제한할 수 있을 것이다. 독일의 급진주의자법처럼 급진주의자에게 공무담임권을 제한해야 하고, 공무원의 헌법에 충성할 의무를 규정하고 심사할 수 있게 해야 할 것이다.

선거 연령은 세계 추세에 따라 만 18세로 하되, 피선거권 연령은 미국 헌법이나 우리나라 현행 헌법처럼 연령으로 차별할 수 있을 것이다. 과거 반국가행위를 한 전과자의 피선거권과 공무담임권은 제한해야 할 것이다. 정당 당원이나 공무원이 취임할 수 없는 공직은 법률로 제한해야 할 것이다. 공무원이나 교원의 정치적 중립을 보장하려면 정당인에게 공무원이나 교원 담임권을 제한할 법률 근거를 두는 것도 좋을 것이다(헝가리 헌법 제23조).

국민을 대표하는 기관이 국민 의사에 반하거나 국가에 해롭게 할 때는 국민대표의 소환권과 국회해산권을 인정하는 것이 좋을 것이다. 국민이 국정에 직접 참여할 수 있는 권리를 증대하는 것이 바람직하다.

(1) 정치참여권(참정권)

통일헌법은 정치참여권에 일반 원칙을 규정하는 것이 좋을 것이다. "모든 국민은 국민주권의 원칙에 따라서 직접적이나 간접적으로 정치에 참여하는 권리를 가진다"(아르헨티나 헌법 제37조 1항, 러시아 헌법 제32조 1항, 포르투갈 헌법 제48조). 이 참정권 행사는 권리이지만 민주국민의 의무로도 규정할 수 있다. 스위스 헌법은 "참정권은 보장된다"라고 하고, 참정권을 행사하는 방법도 규정하였다.

(2) 선거권

선거권은 보통·평등·직접·비밀·자유 선거를 할 권리를 보장하고, 선거권 연령을 18세로 낮추고, 완전히 평등한 선거를 보장해야 할 것이다. 선거권 요건을 법률에 위임하지 않고 헌법에 직접 규정하는 헌법도 있다. 선거권의 평등에서는 인구 비례에 의한 실질적 평등을 보장해야 하고, 국민과 귀화인, 영주 외국인 등의 차별이 금지해야 할 것이다.

(3) 피선거권과 공무담임권

간접민주정치에서 국민대표나 지방대표로 선출될 수 있는 피선거권은 매우 중요하다. 국회의원이나 지방의원의 피선거권 연령은 일반적으로 20세 이상이나, 대통령 피선거권은 35세나 40세로 올릴 수도 있을 것이다.

공무담임권은 국가공무원으로 임용될 수 있는 권리로 피선거권과 따로 규정하고, 연령은 18세로 낮추는 것이 좋을 것이다. 포르투갈 헌법은 국가공무에 참여할 권리도 보장하였다.

(4) 국민투표권

직접민주주의 국가처럼 넓게 국민투표권을 인정하는 것은 곤란하나, 대표자에게만 일임할 수 없는 국가 중대 사항은 국민투표로 인정해야겠다. 예를 들면 헌법 개정이라든가 국가의 중요 정책 결정에서 국민적 동의를 얻기 위하여 필요한 경우 국민투표에 회부해야 할 것이다.

(5) 국민발안권

스위스 같은 직접민주주의 국가에서는 국민발안권과 국민투표를 요구할 권리를 규정하였다(제136조). 국민발안권과 국민소환권, 국회해산요구권을 규정할 수도 있을 것이다. 그러나 그 남용을 막는 장치도 마련해야 할 것이다.

제5절. 권리 제한과 의무

1. 인간의 권리 보장과 제한

1) 인간의 권리 보장

인간의 권리 보장은 헌법 명문으로 규정해야 할 것이다. 권리를 보장하는 방법에는 선언적 보장, 입법적 보장, 사법적 보장, 헌법소원에 의한 보장, 국가인권위원회에 의한 제도적 보장 등이 있다.

(1) 남북한 헌법의 기본권 보장

남한 헌법은 전문에서 기본권 존중주의를 선언하면서, 제10조 후문에서 "국가는 개인이 가지는 불가침의 기본적 인권을 확인하고, 이를 보장할 의무를 진다"라고 규정하여, 국가에 기본권 보장 의무를 부과하였다. 이를 위하여 사법제도와 헌법재판소제도를 두어 실질적인 기본권 보장을 기하였다.[16]

---

16) 김영삼, 「북한 헌법상 기본적 인권: 북한체제에 있어서 헌법규범과 헌법현실에 나타난 기본권 규제를 중심으로」, 연세대 석사학위 논문, 1979.

북한 헌법은 "국가는 모든 공민에게 참다운 민주주의적 권리와 자유, 행복한 물질·문화 생활을 실질적으로 보장한다"(제64조)고 하였다. 그러나 이것은 선언적 규정이며, 기본권을 보장하는 제도는 마련하지 않았다.

(2) 세계 각국 헌법의 기본권 보장

독일 기본법은 국가에 인간의 존엄을 존중하고 보호할 의무를 지게 하고(제1조), 재판소와 헌법재판소에 의하여 기본권을 제도적으로 보장하였다. 헝가리 헌법도 국가의 주요 의무로 "인간의 불가침 및 양도할 수 없는 기본권을 존중하고 방어한다"라고 규정하면서, 사법적 권리 보장을 규정하였다. 러시아 헌법도 "개인과 시민의 권리와 자유를 인정하고, 이를 준수하며 수호하는 것은 국가의 의무"(제2조)라고 규정하여, 사법적 보장과 헌법재판소에 의한 보장을 규정하였다. 노르웨이 헌법도 "인권을 존중하고 보장하는 것은 국가기관의 책무"(제110C조)라고 규정하였다.

(3) 통일헌법의 기본권 보장

통일헌법에서는 국가가 기본권을 인정하고 최대한 보장하는 의무 규정을 두어야 할 것이다. 그리고 기본권을 보장하기 위한 기구를 두어 기본권을 보장하도록 의무화해야 할 것이다. 기본권 보장 기구로 헌법재판소를 두어 헌법소원에 따라 기본권을 보장하도록 해야 할 것이다. 법원도 정비하여 국민의 기본권을 보장하는 기구로 만들어야 할 것이다. 그리고 국가인권위원회도 헌법기관화해야겠다.

2) 헌법에 열거하지 않은 기본권 보장

(1) 실정권설과 자연권설

실정권설은 헌법에 규정한 기본권만이 국민의 권리이고, 규정하지 않는 것은 기본권이 아니라고 보는 이론이다. 반면 자연권설은 기본권은 인간의 천부인권으로 헌법에 규정하지 않았아도 자연권으로 인정하며, 헌법에 규정하는 것은 천부인권을 확인하는 규정이며, 헌법에 규정하는 것은 예시적이라고 보는 이론이다.

(2) 남북한 헌법의 규정 비교

대한민국 헌법은 자연권설에 입각하여 "국민의 자유와 권리는 헌법에 열거하지 않았다는 이유로 경시되지 않는다"(제37조 1항)라고 하여 예시설 입장에 서 있다. 북한 헌법은 실정권설에 입각하므로 헌법에 열거하지 않은 기본권은 보장하지 않는 것으로 보고 있다.

(3) 세계 각국 헌법의 규정 비교

① 미국 헌법

우리 헌법 규정은 미국 수정헌법 제9조를 모방한 것이라 하겠다. 즉 "이 헌법에 특정 권리들이 열거되어 있다고 국민의 여러 권리를 부인하거나 경시하는 것으로 해석하면 안 된다"(수정헌법 제9조)라고 하여 예시설을 규정하였다.[17]

② 아르헨티나 헌법

아르헨티나 헌법도 "이 헌법에 열거한 선언과 권리와 보장은 열거하지 않은 다른 권리와 보장을 부인하는 것이 아니라, 국민주권 원칙과 공화제 정부에서 나오는 것"으로 해석하였다(제33조). 또 슬로바키아 헌법도 "기본권과 자유는 천부인권으로 양도할 수 없고 법률로 창설되는 것이 아니며, 폐기할 수 없다"(제12조 1항)고 규정하였다.

③ 러시아 헌법

러시아 헌법은 자연권성을 강조하였다. "러시아연방헌법에 기본적인 권리를 열

---

17) R. Williams, Amendment 4, *The Heritage Guide to the Constitution* 2nd ed. 2014, pp. 474-479.

거했다고 하여 다른 보편적인 개인의 권리와 자유를 축소하거나 부인하는 것으로 해석해서는 안 된다"(제55조 1항). "개인의 기본 권리와 자유는 박탈할 수 없으며, 출생할 때부터 모든 국민이 향유하는 것이다"(제17조 2항). "러시아연방에서는 보편적으로 인정하는 국제법의 원칙과 규범 및 헌법으로 개인과 시민의 권리를 인정하고 보장한다"(제17조 1항). 또 국가의 의무로 기본권을 인정하고, 이를 준수하며 수호하는 것을 들고 있다(제2조). 헝가리 헌법도 국가 의무로 규정하였다(제5조).

(4) 통일헌법의 규정

통일헌법에서도 모든 기본법을 망라하여 규정할 수는 없으니 우리 헌법처럼 규정하여 자연권설을 강조해야 할 것이다.

3) 기본권 제한 규정

기본권 중에는 절대적 기본권과 상대적 기본권이 있다. 절대적 기본권은 인간 존엄의 본질을 이루는 기본권으로 이는 법률로도 제한할 수 없다. 이에 반하여 상대적 기본권은 국가의 목적이나 타인의 권리, 도덕과 사회 질서 유지 등을 보장하기 위하여 법률로 제한할 수 있다.

(1) 일반 법률유보 조항

① 남북한 헌법 비교

상대적 기본권은 법률로 제한할 수 있다. 남한 헌법은 "국민의 모든 자유와 권리는 국가의 안전보장과 질서 유지, 공공복리를 위하여 필요한 경우 법률로 제한할 수 있으며, 제한하는 경우에도 자유와 권리의 본질적 내용은 침해할 수 없다"라고 규정하였다. 헌법재판소 판례에 따라 과잉제한 금지 원칙이 적용되어 목적의 정당성, 방법의 적정성, 피해의 최소성, 법익의 균형성이 제한 법률의 합헌성

기준으로 인정되고 있다.

북한 헌법은 기본권을 제한하는 규정을 두지 않았다. 이것은 인권이 보장되지 않기 때문에 법률로 제한할 것까지 없어서인 것 같다.[18] 같은 사회주의 국가인 베트남에서는 "인권 시민권은 국방, 국가의 안녕, 사회질서와 안전, 사회도덕, 공동체의 건강상의 이유로 필요 불가결한 경우에만 법률의 규정에 따라 제한할 수 있다"고 한 것과 대조된다(제14조 2항).

② 세계 각국 헌법 규정

본질적 내용 침해 규정은 독일 기본법에서 유래하였다. 독일 기본법은 "① 기본권을 법률이나 법률에 근거하여 제한하는 경우에는 그 법률은 일반적으로 적용해야 하며, 개별적인 경우에만 적용해서는 안 된다. 그 법률은 해당 조항의 기본권을 명시해야 한다. ② 기본권은 어떠한 경우에도 그 본질적 내용을 침해해서는 안 된다"(제19조)라고 규정하였다.

서양 민주주의 헌법만이 아니라 체제를 이행하는 국가 헌법에서도 기본권을 제한하는 법률유보를 규정했으며, 일반적인 원칙 규정은 대동소이하다. 기본권의 본질적 내용 침해 금지는 스위스 헌법(제36조 4항), 스페인 헌법(제53조), 슬로바키아 헌법(제13조 4항) 등이 규정하였다. 러시아 헌법에서는 헌법에 규정된 일부 권리는 법률로도 제한할 수 없는 절대적 권리라고 규정하였다(제56조 3항). 러시아 헌법은 일반 법률유보 조항으로 "개인과 시민의 권리와 자유는 헌법 체제, 윤리, 보건, 타인의 권리와 법적 이해관계의 기초, 국가의 방위와 안전을 보장하기 위해 필요한 정도로만 연방법률로 제한할 수 있다"(제55조 3항). 남아공 헌법도 제36조에서 제한하는 목적의 중요성, 기본권의 본질, 제한하는 본질과 범위, 제한하는 목적의 관련성 등의 경우에만 제한할 수 있게 하여 법률에 의한 제한의 비례성을 강조하였다.

---

18) 유정복, 「북한 헌법과 기본권 보장의 한계」, 《공법연구》 제24권 2호(1996), pp. 133-158; 이효원, 「북한 주민의 기본권 보장과 북한 인권법의 중요쟁점」, 『헌법재판소 창립25주년 기념학술대회: 통일과정의 헌법적 논의』, 2013, pp. 103-123.

③ 통일헌법의 일반 법률유보 조항

통일헌법에서도 기본권 제한은 남한 헌법처럼 일반 법률유보를 두어야 할 것이다. 제한 목적으로는 국가의 안전보장과 질서 유지, 공공복리 이외에 도덕윤리 질서, 타인의 권리, 사회 안전, 민주적 기본 질서 수호, 헌법 체제 유지 등을 추가하는 것이 좋을 것이다. 또 제한하는 경우도 필수불가결한 경우와 불가피한 경우 등 비례성 원칙을 강조하는 것이 좋을 것이다. 기본권의 본질적 내용을 침해하는 금지는 꼭 규정해야 하겠지만, 신앙의 자유나 양심의 자유 같은 내심의 자유는 절대적 기본권으로 어떠한 경우에도 제한할 수 없음을 규정해야 할 것이다.

(2) 특수 법률유보 조항

① 남북한 헌법의 특수 법률유보 규정

남한 헌법은 몇 가지 기본권에 특수 유보 조항을 두었다. "언론·출판은 타인의 명예나 권리, 공중도덕이나 사회윤리를 침해해서는 안 된다"(제21조 4항). "법률이 정하는 주요 방위산업체에 종사하는 근로자의 단체행동권은 법률이 정하는 바에 의하여 이를 제한하거나 인정하지 않을 수 있다"(제33조 3항)는 두 조항이 있다. 국가 위기 시에는 긴급명령으로, 계엄 시에는 계엄령으로 국민의 자유와 권리도 일시적으로 제한할 수 있다(제76조, 77조).

북한 헌법은 기본권 제한 규정은 없다. 다만 "종교를 외세를 끌어들이거나 국가와 사회 질서를 해치는 데 리용할 수 없다"(제68조 2항)고 규정하였다.

② 세계 각국 헌법의 특수 법률유보 규정
㉠ 독일 헌법

개별 기본권에 특수 유보 조항을 많이 둔 것은 독일 헌법이다. 독일 기본법이 기본권 제한에는 헌법적 근거를 두도록 하여(제19조) 기본권 조항에서 특별 법률유보 조항을 두었다. 예를 들면 인격의 자유 발현권은 "타인의 권리를 침해하지 않거나 헌법적 질서와 도덕률에 위반되지 않는 한" 인정된다(제2조 1항). 표현의 자유와 정보접근권은 "일반 법률의 조항, 소년 보호를 위한 법률상의 규정과 개인의 명예권으로 제한된다"(제5조 2항). 강의 자유는 "헌법에 대한 충성을 면제하지 않는다"(제5조 3항). 옥외 집회에 대하여는 "법률이나 법률에 근거하여 이를 제한할 수 있다"(제8조 2항).

단체나 결사를 결성할 자유는 "그 목적과 활동이 형사법률에 위반하거나 헌법적 질서나 국제적 상호 이해 사상에 반하는 경우에는 금지된다"(제9조 2항). 거주지 이전 자유는 "충분한 생활 기반 결여로 공공에게 특별한 부담을 주게 되는 경우, 연방 또는 주의 존립이나 자유민주적인 기본 질서를 위협하는 위협을 방지하기 위해 필요한 경우 전염병, 천재지변, 특별히 중대한 사고에 대처하기 위하여 필요한 경우, 방치된 소년을 보호하고 범죄 행위를 예방할 필요가 있는 경우에 법률이나 법률에 근거하여 제한할 수 있다"(제11조 2항). "방위상의 긴급사태에 의해 민간의 위생시설 및 치료시설 그리고 지역의 야전병원에서 비군사적 복무 수요가 지원자만으로는 충족시킬 수 없는 경우에는 법률이나 법률에 근거하여 만 18~55세 여자를 이 종류의 복무에 징집할 수 있다"(제12a조 4항).

주거불가침도 법률이나 법률에 근거하여 수색하거나 감청을 위하여 출입할 수 있다(제13조). 재산권 내용과 한계는 법률로 정한다(제14조). 법률에 근거한 경우에는 "국적도 박탈할 수 있다"(제16조). 병역 및 대체근무에 관한 법률에 따라 병역 또는 대체근무 중 표현의 자유, 집회의 자유, 단체적 청원 자유를 제한할 수 있다(제17조). "누구든지 자유민주적 기본 질서를 공격할 목적으로 표현의 자유, 특히 신문의 자유, 학문의 자유, 집회의 자유, 결사의 자유, 서신, 우편, 선거운동의 비밀, 재산권 또는 망명비호권을 남용할 때에는 이러한 기본권을 상실한다. 이들 상실과 그 정도는 연방헌법재판소에 의하여 선고된다"(제18조).

이 특수 유보는 기본법을 개정하면서 추가한 것이 많다. 기본권 상실(박탈) 제도는 잘 활용되지 않고 있다. 독일 기본법이 이 많은 특수 유보 규정을 둔 것은 분단시대나 국가 위기 상태를 고려해서 추가한 것이다.[19]

---

19) 육종수, 「독일 기본법상의 도덕률에 의한 기본권 제한」, 《헌법학연구》 제3집, pp. 581-598; 표명환, 「독일 기본법상의 기본권 제한의 구조와 체계에 관한 고찰」, 《공법학연구》 제14권 4호(2013), pp. 31-58; 김대환, 「독일 기본권상 표현의 자유제한 법률」, 2014.

㉡ 다른 나라 헌법

다른 헌법들은 표현 자유와 집회결사 자유에 특별 유보를 두었다(스웨덴 정부조직법 제23조). 비상사태, 전시, 계엄 시의 경우에는 기본권을 제한하는 특별법을 인정하고 있다(러시아 헌법 제56조, 스웨덴 정부조직법 제15장 7조, 스페인 헌법 제55조, 터키 헌법 제15조, 포르투갈 헌법 제19조).

세계 각국 헌법에서는 국가 긴급 시에는 기본권 제한을 인정하였다. 국가 긴급 시에는 법률이 아닌 긴급명령으로 제한할 수 있다는 규정이 많다(멕시코 헌법 제29조, 포르투갈 헌법 제19조).

③ 통일헌법의 특수 법률유보 규정

통일헌법에서도 남한 헌법처럼 표현의 자유만이 아니라 독일 기본법에서 보는 바와 같이 집회결사의 자유, 통신수색의 자유, 주거 수사, SNS 등 통신감청 등이 법관의 영장에 따라 가능하도록 규정하는 것이 필요할 것이다. 기본권을 남용하는 경우 기본권을 박탈하거나 정지하는 것도 법원 판결로 할 수 있게 하여 실효성을 높여야 할 것이다. 반국가단체에 대한 해산과 계속범도 처벌할 수 있도록 특별 법률유보를 두는 것이 바람직하다.

국가 비상사태 때는 기본권도 제한할 수 있도록 헌법에 규정해야 할 것이다. 비상계엄 시에는 법관의 영장이 아닌 군법무관(군판사)이 영장을 발부할 수 있도록 해야 할 것이다(포르투갈 헌법 제19조). 군인과 공무원 등 특수한 신분에 있는 사람에게도 특별 법률유보 규정을 두어야 할 것이다.

공무원의 정치적 중립성을 보장하기 위하여 정치적 결사나 정당 가입을 제한하고, 공익을 위한 국민에 대한 봉사자이기 때문에 노동조합 가입이나 노동운동은 금지해야 하며, 정치적 표현 자유, 특히 시위 자유 등은 제한해야 할 것이다. 특히 근로자의 단체행동권은 현행 대한민국 헌법처럼 방위산업체만이 아니라, 국가안보와 관계있는 업체 종사자의 단체행동권도 제한할 수 있게 해야겠다.

2. 국민의 의무

1) 국민의 의무 종류

헌법에서 국민의 권리를 규정하면서 의무를 규정하는 것이 일반적이다. 국민의 고전적 의무에는 국방과 납세 의무가 있었으나, 오늘날에는 새로운 의무가 추가되고 있다. 예를 들어 노동할 의무, 교육을 받게 할 의무, 교육받을 의무, 재산권을 행사할 의무, 환경을 보전할 의무, 헌법과 법률을 준수할 의무, 기본권 남용금지할 의무 등이 있다.

2) 남북한 헌법의 국민의 의무

(1) 남한 헌법의 국민의 의무

남한 헌법은 고전적 의무로 납세 의무(제38조)와 국방 의무(제39조)를 규정하고, 현대적 의무로는 교육을 받게 할 의무(제31조 2항), 근로할 의무(제32조 2항), 재산권을 공공복리에 적합하게 행사할 의무(제23조 2항), 환경을 보전할 의무(제35조 1항)를 규정하였다. 우리 헌법에는 헌법을 수호할 의무와 법률을 준수할 의무를 규정하지 않다. 근로할 의무는 "민주주의 원칙에 따라 그 내용과 조건을 법률로 정해야" 하기 때문에 북한 같은 강제노역은 인정하지 않으며, 직업 선택할 자유를 보장해야 한다. 근로할 의무는 근로할 권리와도 밀접한 관계가 있다. 국방 의무는 현재 징병제를 실시하며, 대체근무는 인정되지 않는다.

(2) 북한 헌법의 국민의 의무

북한 헌법은 기본권 규정은 적으나 의무 규정은 많다. "공민은 인민의 정치사상적 통일과 단결을 견결히 수호해야 한다. 공민은 조직과 집단을 귀중히 여기며, 사회와 인민을 위하여 몸바쳐 일하는 기풍을 높이 발휘해야 한다"(제81조). "공민은 국가의 법과 사회주의적 생활 규범을 지키며 … 공화국의 공민된 영예와 존엄을 고수해야 한다"(제82조). "로동은 공민의 신성한 의무이며 영예다. 공민은 로동에 자각적으로 성실히 참가하며, 로동규률과 시간을 엄격히 지켜야 한다"(제83조). "공민은 국가 재산과 사회협동단체 재산을 아끼고 사랑하며 주인답게 알뜰히 해야 한다. 국가와 사회협동단체 재산은 신성불가침이다"(제84조). "공민은 언제나 혁명적 경각심을 높이며, 국가의 안전을 위하여 몸바쳐 투쟁해야 한다"(제85조). "조국보위는 공민의 최대의 의무이며 영예다. 공민은 조국을 보위해야 하며, 법이 정한 데 따라 군대에 복무해야 한다"(제86조)라고 규정하였다.

여기에는 납세 의무가 빠져있는데 임금 등을 멋대로 결정하여 임금이 많이 원천 공제되기 때문에 납세제도가 없어졌다고 한다. 이 밖에도 제1장 정치에서 "공화국의 법은 근로인민의 의사와 리익의 반영이며, 국가 관리의 기본 무기다. 법에 대한 존중과 엄격한 준수 집행은 모든 기관, 기업소, 단체와 공민에게 의무적이다"(제18조)라고 규정하였다. 공산주의 국가인 베트남에서도 납세 의무를 규정하였다(제47조).

3) 세계 각국 헌법의 국민의 의무

국민의 의무에 대한 절(규정)을 두지 않은 헌법(프랑스·미국·아르헨티나·스위스·필리핀·그리스·네덜란드·덴마크·독일 헌법)도 있지만 개별적 의무는 규정하였다(예를 들어 국방 의무는 스위스 헌법 제59조, 독일 기본법 제12a조).

일반적으로 국민의 의무로는 고전적인 납세 의무와 국방 의무를 규정했으며, 현대적 의무로는 교육을 받게 할 의무, 근로할 의무, 재산권을 공공복리에 적합하게 사용할 의무, 환경을 보전할 의무 등을 규정하였다. 또 헌법을 준수할 의무와 법률을 준수할 의무, 저항할 의무 등을 규정한 헌법도 있다. 폴란드 헌법은 국가에 충성할 의무와 공공선을 존중할 의무(제82조)를 추가하였다.

납세 의무에서 누진세(스페인 헌법 제31조, 포르투갈 헌법 제104조)를 규정한 것도 있다. 국방 의무나 조국을 수호할 의무는 거의 모든 헌법이 규정했는데, 징병제를 일반적으로 규정하였다. 양심적 집총거부자에 대해서는 대체근무를 인정하고 있다. 독일 기본법은 처음에는 병역 의무를 규정하지 않았으나, 기본법을 개정하면서 연방 국경수비대와 민방위대에서 복무할 의무를 부과시키되 양심적 집총거부자의 대체근무를 인정하였다. 또 여자에게도 복무를 명할 수 있으나 집총근무는 금지되나(독일 기본법 제12a조 4항) 여성은 지원하면 군복무를 할 수 있다(스위스 헌법 제59조). 그리스 헌법은 "헌법과 그와 동등한 법률에 대한 존중, 그리고 모국과 민주주의에 대한 헌신은 모든 그리스인의 기본적인 의무다"(제120조). 또 독일 기본법은 헌법을 개정하여 저항권을 인정하였다. "모든 독일인은 이러한 질서의 폐지를 기도하는 자에게 다른 구제 수단이 없는 때는 저항할 권리를 가진다"(제20조)라고 규정하였다.

일부 헌법은 저항권을 권리인 동시에 의무로 규정하였다(그리스 헌법 제12조). 국방도 권리인 동시에 의무로 규정하였다(포르투갈 헌법 제276조). 또 조국수호도 본분이며 의무로 규정하였다(러시아 헌법 제59조). 노동도 권리인 동시에 의무로 규정하였다(터키 헌법 제49조).

4) 통일헌법의 국민의 의무

통일헌법에서는 남한 헌법의 의무 조항을 모두 포함하면서 헌법 수호, 법률 준수, 저항 의무를 규정하는 것이 좋을 것이다. 병역의 의무를 이행하는 데 종교로 인한 차별대우를 금지하되, 대체근무 도입이 필요할 것이다. 또 독일처럼 국가 긴급 시에 기본권을 제한하는 것은 일시적 정지에 한정해야 할 것이다. 병역 의무에는 징병제와 지원병제가 있다. 군인사 충원이 가능한 경우에는 지원병제로 할 수 있으며, 징병제 경우에는 양심적 집총거부자의 대체근무 의무를 부과할 수 있다. 통일이 되면 징병제가 아닌 지원제로 군인을 충당할 수 있을지 모른다. 헌법 수호 의무와 법률 준수 의무를 명확히 해야 할 것이다. 국가권력의 불법적 행사에 저항권을 행사하여 국가의 안전을 유지하면서도 불법행위에 저항할 의무를 규정해야 할 것이다.

북한 헌법에서는 사회주의적 생활규범을 준수할 의무, 법률을 준수할 의무를 규정하였다. 헌법 준수 의무, 법률 준수 의무는 통일헌법에 규정해야 하며, 이러한 의무 위반에 대한 처벌 등 입헌주의와 법치주의를 수호할 장치를 마련해야 할 것이다.

제IV장. 통치기구

제1절. 정부 형태

1. 정부 형태 의의

정부 형태에는 넓은 의미의 정부와 좁은 의미의 정부가 있다. 광의설은 입법부·행정부·사법부를 모두 포함한 정부기관을 총칭하는 개념이며, 국가권력의 구조 형태 또는 국가권력의 기구 조직을 말한다. 반면 협의설은 입법부에 대비한 행정부 형태를 말한다. 여기서는 입법부와 행정부의 관계를 중심으로 각 기관의 분립·견제·균형 관계를 중심으로 이해하기로 한다.

2. 남북한 헌법의 정부 형태

1) 북한 헌법의 정부 형태

북한 헌법은 형식적으로는 사회주의 국가의 통례대로 의회정부제를 채택했으나[1], 실질적으로는 국무위원회 위원장제도를 도입하여 1인전제제로 가고 있다(제100조 이하).[2] 다시 말하면 ① 인민민주주의적 중앙집권제원리(제5조) ② 권력분립

---

1) 상세한 것은 김철수, 「통치조직에 관한 공산권 헌법의 비교연구」, pp. 157-178/「공산권 헌법의 통치조직」, 1972/「공산권 헌법의 특색」, 「남북한 법체제의 비교연구」, 국토통일원, 1972. 6, pp. 19-27; 최용기, 「공산주의 헌법상의 권력구조에 관한 연구: 소련과 북한 헌법의 비교분석을 중심으로」, 고려대 박사학위 논문, 1983 참조.

2) 鐸木昌之, 「北韓朝鮮社會主義と傳統の共鳴」, 東京, 1992; 박일경, 「북한 헌법상의 권력구조」, 「백남억박사회갑기념논문집」, 통일부, 1976; 장명봉, 「북한의 사회주의 헌법상의 권력구조에 관한 고찰」, 《통일정책》 제1권 3호(1975. 10); 장명봉, 「북한의 2009 헌법 개정과 선군정치의 제도적 공고화」, 《헌법학연구》 제11권 1호(2010); 박진우, 「2009년 개정 북한 헌법에 대한 분석과 평가」, 《세계헌법연구》, 제16권 3호(2011); 임종규, 「북한 헌법상의 권력구조에 관한 연구: 1998년 개정헌법을 중심으로」, 한국외대 석사학위 논문, 1999; 윤한호, 「북한 권력구조에 관한 연구: 1인독재체제 확립 및 권력승계 중심으로」, 성균관대 석사학위 논문, 2000; 임헌소, 「북한 헌법상 권력구조에 관한 연구: 북한의 신헌법을 중심으로,

배제 ③ 사법권 독립 부인 ④ 노동당 독재(제11조) ⑤ 1인지도체제를 채택하였다.

북한 헌법은 다른 사회주의 헌법과 마찬가지로 인민민주주의적 중앙집중제를 도입하여 노동자 농민, 군인, 근로인테리를 비롯한 근로인민만이 주권을 가진다(제4조). ① 최고인민회의는 주권기관이며 인민의 선거로 구성되고 국가권력은 궁극적으로 최고인민회의에 집중되나 임기가 2~3일이라 상임위원회가 권한을 행한다. ② 최고인민회의는 국무위원회 위원장, 최고인민회의 상임위원장, 내각총리, 중앙재판소장, 중앙검찰소장 등을 선거·소환하고 ③ 국가의 대내외 정책의 기본 원칙을 승인하고, 국가 예산을 승인하고 ④ 국무위원회 부위원장, 위원 선거 및 소환은 국무위원회 위원장의 제의로 하게 하였다. ⑤ 또 내각부총리, 위원장, 상 등 그 밖의 내각 성원들은 내각총리의 제의를 받아 임명한다(제91조). 최고인민회의는 입법기관이며 헌법을 개정하는 기관이기는 하나, 최고인민회의는 비상설 기관으로 일 년에 한두 번 밖에 열지 않기 때문에 사실상 장식기구에 불과한 것이라고 할 수 있을 것이다.

최고인민회의는 국무위원회 위원장, 국무위원회, 최고인민회의 상임위원회, 내각과 최고인민회의 부위원회가 토의 안건을 제출할 수 있다. 국무위원회 위원장은 공화국의 최고 령도자로서 전반무력의 최고사령관으로 되며, 국가의 일체 무력을 지휘·통솔한다(제102조). 최고인민회의 휴회 중에는 상설기관으로 최고인민

《법학논총》 1(1993), 목원대 법학연구소, pp. 103-132; 김기홍, 「북한 헌법상 통치구조에 관한 연구」, 연세대 석사학위 논문, 1992; 송민혁, 「북한 헌법상 통치구조에 관한 연구: 1998년 개정 북한 헌법을 중심으로」, 연세대 석사학위 논문, 2004; 김연준, 「북한의 권력구조에 관한 연구」, 동국대 석사학위 논문, 1987; 문현철, 「북한 헌법에 있어서 통치구조에 관한 연구: 1998년 북한 헌법개정 중심으로」, 《생활지도연구》 19(1999), 조선대 학생생활연구소, pp. 203-215; 서주실, 「북한 헌법상의 권력구조: 소련·중공 헌법의 영향과 관련하여」, 《통일논총》 6(1984), 부산대 민족문화연구소, pp. 45-89; 구병삭, 「중공·북한 헌법상의 권력구조」, 《고려법학》 20, 고려대 법학연구원, 1982, pp. 31-76; 오종호, 「북한의 헌법개정과 권력구조 변화」, 경희대 석사학위 논문, 2014; 정영화, 「북한 헌법상 공권력의 집행체계에 관한 연구」, 《동북아법연구》 제3권 2호(2009), 전북대, pp. 141-189; 김영수, 「공산제국의 헌법상 권력구조, 북한 헌법과의 비교를 중심으로」, 《치안문제》 17(1980), 치안문제연구소, pp. 21-26; 유례동, 「북한 헌법상 통치권력 구조에 관한 연구」, 연세대 석사학위 논문, 1980; 김영휘, 「북한 헌법상의 통치구조에 관한 연구」, 조선대 석사학위 논문, 1977; 권영태, 「1988년 북한 헌법 서문에 대한 새로운 분석: 법제전력 차원의 의미를 중심으로」, 《현대북한연구》 제15권 2호(2012), pp. 127-178; 양창윤, 「북한 헌법상 최고인민회의의 권한과 기능에 관한 연구」, 숭실대 석사학위 논문, 1995; 이시균, 「북한 헌법과 김정은 체제 등장 분석」, 경기대 석사학위 논문, 2011.

회의 상임위원회가 최고인민회의 권한을 행한다고 할 수 있다. 헌법, 최고인민회의의 법령, 결정, 국무위원회 위원장 명령, 국무위원회 결정, 지시, 최고인민회의 상임위원회의 정령, 결정, 지시에 어긋나는 국가기관의 결정과 지시를 폐지하며, 지방인민회의의 그릇된 결정과 집행을 정지시킨다(제116조 6호). 내각, 지방인민회의, 지방인민위원회, 중앙검찰소, 중앙재판소도 최고인민회의나 그 상임위원회에 책임을 지게 되어 있다.

이를 종합해 보면 공화국은 조선로동당의 령도 밑에 모든 활동을 하는데(제11조) 이는 로동당의 우두머리인 최고 령도자이며 최고사령관인 국무위원회 위원장이 지배하는 독재국가라고 하겠다.[3]

2) 남한 헌법의 정부 형태

대한민국 헌법은 그동안 여러 통치 형태를 경험하였다. 제헌헌법의 이원정부제가 급기야는 신대통령제로 변천하였고, 제2공화국의 의원내각제는 단명에 그쳤다. 5·16 이후 비상조치법은 권력 통합적인 정부 형태였고, 제3공화국 헌법은 대통령제를 채택하였다. 제4공화국 헌법은 대통령에게 국가권력을 집중시킨 신대통령제였다. 제5공화국 헌법은 제4공화국 헌법에 대한 반발로 권력 분산적인 대통령제를 채택하였다.

제6공화국 정부 형태는 대통령제와 의원내각제의 절충제로, 프랑스 제5공화

---

3) 김진욱, 「사회주의 헌법과 조선로동당 규약과의 상관관계에 관한 연구」, 경기대 석사학위 논문, 2002; 장명봉, 「북한의 2009 헌법개정과 선군정치의 제도적 공고화」, 《헌법학연구》 제16권 1호(2010. 3), pp. 341-377/「북한 헌법상의 통치구조론 서설」, 《고시연구》 214(1992. 1), pp. 6-71; 구병삭, 「중공·북한 헌법상의 권력구조」, 《고려법학》 20(1982. 12), pp. 31-76; 서주실, 「북한 헌법상의 권력구조: 소련·중공 헌법의 영향과 관련하여」, 《통일논총》 6(1984. 12), pp. 45-89; 이명철·차두현, 「7차 개정헌법을 중심으로 본 북한 권력구조 변동전망」, 《국방논집》 21(1993. 3), pp. 139-156; 임헌소, 「북한 헌법상의 권력구조에 관한 연구: 북한의 신헌법을 중심으로」, 《법학논총》(1993. 11), pp. 103-132; 이계만, 「북한 헌법상 국가기구체제의 구성원칙 및 특성분석」, 《북한연구학회보》 제7권 2호(2003. 12), pp. 5-32; 함성득·양다승, 「북한의 헌법개정과 권력구조 변화연구: 2009년 개정헌법의 특징을 중심으로」, 《고려대 평화연구논집》 제16권 1호(2010. 봄), pp. 119-154; 유례동, 「북한 헌법상 통치권력구조에 관한 연구」, 연세대 석사학위 논문, 1980; 김명휴, 「북한 헌법상의 통치구조에 관한 연구」, 조선대 석사학위 논문, 1978; 엄경영, 「북한 헌법에 나타난 수령제 사회주의의 형성과 변화에 관한 연구」, 연세대 석사학위 논문, 2010; 오종호, 「북한의 헌법개정과 권력구조 변화」, 경희대 석사학위 논문, 2014.

국 헌법의 정부 형태를 모방한 것이다. 따라서 프랑스식 대통령제라고 하거나 이원정부제라고 할 것이나 실제적으로는 대통령이 행정권을 통할하는 대통령제로 운영할 공산이 크다.[4] 주권은 북한과 달리 모든 국민에게 있고, 모든 권력은 국민에게서 나온다. 국민은 주권을 대표기관인 국회, 대통령, 내각, 법원 등을 통하여 간접적으로 행사하거나, 국민투표로 직접 행사하기도 한다.

현행 헌법의 정부 형태를 보면 대통령제적 요소와 의원내각제적 요소가 가미되어 있는 것을 볼 수 있다. 대통령은 국가 원수인 동시에 행정권을 행사하는 정부의 수반이다. 대통령은 국민이 직접 선출하며, 임기는 5년이고 중임할 수 없다. 대통령은 국회에 대하여 책임을 지지 않으며, 탄핵 결정이 아니면 면직되지 않는다.

대통령 아래에 국무총리를 두고, 국무총리는 국회 동의를 얻어 대통령이 임명하도록 하였다. 국회는 국무총리와 국무위원을 겸할 수 있다. 이 밖에 국무회의제도를 두고 있어 의원내각제적으로 운영할 수 있다. 실제는 대통령이 국가 긴급권으로 긴급명령권과 계엄권을 갖고 있으며, 대통령이 국무회의 의장이 되고 대통령의 권한 행사는 국무총리와 관계 국무위원이 부서해야 하도록 되어 있고, 대통령은 중요 정책을 국민투표에 회부할 수 있게 하여 대통령의 우월이 결과되고 있다.

원칙적으로 국가권력은 대통령에게 집중되지 않고, 여러 국가기관에 분산되어 있다. 주권은 국민에게 있고, 국민은 주권을 행사기관으로 국민결정권과 국민대표선출권을 가진다. 국민을 대표하는 기관인 국회는 입법권을 행사한다. 국회는 정부의 예산안을 심의·확정하고, 조약 체결·비준 동의권을 가지며, 선전포고·국군 국외파견 등에 대하여 동의권을 가진다. 또 국회는 정부에 대하여 국무총리와 국무위원 해임권 등 많은 견제권이 있어 행정부를 견제하였다.

사법권은 법관으로 구성된 법원에 속하며, 법원은 명령·규칙·처분이 헌법이나 법률에 위반하는지를 심사할 수 있다. 위헌법률심사권은 헌법재판소에 있으며, 헌법재판소는 헌법을 보장하는 기관으로 헌법소원심판권, 권한쟁의심판권,

---

[4] 외국에서는 우리나라 정부 형태를 이원정부제로 보나, 한국에서는 일반적으로 대통령제라고 한다. 그러나 미국식 대통령제와는 여러 면에서 다르다. 김철수, 『대한민국 정부형태 어떻게 할 것인가』, 예지각, 2010 참조.

탄핵 결정권, 정당 해산결정권을 가진다. 법원과 헌법재판소는 독립기관으로 어떤 국가기관의 간섭을 받지 않는다. 한마디로 요약하면 대한민국 헌법의 권력 구조는 권력분산적이며, 입헌정부 형태와 복수정당제도를 채택하였다.[5]

3) 남북한 헌법의 정부 형태 비교

① 남한은 국민주권주의를 채택하여 모든 국민이 주권 주체다. 그러나 북한에서는 노동자·농민·군인·근로인테리를 비롯한 근로인민만이 주권을 가진 인민주권주의 국가다.[6]

---

5) **우리나라 정부 형태는** 김철수, 『헌법학신론』, 박영사, 2013(21판), pp. 1279-1284/『헌법개설』, 박영사, 2014(13판), pp. 262-264; 조병윤·성낙인·정종섭·정재황·정영화·문광삼의 헌법교과서 참조. **한국의 통치조직에 대한 문헌은** 김철수, 『대한민국 정부형태 어떻게 할 것인가』, 예지각, 2010/『헌법과 정치』, 진원사, 2012; 임지봉, 『헌법상 통치구조개헌의 바람직한 방향과 내용』, 《세계헌법연구》 제14권 2호(2008); 송석윤, 『한국에서의 헌법개정 논의에 대한 분석: 특히 정부 형태 및 국회에 대한 논의와 관련하여』, 콘라트 아데나워재단, 『한국의 헌법개정』, pp. 57-73; 『헌법연구자문위원회참고자료집』, 2009. 8의 정만희, 『정부 형태에 관한 헌법개정의 방향』/함성득, 『한국 권력구조의 개편 방안에 대한 고찰』; 『국민과 함께하는 개헌이야기』(2권), 국회미래한국헌법연구회, 2011의 문우진, 『대의민주주의의 최적화 문제와 헌법 설계』/박찬욱, 『정부 형태의 개헌과제』/이주영, 『정부 형태 열린 사고가 필요하다』/전학선, 『분권형 대통령제 도입을 위한 제언』/조홍식, 『유연한 균형과 견제의 정치제도: 임상 정치적 제언』/황태연, 『유럽의 분권형 대통령제와 4년 중임 분권형 대통령제 개헌방안』/오일환, 『프랑스 이원집정부제 권력구조 분석』; 김철수, 『기조연설: 제10차 헌법개정의 방향』, 《공법연구》 제38집 1호 1권(2009); 정재황, 『프랑스 대통령에 관한 2008년 헌법개정』, 《성균관법학》 제21권 1호(2009); 정재황, 『프랑스 1958년(현행)헌법의 개정』, 《법학연구》 2(2000)/『프랑스 혼합정부에의 원리와 실제에 대한 고찰』, 《공법연구》 제27집 3호(1999)/『프랑스에서의 동거정부에 대한 헌법적 일고찰』, 《공법연구》 제27집 1호(1998); 정재황·한동훈, 『프랑스 헌법개정에 관한 연구』, 한국법제연구원, 2008; 이진모, 『바이마르 공화국의 위기와 대연정: 독일사회민주당(SPD)의 딜레마』, 《서양사론》 제109호(2011); 김백유, 『정부위기론 Ⅱ: 제2공화국 의원내각제하의 정부위기를 중심으로』, 《사회과학논집》 제13권 3호(2000); 『국민과 함께하는 개헌이야기』, 국회미래한국헌법연구회, 2010의 송석윤, 『독일의 정부 형태』/임성진, 『의원내각제와 양원제에 대한 고찰』/한동훈, 『2008년 프랑스 헌법개정과 정부 형태』; 채희정, 『프랑스 제5공화국 헌법상 동거정부에 관한 연구』, 연세대 석사학위 논문, 2005; 김정식, 『바이마르공화국 의회제의 해체요인』, 경북대 석사학위 논문, 1986; 남복현, 『현행 헌법상 권력구조의 개편 필요성에 관한 검토』, 《공법연구》 제26집 3호(1998); 허지욱, 『현행 헌법 권력구조의 문제점과 개선방향에 관한 연구』, 부산대 석사학위 논문, 2000; 신평우, 『현행 헌법상 권력구조의 문제점과 개선방향에 관한 연구』, 《토지공법연구》 제46집(2009).

6) 이용삼, 『남북한 헌법상 통치구조의 비교와 한국 헌법의 통치구조에 관한 연구』, 강원대 박사학위 논문, 2004; 장명봉, 『남북한 헌법체제의 이질성과 통일헌법 구상』, 《자유공론》 341(1995. 8), pp. 188-195; 정윤선, 『남북한 헌법규범에 따른 통일헌법 제정에 관한 연구: 통치권의 통합을 중심으로』, 동국대학 박사학위 논문, 2010; 김성조, 『통일헌법 제정에 관한 연구: 통일헌법상 기본 질서와 권력구조를 중심으로』, 국민대 석사학위 논문, 1994.

② 남한은 권력분립주의에 입각하여 국회·정부·법원의 상호 견제와 균형을 규정하였다. 그러나 북한은 국무위원회 위원장, 최고인민회의, 상임회의, 국무위원회 등에 권력을 집중시키고 있다.

③ 남한은 국회와 정부가 분리되어 서로 견제하나, 북한은 내각이 최고인민회의에 예속된다.

④ 남한은 헌법재판소를 두어 헌법을 보장한다. 그러나 북한은 법률에 대한 사법 심사를 인정하지 않고, 사법권 독립을 인정하지 않고, 입헌주의·법치주의를 무시한다.

⑤ 남한 대통령은 국가원수로 강력한 행정권을 갖지만, 북한의 국무위원회 위원장은 국가원수로 군사권을 독점하여 강력한 영도권을 가졌다.

⑥ 남한은 복수정당제를 인정하여 정당 간에 경쟁과 토론을 한다. 그러나 북한은 로동당에 모든 권력을 집중시켜 국가기관까지도 지휘·감독한다.

⑦ 남한은 지방자치가 하고 있으나, 북한은 지방에 관치행정을 하고 있다.

3. 세계 각국 헌법의 정부 형태

세계 각국의 정부 형태는 여러 가지다. 우선 권력 분립 관점에서 보면 권력집중제 정부와 권력분산적 정부로 나눌 수 있다. 다시 권력집중적 정부는 일인독재제와 회의정부제로 나눌 수 있고, 권력분산적 정부는 대통령제와 의원내각제, 이원정부제로 나눌 수 있다.

1) 회의정부제

권력집중제에는 절대군주제 같은 일인독재제와 일당독재제가 있는데, 회의정부제는 최고인민회의 등이 모든 국가권력을 행사하는 형식이다. 과거 공산주의 국가는 회의제 정부 형태를 표방하는 일당독재제였다. 그러나 공산당 당수가 국가원수를 겸하여 일당독재를 해왔다. 현재 남아있는 회의제 정부 형태는 북한의 최고인민회의, 중국의 전국인민대표자대회, 베트남의 국회 등이 있다. 이 회의체들은 최고 권력기관이라고 되어 있으나 실제로는 공산당이나 노동당이 권력을 지도하는 국가다. 2013년 헌법을 개정한 베트남의 정부 형태는 국가원수로 국가주석을 두고, 국회와 정부, 인민재판소, 인민검찰원을 두어 권력의 내부적 분립을 기하는 것으로 보인다.[7]

2) 대통령제

대통령제는 입법·행정·사법 기관을 완전히 분리하여 서로 견제·균형하게 하는 제도로, 현재 미국·멕시코·필리핀 등이 채택하였다. 대통령은 직접선거로 뽑고, 임기는 대개 4년이며 집행권을 행사한다. 입법권은 국회에 있으며, 국회는 상하 양원으로 구성한다. 대통령과 국회가 각기 입법권과 행정권을 나누어 갖기 때문에 대통령이 국회 다수당에 소속되어 있으면 국정을 신속하게 운영할 수 있으나, 그렇지 않으면 헌정이 마비될 우려가 있다. 후진국의 경우 대통령이 국가긴급권을 남용하여 입법부를 제압하면 신대통령제로 독재화할 우려가 있다.

3) 의원내각제

의원내각제는 국가권력이 입법·행정·사법으로 나누어지나, 국회와 정부가 협조하여 국회 다수당 간부가 정부를 구성하게 되어 국회와 정부가 협조하여 입법권과 행정권을 행사하였다. 따라서 국정이 원만히 진행된다. 의원내각제에서는 대통령을 두고는 있으나 간접선거로 당선되어 형식적·의례적 권한을 가지며, 입법이나 행정에 관여하지 않는다. 이 의원내각제는 정부가 국회에 대하여 책임을 지는 책임정치이며, 국회 다수당의 신임을 얻지 못하면 사임하게 되어 평화적으로 정권을 교체할 수 있다. 또 국회가 국민의 의사에 반하여 내각을 불신임하

---

7) 2014년 현재 공산국가는 얼마 남아있지 않고 대부분이 체제를 전환한 뒤 권력분산제를 채택하였다. 베트남사회주의공화국의 새 헌법은 日譯, ベトナム社會主義共和國法; 최경미, 「현대 중국의 권력구조에 관한 헌법 연구: 전국인민대표대회를 중심으로」, 성균관대 석사학위 논문, 2015 참조.

는 경우에는 국회해산권을 가지게 되어 견제와 균형을 할 수 있다. 이 제도가 내
각불신임이 남발되어 정국이 불안정할 수 있다고 하여 국회의 내각불신임을 어
렵게 하는 건설적 불신임투표제가 도입되어 정국의 안정을 기할 수 있다. 이것이
독일의 통제된 의원내각제다. 오늘날 유럽을 비롯한 많은 나라가 이 제도를 도입
하였다.

4) 이원정부제

이원정부제는 의원내각제의 불안정성과 대통령제의 독재성을 완화하고자 고
안한 제도다. 이 제도는 오스트리아·바이마르공화국·핀란드 등에서 발전한 제
도로, 현대적 형태로는 프랑스 제5공화국이 있다. 대한민국과 러시아도 이원정
부제에 포함시키려는 사람이 있다. 이원정부제는 위기시에는 대통령이 국가긴급
권으로 통치하고, 평상시에는 대통령은 외교·안보·국방 등을 담당하고, 내치는
수상이 담당한다. 대통령은 국민이 직접 뽑고, 수상은 의회에서 선출하고 의회
에 대하여 책임을 지는 제도다. 대통령과 국회 다수당이 당적이 같으면 대통령제
로도 운영할 수 있으며, 대통령과 국회 다수당의 당적이 다르면 국회가 선출하는
수상이 행정권을 담당하여 소위 동거정부를 형성하게 된다. 동거정부는 대통령
과 수상의 권한 다툼이 문제될 수 있다.[8]

4. 통일헌법의 정부 형태

통일 후 어떠한 정부 형태를 채택할 것인가를 놓고 의견이 분분하다. 회의정
부제나 대통령제, 의원내각제, 이원정부제는 나름대로 장단점이 있기에 합의하
여 결정해야 할 것이다.

---

8) 주은성, 「헌법상 권력구조에 관한 연구: 제3의 정부 형태인 분권형 대통령제를 중심으로」, 서강대 석사
학위 논문, 2007.

1) 회의제정부형

회의제 정부 형태의 정당성과 필연성에 대해서 이를 지켜야 한다는 주장이 있다.[9] 이 주장은 인민주권 하에서 회의체가 최고기관으로 입법과 행정을 총괄하겠다고 한다. 그러나 최고인민회의가 주권을 가진 북한과 같은 통치기구를 둔 나라는 거의 없다. 그 종주국이던 소련도 해체되어 새 러시아연방은 민주주의적인 권력분립제도를 채택하였다. 중국의 전국인민대표자대회도 소비에트 체제이기는 하나, 북한 헌법처럼 허수아비 기구는 아니고, 그 상설회의가 입법기관으로서 정책을 통제하는 기관 역할을 하였다. 북한의 국무위원회 위원장과 국무위원회는 군주적 군사독재국가제도이지 민주제도가 아니다. 우리나라는 자유민주적기본 질서에 입각한 통일을 전제하므로 북한 같은 전제주의적 통치기구는 더욱더 채택할 수 없다.[10][11]

---

9) 김장민, 「국가 형태와 정부 형태를 중심으로 본 통일헌법의 쟁점: 회의제 정부의 정당성과 필연성에 대한 역사적, 비교법적 고찰」, 2008, 파리국제정책포럼 중 코리아통일포럼 기본 발제문.

10) 정부 형태를 간단하게 설명한 것은 김철수, 『헌법학개론』, 박영사, 2008. 상세하게 설명한 것은 김철수, 『대한민국 정부 어떻게 할 것인가』, 예지각, 2008; 강현철, 「통일헌법상의 정부 형태에 관한 연구」, 『외법논집』, 한국외대, 2000.

11) 강현철, 「통일헌법과 권력구조: 남북한 통일헌법상의 정부 형태에 관한 연구」, 제헌66주년기념학술대회, 국회법제실·유럽헌법학회(2014. 7. 11), pp. 67-96; 김성주, 「통일한국 헌법질서에서 통치구조에 관한 연구」, 《육사논문집》 제63집 2권(2007), 육군사관학교; 제14권 2호(200), 한국헌법학회, 도회근, 「통일헌법의 권력구조: 의회제도를 중심으로」, 《공법연구》 제40집 2호(2011), 한국공법학회, pp. 35-55; 변해철, 「남북한 통합과 통치구조문제」, 《공법연구》 제21집(1993), 한국공법학회; 성낙인, 「통일헌법상 권력구조에 관한 연구」, 《공법연구》 제36집 1호(2007), 한국공법학회, pp. 453-490; 이희훈, 「남북한 통일헌법상 바람직한 통치구조에 대한 연구」, 《중앙법학》 제10집 2호(2008), 중앙법학회; 정철, 「통일헌법의 권력구조」, 《법학논총》 제25권 2호(2012); 최용기, 「통일헌법상의 입법부」, 《헌법학연구》 2(1996. 11), 한국헌법학회; 최진욱, 「통일헌법의 권력구조」, 민족통일연구원, 1994; 최현묵, 「통일한국의 권력구조에 관한 연구」, 한남대 박사학위 논문, 2005; 김성주, 「통일한국 헌법질서에서 통치구조에 관한 연구」, 서울시립대 석사학위 논문, 2006; 이경희, 「통일헌법의 통치구조에 관한 연구」, 한국외대 석사학위 논문, 2014; 박수혁, 「통일 한국에서의 통일헌법상 통치구조에 관한 연구」, 『통일과 법률』, 법무부, 2010; 강현철, 「통일헌법상의 정부 형태에 관한 연구: 이원정부제를 중심으로」, 한국외대 박사학위 논문, 2002; 김성조, 「통일헌법 제정에 관한 연구: 통일헌법상 기본 질서와 권력구조를 중심으로」, 국민대 석사학위 논문, 1994; 이용삼, 「남북한 헌법상 통치구조의 비교와 통일한국 헌법의 통치구조에 관한 연구」, 강원대 박사학위 논문, 2004; 최서규, 「통일에 대비한 정부 형태에 관한 연구」, 연세대 석사학위 논문, 2006; 전지훈, 「통일국가의 정부 형태」, 고려대 석사학위 논문, 2015; 신평우, 「현행 헌법상 권력구조의 문제점과 개선 방향에 관한 연구」, 《토지공법연구》 제46집(2009).

2) 대통령제

통일헌법에서는 미국식 대통령제를 채택해야 한다는 주장이 있다.[12] 미국식 대통령제는 국민이 대통령을 선출하고, 대통령은 행정권 수반이 된다. 대통령과 국민의 대표기관인 국회와 헌법을 보장하는 기관인 법원을 두어 서로 견제한다. 미국 대통령은 정당의 당수가 아니므로 3권분립이 철저히 지켜져 의회에 우월할 수 없고, 위헌적인 대통령의 권한 행사에는 대법원이 견제권을 갖고 있기 때문에 독재를 하지 못했다. 또 내정은 지방인 주정부가 맡고 있으므로 지방행정에 관여할 수도 없다. 대통령은 주로 외교와 군사에 관한 권한을 행사하였다.

이러한 대통령제는 다른 나라가 받아들이는 경우 뢰벤스타인 교수가 적절히 지적한 바와 같이 '죽음의 키스'가 되고 만다. 미국 대통령제를 모방한 남미의 여러 나라와 아시아의 필리핀, 한국이 독재국가가 되고 말았다. 남한 헌법은 대통령제의 폐단을 막기 위하여 의원내각제 요소를 가미했으나, 역대 대통령은 이러한 의원내각제적 요소를 무시하고 독재를 일삼았다.[13] 남한의 대통령은 단임제로 규정했으나, 정당의 총재로서 국회의원 공천권이 있으며, 심지어 국회의장이나 국회역직까지 마음대로 임명하고, 헌법재판소장이나 대법원장, 검찰총장까지 마음대로 임명하여 3권분립원칙을 유린할 수 있다.[14]

만약에 남한 헌법처럼 대통령제로 한다면 통일 후 북한 주민이나 공무원들에게 소외감과 반감을 줄 것이 확실하다. 특히 남한 대통령이 권력을 독식하고, 지역감정에 얽매어 남한의 특정 지역 대표만을 장·차관 등 고위직에 임명하는 경우 민족의 통합은 불가능해진다. 그렇게 되면 자연발생적으로 재분열될지 모른다. 합의통일을 하는 경우 북한식 국무위원장제도나 남한식 대통령제도는 어느 일방의 독식을 가져올 가능성이 크기에 협상 과정에서 이를 채택하기는 불가능하다. 물론 통일헌법에서 부통령제도를 두거나 강력한 국무총리제를 두어 권력

---

12) 변해철,「남북한 통합과 통치구조문제」,《공법연구》제21집(1993).

13) 우리 정부 형태 개선 방향은 김철수,『대한민국 정부형태 어떻게 할 것인가』, 예지각, 2008 참조.

14) 통일 후에도 권위주의적 대통령제를 택해야 한다고 보는 사람은 권영설,「통일 지향적 정부 형태로서의 대통령제」,《공법연구》제27권 3호(1999), 한국공법학회; 최양근,『단계적 연방통일헌법연구』, 선인, 2011, pp. 286-291.

을 분배하고, 그 직을 남북에 안배하는 경우에는 대통령제 채택도 가능할지 모른다. 그러나 이렇게 되는 경우에는 엄밀한 의미의 대통령제는 아니다.

3) 의원내각제

의원내각제의 경우 국민의 대표기관인 의회에서 다수결로 정부를 구성하며, 의회에서 대화와 토론을 통하여 다수자와 소수자의 정치적 타협을 가능하게 한다. 국회의원 선거에 따라 정부를 구성하거나 교체하기 때문에 국민의 의사가 올바르게 국정에 반영되어 국민에 의한 통치라는 이념에도 적합하다고 하겠다. 의원내각제의 경우에는 의회 다수자가 정부를 구성하고, 그 경우에도 소수자와 연립하여 정부를 구성하기에 의회와 정부 간에 공화·협조가 잘 될 수 있다.

대통령제는 의회 다수파와 대통령이 당적이 다른 경우 분리된 정부(divided government)가 되어 정부 기능을 다 할 수 없는 반면, 의원내각제는 의회 다수파와 정부가 같은 정파이기에 정쟁 소모가 작다. 만약에 총선 결과에 따라 의회다수당이 바뀌는 경우에는 거의 자동적으로 정권이 교체된다.

또 독립 정파가 분열하는 경우라든가 정부 정책이 국회에서 통과되지 못하는 경우에는 국회해산권을 행사하여 국민의 심판을 받아 정부를 유지하거나 정권을 이양할 수 있다. 국회는 국무총리와 국무위원에 대한 불신임권을 갖고 있다. 의회의 정부 불신임권과 정부의 의회 해산권을 남용할 때는 정국에 불안정을 가져와 혼란이 초래될 가능성도 있기에 독일식의 건설적 불신임제도를 도입하는 것이 바람직할 것이다. 이것은 절대다수로 후임 총리를 선임해야만 현임 총리가 면직되는 제도다. 이 결과 독일에서는 50년간 정부불신임이 두 차례만 행해졌다.

4) 이원정부제

우리나라에서는 의원내각제가 정국 불안을 가져온다고 하여 반대하는 사람이 많다. 국무총리 선거 때 국회의원을 매수하는 행위가 있다든지, 정치와 경제가 유착한다는 우려가 있다. 그러나 대통령 일인의 판단에 따라 소수파의 국회의원을 매수하거나 협박하여 다수당을 만드는 악폐보다는 낫다. 대통령제는 일인이 하는 전제이나 의원내각제는 국회의원 다수가 하는 통치제도인 점에서 훨씬 월등한 제도라고 하겠다.

혹자는 남북이 분단된 상태에서는 통일에 대비하거나 북의 남침을 막기 위하여 대통령제를 해야 한다고 주장하나, 대통령제에서는 통일이 되지 않았음을 명심해야 할 것이다. 백보 양보한다고 하더라도 통일헌법은 통일 후 헌법이기에 전쟁 위협이나 남침 위협은 기우에 불과할 것이다. 그럼에도 정국이 불안해질까봐 우려한다면 프랑스식인 이원정부제도 채택할 수 있을 것이다. 그러나 프랑스의 이원정부제도 평상시에는 의원내각제적으로 운영한다는 것을 알아야 한다.

의원내각제에서라면 권력을 분점·안배할 수 있으므로 민족통합과 지역감정 타파에 큰 도움이 될 수 있을 것이다.[15] 그러나 의원내각제가 불안하거나 긴급하게 집행권을 행사해야 한다면 이원정부제도를 채택할 수도 있을 것이다.[16] 이 제도는 통일 이전의 정치인 간 협치는 의원내각제적으로 해결하고, 구 남북 간에서 정치적 위기나 경제적 위기가 있을 때는 대통령이 국가긴급권 등을 행사하여 국정을 신속히 해결할 수 있다는 장점이 있을 것이다. 위기를 극복하면 다시 평상적인 의원내각제적으로 운영하며, 대통령은 주로 외교나 국방, 국민 통합 등에 치중하면 정치 기능을 잘 행사할 수 있을 것이다.

제2절. 의회제도

1. 의회제도 의의

의회는 국민을 대표하는 기관으로 잘 발달해왔다. 의회는 조세법률주의를 관철한 입법기관으로 발달한 것으로, 자유민주주의 국가에서는 입법기관으로서

---

15) 상세한 것은 김철수, 「대통령제냐 의원내각제냐」, 『대한민국 정부형태 어떻게 할 것인가』, 예지각, 2010, pp. 404 참조.
16) 강장석, 「통일헌법의 통치구조와 의회형태에 관한 연구: 이원정부제를 중심으로」, 국회사무처, 2011. 11.

정부를 통제하는 역할을 하였다. 이에 대하여 프랑스혁명기의 국민공회제도는 일종의 주권기관 역할을 하였다. 공산주의 국가에서는 루소의 인민주권론에 따라 이러한 대표기관이 주권기관으로서 모든 권력을 집중 행사하게 되었다.

의회 구성은 단원제로 하는 나라도 있고, 양원제로 하는 나라도 있었는데 선거제도도 상하 양원 같은 선거 방식으로 하는 나라와 상하 양원의 선거제도를 달리하는 나라가 있었다. 서방 국가에서 의회제도는 입법권과 재정권, 정부감독·견제권을 행사하여 정치 중심 기관으로 기능하였다.

2. 남북한 헌법의 의회제도

1) 북한 헌법의 최고인민회의

북한 헌법도 공산주의 헌법으로 인민주권주의에서 주권기관으로 기능하였다. 최고인민회의는 일반적·평등적·직접적 원칙에 따라 비밀투표로 선거(제6조)하고, 근로인민은 자기의 대표기관인 최고인민회의와 지방 각급 인민회의를 통하여 주권을 행사한다(제4조).[17]

북한의 최고인민회의는 최고 주권기관이라고 했으나(제87조), 이는 비상설회의 기관으로 일 년에 한두 번 밖에 열지 않으므로 그 중요성은 거의 없는 것이 사실이다. 다만 형식적으로는 ① 입법권을 행사하고 ② 헌법을 수정·보충하고 ③ 국가의 대내외 정책의 기본 원칙을 세우고 ④ 국무위원회 위원장, 최고인민위원회 위원장, 위원, 내각총리, 중앙재판소장, 중앙검찰소장을 선거·소환하고 ⑤ 국가의 인민경제개발계획을 승인하고 ⑥ 국가 예산을 승인하고 ⑦ 조약 비준·폐기를 결정한다(제91조).

그러나 내각총리와 국무위원회 부위원장 선거는 국무위원회 위원장의 제의로 하고, 토의 안건도 국무위원회 위원장, 국무위원회, 최고인민위원회, 최고인민

---

17) 북한의 의회제도에 대해서는 양창윤, 「북한 헌법상 최고인민회의 권한과 기능에 관한 연구」, 숭실대 석사학위 논문, 1995.

회의 상임회의 및 내각과 최고인민회의 부문위원회가 제출할 수 있고, 대의원도 형식상 제출할 수 있으나 실질적으로는 이들 기관이 제출한 것을 박수로 통과시키는 허수아비 단체에 불과한 것이다(제96조). 법률조차 거수가결로 결정하기 때문에 진정한 심의결정권은 없음은 너무나 명백하다.

최고인민회의 구성은 공산주의 국가에서 의회제 정부 원칙에서 없어서는 안 될 기관이기는 하나, 사실상 그 집회 일수가 짧아 심의권이 없으며, 통과기관이나 박수기관으로 변전하는 것이 공산국가의 통례라고 하겠다. 공산주의 국가에서도 주권자인 근로자·농민·병사·근로인테리의 권익을 대표하는 소비에트가 명목상 최고 주권기관이라고 하겠다. 최고 주권기관 의원은 근로자·농민·병사·근로인테리 등 근로인민에 의하여 강제 위임된 자로 선거인은 이 대표자를 소환할 수 있는 권한을 부여하였다. 최고인민회의 대의원 임기는 경제 5개년계획과 보조를 맞추고자 새로운 헌법은 대개 5년으로 연장하였다.

최고인민회의 상임위원회는 최고인민회의 휴회 중에 최고 주권기관이다. 최고인민회의는 일 년에 4~5일 정도 밖에 열지 않기 때문에 옛 공산권 국가에서는 매우 중요한 기관이었다. 북한에서는 국무위원회 위원장의 권한이 강화되어 상대적으로 약화되었다. 특사권 등이 국무위원회 위원장의 권한이 되었다. 최고인민회의 상임회의는 ① 최고인민회의 소집 ② 최고인민회의 휴회 중에 제기된 새로운 부문법안과 규정안 수정·보완 ③ 국가의 인민 경제개발계획, 국가 예산과 그 조정안 심의·승인 ④ 헌법과 현행 부문법 해석 ⑤ 국가기관의 법 준수 집행을 감독·대책 수립 ⑥ 위헌과 위법 폐지·집행·정지 ⑦ 중앙재판소 판사, 인민참심원 선거·소환하며(제116조 13호) ⑧ 다른 나라 국회나 국제의회 기구들과 사업을 비롯한 대의사업 ⑨ 대사권 등을 행사한다(제116조).

2) 남한 헌법의 국회

남한 국회는 권력분립주의 하에서 입법권을 가진 국민을 대표하는 기관이다. 남한 헌법에서 주권은 국민에게 있고, 주권을 행사하는 기관은 국민으로 구성되는 국가기관이다. 국회는 입법기관인 동시에 정부 정책을 통제하는 기관으로 기능한다.[18] 남한 국회는 단원제이며, 지역구와 전국구에서 국민이 선출한다. 국회는 법률을 제정하고, 헌법개정안을 발의·의결하여 국민투표에 회부한다. 정부에서 제출한 예산안을 심의·확정하고, 결산을 심사한다. 중요 조약에 대한 체결·비준 동의권이 있고, 국군 외국 파병이나 외국 군대 국내 주류, 선전포고에 대한 동의권을 가진다. 국회는 국무총리 임명에 동의권을 가지고, 국무총리와 장관에 대한 개별적 해임건의권을 갖는다. 대통령을 비롯한 중요 공무원에 대한 탄핵소추권을 가진다.

우리나라 국회는 북한의 최고인민회의와 달리 상시 열 수 있으며, 정기회와 임시회가 있으나 상시 개원하는 경우도 있다. 국회법에 의하여 국회가 승자독식하는 게 아니라, 의석 비율에 따라 여·야가 위원장직을 나눠 갖고, 법사위원장은 야당이 되어 중요 쟁점 법안은 5분의 3의 찬성이 없으면 통과할 수 없도록 하고 있어 상생을 모색했으나 제대로 기능하지 못하고 있다.

3) 남북한 헌법의 의회제도 비교

(1) 최고기관성 여부

남한의 국회는 권력분립주의에 입각한 주권기관 중에 하나다. 전체 국민의 대표자이기는 하나 최고기관이 여럿 있어 서로 견제하며 균형을 잡는다. 북한의 최고인민회의는 권력집중주의에 입각한 유일한 최고기관이다. 국무원과 법원도 최고인민회의에 책임을 지는 종속기관이다. 그러나 사실은 노동당 산하에 있다고 하겠다.

---

18) 남한의 국회제도에 대해서는 김철수, 『헌법과 정치』, 진원사, 2012/『정치개혁과 사법개혁』, 서울대 출판부, 1995/『헌법정치의 이상과 현실』, 소명출판, 2012/『한국 헌법정치를 생각한다』, 『한국헌법연구』(1), 2010/『미국 헌법과 한국 헌법』, 한국공법학회, 1988; 이현출, 『바람직한 의회제도 개헌방향』, 『국민과 함께하는 개헌이야기』(2권), 2011.

(2) 상시 회의기관 여부

남한 국회는 연중 상시회의를 하고, 연중 1회의 정기회는 3개월 이상 활동하며, 임시국회도 3회 이상 여는 데 1회기는 약 30일이다. 북한의 최고인민회의는 보통 임기 중에 1~2회 열고, 개회 일수도 일주일 이하다. 최고인민회의를 대리하는 기관이 최고인민회의 상임위원회다. 사실상은 최고인민회의 상임위원회가 국정 최고 기관으로 입법권과 국정감독권을 담당하였다.

(3) 독립 기관성 여부

남한 국회는 독립기관으로 국회가 독자적으로 집회하며 자율적으로 활동하는 입법과 국정 감시를 주로 하는 민주기관이다. 북한의 최고인민회의는 헌법상 중요한 권한을 갖고 있으나 국무위원회 위원장이 그 기능을 하는 것이 일반적이며, 상임위원회 의장이 최고인민회의 운영을 담당하며, 상임위원장이 명목상 국가를 대표한다.

3. 세계 각국 헌법의 의회제도

1) 의회정부제 국가의 최고회의

과거 공산주의 국가에서는 주권기관으로 최고소비에트나 최고인민회의, 전국인민대표대회를 두었다. 중국은 지금도 공산주의 체제로 전국인민대표자대회가 최고 국가권력 기관이고, 그 상설기관은 전국인민대표대회 상무위원회다(제57조). 입법기관으로서 국민대표대회는 일반적으로 일 년에 한 번 소집해서 3~4일간 연다.

전국인민대표자대회는 ① 헌법 개정 ② 헌법 실시·감독 ③ 기본 법률 제정·개정 ④ 주석·부주석 선거 ⑤ 국무총리, 부총리, 국무위원, 각부 장관, 각 위원회 주임·감사장·비서장 인선·결정 ⑥ 중앙군사위원회 주석 선거, 중앙군사위원과 기타 구성원 인선·결정 ⑦ 최고인민법원 원장 선거 ⑧ 검찰원 검찰장 선거 ⑨ 국민 경제 및 사회 발전 계획과 집행·정형에 관한 보고·심사·비준 ⑩ 국가 예산 집행·정형에 관한 보고·심사·비준 ⑪ 상무위원회의 타당하지 않은 결정을 변경·폐지 ⑫ 성·자치구 및 직할시 설치 비준 ⑬ 특별행정지구 설치와 제도 결정 ⑭ 전쟁과 평화에 관한 문제 결정 ⑮ 기타 직권의 행사(제62조) 또 ① 주석·부주석 ② 국무원 총리·부총리·국무위원 등 ③ 중앙군사위원회 주석 및 기타 구성원 ④ 최고인민법원장 ⑤ 최고인민검찰원 검찰장 소환·해임권을 가진다(제63조). 전국인민대표대회는 상무위원회를 구성하고, 전국인민대표대회가 휴회 중에는 상임위원회가 대신 여러 권한을 행사한다(제67조).

베트남의 2013년 헌법에서는 국회를 인민의 최고 대표기관으로 공화국의 최고 국가권력 기관이라고 하였다(제69조). 국회는 제헌권과 입법권 행사, 국토의 중요한 문제 결정, 국가 활동에 최고의 감찰을 한다. 국회의 권한은 중국의 전국인민대표대회와 비슷하며, 국회 상임기관으로 국회상무위원회를 둔 것도 같고, 국회상무위원회 권한도 비슷하다(제74조).

2) 대통령제 국가의 의회

대통령제를 채택한 미국은 양원제 국회를 두었다. 하원은 국민 대표로 구성하고, 상원은 주(State) 대표로 구성한다. 상원은 각 주마다 2명씩으로 모두 100명으로 구성한다. 하원은 주의 인구 비례로 배정된 지역선거구에서 그 지역 주민이 선거한다.

미국 연방의회 권한은 막강하다(제8조). 연방의회는 연방입법권만이 아니라 재정에 관한 권한, 화폐와 유가증권에 관한 권한, 우편제도, 건설권, 저작권, 발명권, 법원조직권, 해적행위 처벌, 선전포고권, 육군모집권, 해군창설유지, 연방법률제정권, 민병대 구성 완비 등(제8조)의 권한을 갖고 있다.

연방입법권에 대해서는 독자적 권한을 가진다. 다만 대통령은 의회에서 통과한 법률안에 대하여 거부권을 가진다. 외국에서는 행정부가 갖고 있는 예산 편성권과 예산 사용에 대한 회계 검사권을 가진다. 권력분립이 엄격하여 다른 국가기관에 간여할 수 없으나 국정조사권은 인정된다.

3) 의원내각제 국가의 의회

의원내각제를 채택한 국회는 입법권과 정부에 대한 통제권을 갖고 있다. 독일 연방의회도 양원제를 채택하였다.[19] 하원은 국민 대표로 구성하며(제38조), 상원은 주정부 대표들로 구성한다(제51조). 입법권은 연방의 전속적 입법권과 연방과 주의 경합적 입법권, 주만의 전속적 입법권으로 나눈다(제70~72조).

연방의회는 통일을 하면서 의석 분포가 달라졌으나, 그 권한에는 별 변화가 없다. 연방하원은 연방대통령의 제청에 따라 연방수상을 선출할 권한이 있고, 해임을 요구할 수 있다. 이것을 건설적 불신임 투표라고 한다. 연방대통령은 새로 선출된 자를 연방수상으로 임명해야 한다(제67조). 연방하원은 국정을 조사할 수 있다(제44조). 의회의원에게는 면책특권과 불체포특권만이 아니라 증언거부권을 인정한다(제47조). 연방상원도 통일을 하면서 의석이 늘었고, 연방정부는 연방상원 활동에 참여할 권한과 의무가 있고, 연방상원에 대하여 보고할 의무가 있다(제53조). 합동위원회는 연방하원의원과 연방상원의원으로 구성하는데, 연방하원의원이 3분의 2석을 연방상원의원이 3분의 1석을 차지하였다. 그러나 그동안 방위사태가 없어 가능하지는 않았다(제53a조).

4) 이원정부제 국가의 의회

이원정부제 의회는 의원내각제 의회와 구성과 권한이 비슷하다. 프랑스는 상하 양원제다(제24조). 하원의원은 직접선거로 선출되고, 정원은 577명 이하다. 상

---

19) 독일 통치조직은 A. Bleckmann, *Staatsrecht I*, 1997(1985); H. Dreier, *Grundgesetz(GG) Kommentar*, 3 Bde. Tübingen; v. Beyme, *Das Politische System der Bundesrepublik Deutschland*, 1996; Sachs, *Grundgesetz Kommentar*, 2010; Stern, *Das Staatsrecht der Bundesrepublik Deutschland*, 5 Bde; Isensee/Kirchhof, *Handbuch des Staatsrecht*, 10 Bde. 참조.

원의원은 지방자치단체를 대표하며, 간접선거로 선출되고, 정원은 348명 이하다. 재외 프랑스인을 대표하는 의원도 상원과 하원에 선출된다.

의회는 법률을 제정하고, 정부활동을 통제하며, 공공정책을 평가한다. 법률 제정 내용 범위는 헌법에 명시되어 있다(제34조). 의회는 결의안을 통과시키고, 의원들은 법률안 발안권을 가진다. 전쟁 선포를 승인하며, 계엄기간이 12일을 초과할 때는 의회에서 그 연장을 승인할 수 있다. 하원은 정부의 불신임을 의결할 수 있으며, 정부의 국정 계획이나 일반 정책 선언이 부결되면 수상은 대통령에게 정부사퇴서를 제출해야 한다.

4. 통일헌법의 의회제도

통일헌법에서 국회는 의회정부제를 채택한 북한 헌법이 권력집중주의에 입각하고 있어 자유민주정치에 위배되기 때문에 서구적 의회제도를 채택해야 한다.[20] 국회는 상하 양원으로 구성하고, 상원은 지방대표로, 하원은 국민대표로 구성해야 될 것이다.[21] 하원의원 선거는 독일식 완전 비례대표제에 인물선거를 보완하는 방법을 채택하는 것이 바람직하다. 독일식 비례대표제는 국민이 지역구 인물선거를 할 수 있으나, 전체 의석 배분은 정당이 받은 표수에 비례하게 되어 있다. 국회하원에게는 정부에 대한 불신임권과 국정조사권, 국무총리와 국무위원의 출석 답변 요구권을 통하여 정부를 견제할 수 있게 해야 할 것이다. 또 대통령 탄핵소추권을 갖게 하고, 국무총리는 하원에서 선거하게 해야 할 것이다.

국회의 입법 기능을 강화해야 할 것이며, 의원 입법도 통과하도록 장치를 마련해야겠다. 국회의 토론을 완전히 공개하며, 투표도 기명·공개 투표로 해야겠다. 국회의원에게는 투표 자유를 인정하여 토론이나 투표에 대한 책임은 묻지 말아야 할 것이다. 국민의 대표기관다운 권위는 인정해야 하므로 국회의원 입후보 자격 요건을 마련해야 하고, 국회의원의 자격 심사와 제명 등 징계 절차가 활

---

20) 도회근,「통일헌법의 권력구조: 의회제도를 중심으로」,《공법연구》제40권 2호(2011. 12), 한국공법학회.
21) 이준일,「통일 후의 의회 형태로서의 양원제: 양원제에 관한 비교법적 검토와 함께」,《세계헌법연구》제20권 1호(2014), 세계헌법학회 한국학회.

성화되어야 하겠다. 국회의원의 특권은 줄여야 하겠다.

하원에 법률안 선의권을 주되, 지방자치에 관한 법률안은 상원에서 선의해야 할 것이다. 국회가 정부와 심하게 대립하여 입법이 마비되거나, 국무총리 등에 대한 불신임이 잦아 정국이 불안정할 때는 대통령에게 국회해산권을 주어야 할 것이다. 세계 각국이 취하는 의회와 정부 간의 견제와 균형이 잘 이루어지도록 해야 할 것이다.[22]

---

22) 강장석,「통일한국의 양원제 국회에 대비한 국회 지원조직의 변화에 관한 연구」, 한국의정연구회, 2011; 도회근,「통일헌법의 권력구조: 의회제도를 중심으로」,《공법연구》제40집 2호, 한국공법학회, 2011; 김우진,「한반도 통일국가의 양원제 의회에 관한 연구」, 서울대 석사학위 논문, 2009; 김우진,「한반도 통일국가의 양원제 의회에 관한 연구」,《통일과 법률》통권6호(2011. 5), 법무부; 국민정치협의회 편,「양원제 도입을 위한 대토론회, 국민정치협의회, 2006; 국회사무처,「각국의 양원제와 그 연혁 및 실제」,《국회보》37(1964. 7), 국회사무처; 기현석,「정부 형태와 의회의 구성: 1975년 오스트레일리아의 사례분석을 중심으로」,《홍익법학》제10권 3호(2009. 10), 홍익대 법학연구소; 김유남,「의회정치론 비교의회 연구」, 삼영사, 2000; 김현우,「양원제 의원내각제와 분점의회: 왜 일본 수상은 단명하는가」, 서울대 석사학위 논문, 2011; 박수희,「양원제도의 헌법 이론과 실제, 중앙대 석사학위 논문, 2006; 박찬표,「양원제의 이론과 실제: 한국 양원제론의 심화를 위하여」,《입법조사연구》251(1998. 6), 국회도서관 입법조사분석실; 김철수,「일본 참의원의 역할 변화: 2007년 참의원 선거 결과를 중심으로」,《동아연구》제55집(2008. 8), 서강대 동아연구소; 백남억,「의회정치와 양원제」,《참의원보》제2호(1961. 4), 대한민국참의원사무처; 송길웅,「양원제에 관한 연구」,《헌법학연구》제6권 4호(2000. 12), 한국헌법학회; 송석윤,「양원제의 도입방안에 대한 연구」,《헌법학연구》제14권(2008. 12), 한국헌법학회; 신우철,「양원제 개헌론 재고」,《법과 사회》38호(2010), 법과사회이론학회; 안성호,「양원제 개헌론: 지역대표형 상원 연구」, 신광문화사, 2013; 유영익,「이승만 국회의장과 대한민국 헌법제정」, 역사학회, 2006; 이승헌,「입헌정치하의 양원제운영(상): 국회운영의 합리화를 위하여」,《참의원보》제2호(1961. 4), 대한민국참의원사무처; 정연정,「개헌과 지역대표체제: 양원제 도입방안을 중심으로」,《현대정치연구》제3권 2호 통권6호(2010. 가을), 서강대 현대정치연구소; 정영화,「의회개혁과 국가경쟁력: 양원제 도입의 논거로서 13~17대 총선거의 실증분석」,《세계헌법연구》제11권 1호(2005), 국제헌법학회 한국학회; 최요환,「양원제·단원제 국회를 생각해 본다」《民族知性》50(1990. 4), 민족지성사; 최진욱,「통일한국의 권력구조는 갈등구조 해소에 중점둬야: 의원내각제와 양원제 주장의 배경」,《민족정론》23(1995. 6), 한국정책연구회; 한국매니페스토실천본부,「중앙선거관리위원회, 남북통합 대비 선거 관리기구 설립운영방안 보고서: 통일정부 남한 독식으로 북한 소외시켜선 곤란」,《코리아매니페스토매거진》통권7호(2008. 10), 한국매니페스토실천본부; 한석봉,「21세기 한국 정치 방향에 대한 연구: 정부 형태와 국회의원제도 개혁을 중심으로」, 웅집한겨레연구소, 1999; 함상훈,「양원제도론: 정치시평」, 민족문화연구소, 1947; 이상윤,「일본의 참의원제도에 관한 연구: 참의원 개혁의 현대적 과제」,《헌법학연구》제8권 1호(2002. 4), 한국헌법학회; 최희식,「일본 분점국회의 교착상태에서 본 양원제의 문제점과 해결방안」,《한국과 국제정치》제27권 2호(2011), 경남대 극동문제연구소; 임성진,「독일의 연방주의식 지역대표체제」,《한국지방정치학회보》제1권 2호(2007. 가을), 한국지방정치학회;「헌법개정자문위원회참고자료집」, 2009. 8의 이재효,「국회제도(양원제도)에 관한 검토 의견」/정만희,「국회제도(국정감사제도)에 대한 검토 의견」/함성득,「예산법률주의 도입관련 주요쟁점과 도입방안」/성낙인,「국무총리·국무위원 해임 건의」/장영수,「헌법 제45조 국회의원의 면책특권 조항 검토」/장영수,「헌법 제43조 국회의원의 겸직금지 조항의 검토」; 김용철,「국회운영제도 개선의 과제와 방향」,「국민과 함께하는 개헌이야기」(2권), 국회미래한국헌법연구회, 2011.

제3절. 집행부제도

1. 국가원수제도

1) 국가원수의 의의

세계 각국 헌법에서는 국가원수를 규정하였다. 국가원수의 명칭은 대통령이 다수이나, 주석이라는 말을 쓰는 나라도 있다. 공산주의 국가에서는 주석을 두지 않고 최고회의 상임위원회 위원장이 외교권을 행사하기도 한다. 국가원수는 국가를 대표하는 외교 수반이고, 헌법에 따라 군통수권을 인정하였다. 국회와 정부가 대립할 때는 중재 역할을 하는 국가원수도 있다. 국가원수의 권한을 강하게 인정할 것이냐, 명목적·의례적 권한을 가질 것인가도 나라마다 다르고, 선거 제도도 나라마다 다르다.

2) 남북한 헌법의 국가원수

(1) 북한 헌법의 국가원수

북한의 2009년 헌법은 주체사상과 선군사상을 활동의 지도적 지침으로 삼는다고 하면서, 주석제도를 폐지하고 새로 국방위원회 위원장 규정을 신설하였다(제6장 2절). 이것은 김정일의 권한을 강화하려는 것이었다. 김정일 사후 2012년에는 헌법을 개정하여 국방위원회 제1위원장제도를 두었다. 이는 김정일을 영원한 국방위원회 위원장으로 기리기 위한 것이다.[23] 2016년에는 헌법 일부를 수정하였다. 국방위원회를 국무위원회로, 제1위원장을 위원장으로 고쳤다. 국무위원회 위원장은 공화국의 최고령도자다(제100조). 국무위원회 위원장은 공화국 전반무력의 최고사령관으로 되며, 국가의 일체 무력을 지휘·통솔한다(제102조).

---

23) 정성임, 「김정은 정권의 제도적 기반: 당과 국가기구를 중심으로」, 《통일정책연구》 제21권 2호(2012), pp. 31-55.

국무위원회 위원장은 ① 국가의 전반 사업을 지도한다. ② 국무위원회 사업을 직접 지도한다. ③ 국방 부문의 중요 간부를 임명·해임한다. ④ 다른 나라와 맺은 중요 조약을 비준·폐기한다. ⑤ 특사권을 행사한다. ⑥ 나라의 비상사태와 전시상태, 동원령을 선포한다(제103조). ⑦ 국무위원회 위원장 명령을 낸다(제104조). ⑧ 최고인민회의 의안을 제출한다(제95조).

최고인민회의는 일반사면권을 가지나 특사권은 국무위원회 위원장이 갖게 되었다. 국무위원회 위원장은 자기 사업을 최고인민회의 앞에 책임진다(제105조)고 했으나, 전문을 비롯한 김일성·김정일 전통사상을 고취시키는 것을 볼 때 김정은도 책임을 지지 않을 것은 분명하다.

국무위원회 위원장은 구헌법의 국가주석 지위를 갖는 것으로, 김정은 개인의 독재를 강화하려는 것으로 신대통령과 같은 독재권이 있는 것이 특색이다. 형식적으로는 최고인민회의가 국무위원회 위원장을 선임·소환하고, 자기 사업을 책임지도록 규정했으나 형식에 불과하다. 형식상 국무위원회 위원장은 중국 헌법상 국가주석의 권한을 가진다고 하겠다.[24]

국무위원회는 위원장 지위가 격상하면서 그 지위가 함께 올라갔다. 국무위원회는 국가주권의 최고 국방지도 기관이라고 하였다(제106조). 권한은 ① 선군혁명로선을 관철하기 위하여 국가의 중요 정책을 세운다. ② 국가의 전반 무력사업과 국방·건설 사업을 지도한다. ③ 국무위원회 위원장의 명령, 국무위원회의 결정·지시·집행·정형을 감독하고 대책을 세운다. ④ 국무위원회 위원장의 명령, 국무위원회의 결정, 지시에 어긋나는 국가기관의 결정과 지시를 폐지한다. ⑤ 국방 부문의 중앙기관을 내오거나 없앤다. ⑥ 군사 칭호를 제정하며, 장령 이상에게 군사 칭호를 수여한다(제109조). ⑦ 국무위원회는 결정과 지시를 낸다(제110조).

국무위원회는 위원장과 부위원장, 위원으로 구성(제107조)하나, 이들은 국무위원회 위원장의 제의에 따라 최고인민회의가 선거·소환하도록 했으며(제91조 7호),

24) 鐸木昌之, 北韓朝鮮社會主義と傳統の共鳴, 東京, 1992; 박일경, 「북한 헌법상의 권력구조」, 「백남억박사 회갑기념논문집」, 통일부, 1976; 장명봉, 「북한의 사회주의 헌법상의 권력구조에 관한 고찰」, 《통일정책》 제1권 3호(1975. 10)/「북한의 2009 헌법 개정과 선군정치의 제도적 공고화」, 《헌법학연구》 제11권 1호(2010); 박진우, 「2009년 개정 북한 헌법에 대한 분석과 평가」, 《세계헌법연구》, 제16권 3호(2011).

국무위원회는 자기 사업을 최고인민회의 앞에 책임진다(제111조).

국무위원회는 형식적으로는 최고인민회의에서 선출하는 합의제 기관이나, 실질적으로는 국무위원회 위원장을 보조하는 기관에 불과하다. 국무위원회제도는 중국 헌법의 중앙군사위원회를 모방한 것이었는데, 새 국무위원회는 권한이 강해져 사실상 최고 기관이 되었다고 하겠다.

(2) 남한 헌법의 대통령

우리나라 대통령은 미국식 대통령이나 의원내각제 대통령과는 다르다. 미국식 대통령은 국가원수이며 행정권을 갖지만, 우리나라는 대통령 아래에 국무총리를 두어 이원정부제와 비슷하다는 주장이 있다.

대통령은 국가원수와 행정권 수반 지위를 가진다. 또 국가를 보위하는 "국가의 수호자 지위를 가진다"(제68조). 대통령은 국민이 직접선거로 선출하고, 임기는 5년이며 중임은 허용되지 않는다.

대통령은 실질적 권한으로 ① 헌법개정안 발안 ② 헌법개정안 공고, 헌법 개정 공포권을 가지고 국민투표 회부권과 국민투표 결과선포권 등을 가진다. 다음에는 헌법기관을 구성하는 권한을 가진다. ① 헌법재판소장과 헌법재판관 임명권 ② 대법원장과 대법관 임명권 ③ 국무총리와 국무위원 임명권 ④ 감사원장과 감사위원 임명권 ⑤ 중앙선거관리위원장과 중앙선거관리위원 임명권을 가진다.

국회에 대해서는 ① 임시국회집회요구권 ② 국회출석발언권을 가진다. 입법에 관한 것으로는 ① 법률안제출권 ② 법률공포권 ③ 법률안거부권 ④ 행정입법권을 가진다. 사법에 관한 권한으로는 ① 사면·감형·복권에 관한 권한을 가진다. 대통령의 중요한 권한은 집행권이다. 대통령은 ① 행정에서 최고 지도권을 가지며 ② 외교에 관한 권한 ③ 국군통수권 ④ 공무원임명권 ⑤ 정당 해산제소권 ⑥ 재정에 관한 권한 ⑦ 영전수여권 ⑧ 각종 회의 주재권을 가진다. 이 밖에도 국가긴급권으로 ① 긴급명령, 긴급재정경제명령, 긴급재정경제처분권과 ② 계엄선포권을 가진다.

대통령에게 권력이 집중되어 있다고 제왕적 대통령제라고 악평하는 사람도 있다. 그러나 대통령은 독자적으로 권한을 행사하는 것이 아니라, 국무회의에서 심의하여 결정하게 되어 있으며, 대통령을 보좌하는 역이지만 독자적인 행정권을 가진 총리제도가 있으며 대통령의 권한 행사는 국회가 견제를 하였다. 대통령의 권한 행사는 입법을 통해서 할 수 있는데, 국회가 발목을 잡아 입법을 못하는 경우가 많고, 고위공무원을 임명할 때도 인사청문회가 동의하지 않아 좌절되는 경우도 많다. 의원내각제적 요소가 있어 여소야대 국회에서는 대통령의 국정수행이 마비될 수 있다.

(3) 남북한 헌법의 국가원수 비교

① 혈통제와 선출제 차이

북한의 국가원수는 명목상 최고인민회의에서 선거하게 되어 있고, 책임을 지게 되어 있으나 사실상 김일성의 혈통계승자가 세습한다. 그러나 대한민국 대통령은 국민이 선출한다. 북한의 국가원수는 혈통으로 승계할 뿐만 아니라 임기가 정해져 있으나 항시 선출되어 평생 통치한다. 그러나 대한민국 대통령은 5년 임기이며, 한시적으로 국가를 대표하고 집행권을 행사한다.

② 독재적 권력자와 침범제 권력자의 차이

북한의 국무위원회 위원장은 최고 령도자로서 전반 무력의 최고사령관으로서 국가의 일체 무력을 지휘·통솔한다. 또 국가의 전반 사항을 지도하며, 조약을 체결하며 비준하고, 명령을 발표하며, 비상사태와 전시상태, 동원령을 선포한다. 국무위원회 위원장은 최고인민회의에 의하여 소환되고 책임지게 되어 있으나 허구에 불과하다. 특사권도 갖고 있으나 초법적 권한을 행사한다. 그러나 대한민국 대통령은 집행권을 행사하되, 입법기관에 의하여 탄핵소추될 수 있으며 입법으로 견제받는다. 조약을 체결하고 비준하는 권한이 있으나 반드시 국회의 동의를 받아야 한다. 대한민국의 대통령 권한은 헌법으로 제약한다.

③ 국무위원회와 국무회의 보좌 기능 차이

북한의 국무위원회 위원장은 국가주권의 최고 국방지도 기관인 국무위원회의 제1인자이며, 선군혁명로선을 관철하기 위한 국가의 중요 정책을 세우고, 국무위원회 위원장 명령, 국무위원회 결정 지시에 어긋나는 국가기관의 지시나 결정을 폐지한다. 대한민국의 대통령은 국무회의를 주재하며, 국무회의에서 결정된 행정정책을 집행한다. 권한 행사는 헌법과 법률로 제한하며, 국회와 법원의 견제를 받는다.

④ 남북한 국가원수의 권한 차이

북한의 국무위원회 위원장은 헌법상 국가를 대표하는 기관이 아니다. 헌법상으로는 인민공화국의 최고 령도자이지만 전반적 무력의 최고사령관이며, 국가의 일체 무력을 지휘·통솔할 군사권을 가진다. 조약을 비준·폐기할 권한이 있고, 국가의 전반 사업을 지도한다. 그러나 국가를 대표하는 기관은 최고인민회의 상임위원회 위원장이며, 외국 사신의 신임장과 소환장을 접수한다(제117조 2항). 또 최고인민회의 상임위원회가 외국과 맺은 조약을 비준·폐기하게 되어 있어 국무위원회 위원장의 권한과 상충한다. 또 대사권은 최고인민위원회 상무위원회가 갖고, 특사권은 국무위원회 위원장이 갖게 되어 있다. 국무위원회 위원장이 행정권을 행사할 권한이 있는지는 명확하지 않다.

대한민국의 대통령은 군사권만이 아니라 외교권을 가진 국가의 대표기관이다. 또 행정권 수반으로서 국무회의 심의에 따라 행정권을 행사한다. 국무회의 심의에 따라 국가긴급권을 행사할 수 있고, 조약비준권을 국회 동의를 얻어 행사할 수 있다.

3) 세계 각국 헌법의 국가원수제도

(1) 사회주의 국가의 국가주석

중국 헌법은 국가의 대표자로 주석제도를 두었다(제3장 2절). 주석은 중국을 대표하여 국사활동을 하고, 다른 나라 사절을 접수하며, 전국인민대표자대회 상무위원회 결정에 따라 외국 주재 전권 대표를 파견·소환하며, 다른 나라와 맺은 조약과 필요한 협정을 비준·폐기한다(제81조). 주석은 전국인민대표자대회에서 선출한다(제79조). 주석은 전국인민대표자대회의 결정과 전국인민대표대회 상무위원회 결정에 근거하여 법률을 공포하며, 국무원 총리·부총리·국무위원·각부 부장·각 위원회 주임·감사장·비서장을 임명·해임하며, 국가의 훈장과 명예칭호를 수여하며, 특별사면을 반포하고, 비상사태를 선포하며, 전쟁상태를 선포하며, 동원령을 반포한다(제80조).

무장력을 영도하는 기관으로는 중앙군사위원회가 있다. 주석과 부주석 약간명, 위원 약간 명으로 구성하며 주석책임제를 실시한다(제93조). 중앙위원회 주석은 전국인민대표대회와 그 상무위원회에 대하여 책임을 진다(제94조).

국가주석이 군사위원회 주석을 겸하는 경우 집행권이 통합되어 강력한 독재를 행사할 수 있다. 2004년 중국 헌법에서는 공산당의 지도 조항은 규정하지 않았다. 공화국 주석이 전국인민대표대회에서 선출되고 책임을 지게 되어 있으나 현실적으로 책임 추궁은 하지 않는다.

베트남에도 국가주석제도가 있다. 베트남 헌법은 "국가주석은 국가원수이며, 대내외적으로 베트남사회주의공화국을 대표한다"(제86조)라고 명백하게 규정하였다. 국가주석은 국회에서 국회의원 중에서 선출한다. 국가주석은 국회에 책임을 지며, 업무를 보고한다(제87조). 국가주석은 헌법과 법률, 국회 위임 위원회령을 공포한다(제88조). 국가주석은 부주석과 수상의 선출·면직·파면을 국회에 제안하고, 국회에서 의결되면 부수상과 장관, 기타 각료는 보임·면직·해직한다(제88조). 인민무장세력을 통할하고, 국방과 안녕평의회 의장이 된다. 외국의 특명전권 대사를 접수하고, 국회상무위원회 의결에 따라 대사를 보임·면직한다. 국가주석은 국방과 안녕평의회 구성 명부를 국회에 상정하여 승인받는다(제89조). 국가주석은 국회상임위원회 회의와 각의에 참석할 권한을 가진다(제90조). 베트남은 국가주석 권한을 명확하게 규정하였다.

(2) 대통령제 국가의 대통령

미국 대통령은 행정권을 담당하고 임기는 4년이며 재임은 1차에 한하여 허용된다. 대통령은 육·해·공군의 총사령관이며, 각 주의 민병대가 연방 현역에 소집되었을 때는 그 민병대의 총사령관이 된다. 대통령은 상원의 권고와 동의를 얻어 조약을 체결하는 권한을 가진다. 대통령은 대사, 공사, 영사, 연방대법원 판사와 법률로 정하는 그 밖의 미연방 공무원을 상원의 권고와 동의를 얻어 임명한다. 상원의 권고와 동의를 얻어 임명하는 공무원 외의 연방공무원은 대통령이 임명한다. 또 외국 대사와 사절 신임장을 접수하며, 외교권을 행사할 수 있다.

긴급 시에는 상·하 양원이나 1원을 소집을 할 수 있으며, 휴회 시기에 대한 의견이 일치되지 않는 때는 양원의 정회를 명할 수 있다. 대통령은 연방 상황을 수시로 연방의회에 보고하고, 필요하며 권고할 만하다고 인정하는 법안 심의를 연방의회에 권고해야 한다. 대통령은 연방의회가 의결한 법률안을 거부할 권리이다.

대통령은 반역죄와 수뢰죄, 그 밖의 중대한 범죄로 탄핵을 받거나 유죄 판결을 받으면 면직된다(제2장 제4조). 대통령은 탄핵의 경우를 제외하고는 형 집행면제와 사면을 명할 수 있다. 미국에는 부통령제가 있으나, 국무총리제와 국무회의 제도가 없으므로 독자적으로 정책을 결정할 수 있다. 미국 대통령은 주의 내치에 관여할 수 없으므로 주로 외교·국방·경제정책을 관장한다.

(3) 의원내각제 국가의 대통령

의원내각제에서 대통령은 간접선거로 선출하며, 주로 형식적·의례적 권한을 가진다. 독일 연방대통령은 연방하원의원 전원과 동수로 이루어지는 지방정부의 대표자로 구성되는 연방집회(Bundesversammlung)에서 다수결로 선출한다. 임기는 5년이며, 계속 재선은 1회만 허용한다. 제정 당시 기본법에는 연임 제한 규정이 없었다. 대통령은 국제법적으로 연방을 대표하며, 외국 대사를 신임·접수한다(제59조).

연방대통령은 정부가 체결하고 의회가 동의한 조약을 비준한다. 연방대통령은 법률에 특별한 규정이 없는 한 연방법관, 연방공무원, 장교와 하사관을 임명한다(제60조). 대통령은 연방수상을 지명할 수 있으며, 연방수상의 제청으로 장관을 임명할 수 있다(제64조). 대통령은 연방헌법재판소의 탄핵 결정에 따라 면직될 수 있다. 일본에는 대통령이 없고, 국가를 상징하는 천황이 있는데 세습이며 약간의 형식적·의례적 권한을 갖고 있다.

(4) 이원정부제 국가의 대통령

프랑스 대통령은 국가권력의 요충이라고 한다. 국가의 독립과 영토 보전, 각종 조약의 준수를 보장한다. 또 헌법 준수를 유의하며, 그의 중재로 공권력의 정상적 기능과 국가의 계속성을 보장한다(제5조). 국민이 직접·보통 선거로 선출하며, 임기는 5년이고 1차에 한하여 중임할 수 있다(제6조).

1차 선거에서는 절대다수를 얻어야 당선되고, 당선자가 없을 때는 결선투표를 하되, 단수다수결로 당선을 결정한다. 대통령은 수상을 임명하고, 수상이 사직서를 제출한 경우 해임한다(제8조). 대통령은 국무회의를 주재한다(제9조). 대통령은 국회에서 가결된 법률안을 전부 또는 일부를 거부할 수 있다(제10조). 대통령은 법률공포권을 가지며, 법규 명령이나 데크레(décrets)를 공포한다. 대통령은 국가공무원이나 군인을 임명한다(제13조).

대통령은 국가의 대표자로서 외국에 파견하는 대사와 특사에게 신임장을 수여하며, 외국 대사와 특사의 신임장을 접수한다(제14조). 대통령은 군통수권자로서 국방최고회의와 국방최고위원회의를 주재한다(제15조). 대통령은 국가 위기 때 비상대권을 행사하고(제16조), 이 기간에는 의회가 당연 소집되고 의회를 해산할 수 없다. 대통령은 특별사면권을 가진다(제17조). 대통령은 의회 양원에 교서를 보낼 수 있으며, 이 목적으로 소집한 상·하 양원 합동회의에 출석하여 발언할 수 있다(제18조).

프랑스 대통령은 국가 위기 때는 비상대권을 가져 강력한 통치를 할 수 있다. 여대야소 의회에서는 대통령제적으로도 운영할 수 있다. 이원정부제를 채택했던 오스트리아는 헌법상에는 대통령의 권한을 규정했으나, 대통령이 권한을 행사하지 않아 의원내각제적으로 운영되고 있다.

4) 통일헌법의 국가원수제도

통일헌법에서 국가원수제는 정부 형태에 따라 다를 것이다. 이상적으로는 다당제에 의한 합의정부제 의원내각제가 좋을 것이나, 통일 후 정치 상태가 안정적이기 힘들며 주변 강대국에 포위된 한국에서는 위기가 상존할 것이므로 위기에 대처할 수 있는 강력한 대통령이 필요할 것이다. 승자독식인 순수대통령제를 채택하는 경우 독재로 흐를 가능성이 있으며 소외된 시민이나 소수야당에게 소외감을 주어 갈등이 심해질 수 있다. 이에 위기 때는 강력한 대통령제로 기능하고, 평화적이고 안정된 때는 의원내각제적으로 운영하는 이원정부제가 타당하지 않을까 생각한다.

대통령은 국민이 직접선거로 선출하되, 결선투표제를 도입하는 것이 필요할 것이다(프랑스식). 그리고 위기 시에는 대통령이 구국적 결단을 내릴 수 있도록 비상대권을 인정하는 프랑스식 대통령제가 좋을 것이다. 대통령의 강력한 리더십 아래 국회 다수가 선출하는 국무총리가 토론과 타협으로 통치하는 의원내각제를 도입하는 것이 바람직할 것이다. 바꿔 말하면 평상시에는 의원내각제적으로 운영해서 대통령이 형식적·의례적 권한을 행사하고, 위기나 전시나 비상시에는 예외적으로 강력한 권한을 행사할 수 있게 하는 프랑스식 이원정부제가 좋을 것이다. 대통령에게 조정 권한을 주어 위기나 비상시이거나, 국회가 입법을 할 수 없는 상황이거나, 정부불신임권을 자주 행사할 때는 국회해산권을 인정해야 할 것이다.

2. 행정부

1) 행정부의 의의

행정부는 행정권을 행사하는 국가기관이다. 일반적으로 대통령제 국가에서는 대통령이 행정권을 행사하나, 의원내각제 국가에서는 내각이 행사한다. 내각은 국무총리와 행정 각부 장관으로 구성한다. 국무총리는 연방 행정 각부 장관의 제청권을 가지며, 일반적으로 연대책임을 진다. 행정권에 군통수권을 포함할지가 문제다. 의원내각제 정부는 외교·국방·안보·군통수권·내정 권한을 다 가진다. 이에 대하여 이원정부제에서는 대통령이 외교·안보·군통수권 등을 갖고 국내 정치는 내각이 담당한다. 대통령과 내각의 관계에 따라 여러 정부 형태가 형성되고 있다.[25)]

2) 남북한 헌법의 행정부제도

(1) 북한 헌법의 내각제도

북한의 1972년 헌법은 집행기관으로 ① 주석 ② 중앙인민위원회 ③ 정무원을 두었다. 1992년의 사회주의 헌법은 ① 주석 ② 국방위원회 ③ 중앙인민위원회 ④ 정무원을 규정했는데, 2009년 헌법에서는 주석제와 중앙인민위원회를 폐지하고, 정무원을 내각으로 개명하였다(제117조). 중앙인민위원회는 국가주권의 최고 지도기관으로 주석의 권한을 집행하는 기관이었으나, 주석제도와 중앙인민위원회를 폐지하고 집행기관을 단일화했다고 하겠다.[26)]

---

25) 정부제도는 김철수 외, 『행정의 법규범과 현실』, 집문당, 2004; 김철수, 「대한민국 정부형태 어떻게 할 것인가」, 예지각, 2010/「제6공화국 헌장의 방향 모색」, 한국공법학회, 1988/「독일통일의 정치와 헌법」, 박영사, 2004/「중립선거 내각의 사명」, 《한국인》 제125호(1992. 11)/「독일의 통제된 의원내각제」, 《고시계》, 2003/「연정 제안에 대한 헌법적 검토」, 《월간조선》, 2005. 9; 헌법연구자문위원회참고자료집』, 2009. 8의 장영수, 「의원내각제 정부 형태 도입에 대한 검토 의견」/성낙인, 「이원정부제(정부 형태 Ⅳ); 「국민과 함께하는 개헌이야기」(2권)의 강승식, 「대통령제의 제도적 장점 그리고 현행 헌법상 대통령제의 개선방향」/권형준, 「대통령중임제 개헌은 왜 필요한가」/김민권, 「중임 순수대통령제를 지지하며」/윤대규, 「정부 형태 순수한 대통령제로의 개헌」/이헌환, 「한국의 대통령제 포기? 혹은 개선?」/조정관, 「순수대통령제로 권력구조 개편을 위한 제안」/조지형, 「미국 대통령제와 헌법개정」/송석윤, 「독일의 정부 형태」/명재진의 「의원내각제 개헌의 필요성」/김창혁, 「국민성과 지역성 그리고 의원내각제」/민병로, 「일본의 의원내각제의 현황과 과제」/이준일, 「한국에서 의원내각제」/한동훈, 「2008년 프랑스 헌법 개정과 정부 형태」/오일환, 「2008년 프랑스 이원집정부제 권력구조 분석」/W. Harris, 「Theoretical Basis for the Constitutional Structure of Powers in the Federal Government of the United States」/O. Depenheuer, 「Chancellor Democracy in Germany」/P. H. Prelot, 「Dualism of the Executive Branch in the French Republic System」 참고.

26) 박상익, 「북한의 헌법개정과 행정체제」, 《평화학연구》 제11권 1호(2010), pp. 147-170; 법제처, 「북한 헌

현행 북한 헌법은 순수한 행정기관으로 내각을 두었다. 내각은 최고주권의 행정적 집행기관이며, 전반적으로 국가를 관리하는 기관이다(제123조). 내각은 총리·부총리·위원장·상과 그 밖에 필요한 성원으로 구성한다(제124조). 내각에는 전원회의와 상무회의가 있다. 내각은 자기사업에 대하여 최고인민회의와 최고인민회의 상임위원회에 책임을 진다(제131조).

내각의 임무와 권한은 헌법에 규정(제125조)했는데, 중요한 권한은 다음과 같다. ① 국가의 중요한 정책을 집행할 대책을 세운다. ② 헌법과 부문법에 기초하여 국가관리와 관련된 규정을 제정·수정·보충한다. ③ 내각의 위원회, 성, 내각직속기관, 지방인민위원회 사업을 지도한다. ④ 내각직속기관, 중요행정경제기관, 기업소를 내오거나 없애며, 국가관리기구를 개선할 대책을 세운다. ⑤ 국가의 인민경제발전계획을 작성하며, 그 실행 대책을 세운다. ⑥ 국가 예산을 편성하며, 그 집행을 세운다. ⑦ 공업, 농업, 건설, 운수, 체신, 상업, 무역, 국토 관리, 도시 경영, 교육, 과학, 문화, 보건, 체육, 로동행정, 환경보호, 관광, 그 밖의 여러 부문 사업을 조직·집행한다. ⑧ 화폐와 은행 제도를 공고히 할 대책을 세운다. ⑨ 국가관리질서를 세우기 위한 검열, 통제사업을 한다. ⑩ 사회질서 유지, 국가 및 사회협동단체의 소유와 리익 보호, 공민의 권리를 보장할 대책을 세운다. ⑪ 다른 나라와 조약을 맺으며 대외사업을 한다. ⑫ 내각의 결정과 지시에 어긋나는 행정, 경제기관의 결정과 지시를 폐지한다.

내각총리는 정부를 대표하며, 내각의 사업을 조직·지도한다(제126조). 내각은 전원회의와 상무회의를 가진다. 전원회의는 내각 성원 전원으로 구성하며, 행정경제사업에서 나서는 새롭고 중요한 문제를 토의·결정한다. 상무회의는 총리와 부총리, 그 밖의 총리가 임명하는 내각 성원으로 구성하며, 전원회의에서 위임한 문제를 토의·결정한다(제127조, 128조). 내각은 자기사업을 최고인민회의와 그 휴회 중에 최고인민회의 상임위원회 앞에 책임진다(제131조).

법의 공권력 집행체계 및 지방자치제도에 관한 연구」, 2008; 정영화, 「북한 헌법상 공권력의 집행체계에 관한 연구」, 《동북아법연구》 제3권 2호(2009), 전북대, pp. 141-189.

(2) 남한 헌법의 정부제도

대한민국의 정부 형태는 전술한 바와 같이 대통령제에 의원내각제 요소를 가미하여 이원정부라고도 한다. 행정권은 대통령을 수반으로 하는 정부에 속한다. 대통령은 집행권의 수반인 동시에 행정권 수반이다(제66조 4항).

국무총리는 국회의 동의를 얻어 대통령이 임명한다(제86조). 국무총리는 대통령을 보좌하며 대통령의 명을 받아 행정 각부를 통할한다(제86조). 국무위원은 국무총리의 제청으로 대통령이 임명한다. 국무총리는 국무위원 해임을 대통령에게 건의할 수 있다. 정부의 권한을 심사하고자 국무회의를 두었다. 국무회의는 대통령과 국무총리, 15~30명의 국무위원으로 구성한다. 대통령은 국무회의 의장이 되고, 국무총리는 부의장이 된다(제88조).

국무회의가 심의하는 사항은 다음과 같다(제89조). ① 국정 기본 계획과 정부의 일반 정책 ② 선전과 강화, 기타 필요한 대외정책 ③ 헌법개정안, 국민투표안, 조약안, 법률안, 대통령안 ④ 예산안 결산과 국유재산을 처분할 기본 계획, 국가의 부담이 … 될 계약, 기타 재정에 관한 중요 사항 ⑤ 대통령의 긴급명령과 긴급재정경제처분, 명령, 계엄과 그 해제 ⑥ 군사에 관한 중요 사항 ⑦ 국회의 임시회 집회 요구 ⑧ 영전수여 ⑨ 사면, 감형, 복권 ⑩ 행정 각부 간 권한 획정 ⑪ 정부안의 권한 위임, 배정 기본 계획 ⑫ 국정 처리 상황 평가·분석 ⑬ 행정 각부의 중요한 정책 수립과 조정 ⑭ 정당 해산 제소 ⑮ 정부에 제출·회부된 정부 정책 청원 심사 ⑯ 검찰총장·합동참모의장·각 군참모총장·국립대 총장과 대사, 기타 법률이 정한 공무원과 국영기업체 관리자 임명 ⑰ 기타 대통령·국무총리·국무위원이 제출한 사항, 행정 각부의 설치·조직과 직무 범위는 법률이 정한다(제96조). 행정 각부의 장은 국무위원 중에서 국무총리의 제청을 받아 대통령이 임명한다(제94조).

(3) 남북한 헌법의 행정부제도 비교

① 내각과 국무회의 구성 차이

북한의 내각은 최고주권을 행정적으로 집행하는 기관이며, 국가를 전반적으로 관리하는 기관이며, 총리·부총리·위원장·상과 그 밖의 필요한 성원으로 구성하는 행정기관이다. 여기에 국가원수는 포함되지 않는다.

대한민국의 국무회의는 대통령을 의장으로 하고, 국무총리와 부총리, 장관과 기타 필요한 성원으로 구성하는 집행기관(통치+행정)이다. 한국에서는 대통령이 행정권 수반이다.

② 권한 범위 차이

북한은 행정기관에 국무위원회, 외교기관에 최고인민회의가 있어 내각이 군사권이나 조약 체결·비준권 등 대외적 권한을 행사할 수 없다. 이런 점에서 북한의 내각은 권한이 축소된 행정기관이며, 국가 정책을 집행하는 집행기관이다.

대한민국 국무회의는 대통령을 수반으로 하므로 군사·외교·통일 등의 권한을 갖고 있다. 대통령은 국가를 대표하여 외교권을 행사하고, 국군 수장으로 군정권과 군령권을 가진다.

서방 민주국가에서는 행정권은 대통령과 정부가 행사하는데(그리스 제26조, 터키 제8조), 우리도 같은 제도로 운영하고 있다. 대통령이 유고 시에는 국무총리나 법률이 정하는 국무위원이 그 권한을 대행한다. 헌법상 권한은 대통령을 의장으로 하는 한국의 국무회의 권한이 강하다. 북한의 내각은 순수한 행정기관이며, 또 당의 지배를 받아 그 권한이 약하다고 할 수 있다.

③ 내각과 국무회의 구성원의 권한과 책임

북한의 내각은 형식상 최고인민회의와 임기가 같다. 최고인민회의 휴회 중에는 내각총리를 제의에 의하여 부총리, 위원장, 상, 그 밖의 성원을 임명 또는 해임할 수 있게 되어 있어 임기 조항은 무의미할 것처럼 보인다. 내각은 전원회의와 상무회의를 둔다.

대한민국에서는 국무위원과 장관의 임기 규정은 없다. 국무위원과 장관은 대통령이 임명하고, 국회는 대통령에게 국무총리와 국무위원의 해임을 건의할 수 있고, 대통령은 재량에 따라 해임할 수 있다.

3) 세계 각국 헌법의 행정부

(1) 의회정부제 국가의 내각

사회주의 국가가 채택한 의회정부제 하의 내각은 최고회의 집행기관으로 기능하였다. 중국은 의회정부제 국가이기 때문에 "국무원, 즉 중앙정부는 최고 권력기관의 집행기관이며, 최고국가행정기관"(제85조)에 불과하다. "국무원은 총리와 부총리 약간 명, 각부 부장·각 위원회 주임·심계장·비서장"으로 구성하며(제86조) 그 조직은 법률로 정한다. 국무원은 총리책임제를 실시한다. 각 부와 위원회는 부장책임제와 주임책임제를 실시한다(제86조). 총리는 국무원의 업무를 영도한다. 총리·부총리·국무위원·비서장으로 국무원 상무회의를 구성한다(제88조). 국무원은 많은 직권을 행사한다(제89조). 국무원은 전국인민대표대회 앞에 책임을 지며, 업무를 보고하며, 전국인민대표자대회 휴회 기간에는 전국인민대표대회 상무위원회 앞에 책임을 지며 업무를 보고한다(제92조).

국무원 총리는 공화국 주석이 제의하고, 전국인민대표대회가 선임하며, 국무원 부총리, 국무위원, 각 부 부장, 각 위원회의 주임·감사장·비서장은 국무원 총리의 제의에 따라 전국인민대표대회가 인선한다.

베트남 헌법은 "정부는 국가의 최고 행정기관이며, 법 집행권을 행사하고, 국회의 집행기관이다. 정부는 국회에 대하여 책임을 지며, 국회와 국회상무위원회, 국가주석에게 업무를 보고한다(제94조)고 규정하였다. 정부 기능은 중국과 비슷하다.

(2) 의원내각제 국가의 정부

의원내각제에서는 정부가 정치의 중심이며, 정책 결정권과 행정권을 갖는다. 정부는 국회 다수당의 간부로 구성하기에 강력한 권한을 행사할 수 있다.

독일연방공화국의 정부 형태는 변형된 의원내각제라고 하겠다. 연방수상은 정치 방향을 결정하고, 연방의회에 대하여 책임을 진다(제65조). 연방정부는 연방

수상과 연방장관으로 구성한다. 연방수상은 대통령의 제청으로 토론 없이 연방의회에서 선출한다. 연방의회는 다수로 연방수상을 선출하여 선출된 자를 대통령이 임명한다. 대통령이 제청한 사람이 다수를 얻지 못하면 14일 내에 연방의회 재적과반수로 연방수상을 선출한다(제63조). 연방장관은 연방수상의 제청으로 대통령이 임명한다(제64조).

연방의회는 연방수상에 대하여 불신임을 의결할 수 있으나, 재적과반수로 후임자를 선출한 경우에만 할 수 있다(제67조). 이를 건설적 불신임 투표제라고 한다. 연방수상은 연방의회에 대하여 불신임 투표를 요구할 수 있고, 의회 재적과반수가 신임하지 않으면 의회를 해산할 수 있다(제68조). 연방장관은 수상의 정책 방향(Richtlinien)에 따라 그 범위 내에서 자기 책임 하에 소관 사무를 처리한다(제65조). 군에 대한 명령권과 지휘권은 국방부장관이 가진다(제65a조). 연방수상과 연방장관의 직무는 새 연방하원의 집회와 동시에 종료된다. 다만 대통령이 요구하면 후임자가 선출될 때까지 직무를 행한다(제69조).

독일의 경우 다수당이 다른 당과 연립하여 정권을 담당하는 연립정부를 구성하는 것이 관례다. 이때 이 연립정당은 연립계약(Koalitionsvertrag)을 체결하여 그에 따라 임기 동안 정책을 집행한다. 그 기간은 새 연방하원이 개원할 때까지다. 따라서 연방수상이나 연방장관이 장기 집권할 수 있어 국가가 안정된다.

(3) 이원정부제 국가의 정부

이원정부제는 정부가 대통령과 내각으로 이분되어 있는 것이 특색이다. 대통령은 전술한 바와 같이 국가 수호자로서 국가 정책을 담당하고, 내각은 일반적인 행정을 담당한다. 그런데 국회가 여소야대인 경우에는 대통령과 정부 간에 알력이 생길 수 있고, 동거정부가 나올 수 있다.

프랑스 헌법은 대통령이 우월한 이원정부제라고 할 수 있다. 대통령은 수상을 임명한다. 대통령은 수상의 제청에 따라 국무위원을 임명한다(제8조). 정부는 국가 정책을 결정·추진한다. 정부는 행정과 군정을 관장한다(제20조). 수상은 정부의 활동을 지휘한다(제21조). 대통령은 군통수권자다. 대통령은 국방최고회의와 국방최고위원회를 주재한다(제15조). 그러나 국방은 수상이 책임지고, 수상은 법률 집행을 보장한다.

대통령은 국무회의를 주재한다(제9조). 수상은 경우에 따라 대통령을 대신하여 국방최고회의와 국방최고위원회를 주재할 수 있다(제21조 3항). 수상은 명시적인 위임을 받아 특정한 의사 일정에 한하여 예외적으로 대통령을 대리해서 국무회의를 주재할 수 있다(제21조 4항).

수상은 권한 일부를 장관에게 위임할 수 있다. 수상의 행위에 대해서는 경우에 따라 그 집행을 담당하는 장관이 부서한다(제22조). 수상은 국정 계획이나 일반 정책 선언과 관련하여 국무회의 심의를 거친 후 하원에 신임을 물을 수 있다. 수상은 하원이 불신임동의안을 가결하거나 정부의 국정 계획이나 일반 정책 선언을 부결하면 대통령에게 정부사임서를 제출해야 한다(제50조). 수상이 정부사임서를 제출하면 대통령은 수상을 해임한다(제8조).

국무위원은 의회의원직, 국가적 차원의 직능대표직, 모든 공직을 겸할 수 없으며 직업 활동을 할 수 없다(제23조). 이것이 의원내각제와 다르다. 의원내각제에서는 수상을 비롯하여 많은 장관이 하원의원직을 겸하였다. 국무위원은 양원에 출석할 수 있고, 의회에 요구하여 발언할 수 있다(제31조). 이로써 정부가 의회와 소통을 할 수 있다. 국무회의는 계엄령을 선포할 수 있다.

4) 통일헌법의 행정부 형태

통일헌법에서 어떤 정부 형태와 통치 형태를 가져야 할 것인가는 매우 어려운 문제다. 헌법제정권자인 국민이 합의해야 할 것이다. 앞에서 의회정부제는 독재제·권력집중제라 권력분립주의를 근간으로 하는 자유민주적 기본 질서에 반한다는 것을 보았다. 대통령제로 할 것이냐, 의원내각제로 할 것이냐도 검토해보았다. 그러나 통일한국에는 난제가 산적할 것으로 보아 의원내각제는 정당의 존재와 선거제도에 따라 기능이 다르기 때문에 더 안정적인 대통령제나 이원정부제를 택하는 것이 바람직할 것이라고 하였다. 대통령제는 양당의 극한 대립을 가져올 가능성이 많고, 승자독식이 되어 국론이 분열될 가능성이 많기 때문에 이원정부제를 택하는 것이 바람직하다고 보았다. 그 경우 대통령이 권한을 행사하지 않아 사실상 의원내각제로 운영되는 오스트리아 제도는 현실성이 없다고 하여 프랑스식 이원정부제를 택할 것을 건의하였다.

통일헌법에서는 프랑스식 이원정부제를 채택하되, 헌법 조문은 대한민국 헌법을 기본으로 하여 작성해야 할 것이다. 이원정부제에서 문제가 되는 것이 대통령과 수상 간의 권력 투쟁이다. 그래서 프랑스 헌법처럼 모호하게 규정할 것이 아니라 상세하게 규정해야 할 것이다.

첫째로 문제가 되는 것은 대통령의 국무회의 주재권이다. 통일헌법에서는 국무회의와 내각회의를 구분하여, 국무회의에서는 대통령이 행사하는 권한과 중요 정책을 심의하도록 해야 할 것이다. 예를 들어 외교·국방·안보·국민통합·장기 정치 계획이나 경제발전 계획 등을 논의하도록 해야 할 것이다. 이 국무회의는 대통령이 의장이 되어 주재하도록 하며, 집행을 위하여 수상(국무총리)이 부의장을 맡게 하는 것이 좋을 것이다.

둘째로 내각회의는 국무회의에서 결정한 정책을 집행하는 회의가 되어야 할 것이다. 예를 들어 외교나 군사 정책 같은 중요 사항은 이미 국무회의에서 심의·결정했을 테니 그 집행을 담당하는 수상과 장관들이 세부 집행 사항을 토의하고, 국회와의 관계를 조율하며 입법을 통과시키도록 해야 할 것이다.

셋째로 대통령은 국민이 직접선거로 선출하되, 결선투표제도를 도입하는 것이 필요할 것이다. 임기는 4년으로 하고, 재선만 허용해야 할 것이다. 수상은 대통령의 지명으로 국회에서 선출하되, 총리는 국회의원을 겸하도록 하고, 의원내각제 국가 정부처럼 연립정부를 형성하도록 해야 할 것이다. 연립내각 구성은 독일처럼 연립계약을 체결하여 이를 연립내각의 정당 투표에 부쳐 통과되도록 해야 할 것이다. 그러면 적어도 국회의원 임기 동안은 안정될 것이다. 대통령의 임기는 6년 단임제로 하고, 상원의원 임기를 6년으로 하되 3년마다 반수를 개선하고, 하원의원 임기를 3년으로 하여 중요 선거 주기를 일치시키는 방법도 연구해야 할 것이다.

넷째로 선거제도와 정당제도를 정비하여 하원선거는 독일식으로 인물선거와 정당선거를 동시에 할 수 있게 하며, 정당의 득표를 기준으로 비례적으로 의석을 배분하여 소수당도 당선될 수 있도록 해야 할 것이다. 다양한 이념과 이익, 지역을 기반으로 하는 다수정당이 의회를 대표하도록 하되, 극우정당과 극좌정당이 민주적 기본 질서를 위배할 때는 해산하도록 하여 온건보수와 온건진보의 연립정권을 형성하도록 하는 것이 바람직할 것이다.

다섯째로 대통령과 수상 간의 권한 쟁의나 정당 간의 분쟁을 해결하기 위하여 헌법재판소제도를 도입해야 할 것이다.

3. 회계검사원과 감찰원

1) 회계검사원제도와 감찰제도의 의의

국가기관의 회계제도를 검사하기 위하여 회계검사원을 두는 것이 일반적이다. 이 회계검사원은 주로 국가기관의 회계, 재무제표, 재무관리를 감사·보고한다. 이 기관을 국회 소속으로 하느냐 정부 소속으로 하느냐는 국가마다 다르다. 회계검사원은 어느 기관에 속하더라도 독립성이 보장되고 있다.

감찰원은 국가공무원 등의 공직활동을 감시하고, 불법행위를 하면 시정을 명할 수 있는 기관으로 한국에서는 감사원과 감찰위원회 등으로 운영해왔다.

2) 남북한 헌법의 회계검사원과 감찰원

북한 헌법에는 회계검사원이 없다. 또 감찰기관도 없는데 검찰이 감찰권까지 행사하는 것으로 보인다(제156조).[27] 남한 헌법에는 회계 검사와 공무원 감찰을 아울러 하는 감사원제도가 있다. 제헌헌법에서는 회계를 검사하는 심계원을 두

---

27) 북한의 감찰감시법에서는 검찰 감시를 규정하였다. "검찰 감시는 모든 기관, 기업소, 단체와 공민이 조선민주주의공화국의 법을 정확히 지키고 집행하는가를 감시하는 국가의 권력적 활동이다"(제1조)라고 하여 감시기관임을 선언하였다.

었고, 공무원을 감찰하는 감찰위원회를 두었다. 이것을 5·16 이후 제3공화국 헌법에서 감사원으로 통합하여 감사원을 두어 현재까지 이르고 있다. 회계 검사와 감찰은 기능이 다르므로 분리해야 한다는 주장도 있다.

3) 세계 각국 헌법의 회계검사원과 감찰원제도

중화민국 헌법은 입법·행정·사법·고시·감찰 5권분립 헌법이다. 그만큼 인사제도와 감찰제도를 중시한 것이다. 제8편 고시에서는 고시원을 규정했는데, 고시원은 국가의 최고 고시기관이며 고시·임용·전형·고적·급봉·승진·전임·신분 보장·포상·징계·퇴휴·양로 사항을 장리한다(제83조)고 하며, 고시원의 중립성을 보장하였다(제86조). 제9편 감찰에서는 감찰원을 두고, 감찰원은 국가의 최고 감찰기관이며 동의·탄핵·규탄·심계 권한을 행사한다(제80조)고 규정하였다. 감찰원에 심계장을 두었는데, 심계장은 행정원의 결산을 제출한 후 3개월 이내에 그 심사를 완료하고, 심사 보고를 입법원에 제출하도록 하였다(제105조). 우리 헌법의 감사원제도도 이 영향을 받은 것으로 보인다.

이탈리아 헌법은 행정부를 보조하는 기관으로 참사원과 심계원을 두었다. 이 참사원은 사법행정상 자문기관이며 행정상의 적법을 감독하는 기관이다. 심계원은 정부의 재정행위의 적법을 기하기 위하여 예방적 감독을 행하며, 예산 행정을 검사한다(제100조). 이 기관들의 활동은 사법부에서 규정하였다. 참사원과 기타의 행정재판기관은 국가 행정에 대하여 합법적 이익을 보호하며, 법률이 정하는 특별 사항에 관하여 권리를 보호하는 관할권을 가진다. 심계원은 공금회계 사항과 기타 법률이 정하는 사항에 관할권을 가진다(제103조)고 하여 이를 일종의 특별사법권을 행사하는 기관으로 본다.

대부분의 헌법에서는 감찰원은 규정하지 않고, 회계검사원은 규정하였다. 독일에서는 행정부에 속해 있으며 연방재무부장관은 연방회계검사원은 모든 수입 및 지출과 계산 및 부채에 관하여 다음 연방정부의 결산을 상부에 지시하도록 규정하였다. 독일에는 연방회계검사원을 두어 결산 예산집행 및 경제운영의 경제성과 적정성을 심사하게 하였다(제114조). 구성원은 사법적 독립성을 가진다. 프랑스 헌법은 회계감사원은 정부활동에 관한 감독업무에서 의회를 지원한다. 회계감사원은 재정법과 사회보장기금법의 집행과 감독, 공공정책 평가에서 정부와 의회를 지원한다(제47-2조). 오스트리아 헌법은 회계감사원을 두고 상세히 규정하였다(제121~128조). 회계감사원은 연방, 주, 지방자치단체연맹, 지방자치단체 및 다른 법률로 규정한 권리 주체의 경영을 감사한다(제121조).

4) 통일헌법의 회계검사원과 감찰원

현행 남한 헌법은 회계 검사와 감찰 기능을 통합하여 감사원으로 했으나, 외국처럼 분리하는 것이 바람직하다. 왜냐하면 회계 검사와 감찰 기능은 달라서다.

(1) 회계검사원

회계검사원을 결산 심사만을 하는 의회 보조기관으로 하는 경우 행정부의 회계감사에 그칠 수 있다. 그러므로 회계검사원은 대통령 소속 독립 기관으로 하여 정부만이 아니라 국회와 법원의 회계도 감사할 수 있도록 규정하고, 재정정책에 대한 자문 역할을 할 수 있게 해야 할 것이다. 회계검사원의 독립성을 보장해야 하며, 회계검사원의 보고서는 입법부·사법부·행정부에만 보낼 것이 아니라 모든 국가기관에 보내야 하고, 국민에게도 공개하게 해야 할 것이다. 회계검사원은 사법적 기관처럼 독립성을 보장해야 하고, 신분도 보장해야 한다.

(2) 감찰원

감찰원은 행정기관 공무원만 감찰할 게 아니라, 모든 공무원의 직무를 감찰하도록 해야 할 것이다. 따라서 입법부·사법부·행정부에서 완전히 독립하게 해야 할 것이다. 감찰 기능을 철저히 행사하여 부패한 공무원 고발, 징계 권유, 고소 등을 하게 해야겠다. 특별재판소의 사법권까지는 줄 필요가 없을 것이다. 감찰원의 독립은 특별히 보장해야겠다.

제4절. 사법제도

1. 사법제도의 의의

사법제도는 국민의 권리 침해를 구제하고, 국가권력 행사의 공정성을 담보하는 재판기관을 말한다. 따라서 국가소추를 담당하는 검찰기관도 하나의 사법기관으로 보는 것이 공산주의 국가의 경향이다. 그러나 자유민주주의 국가에서 검찰기관은 범죄를 수사하고, 공소를 제기하는 기관으로 행정부에 속해 있다. 특히 자유민주주의 국가에서는 검찰이 공소를 제기하고, 법원이 재판하는 권력분립 체제이므로 검찰의 기능은 소추를 담당하는 기관인 검찰에 맡기는 것이 옳을 것이다. 사법은 법관이 증거를 옳게 심사하여 국가의 법질서를 확립하는 재판기관에 한정해야겠다.

2. 남북한 헌법의 사법제도

1) 북한 헌법의 사법제도

북한은 공산주의 국가 원칙에 따라 검찰소도 사법기관에서 규정했으나, 검찰은 원래 행정기관이다. 검찰소와 재판소에 관해서 신헌법은 상당히 개정하였다 (2010. 4. 9. 수정). 검찰 사업은 중앙검찰소, 도(직할시), 시(구역), 군검찰소와 특별검찰소가 한다(제153조). 중앙검찰소 소장은 최고인민회의가 임명·해임하며, 검사는 중앙검찰소가 통일적으로 지도하고, 모든 검찰소는 상급검찰소와 중앙검찰소에 복종한다(제157조). 중앙검찰소는 최고인민회의나 최고인민회의 상임회 앞에 책임진다(제158조).[28]

---

28) 조선민주주의공화국 검찰감시법(1988 수정보완법) 참조.

재판은 중앙재판소, 도(직할시), 시(구역), 군인민재판소와 특별재판소가 한다.[29] 특별재판소로는 군사재판소, 철도재판소, 군수재판소를 둘 수 있다(법 제3조). 중앙재판소 소장은 최고인민회의가 선거·소환하며(제91조 12호), 최고인민회의 상임위원회는 중앙재판소 판사, 인민참심원을 선거 또는 소환한다(제116조 13호). 특별재판소의 소장과 판사는 중앙재판소가 임명·해임한다(제161조). 재판은 판사 1명과 인민참심원 2명으로 구성한 재판소가 한다. 특별한 경우에는 판사 3명으로 구성하여 할 수 있다(제163조). 중앙재판소는 최고 재판기관으로 모든 재판소의 재판 사업을 감독한다(제167조).

재판소는 재판에서 독자적이며, 재판활동을 법에 따라 수행한다(제166조)고 하여 사법권의 독립을 보장하는 것 같으나 이는 공문에 불과하다. 중앙재판소는 최고인민회의 또는 최고인민회의 휴회 중 최고인민회의 상임위원회 앞에 책임을 지는 예속 기관에 불과하다. 북한 헌법은 재판권을 독자적으로 법에 의거하여 행사하도록 규정했으나, 최고인민회의에 대해서는 책임을 지도록 하여 독립성이 보장되지 않는다. 재판소 사업에 대한 감독과 통제는 중앙재판소가 통일적으로 한다. 중앙재판소는 전국의 재판소 사업을 정상적으로 감독·통제해야 한다(법 제18조). 심급제도는 제1심 재판소, 제2심 재판소, 중앙재판소로 상소할 수 있다. 이 밖에 인민참심원이 있다.

2) 남한 헌법의 사법제도

대한민국의 사법제도는 최고 법원인 대법원과 각급 법원으로 구성한다. 사법권은 법관으로 구성한 법원에 속하며, 법관 자격은 법률로 정한다(제101조). 대법원에는 부를 둘 수 있고, 대법관을 둔다. 다만 법률이 정하는 바에 의하여 대법관이 아닌 법관을 둘 수 있다. 대법원과 각급 법원의 조직은 법률로 정한다(제102조). 법원조직법은 원칙적으로 가사법원, 행정법원, 군사법원을 두고 있으며 항소심으로는 지방법원 항소부, 고등법원, 특허법원, 고등군사법원 등이 있다. 제3심으로서

---

29) 조선민주주의공화국 재판소구성법(2011 수정보완법) 참조.

최고심은 대법원이다. 대법원에는 부를 두었으나, 전문화·분화하지는 않았다. 상고심을 하는 상고심 법원을 두는 입법을 논의하고 있다(법원조직법).[30]

30) 남한 사법제도는 김철수, 『위헌법률심사제도론』, 동아학연사, 1983/『헌법재판소의 활성화 방안』, 서울대 법학연구소, 1998/『법률의 위헌결정과 헌법소원의 대상』, 헌법재판소, 1989/『사법제도의 개선방향』, 교육과학사, 1992/『법학교육과 법조실무』, 교육과학사, 1994/『법학교육과 법조개혁』, 길안사, 1994/『정치개혁과 사법개혁』, 서울대 출판부, 1995/『소송비용·변호사비용·변호사강제』, 《사법행정》 제98호(1962. 2)/『미국의 사법제도 개혁 움직임』, 《고시계》, 1974/『미국의 사법제도 수상(1-8)』, 《법률신문》, 1978. 2~4/『사법부의 재개편을 기대하며』, 《사법행정》 제233호(1981)/『법관 임용체계의 문제점』, 《신동아》, 1981. 2/『입법국가에서 사법국가로』, 《월간조선》 제38호(1983. 5)/『헌법 개정과 사법부 개혁』, 《고시계》 제359호(1987. 1)/『한국의 법률구조제도』, 법률구조, 1992/『헌법소송제도의 연구: 사법제도의 개선방향』, 문교부연구보고서, 1969/『헌법소원제도의 개선방안』, 『헌법재판연구』, pp. 539-557/『헌법재판소법의 개정방향』, 『헌법재판연구』, 1989/『기조연설: 제10차 헌법개정의 방향』, 《공법연구》 제38집 1호 1권(2009); 신평, 『한국의 사법개혁』, 2011; 『국민과 함께하는 개헌이야기』(2권), 국회미래한국헌법연구회, 2011의 이헌환, 「사법제도 개헌: 사법권력의 정상화를 위하여」/방희선, 「사법제도 개편에 관한 의견」/정종섭, 「한국 법원 대대적인 범국민적 개혁이 필요하다」/임지봉, 「사법부와 관련된 개헌 쟁점 검토」/김문현, 「헌법재판제도에 관한 헌법개정의 방향」/이명웅, 「헌법재판소와 관련된 개헌쟁점」/김소영, 「새로운 헌법하에서의 헌법재판」; 『헌법연구자문위원회참고자료집』, 2009. 8의 이헌환, 「헌법개정: 인권과 사법제도를 중심으로」/이명웅, 「기본권 보장을 위한 사법제도 개선방향」/김성욱, 「사법제도 관련」; 김문현, 「헌법해석에 있어 헌법재판소와 법원의 관계」, 『헌법재판의 이론과 실제』, 금랑김철수교수화갑기념논문집간행위원회, 1993, pp. 79-107; 정종섭, 「한국 헌법재판 및 헌법재판소의 개혁」, 《헌법논총》 19집(2008), pp. 91-128; 국회사법제도개혁특별위원회, 「사법제도개혁특별위원회 활동결과보고서」, 2011; 국회의원 문병호·서영교, 「사법개혁 토론회 자료집」, 민주적 사법개혁을 위한 연석회의 공동주최(문병호 의원실), 2013; 김배원, 「차기정부의 '사법개혁' 과제」, 《공법연구》 제41집 2호(2012. 12), 한국공법학회; 대법원, 「국회사법제도개혁특별위원회 6인 소위 합의사항에 대한 법원 의견」, 대법원, 2011; 법무부, 「국회사법제도개혁특별위원회 논의에 대한 법무부 의견」, 법무부, 2011; 정종섭, 「한국 법원, 대대적인 범국민적 개혁이 필요하다」, 《인권과 정의》 통권405호(2010. 5), 대한변호사협회; 전태희, 「검·경 수사구조 논의의 연혁과 사법제도개혁특별위원회안의 전망」, 국회입법조사처, 2011; 백원기, 「검찰제도에 관한 가치론적 고찰: 사법개혁론과 검찰개혁방안을 중심으로」, 《형사법의 신동향》 통권31호(2011. 6), 대검찰청 검찰미래기획단; 문병호·서영교 국회의원, 「19대 국회 사법개혁, 어떻게 해야 하는가: 국회 중심 사법개혁 평가와 대안」, 민주적 사법개혁 실현을 위한 연석회의 주최(문병호 의원실), 2013; 국회의원 서기호, 국민과 함께하는 사법개혁 토론회 1, 사법 피해 사례 발표와 제도 개선방안 모색, 민주적 사법개혁 실현을 위한 연석회의, 관청 피해자 모임 공동주최(서기호 의원실), 2013; 노철래, 「사법개혁! 종북척결! 국민신뢰 회복이 우선이다」(노철래 의원실), 2013; 국회사법제도개혁특별위원회, 반부패 제도개혁 방안에 관한 공청회, 국회사법제도개혁특별위원회, 2013; 이춘재·김남일, 『기울어진 저울: 대법원 개혁과 좌절의 역사』, 한겨레출판, 2013; 《민주》 통권5호(2012. 가을), 민주화운동기념사업회의 한상희, 「사법개혁, 좌절과 실패의 역사」/정태호, 「검찰개혁의 필요성과 개혁의 기본 방향」/김종철, 「헌법재판관과 대법관 인선 제도의 문제점과 개혁 과제」; 박훈, 「사법부와 검찰, 국민이 통제해야: 판검사 연루된 재판은 특별법원 설치해 국민참여재판과 결합해야」, 《한겨레21》 통권896호(2012. 2~6), 한겨레신문사; 서기호·김용국, 『국민판사 서기호입니다』, 오마이북, 2012; 신평, 「한국 사법(司法)의 성숙을 위한 고찰」, 《법학논고》 제40집(2012. 10), 경북대 법학연구원; 신평, 『한국의 사법개혁: 아직 끝나지 않은 여정』, 높이깊이, 2011; 이범준, "양승태 '사법개혁' 어떤 모습일까", 《주간경향》 통권945호(2011. 10. 11), 경향신문사; 김선수, 「국회 사개특위 사법개혁의 평가 및 과제」, 《광장》 통권12호(2011. 여름), 광장; 이영진, 「영국

사법권은 입법부와 행정부에서 독립되어 있으며, 법관은 헌법과 법률이 정하는 바에 의하여 그 양심에 따라 독립하여 심판한다(제103조). 대법원장은 사법부의 수장이며, 국회 동의를 얻어 대통령이 임명한다. 대법관은 대법원장의 제청으로 국회 동의를 얻어 대통령이 임명한다. 대법원장 임기는 6년이며, 중임할 수 없다. 대법관 임기는 6년이며, 법률이 정하는 바에 의하여 연임할 수 있다. 일반법관은 대법관회의 동의를 얻어 대통령이 임명한다(제104조). 일반 법관 임기는 10년이며, 법률이 정하는 바에 의하여 연임할 수 있다(제105조). 법관의 정년은 법률로 정한다. 법관은 신분이 보장되어 있다. 명령·규칙·처분이 헌법이나 법률에 위반되는 경우에는 대법원이 이를 최종적으로 심사할 수 있다. 그러나 법률이 헌법에 위반되는지 여부가 재판의 전제가 된 경우에는 법원은 헌법재판소에 제청하고, 그 심판에 의하여 재판한다(제107조).

특별법원으로는 군사법원이 있다(제110조). 군사법원의 상고심은 대법원에서 한다. 군사법원에는 보통군사법원과 고등군사법원이 있다.

위헌법률심판기관으로는 헌법재판소를 두었다(제111조). 헌법재판소는 ① 법원이 제청한 법률의 위헌 여부 심판 ② 탄핵 심판 ③ 정당 해산 심판 ④ 국가기관 상호 간, 국가기관과 지방자치단체 간, 지방자치단체 상호 간의 권한쟁의 심판 ⑤

사법제도와 그 시사점」, 《국회보》, 통권532호(2011. 3), 국회사무처; 방희선, 「사법제도 개혁방안(6인 소위 합의 사항)에 대한 의견」, 국회사특위, 2011; 김진환, 「사법개혁의 방향」, 《저스티스》 통권118호(2010. 8), 한국법학원; 김평우, 「한국의 사법개혁과 변호사의 역할」, 《인권과 정의》 통권410호(2010. 10), 대한변호사협회; 이주영 국회 사법제도개혁특별위원회 위원장 인터뷰, "사법개혁 … 대대적 변화 예고, '고위공직자 비리수사처' 도입 관련 여야 공감대"; 남궁한, 《정경》 통권129호(2010. 12), JK미디어그룹; 양삼승, 「법조개조론: 법조삼륜의 바람직한 모습과 이를 위한 방안」, 《저스티스》 통권118호(2010. 8), 한국법학원; 박주선 인터뷰 "국민의 편에서 검찰 변화시켜야: 박주선 사개특위 검찰소위 위원장 '사법제도 개혁' 다짐"」, 《위클리경향》 통권874호(2010. 5), 경향신문사; 민주주의법학연구회, 「국민을 위한 사법제도 개혁 어떻게 할 것인가」, 민주사회를위한변호사모임, 2010; 사법제도비교연구회, 「사법개혁과 세계의 사법제도 7」, 사법발전재단, 2010; 김종철, 「사법제도의 개정 필요성과 방향」, 《헌법학연구》 제16권 3호(2010. 9), 한국헌법학회; 박영재, 「사법개혁: 법관 선발 제도 개선을 중심으로」, 《인권과 정의》 통권398호(2009. 10), 대한변호사협회; 윤상철·하승수, 「사법 개혁, 그 멀고 험난한 길: 김두식 '불멸의 신성가족'」, 《창작과 비평》 제37권 4호 통권146호(2009. 겨울), 창비; 송호창, 「영철 대법관과 사법개혁」, 《황해문화》 통권63호(2009. 여름), 새얼문화재단; 김철, 『한국 법학의 반성(전자책): 사법개혁시대의 법학을 위하여』, 한국학술정보, 2009; 이창호, 「사법개혁과 국민참여 형사재판」, 《경남법학》 제24집(2009), 경남대출판부; 대통령자문정책기획위원회, 사법제도 개혁: 사법의 선진화, 민주화를 위한 참여정부의 여정, 2008; 김선수, 『사법개혁 리포트』, 박영사, 2008.

법률이 정하는 헌법소원에 관한 심판 사항을 관장한다.

헌법재판소는 법관 자격이 있는 9인의 재판관으로 구성하며, 대통령이 지명하는 3인, 국회에서 선출하는 3인, 대법원장이 지명하는 3인을 대통령이 임명한다. 헌법재판소의 장은 국회 동의를 얻어 재판관 중에서 대통령이 임명한다. 헌법재판소의 재판관 임기는 6년으로 하며, 법률이 정하는 바에 따라 연임할 수 있다. 헌법재판관은 정당에 가입하거나 정치에 관여할 수 없다(제112조). 헌법재판소는 1989년에 성립한 후 25년간 헌법을 보장하는 기능을 활발히 해왔다.[31]

3) 남북한 헌법의 사법제도 비교

(1) 사법권 독립성 여부

남북한의 사법제도에서 큰 차이점은 헌법상 사법권 독립이 보장되어 있는가다. 북한 헌법은 "중앙재판소는 자기 사업에 대하여 최고인민회의와 그 휴회 중에 최고인민회의 상임위원회 앞에 책임을 진다"(제168조)고 규정하였다. 또 재판소 구성법도 "중앙재판소는 자기 사업에 대하여 최고인민회의, 그 휴회 중에는 최고인민회의 상임위원회 앞에 책임을 진다. 도(직할시)재판소와 시(구역), 군 인민재판소는 자기사업에 대하여 해당 인민회의 그 휴회 중에는 해당 인민위원회 앞에 책임진다"(제19조)라고 규정하였다.

북한은 "재판소는 재판에서 독자적이며 재판활동을 법에 의거하여 수행한다"(제166조)라고 규정했으나 사실이 아니다. 반면 대한민국 법관은 재판 사무를 독립해서 하며, 책임을 지지 않는다.

(2) 법관의 자격, 민간판사와 전문판사

판결은 전문적인 이견 해소 작용이다. 북한은 판사 자격을 규정하지 않았고,

---

31) 상세한 것은 김철수, 「헌법재판소의 과거 현재 미래」, 『헌법재판소 25주년 기념 강의록』(2013. 9. 6)/『헌법과 법률이 지배하는 사회』, 진원사, 2015.

판사와 인민참심원은 민주주의 원칙에서 선거한다(법 제4조). 판사와 인민참심원은 선거권을 가진 공화국 공인이 될 수 있다. 그러나 해당 자격이 없는 자는 판사가 될 수 없다(법 제6조). 재판은 판사 1명과 인민참심원 2명으로 구성한 재판소가 한다(제163조). 남한에서는 법관 자격을 법률로 정하되, 법조 자격이 있는 사람만이 법관으로 임명될 수 있다. 한국의 재판은 전문 법조인이 판결하는데, 북한의 재판은 인민참심원 2인과 법관 1인이 하는 인민재판이다.

(3) 법관의 신분 보장

북한의 판사는 임명제이며, 임기는 선출 기관의 임기와 같다. 판사는 재판에 대하여 선출기관에서 소환될 수 있으며, 판사는 재판을 비공개로 할 수 있다. 북한의 재판은 비독립적이다. 남한의 판사는 임기제이며, 신분이 보장되고, 재판은 공개한다. 대한민국의 판사는 헌법과 법률에 의하여 양심에 따라 독립하여 재판한다.

(4) 위헌법률심사제도 존부

북한 법원에서는 법률 위헌성을 다툴 수 없다. 최고인민회의가 주권기관이기 때문에 입법권은 신성불가침이다. 그러나 국무위원회는 위원장의 명령·결정·지시에 어긋나는 국가기관의 결정과 지시를 폐지할 수 있다(제109조 4호). 남한에서는 대법원이 위헌 명령과 처분을 심사할 수 있고, 헌법재판소가 위헌 법률을 심판하여 효력을 상실시킬 수 있다.

3. 세계 각국 헌법의 사법제도

1) 미국 헌법의 대법원제도

미국의 사법제도는 미국 헌법 제3장에서 규정하였다. 미연방 사법권은 1개의 연방대법원과 그리고 수시로 연방의회가 제정·설치하는 하급법원에 속한다(제1조)고 하였다. 이에 따라 법률로 연방법원이 성립되어 있다. 또 주 사건을 담당하는 주 하급법원에서 주 대법원까지 규정하였다. 미국 대법원은 사실상 헌법해석권이 있어 헌법재판소를 두지 않았다. 주 법률을 위반한 사건은 주대법원 이하 주고등법원과 주초등법원에서 재판한다. 특수관할을 가진 특별재판소가 있다.[32]

2) 독일 헌법의 사법제도

독일도 연방제도를 채택하여 연방법원과 주법원이 있다. 연방법원은 전문화된 법원으로 사법권을 나누어 행사하고, 사법권은 법원에 위탁한다(제92조). 연방법원 정점에는 연방헌법재판소가 있고, 연방행정법원, 연방민·형사법원, 연방재정법원, 연방특허법원, 연방사회법원, 연방노동법원, 연방저작권법원 등 많은 법원이 있다. 이 법원들 사이에 의견이 일치하지 않을 때는 합동재판부를 구성해서 심판한다(제95조).

(1) 독일의 연방헌법재판소

연방헌법재판소는 헌법 사건을 관장한다. 그러나 헌법 문제는 최종심판재판소로 기능한다. 헌법재판소의 권한은 많은데 중요한 것은 ① 연방최고기관 등의 권한과 의무에 관한 헌법 해석 ② 연방법과 주법이 헌법에 합치하는지 여부 ③ 위헌 정당 해산(제21조) ④ 지방자치단체의 헌법소원 ⑤ 정당 자격이 인정되지 않는 단체의 헌법소원 ⑥ 기본권이 침해되었다고 주장하는 자의 헌법소원, 주 간의 공법상 분쟁 등이다.

---

32) 미국 사법제도는 H. J. 에이브러햄 저, 서돈각 역, 「미국의 재판제도」, 법문사, 1973; 이철우, 「미국 사법제도의 현황과 전망: 연방법원을 중심으로」, 《성균관법학》 11(1999), 성균관대 법학연구소; 김범준, 「미국의 법률체제와 사법제도」, 「최신 외국법제정보 2010-4」, 한국법제연구원, 2010, pp. 181-206; 김용헌, 「미국의 사법제도 개관」, 《법조》 438(1993), 법조협회, pp. 3-22; 강승식, 「미국 사법심사제도에 대한 기본적 이해」, 《공법연구》 제33집 1호(2004), 한국공법학회, pp. 213-244; 김진한, 「미국 연방대법원의 사법심사제도와 그 운영」, 고려대 박사학위 논문, 2014.

연방헌법재판소의 권한은 헌법을 개정하면서 확충하였다(제93조 1항 2a, 4a4b). 연방헌법재판소는 연방법관과 기타 구성원으로 구성하고, 두 개의 부를 준다. 각 부는 12명으로 구성하며, 구성원의 반은 연방의회에서, 나머지 반은 연방참의원에서 선출한다.[33]

(2) 독일의 연방법원

연방상고재판소로는 연방(민·형사)재판소, 연방행정재판소, 연방재정재판소, 연방노동재판소, 연방사회재판소를 둔다. 재판의 통일성을 확보하고자 이들 재판소의 공동부를 구성하게 하였다(제96조). 이 밖에도 연방에는 연방특허법원과 연방군사법원을 두었다. 이 법원들의 상고심은 연방(민·형사)재판소(Bundesgerichtstof)가 한다(제96조). 예외 법원을 금지하고(제101조), 법관의 독자성을 보장하여 법관 자격은 연방법률로 정하고, 지방법관 자격은 지방법률로 정하게 하였다(제98조). 헌법소송과 규범통제도 규정하였다(제99조, 제100조). 또 특별 법원을 금지하고, 누구든지 법률이 정한 법관에게 재판받을 권리가 있음을 규정하고(제101조), 사형을 폐지하고(제102조), 피고인의 권리를 규정하고(제103조), 자유 박탈과 인신 구속 절차를 상세히 규정하였다(제104조).

3) 프랑스 헌법의 사법제도

프랑스는 헌법평의회와 법원제도를 두었다.

(1) 프랑스의 헌법평의회

프랑스의 헌법평의회는 독일 헌법재판소와 달리 법률을 사전 심사를 하는 것

---

33) 헌법재판소와 법원에 대해서는 *Bundesverfassungsgericht und Grundgesetz*, 2 Bde. 1977; Kern, *Gerichtsverfassungsgesetz*, 2001; Pestalozza, *Verfassungsprozessrecht*, 1993; Umbach/Clemens, *Bundesverfassungsgerichtgesetz*, 1995; 법무부, 「독일 법률·사법 통합 개관」, 1992 참조.

을 중요 업무로 하였다(제61조). 그러나 헌법을 개정하여 법원에서 소송이 진행되는 경우 당사자는 그 법률 규정이 헌법에 위배된다고 주장하는 경우 파기원 이나 국사원은 이를 헌법평의회에 제소할 수 있게(제61-1조) 하여 사후에도 구제받을 수 있게 하였다. 이 밖에 대통령 선거가 적법하게 이루어지고 있는가를 감독하고, 이의가 있으면 국민투표 과정을 심사하여 그 결과를 발표한다(제58조). 또 하원의원이나 상원의원 선거에서 분쟁이 생기면 이를 심사한다(제59조). 이 밖에도 여러 권한이 있다(제60조). 헌법평의회 의원은 9명, 임기는 9년이며 연임할 수 없다. 의원은 3년마다 3분의 1씩 개선된다. 대통령, 하원의장, 상원의장이 각각 3명씩 임명한다(제56조).

(2) 프랑스의 법원

프랑스 헌법은 일반 법원은 규정하지 않고, 대통령은 사법권 독립을 보장한다(제64조)고 규정하고, 사법행정을 돕는 최고사법위원회를 두었다. 최고사법위원회는 법관분과위원회와 검사분과위원회로 구성하며, 전체회의를 둘 수 있다. 법관분과위원회는 파기원 원장이 주재하고, 검사분과위원회는 파기원 검찰총장이 주재한다. 법률에 따라 사법기관이 분산되고 있다. 파기원이 최종심이고, 민사·형사 사건을 담당하는 하급심이 있다. 행정 사건의 최종심은 국사원이다. 판사는 종신직이며, 신분이 보장된다(제64조). 대통령 탄핵은 의회를 고등법원(La Haute Cour)으로 하여 결정한다(제67조).

4) 세계 각국 헌법의 사법제도 공통점

세계 각국 헌법은 법률과 권리를 보장하는 기관으로 사법부를 두었다. 사법권은 법관으로 구성한 법원이 행사한다. 법관의 신분은 보장되며, 사법권은 행정부나 입법부에서 독립이 보장된다. 법원은 연방제의 경우 연방법원과 주(지방)법원으로 이원화 되고 있다. 전문 영역별로 헌법재판소, 행정재판소, 민·형사재판소로 나누는 나라도 있고, 이를 통합한 나라도 있다. 우리나라는 하급심에서는 민·형사재판소, 행정법원, 특허법원, 가정법원으로 나누나, 최종심법원으로는 대법원을 두고, 따로 헌법재판소를 두었다.

법원은 심급제를 채택하며 3심제가 대세다. 재판은 재판 당사자의 권익을 옹호하기 위하여 변호사의 조력을 받을 권리를 인정하며, 국선변호제도를 도입한 나라도 많다. 재판은 공개하는 것이 원칙인데, 예외적으로 비공개로 할 수 있다. 특별재판소는 일반적으로 금지한다. 다만 전시 같은 때는 군인 재판을 담당하는 군사법원을 둘 수 있게 하였다(독일).

대륙법 국가에서는 법무부가 법원행정과 검찰행정을 책임지는 경우가 많았으나, 영미법 국가에서는 사법부는 법원이, 검찰은 법무부가 관장하였다. 검찰은 소추를 담당하는 행정기관이므로 재판을 담당하는 법원과 구별하였다.

재판에 민간인이 참여하는 일이 있다. 주로 배심제를 하는데(미국), 배심과 참심제를 하는 나라(독일)도 있다. 법원은 국민의 이름으로 재판한다(독일). 헌법에서 사법부를 간단히 언급한 예(프랑스)도 있고, 사법 절차까지 상세히 규정한 헌법도 있다(남아공·멕시코·포르투갈·헝가리).

4. 통일헌법의 사법제도

통일헌법에서 사법제도[34]는 북한의 사법부 규정을 수용하면 안 된다. 북한 헌법은 사법부의 임무 중 하나를 "모든 기관, 기업소, 단체의 공민들이 국가와 법을 정확히 지키고 계급적 원쑤들의 온갖 법위반자들을 반대하여 적극 투쟁하도록 한다"(제162조)고 하며, "중앙재판소는 자기 사업을 최고인민회의 그 휴회 중에 최고인민회의 상임위원회 앞에 책임진다"(제168조), "중앙재판소는 모든 재판소의 재판 사업을 감독한다"고 하여 사실상 사법부의 독립과 법관의 신분 보장을 부인하였다.

---

34) 김형남, 「통일한국의 헌법재판제도에 대한 전망」, 《헌법학연구》 제14권 2호(2008), 한국헌법학회; 신영호, 「통일과 사법적 과제」, 『한국 법학·과거·미래: 대한민국 건국 50주년기념 제1회 한국법학자대회 논문집』(1998. 12), 한국법학교수회; 정영화, 「남북한 통일시 제기되는 헌법 문제의 심사기준과 심사방법」, 《헌법논총》, 헌법재판소, 1997; 최용기, 「통일헌법상의 사법부」, 《헌법학연구》 제2집(1996).

같은 공산주의 국가인 베트남은 사법권 독립과 법관 신분을 보장하였다.

1) 헌법재판소제도

통일헌법에서는 현행 남한 헌법을 기준으로 하되, 세계 각국 헌법의 장점을 살려 다시 구성해야 할 것이다. 우선 헌법재판소 구성을 대통령 3인, 상원 3인, 하원 3인이 선출하도록 해야 할 것이다.[35] 다음에는 독일처럼 법원재판에 대한 헌법소원을 인정하여 법원이 인권을 침해하는 것을 막도록 해야 할 것이다. 다음에는 국회 입법에 대한 추상적 위헌심사제도도 도입해야 할 것이다. 헌법재판관 자격을 법관으로 한정하지 말고, 외교관과 고위공무원 경력자, 학자도 법관으로 선임될 수 있게 해야겠다. 또 조약에 대해서는 사전적 위헌심사를 인정하고, 명령·규칙에 대한 위헌심사권도 인정하여 정부나 지방자치단체의 명령, 대법원 규칙, 국회 규칙이 위헌이 아닌지를 심사할 수 있도록 해야 할 것이다.

2) 대법원제도

현재의 대법원을 해체하여 독일처럼 여러 상고심 연방법원을 설치해야 할 것이다. 독일은 "일반재판, 행정재판, 재정재판, 노동재판, 사회재판을 위하여 연방은 최고법원으로 연방일반재판소, 연방행정재판소, 연방재정재판소, 연방노동재판소, 연방사회재판소를 설치한다. 재판의 통일성을 유지하기 위하여 위에 열거한 재판소들의 합동부를 구성해야 한다. 상세한 사항은 연방법률로 정한다"(제95조)라고 규정하였다. 이 밖에도 연방법률로 여러 전문 법원(특허법원, 군사법원 등)을 설립하고, 그 상고심은 연방일반재판소가 한다. 상고심 전문성을 제고하고, 상고심 지연을 막으려면 전문재판소를 많이 설치해야 한다.

3) 하급심제도

하급심에는 지방연방법원을 둘 수 있을 것이다. 이는 연방법 위반과 해석을

---

35) 상세한 것은 김철수,『새 헌법 개정안』, 진원사, 2014, pp. 133-164 참조.

위한 제도로 1심과 2심을 담당하게 해야 할 것이다. 소액 사건은 간이법원, 조정법원, 시·군법원 등을 두어 국민이 신속한 재판을 받을 수 있도록 해야 할 것이다. 경미한 사건이나 주(지방) 조례위반 사건 등의 심판하기 위하여는 주법원을 두는 것도 연구·검토해야 할 것이다. 국민참여재판의 경우 우리나라의 배심원이나 참심원은 예단할 기회가 많고, 그 지역에서 선출하기 때문에 공정하기 어려우니 미국식인 격리와 정보를 차단하는 조치가 필요할 것이다. 하급심을 강화하여 항소심이나 상고심 부담을 줄여야 할 것이다.

4) 검찰제도

검찰을 사법과 같은 장에서 규정하는 공산주의 국가의 규정은 고려하지 않아야 할 것이다. 다만 검찰은 상명하복 관계가 관례화 되어 있고, 검사동일체 원칙을 강조하는데, 검사의 독립과 신분 보장도 연구·검토해야겠다.

5) 법조 인사 문제

대륙법 국가에서는 판사나 검사의 임명·승진·보직을 법무부장관이 주관하는데, 법관 인사는 법관인사위원회를 따로 두어야 할 것이다. 한국에서는 대법원 산하에 법원행정처를 두어 법관 인사를 대법원장이 독점하고 있으므로 문제가 있을 수 있다. 프랑스처럼 최고사법회의를 두어 대통령이 주재하나, 법관위원회는 최고일반재판소 소장이 주재하고, 검찰위원회는 법무부장관이 주재하도록 하는 방안도 고려할 수 있을 것이다. 국가 사법회의는 헝가리 헌법에서도 규정했는데 의장은 대통령이 지명하고, 의회 3분의 2 이상의 찬성을 받아 임명하도록 하고 있어 입법부와 행정부의 합작에 의한 것으로 국민적 합의를 얻을 수 있을 것으로 보인다.

변호사를 감독하는 것도 법무부가 아닌 이 사법회의에서 하는 것이 바람직할 것이다. 우리나라에서는 변호사 감독은 법무부가 하고, 법무사 감독은 대법원이 하여 균형이 맞지 않는 것 같다.

제V장. 정당과 선거

제1절. 정당의 의의와 규제

1. 헌법상 정당의 지위

현재 이루어지는 민주정치는 정당정치다. 정당은 통치 구조에서 하부 구조라고도 할 수 있고, 정당이 의회와 정부를 구성·운영하기 때문에 통치 조직은 상부구조라고 할 수 있다. 정당은 민주정치에서 필수이므로 현대 국가는 정당국가라고 한다. 정당은 국민의 정치 의사를 대변하기에 국가에서 보조하고, 국고로 지원하는 나라까지 있다. 그러나 정당국가의 폐해도 심하여 헌법으로 규제하기도한다. 위헌 정당 해산, 정당의 내부 질서 민주화, 정당 재정 공개제도를 규정한다.

일당국가는 독재국가이니 헌법상 복수정당제도는 필수적이다. 헌법은 민주주의를 실현하기 위하여 복수정당제를 보장하였다. 정당의 헌법상 규정은 국가마다 다르다.

2. 남북한 헌법의 정당 조항

1) 북한 헌법의 정당 조항

북한의 현행 헌법은 제11조에서 "공화국은 조선로동당의 령도 밑에 모든 활동을 진행한다"고 하여 일당제도를 규정하였다. 또 "국가는 계급로선을 견지하며 인민민주주의 독재를 강화하여 내외 적대분자들의 파괴활동으로부터 인민주권과 사회주의 제도를 굳건히 보위한다"(제13조)라고 하고, "공화국에서 모든 국가기관은 민주주의 중앙집권제 원칙에 의하여 조직·운영된다"(제5조)라고 규정하였다. 이 조항들을 보면 조선로동당의 일당독재이며, 최고인민회의에 모든 권력이 집중되어 있는 듯하다.

또 "국가는 민주주의적 정당과 사회단체의 자유로운 활동 조건을 보장한다"(제67조)고 하여, 민주주의 정당의 활동 조건이 보장되어 있는 것처럼 보인다. 그러나 전문에서 김일성·김정일이 건국한 나라를 국무위원회 위원장인 김정은이 독재하고 있음을 알 수 있다. "공화국 국무위원회 위원장은 공화국의 최고 령도자다"(제100조). 헌법에서는 임기제라고 했으나 사실은 3대 세습을 했으며, 임기 제한 규정이 있으나 적용되지 않아 영구 집권하게 하였다. 이것은 사회주의 국가의 공산당 권력독점 체제와 다르고, 김일성 세습 왕가의 일인독재임을 알 수 있다. 형식상 김정은은 조선로동당의 주석이다.

2) 남한 헌법의 정당 조항

남한 헌법은 복수정당제를 보장하여 민주주의를 지향하였다. "① 정당 설립은 자유이며, 복수정당은 보장된다. ② 정당은 그 목적·조직·활동이 민주적이어야 하며, 국민이 정치적 의사 형성에 참여하는데 필요한 조직을 가져야 한다"(제8조). 정당이 민주적 여론을 형성하는 기구임을 감안하여 그 목적·조직·활동이 민주적이어야 할 의무를 부과하여 거품 정당을 막기 위한 일정한 조직을 갖도록 강제하였다.

나아가 정당에 대한 보조를 규정하고, 위헌 정당의 해산을 규정하였다. "③ 정당은 법률이 정하는 바에 의하여 국가의 보호를 받으며, 국가는 법률이 정하는 바에 의하여 정당을 운영하는 데 필요한 자금을 보조할 수 있다. ④ 정당의 목적이나 활동이 민주적 기본 질서에 위배될 때는 정부는 헌법재판소에 그 해산을 제소할 수 있고, 정당은 헌법재판소의 결정에 의하여 해산된다"(제8조). 이 규정에서 정당이 해산하는 효과는 상세하지 않아 논란이 되고 있다. 해산된 정당의 소속 국회의원(통진당 해산 판결)만이 아니라 지방의회의원과 공무원도 전부 해임해야 한다.

3) 남북한 헌법의 정당 조항 비교

(1) 일당독재정당과 복수정당제

북한의 정당은 조선로동당 규약에 따라 유일한 정당이며, "공화국은 조선로동당의 영도 밑에 모든 활동을 진행한다"(제11조). 각급 인민회의 선거법은 정당 추천을 규정했으나, 이것은 조선로동당이 만든 후보자 합동명부를 말하는 것이다. 선거법은 "각급 인민회의 대의원 후보자는 선거자들이 직접 추천하거나 정당과 사회단체가 공동으로 또는 단독으로 추천한다"(법 제35조)라고 규정했으나, 사실은 유일 정당이 작성한 노동당의 합동명부를 말하는 것이다.

정치적으로는 우당이라는 정당이 있는 것으로 되어 있으나, 이들은 조선로동당의 한 기구에 불과하다. 조선로동당은 김일성 주체사상, 선군사상, 프롤레타리아 독재정당으로서 이념이나 정책 다양성은 인정되지 않는다. 그러나 남한에서는 복수정당이 보장되어 보수·진보 등의 이념 정당과 다양한 정책을 가진 정당을 보호하며 서로 경쟁하고 있다.

(2) 정당 보호 규정

북한에서는 조선로동당이 국가의 모든 활동을 영도하기 때문에 국가에 상위하여 국가기관보다 더 보호를 받고 있다. 남한 헌법은 복수정당을 보장하기 위하여 국가 재정에 의한 보호를 했으며 정당의 다양한 활동과 의사 형성 작용을 보호한다. 다만 민주적 기본 질서를 침해하는 정당은 헌법재판소에 국가를 보호하기 위하여 해산할 수 있게 하였다. 이는 헌법재판소의 결정이 없으면 해산될 수 없는 정당의 특권을 보장한 것이라고 할 수 있다.

3. 세계 각국 헌법의 정당 조항

1) 공산주의 국가 헌법의 정당 조항

(1) 베트남 헌법의 정당 조항

사회주의 국가를 표방하는 베트남공화국 헌법은 공산당 일당체제를 유지하였다. "베트남 공산당은 노동자 계급의 선도대임과 동시에 일하는 인민 및 베트남 민족의 선도대이며 … 노동자 계급, 일하는 인민 및 모든 민족의 이익을 충실히 대표하는 국가와 사회의 지도세력이다"(제4조)라고 하여, 마르크스·레닌주의와 호찌민 사상이 사상적 기초임을 명시하였다. 그리고 집회·결사·정당·사회단체의 자유에 대해서는 규정하지 않았다.

(2) 중국 헌법의 정당 조항

중국은 1978년 헌법에서는 공산국가의 예에 따라 "중국 공산당은 모든 중국 인민의 지도적 중핵이다. 노동자 계급은 자신의 전위대인 중국 공산당을 통하여 국가에 대한 지도를 실현한다. 중화인민공화국의 지도적 사상은 '마르크스주의, '레닌'주의, 모택동 사상(제2조)이라고 규정하였다. 또 "공민은 언론·출판·통신·집회·결사·행진·시위·파업 자유가 있으며 … 대자보를 붙일 권리가 있다"(제45조)고 하였다. 그러나 새 헌법에서는 공산당 조항과 "마르크스주의·'레닌'주의·모택동 사상을 삭제하였다. 2004년 헌법에는 공산당에 대한 규정이 없다. 기본권으로는 "공화국의 공민은 언론·출판·집회·결사·행진·시위 자유가 있다"(제35조)고 규정했으나, 사실상 정당·행진·시위 자유는 인정하지 않는다.

2) 체제전환 국가 헌법의 정당 조항

(1) 헝가리 헌법의 정당 조항

"① 헝가리사회주의노동자당과 그 전신, 공산주의 사상에 입각하여 이들에 기여하려고 설립한 기타 정치단체는 범죄단체다. 그 지도자는 다음 각호에 대하여 공시 시효와 관계없이 책임을 진다. ② 이와 관련하여 공산주의 독재 활동이 현실적으로 밝혀져야 하고, 제3항부터 10항까지에 따라 사회정의감을 보장해야 한다"(기초 제U조).

이처럼 공산당 독재 청산을 규정하면서 일당독재를 배제하고 복수정당제를 도입하였다. "③ 결사 자유는 자유로운 정당 설립과 운영을 허용해야 한다. 정당은 국민의 의지를 형성하고 선포하는 데 참가해야 한다. 어떠한 정당도 공권력을 직접 행사할 수 없다. ④ 정당 운영과 재무 관리의 세부 규칙은 기본 법률로 정한다"(제8조).

(2) 폴란드 헌법의 정당 조항

공산당 독재를 경험한 폴란드는 제3공화국 헌법에서 일당독재제를 폐지하였다. "① 공화국은 정당 설립과 활동의 자유를 보장한다. 정당은 폴란드 국민의 자유와 평등에 기초하여 설립해야 하고, 정당의 목적은 민주적 수단을 통하여 국가 정책 형성에 영향을 미치는 것이라야 한다. ② 정당 재정은 공적 감독을 위하여 공개해야 한다"(제11조).

3) 자유민주주의 국가 헌법의 정당 조항

(1) 독일 헌법의 정당 조항

제2차 세계대전 이후 독일은 바이마르 헌법 시대의 정당 간의 투쟁으로 나치가 득세한 것을 거울삼아 정당의 민주적 운영을 보장하되, 위헌 정당은 해산하는 최초의 헌법을 제정하였다. 기본법 제21조는 "① 정당은 국민의 정치적 의사 형성에 참여한다. 정당 설립은 자유다. 정당의 내부 질서는 민주주의 원칙에 부합해야 한다. 정당은 자금의 출처와 사용, 재산 상황을 공개해야 한다. ② 그 목적이나 추종자의 활동이 자유민주적 기본 질서를 침해·폐지하려고 하거나, 독일 연방공화국의 존립을 위태롭게 하려는 정당은 위헌이다. 위헌성 문제는 연방헌법재판소가 결정한다"라고 규정하였다. 이에 따라 정당법을 제정하고, 정당 해산효과도 상세히 규정하였다.

(2) 포르투갈 헌법의 정당 조항

포르투갈은 2005년 여러 장에서 정당에 대한 규정을 두었다. 첫째, 기본 원칙에서 "정당은 국가적 자주성 원칙, 국가의 단결과 정치적 민주주의를 존중해 국민의 의사를 수렴·표현하는 데 기여해야 한다"(제10조 2항)고 규정하였다. 둘째, 정권 구성 일반 원칙에서 "① 정당은 선거 결과에 따라 보통·직접 선출되는 기관의 의석을 보유한다. ② 소수당은 헌법과 법률이 정한 바에 따라 민주적 반대권이 있다. ③ 의회에 의석이 있는 정당은 공익적으로 중요한 정보를 정부에 직접 전달할 권리가 있다"(제114조). 셋째, 헌법재판소 권한에서 "각 정당의 투표 결과에 대한 이의제기와 그러한 정당들이 내린 의결 사항과 관계있는 사건을 판결"하도록 하였다.

(3) 터키 헌법의 정당 조항

터키는 1995년 7월 23일에 헌법을 개정하면서 정당을 상세히 규정하였다. 이는 정치적 권리와 의무 장에서 참정권과 함께 규정하였다.

정당의 결성·가입·탈퇴 규정에서는 정당 가입 자격을 만18세로 하고, 정당의 결성·가입·탈퇴 권리를 규정하고 "정당도 민주적인 정치생활에서 필수불가결한 요소다. 정당은 사전허가 없이 결성할 수 있으며, 헌법과 법률에 명시한 규정에 따라 그 활동을 추구해야 한다. 정당의 정강·정책·활동은 국가의 독립, 영토와 국민으로 구성된 국가의 불가분한 보존 원칙, 인권 및 평등 원칙과 법치주의, 국민의 주권 보장, 민주주의 원칙, 정교분리의 공화정 원칙과 상치되지 않아야 한다." "정당의 정강·정책·활동은 계급이나 계급독재 혹은 모든 종류의 독재를 보호하거나 수립할 목적을 가져서는 안 되며, 국민이 범죄를 저지르도록 선동해서는 안 된다." 공무원과 학생은 정당에 가입할 수 없다. "국가는 정당한 방식으로 정당에 적절한 재정적 수단을 제공해야 한다. 정당에 제공하는 재정적 지원과 당원 회비, 기부금 징수와 관련된 절차는 법률로 정한다"(제68조).

제69조에서는 정당이 준수해야 하는 원칙을 규정했는데, 이는 정당 의무 규정이라고 하겠다. "정당의 활동, 내부 규정 및 운영은 민주주의 원칙에 부합해야 한다. 이러한 원칙 적용은 법률로 정한다. 정당은 상업활동에 참여할 수 없다. 정당의 수입과 지출은 그 목적에 맞아야 한다. 이 원칙 적용은 법률로 정한다. 헌법재판소에 의한 정당의 수입, 지출 및 취득물에 대한 감사 및 정당의 수입과 지출에 관한 법률 준수 확립, 감사 방법, 미준수의 경우 적용되는 제제 또한 법률로 정한다. 헌법재판소는 감사 업무를 수행함에 있어 감사법원의 지원을 받아야 한다. 헌법재판소가 감사한 결과로 내린 판결은 최종 판결이 된다." "정당의 해산은 검찰총장의 제소에 따라 헌법재판소의 최종 판결로 결정한다." 정당의 정강과 정책 및 활동이 국가의 독립, 영토와 국민으로 구성된 국가의 불가분성 보존 원칙, 인권 및 평등의 원칙과 법치주의, 국민의 주권 보장, 민주주의 원칙, 정교분리의 공화정 원칙에 위반한다는 것이 밝혀질 경우 해당 정당에 대한 영구해산이 결정되어야 한다….

헌법재판소는 … 정당을 해산하는 대신 제소된 행위 정도에 따라 국가 지원 일부 또는 전부를 관련 정당에 박탈하도록 판결할 수 있다. 영구해산된 정당은 다른 명칭으로 결성할 수 없다. 정당의 영구해산을 야기한 행위나 진술을 한 정당의 창당인을 포함한 당원은 헌법재판소의 최종 판결과 정당의 영구해산에 관한 사유가 명시된 관보가 발생한 날부터 5년간 다른 정당의 정당인, 당원, 사무국장, 감독관이 될 수 없다.

외국, 국제기관, 외국인, 외국 기업에서 재정적 지원을 받은 정당은 영구해산되어야 한다. 정당의 창당과 활동, 그 감독과 해산 또는 국가 지원의 전체 또는 일부 박탈 및 정당 및 후보자의 선거 비용 및 절차는 위에서 밝힌 원칙에 따라 판결로 정한다(제69조).

4. 통일헌법의 정당 조항

통일헌법에서는 일당독재를 배제하고, 민주적 다양성을 보장하기 위하여 복수정당제를 도입해야 한다. 우리 헌법 제8조 규정을 더 상세히 하여 터키 헌법처럼 구체화·상세화 하는 것이 필요할 것이다. 터키에서는 정당의 재정 관리나 정당의 활동 규제 등을 헌법재판소에서 하게 했으나, 우리나라에서는 선거 관리기구에서 하도록 해야 할 것이다.

정당이 민주적 기본 질서를 침해했을 때는 헌법재판소가 영구해산하는 방법을 채택해야 할 것이다. 해산 시에는 거기에 소속되었던 국회의원, 지방의회의원, 공무원을 전원 해임시켜야 하고, 선거권도 제한하여 5년 이상 자격을 정지해야 할 것이며, 헌법재판소는 경미 위반 시에도 보조금 지급 제한, 선거운동 제한 등을 일시적으로 할 수 있도록 규정해야 할 것이다. 대체 정당 금지, 국고 보조금 환수 등도 상세히 규정해야 할 것이다. 현행 정당법의 대원칙을 헌법으로 조문화하는 것도 검토해야겠다.[1]

제2절. 국민투표

1. 헌법상 국민투표 의의

국민주권주의 국가에서 국민은 직접 국민투표로 주권을 행사하거나, 선거로

---

1) 한국 정당제도 개선에 대해서는 김철수, 『헌법과 정치』, 진원사, 2012, pp. 95-129 참조.

선출한 대표기관을 통하여 주권을 행사한다(프랑스 제3조 1항, 헝가리 기초 제3조 4항, 러시아 제3조 2항 등). 직접적으로 주권을 행사하는 나라는 직접민주정치 국가이며 간접적으로 주권을 행사하는 나라는 대표제 민주국가다. 오늘날 대부분의 국가는 대표자가 국민을 대표하여 주권을 행사하는 간접민주정치 국가다. 국민투표를 하는 나라에서도 국민발안, 국민결정, 국민소환, 국민감사 등 여러 방법이 있는데 중앙국가에서는 국가 결정이 대세를 이루고 있으며 지방자치단체에서는 주민발안, 주민결정, 주민감사, 주민소환제도가 인정되고 있다.

2. 남북한 헌법의 국민투표 조항

1) 북한 헌법의 국민투표 조항

북한 헌법은 주권의 행사 방법으로서 국민투표를 인정하지 아니하고, 간접적인 주권행사만 인정하였다. "근로인민은 자기의 대표기관인 최고인민회의와 지방 각급 인민회의를 통하여 주권을 행사한다"(제4조 2항).

2) 남한 헌법의 국민투표 조항

남한 헌법도 간접민주정치를 원칙으로 하였다. 예외적으로 "대통령은 필요하다고 인정할 때는 외교·국방·통일 기타 국가 안위에 관한 중요 정책을 국민투표에 부칠 수 있다"(제72조)고 하여 대통령의 임의적 국민투표 회부권을 인정하였다. 그러나 헌법 개정에서는 국민투표를 필수적으로 하였다. "헌법개정안은 국회가 의결한 후 30일 이내에 국민투표에 붙여 국회의원 선거권자 과반수의 투표와 투표자 과반수의 찬성을 얻어야 한다. 헌법개정안이 투표자 과반수의 찬성을 얻은 때에는 헌법 개정은 확정되며 대통령은 즉시 이를 공포해야 한다"(제130조 2, 3항).

3) 남북한 헌법의 국민투표 조항 비교

(1) 간접민주정치와 반직접민주정치

북한 헌법은 소위 선진적 민주정치를 주장하면서도 직접민주정치는 인정하지 않았다. "공화국은 로동계급이 영도하는 로농동맹에 기초한 전체 인민의 정치 사상적 통일에 의거한다. 국가는 사상혁명을 강화하여 사회의 모든 성원을 혁명 화·로동계급화하며, 온 사회를 동지적으로 결합한 하나의 집단으로 만든다"(제10 조). "공화국의 주권은 로동자, 농민, 군인, 근로인텔리를 비롯한 근로인민에게 있 다"(제4조). 근로인민은 자기의 대표기관인 최고인민회의와 지방각급 인민회의를 통하여 주권을 행사한다(제4조 2항). "공화국에서 모든 국가기관은 민주주의집중 제 원칙으로 조직·운영된다"(제5조). 따라서 국민의 직접참정권은 부정되고, 오로 지 주권기관인 최고인민회의와 국방위원회 등에 의하여 주권을 행사할 수 있을 뿐이다.

대한민국에서는 국민의 대표기관인 국회가 국민의 의사를 정확하게 대변하 지 못할 것을 우려하여 국민에게 주권을 인정하고, 최종적인 국민 의사 결정은 국민 전체의 의사에 묻는 직접민주주의를 도입하였다. 그리하여 국민투표에 의 한 정책 결정, 헌법 개정에 대한 국민투표 등을 인정하였다.

(2) 직접민주주의 도입 필요성

대의제 민주정치에는 국민을 대표하는 기관인 국회가 정당을 대리하는 기관 이 되어 국민의 주권을 왜곡되게 행사할 수 있으므로 이를 시정하기 위한 직접 민주적인 제도를 도입해야 한다. 특히 지방자치 면에서 직접적인 주권행사제도 를 인정해야 할 것이다. 주민발안, 주민소환, 주민결정, 주민투표 제도를 활성화해 야 할 것이다.[2]

---

2) 상세한 것은 杉原泰雄, 『國民主權の 研究』, 1971/『人民主權の史的展開』 1978 참조.

3. 세계 각국 헌법의 국민투표 조항

1) 스위스 헌법의 국민투표 조항

스위스는 일반적으로 직접민주주의 국가로 인식하고 있다. 그러나 헌법상 간접민주정치를 원칙으로 하고, 직접민주주의는 예외다. "18세 이상의 모든 스위스인은 국민의회 선거 및 연방투표에 참여하고, 연방 문제에 국민발안 및 국민투표 요구를 발의 서명할 수 있다"(제136조 2항). "투표권을 가진 10만 국민은 그 발안이 공고된 날부터 18개월 내에 연방헌법 전면 개정을 발안할 수 있다. 위 발안은 국민투표에 회부된다"(제138조 2항). 또 공민은 연방헌법 부분 개정을 발안할 수 있다. 연방헌법의 부분 개정을 위한 국민발안은 일반적 발안 또는 초안 형식을 가질 수 있다(제139조). 국민은 발안과 대안에 동시에 투표한다. 국민투표에는 필요적 국민투표(제140조)와 임의적 국민투표로 나눈다(제141조). 국민투표에 회부된 안건은 투표자 과반수 찬성으로 채택한다(제142조). 어느 한 주의 주민투표 결과는 해당 주의 투표가 된다.

필요적 국민투표 사항은 ⓐ 연방헌법 개정 ⓑ 집단적 안전보장 기구 또는 초국가적 공동체에 가입 ⓒ 긴급 연방법률(제140조) 등이며, 임의적 국민투표 사항은 ⓐ 연방법률 ⓑ 유효기간 1년을 초월하는 긴급 연방법률 ⓒ 헌법 또는 법률에서 요구한 연방 포고 ⓓ 일정한 국가조약이 있다(제141조).

2) 프랑스 헌법의 국민투표 조항

프랑스 대통령은 의회입법안 등을 국민투표에 회부할 수 있다. 제11조 ① 대통령은 의회 회기 중의 정부 제안 또는 관보에 게재된 양원의 합동 제안이 있는 경우에는 공권력 조직에 관한 정부 제출 법안, 국가의 경제와 사회, 환경 정책 및 그에 기여하는 공공 서비스 개혁에 관한 정부제출안, 헌법에 위배되지는 않으나 제도를 운영하는 데 영향을 주는 조약의 비준 동의에 관한 정부 제출 법안에 국민투표를 실시할 수 있다.

② 정부의 제안에 따라 국민투표를 실시하는 경우에는 정부는 양원 앞에 국민투표를 선언하고, 이에 대하여 토론한다.

③ 첫째 문단 기재 주제에 관한 국민투표는 선거인명부에 등록된 선거인 10분의 1 지지를 받은 의회구성원 5분의 1 발의로 실시할 수 있다. 이 발의는 의원발의법안 형식을 취하며, 공포된 지 1년 미만의 법률 폐지를 목적으로 할 수 없다.

④ 발의 제출 요건과 헌법평의회가 앞 문단의 준수 여부를 심의하는 요건은 조직법으로 규정한다.

⑤ 의원발의안이 조직법이 정한 기일 내에 양원의 심의를 받지 못할 경우 대통령은 이를 국민투표에 회부한다.

⑥ 의원발의 법안이 국민투표에서 가결되지 않은 경우에는 국민투표일부터 2년이 경과하기 전까지는 동일한 안건에 관하여 새로운 국민투표 발의안을 제출할 수 없다.

⑦ 국민투표에서 정부제출 법률안 또는 의원발의법안이 가결되는 경우에는 대통령은 투표 결과를 공포한 날부터 15일 이내에 이를 법률로 공포한다.

대통령의 이 권한은 의회와 대립 시 조정적 방식으로 국민투표에 회부하여 결정하려는 것으로, 대통령의 권력을 강화하기 위한 것이었다.

3) 포르투갈 헌법의 국민투표 조항

포르투갈 헌법은 "국민의 직접적이고 적극적인 정치 참여는 민주주의제도를 강화하는 기본적인 수단"이라고 하면서(제109조) 선거권과 국민투표권을 규정하였다. "대통령은 의회 또는 정부 제안에 따라 헌법 또는 법률 규정에 따라 의회 또는 정부 책임에 관한 사안을 국민투표에 회부할 수 있다"고 규정하였다(제115조 1항). 국민투표 대상은 의회나 정부가 국제 협상 또는 입법을 통과시켜 집행해야 하는 국익 관련 주요 사안에만 국한된다. ⓐ 헌법 개정 ⓑ 예산·세금 관련 ⓒ 정치적 입법 사항 ⓓ 의회의 배타적 입법 사항 등은 국민투표에 회부할 수 없다.

이 밖에도 국민투표 발의 규정을 상세하게 두었다.

4) 기타 헌법 규정

이 밖에도 헝가리 헌법 등이 국민투표를 상세히 규정했으나, 헌법 개정, 국회 자발적 해산, 대표기구 강제 해산, 전쟁상태 선포 등은 국민투표에 회부할 수 없도록 하였다(제8조). 멕시코 헌법도 국민투표권을 규정하였다(제35조).

4. 통일헌법의 국민투표 조항

앞에서 본 바와 같이 국민투표 범위를 넓힐 것이냐, 좁힐 것이냐에 관해서는 각국 헌법마다 규정하는 바가 다르다. 국민투표제도를 너무 광범위하게 인정하면 과거 나치스·히틀러에 의하여 입법권이 공동화되는 경향이 있었기에 독일에서는 주 경계 확정 같은 경우에만 주민투표를 인정하였다.

통일헌법에서는 대통령의 국민투표 회부를 인정하면서 그 절차를 상세히 하고, 통치지역을 할양하는 경우에는 국민투표를 의무화하도록 해야 할 것이다. 국민투표 대상·감시·효력 등을 상세히 규정할 것을 요망한다.[3]

제3절. 선거제도

1. 헌법상 선거제도 의의

주권자인 국민은 선거로 대표자를 선출하고, 대표자를 통하여 주권을 행사한다(독일 기본법 제20조 2항, 헝가리 제3조 4항, 러시아 제3조 3항). 선거는 대표자를 선출하는 가장 기본적인 제도이며, 대표자는 일반·직접·평등·비밀·자유 선거로 선출한다. 각국 헌법은 선거 의의를 설시하고 선거권자를 법률로 정하며 피선거권자

---

3) 국민투표제도는 Voting Rights, Referendum에 관한 논문 참조.

의 자격을 법률로 정한다. 오늘날 민주국가는 선거로 대표자를 선출하고, 대표자를 통하여 국권을 행사한다.

2. 남북한 헌법의 선거제도 조항

1) 북한 헌법의 선거제도 조항

북한 헌법도 대표자를 통하여 주권을 행사한다고 명시하였다(제4조 2항). "군인민회의에서 최고인민회의에 이르기까지 각급 주권기관은 일반·평등·직접 선거 원칙에 의하여 비밀투표로 선거한다"(제6조). "각급 주권기관 대의원은 선거자들과 밀접한 관계를 가지며, 자기 사업을 선거자들 앞에 책임진다. 선거자들은 자기가 선거한 대의원이 신임을 잃으면 언제든지 소환할 수 있다"(제7조). "최고인민회의는 일반·평등·직접·선거 원칙에 따라 비밀투표로 선거한 대의원으로 구성한다"(제89조). 헌법은 일반·평등·직접·비밀 선거를 규정했으나, 선거는 로동당을 비롯한 소위 우당들의 합동명부에 의한 투표를 하기 때문에 선택의 여지가 없다. 또 대의원들은 자유 위임이 아니라 명령 위임 하에 있으며, 로동당 등의 지시에 따라 활동한다.

2) 남한 헌법의 선거제도 조항

남한의 주권은 국민에게 있고, 모든 권력은 국민에게서 나온다. 대한민국은 대표제 민주정치이므로 국민이 선거로 대표자를 선출한다. 대표자를 선출하는 방법은 법률로 정한다. 국회는 국민의 보통·평등·직접·비밀 선거로 선출한 국회의원으로 구성한다(제41조 1항). 국회의원의 선거구와 비례대표제, 기타 선거에 관한 사항은 법률로 정한다(제41조 3항). 선거운동은 각급 선거관리위원회의 관리 하에 법률이 정하는 범위에서 하되, 균등한 기회를 보장해야 한다. 선거에 관한 경비는 법률이 정한 경우를 제외하고는 정당이나 후보자에게 부담시킬 수 없다

(제116조). 우리나라 선거제도는 공직선거법에 상세히 규정되어 있다.

3) 남북한 헌법의 선거제도 비교

(1) 후보자에 대한 선택권 유무

북한 헌법도 일반·평등·직접·비밀 투표제도를 규정하였다. 그러나 이 투표는 로동당이 만든 합동명부에 대한 투표로 찬반투표에 불과하며, 후보자 명부 수정이나 제척은 인정되지 않는다. 과거에는 후보자 명부에 대한 찬반 흑백투표를 했으나, 현재는 투표의 혼합이 행해진다고 하나 사실상 찬성률은 99%에 달하며, 공개투표와 다름없다. 사실상 선택권이 보장되지 않고 찬성투표에 불과하다.

남한에서는 개인이나 정당 입후보자가 많아 그중 한 사람을 택하는 투표를 한다. 따라서 투표에서 직접성과 비밀투표성이 인정된다. 그 결과 여·야 다수당과 소수당이 결정되며, 정권을 선택할 수 있다.

(2) 임기 문제

북한 헌법은 최고인민회의 임기를 5년으로 했으나, 과거에는 잘 지켜지지 않았다. "불가피한 사정으로 선거를 하지 못할 때는 선거할 때까지 그 임기를 연장한다"(제90조)고 규정하여, 최고인민회의 선거를 주기적으로 하지 않았다. 또 국무위원회 위원장 등의 임기도 최고인민회의와 같이 했으나 선거가 연기되므로 이들 령도자의 임기도 무제한 연장할 수 있었다.

남한에서는 국회의원 임기는 4년으로 한정하되 재선을 허용하고, 선거 연기는 원칙적으로 인정되지 않는다.

(3) 국회의원 임기 단축 문제

북한의 최고인민위원회에는 해산제도가 없다. 대한민국 현행 헌법에는 해산제도가 없어 임기가 보장되고 있다. 현재와 같이 대통령제를 하는 경우에는 국회를 해산하지 못하게 할 것이나, 헌법을 개정하여 국회의 책임을 물을 수 있는 해산제도 신설이 요망된다.

3. 세계 각국 헌법의 선거제도 조항

1) 포르투갈 헌법의 선거제도 조항

포르투갈 헌법은 제113조에서 선거법의 일반 원칙을 규정하였다. ① 일반적으로 주권을 행사하는 기관, 지방당국 및 지방자치단체의 공무원은 직접·비밀·정기 선거로 임명한다. ② 유권자 등록은 비공식적·의무적·영구적으로 실시하며, 직접·보통 선거로 실시하는 모든 선거는 단일유권자등록제도를 실시한다. ③ 선거운동은 다음에 열거한 원칙들에 따라 규율한다. ⓐ 선전의 자유 ⓑ 모든 후보에게 동등한 기회와 처우 제공 ⓒ 모든 후보에 대한 공공기관의 불편부당한 태도 ⓓ 선거 회계의 투명성 및 정밀 조사. ④ 국민은 법률로 규정한 방법으로 선거당국에 협조할 의무가 있다. ⑤ 유권자들이 던진 표는 비례대표 원칙에 따라 의석수로 전환된다. ⑥ 직접선거권을 기반으로 하는 합의체를 해산하는 모든 법령은 그러한 합의체에 대해 새 선거일을 규정한다 …. ⑦ 선거법의 정확성과 유효성을 판단할 권한은 법원에 있다(제113조).

대통령은 유권자로 등록한 포르투갈의 모든 국민과 재외 국민이 보통·직접·비밀 선거로 선출한다(제121조). 의원은 법률에 따라 지리적으로 정의되는 각 선거구별로 선출한다. 대선거구와 소선거구는 법률로 정할 수 있으며, 그러한 선거구의 성격과 상보성은 법률로 규정할 수 있다. 단, 득표수는 비례대표제에 따라 동트식 최고 평균 방식을 적용해 의석수로 환산할 수 있도록 보장한다(제149조).

2) 터키 헌법의 선거제도 조항

2001년 10월 17일 개정한 제67조는 "① 법률에 규정된 요건에 따라 시민은 선거권과 피선거권을 가지며, 독립적으로 정치활동 및 정당에 참여하고 국민투표에 참여할 수 있는 권리를 가진다. ② 선거와 국민투표는 자유·평등·비밀·직접·보통 선거 원칙과 공개개표 원칙에 따라 사법부의 지시 및 감독 하에 이루어져야 한다. 그러나 외국에 거주하는 터키 국민이 선거권을 행사하는 조건은 법률로 정한다. ③ 만 18세 이상의 터키 국민은 모두 선거에서 투표하고, 국민투표에 참여할 수 있는 권리를 가진다. ④ 이러한 권리 행사는 법률로 정한다. ⑤ 군복무 중인 자, 군사학교 학생, …수형 중인 범죄자는 투표할 수 없다." 이것은 선거권 규정이기는 하나 선거 원칙을 포함한다. 세계 각국 헌법은 선거권 조항을 비슷하게 규정하였다.

3) 멕시코 헌법의 선거제도 조항

멕시코 헌법은 연방입법부와 행정부는 다음에 규정하는 원칙에 따른 자유·정식·정기 선거로 교체한다고 규정하고, 많은 조건을 규정하였다(제41조). 선거는 정당에 근거해야 한다고 보고, 정당 규제와 정치자금 보조를 규정하였다. 선거 행위와 결정의 합헌성 및 적법성 원칙을 보호하기 위하여 헌법과 법률에 따라 사법구제제도를 두어야 한다. 이 제도는 각 단체의 선거 절차를 확정하고, 형법에 따라 시민의 투표권, 공무담임권, 참정권을 보호해야 한다(제41조).

하원은 3년마다 선출하는 각 주의 대표로 구성한다(제51조). 소선거구제를 통하여 상대다수대표제 원칙에 따라 선출한 300명의 의원과 투표수에 비례하여 대표자를 선출하는 지역명부제 및 다수대표제를 통하여 비례대표 원칙에 따라 선출한 200명의 의원으로 구성한다(제52조).

300개의 소선거구 획정과 5개의 대선거구를 두며(제53조), 비례대표제 선출 방법을 상세히 규정하였다(제54조).

주헌법과 주선거법은 헌법 제116조 4관에 규정하는 사항을 보장하도록 하였다(제116조 4관).

4. 통일헌법의 선거제도 조항

통일헌법의 선거 조항은 대한민국 헌법을 근거로 하되, 선거제도의 근본 원칙은 명확하게 규정해야 할 것이다. 하원의원 선거는 독일식 비례대표제를 채택하도록 해야 할 것이며, 상원은 구성주의 인구 비례성을 생각하여 그 수를 정할 것이며, 대선거구제로 할 것이냐 주의회에서 간접 선거할 것이냐도 명확하게 정해야 할 것이다. 한국의 공직선거법의 여러 원칙 규정을 헌법에 상세히 규정하는 것이 필요할 것이다.

제4절. 정당·선거 관리기구

1. 정당·선거 관리기구 의의

대의민주정치의 핵심 제도인 정당과 국민투표, 선거를 관리하기 위하여 국가기구를 두는 것이 일반적인 경향이다. 과거에는 행정부에서 이를 관리했는데 정치적 중립성을 제고하고 전문성을 확보하기 위하여 독립된 기구를 두는 경향이 있다. 이 경우 그 성격을 행정기관으로 할 것이냐, 사법기관으로 할 것이냐는 각국마다 다르므로 어느 제도가 좋다고 일률적으로 말하기는 어렵다. 그러나 공정성과 독립성을 기하기 위하여 준사법기구로 해야 한다는 주장이 대세다.

2. 남북한 헌법의 정당·선거 관리기구 조항

1) 북한 헌법의 선거관리기구 조항

북한 헌법에는 독립된 정당이나 선거 관리기구는 없고, 최고인민회의 상임위원회가 담당한다. 최고인민회의 상임위원회는 "최고인민회의 대의원 선거를 위한 사업을 하며, 지방인민회의 대의원 선거 사업을 조직한다. 최고인민회의 대의원들과의 사업을 한다"(제116조 7호, 8호).

2) 남한 헌법의 선거관리기구 조항

남한 헌법은 선거관리위원회 절을 두었다. "선거와 국민투표의 공정한 관리 및 정당에 관한 사무를 처리하기 위하여 선거관리위원회를 둔다." "중앙선거관리위원회는 대통령이 임명하는 3인, 국회에서 선출하는 3인, 대법원장이 지명하는 3인 위원으로 구성한다. 위원장은 위원 중에서 호선한다." 위원은 정치적 중립을 지켜야 하며, 신분이 보장된다(제114조). 선거운동은 각급 선거관리위원회 관리 하에 법률이 정하는 범위 안에서 하되, 균등한 기회를 보장해야 한다(제116조). 우리나라 선거관리위원회는 행정부에서 독립한 기관이며, 준사법기관이라고 할 수 있다.[4]

3) 남북한 헌법의 선거관리기구 조항 비교

북한의 최고인민회의는 임기가 끝나기 전에 그 상임위원회의 결정에 따라 새 최고인민회의를 선거한다(제90조). 최고인민회의 상임위원회는 최고인민회의를 소집하고(제116조 1호), 최고인민회의 대의원 선거 사업을 하며, 지방인민회의 대의원 선거 사업을 조직한다(제116조 7호).

공화국 각급 인민회의 대의원 선거법(2010)은 선거위원회를 두었다. 각급 인민회의 대의원 선거를 보장하기 위하여 선거위원회를 조직한다. 그러나 지방인민회의 대의원 선거를 진행할 때는 중앙에 선거지도위원회를 조직한다(법 제18조). 선거위원회는 ① 중앙선거위원회 ② 도(직할시)·시(구역)·군 선거위원회 ③ 구·분구 선거위원회를 둔다. 중앙선거위원회는 최고인민회의 상임위원회가, 도(직할시) 선거위원회는 해당 도(직할시)인민위원회가, 시(구역)·군·구·분구 선거위원회는

---

4) 상세한 것은 김철수, 『헌법학신론』, 2013, pp. 1548-1553 참조.

해당 시(구역)·군 인민위원회가 조직한다(법 제19조). 각급 선거위원회는 정당·사회단체에서 추천한 각계각층의 성원으로 조직한다(법 제21조). 이들의 직무상 독립이나 중립 의무는 규정되어 있지 않다.

남한의 선거관리기관은 국민투표와 정당 관리를 겸한 독립기관이다. 위원은 정당에 가입하거나 정치에 관여할 수 없으며, 신분이 보장된다(제114조). 중앙선거관리위원회는 국회에 소속되어 있지 않으며, 보통 대법관이 중앙선거관리위원장을 맡아 행정기관이기는 하나 선거법령 해석이나 집행에서 사법적 기능도 하였다. 상세한 것은 선거관리위원회법에서 규정하였다.

3. 세계 각국 헌법의 정당·선거 관리기구 조항

1) 멕시코 헌법의 연방선거관리위원회

선거 관리 규정을 상세히 둔 것으로는 멕시코 헌법이 있다. 멕시코 헌법은 정당·선거 관리를 위하여 연방선거관리위원회를 두었다(제41조). 국가는 법인격이 부여되고, 재산을 소유하는 연방선거관리위원회는 자율적 공공기관을 통하여 연방선거를 실시한다. 연방선거관리위원회의 선거 절차 원칙은 확정성·적법성·독립성·공공성·객관성이다. 연방선거관리위원회는 선거관할권을 가지며, 그 결정과 기능은 독립적이다.

연방선거관리위원회는 법률에 규정된 사항 외에 시민 교육과 훈련, 선거구, 정당과 단체의 권리와 특권, 인구 조사 및 연방선거인명부, 선거 자료 인쇄, 선거 준비, 법률에 정한 방식으로 개표, 선거 유효 선언 및 상원의원 및 하원의원의 당선증 교부, 각 선거구에서 대통령 선거 개표, 선거 감시 및 여론조사 규제와 관련된 활동에 대하여 종합적·직접적 책임을 진다. 모든 공공기관의 회의는 법률에 따라 공개해야 한다(제41조).

연방선거관리위원회는 법률이 정하는 바에 따라 각 소선거구와 각 주에서 실시한 하원의원과 상원의원 선거 유효를 선언하고, 상대다수를 득표한 후보자에게 각각 당선증을 교부하며, 헌법과 법률에 따라 제1소수당에게 상원 의석을 할당한다. 또한 연방선거관리위원회는 헌법과 법률에 따라 선거 유효를 선언하고, 비례대표 원칙에 상응하는 하원의원을 할당한다(제60조).

2) 터키 헌법의 중앙선거위원회

터키 헌법은 2007년 5월 31일 선거 행정과 감독에 관한 제79조를 개정하였다. "선거는 사법기관의 행정과 감독 하에서 실시한다. 중앙선거위원회는 선거 전 기간에 걸쳐 공정하고 질서 있는 선거가 이루어질 수 있도록 모든 업무와 조사를 수행하며, 선거 기간 및 그후에 선거와 관련된 모든 부정행위와 불만에 대해 최종 결정을 내리고, 터키 대국민회의 의원 및 대통령 선거의 당선을 승인한다. 중앙선거위원회 및 그 밖의 선거위원회 기능과 권한은 법률로 정한다.

중앙선거위원회는 7명의 상임위원과 4명의 대의원으로 구성한다. 위원 중 6명은 고등법원분과회의에서, 5명은 최고행정법원분과위원회에서 자체 위원 중에서 비밀투표와 위원의 절대다수로 선출한다. 중앙선거위원회 위원은 비밀투표와 절대다수결로 위원 중에서 의장과 부의장을 선출한다. 고등법원과 최고행정법원에서 선출된 위원 중 각 그룹의 두 위원은 추첨을 통해 대표위원으로 지정된다. 중앙선거위원회 의장과 부의장은 이 절차에 참여할 수 없다. 헌법을 개정할 때 법안에 대한 국민대표와 국민에 의한 공화국 대통령 선거에 관한 행정 및 감독은 대의원 선거와 관련된 조항과 동일한 조항을 따라야 한다(제79조).

터키의 중앙선관위는 법조 출신이며 사법부에 속한다고 하여 중립성이 보장된다고 하겠다.

3) 필리핀 헌법의 선거관리위원회

부정 선거를 경험한 나라에서는 헌법에 선거 관리를 엄정하게 규정하였다. 예를 들면 필리핀 헌법은 제9장C에서 선거관리위원회를 규정했는데, 선거위원회를 일정의 사법기관으로서 지방 선출직 공무원 선거, 당선 및 자격에 관련된 모든 분쟁에서 독립적 관할권이 있다. 또 일정한 선출직 공무원과 관련된 모든 분쟁에서 항소관할권을 행사한다(제9장C L조).

선거관리위원회는 정당에 대한 등록권도 가지는데, 폭력이나 불법 수단으로 목적을 달성하려는 자, 헌법 보존과 준수를 거부하는 자, 외국 정부에서 지원을 받는 자는 정당에 등록할 수 없다. 헌법재판소가 아닌 선거관리위원회가 위헌 정당 등록을 사전적으로 제한하는 장점이 있다(제9장C, 2조 5호).

4) 오스트리아 헌법의 선거관리위원회

오스트리아는 헌법을 개정하여 새로이 선거관리기관을 구성할 수 있게 규정하였다(제26a조). 이 선거관리기구는 유럽의회 선거, 국민회의 선거, 연방대통령 선거와 국민투표 시행과 지휘, 국민 발안과 청안을 검토할 의무가 있다. 투표권이 있는 구성원에는 선거에 참여한 정당과 연방선거기관의 대표자 및 재임 중이거나 퇴임한 판사가 들어가야 한다.

5) 남아공 헌법의 선거관리위원회

남아공 헌법은 선거관리위원회를 규정하고, 그 권한을 확대하였다(제100조). 선거관리위원회는 국회와 주의회, 지방의회 의원 선거를 관리하고 공정한 선거를 담보해야 한다.

4. 통일헌법의 정당·선거 관리기구 조항

통일헌법에서는 정당과 국민투표, 선거를 관리를 위하여 선거관리위원회를 두는 것이 바람직하다. 선거를 관리하는 기구는 단순한 행정기관이어서는 안 되고, 감독·시정·처벌 권한을 가진 준사법기관이 요청된다. 정당 해산에 대해서는 헌법재판소가 전담해야 할 것이나, 정당이 민주적으로 활동하는지를 감시하는 일은 선거관리위원회가 담당해야 하고, 국회에 의석이 없는 군소정당의 정당 자격 심사, 국고 보조 여부 결정, 선거의 적법성 여부 판단 등도 일차적으로는 선거관리위원회에서 하고, 이에 불복할 때는 연방행정재판소에 항소할 수 있게 해야겠다. 이 점에서 선거관리위원회는 터키처럼 사법기관화 하는 것이 바람직하다 하겠다.

중앙선거관리위원회는 위원과 위원장을 합하여 9명으로 하고, 선거관리위원 임명은 대통령 3인, 상원 3인, 하원 3인이 지명하고, 대통령이 임명하는 것이 좋을 것이다. 선거관리위원회 위원은 법관 자격이 있는 사람으로 하고, 그 신분을 보장해야 하며, 정치적으로 중립성과 독립성을 보장해야 할 것이다. 임기는 4년으로 제1차 중임할 수 있도록 하는 것이 바람직하다.

북한처럼 국회에 소속된 정치기관이 되어서는 안 되며, 선거·정당·국민투표 관리는 독립성과 정치적 중립성을 보장해야 하며, 위원 신분은 보장해야 한다.

제Ⅵ장. 재정과 경제

제1절. 재정·경제 조항 독립

헌법에는 경제·사회·문화 국가의 장을 따로 명기한 장을 두거나, 주나 지방자치단체 간의 조정 규정을 두는 예가 있다. 공산주의 국가에서는 일반적으로 국가의 기본 질서로 정치·경제·사회·문화·국방 질서를 규정한 경우가 많다. 연방제 국가에서는 연방과 주의 권한을 명확히 하고자 재정·조세·경제 조항을 두는 경우가 있다. 전자의 대표적인 형태로는 북한·중국·베트남 등이 있고, 후자의 대표적인 예로는 독일·스위스·터키·헝가리 등이 있다.

제2절. 재정·조세 조항

1. 재정·조세 조항의 독립

국가의 재정과 조세 등을 국가권력 조직에서 규정하지 않고, 국가와 연방, 주의 행정권으로 독립시켜 예산을 조정하게 하는 나라들이 있다. 유럽에서는 재정과 예산 규정을 두는 헌법이 있으며(독일·스위스·스페인·터키·헝가리), 조세의 기본원칙을 규정한 헌법(독일·벨기에·스위스·폴란드)이 있다.

재정은 행정에 속한다고 볼 수 있으며, 국가에서는 행정부가 예산 편성권을 갖고 집행한다. 그러나 조세는 조세법률주의에 따라 국회가 입법권을 갖고 국회가 동의해야만 성립한다. 따라서 예산 심의·결정·결산은 국회의 동의나 의결이 요청되는 경우가 세계적인 경향이다.

2. 남북한 헌법의 재정·조세 조항

1) 북한 헌법의 재정·조세 조항

북한 헌법은 "공화국은 인민경제발전계획에 따르는 국가 예산을 편성하여 집행한다"(제35조)라고 하고, 최고인민회의가 "국가 예산과 그 집행정형 보고를 심의하고 승인한다"(제91조 15호)고 했으나, 조세는 폐지하는 것으로 하여 규정하지 않았다.

2) 남한 헌법의 재정·조세 조항

남한 헌법도 1948년 제헌 당시에는 제6장에 경제, 제7장에 재정을 두어 경제 제도의 원칙과 재정을 규정하였다. 1962년 개정에서 재정 조항은 국회로 흡수하고, 제4장에 경제 조항을 두었다. 그것이 현행 헌법으로 이어지고 있다. 현행 헌법은 재정 조항은 독립시키지 않고, 예산안 편성권은 정부에 주고, 예산안 심의 확정권은 국회에 주고, 결산권도 정부에 주었으나 결산심사권은 국회에 주고 감사권은 감사원이 갖고 있다.

3) 남북한 헌법의 재정·조세 조항 비교

(1) 재정 주체의 이동

북한은 인민집중주의 원칙에 따라 국가 재정권 주체는 최고인민회의에 있다고 하겠다. 그러나 "예산 편성권과 그 집행 대책 수립"은 내각에 있으며(제125조 6호), 최고인민회의는 "국가 예산과 그 집행정형에 관한 보고를 심의·승인한다"(제91조 15호). 이 규정대로라면 북한의 최고인민회의는 국가 예산은 보고·심의·승인 기관 역할만 하는 것으로 보인다. 북한에는 회계감사원이 없어 최고인민회의가 결산감사권을 가진다고 하겠다.

대한민국 헌법도 예산 편성권은 정부에 주고, 예산의결권은 국회에 주었으며, 결산집행권은 정부에 주고, 결산의결권은 국회에 주어 국회의 민주적 감독을 강화하였다. 국회에서는 예산법률주의를 도입해 국회가 재정권을 갖겠다고 하며 회계검사원도 국회에 소속시키려고 하였다.

(2) 조세법률주의 이동

북한 헌법에서는 조세 규정이 없어 예산법률주의 여지가 없다. 대한민국 헌법에는 의회주의 원칙에 따라 조세 결정은 국회입법으로 하였다. 대한민국 헌법은 "조세 종목과 세율은 법률로 정한다"(제59조)라고 하여 세목과 세율을 법률로 결정하도록 하였다.

3. 세계 각국 헌법의 재정·조세 조항

1) 독일 기본법의 재정·조세 조항

독일 기본법은 제10장에서 재정제도를 규정하였다.[1] 제104a조에서는 연방과 지방 간의 경비 부담을 규정하였다. ① 연방 및 지방은 자기의 임무를 수행하는 데 필요한 경비를 부담한다. ② 연방의 위탁에 따라 지방이 집행한 경우에는 연방이 이에 소요된 경비를 부담한다. 제104b조에서는 "연방이 주와 지방자치단체의 특별히 필요한 투자를 위하여 재정을 지원할 수 있다"고 하였다. 제105조에서는 "연방은 관세 및 전매사업의 전적인 입법권을 가진다. 연방은 조세수입의 전부 또는 일부가 연방에 귀속되는 경우 … 에는 조세에 대해 경합적 입법권을 가진다." 제106조에서는 세수입 배분을 규정하였다. 관세, 소비세 일부, 도로화물운송세, 지분재산세, 보험세, 재물재산세, 조정과세, 소득세, 법인세, 부가세, 유럽

---

1) 독일의 재정제도는 Sechster Teil, Die Finanzverfassung des Bundes, Josep Isensee/Paul Kirchhof, *Handbuch des Staatsrechts* Bd. 4, S. 3-425 참조.

연합(EU) 과세는 연방세다. 이에 대하여 재산세, 상속세, 자동차세, 통행세, 맥주세, 도박장세는 지방에 속한다.

제109조에서는 "연방과 지방의 조세는 그 재산상 독립이며, 서로 의존하지 아니는다"라고 규정하였다. 제110조에서는 연방 예산을 규정하였다. 제114조에서는 회계 보고와 연방회계검사원의 회계 검사를 규정하였다.

독일에서는 조세와 예산제도, 연방과 지방 간의 조세수입 배분 방법을 상세히 규정하였다(제104a~115조). 재무행정을 상세히 규정한 것은 연방제도 때문이라고 하겠으나, 연방과 지방 간의 분쟁을 조정하기 위하여 필요하다고 하겠다.

2) 스위스 헌법의 재정·조세 조항

스위스 헌법은 제3장에서 재정제도를 규정하였다. 제126조에서는 재정을 운영하는 원칙을 규정하였다. "① 연방은 정해진 기한에 그 지출과 수입의 균형을 맞춘다. ② 예산으로 승인되는 총지출 상한액은 경기 동향을 고려한 예상 수입에 따라 정해야 한다." 제127조에서는 과세 원칙을 규정하였다. "① 세금제도의 일반적인 원칙, 특히 납세자의 자격, 과세 대상, 계산하는 방법은 법률로 정한다. ② 세금의 성질이 허용하는 한 보편성, 평등한 처우 원칙, 특히 경제적 능력 원칙이 적용되어야 한다. ③ 주에 의한 2중과세는 금지된다."

제128조에서는 직접세를 규정했는데 "① 자연인의 소득은 최대 11.5%, 법인의 순수한 이익은 최대 8.5%, 주는 세금을 부과하고 징수한다. 세금 총수익의 최소한 18%가 주에 할당된다." 제129조에서는 조세의 조화 원칙을 규정하였다. "① 연방은 연방·주·기초단체의 직접세 조화에 관한 원칙을 정한다. ② 연방은 부당한 세제 혜택을 조절할 법률을 제정할 수 있다."

제130조에서는 부가가치세를, 제131조에서는 특별소비세를, 제132조에서는 인지세를, 제133조에서는 관세를, 제135조에서는 재정 균등화와 부담분 상계를 규정하였다. "연방은 연방과 주, 주 간의 재정균등화와 적절한 부담분 상계에 관한 법률을 제정한다." 스위스 헌법은 조세법률주의 내용을 상세히 규정한 것이 특색이다.

3) 헝가리 헌법의 재정·조세 조항

헝가리 헌법은 체제 이행 국가의 전형으로 예산제도와 재정제도를 비교적 상세히 규정하였다. 예산 원칙으로 제4조를 두어 "① 헝가리는 균형 있고 투명하며 지속 가능한 예산 관리 원칙을 집행한다. ② 국회와 정부는 이 원칙을 집행할 일차적 의무를 진다. ③ 헌법재판소, 법원, 지방정부, 기타 국가기관은 그 의무를 수행하는 과정에서 이 원칙을 존중할 의무를 진다"라고 하여 모든 국가기관은 예산 관리 원칙에 구속됨을 선언하였다.

"정부는 법정 시한까지 국가 예산안과 그 시행 계획을 국회에 제출해야 하며, 국회는 매년 국가 예산법과 그 시행 계획을 채택해야 한다"(제26조 1항). 예산법률주의를 채택했으나 예산 편성권을 정부에 주었다. 또 국회는 국가 예산법을 채택하여 정부에 대하여 국가 예산법에서 정한 세입 징수와 지출을 승인해야 한다. 국회는 국가 부채가 국내 총생산의 절반을 초과하는 국가 예산법을 채택할 수 없다. 헝가리는 준예산제도를 인정하였다.

헝가리 헌법은 조세원칙도 규정하였다. "일반적 과세 및 연금제도의 기본 원칙은 공공수요의 충족을 위하거나 노인의 적절한 삶의 조건을 보장할 수 있도록 예견 가능한 출연을 위하여 기본 법률로 정한다"(제40조).

4) 오스트리아 헌법의 재정·조세 조항

오스트리아 헌법도 예산법률주의를 채택하였다. "국민회의는 연방재정근본법 및 그 범위 내에서 연방재정법을 의결한다, 그 협의에는 연방정부의 안이 토대가 되어야 한다"(제51조). 연방의회와 연방정부의 예산법안 제출이 상충할 때는 연방정부가 예산법안 제출을 늦춘 경우에는 의원이 제출할 수 있는 예외 규정을 두었다. 국민회의는 연방재정법을 통해 연방재무장관에게 연방재정법이 정한 재정 사용 조과를 승인하도록 권한을 위임할 수 있다(제51C조).

4. 통일헌법의 재정·조세 조항

북한 헌법에는 재정과 예산에 관한 특별 조항이 없다. 북한은 세금을 부인했으며, 예산안은 최고인민회의에서 심의하고 회계도 검사할 수 있게 하였다.

남한 헌법은 1948년 헌법 제7장에 재정 조항을 두었다. 제90조에서는 조세법률주의를, 제91조에서는 예산제도를, 제92조에서는 국채 모집이나 예산 외의 국가의 부담이 될 계약에 대한 국회의결을, 제93조에서는 예비비제도를, 제94조에서는 가예산제도를, 제95조에서는 결산을 심계원이 검사하도록 규정하였다. 제5차 헌법 개정에서 예산제도는 국회에서 규정하고, 회계 검사는 감사원에서 하도록 하였다. 재정편성권과 결산감사권을 국회로 이관하자는 주장이 있으나 이것은 정부에 두어야 할 것이다.

통일헌법은 연방제를 근간으로 하므로 연방과 지방 간의 조세 분배를 공정히 할 것이 요구되므로 독일 헌법처럼 별도 장으로 규정하되, 조세법률주의 원칙과 예산제도를 상세히 규정해야 할 것이다. 예산 편성은 정부의 편성권과 국회의 수정 등의 문제가 논의되는 바 이를 헌법에 명시하되 현행 헌법처럼 "국회는 정부의 동의 없이 정부가 제출한 지출예산의 각 항의 금액을 증가하거나 새 비목을 설치할 수 없다"라고 규정해야 할 것이다. 이는 독일 기본법 제113조에서 규정하였다. 이 밖에도 조세법률주의를 규정하되, 스위스 헌법처럼 세율 상한을 정하는 것도 검토해보아야 할 것이다.

제3절. 경제 조항

1. 경제 조항 독립 여부

공산주의 국가에서는 경제 조항을 독립시켜 국가의 기본 질서로 규정하는 것이 일반적이었다. 그러나 단일국가에서는 국가의 경제 운영은 경제행정 분야로 인정하여 경제 조항을 독립시키지 않는 경향이 있다.

2. 남북한 헌법의 경제 조항

1) 북한 헌법의 경제 조항

북한 헌법은 제2장에 경제 장을 두어 경제에 관한 많은 규정(제11조~38조)을 두었다.[2] "공화국은 사회주의적 생산관계와 자립적 민족경제의 토대에 의거한다"(제19조). "공화국에서 생산수단은 국가와 사회협동단체가 소유한다"(제20조). "국가소유권 대상에는 제한이 없다. 나라의 모든 자연자원, 철도, 항공운수, 체신기관과 중요 공장, 기업소, 항만, 은행은 국가만이 소유한다"(제21조). "토지, 농기계, 배, 중소 공장, 기업소 같은 것은 사회협동단체가 소유할 수 있다"(제22조). "농민의 협동적 소유를 점차 전인민적 소유로 전환시킨다"(제23조).

개인 소유는 공민의 개인적이며 소비적인 목적을 위한 소유다. 국가는 개인소유를 보호하며, 그에 대한 상속권을 법적으로 보장한다(제24조). 근로자의 하루 노동시간은 8시간이다(제30조). 국가는 로동하는 나이에 이르지 못한 18세 미만의 로동은 금지한다(제31조). "공화국의 인민경제는 계획경제다"(제34조). "국가는 인민경제계획에 따르는 국가 예산을 편성하여 집행한다"(제35조). 대외무역은 국가기관, 기업소, 사회협동단체가 한다(제36조).

이러한 계획경제는 현재 기능하지 않으며, 시민들은 암시장에서 물물교환으로 생필품을 구하는 것이 현실이다. 중국이나 베트남이 사회주의적 시장경제를 채택하고 있는데, 개혁·개방하면 국가의 존속을 기할 수 없다고 하여 경제개혁을 부정하였다.

---

2) 이종상, 「북한 헌법상의 경제조항」, 《경남법학》 9(1994), 경남대 법학연구소, pp. 157-173; 민경식, 「1992년의 북한 헌법과 경제질서」, 《법학논총》 43(1994), 중앙대, pp. 52-69; 최명길, 「북한 헌법상 경제질서와 농업」, 《북악논총》 제18집(2001), 국민대, pp. 149-176; 장명봉, 「북한의 헌법 변화와 경제 변화」, 《헌법학연구》 제9권 4호(2003), pp. 415-463.

2) 남한 헌법의 경제 조항

　대한민국의 제헌헌법은 바이마르공화국 헌법에 따라 "대한민국의 경제 질서는 모든 국민에게 생활의 기본적 수요를 충족할 수 있게 하는 사회정의 실현과 균형 있는 국민 경제의 발전을 기함을 기본으로 삼는다. 개개인의 경제상 자유는 이 한계 내에서 보장된다"(제84조)라고 하였고, "중요 지하자원과 수산자원, 수력과 경제상 이용할 수 있는 자연력은 국유로 하였다"(제85조), 농지 분배(제86조), 대외무역 국가 통제(제87조), 국방상·국민생활상 긴절한 필요가 있으면 사영기업을 국유나 공유로 할 수 있게 하였다(제88조). 또 중요한 운수·통신·금융·보험·전기·수리· 수도·가스 및 공공성을 가진 기업은 국영이나 공영으로 하도록 하였다(제87조). 다만 특허를 취소하거나 권리를 수용·사용·제한하는 경우에는 법률이 정한 보상을 하도록 하였다(제89조). 이러한 규정들이 통제 경제적이어서 외국인이 투자를 하지 않는다고 하여 헌법을 개정하여 자유화하였다(제2차 개정 1954. 11. 29).

　현행 헌법(1987. 10. 29 개정)은 "대한민국 경제 질서는 개인의 경제상 자유와 창의를 존중을 기본으로 한다. 국가는 균형 있는 국민 경제의 성장 및 안정과 적정한 소득 분배를 유지하고, 시장의 지배와 경제력 남용을 방지하며, 경제주체 간의 조화를 통한 경제 민주화를 위하여 경제에 관한 규제와 조정을 할 수 있다"(제119조)라고 개정하였다. 이 경제 민주화가 무엇이냐에 대하여 논란이 많으며, 어느 정도의 경제 규제와 조정을 할 수 있을지 논쟁이 되고 있다.

　제120조에서는 "① 광물 기타 중요한 지하자원 수산자원 수력과 경제상 이용할 수 있는 자연력은 법률이 정한 바에 따라 일정한 기간 그 채취·개발 또는 이용을 특허할 수 있다. ② 국토와 자원은 국가의 보호를 받으며, 국가는 그 균형 있는 개발과 이용을 위하여 필요한 계획을 수립한다"라고 하여, 국유제를 특허제로 바꾸었고, 국토를 개발하고 이용하는 계획을 세울 수 있게 하였다.

　제121조에서는 "① 국가는 농지에 대하여 경자유전 원칙이 달성될 수 있도록 노력해야 하며, 농지 소작제도는 금지한다. ② 농업 생산성 제고와 농지를 합리적으로 이용하려고 하거나 불가피한 사정으로 발생하는 농지 임대차와 위탁성

영은 법률이 정한 바로 인정된다"라고 하였다. 이것은 농지개혁이 끝났고 농지소작제도의 병폐가 없어졌기에 농지 임대차와 위탁경영을 허가한 것이다.

제122조에서는 "국가는 모든 국민의 생산 및 생활의 기반이 되는 국토의 효율적이고 균형 있는 이용·개발과 보전을 위하여 법률이 정하는 바에 의하여 그에 관한 필요한 제한과 의무를 과할 수 있다"고 규정하였다. 이것은 토지이용개발제한의 법적 근거를 제시한 것이며, 그린벨트 지정에 따른 보상 문제가 해결되지 않고 있다.

제123조에서는 "국가는 농업과 어업을 보호·육성하기 위하여 농·어촌 개발계획과 그 지원 등 필요한 계획을 수립·시행해야 한다. ② 국가는 지역 간 균형 있는 발전을 위하여 지역 경제를 육성할 의무를 진다. ③ 국가는 중소기업을 보호·육성해야 한다. ④ 국가는 농수산물의 수급 균형과 유통 구조를 개선하는 데 노력하여 가격 안정을 도모함으로써 농·어민의 이익을 보호한다. ⑤ 국가는 농·어민과 중소기업의 자조 조직을 육성해야 하며, 그 자율적 활동과 발전을 보장한다"고 규정하였다. 이는 경제적 약자를 보호하기 위한 것이다.

제124조에서는 "국가는 건전한 소비 행위를 계도하고, 생산품 품질 향상을 촉구하기 위한 소비자 보호 운동을 법률이 정하는 바에 의하여 보장한다"고 하여 소비자의 권리 보호를 규정하였다.

제125조에서는 "국가는 대외무역을 육성하며, 이를 규제·조정할 수 있다"고 규정하였다. 이것은 국가의 통제에 있던 무역을 보호·규제·조정하기 위한 규정이다.

제126조에서는 "국방상 또는 국민 경제상 긴절한 필요로 인하여 법률이 정하는 경우를 제외하고는 사영기업을 국유나 공유로 이전하거나 그 경영을 통제하거나 관리할 수 없다"고 규정하여 사영기업 국유화와 경영 통제와 관리를 금지하였다.

제127조에서는 "① 국가는 과학기술 혁신과 정보 및 인력 개발을 통하여 국민의 경제발전에 노력해야 한다. ② 국가는 국가표준제도를 확립한다. ③ 대통령은 제1항의 목적을 달성하기 위하여 필요한 자문기구를 둘 수 있다"고 하였다. 여기서 국가의 과학기술을 발전시키기 위한 자문기구, 예를 들어 국가경제발전자문회의를 둘 수 있는 근거를 마련하였다.

3) 남북한 헌법의 경제 조항 비교

남한 헌법은 제9장에 경제에 관한 규정을 두었고, 북한 헌법은 제2장에 이를 규정하였다.

① 남한은 개인과 기업의 경제상의 자유와 창의를 존중을 기본으로 삼고 있는데, 북한은 사회주의적 생산관계와 자립적 민족경제에 입각하였다.

② 남한은 경제 민주화를 위하여 경제를 규제·조정하는데, 북한은 사회주의 자립적 민족경제 건설 노선을 틀어쥐고 인민경제의 주체화·현대화·과학화를 다그쳐 주체적 경제로 만든다고 하였다.

③ 남한은 생산수단을 사유화하며 예외적으로 국유화·사회화할 수 있는데, 북한은 생산수단은 국가 소유로 하고 계획경제를 하며 협동단체 소유를 인정했으며 예외적으로 소비재는 개인 소유를 인정하였다.

④ 남한은 농지에 대한 경자유전 원칙을 중시하고 개인 영농을 근본으로 하는데, 북한은 사회주의적 협동 경리를 원칙으로 하며 텃밭경영만 사유로 인정한다.

⑤ 남한은 대외무역 육성과 규제 조정을 규정했으나 북한은 사회주의 자립적 민족경제를 지향하는 자립경제를 강조하고, 대외무역은 국가기관과 기업, 사회협동단체만이 할 수 있다.

3. 세계 각국 헌법의 경제 조항

1) 공산주의 국가 헌법의 경제 조항

(1) 중국 헌법의 경제 조항

중국 헌법은 경제 장을 상세하게 규정하지 않았다. 제1장 총강 6조에서 "공화국의 사회주의 경제제도 기초는 생산수단의 사회주의 공유제, 즉 전인민 소유제와 노동 군중의 집단적 소유다. 사회주의 공유제는 사람이 사람을 착취하는 제도를 철폐하고, 각자 능력에 따라 일하고, 노동에 따라 분배하는 원칙을 실행한다. 국가는 사회주의 초급 단계에서 공유제를 주체로 하고, 여러 가지 소유 경제가 함께 발전하는 기본 경제제도를 견지하며, 노동에 따른 분배를 주체로 하고, 여러 가지 분배 방식을 병존시키는 분배제도를 견지한다"고 하고, 제7조에서 "국유 경제, 즉 사회주의 전인민 소유제 경제는 국민 경제를 주도하는 역량이다. 국가는 국유 경제의 강화와 발전을 보장한다"라고 하고, 제8조에서는 "농촌의 집단 경제조직은 세대별 도급경영을 기초로 하고, 통일경영과 분산경영이 결합된 이중 경영 체제를 실시한다"고 하였다.

제9조에서는 "광물자원·수역·산지·초원·황무지·개펄 같은 자연자원은 모두 국유라고 하고, 집단 소유에 속하는 삼림·산지·초원·황무지·개펄은 제외한다"고 하였다. 제10조에서는 "도시의 토지는 국가의 소유에 속한다. 농촌과 도시 교외 토지는 법률 규정에 의하여 국가 소유에 속하는 이외에는 집단 소유에 속한다." 제11조는 "법률이 정한 범위에 있는 개체경제, 사영경제 등 비공유경제는 사회주의 시장경제의 중요한 구성 분자다." 제12조에서는 "사회주의 공공재산은 신성불가침이다. 국가는 사회주의 공공재산을 보호한다." 제13조는 "공민의 합법적인 사유재산은 불가침이다. 국가는 법률에 공민의 사유재산을 징수·징용하고 보상할 수 있다."

제15조는 "국가는 사회주의 시장경제를 실시한다. 국가는 경제입법을 강화하며, 거시적인 조정과 통제를 완벽하게 한다. 국가는 법에 따라 어떤 조직이나 개인이 사회경제 질서를 교란시키는 것을 금지한다." 제16조는 "국유기업은 법률이 정하는 범위에서 자주적인 경영권을 가진다. 국유기업은 법률이 정하는 바에 따라 노동자 대표대회 및 기타 형식에 의한 민주관리를 실행해야 한다." 제17조는 "집단 경제 조직은 관련 법률을 준수한다는 전제하에 독립하여 경제활동에 종사할 자주권을 가진다." 중국 헌법은 공산주의 경제에서 사회주의 시장경제로 가는 과정이므로 국유·공유·사유 규정이 혼재해 있다.

(2) 베트남 헌법의 경제 조항

베트남 헌법은 2013년에 새로 제정하면서 경제제도에 개방경제적 요소를 약간 가미하였다. "① 모든 사람은 합법적인 수입, 저축재산, 주거, 생활물자, 생산물자, 기업 또는 다른 각 경제조직에서 출자지분을 소유할 권리를 가진다. ② 개인의 소유권과 상속권은 법령으로 보호받는다. ③ 국방이나 안녕상의 이유를 위하여 또는 국가의 이익, 비상사태, 재해 예방 대책을 위하여 꼭 필요가 있는 경우 국가는 조직과 개인의 재산을 시장가격에 따라 배상하여 수용·징용한다"(제32조)고 하여 재산권 사유를 보장하였다.

"① 베트남 경제는 사회주의를 지향하는 시장경제이며, 복수 소유 형식과 복수 경제 구성 요소를 인정한다. 국가 경제는 주도적인 역할을 다한다. ② 각 경제 구성 요소는 어느 것이나 국민 경제를 구성하는 중요한 부분이다. 각 경제 구성 요소에 속하는 주체는 평등하며, 법률에 따라 협력·경쟁한다. ③ 국가는 기업가, 기업, 기타 개인과 조직이 투자·생산·정비하고, 각 경제 부분을 계속 발전시켜 국토를 건설하는 데 공헌할 것을 장려하고 조건을 창출한다. 투자·생산·경영에 참여하는 사람과 조직의 합법적인 재산은 법령으로 보호받으며 국유화할 수 없다(제51조). 국가는 시장의 각 규율을 존중하여, 경제체제를 건설·정비하고 경제를 조성한다. 국가를 관리함에 업무, 급, 권한 분화를 실현한다. 지역 경제의 통합을 촉진하고, 국민 경제의 통일성을 보장한다"(제52조).

"토지·수자원·광물자원·해역·공역에서 이권, 기타의 천연자원 및 국가가 투자·관리하는 재산은 전인민의 소유에 속하는 공재산이며, 국가가 소유자를 대표하여 통일적으로 관리한다"(제53조). "① 토지는 국가의 특별한 자원이며, 국토를 발전시키는 중요한 힘의 원천이며, 법령으로 관리한다. ② 조직과 개인은 국가에서 토지 할당·임대·사용권의 공인을 받는다. 토지 사용자는 토지사용권을 이전할 수 있으며, 법률 규정에 따라 각 권리와 의무를 실현한다. 토지사용권은 법령으로 보호받는다. ③ 국가는 법률에 따라 국방·안녕·국가·공공에 이익이 될 경제·사회의 발전의 목적을 위하여 진실로 필요한 경우 조직이나 개인이 사용하는 토지를 수용한다. 토지 수용은 공개해야 하고 투명성이 있으며 법령의 규정에 따라 배상하지 않으면 안 된다. ④ 국가는 법률에 따라 국방·안녕의 임무를 다하기 위하여 또는 전쟁상태 긴급 상태에 있어서 재해를 예방하고 대책을 취하기 위하여 필요한 경우 토지를 징용한다."

"① 국가의 예산, 국가비축, 국가의 재정기금, 기타의 공재정의 수입권은 국가가 통일적으로 관리하고, 효과적·공평·투명·준법적으로 사용되지 않으면 안 된다. ② 국가 예산은 중앙 예산과 지방 예산으로 구성하며, 그중에서도 중앙 예산이 주도적 역할을 다하여 국가의 세출 임무를 보증한다. 국가 예산의 각 세입과 세출 항목은 예산에서 규정하며, 법률이 정하는 바를 따라야 한다. ③ 국가의 화폐 단위는 베트남 돈이다. 국가는 국가의 안정적인 화폐 가치를 보증해야 한다"(제55조). "기관·조직·개인은 경제와 사회 활동, 국가를 관리함에 검약하고, 낭비를 반대하고 부패 행위를 방지하며 대적해야 한다"(제56조).

베트남 헌법은 중국 헌법보다는 사유재산제도를 잘 보장하며 시장경제원칙을 채택했으며, 계획경제를 언급하지 않았다.

2) 자유민주국가 헌법의 경제 조항

(1) 스위스 헌법의 경제 조항

스위스 연방헌법은 경제를 여러 곳에서 규정하였다. 제2편 기본권 장 제1절 기본권에서 경제적 자유와 재산권 보장을 규정하고, 노동조합과 사용자조합을 결성할 권리를 보장하였다.

"① 경제적 자유를 보장한다. ② 경제적 자유는 특히 직업 선택 자유와 사적 경제활동 자유를 포함한다"(제27조). "① 재산권을 보장한다. ② 공용수용이나 이에 상당한 재산권을 제한할 때는 완전히 보상해야 한다"(제26조). 또 "① 근로자와 사용자, 그 조직은 자신의 이익을 보호하기 위하여 결사할 수 있고, 조합을 결성할 수 있으며, 조합에 가입하거나 가입하지 않을 권리를 가진다"(제28조).

연방의 권리를 규정하면서(제3편 제1장) 제7절에 경제 조항을 두었다. 경제 질서 원칙에 관해서는 "① 연방과 주는 자유경제 원칙을 준수한다. ② 연방과 주는 스위스 경제 전체의 이익을 보호하고, 민간 경제와 협력하여 국민의 복지와 경제적인 안정에 기여한다. ③ 연방과 주는 각각 권한의 범위 내에서 민간 부문 경제에 유리한 환경을 조성하도록 노력한다. ④ 자유경제 원칙에 대한 예외, 특히 경쟁을 제한하는 조치들은 이를 연방헌법에서 규정했거나 주의 독점적 특권에 따른 경고에만 허용한다"(제94조).

제95조에서는 민간 부문에서 영리활동을 법률로 제정할 수 있게 하고, 법률은 경제 사유재산 보호와 주주 보호를 규정하였다. 제96조에서는 연방의 경쟁정책을 규정하였다. 제97조에서는 소비자 보호를 규정하였다. 제98조에서는 은행과 보험에 관한 규정을 두었고, 제99조에서는 통화정책을 규제할 수 있게 하였다.

제100조에서는 경제정책을 규정하였다. 연방의 경제정책은 ① 연방은 균형 있는 경제발전을 위하여 대책을 마련하고, 특히 실업과 물가 인상을 방지·억제하는 조치를 강구한다. ② 연방은 각 지역의 고유한 경제발전을 감안한다. 연방은 주 및 산업체와 공조한다. ③ 연방은 통화·은행·통상·공적 금융과 관련하여 필요한 경우에 자유경제 원칙에서 벗어날 수 있다. ④ 연방·주·자치단체는 경제 상황을 감안하여 그 예산정책을 정한다. ⑤ 연방은 경기를 안정시키기 위하여 한시적으로 연방의 각종 세금에 할증이나 할인을 단행할 수 있다. ⑥ 연방은 기업에 고용을 창출할 준비금 적립을 의무화할 수 있다.

제101조에서는 대외 경제정책을 규정했으며, 제102조에서는 국가가 필요한 물자공급에 관해서 규정하고, 제103조에서는 경제 구조 정책을 규정하였다. 제104조에서는 농업을, 제105조에서는 주류를, 제106조에서는 도박을, 제107조에서는 무기와 전쟁물자를 규정하였다.

이 밖에도 제8절 주택·근로·사회보장에서 여러 가지를 규정하였다. 제108조에서는 주택 건설과 소유를, 제109조에서는 임대차를 규정하였다. 제4절 환경과 국토 계획에서는 국토계획(제75조), 수자원(제76조), 삼림(제77조), 자연보호(제78조)를 규정하였다.

또 제5절 공공 공사와 교통에서는 공공 공사 시행(제81조), 도로 교통(제82조), 차량 통행 요금(제86조), 철도(제87조)를 규정하였고, 제6절 에너지 통신에서는 에너지정책(제89조)과 원자력에너지(제90조)를 규정하였다.

(2) 포르투갈 헌법의 경제 조항

포르투갈 헌법도 경제에 관해서는 제1부 기본적 권리와 의무에서 경제적 권리를 규정하고, 제2부 경제 구성에서 경제제도를 규정하였다. 기본권으로는 제3편 제1장 경제적 권리와 의무에서 사유재산권(제62조)을, 민간기업과 협동조합의 자유(제61조)를, 소비자의 권리(제60조)를 규정하였다. 이 밖에도 사회적 권리와 의무에서 주택과 도시 계획(제65조), 보건·복지 서비스제도(제64조)를 규정하였다.

제2부 경제 구성에서는 제1편 일반 원칙, 제2편 계획, 제3편 농업·상업·공업 정책, 제4편 금융과 회계 제도를 규정하였다. "경제의 기본 원칙은 사회와 경제 원칙을 근거로 구성한다. ① 경제적인 힘은 민주적인 정치적 권력의 통제를 받는다. ② 공공·민간 부문과 협력하고, 사회 부문은 생산수단을 공유한다. ③ 기업계획과 조직의 자유는 혼합경제의 전반적인 틀 안에서 보장받는다. ④ 공익에 따른 요구가 있을 경우 천연자원과 생산수단은 국유화된다. ⑤ 경제와 사회 개발은 민주적 절차로 계획한다. ⑥ 협력과 사회 부문은 생산수단 소유와 관련하여 보호받는다. ⑦ 노동자를 대변하는 기구와 기업을 대변하는 기구는 주요 경제·사회 조치를 규정하는 절차에 참여한다"(제60조).

국가의 일차적 의무로는 ① 사회적 약자의 경제적 복지와 삶의 질 향상 ② 부와 소득 분배에서 사회적 정의를 실현하고 평등한 기회 제공 ③ 생산력을 최대한 활용하고 보장할 의무 ④ 생산력을 최대한 활용할 의무 ⑤ 점진적인 빈부 격차 해소와 통합 ⑥ 독과점 폐지와 자치구의 고립적 성격에서 파생하는 불균형 해제 ⑦ 포르투갈의 통합 ⑧ 초대형 사유지 폐지 ⑨ 소비자의 권익 보호 의무 ⑩ 민주적 절차로 사회 개발 ⑪ 과학과 기술 정책의 지속적 발전을 창안할 의무 ⑫ 국가 에너지 정책의 생태친화적 수단 채택과 국제적 협력 ⑬ 국가 수자원정책의 채택(제81조), 생산수단 소유 다양화(제82조), 생산수단의 공용수용에 대한 적정한 대가(제83조), 지하자원과 도로 등의 공유(제84조), 협동조합 육성과 노사간 교섭(제85조), 민간기업(제86조), 국외 경제 활동과 투자(제87조), 포기한 상태의 재산수용과 사용(제88조), 노동자의 경영 참여(제89조).

제2편에서는 계획을 규정하고, 제3편에서는 농업·상업·공공 정책을 규정하였다. 경제사회계획 수립(제90조), 계획 입안과 시행(제91조), 경제·사회 협력회의 구성(제92조), 농업정책의 목적(제93조), 최대형 사유지 폐지와 수용(제94조), 소유 농지의 크기 조정(제95조), 농업정책 입안 과정에 노동자와 농민 참여(제98조), 상업정책의 목적(제99조), 공업정책의 목적(제100조).

제4편 금융과 회계 제도에서는 금융제도(제101조), 포르투갈은행(제102조), 재정제도(제103조), 조세(제104조), 예산(제105조), 예산 편성(제106조), 정밀 조사(제107조). 포르투갈 헌법의 경제 조항은 모든 문제를 다루어 통일적으로 집행하기 어려울 것처럼 보인다.

(3) 독일 헌법의 경제 조항

독일 바이마르공화국 헌법은 경제를 상세히 규정하였다. 동독 헌법에서도 공산주의 헌법의 하나로 경제제도를 상세히 규정하였다. 서독 헌법에서는 경제 조항에 특별한 규정을 두지 않았지만, 지방 헌법에서는 경제 질서를 규정한 것이 있었다. 경제에 대해서는 규정하지 않았으나 재정행정(제108조)이나 재정경제(제109조) 규정이 없어 경제자유주의(Wirtschaftsliberalismus)를 행했으나 실제로는 사회적 시장경제가 주류를 이루었다. 통일 후에도 경제 조항은 추가하지 않고, 실질적으로 사회적 시장경제원칙을 채택하였다.[3]

---

3) 독일 경제제도는 김철수, 「경제와 복지에 대한 국가 역할」, 《공법연구》 제42권 1호(2013), pp. 31-53/「한국 헌법상의 사회복지정책」, 『법과 정의·복지』, 진원사, 2012, pp. 194-215; Reiner Schmidt, Staatliche Verantwortung für die Wirtschaft, Isensee/Kirchhof, *Handbuch des Staatsrechts*, Bd. 3, SS. 1141-1170; Michael Ronellfitsch, §84, Wirtschaftliche Betätigung des Staat, Isensee/kirchhof *Handbuch des Staatsrechts* Bd. 3, SS. 1171-1204 참조.

독일에서는 경제 질서 문제를 기본권의 경제적 자유 측면에서 많이 연구하였다. 또 국가 재정적 측면에서 헌법을 규정하였다. "연방의 모든 수입과 지출은 예산안으로 편성해야 한다. … 예산안은 수입과 지출에서 균형을 유지해야 한다"(제10조). 독일도 예산법률주의에 입각하였다. 준예산제도(제111조), 채무 관계(115조) 등을 규정하고, 회계검사원의 구성원인 법관 같은 독립성을 가진다(제114조).

4. 통일헌법의 경제 조항

통일헌법의 경제 조항은 북한이나 공산주의 국가처럼 규정해서는 안 된다. 앞에서 본 바와 같이 공산주의 국가에서도 북한만이 계획경제를 하며, 시장경제를 인정하지 않는다. 중국은 사회주의적 시장경제를, 베트남도 시장 규율을 존중하기로 했으며, 생산수단 국유화도 완화하고 있다. 북한만이 공산주의 통제경제를 채택한 것은 시대적 모순이다.

통일헌법의 경제 조항은 남한 헌법 정도로 규정하면 될 것이며[4] 포르투갈이

---

4) 통일헌법 경제 조항은 다음 논문 참조. 계희열 외, 『통일헌법상의 경제질서』, 국회사무처, 2001; 김성수, 「남북한 통일헌법의 경제질서 문제」, 《공법연구》 21집(1993), 한국공법학회, pp. 89-112; 박정원, 「북한헌법(1988)(상) 경제 조항과 남북한 경제통합」, 한국법제연구원, 1999; 박정원, 「남북한 통일헌법에 관한 연구」, 국민대 박사학위 논문, 1996; 성낙인, 「통일헌법상의 경제질서」, 《통일논총》 제20호(2002. 12), 숙명여대 통일문제연구소, pp. 3-41; 성낙인, 「남북한 통일의 경제질서와 사회주의」, 《아태공법연구》 2(1993), pp. 121-141; 성낙인, 「남북한 헌법상 경제질서와 통일 지향적 질서」, 《고시계》 427(1992. 9), pp. 72-90; 전광석, 「통일헌법상의 경제사회질서: 헌법이론적 분석과 헌법정책적 제안」, 《한림법학포럼》 3(1993), 한림대 법학연구소; 전학선, 「통일헌법과 사회·경제통합」, 제헌66주년기념학술대회, 국회법제실·유럽헌법학회, 2014. 7. 11, pp. 97-127; 정영화, 「통일 후 북한의 재산권 문제에 관한 법적 연구」, 서울대 박사학위 논문, 1995; 표명환, 「통일한국에서의 재산권 보장의 헌법적 과제」, 《한국토지공법연구》 49집(2008), 한국토지공법학회; 한국감정원, 「통일 후 북한의 토지문제에 관한 연구」, 1996; 김성수, 「남북한 통일헌법의 경제질서 문제(상)」, 《사법행정》 33권 11호(1992), 한국사법행정학회, pp. 33-41; 김성수, 「남북한 통일헌법의 경제질서 문제(하)」, 《사법행정》 33권 12호(1992), 한국사법행정학회, pp. 4-10; 김진, 「남북한 경제질서에 관한 연구: 통일헌법상 경제질서를 중심으로」, 동국대 석사학위 논문, 2004; 김성욱, 「북한 농지소유제도의 형성과정과 통일 이후의 재편문제」, 《동아법학》 제66집, pp. 387-416; 유호룡, 「남북한 경제통합정책을 위한 독일 사례의 벤치마킹」, 《한국정책과학회보》 제4권 1호(2000), pp. 185-215; 김영윤·신현기, 「사회적 시장경제질서와 독일 통일: 남한 경제질서와 남북한 통합에 주는 시사점」, 《한국정책학회보》 10권 3호(2001), pp. 263-291; 김영윤 『사회적 시장경제질서의 구동독지역 적용에 관한 연구』, 통일연구원, 1999; 손성기, 「통일 후 북한지역의 토지소유제도 개혁방안에 관한 연구」, 고려대 석사학위 논문, 2011; 김성욱, 「통일 후 북한지역의 토지소유제도 개혁방안에 관한 연구」, 《법학연구》 제21집 2호(2013. 4), 경상대 법학연구소, pp. 81-99; 장명봉, 「남북한 헌법체제의 비교와 통일헌

나 터키처럼 지나치게 상세하게 규정할 필요는 없을 것이다. 통일헌법에서 경제 헌법의 원칙은 제헌헌법처럼 사회정의 원칙을 규정하는 것이 좋을 것이고, 경제 민주화는 모호한 개념이니 삭제하고, 각 경제 주체의 자율에 맡기는 것이 좋을 것이요, 국가의 안전 보장이나 국민 경제의 활성화, 빈부격차를 해소하기 위하여 어느 정도는 경제 규제와 조정을 인정해주어야 할 것이다.

과거에는 농자유전 원칙을 중요하게 여겼으나 이제는 농지 매점을 하는 사람도 없고, 소작을 하려는 사람도 없기에 농지를 효율적으로 이용할 방법을 모색해야 할 것이다. 통일 후에는 국토 개발이나 산지 개발을 억제하고, 환경을 보전하기 위해 조율하는 것을 인정해야 할 것이다.

농지나 국토 이용을 제한하는 개발제한 지역이나 공원 용지에 대한 개발 제한에 대한 보상을 해주어야 할 것이다. 사영기업 공기업화는 특별히 필요가 있는 경우로 한정하고, 그에 따른 영업 손실 등도 보장해주도록 해야 할 것이다.

소비자 보호 제도라든가 하우스 푸어에게 생계 대책도 마련해주어야 할 것이며 중산층 육성 정책을 실천할 수 있게 하고, 빈부격차를 줄이는 방향으로 경제 정책을 수립하도록 해야 할 것이다.

광물자원 등 천연자원에 대한 외국인 개발은 특허주의를 도입하는 것이 필요할 것이다. 노사정의 평화를 유지하는 기구도 마련하는 것이 좋을 것이며, 경제 자문회 등도 설치해야 할 것이다.

법의 지향점 및 과제」, 《공법연구》 제37집 1-1호(2008. 10), pp. 195-219; 정용길, 「남북한 통일 후 동질성 회복을 위한 방안 연구: 정치·경제·사회·군사 분야」, 《전략논총》, 1995, pp. 83-156; 이강욱, 「통일 후 북한지역 토지소유권에 관한 연구: 헌법상 영도조항 및 통일조항의 규범적 관점에서」, 경기대 박사학위 논문, 2008; 신용옥, 「대한민국 헌법상 경제질서의 기원과 전개(1945-54년): 헌법 제·개정 과정과 국가자본 운영을 중심으로」, 고려대 박사학위 논문, 2007.

제Ⅶ장. 연방제와 지방분권제

제1절. 연방제

1. 연방제와 지방분권제 의의

지방분권을 실현하는 방법으로는 연방제와 지방자치제가 있다. 연방제는 주(支邦)를 국가로 인정해주어 지방의 입법권과 행정권을 많이 인정하는 제도이고,[1] 지방자치제는 지방을 국가의 한 부분으로 보고 조례제정권과 행정권을 지방업무로 한정하는 것이다. 연방제를 채택할 것이냐 지방자치제도를 채택할 것이냐는 국가마다 전통과 현실적 요구에 따라 다르다.

2. 연방제 헌법의 특징

세계 각국 헌법은 연방제를 채택한 것도 있고, 단일제를 채택한 것도 있다. 연방제를 채택한 나라로는 미국·독일, 러시아, 멕시코 등이 있고 단일제를 채택한 나라로는 프랑스, 스웨덴, 일본, 대만, 이탈리아 등이 있다.

---

1) 연방제도는 Härtel(Hrsg.), *Handbuch Föderalismus*, Springer, 2012, 4Bde; Wikipedia, Föderalismus; Wikipedia, Federalism in the United State; *Literatur zum Schweizerischen Föderalismus*, 2014; Heinemann-Gründer, *Föderalismus als Konfliktregelung*, 2009; Feigenbaum & Ma, Federalism, Chinese Style, *Foreign Affairs*, May 6. 2014; Nivola, Why Federalism Matters, Brooking paper, Oct. 2005; Benz, Föderalismus und Demokratie, *Polis* Nr. 57, 2003; B. Frey, A New Concept of European Federalism, May 2009; Demokratie zentrum, Vielfältige Föderalismus, 2001; Jilke, Defekter Föderalismus in Afrika?, *Jahrbuch des Föderalismus Forschung*, 2013; Mommsen, *Föderalismus und Unitarismus*, 1945; D. Elazar, International and Comparative Federalism, *Political Science and Politics* Vol. 26, No. 2; Riker, *Federalism: Origin, Operation, Significance*, 1964; Saffell & Basehart, *State and Local Government: Politics and Public Policies*, 2001 참조. 국내 문헌으로 상세한 것은 김철수, 「연방제도」, 『헌법과 정치』, 진원사, 2012, pp. 997-1016; 김기범, 「연방국가의 특징 및 제양상」, 《고시계》 제15호(1958. 2. 3); 최병선·김선혁, 『분권헌법』, 동아시아연구원, 2007.

연방제도는 지분국가를 기본으로 하고 그 결합체로 연방을 구성하는 것으로 연방과 지방에 다 헌법제정권을 인정하고 각기 의회·집행부·법원을 갖고 있다. 다만 지방법에 대해서는 연방법이 우선하고, 연방이 지방에 지배권을 보장하나 지방도 상원 등을 통하여 연방활동에 참여한다.

국토가 넓고 인구가 많은 나라, 다민족 나라, 주민 간에 대립이 심한 나라에서 주로 연방제를 택한다. 이는 국내법적인 결합이기 때문에 국제법적인 국가연합과는 차이가 있다. 국가 연합에는 영연방이나 유럽연합(EU)을 들 수 있다.

3. 세계 각국의 연방제도

1) 미국의 연방제도

미국은 연방제를 채택하였다. 현재 50개 주와 수도(Washington District of Columbia)가 있다. 주는 주의회와 주정부를 갖고 있다. 주는 주입법권이 있으나 헌법으로 규정한 연방의 입법권을 침해해서는 안 된다. 헌법 제1조 10항에는 주에 금지하는 입법이 열거되어 있다. 예를 들면 조약·동맹·연합을 체결할 수 없으며, 화폐 주조, 신용장 발행, 사권박탈법, 소급처벌법 등을 제정할 수 없으며, 귀족 칭호를 수여할 수 없다.

연방은 이 연방의 모든 주에 공화정체를 보장하며, 각 주를 침략에서 보호하며, 또 각 주의 주의회나 행정부가 요구하면 주 내의 폭동에서 보호한다(제4조 4항). 연방은 새로운 주를 연방에 가입시킬 수 있다.[2]

각 주는 다른 주의 법령·기록·사법 절차에 충분한 신뢰와 신용을 가져야 한다. 연방의회는 이러한 법령·기록·사법 절차를 증명하는 방법과 그것들의 효력을 일반 법률로 규정할 수 있다(제4조 1항). 이 헌법으로 연방에 위임하지 않았거나, 각 주에 금지하지 않은 권한은 각 주나 시민이 보유한다(수정 제10조). 각 주의

---

2) 미국 연방제도는 A. LaCroix, *The Ideological Origins of American Federalism*, 2010; L. Gerston, *American Federalism*, 2007; Reform of the Federation, White Paper; A. Amar, Of Sovereignty and Federalism, Yale Law School, 1987; D. Bodenheimer, Federalism and Democracy; Nivala, Why Federalism Matters, Brookings Paper, Oct. 2005 참조.

시민은 다른 어느 주에서도 그 주의 시민이 향유하는 모든 특권과 면책특권을 가진다(제4조 2항).

2) 독일의 연방제도

독일연방공화국은 민주적·사회적 연방국가다(제20조 1항). 각 지방의 헌법 질서는 기본법의 공화적·민주적·사회적·법치국가의 원칙에 부합해야 한다. 주에는 국민이 보통·직접·자유·평등·비밀 선거로 선출한 대표기관을 구성한다(제28조 1항). 연방은 지방이 제20조의 규정에 부합하도록 보장한다(제28조 3항). 연방법은 지방법에 우선한다(제31조). 이 기본법에 별도 규정이 없거나 이를 허용하지 않는 한 국가적 권능 행사와 국가 과제 수행은 주의 소관 사항이다(제30조). 외교관계는 연방의 소관 사항이다(제32조 1항). 연방과 지방의 모든 관청은 서로 법적·직무적으로 공조해야 한다(제35조 1항). 지방은 연방상원을 통하여 연방의 입법과 행정, 유럽연합(EU) 사무에 참여한다(제50조).

기본법은 입법과 행정에 관한 상세한 규정을 두었다(제7장, 8장). 여기서 중요한 것은 연방과 지방 간에 입법권과 행정권 배분 문제다. 연방과 지방의 분쟁을 예방하기 위하여 연방 독점적 입법 사항과 연방 지방경합적 입법 사항으로 나누어 상세히 열거하였다(제70조~82조).[3]

연방법 집행과 연방행정도 상세히 규정하였다(제8장). 여기서도 연방행정과 지방행정을 규정했는데 연방 독자 행정, 연방 위임 행정, 지방 행정을 구분하여 연방 독자 행정 대상을 규정하였다. 군대와 방위, 치안, 헌법 보장에 대한 행정은 연방의 독자 행정으로 하고, 핵개발은 연방 위임 행정으로 하며, 항공행정은 연

---

3) 독일 연방제도는 P. Häberle, Aktuelle Probleme des Deutschen Föderalismus, *Die Verwaltung* 1991. S. 169ff; J. Isensee, Der Föderalismus und der Verfassungsstaat der Gegenwart, *AöR* 115(1990), S. 248ff; *Föderalismus in Deutschland, Information zur Politischen Bildung* Nr. 318, 2013. 1/2; Detterbeck et al, *Föderalismus in Deutschland*, 2010; A. Funk, Föderalismus in Deutschland, 2010; Laufer/Münch, *Das Föderale System der Bundesrepublik Deutschland*, 2010 참조. 통일 이후 독일 연방제도 변화는 김철수, 「독일 통일 25년의 결산과 교훈」, 《문학사상》, 2015. 10·12월; 원준호, 「독일연방주의 원리와 구조, 그리고 개혁」, 《한국국제지역학회보》 제4집(2005), pp. 3-25; 박재창 외, 「분권과 개혁」, 오름, 2005 참조.

방 독자 행정으로 하고, 철도 행정은 원칙적으로 연방 독자 행정이나 지방에 독자 행정으로 이관할 수 있게 하였다(제87e조). 또 우편·전신 사업도 고권적인 행정은 연방 독자 행정으로 했으며, 공기업인 독일우정행정도 사기업에 위임할 수 있다고 하였다(제87f조). 이 밖에 연방 은행·수로·도로 등의 연방 재산 규정이 있다(제88~90조).

연방의 독자 행정이 아닌 것은 원칙적으로 지방 행정으로 하였다(제83조). 연방정부는 연방법에 따라 지방 행정을 감독한다. 연방정부는 연방참의원의 동의를 얻어 일반적인 행정 원칙을 제정할 수 있다(제84조). 그러나 대학이나 대학병원 신축이나 개축, 지역적인 경제적 인프라 개선, 농업 구조 개선과 해안 보호 등은 연방과 지방의 공동과업으로 했으며(제91a조), 초지역적인 교육과 연구, 연구기관 보조 등도 연방과 지방의 공동과업으로 하였다(제91b조).

3) 스위스의 연방제도

스위스는 인구가 적고 영토도 좁으나 인종이 다양하고 언어와 문화가 상이하여 옛날부터 연방제도를 채택해왔다.[4] 스위스의 연방의회는 국민의회와 전국회의로 구성하며, 이 양원의 지위는 대등하다. 국민의회는 국민 전체를 대표하고, 전국회의는 주대표로 구성한다. 연방의회는 입법권을 가진다(제164조). 국민의회 의원, 연방내각 각료 및 연방내각사무처 처장은 4년 임기로 선출된다(제145조). 연방에 대법원을 두는데, 이는 연방의 최고 사법기관이다(제188조). 연방대법관 임기는 6년이다(제145조). 칸톤(주)은 연방헌법의 제한을 받지 않는 범위에서 주권을 향유한다. 칸톤은 연방에 위임하지 않은 모든 권리를 행사한다.

4. 통일헌법의 연방제도

남북한 헌법은 모두 중앙집권주의를 채택하였다. 이는 지방자치를 사실상 불

---

4) *Handbuch des Staatsrechts*, Bd. 4, SS. 427-113; C. Jeffrey(ed.), *Recasting German Federalism*, 1999.

가능하게 하므로 지방자치를 실효적으로 보장하려면 독일식 연방제도를 채택해야 한다. 독일은 흡수통일을 했으나 구동독지역을 5개 지방으로 만들어 각기 새 헌법을 제정하고 정부·법원·의회를 구성하여 독자적인 통치를 할 수 있게 하였다.[5] 이리하여 통일 후 5년간은 구동독의 법령 중 헌법에 합치되는 것은 효력을 인정하고, 구동독 정치인과 공무원의 활동 근거를 인정하였다.

우리도 완전통합을 이루려는 경우 북한의 경제나 생활수준을 남한과 같이 끌어올리려고 한다면 막대한 통일 비용이 들 것이므로 통일 후에도 남북한의 완전한 거주 이전 자유를 보장하기 어려울 것이다. 따라서 남한에 5개 정도, 북한에 3개 정도의 지방을 두어 독일식 연방을 만들어야 할 것이다. 그러면 북한지역은 당분간 주민이 직접 선출한 대표자가 통치할 수 있고, 생활의 이질감을 극복하는 시간도 벌 수 있을 것이다. 각 지방마다 지방헌법을 제정하고, 지방 의회·정부·법원을 두어 권력분립적으로 운영해야 할 것이다. 그러면 자유민주주의 교육도 되고 지방 간의 경쟁으로 정치와 경제가 활성화될 수 있을 것이다.

궁극적으로는 연방제가 바람직하나 통일 후 법제나 경제를 통합하려면 점진적인 연방제 운영이 필요할 것이다. 독일에서도 통일연방을 운영하는 데 문제가 많았기 때문에 연방과 지방의 분쟁을 최소화하고, 중앙정부의 권한을 강화하는 제도를 당분간 유지해야 할 것이다. 지방 의회·정부·법원 구성은 연방합치 원칙을 따라야 할 것이며, 연방법 우선, 연방강제 등의 법제도를 정비해야 할 것이다.

이 점에서 연방제도 운영은 우선 연방운영기본법을 제정하여 점진적인 시행특례를 규정하는 것이 바람직할 것이다. 통일독일에서도 연방제가 시간과 재정, 행정을 낭비하게 한다고 하여 단일제 개정을 논의하고 있다. 연방과 지방 간의 권한쟁의를 심판할 수 있는 헌법재판소가 활성화되어야 할 것이다. 연방제도에 대해 상세한 것은 지방기관조직법 등에 위임하기로 하였다.

---

5) 상세한 것은 김철수, 『독일통일의 정치와 헌법』, 박영사, 2004 참조.

제2절. 지방분권제

1. 지방자치제도

지방제도도 지방의 자치를 많이 인정하는 제도와 중앙집권 체제에서 최소한 인정하는 제도가 있다. 프랑스는 중앙집권적 지방자치제도를 운영하였다.[6]

2. 남북한 헌법의 지방제도

1) 북한 헌법의 지방제도

북한 헌법은 연방제도를 채택하지 않고 지방자치제도를 규정하였다. 북한 헌법은 ① 도(직할시) ② 시(구역) ③ 군을 두고, 해당 인민회의는 지방의 주권기관이라고 규정하였다(제137조). 지방의 의결기관으로는 지방 인민회의를 두고, 그 휴회 중에 대행하는 기관으로 지방인민위원회를 두었다(제145조). 지방인민회의는 ① 지방 인민경제발전계획을 수립하고, 그 집행에 대한 보고를 심의·승인한다. ② 지방 예산과 집행에 대한 보고를 심의·승인한다. ③ 해당 지역에서의 법집행을 위한 대책을 세운다. ④ 또 해당 인민위원회 위원장, 부위원장, 사무장, 위원을 선거·소환한다. ⑤ 판사와 인민참심원을 선거·소환한다. ⑥ 해당 인민위원회와 하급인민회의, 인민위원회의 그릇된 결정과 지시를 폐지한다.

지방 행정집행기관으로는 각급 인민위원회를 두었다. 지방인민위원회는 위원장, 부위원장, 사무장, 위원으로 구성한다. 지방인민위원회는 해당 인민회의 휴회 중 지방의 주권기관이며 해당 지방 주권의 행정적 집행기관이다(제145조). 지방인민위원회는 업무와 권한이 많다(제147조). 하급인민위원회 사업을 지도한다.

---

6) 지방분권제도는 최병선·김선혁, 『분권헌법, 선진화로 가는 길』, EAI, 2007; 김철수, 『헌법과 정치』, 진원사, 2012/『새 헌법 개정안』, 진원사, 2014 참조.

2) 남한 헌법의 지방제도

대한민국 헌법은 지방자치주의를 채택하였다.[7] 지방자치단체 종류는 법률로 정하게 되어 있으며 지방자치법이 ① 서울특별시 ② 광역시와 도, 특별자치도 ③ 시·군·자치구를 두었다. 지방자치단체 기관으로는 지방 의회와 단체장이 있다. 지방 의회의원과 단체장은 주민이 직접 선출한다.

지방자치단체는 ① 고유 사무 처리권 ② 재산관리권 ③ 자치입법권 ④ 주민결 정권 등의 권한을 가진다. 이러한 권한은 의결단체로서 지방의회와 집행기관으로서의 지방자치단체의 장이 행사한다. 지방의회는 조례제정권이 있으며, 지방자치 행정에 견제권을 갖는다.

교육자치를 위해서는 교육위원회와 교육감, 교육장을 두고, 교육감은 직선으로 선출한다. 지방분권을 강화해야 한다고 하여 헌법 개정을 논의하고 있으며, 그때까지 지방자치법을 개정하여 시·군·자치구 의회를 없애며, 교육감 직선을 폐지하려는 입법을 추진하고 있다.

3) 남북한 헌법의 지방자치제도 비교

(1) 중앙집권적 지방자치제도

남북한의 지방자치는 단일국가제 하의 지방자치로 자율권이 약화되고 있다. 북한은 지방 주권기관법이 제정되어 있다(2012 수정). 이 법의 목적은 "지방주권기

---

7) 최병선·김선혁, 『분권헌법, 선진화로 가는 길』, EAI, 2007. 상세한 내용은 같은 책 pp. 35-362; 김철수, 『새 헌법 개정안』, 진원사, 2014, pp. 169-190.『한국 입헌주의의 정착을 위하여』, 법서출판사, 2003.『법과 정 치』, 교육과학사, 1995.『연방제란 무엇인가?』, 《월간중앙》, 1973.『한국 헌법상의 지방자치제도의 방향』, 《세 계헌법연구》 제3권(1999); 『국민과 함께하는 개헌이야기』(제2권), 국회미래연구회의 오동석, 『헌법개정과 지방자치』/이창기, 『헌법개정에 있어서 지방자치관련 쟁점정리』/이기우, 『분권적 국가권력구조의 개편을 위한 헌법개정의 과제』/김제선, 『지방분권형 개헌에 대한 몇 가지 생각』/김순은, 『지방분권과 헌법개정』/ 김영기, 『지방분권과 자치 입장에서 본 개헌과제』/신도철, 『지방분권 강화를 위한 헌법개정 방향』/김선미, 『개헌헌법에 지방분권형 국가 명시해야』/신기현, 『지방분권(지방자치) 분야의 바람직한 개헌방향』/조성규, 『지방분권과 헌법개정의 과제』/정연정, 『효과적인 지역대표체제 구성방안: 양원제를 중심으로』/윤기석, 『프랑스 지방행정체제 개편의 시사점』/임경호, 『일본의 지방행정구역 개편에 관한 동향』.

관을 강화하고, 그 기능과 역할을 높여 인민에게 참다운 민주주의적 권리와 자유, 행복한 물질·문화 생활을 보장하는 데 이바지하는 것"으로 되어 있다(법 제1조). 지방 주권기관에는 지방인민회의와 인민위원회가 있다(법 제2조). 지방 주권기관은 로동자·농민·지식인을 비롯한 근로인민의 대표로 구성한다(법 제3조). 지방인민회의 대의원은 해당 인민회의에서 소환한다(법 제21조).

지방인민위원회는 해당 인민회의 휴회 중의 지방 주권기관이며 해당 지방주권의 행정적 집행기관이다. 지방인민위원회는 해당 지역 안에서 국가 정책을 집행하며, 인민의 생활을 책임지는 호주다(법 제22조). 이와 같이 대의기관과 집행기관이 사실상 인민집중제로 통일되어 있다. 지방인민위원회는 상급인민위원회와 내각, 최고인민회의 상임위원회에 복종한다(법 제35조). 따라서 기관 사이에 서로 견제하지 않으며, 지방인민위원회는 상급 기관에 종속된다고 하겠다.

남한에서는 입법기관 지방의회와 행정기관 집행부가 분리되어 있어 서로 견제하며 균형을 이룬다. 이 점이 남한과 북한의 가장 큰 차이라고 하겠다.

(2) 지방자치기관의 권한쟁의

지방자치기관 간에 권한쟁의가 있을 때 대한민국에서는 사법으로 구제할 수 있으나, 북한에서는 인민회의가 결정하고 행정적으로 해결한다. 법치 행정이 잘 시행되지 않는 것이다.

3. 세계 각국의 지방자치제도

1) 연방제 국가의 지방자치제도

연방국가도 상급의 지방이나 도 이하에서는 지방자치를 시행한다.[8]

---

8) Shah(ed.), *Local Governance in Industrial Countries*, 2006.

(1) 러시아연방의 지방자치제도

러시아는 연방제도를 채택하였다.[9] 러시아연방은 동등한 권리를 가지는 연방주체로 공화국·지방·주·연방직할시·자치주·자치관구로 구성되어 있다(제5조). 러시아연방에서는 지방자치가 인정·보장된다. 지방자치 기구들은 국가권력 기구체계에 포함되지 않는다(제12조). 지방자치는 국민투표와 선거 등 직접적 형태의 의사 표시와 지방자치 기구를 통하여 시민들에 의하여 실시된다(제130조). 지방자치 기구는 독립적으로 자치제 재산을 관리하며, 지방의 예산을 편성·승인·집행하며, 지방세와 부담금을 도입하고, 사회질서를 유지하며, 지역적으로 중요한 문제들을 해결한다(제132조 1항). 지방자치단체는 국가의 위임행정을 할 수 있으며, 위임받은 권한 행사는 국가의 통제를 받는다(제132조 2항). 러시아연방의 지방자치는 사법 보호를 받을 권리, 연방기구가 채택한 결정의 성과로 발생한 추가 지출에 대한 보상을 받을 권리에 규정된 지방자치권의 제한 금지가 보장된다(제133조).

(2) 독일연방의 지방자치제도

독일은 연방제도를 채택했으나, 지방(Land)에서는 지방자치제를 채택하였다(제28조). 지방·군(시)·기초지방자치단체에는 국민이 보통·직접·자유·평등·비밀선거로 선출한 대표기관이 있다. 기초지방자치단체는 법률 범위 내에서 지역공동체의 모든 사안을 자기 책임으로 규율할 권리를 보장해야 한다(제28조 2항).[10] 독일연방의 지방자치는 역사적 산물이며, 기본적인 것은 연방헌법에 규정하고, 상세한 것은 각 지방 헌법에 규정하였다.

---

9) 러시아 연방제도는 J. Fruchtmann, Der russische Föderalismus unter Präsident Putin: Diskurse Realitäten, Diss. Bremen, 2003 참조.

10) 독일 지방자치제도는 Isensee/Kirchhof, Ⅲ. Selbstverwaltung, *Handbuch des Staatsrecht*, Bd. 4, SS. 1133-1193; R. Handler, §106, Das Prinzip Selbstverwaltung, ebenda SS. 1133-1170; G, püttner, §107, Kommunale Selbstverwaltung, ebenda SS. 1171-1194; W. Weber, *Selbstverwaltung und Demokratie in den Gemeinden nach der Gebietsreform*, 1982; W. Weber, *Staat- und Selbstverwaltung in der Gegenwart*, 1967.

지방자치단체는 주 지방자치단체의 소득세 납부에 근거하여 주에서 소득세 등 조세 분배를 받는다. 기초자치단체의 재정과 운영은 자율성이 보장된다. 예를 들어 베를린 헌법을 보면 각 구청 단위로 구의회를 두고, 구청행정기관이 독립되어 있다. 사법기관은 지방법원이 운영한다(바이에른 헌법 제83조 1항). 지방자치단체의 조직과 구성은 지방법률에서 규정하고, 이에 대한 자치권은 미치지 않는다. 자치의회의 선거제도나 자치의회의 의결권은 지방법률에 규정하였다.

(3) 오스트리아연방의 지방자치제도

오스트리아공화국도 연방제도를 채용하였다. 오스트리아 헌법은 연방과 주의 관계를 규정했는데, 지방자치제도를 상세히 규정한 것이 특색이다(제115조 ~120C조). 모든 주는 지방자치를 시행해야 한다. 지방자치단체는 자치권을 가진 지역단체인 동시에 행정구역이다(제116조). 지방자치단체는 독립적인 경제단체이며, 모든 종류의 재산을 점유·취득·처분하고, 독자적으로 경제적인 기업을 운영하며, 재정 헌법 범위 내에서 예산을 운영하며 조세를 부과할 권리가 있다.

지방자치단체 기관으로는 ① 지방자치단체 의회 ② 지방자치단체 이사회 ③ 시장을 가져야 한다(제117조). 지방자치단체는 고유 권한과 연방이나 주가 위임한 권한을 가진다(제118조). 지방자치단체는 고유 권한을 처리하기 위하여 헌법이 보장하는 관청 업무를 보장받는다. 여기에는 지방자치단체의 인사권, 보안경찰권, 교통행정권, 건강행정권, 풍속경찰권, 재판 아닌 분쟁조정권이 포함된다(제118조 3항).

지방자치단체가 위임받은 사항은 위임에 관한 법률에 따라 처리해야 한다(제119조). 지방자치단체의 고유 권한 처리 감독은 연방과 주의 권한이다(제119a조). 지방자치단체는 고유 권한을 집행하기 위하여 발한 명령을 연방이나 주에 보고해야 한다(제119a조). 지방자치단체는 자신의 임무를 책임 하에 지시를 받지 않고 처리하고, 법률 범위 내에서 규칙을 제정할 권한을 가진다(제120b조).

2) 단일 국가의 지방자치제도

(1) 프랑스의 지방자치제도

프랑스는 단일제로 지방자치만 한다.[11] "프랑스는 분권을 기초로 이루어진다"
(제1조). "공화국의 지방자치단체는 꼬뮌, 도, 광역지방, 특별자치단체로 이루어진
다"(제72조 1항). "지방자치단체는 법률이 정하는 바에 따라 지방의회를 통하여 자
율적으로 행정권을 행사하고, 그 권한을 행사하기 위하여 행정입법권을 가진다
(제72조 3항).

국가법률은 지방자치단체의 자치권과 자원에 관한 사항을 결정하고, 지방의
회 선거에 관한 사항을 결정한다(제34조). 지방자치단체 업무를 담당하는 각 부
처의 정부를 대표하는 공무원은 해당하는 지방자치단체가 국가 이익·행정 통
제, 법률 준수를 하고 있는가에 대한 책임을 진다(제72조 6항). 지방자치단체는 법
률이 정하는 바에 따라 지방의회를 통하여 자율적으로 행정권을 행사하고, 그
권한을 행사할 행정입법권을 가진다(제72조 3항). 조직법이 정하는 바에 따라 지
방자치단체는 그 소관에 속하는 결정안과 조례안을 주민투표에 회부할 수 있다
(제72-1조). 국사원은 법률의 소관 사항에 해당하는 사항에 관한 지방의회의 결정
에 대하여 사법심사권을 행사한다(제74조 3항).

지방자치단체는 법률이 정하는 바에 따라 지방자치단체의 재원을 자유롭게
쓰거나 처분할 수 있다(제73-2조). 지방자치단체는 법률이 정하는 범위 내에서 과
세 기준과 세율을 정할 수 있다. 지방자치단체는 각종 조세를 징수할 수 있다.
지방자치단체의 세입과 고유 재원은 지방자치단체의 총재원의 결정적인 부분을
형성한다. 법률로 지방자치단체 간의 재원 평등을 촉진하기 위한 조정을 한다(제
72-2조).

---

11) R, Proud'homme, Local Government Organization and Finance: France in Shah(ed.), *Local
Governance in Industrial Countries*, 2006; 배준구, 「프랑스의 지방분권 개혁」, 《한국사회와 행정연
구》 제14권 4호(2004); 백윤철, 「프랑스 지방분권의 연구」, 서울대 박사학위 논문, 1997.

(2) 이탈리아의 지방자치제도

이탈리아도 단일국가주의를 채택하였다. 이탈리아는 "국가는 하나이며, 나눌 수 없다. 국가는 지방자치를 인정·촉진하고, 국가에 의존하는 서비스는 최대한 행정적 분권화를 이행한다. 국가는 자치와 분권화 요구에 따른 입법 원칙과 방식을 채택한다"(제5조)라고 선언하였다.

헌법은 지방자치를 비교적 상세히 규정하였다. 이탈리아공화국에는 "시·도·대도시·주가 있는데, 이는 지방자치단체로 헌법에 규정된 원칙에 따라 조례와 권한, 기능을 가진다"(제114조). 시·도·대도시는 자체 행정 기능만이 아니라 국가나 주법이 각각의 권한에 따라 할당한 기능도 이행한다(제118조). 시·도·대도시·주는 세입과 세출 예산 균형을 유지할 의무를 조건으로 세입과 세출에 대한 자주적 권한을 가진다. 시·도·대도시·주는 국가의 법률이 규정한 일반 원칙에 따라 할당되는 자체 자산을 운용한다(제119조).

관계 주민 3분의 1 이상을 대표하는 시의회가 요구하고, 주민투표 과반수 찬성으로 승인된 경우 주의회 의견을 들어 주를 통합하거나 새로운 주를 창설할 수 있다(제132조).

4. 통일헌법의 지방자치제도

1) 연방제도 채택

통일헌법은 연방제를 전제로 하면서 지방자치제도를 도입해야 할 것이다. 연방제로 하기 때문에 대형 행정기구였던 도나 직할시는 없애고, 자치구나 중소도시 중심의 지방자치제도를 하는 것도 한 방법일 것이다. 지방자치는 민주정치의 초등학교이기 때문에 주민 총회를 열어 서로 협의할 수 있는 town meeting제도가 오히려 바람직할 수도 있다. 연방제를 하면서 도나 대도시까지 지방 의회와 정부를 두는 것은 낭비 요소가 많을 것이다.

이 지방의 내부 조직으로 시·군·자치구를 두어 풀뿌리 자치로 운영할 수 있을 것이다. 이때는 시·군·자치구의 재정 건전성을 강조하고, 자치 행정의 효율성을 기하도록 해야 할 것이다. 시·군·자치구 의회를 없애고 장은 지방지사가 임명하는 제도로 할 수 있을 것이다. 교육 지방자치는 교육감 직선제는 폐지하고, 고등학교와 대학 교육은 전국적으로 통일하고, 중등·초등·유치원 교육은 지방자치로 할 수 있을 것이다.

2) 지방자치제도 개편

대한민국의 지방자치 역사를 보면 지방교육자치라 하여 교육행정이 통일되지 않아 교과서·학비·인권조례 문제에서 알력이 심하였다. 그러므로 중재할 기구가 있어야 하며, 연방 강제나 지방 강제를 해야 할 것이다.

지방행정제도 개편, 지방공무원 채용 자격, 교육 등 이질화가 심해서는 안 될 것이며, 주민의 복리를 증진하기 위한 지방자치제도를 보장해야 할 것이요, 주민의 권리를 신장해야 할 것이다.[12] 지방자치에 관하여 상세한 것은 지방자치 기본법에 위임하기로 하였다.

---

12) 상세한 것은 김철수, 『헌법과 정치』, 진원사, 2012와 여기에 실린 문헌 참조.

제VIII장. 헌법 보장과 개정

제1절. 헌법규범의 최고성 보장

1. 헌법규범의 최고성 선언적 보장

헌법의 규범력은 ① 선언적 방법에 의한 것과 ② 재판적 방법에 의한 것이 있다.

1) 세계 각국 헌법의 규정[1]

(1) 미국 헌법

헌법규범은 최고 규범으로 인정하며, 헌법에서 명시적으로 규정한 것도 있다. 미국 헌법은 제6조 2항에서 헌법의 최고성과 연방의 최고성을 선언하였다. "이 헌법으로 제정한 미국 법률과 미국의 권한으로 체결했거나 체결될 모든 조약은 이 국가의 최고 법률이다. 모든 주의 법관은 어느 주의 헌법이나 법률과 배치되는 규정이 있더라도 이 헌법의 구속을 받는다." 또 3항에서 "앞에서 언급한 상원의원과 하원의원, 각 주의 의원, 미국과 각 주의 행정관과 사법관은 선서나 확약으로 이 헌법에 충성할 의무가 있다"라고 규정하였다.

(2) 일본 헌법

일본 헌법도 제98조에서 "이 헌법은 국가의 최고 법규이며, 이 조항에 반하는 법률·명령·규칙과 국무에 관한 기타 행위 전부 또는 일부는 그 효력이 없다"고 하였다. 또 "천황 또는 섭정, 국무대신·국회의원·재판관, 기타 공무원은 이 헌법

---

1) 헌법 보장은 김철수, 「헌법보장제도」, 『현대 법학의 문제』, 법문사, 1981, p. 1 이하/『학설판례 헌법학』 (상), 박영사, 2009, pp. 132-212; Bundesamt für Verfassungsschutz(Hrsg.), *Verfassungsschutz in der Demokratie*, 1990; Thiel(Hrsg.), *Wehrhafte Demokratie*, 2003; 小林直樹, 憲法の變動と保障 참조.

을 존중하고 옹호할 의무가 있다"(제99조)고 규정하였다.

(3) 러시아 헌법

러시아 헌법은 제15조에서 "① 러시아연방 헌법은 최고의 법적 힘과 직접적 효력을 가지며, 러시아연방 모든 영토에 적용된다. 러시아연방에서 채택한 법률과 기타의 법령은 러시아연방의 헌법과 상치되어서는 안 된다. ② 국가권력 기구, 지방자치 기구, 공무원, 일반 시민과 단체는 러시아연방 헌법과 법률을 준수할 의무가 있다"고 하였다.

(4) 터키 헌법

터키 헌법은 제11조에서 "헌법 조항은 입법부·행정부·사법부, 행정기관과 기타 기관 및 개인을 구속하는 기본적인 규범이다. 법률은 헌법에 저촉되어서는 안 된다"고 규정하였다.

(5) 폴란드 헌법

폴란드 헌법은 제8조에서 최고성을 규정하였다. "① 헌법은 폴란드공화국의 최고 법이다. ② 헌법 조항은 헌법에서 달리 규정하지 않는 한 직접 적용한다."

(6) 남아공 헌법

이 법은 남아공의 최고 법으로 이와 상반되는 법률이나 행위는 효력이 없으며, 이 법으로 부과한 의무는 반드시 준수해야 한다(헌법 제2조)고 최고 법으로 규정하였다.

(7) 헝가리 헌법

헝가리 헌법은 기초편 제R조에서 헌법 구속력을 규정하였다. "① 헌법은 헝가리의 법 체제 근거가 된다. ② 헌법과 입법은 모든 사람에게 구속력을 가진다.

③ 헌법 규정은 그 목적과 국민의 맹세, 역사적 구성 업적에 따라 해석한다.”

(8) 베트남 헌법

베트남 헌법은 제119조에서 헌법이 최고 법규임을 선언하였다. “① 헌법은 베트남사회주의공화국의 기본법이며, 최고의 법적 효력을 가진다. 기타 모든 법령 문서는 헌법에 부합하지 않으면 안 된다. 헌법에 위반하는 모든 행위는 예외 없이 처분한다. ② 국회, 국회의 각 기관, 국가주석, 정부, 인민재판소, 인민검찰원, 기타의 각 국가기관과 모든 인민은 헌법을 옹호할 책임이 있다. 헌법을 옹호하는 기구는 법률이 정하는 바에 따른다.”

2) 남북한 헌법

남북한 헌법에는 헌법의 최고 선언 규정은 없다.

3) 통일헌법의 규정

통일헌법에서는 헌법이 최고 법규임을 규정해야 할 것이며, 이를 보장할 여러 제도를 마련해야 할 것이다.

2. 헌법제도로 헌법 보장

1) 제도적으로 헌법을 보장하는 방법

(1) 위헌법률심판권

서방의 많은 헌법은 헌법재판소제도를 두어 헌법의 최고성을 보장하였다. 헌법재판소는 법률이나 명령, 규칙이 헌법을 위반하면 무효를 선언하고, 또 연방헌법재판소는 지방 헌법이나 법률, 조례가 연방헌법에 위반하는가를 심사하여 위반하는 경우 무효를 선언한다. 이것은 헌법이 다른 법규보다 우월한 최고 법규임을 확인·보장하는 것이다. 헌법재판소제도가 있는 오스트리아·독일·스페인·러시아의 헌법은 모두 위헌법률심사권을 행사하여 헌법의 최고성을 보장한다.

(2) 대통령 등 최고 권력기관의 탄핵제도

헌법재판소는 대통령이나 대법원장 등이 헌법에 위반하는 행위를 하여 국회의 탄핵을 받은 경우 그 위헌성을 심판하여 파면을 선고하도록 하였다. 이것은 국가기관이 헌법을 잘 지키는가를 감시하여 입헌주의를 확립하는 방법이다.

(3) 국가의 최고 이념을 보장하기 위한 정당해산제도

헌법은 국가의 이념이나 기본 질서를 보장하여 국가의 존립을 보장하였다. 헌법재판소는 국가 안에서 민주적 기본 질서를 위반하는 정당의 해산을 결정을 함으로써 국가의 존립인 헌법의 이념을 수호한다. 이를 위해 각국 헌법은 헌법을 수호하는 수단을 규정하였다. 그중에서도 중요한 것이 위헌 정당의 해산이며, 헌법재판소의 사후적 해산 조치 외에도 헌법 수호에 의한 사전적 예방 조치를 강구하고 있다.

(4) 입법기관의 위헌성을 막기 위한 국회해산제도

입법기관이 법률을 제정하거나 제정하지 않아 헌법의 최고성을 파괴할 때가 있는데, 이를 예방하기 위하여 국회해산제도를 두는 경우가 있다. 일반적으로 국가원수나 국민이 국회해산권을 행사하는데, 직접민주주의 국가에서는 국민소환제도도 인정한다.

2) 남북한 헌법의 헌법보장제도

(1) 북한 헌법의 헌법보장제도

북한 헌법에는 보장제도 규정은 거의 없다. 법률을 준수해야 한다는 의무 규정은 있으나(제82조), 입헌주의에 관한 규정은 없다. 다만 "공화국의 사회주의 헌법은 위대한 수령 김일성 동지와 위대한 령도자 김정일 동지의 주체적인 국가 건설 사상과 국가 건설 업적을 법화한 김일성·김정일의 헌법이다(2012. 4. 12 수정·보충)"라고 하였다. 헌법 개정도 최고인민회의에서 하는데 특별한 절차도 없고 한계도 없다. 그 밖에 헌법을 보장하려는 사법제도나 정당제도 해산규정도 없다.

(2) 남한 헌법의 헌법보장제도

대한민국 헌법은 헌법을 보장하는 기관으로 헌법재판소를 두어 위헌 법률을 무효로 선언하게 하였다. 또 헌법재판소에 의한 위헌 정당의 해산, 헌법재판소의 탄핵 결정 등을 규정하였다. 다만 대통령에 의한 국회해산제도는 규정하지 않으나, 국회에 의한 행정 각부 장관 해임건의권은 규정하였다.[2]

(3) 남북한 헌법의 헌법보장제도 비교

북한보다 대한민국 헌법이 헌법재판소제도를 두어 헌법을 보장하는 데 효과적으로 대처하였다. 그러나 외국과 비교해보면 부족하다. 외국은 국가권력의 위헌적 행사에 저항권을 행사하는 것을 인정하는 경우도 있다.

3) 세계 각국 헌법의 헌법보장기구

(1) 독일 헌법의 헌법보장기구

독일은 민주주의를 내부의 적이 파괴한 경험이 있기에 이를 예방할 여러 조치를 두었다. 헌법을 보장하기 위한 사법기구로 헌법재판소를 두어 위헌 법률 심사, 위헌 정당 해산, 위헌 공무원 탄핵을 규정하였다. 또 헌법수호청을 두어 행정

---

2) 더 상세한 것은 김철수, 『학설판례 헌법학』(상), 박영사, 2009, 140면 이하 참조.

적·예방적 조치를 할 수 있게 하였다. 최종적으로는 국민에게 저항할 권리를 인정하였다(제20조 4항). 대통령에게는 국회해산권을 인정하고, 국회에는 정부불신임권을 인정하며 헌법수호청을 인정하였다. 이 밖에도 국가긴급권 행사와 전쟁권한 행사로 국가와 헌법을 보장하였다.

(2) 오스트리아 헌법의 헌법보장기구

오스트리아는 헌법과 행정을 보장하기 위하여 제7장에 특별한 장을 두었다. 헌법을 보장하는 기구로는 헌법재판소를 두어 상세한 보장 규정을 두었다(제137~148조). 헌법재판소는 최종적인 사법기관으로 ① 법원과 행정청 간의 권한쟁의 ② 법원 간의 권한쟁의 ③ 연방과 주, 주 간의 권한쟁의를 심판한다(제138조). 또 법률·조약·명령에 대한 합헌성 심사(제89조), 연방정부와 주정부 간의 권한쟁의(제138조), 법률 위헌 심사(제140조), 명령과 조약의 위법 심사(제140a조), 중요 선거의 쟁송(제141조), 연방과 주의 최고 기관 책임 심사(제142조). 연방대통령에 대한 탄핵(제142조 2항), 연방정부의 구성에 대한 책임 추궁, 오스트리아 구의원에 대한 공소사건 등 공무원의 책임을 추궁·결정한다(제142조), 헌법을 보장하는 재판권을 행사한다. 또 법원의 판결이 위헌이 아닌가도 판단한다.

4) 통일헌법의 헌법보장제도

통일헌법에서는 헌법을 위반했을 때 처벌할 수 있는 제도를 마련해야 할 것이다. 대한민국 헌법상의 헌법재판소의 헌법 수호 능력과 기능을 강화해야 할 것이다. 국회의 반민주 행위를 시정할 국회해산제도와 위헌 행위를 하는 정당의 위헌 해산 결정, 중요 공무원에 대한 탄핵 심판, 헌법수호청에 의한 위헌 단체 해산 등을 규정해야겠다. 이 밖에도 공무원의 헌법을 수호할 의무, 중요 공무원의 헌법을 준수할 의무 강제, 필요불가결한 경우 저항권 행사도 규정하는 것이 필요할 것이다.

제2절. 헌법 개정 절차상 곤란성, 경성헌법

1. 경성헌법원칙

국가의 기본법인 헌법은 일반 법률처럼 국회의원 다수로 바꾸어서는 안 된다. 헌법은 헌법제정권자가 제정한 것이므로 입법권자가 함부로 개정해서는 안 되며, 헌법 개정권력자에 의하여 특별 의결 정족수로 개정하게 하였다. 이 원칙을 경성헌법원칙이라고 한다. 또 헌법 개정권력의 행사로도 이를 개정할 수 없는 몇 개의 조항이 있다. 이 헌법의 핵심은 헌법 개정의 한계다. 헌법핵을 제외한 헌법률로 헌법 개정권자에 의하여 개정될 수 있다.[3]

2. 남북한 헌법에서 헌법 개정 절차

1) 북한 헌법의 헌법 개정 절차

북한 헌법에는 헌법 개정 절차 규정이 없다. 헌법의 수정과 보충은 최고인민회의가 하도록 규정했을 뿐(제91조 1호) 특별한 개정 절차는 없다. 최고인민회의는 대의원 전원의 3분의 2 이상이 참석해야 성립한다(제93조). 헌법은 최고인민회의 대의원 전원의 3분의 2 이상이 찬성해야 수정·보완할 수 있다(제97조 3항).

2) 남한 헌법의 헌법 개정 절차

현행 대한민국 헌법은 헌법 개정 장을 두어 개정 절차를 명확히 규정하였다. 헌법 개정 발안은 국회 재적의원 과반수와 대통령만이 할 수 있다(제128조). 현 헌법에서는 국민의 발안을 인정하지 않는다. 제안한 헌법개정안은 대통령이 20일 이상의 기간 이를 공고해야 한다(제129조). 국회는 헌법개정안을 공고한 날부

---

3) 헌법 개정은 김철수, 『학설판례 헌법학』(상), 박영사, 2009, pp. 80~131, 215-253 참조.

터 60일 이내에 의결해야 하며, 국회 의결은 재적의원 3분의 2 이상의 찬성을 얻어야 한다(제130조 1항). 헌법개정안은 국회가 의결한 후 30일 이내에 국민투표에 부쳐 국회의원 선거권자 과반수의 투표와 투표자 과반수의 찬성을 얻어야 한다. 헌법개정안이 찬성을 얻으면 개정이 확정되며, 대통령은 즉시 이를 공포해야 한다(제130조).

헌법은 개정 한계를 규정하지 않았으나, 대통령의 임기 연장이나 중임 변경을 하기 위한 개정은 그 헌법 개정 제안 당시의 대통령은 효력이 없다고 하여 제안을 제한하였다. 이는 그동안 헌정사의 오점을 되풀이하지 않기 위한 것이다.

3) 남북한 헌법의 헌법 개정 절차 비교

① 남북한 헌법은 모두 경성헌법원칙을 채택하였다.
② 의회 의결 정족수는 3분의 2 이상으로 같다.
③ 북한에서는 국민투표를 하지 않으나, 남한에서는 반드시 국민투표를 규정한다.
④ 남북한 헌법은 모두 헌법 개정 한계를 규정하지 않았다.
⑤ 북한의 헌법 개정은 김일성·김정일 사상을 강조한 점에서 일관성이 있다고 할 수 있고, 남한은 전면 개정이 잦았다.

3. 세계 각국 헌법의 헌법 개정 절차

1) 개 관

대부분의 국가는 헌법 개정권자를 국회의원이나 대통령, 주권자인데 대부분의 국가는 일정 수의 국회의원과 국민, 대통령에게 헌법 개정 발안권을 주었다. 헌법 개정이 발안되면 국민의 토론에 기회를 주기 위하여 일정한 기간 후에 국회에서 표결하게 하였다. 국회 표결에서도 토론 없이 가부표결되며 재적의원 3분의 2 이상의 찬성을 얻도록 하였다. 국회 양원의 경우 상하 양원의 3분의 2 이상의 찬성이 필요하다. 헌법개정안이 국회를 통과하면 바로 대통령이 공포하는 나라도 있고, 대통령이 국민투표에 부치는 나라도 있다. 직접민주정치를 택하는 나라에서는 국민투표를 하는 것이 관례다. 국민투표에서 유권자 과반수가 투표하고, 투표자 과반수가 찬성하면 헌법 개정은 확정된다. 대통령은 헌법 개정에 대해서는 제의를 요구할 수 없으며, 헌법 개정은 즉시 공포한다. 시행일은 헌법개정안에 규정할 수 있다.

헌법 개정에서는 개정 한계 규정을 두는 것이 필요하다. 예를 들어 전시나 사변시에는 개정할 수 없게 하는 방법과 구체적인 조문이나 헌법 정신은 개정할 수 없도록 하는 헌법 규정 등이 있다.

2) 러시아연방 헌법의 헌법 개정 조항

1993년 러시아연방은 헌법을 개정하여 민주화된 헌법으로 전환하였다. 헌법 개정도 과거와 달리 경성헌법원칙을 채용하였다. 러시아연방헌법은 제4조에서 "러시아연방헌법과 연방법들은 전 영토에서 최고 상위법이다"라고 규정하고, 헌법 개정에 여러 조항을 두었다.

헌법 개정 발안자는 "러시아연방 대통령, 연방의회, 국가두마, 러시아연방내각, 러시아연방 구성 주체의 입법기관, 연방회의 또는 국가두마의 재적의원 5분의 1 이상이 제출할 수 있다(제134조). 러시아연방헌법 제1장, 2장, 9장의 수정은 연방의회가 수정할 수 없고, 제헌회의에서만 의결할 수 있다(제135조). 제헌회의 소집은 연방회의 및 국가두마 재적의원 5분의 3 이상의 개정 요구로 할 수 있다. 이 개정안은 러시아 제헌회의에 회부된다. 여기서는 새 헌법 초안을 만들어 그 초안을 제헌회의 재적의원 5분의 2 이상의 찬성을 얻어 채택할 수 있다. 이 밖에도 이 초안을 국민투표에 회부할 수 있다. 국민투표는 유권자 재적 과반수의 투표에 투표 참가자 과반수가 찬성하면 채택된다(제135조).

러시아연방헌법 체제의 기초를 구성하는 제1장의 내용은 헌법에 규정된 절차에 의하지 않고는 개정할 수 없다(제16조). 이 조항들 외의 조항에 대한 개정 절차도 상세히 규정하였다(제136, 137조).

3) 남아공 헌법의 헌법 개정 조항

1996년의 남아공 헌법도 개헌 절차를 일반 입법 절차와 구분하여 상세히 규정하였다(제74조).

4) 미국 헌법의 헌법 개정 조항

미국 헌법 개정도 국회 상·하 양원의 개정 방식과 제헌회의가 승인하는 방식으로 나눈다(제5조). 연방의회는 양원의원의 3분의 2가 수정을 인정할 때는 헌법 수정을 제안한다. 3분의 2 이상의 주에서 주의회 요청이 있을 때는 헌법회의를 소집해야 하고, 연방의회는 4분의 3의 주에서 주의회나 헌법회의 비준 중 하나를 거쳐야 한다.

4. 통일헌법의 헌법 개정

통일헌법에서는 헌법의 존엄성과 효력, 개정에 대한 장을 두어야 할 것이다.
① 헌법이 국가 규범의 최고 법이며, 이를 위반한 법률·명령·규칙은 효력을 상실한다는 것을 명시해야 할 것이다. 헌법을 보장하는 기관으로 헌법재판소를 두어 법률·명령·규칙에 추상적 규범 통제를 할 수 있게 해야 한다.
② 헌법은 모든 국가기관, 공무원, 국민을 구속함을 명시하고, 대통령과 공무원은 헌법을 수호할 의무가 있음을 명시하고, 이를 위반하면 면직해야 할 것이다. 국민은 헌법을 준수할 의무만이 아니라 헌법을 수호할 의무까지 지도록 해야 할 것이다.
③ 헌법을 개정하는 절차는 민주주의 원칙에 따라 명확하게 규정해야 할 것이다. 현행 한국의 헌법 조항을 그대로 둔다면 국민이 발안할 수 있도록 해야

할 것이다.

④ 국회 상·하 양원 3분의 2 이상의 찬성으로 의결하도록 규정해야 할 것이다.

⑤ 헌법을 개정하는 최종 결정은 헌법 개정권자인 국민이 결정할 수 있도록 헌법 개정에서 국민투표제를 도입해야 할 것이다.

⑥ 헌법 개정 한계로서 자유민주적 기본 질서를 침해하는 헌법 개정을 할 수 없도록 할 것이며, 인간존엄권, 행복추구권, 인간다운 생활을 할 권리 규정의 불가침을 규정해야 할 것이다(독일 기본법 제19조 3항, 이탈리아 국가 형태, 포르투갈 제299조, 터키 제4조, 체코 제9조).

⑦ 전시나 비상계엄 상태와 같이 국민의 여론이 형성되기 어려운 경우에도 헌법 개정을 금지한다(많은 나라 헌법, 포르투갈 제289조).

헌법 개정은 독일식으로 의회에서 가중 입법 절차로 개정하는 경우도 있으나, 헌법은 최고 법규이므로 그 개정은 어려워야 할 것이며, 국민투표를 반드시 해야 할 것이다.

제V부.
한민족연방공화국 헌법(안)

통일헌법 전문

　유구한 역사와 전통에 빛나는 우리 한민족은 기미(己未) 3·1운동으로 대한민국을 건립하여 세계에 선포한 위대한 독립정신을 계승하여 이제 민주독립통일국가를 재건함에 있어서 정의 인도와 동포애로 민족의 단결을 공고히 하며, 모든 사회적 폐습을 타파하고 민주주의의 여러 제도를 수립하여 정치·경제·사회·문화 모든 영역에서 개개인의 기회를 균등히 하고 능력을 최대한 발휘하게 하며 개개인의 책임과 의무를 완수하게 하여 안으로는 국민생활의 균등한 향상을 기하고, 밖으로는 항구적인 국제 평화를 유지하는 데 노력하여 우리와 우리 자손의 안전과 자유와 행복을 영원히 확보할 것을 결의하고, 우리 민족의 분단을 극복하고, 통일된 기본 질서를 확립하기 위하여 ○○○○년 ○○월 ○○일 이 헌법을 제정한다.

제1장 사람의 권리와 시민의 의무

제1절 인간의 존엄

제1조　① 모든 사람은 인간으로서 존엄권을 가진다.

　　　　② 모든 사람은 행복을 추구할 권리를 가진다.

제2조　① 모든 사람은 생명권을 가진다.

　　　　② 배아 및 태아의 생명은 임신 시부터 보호받는다.

　　　　③ 사형은 폐지한다.

제3조　① 모든 사람은 도덕적·신체적 온전성을 침해당하지 않는다.

　　　　② 누구도 고문이나 잔혹 행위를 당하지 않으며, 모멸적이거나 비인도적인 처우와 처벌을 받아서는 안 된다.

　　　　③ 노예제도나 인신매매는 금지한다.

제4조 ① 모든 사람은 개인의 정체성에 대한 권리, 각자의 개성을 계발할 권리, 시민권, 명예와 평판에 대한 권리, 초상권, 발언권, 사생활과 가정생활의 비밀을 보호받을 권리를 가진다.

② 개인 및 가족에 관한 정보 제공과 남용, 인간의 존엄성에 반하는 정보 활용을 효과적으로 방지할 수 있는 보장 수단들은 법률로 정한다.

③ 특히 기술의 창안·개발·활용, 과학적 실험에서 인간의 존엄성과 유전적 정체성을 법률로 보장한다.

④ 인간 복제나 인체 실험은 금지한다.

제5조 ① 모든 사람은 자연적·경제적·사회적 위험에서 안전할 권리를 가진다.

② 모든 사람은 개인으로나 집단으로 안전과 재해를 침해받지 않을 권리를 가진다.

제2절 평등권

제6조 ① 모든 사람은 법 앞에 평등하게 대우받을 권리를 가진다.

② 누구든지 출신·인종·성별·연령·언어·사회적 지위·생활방식, 종교적·철학적·정치적 신념, 정신적·심리적 장애를 이유로 차별받지 않는다.

③ 남성과 여성은 동등한 권리를 가진다. 국가는 특히 가정과 교육, 근로에서 법률상·사실상의 양성평등을 실현한다. 남성과 여성은 동일 가치 근로에 서 동일 임금을 받을 권리를 가진다.

④ 누구든지 정신적·심리적·육체적 장애로 차별받지 않는다.

⑤ 사회적 특권계급 등 특수계급제도는 인정되지 않으며, 어떠한 형태로도 이를 창설할 수 없다.

제3절 자유권

제7조 ① 모든 사람은 일반적 행동 자유권과 신체적·정신적으로 활동할 자

유권을 가진다.

제8조   ① 모든 사람은 신체를 보전할 자유를 가진다.

② 인신의 체포·구속·감금은 법관의 영장이 있어야만 할 수 있다.

제9조   ① 누구든지 사생활 자유를 가진다.

② 누구든지 자신에 대한 개인적 정보의 잘못된 사용에서 보호받을
권리를 가진다.

제10조   모든 사람은 우편·통신의 비밀을 침해받지 않고, 검열은 금지한다.

제11조   모든 사람은 주거 자유를 침해받지 않는다.

제12조   ① 모든 사람은 국내외 어디서든지 거주할 권리를 가진다.

② 모든 시민은 거주지를 이전할 자유를 가지며, 출국이나 입국할 권리
를 가진다.

제13조   ① 한국 시민은 한국에서 추방되지 않으며, 본인이 동의하는 경우에
한하여 외국 기관에 인도될 수 있다.

② 난민은 처형당할 수 있는 국가에 강제로 송환되거나 인도되지 않는다.

③ 누구든지 고문이나 기타 잔혹하고 비인도적인 처우나 형벌을 받을
우려가 있는 국가에 송환되지 않는다.

제14조   ① 모든 사람은 종교와 양심의 자유를 가진다.

② 누구든지 자유롭게 종교나 철학적 신념을 선택하고, 개인이나 공동
으로 그것을 실현할 권리를 가진다.

③ 누구든지 종교단체에 가입하거나 소속될 권리와 종교 교육을 받을
수 있는 권리를 가진다.

④ 누구든지 종교 행위나 종교 교육을 강요받지 않는다.

⑤ 국교는 인정하지 않으며, 종교와 정치는 분리한다.

제15조   ① 모든 사람은 학문과 예술의 자유를 가진다.

② 저작자·발명가·과학기술자·예술가의 권리는 법률로 보호한다.

제16조 ① 누구든지 법률에서 정한 경우를 제외하고는 자신의 정보를 공개할 의무를 지지 않는다.

② 공공기관은 민주법치 국가에서 필요한 것이 아닌 한, 국민의 정보를 획득·수집하거나 타인이 접근할 수 있도록 해서는 안 된다.

③ 모든 사람은 자신에 관한 공적 문서와 수집한 자료에 접근할 권리를 가진다.

④ 모든 사람은 허위이거나 불완전한 정보나 법률에 반하는 방법으로 획득한 정보를 수정·삭제를 요구할 권리를 가진다.

⑤ 정보의 수집과 접근 원칙, 절차는 법률로 정한다.

제17조 ① 모든 사람은 의견을 표명하고, 정보를 획득하고, 전파할 권리를 가진다.

② 누구든지 정보를 자유로이 수령하고, 일반적으로 접근할 수 있는 정보원에게서 정보를 취득하며, 이를 유포할 권리를 가진다.

③ 출판, 라디오, 텔레비전의 자유 및 공공통신 수단에 의한 기타 유형의 제작물 및 정보를 유포할 수 있는 권리는 보장한다.

④ 검열은 금지한다.

⑤ 취재원을 밝히지 않을 권리는 보장한다.

제18조 ① 모든 사람은 평화적 집회에 참여할 권리를 가진다.

② 누구든지 집회를 조직하고, 집회에 참가하거나 참가하지 아니할 권리를 가진다.

제19조 ① 결사의 자유는 보장한다.

② 누구든지 단체를 조직하고, 단체에 가입 및 소속되거나 그 활동에 참여할 수 있는 권리를 가진다.

③ 누구든지 단체에 가입하거나 소속되도록 강요받지 않는다.

④ 목적이나 활동이 헌법이나 법률에 반하는 결사는 금지한다. 법원은

단체의 등록을 승인하고, 단체활동을 금지할지 여부를 결정한다.

⑤ 법원의 등록을 요하는 단체 유형과 절차, 감독에 대해서는 법률로 정한다.

제20조　① 모든 사람은 경제적 자유를 가진다.

② 경제적 자유는 특히 직업 선택 자유와 사적 경제활동 자유를 포함한다.

③ 모든 사람은 직업을 선택하고 수행할 자유, 근로 장소를 선택할 자유를 가진다. 예외 규정은 법률로 정한다.

④ 16세 미만 아동의 상시 고용은 금지한다. 허용되는 고용 형태와 유형은 법률로 정한다.

⑤ 최저 노동 임금 수준과 방식은 법률로 정한다.

제21조　① 모든 사람은 소유권과 기타 재산권, 상속권을 가진다.

② 모든 사람은 평등하게 소유권과 기타 재산권, 상속권에 관한 법적 보호를 받는다.

③ 소유권은 단지 법률로만 제한할 수 있으며, 제한하는 경우에도 권리의 본질적인 내용을 침해할 수 없다.

제4절 인간다운 생활을 할 권리

제22조　① 모든 사람은 인간다운 생활을 할 권리를 가진다.

② 국가는 사회보장과 복지 증진에 노력해야 한다.

③ 모든 사람은 사회보장제도 등에 관한 고지를 받을 권리를 가진다.

제23조　① 누구든지 궁핍하고 자활할 수 있는 상태가 아닌 경우에는 국가의 조력과 보호를 받을 권리를 가진다.

② 누구든지 인간다운 기본적인 생활을 영위하는 데 필요한 재정적인 지원을 받을 권리를 가진다.

제24조 ① 모든 사람은 질병이나 장애를 이유로 근로능력이 없는 경우나 정년에 이른 경우 사회보장을 받을 권리를 가진다.

② 비자발적으로 실업상태에 놓여 있고, 다른 생계수단이 없는 국민은 사회보장을 받을 권리를 가지며, 그 범위는 법률로 정한다.

제25조 ① 성평등은 고용·노동·임금·복지 등 모든 영역에서 보장해야 한다.

② 혼인과 가족 생활은 개인의 존엄과 성평등을 기초로 성립·유지되어야 하며, 국가는 이를 보장한다.

③ 누구든지 임신·출산·양육을 이유로 차별받지 않으며, 국가는 모성을 보호하기 위하여 노력해야 한다.

제26조 ① 모든 사람은 사회적·경제적 정책에서 가족의 존엄을 가진다. 자녀가 많은 가정이나 편부·편모 가정처럼 물질적·사회적으로 어려운 조건에 놓여 있는 가정은 공공기관의 특별한 보호를 받을 권리를 가진다.

② 출산 전후의 산모는 법률로 정한 범위에서 공공기관의 특별한 보호를 받을 권리를 가진다.

제27조 ① 어린이와 청소년은 자신의 행복을 위하여 보호와 배려를 받을 권리가 있으며, 이들에 관한 모든 공적·사적 조치는 어린이와 청소년의 이익을 우선적으로 고려해야 한다.

② 어린이와 청소년은 독립된 인격 주체로서 자율성을 존중받고, 자유롭게 의사를 표현하며 존중받을 권리를 가진다.

③ 부모는 자녀에게 적합한 양육 방식을 선택할 권리를 가진다.

④ 부모는 자녀를 양육할 의무가 있고, 이 의무는 자녀에게 학교교육을 받게 할 의무를 포함한다.

제28조 노인은 존엄하고 자립적인 삶을 영위할 권리와 사회적·문화적 생활에 참여할 권리를 가지며, 모든 영역에서 부당한 차별대우를 받지 않는다.

제29조　장애인은 존엄하고 자립적인 삶을 영위할 권리와 공동체 생활에 참여할 권리를 가지며, 모든 영역에서 부당한 차별대우를 받지 않는다.

제30조　① 모든 사람은 능력에 따라 균등하게 교육을 받을 권리를 가진다.

② 의무교육은 무상으로 한다.

③ 국가는 평생교육, 직업교육, 민주시민교육, 사회교육을 진흥해야 한다.

④ 교육의 자주성·전문성·정치적 중립성과 대학의 자율성을 보장한다. 구체적인 내용은 법률로 정한다.

⑤ 교육제도와 그 운영, 교육 재정과 교원의 지위 등 기본적인 사항은 법률로 정한다.

제31조　① 모든 사람은 소비자의 권리를 가진다.

② 국가는 건전한 소비 행위를 계도(啓導)하고, 생산품의 품질 향상을 촉구하는 소비자운동을 법률로 정하는 바에 따라 보장한다.

제32조　① 모든 국민은 근로할 권리를 가진다. 국가는 근로자의 고용 증진과 적정한 임금 보장에 노력해야 하며, 법률로 정하는 바에 따라 최저임금제를 시행해야 한다.

② 근로 조건 기준은 인간의 존엄성을 보장하도록 법률로 정한다.

③ 국가유공자·상이군경·전몰군경·의사자(義死者)의 유가족은 법률로 정하는 바에 따라 우선적으로 근로할 기회를 부여받는다.

제33조　① 근로자와 사용자는 일자리를 보장하고, 국가 경제를 지속시키며, 그 밖의 공동체 목표를 위하여 서로 협력해야 한다.

② 근로자와 사용자, 그 단체는 법률이 정하는 바에 따라 상호 협상하여 단체 협약을 체결하고, 노동자의 파업권을 포함하여 본인의 이익을 방어하기 위하여 단체 행동을 할 수 있다.

③ 모든 근로자는 보건과 안전, 존엄을 존중하는 근로 조건에서 근로할 권리를 가진다.

④ 모든 근로자는 일간 및 주간 휴게시간, 유급 연차휴가를 누릴 권리를 가진다.

제34조 ① 근로자와 사용자, 그 조직은 자신의 이익을 보호하기 위하여 결사할 수 있고, 조합을 결성할 수 있으며, 조합에 가입하거나 가입하지 않을 권리를 가진다.

② 노동쟁의는 가능한 한 교섭이나 조정으로 해결해야 한다.

③ 파업 및 직장 폐쇄는 그것이 근로관계와 관련 있고, 평화로운 근로관계를 유지 또는 중재 절차를 이행하는 데 저촉되지 않는 한 허용해야 한다.

④ 공무원인 근로자는 법률로 정하는 사람에 한하여 단결권·단체교섭권 및 단체행동권을 가진다.

⑤ 법률로 정하는 주요 방위산업체와 필수 공익기관에 종사하는 근로자의 단체행동권은 법률로 정하는 바에 따라 제한하거나 인정하지 않을 수 있다.

제35조 ① 모든 사람은 건강하고 적절한 주거 조건을 보장받을 권리를 가진다.

② 국가와 지방정부는 주거가 없는 국민에게 거처를 마련하기 위하여 노력함으로써 적절한 주거 조건을 만드는 데 기여해야 한다.

③ 공공정책, 공공안전, 공중보건 및 문화적 가치를 보호하기 위하여 법률 또는 지방정부 조례는 공적 공간의 특정한 부분에 관하여 주거로서 공적 공간에 거주하는 것이 불법임을 규정할 수 있다.

제36조 ① 모든 사람은 건강권을 가진다.

② 공금기금으로 재정적 지원을 하는 건강 보호 서비스는 국민 개인의 재정상태와 관계없이 모든 국민에게 보장된다. 서비스를 제공하는 조건과 범위는 법률로 정한다.

③ 공공기관은 아동·임산부·장애인·노인에게 특별한 건강 보호를 보장한다.

④ 공공기관은 전염병을 방지하고, 환경 악화로 인한 건강 저하를 예방해야 한다.

⑤ 공공기관은 아동과 청소년의 체육을 육성한다.

제37조 ① 모든 사람은 쾌적한 환경에서 생활할 권리를 가진다.

② 환경을 훼손한 자는 법률로 정하는 바에 따라 환경을 복원하거나 회복하게 해야 한다.

제5절 참정권

제38조 ① 모든 국민은 성년이 된 날부터 선거권을 가진다.

② 선거권에 관한 구체적 규정은 법률로 정한다.

제39조 ① 모든 국민은 피선거권을 가진다.

② 피선거권에 대한 구체적인 사항은 법률로 정한다.

제40조 ① 모든 국민은 공무담임권을 가진다.

② 공무원의 자격과 임용 절차는 법률로 정한다.

제41조 ① 모든 국민은 국민투표권을 가진다.

② 모든 국민은 국민발안권을 가진다.

③ 국민투표와 국민발안에 관한 구체적인 사항은 법률로 정한다.

제42조 ① 모든 사람은 공권력을 행사하는 기관에 공정하고 적절한 행정을 요구할 권리를 가진다.

② 이에 대한 구체적 사항은 법률로 정한다.

제43조 ① 모든 사람은 공권력을 행사하는 기관에 청원할 권리를 가진다.

② 공권력을 행사하는 기관은 청원을 수리·심사하여 그 결과를 청원인에게 통지해야 한다.

③ 이 권리를 행사했다는 이유로 어떠한 불이익도 받지 않는다.

제6절 사법 절차에 관한 권리

제44조 ① 모든 사람은 법률과 적법한 절차에 의하지 아니하고는 체포·구속·압수·수색·심문·처벌·보안 처분·노역장에 유치되지 않는다.

② 모든 사람은 형사상 자기에게 불리한 진술을 강요당하지 않는다.

③ 체포·구속·압수·수색을 할 때는 적법한 절차에 따라 법관이 발부한 영장을 제시해야 한다. 다만, 현행범인 경우와 장기 3년 이상의 형에 해당하는 죄를 범하고 도피 또는 증거를 인멸할 염려가 있을 경우에는 사후에 영장을 청구할 수 있다.

④ 모든 사람은 사법 절차에서 변호인의 도움을 받을 권리를 가진다. 체포나 구속을 당한 경우에는 즉시 변호인의 도움을 받도록 해야 한다. 국가는 형사 피의자 또는 피고인이 스스로 변호인을 구할 수 없을 때는 법률로 정하는 바에 따라 변호인을 선임하여 변호를 받도록 해야 한다.

⑤ 모든 사람은 체포나 구속 이유와 변호인의 도움을 받을 권리가 있음을 고지받지 않고는 체포나 구속당하지 않는다. 체포 또는 구속을 당한 사람의 가족 등 법률로 정하는 사람에게는 그 이유와 일시, 장소를 지체 없이 통지해야 한다.

⑥ 누구든지 체포나 구속을 당했을 때는 적부 심사를 법원에 청구할 권리를 가진다.

⑦ 피고인의 자백이 고문·폭행·협박·구속의 부당한 장기화 또는 속임수 그 밖의 방법에 의하여 자의로 진술한 것이 아니라고 인정될 때 또는 정식 재판에 서 피고인의 자백이 그에게 불리한 유일한 증거일 때는 이를 유죄 증거로 삼거나 이를 이유로 처벌할 수 없다.

제45조 ① 모든 사람은 행위시 법률에 따라 범죄를 구성하지 않는 행위로 소

추되지 않으며, 동일한 범죄에 대하여 거듭 처벌받지 않는다.

② 모든 사람은 친족의 행위로 불이익 처우를 받지 않는다.

제46조 ① 모든 사람은 헌법과 법률이 정한 법관에게 헌법과 법률에 따른 공정하고 신속한 재판을 받을 권리를 가진다.

② 수사와 재판은 불구속을 원칙으로 하며, 수사와 재판에 관한 부당한 지시나 간섭은 금지한다.

③ 검사는 수사한 결과 중요한 범죄 혐의가 인정되면 불기소처분을 할 수 없다.

④ 군인이나 군무원이 아닌 국민은 군사법원의 재판을 받지 않는다. 다만, 전시 또는 비상계엄이 선포된 때 내란·외환·중대한 군사상 기밀·초병·초소·유독 음식물 공급·포로·군용물에 관한 죄 중 법률로 정한 경우에는 그렇지 않다.

⑤ 형사 피고인은 상당한 이유가 없는 한 지체 없이 공개재판을 받을 권리를 가지며, 유죄 판결이 확정될 때까지는 무죄로 추정한다.

⑥ 형사 피해자는 법률로 정하는 바에 따라 재판 절차 진술권을 가진다.

제47조 형사 피의자나 형사 피고인으로 구금되었던 사람이 법률로 정하는 불기소처분을 받거나 무죄판결을 받은 때는 법률로 정하는 바에 따라 국가에 정당한 보상을 청구할 수 있다.

제48조 ① 모든 사람은 공공기관의 불법행위로 발생한 손해를 배상받을 권리를 가진다.

② 법률은 개인이 자유나 권리 침해를 주장하며 법원에 소를 제기하는 것을 금지해서는 안 된다.

③ 국가나 공공단체가 정당한 배상을 할 경우에는 불법행위를 한 공무원에게 책임을 물을 수 있다.

제49조 ① 국민은 공공기관 및 공적 기능을 수행하는 자의 활동에 관한 정보

를 취득할 권리를 가진다.

② 정보를 취득할 권리 문서를 열람하고, 보통선거로 형성된 공공기관 단체의 회의를 녹음 및 녹화를 포함하여 방청할 권리를 보장한다.

③ 제1항과 2항의 권리는 오직 다른 개인 및 경제 주체의 권리와 자유, 공공질서, 국가 안전보장 또는 국가의 중요한 경제적 이익을 보호하기 위한 목적으로 법률에 따라 제한할 수 있다.

④ 제1항과 2항의 정보를 제공하는 절차는 법률로 정한다.

제50조 ① 타인의 범죄 행위로 생명·신체·재산·정신적 피해를 받은 국민은 법률로 정하는 바에 따라 국가의 구조 및 보호를 받을 권리를 가진다.

② 제1항의 법률은 피해자의 인권을 존중하도록 정해야 한다.

제7절 권리 제한과 그 한계

제51조 ① 인간의 존엄·자유·권리는 헌법에 열거하지 않았다는 이유로 경시되지 않는다.

② 모든 사람의 존엄·자유·권리 규정은 국정의 최고 규범으로 존중받아야 한다.

제52조 ① 모든 사람은 자기의 존엄·권리·자유를 침해받은 경우에는 법원에 소송을 제기하여 구제받을 권리를 가진다.

② 헌법상 자유와 권리를 침해받은 자는 누구든지 법률로 정한 원칙에 따라 법원이나 공공기관이 헌법에서 정한 자유·권리·의무에 대한 최종 결정을 내린 근거가 된 법률 기타 법규가 헌법에 합치하는지에 관한 헌법소원을 청구할 수 있다.

제53조 ① 기본권을 제한할 때는 법률을 근거로 해야 한다.

② 기본권 제한은 국가안전보장, 자유민주적 기본 질서 유지, 공공의 이익 또는 타인의 기본권을 보호하기 위하여 정당화될 수 있는 것이

어야 한다.

③ 기본권 제한은 그 목적에 비례하는 것이어야 하며, 최소한에 그쳐야 한다.

④ 기본권의 본질적 내용은 침해할 수 없다.

⑤ 참정권과 재산권은 소급 입법으로 부당하게 제한하지 않는다.

제54조 ① 자유를 박탈당한 자는 누구든지 인도적인 대우를 받아야 한다.

② 불법으로 자유를 박탈당한 자는 누구든지 형사 보상을 받을 권리를 가진다.

제8절 기본 의무

제55조 모든 사람은 헌법을 수호하고, 법률을 준수할 의무를 진다.

제56조 모든 사람은 헌법이 보장하는 자유와 권리를 남용하지 않을 의무를 진다.

제57조 모든 사람은 법률로 정하는 바에 따라 납세 의무를 진다.

제58조 ① 모든 국민은 법률로 정하는 바에 따라 국방 의무를 진다.

② 누구든지 병역 의무 이행으로 불이익 처우를 받지 않는다.

제59조 재산권 행사는 공공복리에 적합하도록 해야 한다.

제60조 모든 사람은 근로 의무를 진다. 국가는 근로 의무 내용과 조건을 민주주의 원칙에 따라 법률로 정한다.

제61조 ① 모든 사람은 최선을 다하여 경제 참가 정도에 비례하여 공동체의 요구를 충족시키는 데 기여해야 한다.

② 어린이를 양육하는 자의 경우, 공동체의 요구를 충족시키기 위한 기여 범위는 어린이 양육 비용을 고려하여 정한다.

제62조   모든 사람은 그 보호하는 자녀에게 초등교육과 법률로 정하는 교육을
받게 할 의무를 진다.

제63조   ① 모든 사람은 환경을 보전할 의무를 진다.
② 국가는 지속 가능한 환경 보전을 위하여 노력해야 한다.

제2장 총강과 기본 질서

제1절 총 강

제64조   ① 한민족연방공화국은 민주적·사회적 연방공화국이다.
② 한민족연방공화국의 주권은 국민에게 있고, 국민은 국민투표나 선
거로 구성한 대표기관을 통하여 주권을 행사한다.
③ 한민족연방공화국의 모든 권력은 국민을 위하여 행사한다.

제65조   ① 한민족연방공화국은 지방분권을 원칙으로 하며, 8개 주로 구성한다.
② 주는 이 헌법의 원리에 따라 자치권을 행사한다.
③ 주의 조직과 권한은 지방자치분권 기본법에 따른다.

제66조   ① 한민족연방공화국의 국민 자녀는 출생 시에 대한민국 국적을 취득
한다.
② 한민족을 부 또는 모로 하여 출생한 사람과 그들의 후손은 헌법과 법
률로 정하는 바에 따라 한민족연방공화국 국적을 취득할 수 있다.
③ 그 밖에 한민족연방공화국의 국민이 되는 요건과 절차에 필요한 사
항은 법률로 정한다.
④ 국가는 재외국민을 보호할 의무를 진다. 구체적인 사항은 법률로
정한다.

제67조 한민족연방공화국의 영토는 한반도와 그 부속도서로 한다.

제68조 ① 한민족연방공화국의 국기는 태극기다.

② 한민족연방공화국의 국가는 애국가다.

③ 한민족연방공화국의 국어는 한국어다.

④ 한민족연방공화국의 수도는 서울이다.

제69조 연방의 기본 과제를 열거하면 다음과 같다.

① 국가의 독립을 보장하고, 이를 증진하는 정치적·경제적·사회적·문화적 조건 조성.

② 기본권과 자유를 보장하는 한편, 법치주의에 입각한 민주주의 국가의 원칙 존중.

③ 정치적 민주주의를 수호하고, 국가적 문제 해결에 국민의 민주적 참여 보호 및 증진.

④ 국민의 복리와 질 높은 삶 및 국민 간의 실질적인 평등을 증진하는 한편, 경제적·사회적 구조의 변화 및 현대화를 통해 경제적·사회적·문화적·환경적 권리의 효과적인 이행 증진.

⑤ 국민의 문화적 유산을 보호·강화하고, 자연과 현경을 보호하며 천연자원을 보존하는 한편, 적절한 도시농촌 계획 수립.

⑥ 교육 및 지속적인 개인 능력 계발을 보장하고, 모든 국민의 문화 발전을 도모.

⑦ 남녀평등 증진.

제2절 정 치

제70조 ① 국민은 보통·평등·직접·비밀·정기적 선거권은 물론, 국민투표제와 기타 헌법에 명시한 방법으로 정치적 권한을 행사한다.

② 연방에는 연방하원과 연방상원을 둔다.

③ 연방하원은 소선거구제와 비례대표에 따라 의원을 선출한다.

④ 연방상원은 각 주 단위로 대선거구제와 비례대표에 따라 의원을 선출한다.

⑤ 연방대통령은 연방 시민의 직접선거로 선출한다.

⑥ 주 대표는 주 의회에서 선출하며, 주 시민의 대표자로 지방을 대표한다.

제71조 ① 정당은 국가적 자주성 원칙과 국가의 단결, 정치적 민주주의를 존중해 국민의 의사를 수렴·표현하는 데 기여한다.

② 정당의 설립과 조직, 활동은 자유이며, 복수정당제를 보장한다.

③ 정당은 그 목적과 조직, 활동이 민주적이어야 하며, 국민의 정치적 의사를 대변하는 조직을 갖추어야 한다.

④ 정당은 법률로 정하는 바에 따라 국가의 보호를 받으며, 국가는 법률로 정하는 바에 따라 정당을 운영하는 데 필요한 자금을 보조할 수 있다.

⑤ 정당의 목적이나 활동이 민주적 기본 질서를 위배했을 때는 대통령은 헌법재판소에 그 해산을 제소할 수 있고, 정당은 헌법재판소의 심판에 따라 해산한다.

⑥ 헌법재판소의 심판에 따라 해산한 정당 소속 국회의원은 의원직을 상실하며, 그 밖의 해산 결정 효력은 법률로 정한다.

제3절 행 정

제72조 ① 국가권력은 국민을 대표하는 기관인 입법·행정·사법 기관을 통하여 행사한다.

② 헌법 개정은 헌법 규정에 따라야 한다.

③ 입법은 헌법 질서에, 행정과 사법은 법률과 법에 구속된다.

④ 모든 국민은 이러한 질서의 폐지를 기도하는 자에게 다른 구제 수

단이 불가능할 때는 저항할 권리를 가진다.

제73조　① 공무원은 국민 전체에 봉사하는 자이며, 국민에 대하여 책임을 진다.

② 공무원은 헌법을 충실히 준수할 의무와 청렴할 의무를 지며, 국민의 통합을 위하여 활동해야 한다.

③ 공무원의 신분과 정치적 중립성은 법률로 정하는 바에 따라 보장한다.

④ 국군은 국가의 안전과 국토 방위 의무를 수행하는 것을 사명으로 하며, 정치적 중립성을 준수한다.

제4절 경제 질서

제74조　① 한민족연방공화국의 경제 질서는 개인과 기업의 경제상의 자유와 창의를 존중함을 기본으로 한다.

② 한민족연방공화국은 모든 국민의 인간다운 생활을 보장하는 것을 목적으로 하는 사회적 시장경제를 지향한다.

제75조　국가는 균형 있는 국민의 경제성장 및 안정과 적정한 소득의 분배를 유지하고, 시장 지배와 경제력 남용을 방지하며, 경제 주체 간의 조화를 통한 사회정의 실현을 위하여 경제에 관한 필요한 계획을 수립하고 규제·조정할 수 있다.

제76조　① 생산수단 개인소유권을 보장하며, 재산권과 상속권을 보장한다.

② 국토와 자원은 국가의 보호를 받으며, 토지 사용은 생산성 제고를 위하여 국가의 이용 통제를 받을 수 있다.

③ 개인이 소유하는 재산을 공공 목적으로 사용·수용하는 것은 국민경제상 필요한 경우에 한하며, 정당한 보상을 해야 한다.

제5절 국제관계

제77조　① 한민족연방공화국은 국제 평화 유지에 노력하고, 침략적 전쟁을 인

정하지 않는다.

② 국군은 세계 평화를 위하여 외국에서 활동할 수 있다.

제78조　① 헌법에 따라 체결·공포한 조약과 일반적으로 승인한 국제법규는 국내법과 같은 효력을 가진다.

② 외국인의 지위는 국제법과 조약에서 정하는 바에 따라 보장한다.

제3장 국 회

제1절 구 성

제79조　입법권은 국회에 속한다.

제80조　① 국회는 하원과 상원으로 조직한다.

② 하원은 국민이 보통·평등·직접·비밀·자유 선거로 선출한 의원으로 구성한다.

③ 상원은 주민이 보통·평등·직접·비밀·자유 선거로 선출한 의원으로 구성한다.

④ 국회의원 수는 법률로 정하되, 하원의원은 300명 이상, 상원의원은 150명 이하로 한다.

⑤ 대통령이 하원을 해산한 때는 하원이 해산된 날부터 20일 이후 40일 이내에 하원 선거를 한다.

⑥ 국회의원의 선거구와 비례대표제, 그 밖에 선거에 관한 사항은 법률로 정한다.

제81조　① 하원의원 임기는 3년으로 한다. 다만, 대통령이 하원을 해산했을 때는 즉시 임기가 종료된다.

② 상원의원 임기는 6년으로 한다. 상원의원의 절반은 3년마다 개선한다.

제82조 ① 국회의원은 다른 원의 의원을 겸할 수 없다.

　　　　② 국회의원은 국회의원 직무에 전념해야 하며, 헌법과 법률로 정하는 경우 외에는 공사(公私) 직을 겸할 수 없다.

제83조 ① 국회의원은 회기 중 그가 소속한 원의 동의 없이 체포·구금되지 않는다. 다만, 현행범인이거나 장기 5년이 넘는 징역 이상의 형에 해당하는 죄를 범한 경우에는 그렇지 않다.

　　　　② 국회의원이 회기 전에 체포·구금되었을 때는 현행범인이 아닌 한 국회의 요구가 있으면 회기 중에 석방된다.

제84조 국회의원은 국회에서 직무상 행한 발언과 표결에 관하여 국회 밖에서 책임지지 않는다. 다만, 명예훼손이나 모욕적 발언, 민주적 기본 질서를 침해하는 발언은 면책되지 않는다.

제85조 ① 국회의원은 청렴할 의무가 있다.

　　　　② 국회의원은 국가 이익을 우선하여 양심에 따라 직무를 행한다.

　　　　③ 국회의원은 그 지위를 남용하여 국가·공공단체·기업체와 계약이나 그 처분을 통하여 재산상의 권리·이익·직위를 취득하거나 타인에게 그 취득을 알선할 수 없다.

제86조 ① 국회의 정기회는 법률로 정하는 바에 따라 집회하며, 국회의 임시회는 대통령이나 국무총리, 각 원의 재적의원 4분의 1 이상의 요구가 있으면 집회한다.

　　　　② 대통령이나 국무총리가 임시회 집회를 요구할 때는 집회일과 집회를 요구하는 이유를 밝혀야 한다.

제87조 ① 하원은 의장 1명과 부의장 2명을 선출한다.

　　　　② 상원은 의장 1명과 부의장 1명을 선출한다.

　　　　③ 상원의장은 양원합동회의 의장이 된다.

제88조 국회는 헌법에 특별한 규정이 없는 한 재적의원 과반수가 출석하여 출석의원 과반수의 찬성으로 의결한다. 가부동수(可否同數)일 때는 부결된 것으로 본다.

제89조 ① 국회 회의는 공개한다. 다만, 출석의원 과반수가 찬성하거나 의장이 국가의 안전을 보장하기 위하여 필요하다고 인정할 때는 공개하지 않을 수 있다.
② 공개하지 않은 회의 내용 공표는 법률로 정하는 바에 따른다.

제90조 국회에 제출된 법률안과 그 밖의 의안은 회기 중에 의결하지 않았다는 이유로 폐기되지 않는다. 다만, 하원이 해산되거나 국회의원 임기가 만료되었을 때는 폐기된다.

제2절 권 한

제91조 ① 양원 의원은 그가 소속한 원에 법률안을 제출할 수 있다.
② 정부는 양원 중 하나의 원에 법률안을 제출할 수 있다. 이 경우 예산법률안은 하원에, 주와 지방의 조직과 권한, 운영에 관한 법률안은 상원에 먼저 제출한다.
③ 각 원은 제출받은 법률안을 심의·의결하여 다른 원에 송부하고, 송부받은 다른 원이 이를 동일하게 심의·의결하면 이를 정부에 이송한다.
④ 각 원에서 법률안 심의·의결 결과가 일치하지 않으면 그날부터 30일 이내에 양원합동회의에서 의결하고, 이를 정부에 이송한다.
⑤ 양원합동회의에서 제4항에 따른 기간 내에 의결하지 못한 경우 하원이 재적의원 과반수 출석과 출석의원 5분의 3 이상 찬성으로 재의결하여 정부에 이송할 수 있으며 법률로 확정된다.

제92조 ① 국회에서 의결한 법률안은 정부에 이송하여 15일 이내에 대통령이 공포한다.

② 법률안에 이의가 있을 때는 대통령은 국무총리의 제청으로 제1항의 기간 내에 이의서를 붙여 국회로 환부하고, 재의를 요구할 수 있다. 국회 폐회 중에도 또한 같다.

③ 대통령은 법률안의 일부에 대하여 또는 법률안을 수정하여 재의를 요구할 수 없다.

④ 재의 요구가 있을 때는 국회는 재의에 부치고, 각 원이 재적의원 과반수의 출석과 출석의원 3분의 2 이상의 찬성으로 전과 같은 의결을 하면 그 법률안은 법률로 확정된다.

⑤ 대통령이 제1항의 기간 내에 정부에 이송된 법률안을 공포하지 않거나, 재의를 요구하지 않았을 때도 그 법률안은 법률로 확정된다.

⑥ 대통령은 제4항과 5항에 따라 확정된 법률을 지체 없이 공포해야 한다. 제5항에 따라 법률로 확정된 후, 또는 제4항에 따라 확정된 법률이 정부에 이송된 후 5일 이내에 대통령이 공포하지 않았을 때는 상원의장이 이를 공포한다.

⑦ 법률은 특별한 규정이 없는 한 공포한 날부터 20일이 지나면 효력을 발생한다.

제93조 ① 하원은 상호원조 또는 안전보장에 관한 조약, 중요한 국제조직에 관한 조약, 우호통상항해조약(友好通商航海條約), 주권 제약에 관한 조약, 강화(講和)조약, 국가나 국민에게 중대한 재정적 부담을 지우는 조약, 입법 사항에 관한 조약을 체결·비준하는 데 동의권을 가진다.

② 하원은 선전포고, 국군의 외국 파견 또는 외국 군대의 대한민국 영역 안에서의 주류(駐留)에 대한 동의권을 가진다.

제94조 ① 국회와 그 위원회는 특정한 국정 사안을 조사할 수 있다. 다만, 주와 지방자치단체, 그 사무에 관한 사안은 상원이 조사한다.

② 국회와 그 위원회는 제1항의 조사에 필요한 서류 제출, 증인의 출석·증언·의견 진술을 요구할 수 있다.

③ 국회는 국정조사 결과 위법이거나 부당한 사항이 있으면 시정하라고 요구할 수 있다.

④ 국정조사 절차 등 필요한 사항은 법률로 정한다.

제95조 ① 국무총리·국무위원·정부위원은 국회나 그 위원회에 출석하여 국정 처리 상황을 보고하거나 의견을 진술하고, 질문에 응답할 수 있다.

② 국회나 그 위원회가 요구할 때는 국무총리·국무위원·정부위원은 출석·답변해야 하며, 국무총리나 국무위원이 출석 요구를 받았을 때는 국무위원이나 정부위원으로 하여금 출석·답변하게 할 수 있다.

제96조 ① 하원은 후임 국무총리를 선출하여 국무총리를 불신임할 수 있다. 다만, 국무총리 선출 후 1년 내에 불신임하려면 새로 선출하는 후임 국무총리는 재적의원 5분의 3 이상의 찬성으로 선출해야 한다.

② 하원은 국무위원 각각을 재적의원 3분의 1 이상 발의와 재적의원 과반수의 찬성으로 불신임을 의결할 수 있다.

③ 제1항의 선출안과 제2항의 불신임안은 발의한 때부터 24시간 이후 72시간 이내에 표결해야 한다. 이 시간 내에 표결되지 않았을 때는 폐기된 것으로 본다.

제97조 ① 각 원은 법률에 위반되지 않는 범위에서 의사(議事)와 내부 규율 규칙을 제정할 수 있다.

② 각 원은 소속 의원의 자격을 심사하며, 소속 의원을 징계할 수 있다.

③ 의원 자격이 없음을 의결하거나 의원을 제명하려면 해당 의원이 소속된 원의 재적의원 5분의 3 이상의 찬성이 있어야 한다.

④ 제2항과 3항의 처분은 법원에 제소할 수 없다.

제98조 ① 대통령, 국무총리, 국무위원, 행정 각부의 장, 헌법재판관, 법관, 감찰위원, 회계검사위원, 중앙선거관리위원, 그 밖에 법률로 정한 공무원이 그 직무를 집행하면서 헌법이나 법률을 위배했을 때는 하원은

탄핵소추를 의결할 수 있다.

② 제1항의 탄핵소추는 하원 재적의원 3분의 1 이상이 발의하여 재적
의원 과반수의 찬성으로 의결한다. 다만, 대통령에 대한 탄핵소추
는 하원 재적의원 과반수가 발의하여 재적의원 3분의 2 이상의 찬
성으로 의결한다.

③ 탄핵소추 의결을 받은 자는 탄핵 심판이 끝날 때까지 그 권한을 행
사할 수 없다.

④ 탄핵 심판은 헌법재판소가 관장하여 결정한다. 다만, 헌법재판관에
대한 탄핵은 상원 재적의원 3분의 2 이상의 찬성으로 결정한다.

⑤ 탄핵 결정은 공직에서 파면하는 데 그친다. 그러나 이에 의하여 민·
형사상의 책임이 면제되지는 않는다.

제4장 정 부

제1절 대통령

제99조　① 대통령은 국가의 원수이며, 외국에 대하여 국가를 대표한다.

② 대통령은 국가의 독립, 영토 보전, 국가의 계속성과 헌법을 수호할
책무를 진다.

③ 대통령은 국민통합을 위하여 성실히 노력할 의무를 진다.

제100조　① 대통령은 국민이 보통·평등·직접·비밀·자유 선거로 선출한다.

② 대통령 후보가 1인일 때는 그 득표수가 선거권자 총수의 3분의 1
이상이 아니면 대통령으로 당선될 수 없다.

③ 대통령으로 선거될 수 있는 자는 국회의원의 피선거권이 있고 선거
일 현재 40세에 달해야 한다.

④ 대통령 선거에 관한 사항은 법률로 정한다.

제101조 ① 대통령 임기가 만료될 때는 임기 만료 70일 전부터 40일 전 사이에 후임자를 선거한다.

② 대통령이 궐위되었을 때, 대통령 당선자가 사망하거나 판결이나 그 밖의 사유로 자격을 상실했을 때는 60일 이내에 후임자를 선거한다.

제102조 대통령은 취임에 즈음하여 다음의 선서를 한다. "나는 헌법을 준수하고, 국가를 보위하며, 국민의 자유와 복리 증진 및 문화 창달에 노력하여 대통령의 직책을 성실히 수행할 것을 국민 앞에 엄숙히 선서합니다."

제103조 대통령 임기는 6년으로 하며, 중임할 수 없다.

제104조 ① 대통령이 궐위되어 후임자를 선거하기 전이거나, 사고 등의 사유로 일시적으로 직무를 수행할 수 없으면 상원의장, 하원의장, 법률로 정한 사람 순서로 대통령의 권한을 대행한다.

② 대통령의 질병·사고 등으로 인한 직무 수행 불가능에 대한 최종적인 판단은 국무총리가 헌법재판소에 신청하고, 그 결정에 따른다.

③ 대통령의 권한을 대행하는 데 필요한 사항은 법률로 정한다.

제105조 대통령은 필요하다고 인정하면 외교와 국방, 국가 안위에 관한 중요한 정책을 국민투표에 부칠 수 있다.

제106조 대통령은 조약을 체결·비준하고, 외교사절을 신임·접수·파견하며, 선전포고와 강화를 한다.

제107조 ① 대통령은 헌법과 법률에 따라 국군을 통수한다.

② 국군의 조직과 편성은 법률로 정한다.

제108조 대통령은 법률에서 구체적으로 범위를 정하여 위임받은 사항과 법률을 집행하기 위하여 필요한 사항을 대통령령을 발할 수 있다.

제109조 ① 대통령은 내우(內憂)·외환(外患)·천재(天災)·지변(地變) 또는 중대

한 재정·경제 위기에서 국가의 안전과 공공의 안녕질서를 유지하기 위하여 긴급한 조치가 필요하고 국회의 집회를 기다릴 여유가 없을 때에 한하여 최소한으로 필요한 재정·경제상의 처분을 하거나 이에 관하여 법률 효력이 있는 명령을 발할 수 있다.

② 대통령은 국가의 안위에 관계되는 중대한 교전상태에서 국가를 보위하기 위하여 긴급한 조치가 필요하고 국회의 집회가 불가능한 때에 한하여 법률 효력이 있는 명령을 발할 수 있다.

③ 대통령은 제1항과 2항의 처분이나 명령을 했을 때는 지체 없이 상원에 보고하고, 그 승인을 받아야 한다.

④ 제3항의 승인을 받지 못했을 때는 그 처분이나 명령은 그때부터 효력을 상실한다. 이 경우 그 명령에 따라 개정·폐지되었던 법률은 그 명령이 승인을 받지 못한 때부터 당연히 효력을 회복한다.

⑤ 대통령은 제3항과 4항의 사유를 지체 없이 공포해야 한다.

제110조 ① 대통령은 전시와 사변, 이에 준하는 국가 비상사태에서 병력을 사용할 군사상 필요가 있거나 공공의 안녕질서를 유지할 필요가 있을 때는 법률로 정하는 바에 따라 계엄을 선포할 수 있다.

② 계엄은 비상계엄과 경비계엄으로 한다.

③ 비상계엄이 선포되었을 때는 법률로 정하는 바에 따라 영장제도, 표현·집회·결사 자유, 정부나 법원의 권한에 특별한 조치를 할 수 있다.

④ 계엄을 선포했을 때는 대통령은 지체 없이 하원에 통고해야 한다.

⑤ 하원이 재적의원 과반수의 찬성으로 계엄 해제를 요구하면 대통령은 이를 해제해야 한다.

제111조 대통령은 헌법과 법률로 정하는 바에 따라 공무원을 임면한다.

제112조 ① 대통령은 법률로 정하는 바에 따라 사면·감형·복권을 명할 수 있다.

② 대통령은 일반사면을 하려면 민의원의 동의를 받아야 하고, 특별사

면을 하려면 대법원장의 동의를 받아야 한다.

③ 사면·감형·복권은 법률로 정한다.

제113조 대통령은 법률로 정하는 바에 따라 훈장이나 그 밖의 영전을 수여한다.

제114조 대통령은 국회에 출석하여 발언하거나 서한으로 의견을 표시할 수 있다.

제115조 ① 대통령의 권한 행사는 문서로 하며, 이 문서에는 관계 국무위원이 부서한다.

② 대통령은 국회와 정부의 기능이 마비되거나, 국정을 쇄신할 필요가 있다고 생각하면 민의원을 해산할 수 있다.

제116조 ① 대통령은 국무회의에 출석하여 발언하거나 서한으로 의견을 표시할 수 있다.

② 대통령은 국무회의 소집을 요구하여 국정에 관한 심의를 요구할 수 있다.

제117조 ① 대통령은 국무총리, 국무위원, 행정 각부의 장, 그 밖에 법률로 정하는 공사(公私) 직을 겸할 수 없다.

② 대통령은 임기 동안 당적을 가질 수 없다.

제118조 대통령은 내란이나 외환의 죄를 범한 경우 외에는 재직 중 형사상의 소추를 받지 않는다.

제119조 전직 대통령의 신분과 예우는 법률로 정한다.

제120조 ① 외교·안보에 관한 중요한 정책을 심의하기 위하여 외교안보정책심의회의를 둔다.

② 다음 사항은 외교안보정책심의회의 심의를 거쳐야 한다.

1. 외교·국방·국가 안보의 기본 계획

2. 선전과 강화, 그 밖에 중요한 대외정책

3. 하원 해산

　　　4. 대통령의 긴급명령, 긴급재정경제처분, 긴급재정경제명령, 계엄 선
　　　　포와 그 해제

　　　5. 합동참모의장, 각 군참모총장, 대사, 그 밖에 외교·안보와 관련하
　　　　여 법률에서 대통령의 권한으로 정한 공무원과 군인의 임면

　　　6. 그 밖에 외교·국방·국가 안보에 관한 중요 사항

　③ 외교안보정책심의회의는 대통령, 국무총리, 법률로 정하는 외교·국
　　방·재정·국가정보 소관 국무위원 또는 행정기관의 장과 대통령이
　　지명하는 7명 이내의 위원으로 구성한다.

　④ 대통령은 외교안보정책심의회의 의장이 되고, 국무총리는 부의장이
　　된다.

　⑤ 외교안보정책심의회의 운영 사항은 법률로 정한다.

제121조 ① 사회적 갈등 조정, 국민통합에 관한 정책을 심의하기 위하여 국민통
　　　합심의회의를 둔다.

　② 다음 사항은 국민통합심의회의 심의를 거쳐야 한다.

　　　1. 사회적 갈등 조정 및 국민통합의 기본 계획

　　　2. 사회적 갈등 조정 및 국민통합에 관한 중요 정책

　　　3. 대통령의 정당 해산 제소

　　　4. 영전수여

　　　5. 사면, 감형, 복권

　　　6. 그 밖에 사회적 갈등 조정 및 국민통합에 관한 중요 사항

　③ 대통령은 국민통합심의회의 의장이 되고, 국무총리는 부의장이 된다.

　④ 국민통합심의회의 구성과 운영 사항은 법률로 정한다.

제2절 행정부

제1관 국무총리와 국무위원

제122조 ① 국무총리는 하원에서 재적의원 과반수 찬성으로 선출한 사람을 대통령이 임명한다. 국무총리가 궐위된 날부터 30일 이내에 하원이 국무총리를 선출하지 못했을 때는 대통령이 국무총리를 지명할 수 있다.

② 국무총리는 대통령의 권한 이외의 사항에 관하여 행정 각부를 통할한다.

③ 군인은 현역을 면한 후가 아니면 국무총리로 임명될 수 없다.

제123조 ① 국무위원은 국무총리가 제청한 사람을 대통령이 임명한다. 다만, 외교·국방 등 대통령의 권한과 관련된 국무위원은 국무총리의 의견을 들어 대통령이 임명한다.

② 국무위원은 소관 업무에 관하여 국무총리를 보좌한다.

③ 군인은 현역을 면한 후가 아니면 국무위원으로 임명될 수 없다.

제124조 ① 국무총리는 하원에 신임을 요구할 수 있다.

② 하원은 제1항에 따른 국무총리의 신임 요구가 국회에 제출된 후 24시간 이후 72시간 이내에 표결해야 한다.

③ 국무총리의 신임 요구가 하원 재적의원 과반수의 찬성을 얻지 못한 경우 국무총리는 국무위원 전원과 함께 사직하거나 대통령에게 하원 해산을 제청할 수 있다. 다만, 하원의원 임기가 개시된 날부터 1년 이내에는 하원 해산을 제청할 수 없다.

④ 대통령은 제3항에 따라 국무총리가 하원 해산을 제청한 경우에는 20일 이내에 하원을 해산할 수 있다. 다만, 하원이 이 기간 내에 후임 국무총리를 선출했을 때는 하원을 해산할 수 없다.

제125조 ① 하원이 후임 국무총리를 선출한 경우 국무총리와 국무위원 전원은 사직한다.

② 하원이 국무위원을 불신임한 경우 해당 국무위원은 사직한다.

제126조 국무총리가 직무를 수행할 수 없을 때는 법률로 정한 국무위원 순서로
그 권한을 대행한다.

제127조 국무총리의 권한 행사는 문서로 하며, 이 문서에는 관계 국무위원이
부서한다.

제128조 국무총리는 법률에서 구체적으로 범위를 정하여 위임받은 사항과 법
률을 집행하는 데 필요한 사항을 총리령을 발할 수 있다.

제2관 국무회의

제129조 ① 국무회의는 행정부 권한에 속하는 중요한 정책을 심의한다.
② 국무회의는 국무총리와 15명 이상 30명 이하의 국무위원으로 구성
한다.
③ 국무총리는 국무회의 의장이 되고, 법률로 정하는 국무위원이 부의
장이 된다.

제130조 다음 사항은 국무회의 심의를 거쳐야 한다.
1. 국정 기본 계획과 정부의 일반 정책
2. 헌법개정안, 국민투표안, 조약안, 법률안, 대통령령안, 총리령안
3. 예산안, 결산, 국유 재산 처분 기본 계획, 국가에 부담이 될 계약,
그 밖에 재정에 관한 중요 사항
4. 국회 임시회 집회 요구
5. 행정 각부 간의 권한 획정
6. 정부 안의 권한 위임 또는 배정에 관한 기본 계획
7. 국정 처리 상황 평가와 분석
8. 행정 각부의 중요한 정책 수립과 조정
9. 법률 위헌 여부 심판 청구

10. 정부에 제출·회부된 정부 정책과 관련있는 청원 심사

11. 법률로 정하는 공무원의 임명과 행정부 권한에 속하는 인사(人事)에 관한 중요 사항

12. 그 밖에 국무총리나 국무위원이 제출한 사항, 대통령이 국무회의 심의를 요구한 사항

제131조 ① 경제발전을 위한 중요 정책 수립에 관하여 국무총리의 자문에 응하기 위하여 경제발전자문회의를 둘 수 있다.

② 경제발전자문회의 조직과 직무 범위 등 필요한 사항은 법률로 정한다.

제3관 행정 각부

제132조 ① 행정 각부의 장은 국무위원 중에서 국무총리가 제청한 사람을 대통령이 임명한다. 다만, 외교와 국방 등 대통령의 권한과 관련된 행정 각부의 장은 국무총리의 의견을 들어 대통령이 임명한다.

② 전체 행정 각부의 장의 과반수는 국회의원이 아닌 사람으로 임명해야 한다.

제133조 행정 각부의 장은 소관 사무에 관하여 법률, 대통령령, 총리령의 위임 또는 직권으로 부령을 발할 수 있다.

제134조 행정 각부의 설치와 조직, 직무 범위는 법률로 정한다.

제5장 법 원

제135조 ① 사법권은 법관으로 구성된 법원에 속한다.

② 법원은 최고 법원인 대법원과 각급 법원으로 조직한다.

③ 법관의 자격은 법률로 정한다.

제136조 ① 대법원에는 대법관을 둔다. 다만, 법률로 정하는 바에 따라 대법관
　　　　　이 아닌 법관을 둘 수 있다.

　　　　② 대법원에는 부를 둔다.

　　　　③ 부는 민사부·형사부·행정부·특허부를 둘 수 있다.

　　　　④ 부는 대법관 1인을 재판장으로 하고, 대법관이 아닌 대법원 판사 3
　　　　　인으로 구성한다.

　　　　⑤ 대법원과 각급 법원의 조직은 법률로 정한다.

제137조　법관은 헌법과 법률에 근거하여 직업상 양심에 따라 독립하여 심판한다.

제138조 ① 대법원장은 상원의 동의를 받아 대통령이 임명한다.

　　　　② 대법관은 중앙인사위원회의 추천에 따라 대법원장의 제청으로 상
　　　　　원의 동의를 받아 대통령이 임명한다.

　　　　③ 대법원장과 대법관이 아닌 법관은 대법관회의 동의를 받아 대법원
　　　　　장이 임명한다.

제139조 ① 대법원장 임기는 6년으로 하며, 중임할 수 없다.

　　　　② 대법관 임기는 6년으로 하며, 연임할 수 없다. 대법원 판사 임기는
　　　　　10년으로 하며, 연임할 수 없다.

　　　　③ 대법원장·대법관·대법원 판사가 아닌 법관 임기는 10년으로 하며,
　　　　　연임할 수 있다.

　　　　④ 법관 정년은 법률로 정한다.

제140조 ① 법관은 탄핵되거나 징역 이상의 형을 선고받지 않으면 파면되지 않
　　　　　으며, 징계 처분이 아니면 정직이나 감봉, 그 밖에 불리한 처분을 받
　　　　　지 않는다.

　　　　② 법관이 중대한 심신 장해로 직무를 수행할 수 없을 때는 법률로 정
　　　　　하는 바에 따라 휴직·퇴직하게 할 수 있다.

제141조 ① 법률의 헌법 위반 여부가 재판의 전제가 된 경우에는 법원은 헌법재

판소에 제정하고, 그 심판에 따라 재판한다.

② 명령·규칙·처분이 헌법이나 법률에 위반되는지 여부가 재판의 전제가 된 경우에는 대법원은 이를 최종적으로 심사할 권한을 가진다.

③ 재판의 전심 절차로 행정을 심판할 수 있다. 행정 심판 절차는 법률로 정하되, 사법 절차를 준용해야 한다.

제142조 대법원은 법률을 위반하지 않는 범위에서 소송 절차, 법원 내부 규율, 사무 처리 규칙을 제정할 수 있다.

제143조 재판의 심리(審理)와 판결은 공개한다. 다만, 심리는 국가의 안전 보장 또는 안녕질서를 방해하거나 선량한 풍속을 해할 염려가 있을 때는 법원의 결정으로 공개하지 않을 수 있다.

제144조 ① 군사재판을 관할하기 위하여 특별법원으로 군사법원을 둘 수 있다.

② 군사법원의 상고심(上告審)은 대법원에서 관할한다.

③ 군사법원의 조직과 권한, 재판관의 자격은 법률로 정한다.

제6장 헌법재판소

제145조 ① 헌법재판소는 헌법재판소장을 포함하여 9명의 헌법재판관으로 구성하되, 헌법재판관 중 법관 자격을 가진 사람은 7명 이하로 한다.

② 헌법재판소장은 상원의 동의를 받아 대통령이 임명한다.

③ 헌법재판소장이 아닌 헌법재판관은 중앙인사위원회의 추천으로 상원의 동의를 받아 대통령이 임명한다.

제146조 ① 헌법재판소는 다음 사항을 관장한다.

1. 정부나 하원 재적의원 3분의 1 이상의 청구가 있거나, 법원의 제청에 따른 법률 위헌 여부 심판

2. 탄핵 심판(단, 헌법재판관에 대한 탄핵 심판은 상원이 관장한다.

3. 정당 해산 심판

4. 국가기관 간, 국가기관과 지방자치단체 간, 지방자치단체 간의 권한쟁의 심판

5. 국무총리 신청에 따른 대통령의 질병·사고 등으로 인한 직무수행 불가능 여부 결정

6. 헌법소원에 관한 심판

제147조 ① 헌법재판소장의 임기는 6년으로 하며, 중임할 수 없다.

② 헌법재판소장이 아닌 헌법재판관의 임기는 6년으로 하며, 법률로 정하는 바에 따라 연임할 수 있다.

③ 헌법재판관은 정당에 가입하거나 정치에 관여할 수 없다.

④ 헌법재판관은 탄핵되거나 징역 이상의 형을 선고받지 않으면 파면되지 않는다.

제148조 ① 헌법재판소에서 법률 위헌 결정, 탄핵 결정, 정당 해산 결정, 헌법소원에 관한 인용 결정을 할 때는 재판관 6명 이상이 찬성해야 한다.

② 헌법재판소는 법률을 위반하지 않는 범위에서 심판 절차, 내부 규율, 사무 처리 규칙을 제정할 수 있다.

③ 헌법재판소의 조직과 운영, 그 밖에 필요한 사항은 법률로 정한다.

제7장 선거 관리·인사·감찰·회계 검사

제1절 선거 관리

제149조 ① 선거와 국민투표의 공정한 관리, 정당에 관한 사무를 처리하기 위하여 선거관리위원회를 둔다.

② 중앙선거관리위원회는 대통령이 임명하는 3명, 하원에서 선출하는 3명과 상원에서 선출하는 3명으로 하는 중앙선거관리위원으로 구성하되, 중앙선거관리위원 중 법관 자격을 가진 사람은 7명 이하로 한다. 위원장은 위원 중에서 호선한다.

③ 중앙선거관리위원 임기는 6년으로 한다.

④ 중앙선거관리위원은 정당에 가입하거나 정치에 관여할 수 없다.

⑤ 중앙선거관리위원은 탄핵되거나 징역 이상의 형을 선고받지 않으면 파면되지 않는다.

⑥ 중앙선거관리위원회는 법령 범위 안에서 선거·국민투표 관리 또는 정당사무에 관한 규칙을 제정할 수 있으며, 법률을 위반하지 않는 범위에서 내부 규율 규칙을 제정할 수 있다.

⑦ 각급 선거관리위원회 조직, 직무 범위, 그 밖에 필요한 사항은 법률로 정한다.

제150조 ① 각급 선거관리위원회는 선거인명부 작성 등 선거·국민투표 사무에 필요한 사항을 관계 행정기관에 요청할 수 있다.

② 제1항의 요청을 받은 해당 행정기관은 이에 협조해야 한다.

제151조 ① 선거운동은 각급 선거관리위원회의 관리 하에 법률로 정하는 범위에서 하되, 균등한 기회를 보장해야 한다.

② 선거 경비는 법률로 정한 것 외에는 정당이나 후보자에게 부담시킬 수 없다.

제2절 인사관리

제152조 ① 공정한 공무원 인사 관리와 고위공무원 인사 추천을 위하여 중앙인사위원회를 둔다.

② 중앙인사위원회는 대통령이 임명하는 3인, 하원에서 선출하는 3인

과 상원에서 선출하는 3인의 중앙인사위원으로 구성한다.

③ 중앙인사위원회 임기는 6년으로 한다.

④ 중앙인사위원회 조직과 직무 범위는 법률로 정한다.

제153조 ① 중앙인사위원은 그 직무를 독립하여 수행하며, 정치적 중립성은 보장된다.

② 중앙인사위원은 탄핵되거나 징역 이상의 형을 선고받지 않으면 파면되지 않는다.

제3절 감찰원

제154조 ① 국가기관과 공무원의 직무를 감찰하기 위하여 감찰원을 둔다.

② 감찰원은 그 직무를 독립하여 수행하며, 정치적 중립성은 보장된다.

제155조 ① 감찰원은 감찰원장을 포함하여 5명 이상 11명 이하의 감찰위원으로 구성한다.

② 감찰원장은 상원의 동의를 받아 대통령이 임명한다. 감찰원장 임기는 6년으로 하며, 중임할 수 없다.

③ 감찰원장이 아닌 감찰위원은 중앙인사위원회 추천으로 상원의 동의를 받아 대통령이 임명한다. 감찰위원 임기는 6년으로 하며, 중임할 수 없다.

④ 감찰위원은 탄핵되거나 징역 이상의 형을 선고받지 않으면 파면되지 않는다.

제156조 감찰원의 조직과 직무 범위, 감찰위원 자격, 감찰 대상 공무원의 범위, 그 밖에 필요한 사항은 법률로 정한다.

제4절 회계검사원

제157조 ① 국가의 세입·세출 결산, 국가 및 법률로 정한 단체의 회계 검사와

재정 집행의 성과를 검사하기 위하여 회계검사원을 둔다.

② 회계검사원은 그 직무를 독립하여 수행하며, 정치적 중립성은 보장된다.

③ 국회는 법률로 정하는 바에 따라 회계검사원에 대하여 그 직무 범위에 속하는 사항에 대한 검사를 요구할 수 있다.

제158조 ① 회계검사원은 회계검사원장을 포함하여 5명 이상 11명 이하의 회계검사위원으로 구성한다.

② 회계검사원장은 상원의 동의를 받아 대통령이 임명한다. 회계검사원장 임기는 6년으로 하며, 중임할 수 없다.

③ 회계검사원장이 아닌 회계검사위원은 중앙인사위원회가 추천하고, 상원의 동의를 받아 대통령이 임명한다. 회계검사위원 임기는 6년으로 하며, 중임할 수 없다.

④ 회계검사위원은 탄핵되거나 징역 이상의 형을 선고받지 않으면 파면되지 않는다.

제159조 회계검사원은 제156조에 따른 결산과 회계 검사, 성과 검사 결과를 국회·대통령·국무총리에게 제출해야 한다.

제160조 회계검사원의 조직과 직무 범위, 회계검사위원 자격, 그 밖에 필요한 사항은 법률로 정한다.

제8장 재정·경제

제1절 재 정

제161조 ① 정부는 회계 연도마다 예산안을 편성하여 회계 연도 개시 120일 전까지 국회에 제출하고, 국회는 회계 연도 개시 30일 전까지 이를 의

결해야 한다.

② 국회는 정부가 편성하여 제출한 국가의 예산안을 심의·조정하여 예산으로 확정한다.

③ 국회는 예산안을 심의할 때 국가의 수입·지출 균형과 재정 건전성을 유지하도록 노력해야 한다.

④ 예산안 심사와 관련하여 하원과 상원 의견이 다를 때는 양원합동회의에서 심의·조정하여 예산으로 확정한다. 다만, 회계연도 개시 30일 전까지 조정하지 못하면 하원의 의결안이 예산으로 확정된다.

⑤ 새로운 회계연도가 개시될 때까지 예산안을 의결하지 못했을 때는 정부는 국회에서 예산법률안이 의결할 때까지 다음 목적을 위한 경비는 전년도 예산에 준하여 집행할 수 있다.

1. 헌법이나 법률에 따라 설치한 기관과 시설 유지·운영

2. 법률상 지출 의무의 이행

3. 이미 예산으로 승인한 사업의 계속

⑥ 예산안 범위와 내용, 관련 자료 제출 등 국회의 심의·조정을 위하여 필요한 사항은 법률로 정한다.

제162조 ① 한 회계연도를 넘어 계속하여 지출할 필요가 있을 때는 정부는 연한(年限)을 정하여 계속비로서 국회의 의결을 얻어야 한다.

② 예비비는 총액으로 국회의 의결을 얻어야 한다. 예비비 지출은 차기 국회의 승인을 받아야 한다.

제163조 정부는 예산을 변경할 필요가 있을 때는 추가경정예산안을 편성하여 국회에 제출할 수 있다.

제164조 국회는 정부 동의 없이 정부가 제출한 지출예산안의 각 항 금액을 증가하거나 새 비목을 설치할 수 없다.

제165조 정부는 국채를 모집하거나 예산 외에 국가 부담이 될 계약을 체결하려

고 할 때는 미리 국회의 의결을 받아야 한다.

제166조 조세 종목과 세율은 법률로 정하되 누진제를 적용한다.

제167조 ① 금융과 통화는 연방의 권한이다.

② 연방의 중앙은행으로 한국은행을 둔다.

③ 은행에 관한 사항은 법률로 정한다.

제2절 경제 조항

제168조 ① 광물 등 중요한 지하자원과 수산자원, 수력과 경제상 이용할 수 있는 자연력은 법률로 정하는 바에 따라 일정 기간 그 채취와 개발, 이용을 특허할 수 있다.

② 국가는 국토와 자원을 보호하며, 균형 있게 개발·이용하기 위하여 필요한 계획을 수립한다.

제169조 ① 국가는 농지에 관하여 경자유전(耕者有田) 원칙을 달성할 수 있도록 노력해야 하며, 농지 소작제도는 금지한다.

② 농업의 생산성 향상과 농지를 합리적으로 이용하기 위하거나 불가피한 사정으로 발생하는 농지의 임대차와 위탁경영은 법률로 정하는 바에 따라 인정된다.

제170조 국가는 모든 국민의 생산과 생활 기반이 되는 국토를 효율적이고 균형 있게 이용·개발·보전하기 위하여 법률로 정하는 바에 따라 제한하며, 의무를 부과할 수 있다.

제171조 ① 국가는 농업과 어업을 보호·육성하기 위하여 농어촌종합개발과 지원 등 필요한 계획을 수립·시행해야 한다.

② 국가는 지역 간 균형 있는 발전을 위하여 지역경제를 육성할 의무를 진다.

③ 국가는 중소기업을 보호·육성해야 한다.

④ 국가는 농·수산물의 수요와 공급 균형과 유통 구조를 개선하는 데 노력하여 가격 안정을 도모함으로써 농·어민의 이익을 보호해야 한다.

⑤ 국가는 농·어민과 중소기업의 자조조직(自助組織)을 육성하며, 그 자율적 활동과 발전을 보장해야 한다.

제172조 국방이나 국민 경제상 긴절하게 필요하여 법률로 정하는 경우 외에는 사영기업을 국유나 공유로 이전하거나, 그 경영을 통제·관리할 수 없다.

제173조 ① 국가는 과학기술 혁신과 정보, 인력을 개발하여 국민의 경제발전에 노력해야 한다.

② 국가는 국가표준제도를 확립해야 한다.

제9장 연방과 주·지방자치

제174조 ① 연방은 주와 각 지방자치단체 주민의 자치권을 최대한 보장하면서 지역 간에 균형 있는 발전을 위하여 노력해야 한다.

② 연방은 법률로 정하는 바에 따라 지방재정이 건전한가를 감독하고 필요한 조치를 취할 수 있으며, 지방자치단체 간의 재정 격차를 해소하기 위하여 노력해야 한다.

제175조 ① 주와 지방자치단체는 주민의 복리에 관한 사무를 처리하고, 재산을 관리하며, 연방법률의 범위 안에서 자치에 관한 법규를 제정할 수 있다.

② 주와 지방자치단체의 종류는 법률로 정한다.

제176조 ① 주와 지방자치단체에 의회를 둔다.

② 주의회와 지방의회의 조직과 권한, 의원 선거와 주와 지방자치단체

의 장의 선임 방법, 그 밖의 주와 지방자치단체의 조직과 운영에 관한 사항은 법률로 정한다.

제10장 헌법 개정

제177조 ① 헌법 개정은 국회 각 원의 재적의원 과반수나 대통령의 발의로 제안한다.

② 대통령의 임기를 연장하거나 중임을 변경하는 개정은 그 헌법 개정을 제안한 당시의 대통령에게는 효력이 없다.

제178조 제안한 헌법개정안은 대통령이 즉시 공고하되, 공고 기간은 20일 이상이어야 한다.

제179조 ① 국회는 헌법개정안을 공고한 날부터 60일 이내에 의결해야 하며, 국회 의결은 각 원에서 재적의원 3분의 2 이상의 찬성을 얻어야 한다.

② 헌법개정안은 국회가 의결한 후 30일 이내에 국민투표에 부쳐 국회의원 선거권자 과반수의 투표와 투표자 과반수의 찬성을 얻어야 한다.

③ 헌법개정안이 제2항의 찬성을 얻으면 헌법 개정은 확정되며, 대통령은 즉시 이를 공포해야 한다.

제180조 ① 자유민주주의공화국의 원리, 기본권 보장 원리를 침해하는 헌법 개정은 할 수 없다.

② 국가 비상사태에서는 헌법을 개정할 수 없다.

부 칙

제1조 이 헌법은 이 헌법으로 대통령이 처음 취임하는 날부터 효력을 발생한다.

부 록

대한민국 헌법
(전부 개정 1987. 10. 29 헌법 제10호)

전 문

유구한 역사와 전통에 빛나는 우리 대한국민은 3·1운동으로 건립된 대한민국 임시정부의 법통과 불의에 항거한 4·19민주이념을 계승하고, 조국의 민주개혁과 평화적 통일의 사명에 입각하여 정의·인도와 동포애로써 민족의 단결을 공고히 하고, 모든 사회적 폐습과 불의를 타파하며, 자율과 조화를 바탕으로 자유민주적 기본질서를 더욱 확고히 하여 정치·경제·사회·문화의 모든 영역에 있어서 각인의 기회를 균등히 하고, 능력을 최고도로 발휘하게 하며, 자유와 권리에 따르는 책임과 의무를 완수하게 하여, 안으로는 국민생활의 균등한 향상을 기하고 밖으로는 항구적인 세계평화와 인류공영에 이바지함으로써 우리들과 우리들의 자손의 안전과 자유와 행복을 영원히 확보할 것을 다짐하면서 1948년 7월 12일에 제정되고 8차에 걸쳐 개정된 헌법을 이제 국회의 의결을 거쳐 국민투표에 의하여 개정한다.

제1장 총 강

제1조　　① 대한민국은 민주공화국이다.

　　　　② 대한민국의 주권은 국민에게 있고, 모든 권력은 국민으로부터 나온다.

제2조　　① 대한민국의 국민이 되는 요건은 법률로 정한다.

　　　　② 국가는 법률이 정하는 바에 의하여 재외국민을 보호할 의무를 진다.

제3조　　대한민국의 영토는 한반도와 그 부속도서로 한다.

제4조　　대한민국은 통일을 지향하며, 자유민주적 기본질서에 입각한 평화적 통일 정책을 수립하고 이를 추진한다.

제5조　　① 대한민국은 국제평화의 유지에 노력하고 침략적 전쟁을 부인한다.

② 국군은 국가의 안전보장과 국토방위의 신성한 의무를 수행함을 사명으로 하며, 그 정치적 중립성은 준수된다.

제6조 ① 헌법에 의하여 체결·공포된 조약과 일반적으로 승인된 국제법규는 국내법과 같은 효력을 가진다.

② 외국인은 국제법과 조약이 정하는 바에 의하여 그 지위가 보장된다.

제7조 ① 공무원은 국민전체에 대한 봉사자이며, 국민에 대하여 책임을 진다.

② 공무원의 신분과 정치적 중립성은 법률이 정하는 바에 의하여 보장된다.

제8조 ① 정당의 설립은 자유이며, 복수정당제는 보장된다.

② 정당은 그 목적·조직과 활동이 민주적이어야 하며, 국민의 정치적 의사형성에 참여하는데 필요한 조직을 가져야 한다.

③ 정당은 법률이 정하는 바에 의하여 국가의 보호를 받으며, 국가는 법률이 정하는 바에 의하여 정당운영에 필요한 자금을 보조할 수 있다.

④ 정당의 목적이나 활동이 민주적 기본질서에 위배될 때에는 정부는 헌법재판소에 그 해산을 제소할 수 있고, 정당은 헌법재판소의 심판에 의하여 해산된다.

제9조 국가는 전통문화의 계승·발전과 민족문화의 창달에 노력하여야 한다.

제2장 국민의 권리와 의무

제10조 모든 국민은 인간으로서의 존엄과 가치를 가지며, 행복을 추구할 권리를 가진다. 국가는 개인이 가지는 불가침의 기본적 인권을 확인하고 이를 보장할 의무를 진다.

제11조 ① 모든 국민은 법 앞에 평등하다. 누구든지 성별·종교 또는 사회적 신분에 의하여 정치적·경제적·사회적·문화적 생활의 모든 영역에 있어서 차별을 받지 아니한다.

② 사회적 특수계급의 제도는 인정되지 아니하며, 어떠한 형태로도 이를 창설할 수 없다.

③ 훈장 등의 영전은 이를 받은 자에게만 효력이 있고, 어떠한 특권도 이에 따르지 아니한다.

제12조 ① 모든 국민은 신체의 자유를 가진다. 누구든지 법률에 의하지 아니하고는 체포·구속·압수·수색 또는 심문을 받지 아니하며, 법률과 적법한 절차에 의하지 아니하고는 처벌·보안처분 또는 강제노역을 받지 아니한다.

② 모든 국민은 고문을 받지 아니하며, 형사상 자기에게 불리한 진술을 강요당하지 아니한다.

③ 체포·구속·압수 또는 수색을 할 때에는 적법한 절차에 따라 검사의 신청에 의하여 법관이 발부한 영장을 제시하여야 한다. 다만, 현행범인인 경우와 장기 3년 이상의 형에 해당하는 죄를 범하고 도피 또는 증거인멸의 염려가 있을 때에는 사후에 영장을 청구할 수 있다.

④ 누구든지 체포 또는 구속을 당한 때에는 즉시 변호인의 조력을 받을 권리를 가진다. 다만, 형사피고인이 스스로 변호인을 구할 수 없을 때에는 법률이 정하는 바에 의하여 국가가 변호인을 붙인다.

⑤ 누구든지 체포 또는 구속의 이유와 변호인의 조력을 받을 권리가 있음을 고지받지 아니하고는 체포 또는 구속을 당하지 아니한다. 체포 또는 구속을 당한 자의 가족 등 법률이 정하는 자에게는 그 이유와 일시·장소가 지체없이 통지되어야 한다.

⑥ 누구든지 체포 또는 구속을 당한 때에는 적부의 심사를 법원에 청구할 권리를 가진다.

⑦ 피고인의 자백이 고문·폭행·협박·구속의 부당한 장기화 또는 기망 기타의 방법에 의하여 자의로 진술된 것이 아니라고 인정될 때 또는 정식재판에 있어서 피고인의 자백이 그에게 불리한 유일한 증거일 때에는 이를 유죄의 증거로 삼거나 이를 이유로 처벌할 수 없다.

제13조 ① 모든 국민은 행위시의 법률에 의하여 범죄를 구성하지 아니하는 행위로 소추되지 아니하며, 동일한 범죄에 대하여 거듭 처벌받지 아니한다.

② 모든 국민은 소급입법에 의하여 참정권의 제한을 받거나 재산권을 박탈당하지 아니한다.

③ 모든 국민은 자기의 행위가 아닌 친족의 행위로 인하여 불이익한 처우를 받지 아니한다.

제14조 모든 국민은 거주·이전의 자유를 가진다.

제15조 모든 국민은 직업선택의 자유를 가진다.

제16조 모든 국민은 주거의 자유를 침해받지 아니한다. 주거에 대한 압수나 수색을 할 때에는 검사의 신청에 의하여 법관이 발부한 영장을 제시하여야 한다.

제17조 모든 국민은 사생활의 비밀과 자유를 침해받지 아니한다.

제18조　모든 국민은 통신의 비밀을 침해받지 아니한다.

제19조　모든 국민은 양심의 자유를 가진다.

제20조　① 모든 국민은 종교의 자유를 가진다.

　　　　② 국교는 인정되지 아니하며, 종교와 정치는 분리된다.

제21조　① 모든 국민은 언론·출판의 자유와 집회·결사의 자유를 가진다.

　　　　② 언론·출판에 대한 허가나 검열과 집회·결사에 대한 허가는 인정되지 아니한다.

　　　　③ 통신·방송의 시설기준과 신문의 기능을 보장하기 위하여 필요한 사항은 법률로 정한다.

　　　　④ 언론·출판은 타인의 명예나 권리 또는 공중도덕이나 사회윤리를 침해하여서는 아니된다. 언론·출판이 타인의 명예나 권리를 침해한 때에는 피해자는 이에 대한 피해의 배상을 청구할 수 있다.

제22조　① 모든 국민은 학문과 예술의 자유를 가진다.

　　　　② 저작자·발명가·과학기술자와 예술가의 권리는 법률로써 보호한다.

제23조　① 모든 국민의 재산권은 보장된다. 그 내용과 한계는 법률로 정한다.

　　　　② 재산권의 행사는 공공복리에 적합하도록 하여야 한다.

　　　　③ 공공필요에 의한 재산권의 수용·사용 또는 제한 및 그에 대한 보상은 법률로써 하되, 정당한 보상을 지급하여야 한다.

제24조　모든 국민은 법률이 정하는 바에 의하여 선거권을 가진다.

제25조　모든 국민은 법률이 정하는 바에 의하여 공무담임권을 가진다.

제26조　① 모든 국민은 법률이 정하는 바에 의하여 국가기관에 문서로 청원할 권리를 가진다.

　　　　② 국가는 청원에 대하여 심사할 의무를 진다.

제27조　① 모든 국민은 헌법과 법률이 정한 법관에 의하여 법률에 의한 재판을 받을 권리를 가진다.

　　　　② 군인 또는 군무원이 아닌 국민은 대한민국의 영역안에서는 중대한 군사상 기밀·초병·초소·유독음식물공급·포로·군용물에 관한 죄중 법률이 정한 경우와 비상계엄이 선포된 경우를 제외하고는 군사법원의 재판을 받지 아니한다.

　　　　③ 모든 국민은 신속한 재판을 받을 권리를 가진다. 형사피고인은 상당한 이유가 없

는 한 지체없이 공개재판을 받을 권리를 가진다.

④ 형사피고인은 유죄의 판결이 확정될 때까지는 무죄로 추정된다.

⑤ 형사피해자는 법률이 정하는 바에 의하여 당해 사건의 재판절차에서 진술할 수 있다.

제28조 형사피의자 또는 형사피고인으로서 구금되었던 자가 법률이 정하는 불기소처분을 받거나 무죄판결을 받은 때에는 법률이 정하는 바에 의하여 국가에 정당한 보상을 청구할 수 있다.

제29조 ① 공무원의 직무상 불법행위로 손해를 받은 국민은 법률이 정하는 바에 의하여 국가 또는 공공단체에 정당한 배상을 청구할 수 있다. 이 경우 공무원 자신의 책임은 면제되지 아니한다.

② 군인·군무원·경찰공무원 기타 법률이 정하는 자가 전투·훈련등 직무집행과 관련하여 받은 손해에 대하여는 법률이 정하는 보상외에 국가 또는 공공단체에 공무원의 직무상 불법행위로 인한 배상은 청구할 수 없다.

제30조 타인의 범죄행위로 인하여 생명·신체에 대한 피해를 받은 국민은 법률이 정하는 바에 의하여 국가로부터 구조를 받을 수 있다.

제31조 ① 모든 국민은 능력에 따라 균등하게 교육을 받을 권리를 가진다.

② 모든 국민은 그 보호하는 자녀에게 적어도 초등교육과 법률이 정하는 교육을 받게 할 의무를 진다.

③ 의무교육은 무상으로 한다.

④ 교육의 자주성·전문성·정치적 중립성 및 대학의 자율성은 법률이 정하는 바에 의하여 보장된다.

⑤ 국가는 평생교육을 진흥하여야 한다.

⑥ 학교교육 및 평생교육을 포함한 교육제도와 그 운영, 교육재정 및 교원의 지위에 관한 기본적인 사항은 법률로 정한다.

제32조 ① 모든 국민은 근로의 권리를 가진다. 국가는 사회적·경제적 방법으로 근로자의 고용의 증진과 적정임금의 보장에 노력하여야 하며, 법률이 정하는 바에 의하여 최저임금제를 시행하여야 한다.

② 모든 국민은 근로의 의무를 진다. 국가는 근로의 의무의 내용과 조건을 민주주의원칙에 따라 법률로 정한다.

③ 근로조건의 기준은 인간의 존엄성을 보장하도록 법률로 정한다.

④ 여자의 근로는 특별한 보호를 받으며, 고용·임금 및 근로조건에 있어서 부당한 차별을 받지 아니한다.

⑤ 연소자의 근로는 특별한 보호를 받는다.

⑥ 국가유공자·상이군경 및 전몰군경의 유가족은 법률이 정하는 바에 의하여 우선적으로 근로의 기회를 부여받는다.

제33조 ① 근로자는 근로조건의 향상을 위하여 자주적인 단결권·단체교섭권 및 단체행동권을 가진다.

② 공무원인 근로자는 법률이 정하는 자에 한하여 단결권·단체교섭권 및 단체행동권을 가진다.

③ 법률이 정하는 주요방위산업체에 종사하는 근로자의 단체행동권은 법률이 정하는 바에 의하여 이를 제한하거나 인정하지 아니할 수 있다.

제34조 ① 모든 국민은 인간다운 생활을 할 권리를 가진다.

② 국가는 사회보장·사회복지의 증진에 노력할 의무를 진다.

③ 국가는 여자의 복지와 권익의 향상을 위하여 노력하여야 한다.

④ 국가는 노인과 청소년의 복지향상을 위한 정책을 실시할 의무를 진다.

⑤ 신체장애자 및 질병·노령 기타의 사유로 생활능력이 없는 국민은 법률이 정하는 바에 의하여 국가의 보호를 받는다.

⑥ 국가는 재해를 예방하고 그 위험으로부터 국민을 보호하기 위하여 노력하여야 한다.

제35조 ① 모든 국민은 건강하고 쾌적한 환경에서 생활할 권리를 가지며, 국가와 국민은 환경보전을 위하여 노력하여야 한다.

② 환경권의 내용과 행사에 관하여는 법률로 정한다.

③ 국가는 주택개발정책등을 통하여 모든 국민이 쾌적한 주거생활을 할 수 있도록 노력하여야 한다.

제36조 ① 혼인과 가족생활은 개인의 존엄과 양성의 평등을 기초로 성립되고 유지되어야 하며, 국가는 이를 보장한다.

② 국가는 모성의 보호를 위하여 노력하여야 한다.

③ 모든 국민은 보건에 관하여 국가의 보호를 받는다.

제37조 ① 국민의 자유와 권리는 헌법에 열거되지 아니한 이유로 경시되지 아니한다.

② 국민의 모든 자유와 권리는 국가안전보장·질서유지 또는 공공복리를 위하여 필요한 경우에 한하여 법률로써 제한할 수 있으며, 제한하는 경우에도 자유와 권

리의 본질적인 내용을 침해할 수 없다.

제38조　모든 국민은 법률이 정하는 바에 의하여 납세의 의무를 진다.

제39조　① 모든 국민은 법률이 정하는 바에 의하여 국방의 의무를 진다.
　　　　② 누구든지 병역의무의 이행으로 인하여 불이익한 처우를 받지 아니한다.

제3장 국 회

제40조　입법권은 국회에 속한다.

제41조　① 국회는 국민의 보통·평등·직접·비밀선거에 의하여 선출된 국회의원으로 구성한다.
　　　　② 국회의원의 수는 법률로 정하되, 200인 이상으로 한다.
　　　　③ 국회의원의 선거구와 비례대표제 기타 선거에 관한 사항은 법률로 정한다.

제42조　국회의원의 임기는 4년으로 한다.

제43조　국회의원은 법률이 정하는 직을 겸할 수 없다.

제44조　① 국회의원은 현행범인인 경우를 제외하고는 회기중 국회의 동의없이 체포 또는
　　　　　구금되지 아니한다.
　　　　② 국회의원이 회기전에 체포 또는 구금된 때에는 현행범인이 아닌 한 국회의 요구
　　　　　가 있으면 회기중 석방된다.

제45조　국회의원은 국회에서 직무상 행한 발언과 표결에 관하여 국회외에서 책임을 지지
　　　　아니한다.

제46조　① 국회의원은 청렴의 의무가 있다.
　　　　② 국회의원은 국가이익을 우선하여 양심에 따라 직무를 행한다.
　　　　③ 국회의원은 그 지위를 남용하여 국가·공공단체 또는 기업체와의 계약이나 그
　　　　　처분에 의하여 재산상의 권리·이익 또는 직위를 취득하거나 타인을 위하여 그
　　　　　취득을 알선할 수 없다.

제47조　① 국회의 정기회는 법률이 정하는 바에 의하여 매년 1회 집회되며, 국회의 임시회
　　　　　는 대통령 또는 국회재적의원 4분의 1 이상의 요구에 의하여 집회된다.

② 정기회의 회기는 100일을, 임시회의 회기는 30일을 초과할 수 없다.

③ 대통령이 임시회의 집회를 요구할 때에는 기간과 집회 요구 이유를 명시하여야 한다.

제48조　국회는 의장 1인과 부의장 2인을 선출한다.

제49조　국회는 헌법 또는 법률에 특별한 규정이 없는 한 재적의원 과반수의 출석과 출석의
원 과반수의 찬성으로 의결한다. 가부동수인 때에는 부결된 것으로 본다.

제50조　① 국회의 회의는 공개한다. 다만, 출석의원 과반수의 찬성이 있거나 의장이 국가의
안전보장을 위하여 필요하다고 인정할 때에는 공개하지 아니할 수 있다.

② 공개하지 아니한 회의내용의 공표에 관하여는 법률이 정하는 바에 의한다.

제51조　국회에 제출된 법률안 기타의 의안은 회기중에 의결되지 못한 이유로 폐기되지 아
니한다. 다만, 국회의원의 임기가 만료된 때에는 그러하지 아니하다.

제52조　국회의원과 정부는 법률안을 제출할 수 있다.

제53조　① 국회에서 의결된 법률안은 정부에 이송되어 15일 이내에 대통령이 공포한다.

② 법률안에 이의가 있을 때에는 대통령은 제1항의 기간내에 이의서를 붙여 국회로
환부하고, 그 재의를 요구할 수 있다. 국회의 폐회중에도 또한 같다.

③ 대통령은 법률안의 일부에 대하여 또는 법률안을 수정하여 재의를 요구할 수 없다.

④ 재의 요구가 있을 때에는 국회는 재의에 붙이고, 재적의원과반수의 출석과 출석
의원 3분의 2 이상의 찬성으로 전과 같은 의결을 하면 그 법률안은 법률로서 확
정된다.

⑤ 대통령이 제1항의 기간내에 공포나 재의의 요구를 하지 아니한 때에도 그 법률
안은 법률로서 확정된다.

⑥ 대통령은 제4항과 제5항의 규정에 의하여 확정된 법률을 지체없이 공포하여야 한
다. 제5항에 의하여 법률이 확정된 후 또는 제4항에 의한 확정법률이 정부에 이
송된 후 5일 이내에 대통령이 공포하지 아니할 때에는 국회의장이 이를 공포한다.

⑦ 법률은 특별한 규정이 없는 한 공포한 날로부터 20일을 경과함으로써 효력을 발
생한다.

제54조　① 국회는 국가의 예산안을 심의·확정한다.

② 정부는 회계연도마다 예산안을 편성하여 회계연도 개시 90일전까지 국회에 제
출하고, 국회는 회계연도 개시 30일전까지 이를 의결하여야 한다.

③ 새로운 회계연도가 개시될 때까지 예산안이 의결되지 못한 때에는 정부는 국회에서 예산안이 의결될 때까지 다음의 목적을 위한 경비는 전년도 예산에 준하여 집행할 수 있다.

    1. 헌법이나 법률에 의하여 설치된 기관 또는 시설의 유지·운영

    2. 법률상 지출의무의 이행

    3. 이미 예산으로 승인된 사업의 계속

제55조 ① 한 회계연도를 넘어 계속하여 지출할 필요가 있을 때에는 정부는 연한을 정하여 계속비로서 국회의 의결을 얻어야 한다.

    ② 예비비는 총액으로 국회의 의결을 얻어야 한다. 예비비의 지출은 차기국회의 승인을 얻어야 한다.

제56조 정부는 예산에 변경을 가할 필요가 있을 때에는 추가경정예산안을 편성하여 국회에 제출할 수 있다.

제57조 국회는 정부의 동의없이 정부가 제출한 지출예산 각항의 금액을 증가하거나 새 비목을 설치할 수 없다.

제58조 국채를 모집하거나 예산외에 국가의 부담이 될 계약을 체결하려 할 때에는 정부는 미리 국회의 의결을 얻어야 한다.

제59조 조세의 종목과 세율은 법률로 정한다.

제60조 ① 국회는 상호원조 또는 안전보장에 관한 조약, 중요한 국제조직에 관한 조약, 우호통상항해조약, 주권의 제약에 관한 조약, 강화조약, 국가나 국민에게 중대한 재정적 부담을 지우는 조약 또는 입법사항에 관한 조약의 체결·비준에 대한 동의권을 가진다.

    ② 국회는 선전포고, 국군의 외국에의 파견 또는 외국군대의 대한민국 영역안에서의 주류에 대한 동의권을 가진다.

제61조 ① 국회는 국정을 감사하거나 특정한 국정사안에 대하여 조사할 수 있으며, 이에 필요한 서류의 제출 또는 증인의 출석과 증언이나 의견의 진술을 요구할 수 있다.

    ② 국정감사 및 조사에 관한 절차 기타 필요한 사항은 법률로 정한다.

제62조 ① 국무총리·국무위원 또는 정부위원은 국회나 그 위원회에 출석하여 국정처리상

황을 보고하거나 의견을 진술하고 질문에 응답할 수 있다.

② 국회나 그 위원회의 요구가 있을 때에는 국무총리·국무위원 또는 정부위원은 출석·답변하여야 하며, 국무총리 또는 국무위원이 출석요구를 받은 때에는 국무위원 또는 정부위원으로 하여금 출석·답변하게 할 수 있다.

제63조 ① 국회는 국무총리 또는 국무위원의 해임을 대통령에게 건의할 수 있다.

② 제1항의 해임건의는 국회재적의원 3분의 1 이상의 발의에 의하여 국회재적의원 과반수의 찬성이 있어야 한다.

제64조 ① 국회는 법률에 저촉되지 아니하는 범위안에서 의사와 내부규율에 관한 규칙을 제정할 수 있다.

② 국회는 의원의 자격을 심사하며, 의원을 징계할 수 있다.

③ 의원을 제명하려면 국회재적의원 3분의 2 이상의 찬성이 있어야 한다.

④ 제2항과 제3항의 처분에 대하여는 법원에 제소할 수 없다.

제65조 ① 대통령·국무총리·국무위원·행정각부의 장·헌법재판소 재판관·법관·중앙선거관리위원회 위원·감사원장·감사위원 기타 법률이 정한 공무원이 그 직무집행에 있어서 헌법이나 법률을 위배한 때에는 국회는 탄핵의 소추를 의결할 수 있다.

② 제1항의 탄핵소추는 국회재적의원 3분의 1 이상의 발의가 있어야 하며, 그 의결은 국회재적의원 과반수의 찬성이 있어야 한다. 다만, 대통령에 대한 탄핵소추는 국회재적의원 과반수의 발의와 국회재적의원 3분의 2 이상의 찬성이 있어야 한다.

③ 탄핵소추의 의결을 받은 자는 탄핵심판이 있을 때까지 그 권한행사가 정지된다.

④ 탄핵결정은 공직으로부터 파면함에 그친다. 그러나, 이에 의하여 민사상이나 형사상의 책임이 면제되지는 아니한다.

제4장 정 부

제1절 대통령

제66조 ① 대통령은 국가의 원수이며, 외국에 대하여 국가를 대표한다.

② 대통령은 국가의 독립·영토의 보전·국가의 계속성과 헌법을 수호할 책무를 진다.

③ 대통령은 조국의 평화적 통일을 위한 성실한 의무를 진다.

④ 행정권은 대통령을 수반으로 하는 정부에 속한다.

제67조 ① 대통령은 국민의 보통·평등·직접·비밀선거에 의하여 선출한다.

② 제1항의 선거에 있어서 최고득표자가 2인 이상인 때에는 국회의 재적의원 과반수가 출석한 공개회의에서 다수표를 얻은 자를 당선자로 한다.

③ 대통령 후보자가 1인일 때에는 그 득표수가 선거권자 총수의 3분의 1 이상이 아니면 대통령으로 당선될 수 없다.

④ 대통령으로 선거될 수 있는 자는 국회의원의 피선거권이 있고 선거일 현재 40세에 달하여야 한다.

⑤ 대통령의 선거에 관한 사항은 법률로 정한다.

제68조 ① 대통령의 임기가 만료되는 때에는 임기 만료 70일 내지 40일전에 후임자를 선거한다.

② 대통령이 궐위된 때 또는 대통령 당선자가 사망하거나 판결 기타의 사유로 그 자격을 상실한 때에는 60일 이내에 후임자를 선거한다.

제69조 대통령은 취임에 즈음하여 다음의 선서를 한다. "나는 헌법을 준수하고 국가를 보위하며 조국의 평화적 통일과 국민의 자유와 복리의 증진 및 민족문화의 창달에 노력하여 대통령으로서의 직책을 성실히 수행할 것을 국민 앞에 엄숙히 선서합니다."

제70조 대통령의 임기는 5년으로 하며, 중임할 수 없다.

제71조 대통령이 궐위되거나 사고로 인하여 직무를 수행할 수 없을 때에는 국무총리, 법률이 정한 국무위원의 순서로 그 권한을 대행한다.

제72조 대통령은 필요하다고 인정할 때에는 외교·국방·통일 기타 국가안위에 관한 중요정책을 국민투표에 부칠 수 있다.

제73조 대통령은 조약을 체결·비준하고, 외교사절을 신임·접수 또는 파견하며, 선전포고와 강화를 한다.

제74조 ① 대통령은 헌법과 법률이 정하는 바에 의하여 국군을 통수한다.

② 국군의 조직과 편성은 법률로 정한다.

제75조 대통령은 법률에서 구체적으로 범위를 정하여 위임받은 사항과 법률을 집행하기 위하여 필요한 사항에 관하여 대통령령을 발할 수 있다.

제76조 ① 대통령은 내우·외환·천재·지변 또는 중대한 재정·경제상의 위기에 있어서 국가의 안전보장 또는 공공의 안녕질서를 유지하기 위하여 긴급한 조치가 필요하고 국회의 집회를 기다릴 여유가 없을 때에 한하여 최소한으로 필요한 재정·경제상의 처분을 하거나 이에 관하여 법률의 효력을 가지는 명령을 발할 수 있다.

② 대통령은 국가의 안위에 관계되는 중대한 교전상태에 있어서 국가를 보위하기 위하여 긴급한 조치가 필요하고 국회의 집회가 불가능한 때에 한하여 법률의 효력을 가지는 명령을 발할 수 있다.

③ 대통령은 제1항과 제2항의 처분 또는 명령을 한 때에는 지체없이 국회에 보고하여 그 승인을 얻어야 한다.

④ 제3항의 승인을 얻지 못한 때에는 그 처분 또는 명령은 그때부터 효력을 상실한다. 이 경우 그 명령에 의하여 개정 또는 폐지되었던 법률은 그 명령이 승인을 얻지 못한 때부터 당연히 효력을 회복한다.

⑤ 대통령은 제3항과 제4항의 사유를 지체없이 공포하여야 한다.

제77조 ① 대통령은 전시·사변 또는 이에 준하는 국가비상사태에 있어서 병력으로써 군사상의 필요에 응하거나 공공의 안녕질서를 유지할 필요가 있을 때에는 법률이 정하는 바에 의하여 계엄을 선포할 수 있다.

② 계엄은 비상계엄과 경비계엄으로 한다.

③ 비상계엄이 선포된 때에는 법률이 정하는 바에 의하여 영장제도, 언론·출판·집회·결사의 자유, 정부나 법원의 권한에 관하여 특별한 조치를 할 수 있다.

④ 계엄을 선포한 때에는 대통령은 지체없이 국회에 통고하여야 한다.

⑤ 국회가 재적의원 과반수의 찬성으로 계엄의 해제를 요구한 때에는 대통령은 이를 해제하여야 한다.

제78조 대통령은 헌법과 법률이 정하는 바에 의하여 공무원을 임면한다.

제79조 ① 대통령은 법률이 정하는 바에 의하여 사면·감형 또는 복권을 명할 수 있다.

② 일반사면을 명하려면 국회의 동의를 얻어야 한다.

③ 사면·감형 및 복권에 관한 사항은 법률로 정한다.

제80조 대통령은 법률이 정하는 바에 의하여 훈장 기타의 영전을 수여한다.

제81조 대통령은 국회에 출석하여 발언하거나 서한으로 의견을 표시할 수 있다.

제82조　대통령의 국법상 행위는 문서로써 하며, 이 문서에는 국무총리와 관계 국무위원이 부서한다. 군사에 관한 것도 또한 같다.

제83조　대통령은 국무총리·국무위원·행정각부의 장 기타 법률이 정하는 공사의 직을 겸할 수 없다.

제84조　대통령은 내란 또는 외환의 죄를 범한 경우를 제외하고는 재직중 형사상의 소추를 받지 아니한다.

제85조　전직대통령의 신분과 예우에 관하여는 법률로 정한다.

제2절 행정부

제1관 국무총리와 국무위원

제86조　① 국무총리는 국회의 동의를 얻어 대통령이 임명한다.
　　　　② 국무총리는 대통령을 보좌하며, 행정에 관하여 대통령의 명을 받아 행정각부를 통할한다.
　　　　③ 군인은 현역을 면한 후가 아니면 국무총리로 임명될 수 없다.

제87조　① 국무위원은 국무총리의 제청으로 대통령이 임명한다.
　　　　② 국무위원은 국정에 관하여 대통령을 보좌하며, 국무회의의 구성원으로서 국정을 심의한다.
　　　　③ 국무총리는 국무위원의 해임을 대통령에게 건의할 수 있다.
　　　　④ 군인은 현역을 면한 후가 아니면 국무위원으로 임명될 수 없다.

제2관 국무회의

제88조　① 국무회의는 정부의 권한에 속하는 중요한 정책을 심의한다.
　　　　② 국무회의는 대통령·국무총리와 15인 이상 30인 이하의 국무위원으로 구성한다.
　　　　③ 대통령은 국무회의의 의장이 되고, 국무총리는 부의장이 된다.

제89조　다음 사항은 국무회의의 심의를 거쳐야 한다.
　　　1. 국정의 기본계획과 정부의 일반정책

2. 선전·강화 기타 중요한 대외정책

3. 헌법개정안·국민투표안·조약안·법률안 및 대통령령안

4. 예산안·결산·국유재산처분의 기본계획·국가의 부담이 될 계약 기타 재정에 관한 중요사항

5. 대통령의 긴급명령·긴급재정경제처분 및 명령 또는 계엄과 그 해제

6. 군사에 관한 중요사항

7. 국회의 임시회 집회의 요구

8. 영전수여

9. 사면·감형과 복권

10. 행정각부간의 권한의 획정

11. 정부안의 권한의 위임 또는 배정에 관한 기본계획

12. 국정처리상황의 평가·분석

13. 행정각부의 중요한 정책의 수립과 조정

14. 정당해산의 제소

15. 정부에 제출 또는 회부된 정부의 정책에 관계되는 청원의 심사

16. 검찰총장·합동참모의장·각군참모총장·국립대학교총장·대사 기타 법률이 정한 공무원과 국영기업체관리자의 임명

17. 기타 대통령·국무총리 또는 국무위원이 제출한 사항

제90조 ① 국정의 중요한 사항에 관한 대통령의 자문에 응하기 위하여 국가원로로 구성되는 국가원로자문회의를 둘 수 있다.

② 국가원로자문회의의 의장은 직전대통령이 된다. 다만, 직전대통령이 없을 때에는 대통령이 지명한다.

③ 국가원로자문회의의 조직·직무범위 기타 필요한 사항은 법률로 정한다.

제91조 ① 국가안전보장에 관련되는 대외정책·군사정책과 국내정책의 수립에 관하여 국무회의의 심의에 앞서 대통령의 자문에 응하기 위하여 국가안전보장회의를 둔다.

② 국가안전보장회의는 대통령이 주재한다.

③ 국가안전보장회의의 조직·직무범위 기타 필요한 사항은 법률로 정한다.

제92조 ① 평화통일정책의 수립에 관한 대통령의 자문에 응하기 위하여 민주평화통일자문회의를 둘 수 있다.

② 민주평화통일자문회의의 조직·직무범위 기타 필요한 사항은 법률로 정한다.

제93조 ① 국민경제의 발전을 위한 중요정책의 수립에 관하여 대통령의 자문에 응하기 위하여 국민경제자문회의를 둘 수 있다.

② 국민경제자문회의의 조직·직무범위 기타 필요한 사항은 법률로 정한다.

제3관 행정각부

제94조 행정각부의 장은 국무위원 중에서 국무총리의 제청으로 대통령이 임명한다.

제95조 국무총리 또는 행정각부의 장은 소관사무에 관하여 법률이나 대통령령의 위임 또는 직권으로 총리령 또는 부령을 발할 수 있다.

제96조 행정각부의 설치·조직과 직무범위는 법률로 정한다.

제4관 감사원

제97조 국가의 세입·세출의 결산, 국가 및 법률이 정한 단체의 회계검사와 행정기관 및 공무원의 직무에 관한 감찰을 하기 위하여 대통령 소속하에 감사원을 둔다.

제98조 ① 감사원은 원장을 포함한 5인 이상 11인 이하의 감사위원으로 구성한다.

② 원장은 국회의 동의를 얻어 대통령이 임명하고, 그 임기는 4년으로 하며, 1차에 한하여 중임할 수 있다.

③ 감사위원은 원장의 제청으로 대통령이 임명하고, 그 임기는 4년으로 하며, 1차에 한하여 중임할 수 있다.

제99조 감사원은 세입·세출의 결산을 매년 검사하여 대통령과 차년도국회에 그 결과를 보고하여야 한다.

제100조 감사원의 조직·직무범위·감사위원의 자격·감사대상공무원의 범위 기타 필요한 사항은 법률로 정한다.

제5장 법 원

제101조 ① 사법권은 법관으로 구성된 법원에 속한다.

② 법원은 최고법원인 대법원과 각급법원으로 조직된다.

③ 법관의 자격은 법률로 정한다.

제102조 ① 대법원에 부를 둘 수 있다.

② 대법원에 대법관을 둔다. 다만, 법률이 정하는 바에 의하여 대법관이 아닌 법관을 둘 수 있다.

③ 대법원과 각급법원의 조직은 법률로 정한다.

제103조 법관은 헌법과 법률에 의하여 그 양심에 따라 독립하여 심판한다.

제104조 ① 대법원장은 국회의 동의를 얻어 대통령이 임명한다.

② 대법관은 대법원장의 제청으로 국회의 동의를 얻어 대통령이 임명한다.

③ 대법원장과 대법관이 아닌 법관은 대법관회의의 동의를 얻어 대법원장이 임명한다.

제105조 ① 대법원장의 임기는 6년으로 하며, 중임할 수 없다.

② 대법관의 임기는 6년으로 하며, 법률이 정하는 바에 의하여 연임할 수 있다.

③ 대법원장과 대법관이 아닌 법관의 임기는 10년으로 하며, 법률이 정하는 바에 의하여 연임할 수 있다.

④ 법관의 정년은 법률로 정한다.

제106조 ① 법관은 탄핵 또는 금고 이상의 형의 선고에 의하지 아니하고는 파면되지 아니하며, 징계처분에 의하지 아니하고는 정직·감봉 기타 불리한 처분을 받지 아니한다.

② 법관이 중대한 심신상의 장해로 직무를 수행할 수 없을 때에는 법률이 정하는 바에 의하여 퇴직하게 할 수 있다.

제107조 ① 법률이 헌법에 위반되는 여부가 재판의 전제가 된 경우에는 법원은 헌법재판소에 제청하여 그 심판에 의하여 재판한다.

② 명령·규칙 또는 처분이 헌법이나 법률에 위반되는 여부가 재판의 전제가 된 경우에는 대법원은 이를 최종적으로 심사할 권한을 가진다.

③ 재판의 전심절차로서 행정심판을 할 수 있다. 행정심판의 절차는 법률로 정하되, 사법절차가 준용되어야 한다.

제108조 대법원은 법률에 저촉되지 아니하는 범위안에서 소송에 관한 절차, 법원의 내부규율과 사무처리에 관한 규칙을 제정할 수 있다.

제109조 재판의 심리와 판결은 공개한다. 다만, 심리는 국가의 안전보장 또는 안녕질서를 방

해하거나 선량한 풍속을 해할 염려가 있을 때에는 법원의 결정으로 공개하지 아니할 수 있다.

제110조 ① 군사재판을 관할하기 위하여 특별법원으로서 군사법원을 둘 수 있다.

② 군사법원의 상고심은 대법원에서 관할한다.

③ 군사법원의 조직·권한 및 재판관의 자격은 법률로 정한다.

④ 비상계엄하의 군사재판은 군인·군무원의 범죄나 군사에 관한 간첩죄의 경우와 초병·초소·유독음식물공급·포로에 관한 죄중 법률이 정한 경우에 한하여 단심으로 할 수 있다. 다만, 사형을 선고한 경우에는 그러하지 아니하다.

제6장 헌법재판소

제111조 ① 헌법재판소는 다음 사항을 관장한다.

　　1. 법원의 제청에 의한 법률의 위헌여부 심판

　　2. 탄핵의 심판

　　3. 정당의 해산 심판

　　4. 국가기관 상호간, 국가기관과 지방자치단체간 및 지방자치단체 상호간의 권한쟁의에 관한 심판

　　5. 법률이 정하는 헌법소원에 관한 심판

② 헌법재판소는 법관의 자격을 가진 9인의 재판관으로 구성하며, 재판관은 대통령이 임명한다.

③ 제2항의 재판관중 3인은 국회에서 선출하는 자를, 3인은 대법원장이 지명하는 자를 임명한다.

④ 헌법재판소의 장은 국회의 동의를 얻어 재판관중에서 대통령이 임명한다.

제112조 ① 헌법재판소 재판관의 임기는 6년으로 하며, 법률이 정하는 바에 의하여 연임할 수 있다.

② 헌법재판소 재판관은 정당에 가입하거나 정치에 관여할 수 없다.

③ 헌법재판소 재판관은 탄핵 또는 금고 이상의 형의 선고에 의하지 아니하고는 파면되지 아니한다.

제113조 ① 헌법재판소에서 법률의 위헌결정, 탄핵의 결정, 정당해산의 결정 또는 헌법소원

에 관한 인용결정을 할 때에는 재판관 6인 이상의 찬성이 있어야 한다.

② 헌법재판소는 법률에 저촉되지 아니하는 범위안에서 심판에 관한 절차, 내부규율과 사무처리에 관한 규칙을 제정할 수 있다.

③ 헌법재판소의 조직과 운영 기타 필요한 사항은 법률로 정한다.

제7장 선거관리

제114조 ① 선거와 국민투표의 공정한 관리 및 정당에 관한 사무를 처리하기 위하여 선거관리위원회를 둔다.

② 중앙선거관리위원회는 대통령이 임명하는 3인, 국회에서 선출하는 3인과 대법원장이 지명하는 3인의 위원으로 구성한다. 위원장은 위원중에서 호선한다.

③ 위원의 임기는 6년으로 한다.

④ 위원은 정당에 가입하거나 정치에 관여할 수 없다.

⑤ 위원은 탄핵 또는 금고 이상의 형의 선고에 의하지 아니하고는 파면되지 아니한다.

⑥ 중앙선거관리위원회는 법령의 범위안에서 선거관리·국민투표관리 또는 정당사무에 관한 규칙을 제정할 수 있으며, 법률에 저촉되지 아니하는 범위안에서 내부규율에 관한 규칙을 제정할 수 있다.

⑦ 각급 선거관리위원회의 조직·직무범위 기타 필요한 사항은 법률로 정한다.

제115조 ① 각급 선거관리위원회는 선거인명부의 작성등 선거사무와 국민투표사무에 관하여 관계 행정기관에 필요한 지시를 할 수 있다.

② 제1항의 지시를 받은 당해 행정기관은 이에 응하여야 한다.

제116조 ① 선거운동은 각급 선거관리위원회의 관리하에 법률이 정하는 범위안에서 하되, 균등한 기회가 보장되어야 한다.

② 선거에 관한 경비는 법률이 정하는 경우를 제외하고는 정당 또는 후보자에게 부담시킬 수 없다.

제8장 지방자치

제117조 ① 지방자치단체는 주민의 복리에 관한 사무를 처리하고 재산을 관리하며, 법령의

범위안에서 자치에 관한 규정을 제정할 수 있다.

② 지방자치단체의 종류는 법률로 정한다.

제118조 ① 지방자치단체에 의회를 둔다.

② 지방의회의 조직·권한·의원선거와 지방자치단체의 장의 선임방법 기타 지방자
치단체의 조직과 운영에 관한 사항은 법률로 정한다.

제9장 경 제

제119조 ① 대한민국의 경제질서는 개인과 기업의 경제상의 자유와 창의를 존중함을 기본
으로 한다.

② 국가는 균형있는 국민경제의 성장 및 안정과 적정한 소득의 분배를 유지하고, 시
장의 지배와 경제력의 남용을 방지하며, 경제주체간의 조화를 통한 경제의 민주
화를 위하여 경제에 관한 규제와 조정을 할 수 있다.

제120조 ① 광물 기타 중요한 지하자원·수산자원·수력과 경제상 이용할 수 있는 자연력은 법
률이 정하는 바에 의하여 일정한 기간 그 채취·개발 또는 이용을 특허할 수 있다.

② 국토와 자원은 국가의 보호를 받으며, 국가는 그 균형있는 개발과 이용을 위하
여 필요한 계획을 수립한다.

제121조 ① 국가는 농지에 관하여 경자유전의 원칙이 달성될 수 있도록 노력하여야 하며, 농
지의 소작제도는 금지된다.

② 농업생산성의 제고와 농지의 합리적인 이용을 위하거나 불가피한 사정으로 발생
하는 농지의 임대차와 위탁경영은 법률이 정하는 바에 의하여 인정된다.

제122조 국가는 국민 모두의 생산 및 생활의 기반이 되는 국토의 효율적이고 균형있는 이
용·개발과 보전을 위하여 법률이 정하는 바에 의하여 그에 관한 필요한 제한과 의
무를 과할 수 있다.

제123조 ① 국가는 농업 및 어업을 보호·육성하기 위하여 농·어촌종합개발과 그 지원등 필
요한 계획을 수립·시행하여야 한다.

② 국가는 지역간의 균형있는 발전을 위하여 지역경제를 육성할 의무를 진다.

③ 국가는 중소기업을 보호·육성하여야 한다.

④ 국가는 농수산물의 수급균형과 유통구조의 개선에 노력하여 가격안정을 도모

함으로써 농·어민의 이익을 보호한다.

⑤ 국가는 농·어민과 중소기업의 자조조직을 육성하여야 하며, 그 자율적 활동과 발전을 보장한다.

제124조 국가는 건전한 소비행위를 계도하고 생산품의 품질향상을 촉구하기 위한 소비자보호운동을 법률이 정하는 바에 의하여 보장한다.

제125조 국가는 대외무역을 육성하며, 이를 규제·조정할 수 있다.

제126조 국방상 또는 국민경제상 긴절한 필요로 인하여 법률이 정하는 경우를 제외하고는, 사영기업을 국유 또는 공유로 이전하거나 그 경영을 통제 또는 관리할 수 없다.

제127조 ① 국가는 과학기술의 혁신과 정보 및 인력의 개발을 통하여 국민경제의 발전에 노력하여야 한다.

② 국가는 국가표준제도를 확립한다.

③ 대통령은 제1항의 목적을 달성하기 위하여 필요한 자문기구를 둘 수 있다.

제10장 헌법개정

제128조 ① 헌법개정은 국회재적의원 과반수 또는 대통령의 발의로 제안된다.

② 대통령의 임기연장 또는 중임변경을 위한 헌법개정은 그 헌법개정 제안 당시의 대통령에 대하여는 효력이 없다.

제129조 제안된 헌법개정안은 대통령이 20일 이상의 기간 이를 공고하여야 한다.

제130조 ① 국회는 헌법개정안이 공고된 날로부터 60일 이내에 의결하여야 하며, 국회의 의결은 재적의원 3분의 2 이상의 찬성을 얻어야 한다.

② 헌법개정안은 국회가 의결한 후 30일 이내에 국민투표에 붙여 국회의원선거권자 과반수의 투표와 투표자 과반수의 찬성을 얻어야 한다.

③ 헌법개정안이 제2항의 찬성을 얻은 때에는 헌법개정은 확정되며, 대통령은 즉시 이를 공포하여야 한다.

부 칙〈제10호, 1987. 10. 29〉

제1조   이 헌법은 1988년 2월 25일부터 시행한다. 다만, 이 헌법을 시행하기 위하여 필요한 법률의 제정·개정과 이 헌법에 의한 대통령 및 국회의원의 선거 기타 이 헌법시행에 관한 준비는 이 헌법시행 전에 할 수 있다.

제2조   ① 이 헌법에 의한 최초의 대통령선거는 이 헌법시행일 40일 전까지 실시한다.
         ② 이 헌법에 의한 최초의 대통령의 임기는 이 헌법시행일로부터 개시한다.

제3조   ① 이 헌법에 의한 최초의 국회의원선거는 이 헌법공포일로부터 6월 이내에 실시하며, 이 헌법에 의하여 선출된 최초의 국회의원의 임기는 국회의원선거후 이 헌법에 의한 국회의 최초의 집회일로부터 개시한다.
         ② 이 헌법공포 당시의 국회의원의 임기는 제1항에 의한 국회의 최초의 집회일 전일까지로 한다.

제4조   ① 이 헌법시행 당시의 공무원과 정부가 임명한 기업체의 임원은 이 헌법에 의하여 임명된 것으로 본다. 다만, 이 헌법에 의하여 선임방법이나 임명권자가 변경된 공무원과 대법원장 및 감사원장은 이 헌법에 의하여 후임자가 선임될 때까지 그 직무를 행하며, 이 경우 전임자인 공무원의 임기는 후임자가 선임되는 전일까지로 한다.
         ② 이 헌법시행 당시의 대법원장과 대법원판사가 아닌 법관은 제1항 단서의 규정에 불구하고 이 헌법에 의하여 임명된 것으로 본다.
         ③ 이 헌법중 공무원의 임기 또는 중임제한에 관한 규정은 이 헌법에 의하여 그 공무원이 최초로 선출 또는 임명된 때로부터 적용한다.

제5조   이 헌법시행 당시의 법령과 조약은 이 헌법에 위배되지 아니하는 한 그 효력을 지속한다.

제6조   이 헌법시행 당시에 이 헌법에 의하여 새로 설치될 기관의 권한에 속하는 직무를 행하고 있는 기관은 이 헌법에 의하여 새로운 기관이 설치될 때까지 존속하며 그 직무를 행한다.

조선민주주의인민공화국 사회주의헌법
(2016년 일부 개정)

서 문

조선민주주의인민공화국은 위대한 수령 김일성동지와 위대한 령도자 김정일동지의 사상과 령도를 구현한 주체의 사회주의조국이다.

위대한 수령 김일성동지는 조선민주주의인민공화국의 창건자이시며 사회주의조선의 시조이시다.

김일성동지께서는 영생불멸의 주체사상을 창시하시고 그 기치밑에 항일혁명투쟁을 조직령도하시여 영광스러운 혁명전통을 마련하시고 조국광복의 력사적위업을 이룩하시였으며 정치, 경제, 문화, 군사분야에서 자주독립국가건설의 튼튼한 토대를 닦은데 기초하여 조선민주주의인민공화국을 창건하시였다.

김일성동지께서는 주체적인 혁명로선을 내놓으시고 여러 단계의 사회혁명과 건설사업을 현명하게 령도하시여 공화국을 인민대중중심의 사회주의나라로, 자주, 자립, 자위의 사회주의국가로 강화발전시키시였다.

김일성동지께서는 국가건설과 국가활동의 근본원칙을 밝히시고 가장 우월한 국가사회제도와 정치방식, 사회관리체계와 관리방법을 확립하시였으며 사회주의조국의 부강번영과 주체혁명위업의 계승완성을 위한 확고한 토대를 마련하시였다.

위대한 령도자 김정일동지는 김일성동지의 사상과 위업을 받들어 우리 공화국을 김일성동지의 국가로 강화발전시키시고 민족의 존엄과 국력을 최상의 경지에 올려세우신 절세의 애국자, 사회주의조선의 수호자이시다.

김정일동지께서는 김일성동지께서 창시하신 영생불멸의 주체사상, 선군사상을 전면적으로 심화발전시키시고 자주시대의 지도사상으로 빛내이시였으며 주체의 혁명전통을 견결히 옹호고수하시고 순결하게 계승발전시키시여 조선혁명의 명맥을 굳건히 이어놓으시였다.

김정일동지께서는 세계사회주의체계의 붕괴와 제국주의련합세력의 악랄한 반공화국압살공세속에서 선군정치로 김일성동지의 고귀한 유산인 사회주의전취물을 영예롭게 수호하시고 우리 조국을 불패의 정치사상강국, 핵보유국, 무적의 군사강국으로 전변시키시였으며 강성국가건설의 휘황한 대통로를 열어놓으시였다.

김일성동지와 김정일동지께서는 《이민위천》을 좌우명으로 삼으시여 언제나 인민들과 함께 계시고 인민을 위하여 한평생을 바치시였으며 숭고한 인덕정치로 인민들을 보살피시고 이끄시여 온 사회를 일심단결된 하나의 대가정으로 전변시키시였다.

위대한 수령 김일성동지와 위대한 령도자 김정일동지는 민족의 태양이시며 조국통일의 구성이시다.

김일성동지와 김정일동지께서는 나라의 통일을 민족지상의 과업으로 내세우시고 그 실현을 위하여 온갖 로고와 심혈을 다 바치시였다.

김일성동지와 김정일동지께서는 공화국을 조국통일의 강유력한 보루로 다지시는 한편 조국통일의 근본원칙과 방도를 제시하시고 조국통일운동을 전민족적인 운동으로 발전시키시여 온 민족의 단합된 힘으로 조국통일위업을 성취하기 위한 길을 열어놓으시였다.

위대한 수령 김일성동지와 위대한 령도자 김정일동지께서는 조선민주주의인민공화국의 대외정책의 기본리념을 밝히시고 그에 기초하여 나라의 대외관계를 확대발전시키시였으며 공화국의 국제적권위를 높이 떨치게 하시였다.

김일성동지와 김정일동지는 세계정치의 원로로서 자주의 새 시대를 개척하시고 사회주의운동과 쁠럭불가담운동의 강화발전을 위하여, 세계평화와 인민들사이의 친선을 위하여 정력적으로 활동하시였으며 인류의 자주위업에 불멸의 공헌을 하시였다.

김일성동지와 김정일동지는 사상리론과 령도예술의 천재이시고 백전백승의 강철의 령장이시였으며 위대한 혁명가, 정치가이시고 위대한 인간이시였다.

김일성동지와 김정일동지의 위대한 사상과 령도업적은 조선혁명의 만년재보이며 조선민주주의인민공화국의 륭성번영을 위한 기본담보이며 김일성동지와 김정일동지께서 생전의 모습으로 계시는 금수산태양궁전은 수령영생의 대기념비이며 전체 조선민족의 존엄과 상징이고 영원한 성지이다.

조선민주주의인민공화국과 조선인민은 조선로동당의 령도밑에 위대한 김일성동지와 김정일동지를 주체조선의 영원한 수령으로 높이 모시고 김일성동지와 김정일동지의 사상과 업적을 옹호고수하고 계승발전시켜 주체혁명위업을 끝까지 완성하여나갈것이다.

조선민주주의인민공화국 사회주의헌법은 위대한 김일성동지와 김정일동지의 주체적인 국가건설사상과 국가건설업적을 법화한 김일성-김정일헌법이다.

제1장 정 치

제1조 조선민주주의인민공화국은 전체 조선인민의 리익을 대표하는 자주적인 사회주의국
       가이다.

제2조 조선민주주의인민공화국은 제국주의침략자들을 반대하며 조국의 광복과 인민의
       자유와 행복을 실현하기 위한 영광스러운 혁명투쟁에서 이룩한 빛나는 전통을 이
       어받은 혁명적인 국가이다.

제3조 조선민주주의인민공화국은 사람중심의 세계관이며 인민대중의 자주성을 실현하기
       위한 혁명사상인 주체사상, 선군사상을 자기 활동의 지도적지침으로 삼는다.

제4조 조선민주주의인민공화국의 주권은 로동자, 농민, 군인, 근로인테리를 비롯한 근로인
       민에게 있다.
       근로인민은 자기의 대표기관인 최고인민회의와 지방 각급 인민회의를 통하여 주권
       을 행사한다.

제5조 조선민주주의인민공화국에서 모든 국가기관들은 민주주의중앙집권제원칙에 의하
       여 조직되고 운영된다.

제6조 군인민회의로부터 최고인민회의에 이르기까지의 각급 주권기관은 일반적, 평등적,
       직접적원칙에 의하여 비밀투표로 선거한다.

제7조 각급 주권기관의 대의원은 선거자들과 밀접한 련계를 가지며 자기 사업에 대하여
       선거자들앞에 책임진다. 선거자들은 자기가 선거한 대의원이 신임을 잃은 경우에
       언제든지 소환할수 있다.

제8조 조선민주주의인민공화국의 사회제도는 근로인민대중이 모든것의 주인으로 되고있으
       며 사회의 모든것이 근로인민대중을 위하여 복무하는 사람중심의 사회제도이다.
       국가는 착취와 압박에서 해방되여 국가와 사회의 주인으로 된 로동자, 농민, 군인,
       근로인테리를 비롯한 근로인민의 리익을 옹호하며 인권을 존중하고 보호한다.

제9조 조선민주주의인민공화국은 북반부에서 인민정권을 강화하고 사상, 기술, 문화의 3
       대혁명을 힘있게 벌려 사회주의의 완전한 승리를 이룩하며 자주, 평화통일, 민족대
       단결의 원칙에서 조국통일을 실현하기 위하여 투쟁한다.

제10조 조선민주주의인민공화국은 로동계급이 령도하는 로농동맹에 기초한 전체 인민의
       정치사상적통일에 의거한다.
       국가는 사상혁명을 강화하여 사회의 모든 성원들을 혁명화, 로동계급화하며 온 사
       회를 동지적으로 결합된 하나의 집단으로 만든다.

제11조 조선민주주의인민공화국은 조선로동당의 령도밑에 모든 활동을 진행한다.

제12조 국가는 계급로선을 견지하며 인민민주주의독재를 강화하여 내외적대분자들의 파
       괴책동으로부터 인민주권과 사회주의제도를 굳건히 보위한다.

제13조 국가는 군중로선을 구현하며 모든 사업에서 우가 아래를 도와주고 대중속에 들어
       가 문제해결의 방도를 찾으며 정치사업, 사람과의 사업을 앞세워 대중의 자각적열성
       을 불러일으키는 청산리정신, 청산리방법을 관철한다.

제14조 국가는 3대혁명붉은기쟁취운동을 비롯한 대중운동을 힘있게 벌려 사회주의건설을
       최대한으로 다그친다.

제15조 조선민주주의인민공화국은 해외에 있는 조선동포들의 민주주의적민족권리와 국제
       법에서 공인된 합법적권리와 리익을 옹호한다.

제16조 조선민주주의인민공화국은 자기 령역안에 있는 다른 나라 사람의 합법적권리와 리
       익을 보장한다.

제17조 자주, 평화, 친선은 조선민주주의인민공화국의 대외정책의 기본리념이며 대외활동
       원칙이다.
       국가는 우리 나라를 우호적으로 대하는 모든 나라들과 완전한 평등과 자주성, 호상
       존중과 내정불간섭, 호혜의 원칙에서 국가적 또는 정치, 경제, 문화적관계를 맺는다.
       국가는 자주성을 옹호하는 세계인민들과 단결하며 온갖 형태의 침략과 내정간섭을
       반대하고 나라의 자주권과 민족적, 계급적해방을 실현하기 위한 모든 나라 인민들
       의 투쟁을 적극 지지성원한다.

제18조 조선민주주의인민공화국의 법은 근로인민의 의사와 리익의 반영이며 국가관리의
       기본무기이다.
       법에 대한 존중과 엄격한 준수집행은 모든 기관, 기업소, 단체와 공민에게 있어서
       의무적이다.

국가는 사회주의법률제도를 완비하고 사회주의법무생활을 강화한다.

제2장 경 제

제19조   조선민주주의인민공화국은 사회주의적생산관계와 자립적민족경제의 토대에 의거한다.

제20조   조선민주주의인민공화국에서 생산수단은 국가와 사회협동단체가 소유한다.

제21조   국가소유는 전체 인민의 소유이다.

         국가소유권의 대상에는 제한이 없다.

         나라의 모든 자연부원, 철도, 항공운수, 체신기관과 중요공장, 기업소, 항만, 은행은
         국가만이 소유한다.

         국가는 나라의 경제발전에서 주도적역할을 하는 국가소유를 우선적으로 보호하며
         장성시킨다.

제22조   사회협동단체소유는 해당 단체에 들어있는 근로자들의 집단적소유이다.

         토지, 농기계, 배, 중소공장, 기업소 같은것은 사회협동단체가 소유할수 있다.

         국가는 사회협동단체소유를 보호한다.

제23조   국가는 농민들의 사상의식과 기술문화수준을 높이고 협동적소유에 대한 전인민적
         소유의 지도적역할을 높이는 방향에서 두 소유를 유기적으로 결합시키며 협동경리
         에 대한 지도와 관리를 개선하여 사회주의적협동경리제도를 공고발전시키며 협동
         단체에 들어있는 전체 성원들의 자원적의사에 따라 협동단체소유를 점차 전인민적
         소유로 전환시킨다.

제24조   개인소유는 공민들의 개인적이며 소비적인 목적을 위한 소유이다.

         개인소유는 로동에 의한 사회주의분배와 국가와 사회의 추가적혜택으로 이루어진다.

         터밭경리를 비롯한 개인부업경리에서 나오는 생산물과 그밖의 합법적인 경리활동
         을 통하여 얻은 수입도 개인소유에 속한다.

         국가는 개인소유를 보호하며 그에 대한 상속권을 법적으로 보장한다.

제25조   조선민주주의인민공화국은 인민들의 물질문화생활을 끊임없이 높이는것을 자기
         활동의 최고원칙으로 삼는다.

         세금이 없어진 우리 나라에서 늘어나는 사회의 물질적부는 전적으로 근로자들의

복리증진에 돌려진다.

국가는 모든 근로자들에게 먹고 입고 쓰고 살수 있는 온갖 조건을 마련하여준다.

제26조 조선민주주의인민공화국에 마련된 자립적민족경제는 인민의 행복한 사회주의생활과 조국의 륭성번영을 위한 튼튼한 밑천이다.

국가는 사회주의자립적민족경제건설로선을 틀어쥐고 인민경제의 주체화, 현대화, 과학화를 다그쳐 인민경제를 고도로 발전된 주체적인 경제로 만들며 완전한 사회주의사회에 맞는 물질기술적토대를 쌓기 위하여 투쟁한다.

제27조 기술혁명은 사회주의경제를 발전시키기 위한 기본고리이다.

국가는 언제나 기술발전문제를 첫자리에 놓고 모든 경제활동을 진행하며 과학기술발전과 인민경제의 기술개조를 다그치고 대중적기술혁신운동을 힘있게 벌려 근로자들을 어렵고 힘든 로동에서 해방하며 육체로동과 정신로동의 차이를 줄여나간다.

제28조 국가는 도시와 농촌의 차이, 로동계급과 농민의 계급적차이를 없애기 위하여 농촌기술혁명을 다그쳐 농업을 공업화, 현대화하며 군의 역할을 높이고 농촌에 대한 지도와 방조를 강화한다.

국가는 협동농장의 생산시설과 농촌문화주택을 국가부담으로 건설하여준다.

제29조 사회주의는 근로대중의 창조적로동에 의하여 건설된다.

조선민주주의인민공화국에서 로동은 착취와 압박에서 해방된 근로자들의 자주적이며 창조적인 로동이다.

국가는 실업을 모르는 우리 근로자들의 로동이 보다 즐거운것으로, 사회와 집단과 자신을 위하여 자각적열성과 창발성을 내여 일하는 보람찬것으로 되게 한다.

제30조 근로자들의 하루로동시간은 8시간이다.

국가는 로동의 힘든 정도와 특수한 조건에 따라 하루로동시간을 이보다 짧게 정한다.

국가는 로동조직을 잘하고 로동규률을 강화하여 로동시간을 완전히 리용하도록 한다.

제31조 조선민주주의인민공화국에서 공민이 로동하는 나이는 16살부터이다.

국가는 로동하는 나이에 이르지 못한 소년들의 로동을 금지한다.

제32조 국가는 사회주의경제에 대한 지도와 관리에서 정치적지도와 경제기술적지도, 국가의 통일적지도와 매개 단위의 창발성, 유일적지휘와 민주주의, 정치도덕적자극과 물질적자극을 옳게 결합시키는 원칙을 확고히 견지한다.

제33조 국가는 생산자대중의 집체적힘에 의거하여 경제를 과학적으로, 합리적으로 관리운영하는 사회주의경제관리형태인 대안의 사업체계와 농촌경리를 기업적방법으로 지도하는 농업지도체계에 의하여 경제를 지도관리한다.

국가는 경제관리에서 대안의 사업체계의 요구에 맞게 독립채산제를 실시하며 원가, 가격, 수익성 같은 경제적공간을 옳게 리용하도록 한다.

제34조 조선민주주의인민공화국의 인민경제는 계획경제이다.

국가는 사회주의경제발전법칙에 따라 축적과 소비의 균형을 옳게 잡으며 경제건설을 다그치고 인민생활을 끊임없이 높이며 국방력을 강화할수 있도록 인민경제발전계획을 세우고 실행한다.

국가는 계획의 일원화, 세부화를 실현하여 생산장성의 높은 속도와 인민경제의 균형적발전을 보장한다.

제35조 조선민주주의인민공화국은 인민경제발전계획에 따르는 국가예산을 편성하여 집행한다.

국가는 모든 부문에서 증산과 절약투쟁을 강화하고 재정통제를 엄격히 실시하여 국가축적을 체계적으로 늘이며 사회주의적소유를 확대발전시킨다.

제36조 조선민주주의인민공화국에서 대외무역은 국가기관, 기업소, 사회협동단체가 한다.

국가는 완전한 평등과 호혜의 원칙에서 대외무역을 발전시킨다.

제37조 국가는 우리 나라 기관, 기업소, 단체와 다른 나라 법인 또는 개인들과의 기업합영과 합작, 특수경제지대에서의 여러가지 기업창설운영을 장려한다.

제38조 국가는 자립적민족경제를 보호하기 위하여 관세정책을 실시한다.

제3장 문 화

제39조 조선민주주의인민공화국에서 개화발전하고있는 사회주의적문화는 근로자들의 창조적능력을 높이며 건전한 문화정서적수요를 충족시키는데 이바지한다.

제40조 조선민주주의인민공화국은 문화혁명을 철저히 수행하여 모든 사람들을 자연과 사회에 대한 깊은 지식과 높은 문화기술수준을 가진 사회주의건설자로 만들며 온 사회를 인테리화한다.

제41조 조선민주주의인민공화국은 사회주의근로자들을 위하여 복무하는 참다운 인민적
이며 혁명적인 문화를 건설한다.
국가는 사회주의적민족문화건설에서 제국주의의 문화적침투와 복고주의적경향을
반대하며 민족문화유산을 보호하고 사회주의현실에 맞게 계승발전시킨다.

제42조 국가는 모든 분야에서 낡은 사회의 생활양식을 없애고 새로운 사회주의적생활양식
을 전면적으로 확립한다.

제43조 국가는 사회주의교육학의 원리를 구현하여 후대들을 사회와 인민을 위하여 투쟁하
는 견결한 혁명가로, 지덕체를 갖춘 주체형의 새 인간으로 키운다.

제44조 국가는 인민교육사업과 민족간부양성사업을 다른 모든 사업에 앞세우며 일반교육
과 기술교육, 교육과 생산로동을 밀접히 결합시킨다.

제45조 국가는 1년동안의 학교전의무교육을 포함한 전반적12년제의무교육을 현대과학기
술발전추세와 사회주의건설의 현실적요구에 맞게 높은 수준에서 발전시킨다.

제46조 국가는 학업을 전문으로 하는 교육체계와 일하면서 공부하는 여러가지 형태의 교
육체계를 발전시키며 기술교육과 사회과학, 기초과학교육의 과학리론수준을 높여
유능한 기술자, 전문가들을 키워낸다.

제47조 국가는 모든 학생들을 무료로 공부시키며 대학과 전문학교학생들에게는 장학금을 준다.

제48조 국가는 사회교육을 강화하며 모든 근로자들이 학습할수 있는 온갖 조건을 보장한다.

제49조 국가는 학령전어린이들을 탁아소와 유치원에서 국가와 사회의 부담으로 키워준다.

제50조 국가는 과학연구사업에서 주체를 세우며 선진과학기술을 적극 받아들이고 새로운
과학기술분야를 개척하여 나라의 과학기술을 세계적수준에 올려세운다.

제51조 국가는 과학기술발전계획을 바로세우고 철저히 수행하는 규률을 세우며 과학자,
기술자들과 생산자들의 창조적협조를 강화하도록 한다.

제52조 국가는 민족적형식에 사회주의적내용을 담은 주체적이며 혁명적인 문학예술을 발
전시킨다.
국가는 창작가, 예술인들이 사상예술성이 높은 작품을 많이 창작하며 광범한 대중
이 문예활동에 널리 참가하도록 한다.

제53조　국가는 정신적으로, 육체적으로 끊임없이 발전하려는 사람들의 요구에 맞게 현대적인 문화시설들을 충분히 갖추어주어 모든 근로자들이 사회주의적문화정서생활을 마음껏 누리도록 한다.

제54조　국가는 우리 말을 온갖 형태의 민족어말살정책으로부터 지켜내며 그것을 현대의 요구에 맞게 발전시킨다.

제55조　국가는 체육을 대중화, 생활화하여 전체 인민을 로동과 국방에 튼튼히 준비시키며 우리 나라 실정과 현대체육기술발전추세에 맞게 체육기술을 발전시킨다.

제56조　국가는 전반적무상치료제를 공고발전시키며 의사담당구역제와 예방의학제도를 강화하여 사람들의 생명을 보호하며 근로자들의 건강을 증진시킨다.

제57조　국가는 생산에 앞서 환경보호대책을 세우며 자연환경을 보존, 조성하고 환경오염을 방지하여 인민들에게 문화위생적인 생활환경과 로동조건을 마련하여준다.

제4장 국 방

제58조　조선민주주의인민공화국은 전인민적, 전국가적방위체계에 의거한다.

제59조　조선민주주의인민공화국 무장력의 사명은 선군혁명로선을 관철하여 혁명의 수뇌부를 보위하고 근로인민의 리익을 옹호하며 외래침략으로부터 사회주의제도와 혁명의 전취물, 조국의 자유와 독립, 평화를 지키는데 있다.

제60조　국가는 군대와 인민을 정치사상적으로 무장시키는 기초우에서 전군간부화, 전군현대화, 전민무장화, 전국요새화를 기본내용으로 하는 자위적군사로선을 관철한다.

제61조　국가는 군대안에서 혁명적령군체계와 군풍을 확립하고 군사규률과 군중규률을 강화하며 관병일치, 군정배합, 군민일치의 고상한 전통적미풍을 높이 발양하도록 한다.

제5장 공민의 기본권리와 의무

제62조　조선민주주의인민공화국 공민이 되는 조건은 국적에 관한 법으로 규정한다.

공민은 거주지에 관계없이 조선민주주의인민공화국의 보호를 받는다.

제63조 조선민주주의인민공화국에서 공민의 권리와 의무는 《하나는 전체를 위하여, 전체
는 하나를 위하여》라는 집단주의원칙에 기초한다.

제64조 국가는 모든 공민에게 참다운 민주주의적권리와 자유, 행복한 물질문화생활을 실
질적으로 보장한다.
조선민주주의인민공화국에서 공민의 권리와 자유는 사회주의제도의 공고발전과
함께 더욱 확대된다.

제65조 공민은 국가사회생활의 모든 분야에서 누구나 다같은 권리를 가진다.

제66조 17살이상의 모든 공민은 성별, 민족별, 직업, 거주기간, 재산과 지식정도, 당별, 정견,
신앙에 관계없이 선거할 권리와 선거받을 권리를 가진다.
군대에 복무하는 공민도 선거할 권리와 선거받을 권리를 가진다.
재판소의 판결에 의하여 선거할 권리를 빼앗긴자, 정신병자는 선거할 권리와 선거받
을 권리를 가지지 못한다.

제67조 공민은 언론, 출판, 집회, 시위와 결사의 자유를 가진다.
국가는 민주주의적정당, 사회단체의 자유로운 활동조건을 보장한다.

제68조 공민은 신앙의 자유를 가진다. 이 권리는 종교건물을 짓거나 종교의식 같은것을 허
용하는것으로 보장된다.
종교를 외세를 끌어들이거나 국가사회질서를 해치는데 리용할수 없다.

제69조 공민은 신소와 청원을 할수 있다.
국가는 신소와 청원을 법이 정한데 따라 공정하게 심의처리하도록 한다.

제70조 공민은 로동에 대한 권리를 가진다.
로동능력있는 모든 공민은 희망과 재능에 따라 직업을 선택하며 안정된 일자리와
로동조건을 보장받는다.
공민은 능력에 따라 일하며 로동의 량과 질에 따라 분배를 받는다.

제71조 공민은 휴식에 대한 권리를 가진다. 이 권리는 로동시간제, 공휴일제, 유급휴가제, 국
가비용에 의한 정휴양제, 계속 늘어나는 여러가지 문화시설들에 의하여 보장된다.

제72조 공민은 무상으로 치료받을 권리를 가지며 나이많거나 병 또는 불구로 로동능력을

잃은 사람, 돌볼 사람이 없는 늙은이와 어린이는 물질적방조를 받을 권리를 가진다. 이 권리는 무상치료제, 계속 늘어나는 병원, 료양소를 비롯한 의료시설, 국가사회보험과 사회보장제에 의하여 보장된다.

제73조 공민은 교육을 받을 권리를 가진다. 이 권리는 선진적인 교육제도와 국가의 인민적인 교육시책에 의하여 보장된다.

제74조 공민은 과학과 문학예술활동의 자유를 가진다.

국가는 발명가와 창의고안자에게 배려를 돌린다.

저작권과 발명권, 특허권은 법적으로 보호한다.

제75조 공민은 거주, 려행의 자유를 가진다.

제76조 혁명투사, 혁명렬사가족, 애국렬사가족, 인민군후방가족, 영예군인은 국가와 사회의 특별한 보호를 받는다.

제77조 녀자는 남자와 똑같은 사회적지위와 권리를 가진다.

국가는 산전산후휴가의 보장, 여러 어린이를 가진 어머니를 위한 로동시간의 단축, 산원, 탁아소와 유치원망의 확장, 그밖의 시책을 통하여 어머니와 어린이를 특별히 보호한다.

국가는 녀성들이 사회에 진출할 온갖 조건을 지어준다.

제78조 결혼과 가정은 국가의 보호를 받는다.

국가는 사회의 기층생활단위인 가정을 공고히 하는데 깊은 관심을 돌린다.

제79조 공민은 인신과 주택의 불가침, 서신의 비밀을 보장받는다.

법에 근거하지 않고는 공민을 구속하거나 체포할수 없으며 살림집을 수색할수 없다.

제80조 조선민주주의인민공화국은 평화와 민주주의, 민족적독립과 사회주의를 위하여, 과학, 문화활동의 자유를 위하여 투쟁하다가 망명하여온 다른 나라 사람을 보호한다.

제81조 공민은 인민의 정치사상적통일과 단결을 견결히 수호하여야 한다.

공민은 조직과 집단을 귀중히 여기며 사회와 인민을 위하여 몸바쳐 일하는 기풍을 높이 발휘하여야 한다.

제82조 공민은 국가의 법과 사회주의적생활규범을 지키며 조선민주주의인민공화국의 공민

된 영예와 존엄을 고수하여야 한다.

제83조　로동은 공민의 신성한 의무이며 영예이다.

　　　　공민은 로동에 자각적으로 성실히 참가하며 로동규률과 로동시간을 엄격히 지켜야 한다.

제84조　공민은 국가재산과 사회협동단체재산을 아끼고 사랑하며 온갖 탐오랑비현상을 반대하여 투쟁하며 나라살림살이를 주인답게 알뜰히 하여야 한다.

　　　　국가와 사회협동단체재산은 신성불가침이다.

제85조　공민은 언제나 혁명적경각성을 높이며 국가의 안전을 위하여 몸바쳐 투쟁하여야 한다.

제86조　조국보위는 공민의 최대의 의무이며 영예이다.

　　　　공민은 조국을 보위하여야 하며 법이 정한데 따라 군대에 복무하여야 한다.

제6장 국가기구

제1절 최고인민회의

제87조　최고인민회의는 조선민주주의인민공화국의 최고주권기관이다.

제88조　최고인민회의는 립법권을 행사한다.

　　　　최고인민회의 휴회중에는 최고인민회의 상임위원회도 립법권을 행사할수 있다.

제89조　최고인민회의는 일반적, 평등적, 직접적선거원칙에 의하여 비밀투표로 선거된 대의원들로 구성한다.

제90조　최고인민회의 임기는 5년으로 한다.

　　　　최고인민회의 새 선거는 최고인민회의 임기가 끝나기 전에 최고인민회의 상임위원회의 결정에 따라 진행한다.

　　　　불가피한 사정으로 선거를 하지 못할 경우에는 선거를 할 때까지 그 임기를 연장한다.

제91조　최고인민회의는 다음과 같은 권한을 가진다.

　　　　1. 헌법을 수정, 보충한다.

　　　　2. 부문법을 제정 또는 수정, 보충한다.

3. 최고인민회의 휴회중에 최고인민회의 상임위원회가 채택한 중요부문법을 승인한다.

4. 국가의 대내외정책의 기본원칙을 세운다.

5. 조선민주주의인민공화국 국무위원회 위원장을 선거 또는 소환한다.

6. 최고인민회의 상임위원회 위원장을 선거 또는 소환한다.

7. 조선민주주의인민공화국 국무위원회 위원장의 제의에 의하여 국무위원회 부위원장, 위원들을 선거 또는 소환한다.

8. 최고인민회의 상임위원회 부위원장, 명예부위원장, 서기장, 위원들을 선거 또는 소환한다.

9. 내각총리를 선거 또는 소환한다.

10. 내각총리의 제의에 의하여 내각 부총리, 위원장, 상, 그밖의 내각성원들을 임명한다.

11. 중앙검찰소 소장을 임명 또는 해임한다.

12. 중앙재판소 소장을 선거 또는 소환한다.

13. 최고인민회의 부문위원회 위원장, 부위원장, 위원들을 선거 또는 소환한다.

14. 국가의 인민경제발전계획과 그 실행정형에 관한 보고를 심의하고 승인한다.

15. 국가예산과 그 집행정형에 관한 보고를 심의하고 승인한다.

16. 필요에 따라 내각과 중앙기관들의 사업정형을 보고받고 대책을 세운다.

17. 최고인민회의에 제기되는 조약의 비준, 페기를 결정한다.

제92조 최고인민회의는 정기회의와 림시회의를 가진다.

정기회의는 1년에 1~2차 최고인민회의 상임위원회가 소집한다.

림시회의는 최고인민회의 상임위원회가 필요하다고 인정할 때 또는 대의원전원의 3분의 1이상의 요청이 있을 때에 소집한다.

제93조 최고인민회의는 대의원전원의 3분의 2이상이 참석하여야 성립된다.

제94조 최고인민회의는 의장과 부의장을 선거한다.

의장은 회의를 사회한다.

제95조 최고인민회의에서 토의할 의안은 조선민주주의인민공화국 국무위원회 위원장, 국무위원회, 최고인민회의 상임위원회, 내각과 최고인민회의 부문위원회가 제출한다. 대의원들도 의안을 제출할수 있다.

제96조 최고인민회의 매기 제1차회의는 대의원자격심사위원회를 선거하고 그 위원회가 제출한 보고에 근거하여 대의원자격을 확인하는 결정을 채택한다.

제97조 최고인민회의는 법령과 결정을 낸다.

　　　최고인민회의가 내는 법령과 결정은 거수가결의 방법으로 그 회의에 참석한 대의원의 반수이상이 찬성하여야 채택된다.

　　　헌법은 최고인민회의 대의원전원의 3분의 2이상이 찬성하여야 수정, 보충된다.

제98조 최고인민회의는 법제위원회, 예산위원회 같은 부문위원회를 둔다.

　　　최고인민회의 부문위원회는 위원장, 부위원장, 위원들로 구성한다.

　　　최고인민회의 부문위원회는 최고인민회의사업을 도와 국가의 정책안과 법안을 작성하거나 심의하며 그 집행을 위한 대책을 세운다.

　　　최고인민회의 부문위원회는 최고인민회의 휴회중에 최고인민회의 상임위원회의 지도밑에 사업한다.

제99조 최고인민회의 대의원은 불가침권을 보장받는다.

　　　최고인민회의 대의원은 현행범인 경우를 제외하고는 최고인민회의, 그 휴회중에 최고인민회의 상임위원회의 승인없이 체포하거나 형사처벌을 할수 없다.

제2절 조선민주주의인민공화국 국무위원회 위원장

제100조 조선민주주의인민공화국 국무위원회 위원장은 조선민주주의인민공화국의 최고령도자이다.

제101조 조선민주주의인민공화국 국무위원회 위원장의 임기는 최고인민회의 임기와 같다.

제102조 조선민주주의인민공화국 국무위원회 위원장은 조선민주주의인민공화국 전반적무력의 최고사령관으로 되며 국가의 일체 무력을 지휘통솔한다.

제103조 조선민주주의인민공화국 국무위원회 위원장은 다음과 같은 임무와 권한을 가진다.

　　　1. 국가의 전반사업을 지도한다.

　　　2. 국무위원회사업을 직접 지도한다.

　　　3. 국가의 중요간부를 임명 또는 해임한다.

　　　4. 다른 나라와 맺은 중요조약을 비준 또는 폐기한다.

　　　5. 특사권을 행사한다.

　　　6. 나라의 비상사태와 전시상태, 동원령을 선포한다.

　　　7. 전시에 국가방위위원회를 조직지도한다.

제104조 조선민주주의인민공화국 국무위원회 위원장은 명령을 낸다.

제105조 조선민주주의인민공화국 국무위원회 위원장은 자기 사업에 대하여 최고인민회의앞
에 책임진다.

제3절 국무위원회

제106조 국무위원회는 국가주권의 최고정책적지도기관이다.

제107조 국무위원회는 위원장, 부위원장, 위원들로 구성한다.

제108조 국무위원회 임기는 최고인민회의 임기와 같다.

제109조 국무위원회는 다음과 같은 임무와 권한을 가진다.
 1. 국방건설사업을 비롯한 국가의 중요정책을 토의결정한다.
 2. 조선민주주의인민공화국 국무위원회 위원장 명령, 국무위원회 결정, 지시집행정
   형을 감독하고 대책을 세운다.
 3. 조선민주주의인민공화국 국무위원회 위원장 명령, 국무위원회 결정, 지시에 어긋
   나는 국가기관의 결정, 지시를 폐지한다.

제110조 국무위원회는 결정, 지시를 낸다.

제111조 국무위원회는 자기 사업에 대하여 최고인민회의앞에 책임진다.

제4절 최고인민회의 상임위원회

제112조 최고인민회의 상임위원회는 최고인민회의 휴회중의 최고주권기관이다.

제113조 최고인민회의 상임위원회는 위원장, 부위원장, 서기장, 위원들로 구성한다.

제114조 최고인민회의 상임위원회는 약간명의 명예부위원장을 둘수 있다.
 최고인민회의 상임위원회 명예부위원장은 최고인민회의 대의원가운데서 오랜 기간
 국가건설사업에 참가하여 특출한 기여를 한 일군이 될수 있다.

제115조 최고인민회의 상임위원회 임기는 최고인민회의 임기와 같다.
 최고인민회의 상임위원회는 최고인민회의 임기가 끝난 후에도 새 상임위원회가 선

거될 때까지 자기 임무를 계속 수행한다.

제116조 최고인민회의 상임위원회는 다음과 같은 임무와 권한을 가진다.

    1. 최고인민회의를 소집한다.

    2. 최고인민회의 휴회중에 제기된 새로운 부문법안과 규정안, 현행부문법과 규정의 수정, 보충안을 심의채택하며 채택실시하는 중요부문법을 다음번 최고인민회의의 승인을 받는다.

    3. 불가피한 사정으로 최고인민회의 휴회기간에 제기되는 국가의 인민경제발전계획, 국가예산과 그 조절안을 심의하고 승인한다.

    4. 헌법과 현행부문법, 규정을 해석한다.

    5. 국가기관들의 법준수집행을 감독하고 대책을 세운다.

    6. 헌법, 최고인민회의 법령, 결정, 조선민주주의인민공화국 국무위원회 위원장 명령, 국무위원회 결정, 지시, 최고인민회의 상임위원회 정령, 결정, 지시에 어긋나는 국가기관의 결정, 지시를 폐지하며 지방인민회의의 그릇된 결정집행을 정지시킨다.

    7. 최고인민회의 대의원선거를 위한 사업을 하며 지방인민회의 대의원선거사업을 조직한다.

    8. 최고인민회의 대의원들과의 사업을 한다.

    9. 최고인민회의 부문위원회와의 사업을 한다.

    10. 내각 위원회, 성을 내오거나 없앤다.

    11. 최고인민회의 휴회중에 내각총리의 제의에 의하여 부총리, 위원장, 상, 그밖의 내각성원들을 임명 또는 해임한다.

    12. 최고인민회의 상임위원회 부문위원회 성원들을 임명 또는 해임한다.

    13. 중앙재판소 판사, 인민참심원을 선거 또는 소환한다.

    14. 다른 나라와 맺은 조약을 비준 또는 폐기한다.

    15. 다른 나라에 주재하는 외교대표의 임명 또는 소환을 결정하고 발표한다.

    16. 훈장과 메달, 명예칭호, 외교직급을 제정하며 훈장과 메달, 명예칭호를 수여한다.

    17. 대사권을 행사한다.

    18. 행정단위와 행정구역을 내오거나 고친다.

    19. 다른 나라 국회, 국제의회기구들과의 사업을 비롯한 대외사업을 한다.

제117조 최고인민회의 상임위원회 위원장은 상임위원회사업을 조직지도한다.

    최고인민회의 상임위원회 위원장은 국가를 대표하며 다른 나라 사신의 신임장, 소환장을 접수한다.

제118조 최고인민회의 상임위원회는 전원회의와 상무회의를 가진다.

전원회의는 위원전원으로 구성하며 상무회의는 위원장, 부위원장, 서기장들로 구성한다.

제119조 최고인민회의 상임위원회 전원회의는 상임위원회의 임무와 권한을 실현하는데서 나서는 중요한 문제들을 토의결정한다.

상무회의는 전원회의에서 위임한 문제들을 토의결정한다.

제120조 최고인민회의 상임위원회는 정령과 결정, 지시를 낸다.

제121조 최고인민회의 상임위원회는 자기 사업을 돕는 부문위원회를 둘수 있다.

제122조 최고인민회의 상임위원회는 자기 사업에 대하여 최고인민회의앞에 책임진다.

제5절 내 각

제123조 내각은 국가주권의 행정적집행기관이며 전반적국가관리기관이다.

제124조 내각은 총리, 부총리, 위원장, 상과 그밖에 필요한 성원들로 구성한다.

내각의 임기는 최고인민회의 임기와 같다.

제125조 내각은 다음과 같은 임무와 권한을 가진다.

1. 국가의 정책을 집행하기 위한 대책을 세운다.

2. 헌법과 부문법에 기초하여 국가관리와 관련한 규정을 제정 또는 수정, 보충한다.

3. 내각의 위원회, 성, 내각직속기관, 지방인민위원회의 사업을 지도한다.

4. 내각직속기관, 중요행정경제기관, 기업소를 내오거나 없애며 국가관리기구를 개선하기 위한 대책을 세운다.

5. 국가의 인민경제발전계획을 작성하며 그 실행대책을 세운다.

6. 국가예산을 편성하며 그 집행대책을 세운다.

7. 공업, 농업, 건설, 운수, 체신, 상업, 무역, 국토관리, 도시경영, 교육, 과학, 문화, 보건, 체육, 로동행정, 환경보호, 관광, 그밖의 여러 부문의 사업을 조직집행한다.

8. 화폐와 은행제도를 공고히 하기 위한 대책을 세운다.

9. 국가관리질서를 세우기 위한 검열, 통제사업을 한다.

10. 사회질서유지, 국가 및 사회협동단체의 소유와 리익의 보호, 공민의 권리보장을 위한 대책을 세운다.

11. 다른 나라와 조약을 맺으며 대외사업을 한다.

12. 내각 결정, 지시에 어긋나는 행정경제기관의 결정, 지시를 폐지한다.

제126조 내각총리는 내각사업을 조직지도한다.

　　　　내각총리는 조선민주주의인민공화국 정부를 대표한다.

제127조 내각은 전원회의와 상무회의를 가진다.

　　　　내각전원회의는 내각성원전원으로 구성하며 상무회의는 총리, 부총리와 그밖에 총리가 임명하는 내각성원들로 구성한다.

제128조 내각전원회의는 행정경제사업에서 나서는 새롭고 중요한 문제들을 토의결정한다.

　　　　상무회의는 내각전원회의에서 위임한 문제들을 토의결정한다.

제129조 내각은 결정과 지시를 낸다.

제130조 내각은 자기 사업을 돕는 비상설부문위원회를 둘수 있다.

제131조 내각은 자기 사업에 대하여 최고인민회의와 그 휴회중에 최고인민회의 상임위원회 앞에 책임진다.

제132조 새로 선거된 내각총리는 내각성원들을 대표하여 최고인민회의에서 선서를 한다.

제133조 내각 위원회, 성은 내각의 부문별집행기관이며 중앙의 부문별관리기관이다.

제134조 내각 위원회, 성은 내각의 지도밑에 해당 부문의 사업을 통일적으로 장악하고 지도관리한다.

제135조 내각 위원회, 성은 위원회회의와 간부회의를 운영한다.

　　　　위원회, 성 위원회회의와 간부회의에서는 내각 결정, 지시집행대책과 그밖의 중요한 문제들을 토의결정한다.

제136조 내각 위원회, 성은 지시를 낸다.

제6절 지방인민회의

제137조 도(직할시), 시(구역), 군인민회의는 지방주권기관이다.

제138조 지방인민회의는 일반적, 평등적, 직접적선거원칙에 의하여 비밀투표로 선거된 대의원들로 구성한다.

제139조 도(직할시), 시(구역), 군인민회의 임기는 4년으로 한다.

지방인민회의 새 선거는 지방인민회의 임기가 끝나기 전에 해당 지방인민위원회의 결정에 따라 진행한다.

불가피한 사정으로 선거를 하지 못할 경우에는 선거를 할 때까지 그 임기를 연장한다.

제140조 지방인민회의는 다음과 같은 임무와 권한을 가진다.

1. 지방의 인민경제발전계획과 그 실행정형에 대한 보고를 심의하고 승인한다.

2. 지방예산과 그 집행에 대한 보고를 심의하고 승인한다.

3. 해당 지역에서 국가의 법을 집행하기 위한 대책을 세운다.

4. 해당 인민위원회 위원장, 부위원장, 사무장, 위원들을 선거 또는 소환한다.

5. 해당 재판소의 판사, 인민참심원을 선거 또는 소환한다.

6. 해당 인민위원회와 하급인민회의, 인민위원회의 그릇된 결정, 지시를 폐지한다.

제141조 지방인민회의는 정기회의와 림시회의를 가진다.

정기회의는 1년에 1~2차 해당 인민위원회가 소집한다.

림시회의는 해당 인민위원회가 필요하다고 인정할 때 또는 대의원전원의 3분의 1이상의 요청이 있을 때 소집한다.

제142조 지방인민회의는 대의원전원의 3분의 2이상이 참석하여야 성립된다.

제143조 지방인민회의는 의장을 선거한다. 의장은 회의를 사회한다.

제144조 지방인민회의는 결정을 낸다.

제7절 지방인민위원회

제145조 도(직할시), 시(구역), 군인민위원회는 해당 인민회의 휴회중의 지방주권기관이며 해당 지방주권의 행정적집행기관이다.

제146조 지방인민위원회는 위원장, 부위원장, 사무장, 위원들로 구성한다.

지방인민위원회 임기는 해당 인민회의 임기와 같다.

제147조 지방인민위원회는 다음과 같은 임무와 권한을 가진다.

1. 인민회의를 소집한다.

2. 인민회의 대의원선거를 위한 사업을 한다.

3. 인민회의 대의원들과의 사업을 한다.

4. 해당 지방인민회의, 상급인민위원회 결정, 지시와 최고인민회의 법령, 결정, 조선민주주의인민공화국 국무위원회 위원장 명령, 국무위원회 결정, 지시, 최고인민회의 상임위원회 정령, 결정, 지시, 내각과 내각 위원회, 성의 결정, 지시를 집행한다.

5. 해당 지방의 모든 행정사업을 조직집행한다.

6. 지방의 인민경제발전계획을 작성하며 그 실행대책을 세운다.

7. 지방예산을 편성하며 그 집행대책을 세운다.

8. 해당 지방의 사회질서유지, 국가 및 사회협동단체의 소유와 리익의 보호, 공민의 권리보장을 위한 대책을 세운다.

9. 해당 지방에서 국가관리질서를 세우기 위한 검열, 통제사업을 한다.

10. 하급인민위원회사업을 지도한다.

11. 하급인민위원회의 그릇된 결정, 지시를 폐지하며 하급인민회의의 그릇된 결정의 집행을 정지시킨다.

제148조 지방인민위원회는 전원회의와 상무회의를 가진다.

지방인민위원회 전원회의는 위원전원으로 구성하며 상무회의는 위원장, 부위원장, 사무장들로 구성한다.

제149조 지방인민위원회 전원회의는 자기의 임무와 권한을 실현하는데서 나서는 중요한 문제들을 토의결정한다.

상무회의는 전원회의가 위임한 문제들을 토의결정한다.

제150조 지방인민위원회는 결정과 지시를 낸다.

제151조 지방인민위원회는 자기 사업을 돕는 비상설부문위원회를 둘수 있다.

제152조 지방인민위원회는 자기 사업에 대하여 해당 인민회의앞에 책임진다.

지방인민위원회는 상급인민위원회와 내각, 최고인민회의 상임위원회에 복종한다.

제8절 검찰소와 재판소

제153조 검찰사업은 중앙검찰소, 도(직할시), 시(구역), 군검찰소와 특별검찰소가 한다.

제154조 중앙검찰소 소장의 임기는 최고인민회의 임기와 같다.

제155조 검사는 중앙검찰소가 임명 또는 해임한다.

제156조 검찰소는 다음과 같은 임무를 수행한다.

    1. 기관, 기업소, 단체와 공민들이 국가의 법을 정확히 지키는가를 감시한다.

    2. 국가기관의 결정, 지시가 헌법, 최고인민회의 법령, 결정, 조선민주주의인민공화국 국무위원회 위원장 명령, 국무위원회 결정, 지시, 최고인민회의 상임위원회 정령, 결정, 지시, 내각 결정, 지시에 어긋나지 않는가를 감시한다.

    3. 범죄자를 비롯한 법위반자를 적발하고 법적책임을 추궁하는것을 통하여 조선민주주의인민공화국의 주권과 사회주의제도, 국가와 사회협동단체재산, 인민의 헌법적권리와 생명재산을 보호한다.

제157조 검찰사업은 중앙검찰소가 통일적으로 지도하며 모든 검찰소는 상급검찰소와 중앙검찰소에 복종한다.

제158조 중앙검찰소는 자기 사업에 대하여 최고인민회의와 그 휴회중에 최고인민회의 상임위원회앞에 책임진다.

제159조 재판은 중앙재판소, 도(직할시)재판소, 시(구역), 군인민재판소와 특별재판소가 한다. 판결은 조선민주주의인민공화국의 이름으로 선고한다.

제160조 중앙재판소 소장의 임기는 최고인민회의 임기와 같다. 중앙재판소, 도(직할시)재판소, 시(구역), 군인민재판소의 판사, 인민참심원의 임기는 해당 인민회의 임기와 같다.

제161조 특별재판소의 소장과 판사는 중앙재판소가 임명 또는 해임한다. 특별재판소의 인민참심원은 해당 군무자회의 또는 종업원회의에서 선거한다.

제162조 재판소는 다음과 같은 임무를 수행한다.

    1. 재판활동을 통하여 조선민주주의인민공화국의 주권과 사회주의제도, 국가와 사회협동단체재산, 인민의 헌법적권리와 생명재산을 보호한다.

    2. 모든 기관, 기업소, 단체와 공민들이 국가의 법을 정확히 지키고 계급적원쑤들과 온갖 법위반자들을 반대하여 적극 투쟁하도록 한다.

    3. 재산에 대한 판결, 판정을 집행하며 공증사업을 한다.

제163조 재판은 판사 1명과 인민참심원 2명으로 구성된 재판소가 한다. 특별한 경우에는 판사 3명으로 구성하여 할수 있다.

제164조 재판은 공개하며 피소자의 변호권을 보장한다.
법이 정한데 따라 재판을 공개하지 않을수 있다.

제165조 재판은 조선말로 한다. 다른 나라 사람들은 재판에서 자기 나라 말을 할수 있다.

제166조 재판소는 재판에서 독자적이며 재판활동을 법에 의거하여 수행한다.

제167조 중앙재판소는 조선민주주의인민공화국의 최고재판기관이다.
중앙재판소는 모든 재판소의 재판사업을 감독한다.

제168조 중앙재판소는 자기 사업에 대하여 최고인민회의와 그 휴회중에 최고인민회의 상임위원회앞에 책임진다.

제7장 국장, 국기, 국가, 수도

제169조 조선민주주의인민공화국의 국장은 《조선민주주의인민공화국》이라고 쓴 붉은 띠로 땋아올려 감은 벼이삭의 타원형 테두리 안에 웅장한 수력발전소가 있고 그우에 혁명의 성산 백두산과 찬연히 빛나는 붉은 오각별이 있다.

제170조 조선민주주의인민공화국의 국기는 기발의 가운데에 넓은 붉은 폭이 있고 그 아래우에 가는 흰폭이 있으며 그 다음에 푸른 폭이 있고 붉은 폭의 기대달린쪽 흰 동그라미안에 붉은 오각별이 있다.
기발의 세로와 가로의 비는 1 : 2이다.

제171조 조선민주주의인민공화국의 국가는 《애국가》이다.

제172조 조선민주주의인민공화국의 수도는 평양이다.

국제연합군 총사령관을 일방으로 하고 조선인민군 최고사령관 및 중국인민지원군 사령관을
다른 일방으로 하는 한국 군사정전에 관한 협정

서 언

국제연합군 총사령관을 一方으로 하고 조선인민군 최고사령관 및 중국 인민 지원군 사령관을 다른 一方으로 하는 下記의 서명자들은 쌍방에 막대한 고통과 유혈을 초래한 한국충돌을 정지시키기 위하여서 최후적인 평화적 해결이 달성될 때까지 한국에서의 적대행위와 일체 무장행동의 완전한 정지를 보장하는 정전을 확립할 목적으로 下記조항에 기재된 정전조건과 규정을 접수하며 또 그 제약과 통제를 받는데 각자 공동 상호동의한다. 이 조건과 규정들의 의도는 순전히 군사적 성질에 속하는 것이며, 이는 오직 한국에서의 交戰 雙方에만 적용한다.

제1조 군사분계선과 비무장지대

1. 한 개의 군사분계선을 확정하고 쌍방이 이 線으로부터 각기 2km씩 후퇴함으로써 敵對 군대간에 한 개의 비무장지대를 설정한다. 한 개의 비무장지대를 설정하여 이를 완충지대로 함으로써 적대행위의 재발을 초래할 수 있는 사건의 발생을 방지한다.

2. 군사분계선의 위치는 첨부한 지도에 표시한 바와 같다.

3. 비무장지대는 첨부한 지면에 표시한 북방 경계선 및 남방 경계선으로써 이를 확정한다.

4. 군사분계선은 下記와 같이 설정한 군사정전위원회의 지시에 따라 이를 명백히 標識한다. 적대 쌍방 사령관들은 비무장지대와 각자의 지역간의 경계선에 따라 적당한 標識物을 세운다. 군사정전위원회는 군사분계선과 비무장지대의 양 경계선에 따라 설치한 일체 標識物의 建立을 감독한다.

5. 漢江 河口의 水域으로서 그 한쪽 江岸이 일방의 통제하에 있고 그 다른 한쪽 江岸이 다른 일방의 통제하에 있는 곳은 쌍방의 民用선박의 航行에 이를 개방한다. 첨부한 지도에 표

시한 부분의 한강河口의 航行규칙은 군사정전위원회가 이를 규정한다. 각방 民用선박이 航行함에 있어서 자기측의 군사통제하에 있는 유지에 배를 대는 것은 제한받지 않는다.

6. 쌍방은 모두 비무장지대 내에서 또는 비무장지대로부터 비무장지대에 향하여 어떠한 적대행위도 감행하지 못한다.

7. 군사정전위원회의 특정한 허가 없이는 어떠한 군인이나 민간인이나 군사분계선을 통과함을 허가하지 않는다.

8. 비무장지대내의 어떠한 군인이나 민간인이나 그가 들어가려고 요구하는 지역사령관의 특정한 허가 없이는 어느 일방의 군사통제하에 있는 지역에도 들어감을 허가하지 않는다.

9. 民事行政 및 救濟事業의 집행에 관계되는 인원과 군사정전위원회의 특정한 허가를 얻고 들어가는 인원을 제외하고는 어떠한 군인이나 민간인이나 비무장지대에 들어감을 허가하지 않는다.

10. 비무장지대내의 군사분계선 以南의 부분에 있어서의 민사행정 및 구제 사업은 국제연합군 총사령관이 책임진다. 비무장지대내의 군사분계선 이북의 부분에 있어서의 민사행정 및 구제사업은 조선인민군 최고사령관과 중국인민지원군 사령관이 공동으로 책임진다. 민사행정 및 구제 사업을 집행하기 위하여 비무장지대에 들어갈 것을 허가받는 군인 또는 민간인의 인원수는 각방 사령관이 각각 이를 결정한다. 단, 어느 일방이 허가한 인원의 총수는 언제나 일천명을 초과하지 못한다. 민사행정, 경찰의 인원수 및 그가 휴대하는 무기는 군사정전위원회가 이를 규정한다. 기타 인원은 군사정전위원회의 특정한 허가없이는 무기를 휴대하지 못한다.

11. 本條의 어떠한 규정이든지 모든 군사정전위원회, 그의 보조인원, 그의 共同監視小組 및 소조의 보조인원, 그리고 下記와 같이 설립한 중립국 감독위원회, 그의 보조인원, 그의 중립국시찰소조 및 소조의 보조인원과 군사정전위원회로부터 비무장지대 출입과 비무장지대 내에서의 두 지점이 비무장지대내에 전부 들어있는 도로로써 연락되지 않는 경우에 이 두 지점 간에 반드시 경과하여야 할 통로를 왕래하기 위하여 어느 일방의 군사통제하에 있는 지역을 통과하는 이동의 편리를 許與한다.

제2조 停火 및 停戰의 구체적 조치

가. 총 칙

12. 적대 쌍방 사령관들은 육해공군의 모든 부대와 인원을 포함한 그들의 통제하에 있는 모든 武裝力量이 한국에 있어서의 일체 적대행위를 완전히 정지할 것을 명령하고 또 이를 보장한다. 본 항의 적대행위의 완전 정지는 본 정전협정이 조인된지 12시간 후부터 효력을 발생한다.(본 정전협정의 기타 각항의 규정이 효력을 발생하는 일자와 시간에 대하여서는 본 정전협정 제63항 참조)

13. 군사정전의 확고성을 보장함으로써 쌍방의 한級 높은 정치회담을 진행하여 평화적 해결을 달성하는 것을 이롭게 하기 위하여 적대 쌍방 사령관들은

    ㄱ. 본 정전협정 중에 따로 규정한 것을 제외하고 본 정전협정이 효력을 발생한 후 72시간 내에 그들의 일체 군사역량, 보급 및 장비를 비무장지대로부터 철거한 후 비무장지대내에 존재한다고 알려져 있는 모든 폭발물, 地雷源, 철조망 및 기타 군사정전위원회 또는 그의 공동감시소조인원의 통행안전에 위험이 미치는 위험물들은 이러한 위험물이 없다고 알려져 있는 모든 통로와 함께 이러한 위험물을 설치한 군대의 사령관이 반드시 군사정전위원회에 이를 보고한다. 그 다음에 더 많은 통로를 청소하여 안전하게 만들며, 결국에 가서는 72시간의 기간이 끝난 후 45일내에 모든 이러한 위험물 은 반드시 군사정전위원회 지시에 따라, 또 그 감독하에 비무장지대내로부터 이를 제거한다. 72시간의 기간이 끝난 후 군사정전위원회의 감독하에서 45일의 기간 내에 제거작업을 완수할 권한을 가진 비무장부대와 군사정전위원회가 특히 요청하였으며 또 적대 쌍방 사령관들이 동의한 경찰의 성질을 가진 부대 및 본 정전협정 제10항과 제11항에서 허가한 인원 이외에는 쌍방의 어떠한 인원이든지 비무장지대에 들어가는 것을 허락하지 않는다.

    ㄴ. 본 정전협정이 효력을 발생한 후 10일 이내에 상대방은 한국에 있어서의 후방과 沿海島嶼 및 海面으로부터 그들의 모든 군사역량 보급물자 및 장비를 철거한다. 만일 철거를 연기할 쌍방이 동의한 이유 없이 또 철거를 연기할 유효한 이유없이 기한이 넘어도 이러한 군사역량을 철거하지 않을 때는 상대방은 치안을 유지하기 위하여 그가 필요하다고 인정하는 어떠한 행동이라도 취할 권리를 가진다. 上記한 沿海島嶼라는 용어는 본 정전협정이 효력을 발생할 때에 비록 일방이 점령하고 있더라도 1950년 6월 24일에 상대방이 통제하고 있던 島嶼중에서 白翎島(북위 37도 58분, 동경 124도 40분), 大靑島(북위 37도 50분, 동경 124도 42분), 小靑島(북위 37도 46분, 동경 124

도 46분), 延坪島(북위 37도 38분, 동경 125도 40분) 및 隅島(북위 37도 36분, 동경 125도 58분)의 島嶼群들을 국제연합군 총사령관의 군사통제하에 남겨두는 것을 제외한 기타 모든 도서는 조선인민군 최고사령관과 중국인민지원군사령관의 군사 통제하에 둔다. 한국 서해안에 있어서 상기 경계선 이남에 있는 모든 도서는 국제연합군 총사령관의 군사통제하에 남겨 둔다.

ㄷ. 한국 境外로부터 증원하는 군사인원을 들여오는 것을 중지한다. 단 아래에 규정한 범위내의 부대와 인원의 輪還臨時任務를 담당한 인원이 한국에의 도착 및 한국境外에서 단기휴가를 하였거나 혹은 임시임무를 담당하였던 인원의 한국에의 귀환은 이를 허가한다. '輪還'의 정의는 부대 혹은 인원이 한국에서 복무를 개시하는 다른 부대 혹은 인원과 교체하는 것을 말하는 것이다. 輪還인원은 오직 본 정전협정 제43항에 열거한 출입항을 경유하여서만 한국으로 들어오며 또 한국으로부터 내어갈 수 있다. 輪還은 一人 對 一人의 교환기초 위에서 진행한다. 단 어느 일방이든지 一曆月內에 輪還정책하에서 한국境外로부터 삼만오천명 이상의 군사인원을 들여오지 못한다. 만일 일방의 군사인원을 들여오는 것이 該當側이 본 정전 협정 효력발생일로부터 한국으로 들여온 군사인원의 총수로 하여금 같은 날짜로부터 한국을 떠난 해당측 군사인원의 累計 總數를 초과하게 할 때는 해당측의 어떠한 군사인원도 한국으로 들여올 수 없다. 군사인원의 한국에의 도착 및 한국으로부터의 離去에 관하여 매일 군사정전위원회와 중립국감시위원회에 보고한다. 이 보고는 入境과 出境의 지점 및 每個 지점에서 入境하는 인원과 出境 하는 인원의 숫자를 포함한다. 중립국감시위원회는 그의 중립국시 찰소조를 통하여 본 정전협정 제43항에 열거한 출입항에서 上記의 허가된 부대 및 인원의 輪還을 감독하며 정찰한다.

ㄹ. 한국경외로부터 증원하는 작전비행기, 장갑차량, 무기 및 탄약을 들여오는 것을 정지한다. 단 정전기간에 파괴, 파손, 損耗 또는 소모된 작전비행기, 장갑차량, 무기 및 탄약은 같은 성능과 같은 유형의 물건을 일대 일로 교환하는 기초 위에서 교체할 수 있다. 이러한 작전비행기, 장갑차량, 무기 및 탄약은 오직 본 정전협정 제43항에 열거한 출입항을 경유하여서만 한국으로 들어올 수 있다. 교체의 목적으로 작전비행기, 장갑차량, 무기 및 탄약을 한국으로 반입할 필요를 확인하기 위하여 이러한 물건의 每次 반입에 관하여 군사 정전위원회와 중립국감독위원회에 보고한다. 이 보고 중에서 교체 되는 處理情況을 설명한다. 교체되어 한국으로부터 내어가는 물건은 오직 본 정전협정 제43항에 열거한 출입항을 경유하여서만 내어갈 수 있다. 중립국감독위원회는 그의 중립국시찰소조를 통하여 본 정전협정 제43항에 열거한 출입항에서 上記의 허가된 작전비행기, 장갑차량, 무기 및 탄약의 교체를 감독하며 감시한다.

ㅁ. 본 정전협정중의 어떠한 규정이든지 위반하는 각자의 지휘하에 있는 인원을 적당히 처벌할 것을 보장한다.

ㅂ. 埋葬지점이 기록에 있고 墳墓가 확실히 존재하고 있다는 것이 판명된 경우에는 본 정전협정이 효력을 발생한 후, 일정한 기한내에 그 의 군사통제하에 있는 한국지역에 상대방의 분묘등록인원이 들어오는 것을 허가하여 이러한 분묘소재지에 가서 해당측의 이미 죽은 전쟁포로를 포함한 죽은 군사인원의 시체를 발굴하고 또 반출하여 가도록 한다. 上記 사업을 진행하는 구체적 방법과 기한은 군사정전위원회가 이를 결정한다. 적대 쌍방 사령관들은 상대방의 죽은 군사인원의 매장지점에 관계되는 얻을 수 있는 일체 재료를 상대방에 제공한다.

ㅅ. 군사정전위원회와 그의 공동감시소조가 下記와 같이 지정한 그들의 직책과 임무를 집행할 때에 충분한 보호 및 일체의 가능한 幇助와 협력을 한다. 중립국감독위원회 및 그의 중립국시찰소조의 쌍방이 합의한 주요 교통선을 경유하여 중립국감독위원회본부와 본 정전 협정 제43항에 열거한 출입항간을 왕래할 때와 또 중립국감독위원회본부와 본 정전협정 위반사건이 발생하였다고 보고된 지점 간을 왕래할 때에 충분한 통행상의 편리를 준다. 불필요한 지연을 방지하기 위하여 주요 교통선이 막히든지 통행할 수 없는 경우에는 다른 통로와 輸送機材를 사용할 것을 허가한다.

ㅇ. 군사정전위원회 및 중립국감독위원회와 그 각자에 속하는 小組에 요구되는 통신 및 운수상 편리를 포함한 보급상의 원조를 제공한다.

ㅈ. 군사정전위원회 본부 부근 비무장지대 내의 자기측 지역에 각각 한 개의 적당한 비행장을 건설, 관리, 유지한다. 그 용도는 군사정전위원회가 결정한다.

ㅊ. 중립국감독위원회와 중립국송환위원회의 전체위원 및 기타 인원이 모두 자기의 직책을 적당히 집행함에 필요한 자유와 편리를 가지도록 보장한다. 이에는 인가된 외교인원이 국제관례에 따라 통상적으로 향유하는 바와 동등한 특권, 대우 및 면제권을 포함한다.

14. 본 정전협정은 쌍방의 군사통제하에 있는 敵對 中의 일체 地上軍事力量에 적용되며, 이러한 지상군사역량은 비무장지대와 상대방의 군사통제하에 있는 한국지역을 존중한다.

15. 본 정전협정은 적대 중의 일체 海上軍事力量은 비무장지대와 상대방의 군사통제하에 있는 한국육지에 인접한 海面을 존중하며 한국에 대하여 어떠한 종류의 봉쇄도 하지 못한다.

16. 본 정전협정은 적대 중의 일체 空中軍事力量은 비무장지대와 상대방의 군사통제하에 있는 한국지역 및 이 지역에 인접한 海面의 上空을 존중한다.

17. 본 정전협정의 조항과 규정을 준수하며, 집행하는 책임은 본 정전협정에 조인한 자와 그

의 후임 사령관에게 속한다. 적대 쌍방 사령관들은 각각 그들의 지휘하에 있는 군대내에서 일체의 필요한 조치와 방법을 취함으로써 그 모든 소속부대 및 인원이 본 정전협정의 전체 규정을 철저히 준수하는 것을 보장한다. 적대 쌍방 사령관들은 상호 적극 협력하며 군사정전위원회 및 중립국감독위원회와 적극 협력함으로써 본 정전협정 전체규정의 文句와 정신을 준수하도록 한다.

18. 군사정전위원회와 중립국감독위원회 및 그 각자에 속하는 小組의 사업 비용은 적대쌍방이 균등하게 부담한다.

나. 군사정전위원회

1. 구 성

19. 군사정전위원회를 설립한다.

20. 군사정전위원회는 10명의 고급장교로 구성하되 그 중의 5명은 국제연합군 총사령관이 이를 임명하며, 그 중의 5명은 조선인민군 최고사령관과 중국인민지원군사령관이 공동으로 이를 임명한다. 위원 10명 중 에서 각방의 3명은 將級에 속하여야 하며 각방의 나머지 2명은 소장, 준장, 대령 혹은 그와 동급인 자로 할 수 있다.

21. 군사정전위원회 위원은 그 필요에 따라 參謀 보조인원을 사용할 수 있다.

22. 군사정전위원회는 필요한 행정인원을 배치하여 비서처를 설치하되, 그 임무는 동위원회의 기록, 서기, 통역 및 동 위원회가 지정하는 기타 직책의 집행을 협조하는 것이다. 쌍방은 각기 비서처에 비서장 1명, 보조 비서장 1명 및 비서처에 필요한 서기, 전문 기술인원을 임명한다. 기록은 영문, 한국문 및 중국문으로 작성하되 세 가지 글은 동등한 효력을 가진다.

23.
ㄱ. 군사정전위원회는 처음엔 10개의 공동감시소조를 두어 그 협조를 받는다. 소조의 수는 군사정전위원회의 쌍방 수석위원회의 합의를 거쳐 감소할 수 있다.
ㄴ. 每個의 공동감시소조는 4명 내지 6명의 영관급장교로 구성하되 그 중의 半數는 국제연합군 총사령관이 이를 임명하며 그 중의 반수는 조선인민군 최고사령관과 중국인민지원군 사령관이 공동으로 이를 임명한다. 공동감시소조의 사업상 필요한 운전수, 서기, 통역 등의 부속인원은 쌍방이 이를 제공한다.

2. 책임과 권한

24. 군사정전위원회의 전반적 임무는 본 정전협정의 실시를 감독하며 본 정전협정의 어떠한 위반사건이든지 협의하여 처리하는 것이다.

25. 군사정전위원회는

　ㄱ. 본부를 판문점(북위 37도 57분 29초, 동경 126도 0분 00초) 부근에 설치한다. 군사정전위원회는 동 위원회의 쌍방 수석위원의 합의를 거쳐 그 본부를 비무장 지대내의 다른 한 지점에 移設할 수 있다.

　ㄴ. 공동기구로서 사업을 진행하며 의장을 두지 않는다.

　ㄷ. 그가 수시로 필요하다고 인정하는 절차규정을 채택한다.

　ㄹ. 본 정전협정 중 비무장지대와 한강하구에 관한 각 규정의 집행을 감독한다.

　ㅁ. 공동감시소조의 사업을 지도한다.

　ㅂ. 본 정전협정의 어떠한 위반사건이든지 협의하여 처리한다.

　ㅅ. 중립국감독위원회로부터 받은 본 정전협정 위반사건에 관한 일체 조사보고 및 일체 기타 보고와 회의기록은 즉시로 적대 쌍방 사령관들에게 이를 전달한다.

　ㅇ. 下記한 바와 같이 설립한 전쟁포로송환위원회와 失鄕私民歸鄕協調 委員會의 사업을 전반적으로 감독하며 지휘한다.

　ㅈ. 敵對 쌍방 사령관 간에 통신을 전달하는 중개역할을 담당한다. 단 上記의 규정은 쌍방 사령관들이 사용하고자 하는 어떠한 다른 방법을 사용하여 相互통신을 전달하는 것을 배제하는 것으로 해석할 수 없다.

　ㅊ. 그의 工作인원과 그의 공동감시소조의 증명, 문건 및 휘장 또 그 임무집행시에 사용하는 일체의 차량, 비행기 및 선박의 식별표지를 발급한다.

26. 공동감시소조의 임무는 군사정전위원회가 본 정전협정 중의 비무장지대 및 한강하구에 관한 각 규정의 집행을 감독함을 협조하는 것이다.

27. 군사정전위원회 또는 그 중 어느 일방의 수석위원은 공동감시소조를 파견하여 비무장지대나 한강하구에서 발생하였다고 보고된 본 정전협정 위반사건을 조사할 권한을 가진다. 단 동 위원회 중의 어느 일방의 수석위원이든지 언제나 군사정전위원회가 아직 파견하지 않은 공동 감시소조의 반수이상을 파견할 수 없다.

28. 군사정전위원회 또는 동 위원회의 어느 일방의 수석위원은 중립국감독 위원회에 요청하여, 본 정전협정 위반사건이 발생하였다고 보고된 비무장지대 이외의 지점에 가서 특별한

감시와 시찰을 행할 권한을 가진다.

29. 군사정전위원회가 본 정전협정 위반사건이 발생하였다고 확정한 때에는 즉시로 그 위반 사건을 적대 쌍방 사령관들에게 보고한다.

30. 군사정전위원회가 본 정전협정의 어떠한 위반사건이 만족하게 시정되었다고 확정한 때에 는 이를 적대 쌍방 사령관들에게 보고한다.

3. 총 칙

31. 군사정전위원회는 매일 회의를 연다. 쌍방의 수석위원은 합의하여 7일을 넘지 않는 휴회를 할 수 있다. 단 어느 일방의 수석위원이든지 24시간 전의 통고로써 이 휴회를 끝낼 수 있다.

32. 군사정전위원회의 일체 회의기록의 부본은 매번 회의 후 될 수 있는 대로 속히 敵對쌍방 사령관들에게 송부한다.

33. 공동감시소조는 군사정전위원회에 동 위원회가 요구하는 정기보고를 제출하며 또 이 소 조들이 필요하다고 인정하거나 또는 동 위원회가 요구하는 특별보고를 제출한다.

34. 군사정전위원회는 본 정전협정에 규정한 보고 및 회의기록의 문건철 두벌을 보관한다. 동 위원회는 그 사업진행에 필요한 기타의 보고기 록 등의 문건철 두 벌을 보관할 권한 을 가진다. 동 위원회의 최후 해 산시에는 상기 문건철을 쌍방에 각 한 벌씩 나누어 준다.

35. 군사정전위원회는 적대 쌍방 사령관들에게 본 정전협정의 수정 또는 增補에 대한 건의를 제출할 수 있다. 이러한 개정 건의는 일반적으로 더 유효한 정전을 보장할 것을 목적으로 하는 것이어야 한다.

다. 중립국감독위원회

1. 구 성

36. 중립국감독위원회를 설정한다.

37. 중립국감독위원회는 4명의 고급장교로 구성하되, 그 중의 2명은 국제연합군 총사령관이 지명한 중립국 즉 스웨덴 및 스위스가 이를 임명하며, 그 중의 2명은 조선인민군 최고사

령관과 중국인민지원군사령관이 공동으로 지명한 중립국 즉 폴란드 및 체코슬로바키아가 이를 임명한다. 본 정전협정에서 쓴 중립국이라는 용어의 정의는 그 전투부대가 한국에서의 적대행위에 참가하지 않은 국가를 말하는 것이다. 동 위원회에 임명되는 위원은 임명하는 국가의 무장부대로부터 파견될 수 있다. 每個 위원은 후보위원 1명을 지정하여 그 正委員이 어떠한 이유로 출석할 수 없게 되는 회의에 출석하게 한다. 이러한 후보위원은 그 정위원과 동일한 국적에 속한다. 일방이 지명한 중립국 위원의 출석자수와 다른 일방이 지명한 중립국 위원의 출석자수가 같을 때에는 중립국감독위원회는 곧 행동을 취할 수 있다.

38. 중립국감독위원회의 위원은 그 필요에 따라 각기 해당 중립국가가 제공한 參謀보조인원을 사용할 수 있다. 이러한 참모보조인원은 본 위원회의 후보위원으로 임명될 수 있다.

39. 중립국감독위원회에 필요한 행정위원을 제공하도록 중립국에 요청하여 비서처를 설치하되 그 임무는 동 위원회에 필요한 기록, 서기, 통역 및 동 위원회가 지정하는 기타 직책의 집행을 협조하는 것이다.

40.

ㄱ. 중립국감독위원회는 처음엔 20개의 중립국감독소조를 두어 그 협조를 받는다. 소조의 수는 군사정전위원회의 쌍방 수석위원의 합의를 거쳐 감소할 수 있다. 중립국감독소조는 오직 중립국감독위원회에 대하여서만 책임을 지며 그에 보고하며 또 지도를 받는다.

ㄴ. 每個 중립국감독소조는 최소 4명의 장교로 구성하되 이 장교는 영관급으로 하는 것이 적당하며, 이 중의 반수는 국제연합군 총사령관이 지명한 중립국에서 내고, 또 그 중의 반수는 조선인민군 최고 사령관과 중국인민지원군 사령관이 공동으로 지명한 중립국에서 낸다. 중립국시찰소조에 임명되는 組員은 임명하는 국가의 무장부대에서 이를 낼 수 있다. 각 소조의 직책집행을 편리하게 하기 위하여 정황의 요구에 따라 최소 2명의 조원으로 구성되는 分組를 설치할 수 있다. 그 두 조원 중의 1명은 국제연합군 총사령관이 지명한 중립국에서 내며 1명은 조선인민군 최고사령관과 중국인민 지원군 사령관이 공동으로 지명한 중립국에서 낸다. 운전수, 서기, 통역, 통신원과 같은 부속인원 및 각 소조의 임무집행에 필요한 비품은 各方 사령관이 비무장지대내 및 자기측 군사통제 지역 내에서 수요에 따라 이를 공급한다. 중립국감독위원회는 동 위원회 자체와 중립국시찰소조들에 그가 요망하는 상기의 인원 및 비품을 제공할 수 있다. 단 이러한 인원은 중립국감독위원회를 구성한 그 중립국의 인원이어야 한다.

2. 책임과 권한

41. 중립국감독위원회의 임무는 본 정전협정 제13항 ㄷ목, 제13항 ㄹ목 및 제28항에 규정한 감독, 감시, 시찰 및 조사의 직책을 집행하며 이러한 감독, 감시, 시찰 및 조사의 결과를 군사정전위원회에 보고하는 것이다.

42. 중립국감독위원회는

ㄱ. 본부를 군사정전위원회의 본부 부근에 설치한다.

ㄴ. 그가 수시로 필요하다고 인정하는 절차규정을 채택한다.

ㄷ. 그 위원 및 그 중립국감시소조를 통하여 본 정전협정 제13항 ㄷ목, 제13항 ㄹ목에 규정한 감독과 시찰을 진행하며 또 본 정전협정 위반사건이 발생하였다고 보고된 지점에서 본 정전협정 제28항에 규정한 특별감시와 시찰을 진행한다. 작전비행기, 장갑차량, 무기 및 탄약에 대한 중립국시찰소조의 시찰은 소조로 하여금 증원하는 작전비행기, 장갑차량, 무기 및 탄약을 한국으로 들여옴이 없도록 확실히 보장할 수 있게 한다. 단 이 규정은 어떠한 작전 비행기, 장갑차량, 무기 또는 탄약의 어떠한 비밀설계 또는 特點을 시찰 또는 검사할 권한을 주는 것으로 해석할 수 없다.

ㄹ. 중립국시찰소조의 사업을 지도하며 감독한다.

ㅁ. 국제연합군 총사령관의 군사통제지역내에 있는 본 정전협정 제43항에 열거한 출입항에 5개의 중립국시찰소조를 주재시키며 조선인민군 최고사령관과 중국인민지원군 사령관의 군사통제지역내에 있는 본 정전협정 제43항에 열거한 출입항에 5개의 중립국시찰소조를 주재시킨다. 처음에는 따로 10개의 중립국이동시찰소조를 後備로 설치하되 중립국감독위원회 본부 부근에 주재시킨다. 그 수는 군사정전위원회 쌍방 수석위원의 합의를 거쳐 감소할 수 있다. 중립국이동시찰소조 중 군사정전위원회의 어느 일방 수석위원의 요청에 응하여 파견하는 소조는 언제나 그 반수를 초과할 수 없다.

ㅂ. 보고된 본 정전협정 위반사건을 前目 규정의 범위내에서 지체없이 조사한다. 이에는 군사정전위원회 또는 동 위원회 중의 어느 일방 수석위원이 요청하는 보고된 본 정전협정 위반사건에 대한 조사를 포함한다.

ㅅ. 그의 공작인원과 그의 중립국감시소조의 증명문건 및 휘장, 또 그 임무집행시에 사용하는 일체 차량, 비행기 및 선박의 식별표지를 발급한다.

43. 중립국감시소조는 下記한 각 출입항에 주재한다.

국제연합군의 군사통제지역

인 천(북위 37도 28분, 동경 126도 38분) 대 구(북위 35도 52분, 동경 128도 36분) 부 산(북위 35도 06분, 동경 129동 02분) 강 릉(북위 37도 45분, 동경 128도 54분) 군 산(북위 35도 59분, 동경 126도 43분)

조선인민군과 중국인민지원군의 군사통제지역

신의주(북위 40도 06분, 동경 124도 24분) 청 진(북위 41도 46분, 동경 129도49분) 홍 남(북위 39도 50분, 동경 127도 37분) 만 포(북위 41도 09분, 동경 126도 18분) 신안주(북위 39도 36분, 동경 125도 36분)

중립국시찰소조들은 첨부한 지도에 표시한 지역내와 교통선에서 통행상 충분한 편리를 받는다.

3. 총 칙

44. 중립국감독위원회는 매일 회의를 연다. 중립국감독위원회는 합의하여 7일을 넘지않는 휴회를 할 수 있다. 단 어느 위원이든지 24시간 전의 통고로써 이 휴회를 끝낼 수 있다.

45. 중립국감독위원회의 일체 회의기록 부본은 매번 회의 후 가급적 속히 군사정전위원회에 송부한다. 기록은 영문, 한국문 및 중국문으로 작성한다.

46. 중립국시찰소조는 그의 감독, 감시, 시찰 및 조사의 결과에 관하여 중립국감독위원회가 요구하는 정기보고를 동 위원회에 제출하며 또 이 소조들이 필요하다고 인정하거나 동 위원회가 요구하는 특별보고를 제출한다. 보고는 小組 總體가 이를 제출한다. 단 그 소조의 개별적 조원 1명 또는 수명이 이를 제출할 수 있다. 개별적 조원 1명 또는 수명이 제출한 보고는 다만 참고적 보고로 간주한다.

47. 중립국감독위원회는 중립국시찰소조가 제출한 보고의 부본을 그가 접수한 보고에 사용된 글로써 지체없이 군사정전위원회에 송부한다. 이러한 보고는 번역 또는 심의, 결정, 수속 때문에 지체시킬 수 없다. 중립국감독위원회는 실제 가능한 한 속히 이러한 보고를 심의결정하며 그의 판정서를 우선 군사정전위원회에 송부한다. 중립국감독위원회의 해당 결정을 접수하기 전에는 군사정전위원회는 이런 어떠한 보고에 대하여서도 최종적 행동을 취하지 못한다. 군사정전위원회의 어느 일방 수석위원의 요청이 있을 때에는 중립국감독위원회의 위원과 그 소조의 조원은 곧 군사정전위원회에 참석하여 제출된 어떠한 보고

에 대하여서든지 설명한다.

48. 중립국감독위원회는 본 정전협정이 규정하는 보고 및 회의기록의 문건 철 두 벌을 보관한다. 동 위원회는 그 사건진행에 필요한 기타의 보고, 기록 등의 문건철 두 벌을 보관할 권한을 가진다. 동 위원회의 최후 해산시에는 상기 문건철을 쌍방에 각 한 벌씩 나누어 준다.

49. 중립국감독위원회는 군사정전위원회에 본 정전협정의 수정 또는 증보에 대한 건의를 제출할 수 있다. 이러한 개정 건의는 일반적으로 더 유효한 정전을 보장할 것을 목적으로 하는 것이어야 한다.

50. 중립국감독위원회 또는 동 위원회의 每個 위원은 군사정전위원회의 任意의 위원과 통신 연락을 취할 권한을 가진다.

제3조 전쟁포로에 관한 조치

51. 본 정전협정이 효력을 발생하는 당시에 各方이 수용하고 있는 전체 전쟁포로의 석방과 송환은 본 정전협정 조인 전에 쌍방이 합의한 下記 규정에 따라 집행한다.

ㄱ. 본 정전협정이 효력을 발생한 후 60일 이내에 각방은 그 수용하에 있는 송환을 견지하는 전체 전쟁포로를 포로된 당시에 그들이 속한 일방에 집단적으로 나누어 직접 송환인도되며 어떠한 沮碍도 가하지 못한다. 송환은 본 조의 각 항 관계규정에 의하여 완수한다. 이러한 인원의 송환수속을 촉진시키기 위하여 각방은 정전협정 조인 전에 직접 송환될 인원의 국적별로 분류한 總數를 교환한다. 상대방에 인도되는 전쟁포로의 각 집단은 국적별로 작성한 명부를 휴대하되 이에는 성명, 계급(계급이 있으면) 및 收容番號 또는 軍番號를 포함한다.

ㄴ. 각방은 직접 송환하지 않은 나머지 전쟁포로를 그 군사통제와 收容下로부터 석방하여 모두 중립국송환위원회에 넘겨 본 정전협정 부록 '중립국송환위원회 직권의 범위'의 각조 규정에 의하여 처리케 한다.

ㄷ. 세 가지 글을 병용하므로 인하여 발생할 수 있는 오해를 피하기 위하여 본 정전 협정의 용어로서 일방이 전쟁포로를 상대방에 인도하는 행동을 그 전쟁포로의 국적과 거주지의 여하를 불문하고 영문 중에서는 "REPATRIATION", 한국문 중에서는 '송환', 중국문 중에서 '遣返'이라고 규정한다.

52. 各方은 본 정전협정의 효력발생에 의하여 석방되며 송환되는 어떠한 전쟁포로든지 한국

충돌 중의 전쟁행동에 사용하지 않을 것을 보장한다.

53. 송환을 견지하는 전체 病傷전쟁포로는 우선적으로 송환한다. 가능한 범위내에서 포로된 의무인원을 병상전쟁포로와 동시에 송환하여 도중에서 의료와 간호를 제공하도록 한다.

54. 본 정전협정 제51항 ㄱ목에 규정한 전체 전쟁포로의 송환은 본 정전협정이 효력을 발생한 후 60일의 기한내에 완료한다. 이 기한 내에 各方은 책임지고 그가 수용하고 있는 상기 전쟁포로의 송환을 실제 가능한 한 속히 완료한다.

55. 판문점을 쌍방의 전쟁포로 인도인수지점으로 정한다. 필요한 때에는 전쟁포로송환위원회는 기타의 전쟁포로 인도인수지점을 비무장지대 내에 증설할 수 있다.

56.

　ㄱ. 전쟁포로송환위원회를 설립한다. 동 위원회는 영관급 장교 6명으로 구성하되 그 중 3명은 국제연합군 총사령관이 이를 임명하며, 그 중 3명은 조선인민군 최고사령관과 중국인민지원군 사령관이 공동으로 이를 임명한다. 동 위원회는 군사정전위원회의 전반적 감독과 지도하에서 책임지고 쌍방의 전쟁포로 송환에 관계되는 구체적 계획을 조절하며 쌍방이 본 정전협정 중의 전쟁포로 송환에 관계되는 일체 규정을 실시하는 것을 감독한다. 동 위원회의 임무는 전쟁포로들이 쌍방 전쟁포로수용소로부터 전쟁포로 인도인수지 점에 도달하는 시간을 조절하며 필요할 때에는 병상전쟁포로의 수송 및 복리에 요구되는 특별한 조치를 취하며 본 정전협정 제57항에서 설립된 공동적십자소조의 전쟁포로송환 협조사업을 조절하며 본 정전협정 제53항과 제54항에 규정한 전쟁포로 실제 송환조치의 실시를 감독하며 필요할 때에는 추가적 전쟁포로 인도인수지점을 선정하여 전쟁포로 인도인수지점의 안전조치를 취하며 전쟁포로송환에 필요한 기타 관계임무를 집행하는 것이다.

　ㄴ. 전쟁포로송환위원회는 그 임무에 관계되는 어떠한 사항에 대하여 합의에 도달하지 못할 때는 이러한 사항을 즉시로 군사정전위원회에 제기하여 결정하도록 한다. 전쟁포로송환위원회는 군사정전위원회 본부 부근에 그 본부를 설치한다.

　ㄷ. 전쟁포로송환위원회가 전쟁포로 송환계획을 완수한 때에는 군사정전위원회가 즉시로 이를 해산시킨다.

57.

　ㄱ. 본 정전협정이 효력을 발생한 후 즉시로 국제연합군에 군대를 제공하고 있는 각국의 적십자 대표를 일방으로 하고 조선민주주의 인민공화국 적십자 대표와 중화인민공화국 적십자 대표를 다른 일방으로 하여 조직되는 공동적십자소조를 설립한다. 공동적

십자소조는 전쟁포로의 복리에 요망되는 인도주의적 *服務*로서 쌍방이 본 정전협정 제51항 ㄱ목에 규정한 송환을 견지하는 전체 전쟁포로의 송환에 관계되는 규정을 집행하는 것을 협조한다. 이 임무를 완수하기 위하여 공동 적십자소조는 전쟁포로 인도인수지점에서 쌍 방이 전쟁포로 인도인수사업을 협조하며 쌍방의 전쟁포로수용소를 방문하여 위문하며 전쟁포로의 위문과 전쟁포로의 복리를 위한 선물을 가지고 가서 분배한다. 공동적십자소조는 전쟁포로수용소에서 전쟁포로 인도인수지점으로 가는 도중에 있는 전쟁포로에게 *服務*를 제공할 수 있다.

ㄴ. 공동적십자소조는 다음과 같은 규정에 의하여 조직한다.

(1) 한 小組는 각방의 본국 적십자로부터 各其 대표 10명씩을 내어 쌍방 합하여 20명으로 구성하며 전쟁포로 인도인수지점에서 쌍방 전쟁포로의 인도인수를 협조한다. 동 소조의 의장은 쌍방 적십자사 대표가 매일 윤번으로 담당한다. 동 소조의 사업과 복무를 전쟁포로송환위원회가 이를 조절한다.

(2) 한 소조는 각방의 본국 적십자사로부터 각기 대표 30명씩을 내어 쌍방 합하여 60명으로 구성하며 조선인민군 및 중국인민지원군 관리하의 전쟁포로 수용소를 방문하며 또 전쟁포로수용소에서 전쟁포로 인도인수지점으로 가는 도중에 있는 전쟁포로에게 복무를 제공할 수 있다. 조선민주주의 인민공화국 적십자사 또는 중화인민공화국 적십자사의 대표가 동 소조의 의장을 담당한다.

(3) 한 소조는 각방의 본국 적십자사로부터 각기 대표 30명씩을 내어 쌍방 합하여 60명으로 구성하며 국제연합군 관리하의 전쟁포로수용소를 방문하며 또 전쟁포로수용소에서 전쟁포로 인도인수 지점으로 가는 도중에 있는 전쟁포로에게 복무를 제공할 수 있다. 국제연합군에 군대를 제공하고 있는 한 나라의 적십자 대표가 동 소조의 의장을 담당한다.

(4) 각 공동적십자소조의 임무집행의 편의를 위하여 정황이 필요로 할 때에는 최소 2명의 소조원으로 구성하는 분조를 설립할 수 있다. 분조내에서 각방은 동등한 수의 대표를 가진다.

(5) 각방 사령관은 그의 군사통제 지역내에서 사업하는 공동적십자 소조에 운전수, 서기 및 통역과 같은 부속인원 및 각 소조가 그 임무집행상 필요로 하는 장비를 공급한다.

(6) 어떠한 공동적십자소조든지 동 소조의 쌍방 대표가 동의하는 때에는 그 인원수를 증감할 수 있다. 단 이는 전쟁포로송환위원의 인가를 거쳐야 한다.

ㄷ. 각방 사령관은 공동적십자소조가 그의 임무를 집행하는데 충분한 협조를 주며, 또 그의 군사통제지역내에서 책임지고 공동적십자소조 인원들의 안전을 보장한다. 각방

사령관은 그의 군사통제지역 내에서 사업하는 이러한 소조에 요구되는 보급, 행정 및 통신상의 편의를 준다.

ㄹ. 공동적십자소조는 본 정전협정 제51항 ㄱ목에 규정한 송환을 견지하는 전체 전쟁포로의 송환계획이 완수되었을 때에는 즉시로 해산한다.

58.

ㄱ. 각방 사령관은 가능한 범위내에서 속히 그러나 본 정전협정이 효력을 발생한 후 10일 이내에 상대방 사령관에게 다음과 같은 전쟁 포로에 관한 재료를 제공한다.

   (1) 제일 마지막 번에 교환한 자료의 마감한 일자 이후에 도망한 전쟁포로에 관한 완전한 재료

   (2) 실제로 실행할 수 있는 범위내에서 수용기간 중에 사망한 전쟁 포로의 성명, 국적, 계급별 및 기타의 식별자료 또한 사망일자, 사망원인 및 매장지점에 관한 재료

ㄴ. 만일 위에 규정한 보충자료의 마감한 일자 이후에 도망하였거나 또는 사망한 어떠한 전쟁포로가 있으면 수용한 일방은 본 조 제58항 ㄱ목의 규정에 의하여 관계자료를 전쟁포로송환위원회를 거쳐 상대방에 제공한다. 이러한 자료는 전쟁포로 인도인수계획을 완수할 때까지 10일에 1차씩 제공한다.

ㄷ. 전쟁포로 인도인수계획을 완수한 후에 본래 수용하고 있던 일방에 다시 돌아온 어떠한 도망 전쟁포로도 이를 군사정전위원회에 넘기어 처리한다.

59.

ㄱ. 본 정전협정이 효력을 발생하는 당시에 국제연합군 총사령관의 군사통제지역에 있는 자로서 1950년 6월 24일에 본 정전협정에 확정된 군사분계선 이북에 거주한 전체 私民에 대하여서는 그들이 귀향하기를 원한다면 국제연합군 총사령관은 그들이 군사분계선 이북지역에 돌아가는 것을 허용하며 협조한다.

본 정전협정이 효력을 발생하는 당시에 조선인민군 최고사령관과 중국인민지원군사령관의 군사통제지역에 있는 자로서 1950년 6월 24일에 본 정전협정에 확정된 군사분계선 이남에 거주한 전체 私民에 대하여서는 그들이 귀향하기를 원한다면 조선인민군 최고사령관과 중국인민지원군 사령관은 그들이 군사분계선 이남지역에 돌아가는 것을 허용하며 협조한다. 각방 사령관은 책임지고 本目 규정의 내용을 그의 군사통제지역에 광범히 선포하며 또 적당한 民政당국을 시켜 귀향하기를 원하는 이러한 전체 사민에게 필요한 지도와 협조를 주도록 한다.

ㄴ. 본 정전협정이 효력을 발생하는 당시에 조선인민군 최고사령관과 중국인민지원군 사령관은 군사통제지역에 있는 전체 외국적의 私民 중 국제연합군 총사령관의 군사통제지역으로 가기를 원하는 자에게는 그가 국제연합군 총사령관의 군사통제지역으로

가는 것을 허용하며 협조한다. 본 정전협정이 효력을 발생하는 당시에 국제연합군 총 사령관의 군사통제지역에 있는 전체 외국적의 사민 중 조선인민군 최고사령관과 중국인민지원군 사령관은 군사통제지역으로 가기를 원하는 자에게는 그가 조선인민군 최고사령관과 중국 인민지원군 사령관의 군사통제지역으로 가는 것을 허용하며 협조한다. 각방 사령관은 책임지고 본 목 규정의 내용을 그의 군사통제지역에 광범히 선포하며 또 적당한 민정당국을 시켜 상대방 사령관의 군사통제 지역으로 가기를 원하는 이러한 전체 외국적의 사민에게 필요한 지도와 협조를 주도록 한다.

ㄷ. 쌍방의 본 조 제59항 ㄱ목에 규정한 사민의 귀향과 본 조 59항 ㄴ목에 규정한 사민의 이동을 협조하는 조치는 본 정전협정이 효력을 발생한 후 될 수 있는 한 속히 개시한다.

ㄹ.

(1) 실향사민귀향협조위원회를 설립한다. 동 위원회는 영관급 장교 4명으로 구성하되 그 중 2명은 국제연합군 총사령관이 이를 임명하며 그 중 2명은 조선인민군 최고사령관과 중국인민 지원군 사령관이 공동으로 이를 임명한다. 동 위원회는 군사 정전위원회의 전반적 감독과 지도밑에 책임지고 上記 私民의 귀향을 협조하는데 관계되는 쌍방의 구체적 계획을 조절하며 또 상기 사민의 귀향에 관계되는 본 정전협정 중의 일체 규정을 雙方이 집행하는 것을 감독한다. 동 위원회의 임무는 運輸조치를 포함한 필요한 조치를 취함으로써 상기 사민의 이동을 촉진 및 조절하며 상기 사민의 군사분계선을 통과하는 越境지점을 선정하며 越境지점의 안전조치를 취하며 또 상기 사민 귀향을 완료하기 위하여 필요한 기타 임무를 집행하는 것이다.

(2) 실향사민귀향협조위원회는 그의 임무에 관계되는 어떠한 사항이든지 합의에 도달할 수 없을 때에는 이를 곧 군사정전위원회에 제출하여 결정하게 한다. 실향사민귀향협조위원회는 그의 본부를 군사정전위원회의 본부 부근에 설치한다.

(3) 실향사민귀향협조위원회가 그의 임무를 완수할 때에는 군사정전위원회가 즉시로 이를 해산시킨다.

제4조 쌍방 관계정부들에의 건의

60. 한국문제의 평화적 해결을 위하여 쌍방 군사령관은 쌍방의 관계 각국 정부에 정전협정이 조인되고 효력을 발생한 후 삼개월내에 각기 대표를 파견하여 쌍방의 한급 높은 정치회의를 소집하고 한국으로부터의 모든 외국군대의 철수 및 한국문제의 평화적 해결문제들을 협의할 것을 이에 건의한다.

제5조 부칙

61. 본 정전협정에 대한 수정과 증보는 반드시 적대雙방사령관들의 상호합의를 거쳐야 한다.

62. 본 정전협정의 각 조항은 쌍방이 공동으로 접수하는 수정 및 증보 또는 쌍방의 정치적 수준에서의 평화적 해결을 위한 적당한 협정 중의 규정에 의하여 명확히 대체될 때까지는 계속 효력을 가진다.

63. 제12항을 제외한 본 정전협정의 일체 규정은 1953년 7월 27일 22:00시부터 효력을 발생한다.

1953년 7월 27일 10:00시에 한국 판문점에서 영문, 한국문 및 중국문으로써 작성한다.
이 3개 국어의 각 협정 본문은 동등한 효력을 가진다.

국제연합군 총사령관 : 미국 육군 대장 마크 W. 클라크(Mark Wayne Clark)
조선인민군 최고사령관 : 조선민주주의인민공화국 원수 김일성
중국인민지원군 사령관 : 팽덕회(彭德懷)

참석자
국제연합군 대표단 수석대표 : 미국 육군 중장 윌리엄 K. 해리슨(William Kelly Harrison Jr.)
조선인민군 및 중국인민지원군 대표단 수석대표 : 조선인민군 대장 남일

7·4남북공동성명
(1972년 7월 4일)

최근 평양과 서울에서 남북관계를 개선하며 갈라진 조국을 통일하는 문제를 협의하기 위한 회담이 있었다.

서울의 리후락 중앙정보부장이 1972년 5월 2일부터 5월 5일까지 평양을 방문하여 평양의 김영주 조직지도부장과 회담을 진행하였으며 김영주 부장을 대신한 박성철 제2부수상이 1972년 5월 29일부터 6월 1일까지 서울을 방문하여 리후락 부장과 회담을 진행하였다.

이 회담들에서 쌍방은 조국의 평화적 통일을 하루빨리 가져와야 한다는 공통된 념원을 안고 허심탄회하게 의견을 교환하였으며 서로의 리해를 증진시키는데서 큰 성과를 거두었다. 이 과정에서 쌍방은 오래동안 서로 만나보지 못한 결과로 생긴 남북사이의 오해와 불신을 풀고 긴장의 고조를 완화시키며 나아가서 조국통일을 촉진시키기 위하여 다음과 같은 문제들에 완전한 견해의 일치를 보았다.

1. 쌍방은 다음과 같은 조국통일원칙들에 합의를 보았다.
   첫째, 통일은 외세에 의존하거나 외세의 간섭을 받음이 없이 자주적으로 해결하여야 한다.
   둘째, 통일은 서로 상대방을 반대하는 무력행사에 의거하지 않고 평화적 방법으로 실현하여야 한다.
   셋째, 사상과 리념, 제도의 차이를 초월하여 우선 하나의 민족으로서 민족적 대단결을 도모하여야 한다.

2. 쌍방은 남북사이의 긴장상태를 완화하고 신뢰의 분위기를 조성하기 위하여 서로 상대방을 중상비방하지 않으며 크고 작은 것을 막론하고 무장도발을 하지 않으며 불의의 군사적 충돌사건을 방지하기 위한 적극적인 조치를 취하기로 합의하였다.

3. 쌍방은 끊어졌던 민족적 련계를 회복하며 서로 리해를 증진시키고 자주적평화통일을 촉진시키기 위하여 남북사이에 다방면적인 제반교류를 실시하기로 합의하였다.

4. 쌍방은 지금 온 민족의 거대한 기대속에 진행되고 있는 남북적십자회담이 하루빨리 성사

되도록 적극 협조하는데 합의하였다.

5. 쌍방은 돌발적 군사사고를 방지하고 남북사이에 제기되는 문제들을 직접, 신속정확히 처리하기 위하여 평양과 서울사이에 상설직통전화를 놓기로 합의하였다.

6. 쌍방은 이러한 합의사항을 추진시킴과 함께 남북사이의 제반 문제를 개선해결하며 또 합의된 조국통일원칙에 기초하여 나라의 통일문제를 해결할 목적으로 김영주부장과 리후락부장을 공동위원장으로 하는 남북조절위원회를 구성운영하기로 합의하였다.

7. 쌍방은 이상의 합의사항이 조국통일을 일일천추로 갈망하는 온 겨레의 한결같은 념원에 부합된다고 확신하면서 이 합의사항을 성실히 리행할 것을 온 민족앞에 엄숙히 약속한다.

서로 상부의 뜻을 받들어

김영주   리후락

1972년 7월 4일

남북기본합의서
(1992년 2월 19일 발효)

　남과 북은 분단된 조국의 평화적 통일을 염원하는 온 겨레의 뜻에 따라, 7·4남북공동성명에서 천명된 조국통일 3대원칙을 재확인하고, 정치 군사적 대결상태를 해소하여 민족적 화해를 이룩하고, 무력에 의한 침략과 충돌을 막고 긴장 완화와 평화를 보장하며, 다각적인 교류·협력을 실현하여 민족공동의 이익과 번영을 도모하며, 쌍방 사이의 관계가 나라와 나라 사이의 관계가 아닌 통일을 지향하는 과정에서 잠정적으로 형성되는 특수관계라는 것을 인정하고, 평화 통일을 성취하기 위한 공동의 노력을 경주할 것을 다짐하면서, 다음과 같이 합의하였다.

제1장 남북화해

제1조　남과 북은 서로 상대방의 체제를 인정하고 존중한다.

제2조　남과 북은 상대방의 내부문제에 간섭하지 아니한다.

제3조　남과 북은 상대방에 대한 비방·중상을 하지 아니한다.

제4조　남과 북은 상대방을 파괴·전복하려는 일체 행위를 하지 아니한다.

제5조　남과 북은 현정전상태를 남북 사이의 공고한 평화상태로 전환시키기 위하여 공동으로 노력하며 이러한 평화상태가 이룩될 때까지 현군사정전협정을 준수한다.

제6조　남과 북은 국제무대에서 대결과 경쟁을 중지하고 서로 협력하며 민족의 존엄과 이익을 위하여 공동으로 노력한다.

제7조　남과 북은 서로의 긴밀한 연락과 협의를 위하여 이 합의서 발효 후 3개월 안에 판문점에 남북연락사무소를 설치·운영한다.

제8조　남과 북은 이 합의서 발효 후 1개월 안에 본회담 테두리 안에서 남북정치분과위원회를 구성하여 남북화해에 관한 합의의 이행과 준수를 위한 구체적 대책을 협의한다.

제2장 남북불가침

제9조   남과 북은 상대방에 대하여 무력을 사용하지 않으며 상대방을 무력으로 침략하지
        아니한다.

제10조 남과 북은 의견대립과 분쟁문제들을 대화와 협상을 통하여 평화적으로 해결한다.

제11조 남과 북의 불가침 경계선과 구역은 1953년 7월 27일자 군사정전에 관한 협정에 규
        정된 군사분계선과 지금까지 쌍방이 관할하여 온 구역으로 한다.

제12조 남과 북은 불가침의 이행과 보장을 위하여 이 합의서 발효 후 3개월 안에 남북군사
        공동위원회를 구성·운영한다. 남북군사공동위원회에서는 대규모 부대이동과 군사
        연습의 통보 및 통제문제, 비무장지대의 평화적 이용문제, 군인사교류 및 정보교환
        문제, 대량살상무기와 공격능력의 제거를 비롯한 단계적 군축 실현문제, 검증문제
        등 군사적 신뢰조성과 군축을 실현하기 위한 문제를 협의·추진한다.

제13조 남과 북은 우발적인 무력충돌과 그 확대를 방지하기 위하여 쌍방 군사당국자 사이
        에 직통 전화를 설치·운영한다.

제14조 남과 북은 이 합의서 발효 후 1개월 안에 본회담 테두리 안에서 남북군사분과위원
        회를 구성하여 불가침에 관한 합의의 이행과 준수 및 군사적 대결상태를 해소하기
        위한 구체적 대책을 협의한다.

제3장 남북교류·협력

제15조 남과 북은 민족경제의 통일적이며 균형적인 발전과 민족전체의 복리향상을 도모하
        기 위하여 자원의 공동개발, 민족 내부 교류로서의 물자교류, 합작투자 등 경제교류
        와 협력을 실시한다.

제16조 남과 북은 과학·기술, 교육, 문화·예술, 보건, 체육, 환경과 신문, 라디오, 텔레비전
        및 출판물을 비롯한 출판·보도 등 여러분야에서 교류와 협력을 실시한다.

제17조 남과 북은 민족구성원들의 자유로운 왕래와 접촉을 실현한다.

제18조 남과 북은 흩어진 가족·친척들의 자유로운 서신거래와 왕래와 상봉 및 방문을 실

시하고 자유의사에 의한 재결합을 실현하며, 기타 인도적으로 해결할 문제에 대한 대책을 강구한다.

제19조 남과 북은 끊어진 철도와 도로를 연결하고 해로, 항로를 개설한다.

제20조 남과 북은 우편과 전기통신교류에 필요한 시설을 설치·연결하며, 우편·전기통신 교류의 비밀을 보장한다.

제21조 남과 북은 국제무대에서 경제와 문화 등 여러분야에서 서로 협력하며 대외에 공동으로 진출한다.

제22조 남과 북은 경제와 문화 등 각 분야의 교류와 협력을 실현하기 위한 합의의 이행을 위하여 이 합의서 발효 후 3개월 안에 남북경제교류·협력공동위원회를 비롯한 부문별 공동위원회들을 구성·운영한다.

제23조 남과 북은 이 합의서 발효 후 1개월 안에 본회담 테두리 안에서 남북교류·협력분과 위원회를 구성하여 남북교류·협력에 관한 합의의 이행과 준수를 위한 구체적 대책을 협의한다.

제4장 수정 및 발효

제24조 이 합의서는 쌍방의 합의에 의하여 수정·보충할 수 있다.

제25조 이 합의서는 남과 북이 각기 발효에 필요한 절차를 거쳐 그 문본을 서로 교환한 날부터 효력을 발생한다.

1991년 12월 13일

남북고위급회담	북남고위급회담
남측 대표단 수석 대표	북측 대표단 단장
대한민국	조선민주주의 인민공화국
국무총리	정무원 총리
정 원 식	연 형 묵

6·15남북공동선언문

　조국의 평화적 통일을 염원하는 온 겨레의 숭고한 뜻에 따라 대한민국 김대중 대통령과 조선민주주의인민공화국 김정일 국방위원장은 2000년 6월 13일부터 6월 15일까지 평양에서 역사적인 상봉을 하였으며 정상회담을 가졌다.

　남북 정상들은 분단 역사상 처음으로 열린 이번 상봉과 회담이 서로 이해를 증진시키고 남북관계를 발전시키며 평화통일을 실현하는 데 중대한 의의를 가진다고 평가하고 다음과 같이 선언한다.

1. 남과 북은 나라의 통일문제를 그 주인인 우리 민족끼리 서로 힘을 합쳐 자주적으로 해결해 나가기로 하였다.

2. 남과 북은 나라의 통일을 위한 남측의 연합 제안과 북측의 낮은 단계의 연방제안이 서로 공통성이 있다고 인정하고 앞으로 이 방향에서 통일을 지향시켜 나가기로 하였다.

3. 남과 북은 올해 8·15에 즈음하여 흩어진 가족, 친척 방문단을 교환하며 비전향 장기수 문제를 해결하는 등 인도적 문제를 조속히 풀어 나가기로 하였다.

4. 남과 북은 경제협력을 통하여 민족경제를 균형적으로 발전시키고 사회, 문화, 체육, 보건, 환경 등 제반 분야의 협력과 교류를 활성화하여 서로의 신뢰를 다져 나가기로 하였다.

5. 남과 북은 이상과 같은 합의사항을 조속히 실천에 옮기기 위하여 빠른 시일 안에 당국 사이의 대화를 개최하기로 하였다.

　김대중 대통령은 김정일 국방위원장이 서울을 방문하도록 정중히 초청하였으며 김정일 국방위원장은 앞으로 적절한 시기에 서울을 방문하기로 하였다.

2000년 6월 15일

대한민국 대통령	조선민주주의 인민공화국 국방위원장
김 대 중	김 정 일

남북관계 발전과 평화번영을 위한 선언
(10·4 남북공동선언문)

대한민국 노무현 대통령과 조선민주주의인민공화국 김정일 국방위원장 사이의 합의에 따라 노무현 대통령이 2007년 10월 2일부터 4일까지 평양을 방문했다.

방문기간 중 역사적인 상봉과 회담들이 있었다.

상봉과 회담에서는 6·15공동선언의 정신을 재확인하고 남북관계발전과 한반도 평화, 민족공동의 번영과 통일을 실현하는데 따른 제반 문제들을 허심탄회하게 협의했다.

쌍방은 우리민족끼리 뜻과 힘을 합치면 민족번영의 시대, 자주통일의 새시대를 열어 나갈 수 있다는 확신을 표명하면서 6·15공동선언에 기초하여 남북관계를 확대. 발전시켜 나가기 위하여 다음과 같이 선언한다.

1. 남과 북은 6·15공동선언을 고수하고 적극 구현해 나간다.
남과 북은 우리민족끼리 정신에 따라 통일문제를 자주적으로 해결해 나가며 민족의 존엄과 이익을 중시하고 모든 것을 이에 지향시켜 나가기로 했다.
남과 북은 6·15공동선언을 변함 없이 이행해 나가려는 의지를 반영하여 6월 15일을 기념하는 방안을 강구하기로 했다.

2. 남과 북은 사상과 제도의 차이를 초월하여 남북관계를 상호존중과 신뢰 관계로 확고히 전환시켜 나가기로 했다.
남과 북은 내부문제에 간섭하지 않으며 남북관계 문제들을 화해와 협력, 통일에 부합되게 해결해 나가기로 했다.
남과 북은 남북관계를 통일 지향적으로 발전시켜 나가기 위하여 각기 법률적·제도적 장치들을 정비해 나가기로 했다.
남과 북은 남북관계 확대와 발전을 위한 문제들을 민족의 염원에 맞게 해결하기 위해 양측 의회 등 각 분야의 대화와 접촉을 적극 추진해 나가기로 했다.

3. 남과 북은 군사적 적대관계를 종식시키고 한반도에서 긴장완화와 평화를 보장하기 위해

긴밀히 협력하기로 했다.

남과 북은 서로 적대시하지 않고 군사적 긴장을 완화하며 분쟁문제들을 대화와 협상을 통하여 해결하기로 했다.

남과 북은 한반도에서 어떤 전쟁도 반대하며 불가침의무를 확고히 준수하기로 했다.

남과 북은 서해에서의 우발적 충돌방지를 위해 공동어로수역을 지정하고 이 수역을 평화수역으로 만들기 위한 방안과 각종 협력사업에 대한 군사적 보장조치 문제 등 군사적 신뢰구축조치를 협의하기 위하여 남측 국방부 장관과 북측 인민무력부 부장간 회담을 금년 11월중에 평양에서 개최하기로 했다.

4. 남과 북은 현 정전체제를 종식시키고 항구적인 평화체제를 구축해 나가야 한다는데 인식을 같이하고 직접 관련된 3자 또는 4자 정상들이 한반도지역에서 만나 종전을 선언하는 문제를 추진하기 위해 협력해 나가기로 했다.

남과 북은 한반도 핵문제 해결을 위해 6자회담 '9.19 공동성명'과 '2.13 합의'가 순조롭게 이행되도록 공동으로 노력하기로 했다.

5. 남과 북은 민족경제의 균형적 발전과 공동의 번영을 위해 경제협력사업을 공리공영과 유무상통의 원칙에서 적극 활성화하고 지속적으로 확대 발전시켜 나가기로 했다.

남과 북은 경제협력을 위한 투자를 장려하고 기반시설 확충과 자원개발을 적극 추진하며 민족내부협력사업의 특수성에 맞게 각종 우대조건과 특혜를 우선적으로 부여하기로 했다.

남과 북은 해주지역과 주변해역을 포괄하는 '서해평화협력 특별지대'를 설치하고 공동어로구역과 평화수역 설정, 경제특구건설과 해주항 활용, 민간선박의 해주직항로 통과, 한강하구 공동이용 등을 적극 추진해 나가기로 했다.

남과 북은 개성공업지구 1단계 건설을 빠른 시일 안에 완공하고 2단계 개발에 착수하며 문산-봉동간 철도화물수송을 시작하고, 통행·통신·통관 문제를 비롯한 제반 제도적 보장조치들을 조속히 완비해 나가기로 했다.

남과 북은 개성-신의주 철도와 개성-평양 고속도로를 공동으로 이용하기 위해 개보수 문제를 협의·추진해 가기로 했다.

남과 북은 안변과 남포에 조선협력단지를 건설하며 농업, 보건의료, 환경보호 등 여러 분야에서의 협력사업을 진행해 나가기로 했다.

남과 북은 남북 경제협력사업의 원활한 추진을 위해 현재의 '남북경제협력추진위원회'를 부총리급 '남북경제협력공동위원회'로 격상하기로 했다.

6. 남과 북은 민족의 유구한 역사와 우수한 문화를 빛내기 위해 역사, 언어, 교육, 과학기술, 문화예술, 체육 등 사회문화 분야의 교류와 협력을 발전시켜 나가기로 했다.

   남과 북은 백두산관광을 실시하며 이를 위해 백두산-서울 직항로를 개설하기로 했다.

   남과 북은 2008년 북경 올림픽경기대회에 남북응원단이 경의선 열차를 처음으로 이용하여 참가하기로 했다.

7. 남과 북은 인도주의 협력사업을 적극 추진해 나가기로 했다.

   남과 북은 흩어진 가족과 친척들의 상봉을 확대하며 영상 편지 교환사업을 추진하기로 했다.

   이를 위해 금강산면회소가 완공되는데 따라 쌍방 대표를 상주시키고 흩어진 가족과 친척의 상봉을 상시적으로 진행하기로 했다.

   남과 북은 자연재해를 비롯하여 재난이 발생하는 경우 동포애와 인도주의, 상부상조의 원칙에 따라 적극 협력해 나가기로 했다.

8. 남과 북은 국제무대에서 민족의 이익과 해외 동포들의 권리와 이익을 위한 협력을 강화해 나가기로 했다.

※ 남과 북은 이 선언의 이행을 위하여 남북총리회담을 개최하기로 하고, 제 1차회의를 금년 11월중 서울에서 갖기로 했다.

※ 남과 북은 남북관계 발전을 위해 정상들이 수시로 만나 현안 문제들을 협의하기로 했다.

2007년 10월 4일 평양

대한민국 대통령   조선민주주의인민공화국 국방위원장
노 무 현   김 정 일

북한인권법

• 시행 2016. 9. 4 • 법률 제14070호 2016. 3. 3 제정 • 통일부(이산가족과) 02-2100-5915

제1조 (목적)

이 법은 북한주민의 인권 보호 및 증진을 위하여 유엔 세계인권선언 등 국제인권규
약에 규정된 자유권 및 생존권을 추구함으로써 북한주민의 인권 보호 및 증진에 기
여함을 목적으로 한다.

제2조 (기본원칙 및 국가의 책무)

① 국가는 북한주민이 인간으로서의 존엄과 가치를 가지며 행복을 추구할 권리가
있음을 확인하고 북한주민의 인권 보호 및 증진(이하 "북한인권증진"이라 한다)
을 위하여 노력하여야 한다.

② 국가는 북한인권증진 노력과 함께 남북관계의 발전과 한반도에서의 평화정착을
위해서도 노력하여야 한다.

③ 국가는 북한인권증진을 위하여 필요한 재원을 지속적이고 안정적으로 마련하여
야 한다.

제3조 (정의)

이 법에서 "북한주민"이란 군사분계선 이북지역에 거주하며 이 지역에 직계가족·배
우자·직장 등 생활의 근거를 두고 있는 사람을 말한다.

제4조 (다른 법률과의 관계)

북한인권증진을 위하여 노력함에 있어서 「남북교류협력에 관한 법률」, 「남북협력기금
법」, 「남북관계 발전에 관한 법률」에 특별한 규정이 있는 경우를 제외하고는 이 법에
서 정하는 바에 따른다.

제5조 (북한인권증진자문위원회)

① 북한인권증진 관련 정책에 관한 자문을 위하여 통일부에 북한인권증진자문위
원회(이하 "위원회"라 한다)를 둔다.

② 위원회는 위원장 1명을 포함한 10명 이내의 국회 추천 인사로 구성하고 위원장

은 위원 중에서 호선한다. 국회가 위원을 추천함에 있어서는 대통령이 소속되거나 소속되었던 정당의 교섭단체와 그 외 교섭단체가 2분의 1씩 동수로 추천하여 통일부장관이 위촉한다.

③ 위원회의 구성 및 운영 등에 필요한 사항은 대통령령으로 정한다.

제6조　(북한인권증진기본계획 및 집행계획)

① 통일부장관은 관계 중앙행정기관의 장과 협의하여 3년마다 다음 각 호의 사항을 포함한 북한인권증진기본계획(이하 "기본계획"이라 한다)을 위원회의 자문을 거쳐 수립하여야 한다.

1. 북한주민의 인권실태 조사

2. 남북인권대화와 인도적 지원 등 북한주민의 인권 보호 및 증진을 위한 방안

3. 그 밖에 북한주민의 인권 보호 및 증진에 관하여 대통령령으로 정하는 사항

② 통일부장관은 기본계획에 따라 매년 북한인권증진에 관한 집행계획(이하 "집행계획"이라 한다)을 위원회의 자문을 거쳐 수립하여야 한다.

③ 통일부장관은 기본계획 및 집행계획이 수립된 때에는 이를 지체 없이 국회에 보고하여야 한다.

제7조　(남북인권대화의 추진)

① 정부는 북한인권증진에 관한 중요사항에 관하여 남북인권대화를 추진하여야 한다.

② 남북인권대화의 대표 임명에 필요한 사항은 「남북관계 발전에 관한 법률」 제15조를 준용한다.

③ 그 밖에 남북인권대화의 추진을 위하여 필요한 사항은 대통령령으로 정한다.

제8조　(인도적 지원)

① 국가는 북한인권증진을 위하여 북한주민에 대한 인도적 지원을 북한 당국 또는 북한의 기관에 제공하는 경우에는 다음 각 호의 사항이 준수되도록 노력하여야 한다.

1. 국제적으로 인정되는 인도(引渡)기준에 따라 투명하게 추진되어야 한다.

2. 임산부 및 영유아 등 취약계층에 대한 지원이 우선되어야 한다.

② 국가는 민간단체 등이 시행하는 인도적 지원에 대하여도 제1항 각 호의 사항이 준수되도록 노력하여야 한다.

제9조　(북한인권증진을 위한 국제적 협력)

① 국가는 북한인권증진을 위한 인적교류·정보교환 등과 관련하여 국제기구·국제단체 및 외국 정부 등과 협력하며, 북한인권증진에 대한 국제사회의 관심을 제고

하기 위하여 노력하여야 한다.

② 제1항에 따른 북한인권증진을 위한 국제적 협력을 위하여 외교부에 북한인권대
외직명대사(이하 "북한인권국제협력대사"라 한다)를 둘 수 있다.

③ 북한인권국제협력대사의 임무·자격 등에 필요한 사항은 대통령령으로 정한다.

제10조 (북한인권재단의 설립)

① 정부는 북한인권 실태를 조사하고 남북인권대화와 인도적 지원 등 북한인권증
진과 관련된 연구와 정책개발 등을 수행하기 위하여 북한인권재단(이하 "재단"이
라 한다)을 설립한다.

② 재단은 법인으로 하며 그 주된 사무소의 소재지에 설립등기를 함으로써 성립한다.

③ 재단은 다음 각 호의 사업을 수행하며, 각 호의 사업을 수행하는 별도의 담당기
구를 둘 수 있다.

　1. 남북인권대화 등 북한인권증진을 위한 다음 각 목의 사업

　　가. 북한인권 실태에 관한 조사·연구

　　나. 남북인권대화 등을 위한 정책대안의 개발 및 대정부 건의

　　다. 그 밖에 위원회가 심의하고 통일부장관이 지정하는 사업

　　라. 가목부터 다목까지의 사업의 수행에 필요한 시민사회단체에 대한 지원

　2. 인도적 지원 등 북한인권증진을 위한 다음 각 목의 사업

　　가. 북한 내 인도적 지원 수요에 관한 조사·연구

　　나. 대북 인도적 지원을 위한 정책대안의 개발 및 대정부 건의

　　다. 그 밖에 위원회가 심의하고 통일부장관이 지정하는 사업

　　라. 가목부터 다목까지의 사업의 수행에 필요한 시민사회단체에 대한 지원

④ 그 밖에 재단의 설립에 필요한 사항은 대통령령으로 정한다.

제11조 (재단의 운영)

① 재단은 다음 각 호의 재원으로 운영한다.

　1. 정부의 출연금

　2. 그 밖의 수입금

② 재단은 「기부금품의 모집 및 사용에 관한 법률」 제5조제2항 각 호 외의 부분 본
문에도 불구하고 자발적으로 기탁되는 금품을 사용목적에 부합하는 범위에서
통일부장관의 승인을 받아 접수할 수 있다.

③ 통일부장관은 재단을 지도·감독한다.

④ 통일부장관은 재단의 목적 달성을 위하여 필요한 때에는 관계 기관의 장에게 소

속 공무원을 재단에 파견하도록 요청할 수 있다.

⑤ 재단에 관하여 이 법에서 규정한 것을 제외하고는 「민법」 중 재단법인에 관한 규정을 준용한다.

⑥ 그 밖에 재단의 운영과 지도·감독, 기탁금품 접수절차 등에 필요한 사항은 대통령령으로 정한다.

제12조 (재단 임원의 구성)

① 재단에는 이사장 1명을 포함한 12명 이내의 이사를 두며, 이사는 통일부장관이 추천한 인사 2명과 국회가 추천한 인사로 구성하되, 국회가 이사를 추천함에 있어서는 대통령이 소속되거나 소속되었던 정당의 교섭단체와 그 외 교섭단체가 2분의 1씩 동수로 추천하여 통일부장관이 임명한다.

② 이사장과 정관으로 정하는 상근이사를 제외한 임원은 비상근으로 한다.

③ 이사장은 이사 중에서 호선하고 이사장 및 이사의 임기는 3년으로 하되, 한 차례만 중임할 수 있다. 다만, 당연직 이사의 임기는 그 재임기간으로 한다.

④ 그 밖에 재단 임원의 구성 등에 필요한 사항은 대통령령으로 정한다.

제13조 (북한인권기록센터)

① 북한주민의 인권상황과 인권증진을 위한 정보를 수집·기록하기 위하여 통일부에 북한인권기록센터(이하 "기록센터"라 한다)를 둔다.

② 기록센터는 다음 각 호의 사항을 수행하고 각종 자료 및 정보의 수집·연구·보존·발간 등을 담당한다.

  1. 북한주민의 인권 실태 조사·연구에 관한 사항

  2. 국군포로, 납북자, 이산가족과 관련된 사항

  3. 그 밖에 위원회가 심의하고 통일부장관이 필요하다고 인정하는 사항

③ 제2항 각 호에 따른 사업은 외부기관에 위탁할 수 있다. 이 경우 예산의 범위에서 필요한 경비를 지원할 수 있다.

④ 기록센터에는 센터장 1명을 두며, 센터장은 고위공무원단에 속하는 공무원 또는 북한인권과 관련하여 학식과 경험이 풍부한 민간전문가 중에서 통일부장관이 임명 또는 위촉한다.

⑤ 기록센터에서 수집·기록한 자료는 3개월마다 법무부에 이관하며, 북한인권기록 관련 자료를 보존·관리하기 위하여 법무부에 담당기구를 둔다.

⑥ 그 밖에 기록센터의 구성·운영 등에 필요한 사항은 대통령령으로 정한다.

제14조 (관련 기관 등의 협조)

① 통일부장관은 북한인권증진에 관한 업무와 관련하여 다른 행정기관과 공공단체, 관련 인사에 대하여 자료제출, 의견진술, 그 밖에 정책수행에 필요한 사항에 대한 협조를 요청할 수 있다.

② 제1항의 요청을 받은 행정기관 및 공공단체의 장, 관련 인사는 특별한 사유가 없으면 이에 따라야 한다.

③ 관계 중앙행정기관 또는 지방자치단체의 장은 이 법에 따른 업무와 관련된 내용을 포함하고 있는 법령 및 조례 등을 제정하거나 개정하려는 경우 미리 통일부장관에게 통지하여야 한다.

제15조 (국회 보고)

① 통일부장관은 기본계획과 집행계획의 보고 이외에도 매년 북한인권증진에 관하여 다음 각 호의 사항을 정기회 전까지 국회에 보고하여야 한다.

1. 북한주민 인권 실태

2. 북한인권증진 추진 결과 및 개선 상황

3. 국군포로 및 납북자의 송환, 이산가족의 상봉 등에 관한 계획의 수립·추진 상황

4. 제1호부터 제3호까지 규정된 업무와 관련하여 국가·지방자치단체 및 공공기관이 각각 수행한 사업 내역과 시행결과 및 평가

5. 그 밖에 북한인권증진에 관하여 필요하다고 통일부장관이 인정하는 사항

② 국회는 필요한 경우 제1항에 따른 정부의 보고에 대하여 시정 또는 개선을 권고할 수 있다.

제16조 (벌칙 적용에서 공무원 의제)

재단의 임직원은 이 법에 따른 직무수행과 관련하여 「형법」 제127조와 제129조부터 제132조까지의 규정을 적용할 때에는 공무원으로 본다.

제17조 (벌칙)

거짓이나 그 밖의 부정한 방법으로 이 법에 따른 지원금을 받은 자는 3년 이하의 징역 또는 3천만원 이하의 벌금에 처한다.

부칙 〈법률 제14070호, 2016. 3. 3.〉

제1조 (시행일)

이 법은 공포 후 6개월이 경과한 날부터 시행한다.

제2조 (북한인권재단 설립준비)

① 통일부장관은 이 법 공포일부터 30일 이내에 7명 이내의 설립위원을 위촉하여 재단의 설립에 관한 사무를 처리하게 하여야 한다.

② 설립위원은 재단의 정관을 작성하여 통일부장관의 인가를 받아야 하며, 인가를 받은 때에는 지체 없이 연명(連名)으로 재단의 설립등기를 하여야 한다.

③ 설립위원은 재단의 설립등기 후 지체 없이 재단의 이사장에게 사무를 인계하여야 하며, 사무인계가 끝난 때에는 해촉된 것으로 본다.

④ 재단의 설립에 필요한 비용은 국가가 부담한다.

조선로동당 규약

1980년 10월 13일 제6차 당대회에서 개정, 2010년 9월 28일 제3차 당대표자회의에서 개정

조선로동당은 위대한 수령 김일성 동지의 당이다.

위대한 김일성 동지는 조선로동당의 창건자이시고 당과 혁명을 백승의 한길로 이끌어 오신 탁월한 령도자이시며 조선로동당과 조선인민의 영원한 수령이시다.

위대한 수령 김일성 동지는 영생불멸의 주체사상을 창시하시고 항일혁명의 불길 속에서 당창건의 조직사상적 기초와 빛나는 혁명 전통을 마련하시였으며 그에 토대하여 영광스러운 조선로동당을 창건하시였다.

위대한 수령 김일성 동지는 혁명적 당건설로선과 원칙을 일관하게 견지하시어 조선로동당을 사상의지적으로 통일단결되고 높은 조직성과 규률성을 지닌 강철의 당으로 인민대중의 절대적인 지지와 신뢰를 받는 불패의 당으로 강화 발전시키시였다.

위대한 령도자 김정일 동지는 위대한 수령 김일성 동지의 당건설사상과 업적을 옹호고수하고 빛나게 계승발전시키시어 조선로동당을 유일사상체계와 유일적 령도체계가 확고히 선 사상적순결체, 조직적 전일체로, 선군혁명을 승리적으로 전진시켜나가는 로숙하고 세련된 향도적 력량으로 강화 발전시키시였다.

위대한 수령 김일성 동지와 위대한 령도자 김정일 동지의 령도밑에 조선로동당은 자주시대 로동계급의 혁명적 당건설의 새 력사를 창조하고 김일성조선의 부강발전과 인민대중의 자주위업, 사회주의 위업수행에서 불멸의 업적을 이룩하시였다.

조선로동당은 위대한 수령 김일성 동지를 영원히 높이 모시고 위대한 령도자 김정일 동지를 중심으로 하여 조직사상적으로 공고하게 결합된 로동계급과 근로인민대중의 핵심부대, 전위부대이다.

조선로동당은 위대한 수령 김일성 동지의 혁명사상, 주체사항을 유일한 지도사상으로 하는 주체형의 혁명적 당이다.

조선로동당은 주체사상을 당건설과 당활동의 출발점으로 당의 조직사상적 공고화의 기초로, 혁명과 건설을 령도하는데서 지도적 지침으로 한다.

조선로동당은 로동자, 농민, 인테리를 비롯한 근로인민 대중 속에 깊이 뿌리박고 그들 가운데서 사회주의 위업의 승리를 위하여 몸바쳐 싸우는 선진투사들로 조직한 로동계급의 혁명적 당 근로인민대중의 대중적 당이다.

조선로동당은 조선민족과 조선인민의 리익을 대표한다.

조선로동당은 근로인민대중의 모든 정치조직들 가운데서 가장 높은 형태의 정치조직이며 정치, 군사경제, 문화를 비롯한 모든 분야를 통일적으로 이끌어나가는 사회의 령도적 정치조직이며 혁명의 참모부이다.

조선로동당은 위대한 수령 김일성 동지께서 개척하신 주체혁명 위업의 승리를 위하여 투쟁한다.

조선로동당의 당면목적은 공화국북반부에서 사회주의 강성대국을 건설하며 전국적 범위에서 민족해방민주주의 혁명의 과업을 수행하는 데 있으며 최종목적은 온 사회를 주체사상화하여 인민대중의 자주성을 완전히 실현하는 데 있다.

조선로동당은 당안에 사상과 령도의 유일성을 보장하고 당이 인민대중과 혼연일체를 이루며 당건설에서 계승성을 보장하는 것을 당건설의 기본원칙으로 한다.

조선로동당은 주체사상의 기치 밑에 위대한 령도자 김정일 동지를 중심으로 하는 당과 군대와 인민의 일심단결을 백방으로 강화하고 그 위력을 높이 발양시켜나간다.

조선노동당은 주체사상교양을 강화하며 자본주의사상, 봉건유교 사상, 수정주의, 교조주의, 사대주의를 비롯한 온갖 반동적 기회주의적 사상조류들을 반대 배격하여 맑스-레닌주의의 혁명적 원칙을 견지한다.

조선로동당은 계급로선과 군중로선을 철저히 관철하여 당과 혁명의 계급진지를 굳건히 다지며 인민의 리익을 옹호하고 인민을 위하여 복무하며 인민대중의 운명을 책임진 어머니 당으로서의 본분을 다해나간다.

조선로동당은 인민생활을 끊임없이 높이는 것을 당활동의 최고 원칙으로 한다.

조선로동당은 사람과의 사업을 당사업의 기본으로 한다.

조선로동당은 사상을 기본으로 틀어쥐고 인민대중의 정신력을 발동하여 모든 문제를 풀어나 간다.

조선로동당은 항일유격대식 사업방법, 주체의 사업방법을 구현한다.

조선로동당은 혁명과 건설을 령도하는데서 로동계급적 원칙, 사회주의원칙을 견지하며 주체성과 민족성을 고수한다.

조선로동당은 선군정치를 사회주의 기본정치방식으로 확립하고 선군의 기치 밑에 혁명과 건설을 령도한다.

조선로동당은 인민정권을 강화하고 사상, 기술문화의 3대 혁명을 힘있게 다그치는 것을 사회주의건설의 총로선으로 틀어쥐고 나간다.

조선로동당은 혁명대오를 정치사상적으로 튼튼히 꾸리고 인민대중 중심의 사회주의 제도를 공고발전시키며 인민군대를 강화하고 나라의 방위력을 철벽으로 다지며 사회주의 자립적 민족경제와 사회주의문화를 발전시켜 나간다.

조선로동당은 근로단체들의 역할을 높여 광범한 군중을 당의 두리에 묶어 세우며 사회주의 강성대국건설을 위한 투쟁에로 조직동원한다.

조선로동당은 전조선의 애국적 민주력량과의 통일전선을 강화한다.

조선로동당은 남조선에서 미제의 침략무력을 몰아내고 온갖 외세의 지배와 간섭을 끝장내며 일본군국주의의 재침책동을 짓부시며 사회의 민주화와 생존의 권리를 위한 남조선인민들의 투쟁을 적극 지지성원하며 우리민족끼리 힘을 합쳐 자주, 평화통일, 민족대단결의 원칙에서 조국을 통일하고 나라와 민족의 통일적발전을 이룩하기 위하여 투쟁한다.

조선로동당은 자주, 평화, 친선을 대외정책의 기본리념으로 하여 반제 자주력량과의 련대성을 강화하고 다른 나라들과의 선린우호관계를 발전시키며 제국주의의 침략과 전쟁책동을 반대하고 세계의자주화와 평화를 위하여, 세계사회주의 운동의 발전을 위하여 투쟁한다.

제1장 당 원

1. 조선로동당은 위대한 수령 김일성 동지께서 개척하시고 위대한 령도자 김정일 동지께서 이

끄시는 주체혁명위업, 사회주의위업을 위하여 모든 것을 다 바쳐 투쟁하는 주체형의 혁명가이다.

2. 조선로동당원으로는 조선공민으로서 당의 유일사상체계와 유일적 령도체계가 든든히 서고 당과 수령, 조국과 인민을 위하여 헌신적으로 투쟁하며 당규약을 준수하려는 근로자들이 될 수 있다.

3. 조선로동당원은 후보기간을 마친 후보당원 가운데서 받아들인다.

특수한 경우에는 입당청원자를 직접 당원으로 받아들일 수 있다.

조선로동당에는 열여덟 살부터 입당할 수 있다.

입당절차는 다음과 같다.

1) 입당하려는 사람은 입당청원서와 당원 두 사람의 입당보증서를 당세포에 내야 한다.

김일성사회주의청년동맹원이 입당할 때에는 시, 군 청년동맹위원회의 입당보증서를 내야 하며 그것은 당원 한 사람의 입당보증서를 대신한다.

후보당원이 당원으로 입당할 때에는 입당청원서와 입당보증서를 내지 않는다.

그러나 당세포가 요구할 때에는 다른 입당보증서를 내야 한다.

2) 입당보증인은 2년 이상의 당생활 년한을 가져야 한다.

입당보증인은 입당청원자의 사회정치생활을 잘 알아야 하며 보증내용에 대하여 당 앞에 책임져야 한다.

3) 입당문제는 개별적으로 심의하여야 한다.

당세포는 총회에서 입당청원자를 참가시키고 입당문제를 심의하며 채택된 결정은 시, 군 당위원회의 비준을 받아야 한다.

입당보증인은 입당문제를 토의하는 회의에 참가하지 않아도 된다.

시, 군 당위원회는 입당문제에 대한 당세포의 결정을 한 달 안에 심의하고 처리하여야 한다.

4) 후보당원의 후보기간은 1년으로 한다.

당세포는 후보당원의 후보기간이 끝나면 총회에서 그의 입당문제를 심의하고 결정하여야 한다.

특수한 경우에는 후보기간이 끝나지 않은 후보당원을 당원으로 받아들일 수 있다.

후보당원이 당원으로 입당할 준비가 잘 안 되였을 때에는 후보기간을 1년까지의 범위 안에서 한 번 미룰 수 있으며 그 기간에도 입당할 자격을 갖추지 못하면 그를 제명하여야 한다.

후보기간을 미루거나 후보당원을 제명할 데 대한 당세포의 결정은 시, 군 당위원회의 비준을 받아야 한다.

5) 입당날자는 당세포총회에서 입당을 결정한 날로 한다.

6) 당원으로 입당한 사람은 당원증을 수여받을 때 입당선서를 한다.

7) 특수한 환경에서 사업하는 사람과 다른 당에서 탈당한 사람의 입당문제는 당중앙위원 회가 따로 규정한 절차와 방법에 따라 취급한다.

4. 당원의 의무는 다음과 같다.

1) 당원은 당의 유일사상체계와 유일적 령도체계를 튼튼히 세워야 한다.

당원은 당과 수령에 대한 끝없는 충실성을 지니고 수령을 결사옹위하며 주체사상, 선 군사상과 혁명전통으로 튼튼히 무장하고 당의 로선과 정책을 결사관철하며 당과 혁명 대오의 일심단결을 눈동자와 같이 지키고 수령의 유일적 령도 밑에 하나와 같이 움직이 는 혁명적 규률을 세워야 한다.

2) 당원은 당생활에 자각적으로 참가하여 당성을 끊임없이 단련하여야 한다.

당원은 당조직관념을 바로 가지고 당회의와 당생활총화, 당학습에 성실히 참가하며 당 조직의 결정과 분공을 책임적으로 집행하고 비판과 사상투쟁을 강화하며 당의 규률을 자각적으로 지키고 사업과 생활에서 나서는 문제들을 당조직에 보고하여야 한다.

3) 당원은 사회주의 강성대국 건설을 위한 혁명과업수행에서 선봉적 역할을 하여야 한다.

당원은 혁명적 군인정신을 높이 발휘하여 맡은 과업수행에서 혁신을 일으키고 최첨단 을 돌파하기 위한 투쟁과 어렵고 힘든 일에 앞장서며 로동을 사랑하고 로동규률을 자각 적으로 지키며 국가사회재산을 주인답게 관리하고 생산문화, 생활문화를 확립하기 위 하여 적극 노력하여야 한다.

4) 당원은 사회주의 조국을 튼튼히 보위하여야 한다.

당원은 군사중시기풍을 세워 군사를 성실히 배우고 전투동원준비를 튼튼히 갖추며 원 쑤들의 침해로부터 사회주의조국과 혁명의 전취물을 군건히 지키며 군민일치의 전통적 미풍을 높이 발휘하며 조국통일을 앞당기기 위하여 적극 투쟁하여야 한다.

5) 당원은 당적, 계급적 원칙을 철저히 지켜야 한다.

당원은 모든 문제를 정치적으로 계급적으로 예리하게 분석판단하고 어떤 역경 속에서 도 혁명적 신념과 지조를 지키고 계급적 원쑤들과 온갖 이색적인 사상요소들, 비사회주 의적 현상을 비롯한 부정적인 현상들을 반대하여 견결히 투쟁하여야 한다.

6) 당원은 군중과 늘 사업하며 실천적 모범으로 군중을 이끌어 나가야 한다.

당원은 혁명적 군중관점을 가지고 군중을 교양개조하여 당의 두리에 묶어 세우고 혁명 과업 수행에로 불러일으키며 군중의 생활을 진심으로 돌보아주며 당원의 영예와 존엄 을 지켜 사업과 생활에서 군중의 본보기가 되고 자신과 가정, 집단을 혁명화하는 데서 모범이 되어야 한다.

7) 당원은 정치리론수준과 문화기술수준을 끊임없이 높여야 한다.

당원은 혁명적 학습기풍을 세우고 당의 로선과 정책을 깊이 체득하며 경제지식과 현대 과학기술을 배우고 자기사업에 정통하며 문화정서적 소양을 높여야 한다.

8) 당원은 혁명적 사업기풍과 생활기풍을 세워야 한다.

당원은 언제 어디서나 혁명적으로, 전투적으로 일하고 생활하며 국가의 법과 규정을 자각적으로 지키고 공민적 의무를 다하며 안일해이를 반대하고 혁명적 경각성을 높이며 당, 국가, 군사비밀을 철저히 지켜야 한다.

9) 당원은 고상한 도덕품성을 지녀야 한다.

당원은 언제나 겸손하고 소박하며 친절하고 례절이 바르며 사리와 공명을 탐내지 말고 청렴결백하며 사회공중 도덕과 질서를 모범적으로 지키며 혁명적 동지애를 높이 발휘하여야 한다.

10) 당원은 매달 당비를 바쳐야 한다.

당비는 월수입의 2%로 한다.

5. 당원의 권리는 다음과 같다.

1) 당원은 당회의와 당출판물을 통하여 당의 로선과 정책을 관철하며 당사업을 발전시키는 데 도움이 되는 의견을 발표할 수 있다.

2) 당원은 당회의에서 결의권을 가지며 각급 당지도기관 선거에서 선거할 권리와 선거 받을 권리를 가진다.

3) 당원은 정당한 리유와 근거가 있을 때에는 어떤 당원에 대하여서나 비판할 수 있으며 상급이 주는 어떤 과업이라도 그것이 당의 유일사상체계와 유일적 령도체계에 어긋날 때에는 그 집행을 거부할 수 있다.

4) 당원은 자기의 사업과 생활에 대한 문제를 토의결정하는 당회의에 참가할 것을 요구할 수 있다.

5) 당원은 당중앙위원회에 이르기까지의 각급 당위원회에 신소와 청원을 할 수 있으며 그에 대한 심의를 요구할 수 있다.

6. 후보당원의 의무는 당원의 의무와 같으며 후보당원의 권리는 결의권과 선거할 권리, 선거 받을 권리가 없는 이외에는 당원의 권리와 같다.

7. 당의 규률을 어긴 당원에게는 당책벌을 준다.

1) 당의 유일사상체계와 유일적 령도체계에 어긋나는 행동을 하거나 당의 로선과 정책을

반대하고 종파행위를 하거나 적들과 타협하는 것을 비롯하여 당과 혁명에 엄중한 손실을 끼친 당원은 출당시킨다.

2) 출당시키지 않을 정도의 과오를 범한 당원에게는 그 과오의 크기에 따라 경고, 엄중경고, 권리정지, 후보당원으로 내려놓는 책벌을 준다.

당책벌은 당원이 과오를 범하게 된 동기와 원인, 과오의 후과와 함께 그의 사업과 생활을 전면적으로 깊이 있게 료해하고 심중하게 주어야 한다.

3) 당세포는 총회에서 과오를 범한 당원을 참가시키고 당책벌을 줄 데 대하여 심의결정한다. 특수한 경우에는 본인의 참가없이 심의결정할 수 있다.

당원에게 당책벌을 줄 데 대한 당세포의 결정은 시, 군 당위원회의 비준을 받아야 하며 당원을 출당시킬 데 대한 당세포의 결정은 도(직할시) 당위원회의 비준을 받아야 한다.

4) 당세포는 당책벌을 받은 당원이 자기의 과오를 깊이 뉘우치고 고치기 위하여 노력하며 사업에서 개선이 있을 때에는 총회에서 책벌을 벗겨줄 데 대하여 심의결정하여야 하며 그 결정은 시, 군 당위원회의 비준을 받아야 한다.

5) 당중앙위원회와 도(직할시), 시, 군 당위원회 위원, 후보위원에 대한 당책벌 문제를 비롯하여 당책벌을 주거나 벗겨주는 모든 문제는 당중앙위원회가 정한 절차와 방법에 따라 취급한다.

6) 당중앙위원회와 도(직할시), 시, 군 당위원회는 당규률 문제와 관련한 당원의 신소를 제때에 책임적으로 심의하고 처리하여야 한다.

8. 정당한 리유 없이 여섯 달 이상 당생활에 참가하지 않고 있는 당원에 대하여서는 당세포총회에서 그를 제명할 것을 결정하여야 하며 그 결정은 시, 군 당위원회의 비준을 받아야 한다.

9. 당원의 등록과 이동은 당중앙위원회가 정한 절차와 방법에 따라 한다.

10. 조선로동당원으로서 당과 수령, 조국과 인민을 위하여 투쟁하다가 년로보장 또는 사회보장을 받고 있는 당원을 비롯하여 당원으로서의 활동을 제대로 할 수 없는 당원은 명예당원으로 한다.

명예당원에게는 명예당원증을 수여한다.

당원을 명예당원으로 넘기는 문제는 시, 군 당위원회에서 비준한다.

제2장 당의 조직원칙과 조직구조

11. 당은 민주주의중앙집권제원칙에 따라 조직하며 활동한다.

  1) 각급 당지도기관은 민주주의적으로 선거하며 선거된 지도기관은 선거 받은 당 조직 앞에 자기의 사업을 정기적으로 총화보고한다.

  2) 당원은 당조직에, 소수는 다수에, 하급당조직은 상급당조직에 복종하며 모든 당조직은 당중앙위원회에 절대복종한다.

  3) 모든 당조직은 당의 로선과 정책을 무조건 옹호관철하며 하급당조직은 상급당조직의 결정을 의무적으로 집행한다.

  4) 상급당조직은 하급당조직의 사업을 계통적으로 지도검열하며 하급 당조직은 자기의 사업정형을 상급당조직에 정상적으로 보고한다.

12. 각급 당조직은 지역단위와 생산 및 사업단위에 따라 조직한다.

  어느 한 지역을 맡은 당조직은 그 지역의 일부를 맡은 모든 당조직의 상급당조직으로 되며 어느 한 부문이나 단위의 사업을 맡은 당조직은 그 부문이나 단위의 일부 사업을 맡은 모든 당조직의 상급당조직으로 된다.

13. 각급 당위원회는 해당 단위의 최고지도기관이며 정치적 참모부이다.

  당위원회의 활동에서 기본은 집체적 지도이다.

  각급 당위원회는 새롭고 중요한 문제들을 반드시 집체적으로 토의결정하고 집행하며 여기에 당지도기관 성원들과 당원들의 책임성과 창발성을 밀접히 결합시켜야 한다.

14. 각급 당조직의 최고지도기관은 다음과 같이 조직한다.

  1) 당의 최고지도기관은 당대회이며 당대회와 당대회 사이에는 당대회가 선거한 당중앙위원회이다.

  도(직할시), 시, 군당조직의 최고지도기관은 해당 당대표회이며 당대표회와 당대표회 사이에는 당대표회가 선거한 해당 당위원회이다.

  기층 당조직의 최고지도기관은 당총회(당대표회)이며 당총회(당대표회)와 당총회(당대표회) 사이에는 당총회(당대표회)가 선거한 해당 당위원회이다.

  2) 당대회, 당대표회 대표자는 한급 낮은 당조직의 당대표회 또는 당총회에서 선거한다.

  당대회 대표자 선출비률은 당중앙위원회가 규정하며 도(직할시), 시, 군 당 대표회 대표자 선출비률은 당중앙위원회가 정한 기준에 따라 해당 당위원회가 규정한다.

  3) 당중앙위원회 위원, 후보위원 수는 당대회에서 결정한다.

도(직할시), 시, 군당위원회 위원, 후보위원 수와 기층당 조직의 위원 수는 당중앙위원회가 정한 기준에 따라 해당 당대표회 또는 당총회에서 결정한다.

당위원회 위원, 후보위원 수를 변경시킬 필요가 있을 때에는 해당 당위원회 전원회의에서 다시 결정할 수 있다.

각급 당지도기관의 선거는 당중앙위원회가 만든 선거세칙에 따라 한다.

15. 각급 당조직의 지도기관 성원의 소환(제명)과 보선은 다음과 같이 한다
    1) 당중앙위원회와 도(직할시), 시, 군 당위원회 위원, 후보위원의 제명과 보선은 해당 당위원회 전원회의에서 한다.

    당중앙위원회와 도(직할시), 시, 군 당위원회 위원이 결원되였을 때는 해당 당위원회 후보위원 가운데서 보선한다. 필요에 따라 후보위원이 아닌 당원을 위원으로 보선할 수 있다.

    2) 기층 당조직의 지도기관 성원의 소환과 보선은 해당 당총회(당대표회)에서 한다.

    규모가 크거나 아래 당조직들이 멀리 널려져 있거나 사업상 특성으로 당총회(당대표회)를 제때에 소집할 수 없는 초급당, 분초급당에서는 당위원회에서 위원을 제명, 보선할 수 있다.

    3) 상급당위원회는 결원된 하급당위원회 책임비서(비서), 비서(부비서)를 파견할 수 있다.

16. 당회의는 해당 당조직에 소속된 당원(위원, 대표자) 총수의 3분의 2 이상이 참가하여야 성립되며 제기된 문제의 가결은 결의권을 가진 당회의 참가자의 절반을 넘는 찬성을 받아야 확정된다.

    각급 당위원회 후보위원은 해당 당위원회 전원회의에서 발언권만 가진다.

17. 도(직할시), 시, 군당위원회의 조직과 해체문제는 당중앙위원회에서, 초급당위원회와 분초급당위원회의 조직과 해체문제는 도(직할시)당위원회에서, 부문당위원회와 당세포의 조직과 해체문제는 시, 군 당위원회에서 비준한다.

    당 조직의 조직과 해체정형을 시, 군 당위원회는 도(직할시) 당위원회에, 도(직할시) 당위원회는 당중앙위원회에 보고하여야 한다.

    각급 당위원회에는 필요한 부서를 둔다. 부서를 내오거나 없애는 권한은 당중앙위원회에 있다.

18. 당중앙위원회는 정치, 군사, 경제적으로 중요한 부문에 정치기관을 조직한다.
    1) 정치기관들은 해당 부문에서 당원들과 근로자들에 대한 정치사상교양사업을 조직진

행하며 해당 단위에 조직된 당위원회의 집행부서로 사업한다.

정치기관들은 당의 로선과 정책을 관철하기 위한 투쟁에 당원들과 군중을 조직동원하기 위하여 당열성자회의를 소집할 수 있다.

2) 중앙기관에 조직된 정치국(정치부)들은 당 중앙위원회에 직속되여 그 지도 밑에 사업하며 자기 사업정형을 당중앙위원회에 정상적으로 보고한다.

정치국(정치부)들은 아래 정치기관들에 대한 지도에서 해당지역 당위원회들과 긴밀한 련계를 가진다.

3) 정치기관들은 조선로동당규약과 당중앙위원회가 비준한 지도서와 규정에 따라 조직되며 사업한다.

19. 당중앙위원회는 어떤 당조직이든지 당의 로선과 정책, 당규약을 엄중하게 어기거나 집행하지 않을 때에는 해산하고 거기에 소속되였던 당원들을 개별적으로 심사하여 다시 등록하고 당조직을 새로 조직할 수 있다.

20. 당중앙위원회는 정치, 군사, 경제적으로 중요한 지역과 부문, 특수한 환경에 맞는 당조직의 형식과 활동방법, 그 밖의 당건설에서 나서는 문제들을 따로 결정할 수 있다.

제3장 당의 중앙조직

21. 당대회는 당의 최고기관이다.

당대회는 당중앙위원회가 소집하며 당대회 소집날자는 여섯달 전에 발표한다.

당대회의 사업은 다음과 같다.

1) 당중앙위원회와 당중앙검사위원회의 사업을 총화한다.

2) 당의 강령과 규약을 채택 또는 수정 보충한다.

3) 당의 로선과 정책, 전략전술의 기본문제를 토의결정한다.

4) 조선로동당 총비서를 추대한다.

5) 당중앙위원회와 당중앙검사위원회를 선거한다.

22. 조선로동당 총비서는 당의 수반이다.

조선로동당 총비서는 당을 대표하며 전당을 령도한다.

조선로동당 총비서는 당중앙군사위원회 위원장으로 된다.

23. 당중앙위원회는 당대회와 당대회 사이에 당의 모든 사업을 조직지도한다.

당중앙위원회는 전당과 온 사회의 주체사상화를 당사업의 총적임무로 틀어쥐고 당의 유일사상체계와 유일적 령도체계를 튼튼히 세우며 당과 혁명대오를 수령결사옹위의 전투부대로 꾸리고 그 위력을 높이며 주체사상, 선군사상을 구현하여 당의 로선과 정책을 세우고 혁명투쟁과 건설사업을 정치적으로 지도하며 국내외의 각 정당, 단체들과 사업하며 당의 재정을 관리한다.

24. 당중앙위원회는 전원회의를 1년에 한 번 이상 소집한다.
   당중앙위원회 전원회의는 해당 시기 당 앞에 나서는 중요한 문제들을 토의결정하며 당중앙위원회 정치국과 정치국상무위원회를 선거하며 당중앙위원회 비서들을 선거하고 비서국을 조직하며 당 중앙군사위원회를 조직하고 당중앙위원회 검열위원회를 선거한다.

25. 당중앙위원회 정치국과 정치국상무위원회는 전원회의와 전원회의 사이에 당중앙위원회의 이름으로 당의 모든 사업을 조직지도한다.

26. 당중앙위원회 비서국은 당 내부사업에서 나서는 문제와 그 밖의 실무적 문제들을 주로 토의결정하고 그 집행을 조직지도한다.

27. 당 중앙군사위원회는 당대회와 당대회 사이에 군사분야에서 나서는 모든 사업을 당적으로 조직지도한다.
   당 중앙군사위원회는 당의 군사로선과 정책을 관철하기 위한 대책을 토의결정하며 혁명무력을 강화하고 군수공업을 발전시키기 위한 사업을 비롯하여 국방사업 전반을 당적으로 지도한다.

28. 당중앙위원회 검열위원회는 당의 유일사상체계와 유일적령도체계에 어긋나는 행동을 하거나 당규약을 위반하는 것을 비롯하여 당규률을 어긴 당원에게 당적 책임을 추궁하며 당규률 문제와 관련한 도(직할시) 당위원회의 제의와 당원의 신소를 심의하고 처리한다.

29. 당중앙검사위원회는 당의 재정관리사업을 검사한다.

30. 당중앙위원회는 당대회와 당대회 사이에 당대표자회를 소집할 수 있다.
   당대표자회 대표자 선출비률과 대표자선거절차는 당중앙위원회가 규정한다.
   당대표자회는 당의 로선과 정책, 전략전술의 중요한 문제들을 토의결정하며 당중앙지도기관 성원들을 소환하고 보선한다.
   당대표자회는 조선로동당 최고지도기관을 선거하거나 당규약을 수정보충할 수 있다.

제4장 당의 도(직할시) 조직

31. 도(직할시) 당대표회는 당의 도(직할시) 조직의 최고지도기관이다.

    도(직할시) 당대표회는 당중앙위원회의 지시에 따라 도(직할시) 당위원회가 소집한다.

32. 도(직할시) 당대표회의 사업은 다음과 같다.

    1) 도(직할시) 당위원회와 도(직할시) 당검사위원회의 사업을 총화한다.

    2) 도(직할시) 당위원회와 도(직할시) 당검사위원회를 선거한다.

    3) 당대회에 보낼 대표자를 선거한다.

33. 도(직할시) 당위원회는 다음과 같은 사업을 한다.

    당의 유일사상체계와 유일적 령도체계를 세우는 사업을 주선으로 틀어쥐고 당원들과 근로자들이 수령을 결사옹위하고 당의 로선과 정책을 결사 관철하며 당과 혁명대오의 일심단결을 강화하고 수령의 유일적 령도 밑에 하나와 같이 움직이도록 지도한다.

    간부대렬을 튼튼히 꾸리고 그 순결성을 보장하며 당원들에 대한 당생활지도를 강화하고 당력량을 합리적으로 배치하며 광범한 군중을 당의 두리에 묶어 세우며 당조직들을 튼튼히 꾸리고 그 전투적 기능과 역할을 높이도록 지도한다.

    당원들과 근로자들을 주체형의 혁명가로 키우기 위한 사상교양을 강화하고 사회주의 강성대국 건설에서 대중의 정신력을 높이 발양시키며 제국주의자들의 사상문화적 침투책동을 짓부시고 온갖 이색적인 사상요소들과 비사회주의적 현상을 비롯한 부정적인 현상들을 반대하여 투쟁한다.

    행정경제사업에 대한 당적 지도를 강화하여 정치, 경제문화의 모든 사업이 당의 정책적 요구에 맞게 진행되도록 하며 근로단체 조직들을 튼튼히 꾸리고 그 역할을 높이도록 지도한다. 민간무력의 전투력을 높이며 전투 동원준비를 완성하고 인민군대를 적극 원호하도록 지도한다.

    도(직할시) 당위원회의 재정을 관리한다.

    당중앙위원회에 자기의 사업정형을 정상적으로 보고한다.

34. 도(직할시) 당위원회는 전원회의를 넉달에 한 번 이상 소집한다.

    도(직할시) 당위원회 전원회의는 당의 로선과 정책을 관철하기 위한 대책을 토의결정하며 도(직할시) 당위원회 집행위원회와 책임비서, 비서들을 선거하고 비서처를 조직하며 도(직할시) 당위원회 군사위원회와 검열위원회를 선거한다.

35. 도(직할시) 당위원회 집행위원회, 비서처, 군사위원회, 검열위원회는 다음과 같은 사업을

한다.

1) 도(직할시) 당위원회 집행위원회는 전원회의와 전원회의 사이에 도(직할시) 당위원회의 이름으로 행정경제사업과 관련한 당정책관철에서 나서는 중요한 문제들을 토의결정하고 그 집행을 위한 사업을 조직지도한다.

도(직할시) 당위원회 집행위원회는 한 달에 두 번 이상 한다.

2) 도(직할시) 당위원회 비서처는 간부사업을 비롯한 당내부사업에서 나서는 문제들을 수시로 토의결정하고 조직집행한다.

3) 도(직할시) 당위원회 군사위원회는 당의 군사로선과 정책을 관철하기 위한 대책을 토의결정하고 그 집행을 위한 사업을 조직지도한다.

4) 도(직할시) 당위원회 검열위원회는 당의 유일사상체계와 유일적 령도체계에 어긋나는 행동을 하거나 당규약을 위반하는 것을 비롯하여 당규률을 어긴 당원에게 당적 책임을 추궁하며 당규률 문제와 관련한 시, 군 당위원회의 제의와 당원의 출당을 최종적으로 비준하며 당규률 문제와 관련한 당원의 신소를 심의하고 처리한다.

제5장 당의 시(구역), 당조직

36. 시(구역), 군 당대표회는 당의 시(구역), 군조직의 최고지도기관이다.

시(구역), 군 당대표회는 당중앙위원회의 지시에 따라 시(구역), 군 당위원회가 소집한다.

37. 시(구역), 군 당대표회의 사업은 다음과 같다.

1) 시(구역), 군 당위원회와 시(구역), 군 당검사위원회의 사업을 총화한다.

2) 시(구역), 군 당위원회와 시(구역), 군 당검사위원회를 선거한다.

3) 도(직할시) 당대표회에 보낼 대표자를 선거한다.

38. 시(구역), 군 당위원회는 당의 말단지도단위, 집행단위로서 다음과 같은 사업을 한다.

당의 유일사상체계와 유일적 령도체계를 세우는 사업을 주선으로 틀어쥐고 당원들과 근로자들이 수령을 결사옹위하며 주체사상, 선군사상과 혁명전통으로 튼튼히 무장하고 당의 로선과 정책을 결사 관철하며 당과 혁명대오의 일심단결을 강화하고 수령의 유일적 령도 밑에 하나와 같이 움직이는 혁명적 규률을 세우도록 한다.

간부대렬을 튼튼히 꾸리고 일군들의 책임성과 역할을 높이며 당생활지도체계를 정연하게 세우고 당생활지도를 강화하며 당장성사업과 당원등록사업을 진행하고 군중과의 사업을 강화하여 그들을 당의 두리에 묶어 세우며 기층 당조직들을 튼튼히 꾸리고 그 전투적 기능과 역할을 높이기 위한 사업을 조직진행한다.

선전선동체계를 정연하게 세우고 당원들과 근로자들을 주체형의 혁명가로 키우기 위한 사상교양을 강화하며 사회주의 강성대국건설을 위한 투쟁에서 대중의 정신력을 높이 발양시키며 부르죠아 사상문화의 침습을 막고 온갖 이색적인 사상요소들과 비사회주의적 현상을 비롯한 부정적인 현상들을 반대하여 투쟁한다.

행정경제사업에 대한 당적 지도를 강화하여 해당 단위의 모든 사업이 당의 정책적 요구에 맞게 진행되도록 하고 인민생활을 향상시키며 근로단체조직들을 튼튼히 꾸리고 그 기능과 역할을 높이도록 한다.

로농적위대와 붉은청년근위대 대렬을 튼튼히 꾸리고 정치군사훈련을 강화하며 전투동원준비를 완성하고 인민군대를 적극 원호한다.

시(구역), 군 당위원회의 재정을 관리한다.

상급당위원회에 자기의 사업정형을 정상적으로 보고한다.

39. 시(구역), 군 당위원회는 전원회의를 석 달에 한 번 이상 소집한다.

시(구역), 군 당위원회 전원회의는 당의 로선과 정책을 관철하기 위한 대책을 토의결정하며 시(구역), 군 당위원회 집행위원회와 책임비서, 비서들을 선거하고 비서처를 조직하며 시(구역), 군 당위원회 군사위원회와 검열위원회를 선거한다.

40. 시(구역), 군 당위원회 집행위원회, 비서처, 군사위원회, 검열위원회는 다음과 같은 사업을 한다.

1) 시(구역), 군 당위원회 집행위원회는 전원회의와 전원회의 사이에 시(구역), 군 당위원회의 이름으로 행정경제사업과 관련한 당정책 관철에서 나서는 중요한 문제들을 토의결정하고 그 집행을 위한 사업을 조직지도한다.

시(구역), 군 당위원회 집행위원회는 한 달에 두 번 이상 한다.

2) 시(구역), 군 당위원회 비서처는 간부사업을 비롯한 당내부 사업에서 나서는 문제들을 수시로 토의결정하고 조직집행한다.

3) 시(구역), 군 당위원회 군사위원회는 당의 군사로선과 정책을 관철하기 위한 대책을 토의결정하고 그 집행을 위한 사업을 조직지도한다.

4) 시(구역), 군 당위원회 검열위원회는 당의 유일사상체계와 유일적 령도체와 유일적 령도체계에 어긋나는 행동을 하거나 당규약을 위반하는 것을 비롯하여 당규률을 어긴 당원에게 당적 책임을 추궁하며 당규률 문제와 관련한 당세포의 결정을 토의비준하며 당규률 문제와 관련한 당원의 신소를 심의하고 처리한다.

제6장 당의 기층조직

41. 당의 기층조직에서는 초급당, 분초급당, 부문당, 당세포가 있다.

당의 말단기층조직은 당세포이다.

당세포는 당원들의 당생활의 거점이며 당과 대중을 이어주고 군중을 당의 두리에 묶어세우는 기본단위이며 당원들과 근로자들을 조직동원하여 당의 로선과 정책을 관철하는 직접적 전투단위이다.

42. 당의 기층조직은 다음과 같이 조직한다.

1) 당원이 5명부터 30명까지 있는 단위에는 당세포를 조직한다.

당원이 5명 못 되는 단위에는 따로 당세포를 조직하지 않고 그 단위의 당원들과 후보당원들을 가까이에 있는 당세포에 소속시키거나 사업의 성격과 린접관계를 고려하여 두 개 이상 단위의 당원들을 합하여 당세포를 조직할 수 있다.

당원이 3명 못 되는 단위에는 시(구역), 군 당위원회가 추천하는 당원을 책임자로 하는 당소조를 조직할 수 있다.

2) 당원이 31명 이상 있는 단위에는 초급당을 조직한다.

3) 초급당과 당세포 사이에 당원이 31명 이상 있는 생산 및 사업단위에는 부문당을 조직한다.

4) 초급당, 부문당, 당세포의 조직형식만으로 기층 당조직을 합리적으로 조직할 수 없을 때에는 초급당과 부문당 사이의 생산 및 사업단위에 분초급당을 조직한다.

이상의 당조직형식들이 실정에 맞지 않을 때에는 당중앙위원회의 비준을 받아 다른 형식의 당조직을 내세울 수 있다.

5) 다른 단위에 림시 이동하여 생활하는 당원들로 림시당조직을 조직한다.

43. 당총회(당대표회)는 당의 기층조직의 최고지도기관이다.

1) 당세포 총회는 한 달에 한 번 이상 한다.

2) 초급당, 분초급당, 부문당 총회는 석 달에 한 번 이상한다.

당원과 후보당원이 500명이 넘거나 아래 당조직이 멀리 널려져 있을 때에는 초급당총회(대표회)를 1년에 한 번 이상 할 수 있다.

44. 기층 당조직에서는 1년에 한 번씩 지도기관 사업을 총화하고 새로운 지도기관을 선거한다.

1) 당세포에서는 총회에서 당세포사업을 총화하고 비서와 부비서를 선거한다.

시(구역), 군 당위원회에 직속된 당세포에 당원이 20명 이상 되면 당세포위원회를 선거하고 그 위원회에서 비서와 부비서들을 선거한다.

당세포위원회는 한 달에 한 번 이상 한다.

2) 초급당, 분초급당, 부문당에서는 당총회(당대표회)에서 해당 당위원회 사업을 총화하고 새로운 당위원회를 선거하며 그 위원회에서 비서와 부비서들을 선거한다.

초급당, 분초급당위원회에서는 필요에 따라 집행위원회를 선거할 수 있다.

초급당, 분초급당, 부문당위원회는 한 달에 두 번 이상 하며 집행위원회가 조직된 초급당, 분초급당에서는 한 달에 위원회는 한 번 이상, 집행위원회는 두 번 이상 한다.

45. 기층 당조직의 임무는 다음과 같다.

1) 당원들과 근로자들 속에 당의 유일사상체계와 유일적 령도체계를 튼튼히 세운다.

당원들과 근로자들이 투철한 혁명적 수령관을 지니고 수령을 결사옹위하며 주체사상, 선군사상과 혁명전통으로 튼튼히 무장하고 당의 로선과 정책을 결사관철하며 당과 혁명대오의 일심단결을 강화하고 수령의 유일적 령도 밑에 하나와 같이 움직이는 혁명적 규률을 세우도록 한다.

2) 당원들에 대한 당생활조직과 지도를 강화한다.

당원, 후보당원들을 당조직에 빠짐없이 소속시키고 당회의와 당생활총화, 당학습을 높은 정치사상적 수준에서 조직진행하며 당원들에게 당적 분공을 정상적으로 주고 총화하며 당원들이 당규약상 규범의 요구대로 사업하고 생활하며 혁명과업수행에서 선봉적 역할을 하도록 한다.

3) 초급일군대렬을 튼튼히 꾸리며 검열되고 준비된 사람들을 당에 받아들인다.

초급일군들을 당과 수령에게 충실하고 실력이 있으며 사업작풍이 좋은 사람들로 선발배치하고 그들이 맡은 일을 잘하도록 지도하며 입당대상자들을 료해장악하고 체계적으로 키우며 당원의 자격을 갖춘 사람들을 엄선하여 당에 받아들인다.

4) 당원들과 근로자들에 대한 사상교양사업을 힘있게 벌린다.

당원들과 근로자들 속에서 주체사상, 선군사상원리교양, 충실성교양, 당정책교양, 혁명전통교양, 계급교양, 집단주의교양, 사회주의애국주의교양, 혁명적 신념과 락관주의교양, 사회주의도덕교양을 비롯한 사상교양을 강화하여 부르죠아사상문화의 침습을 막고 비사회주의적 현상을 비롯한 온갖 부정적인 현상들을 반대하여 견결히 투쟁하도록 한다.

5) 군중과의 사업을 실속있게 진행한다.

군중과의 사업체계를 정연하게 세우고 군중을 혁명적으로 교양 개조하며 민심을 틀어쥐고 군중의 요구와 의견을 제때에 풀어주며 군중을 당의 두리에 묶어 세운다.

6) 행정경제사업에 대한 당적 지도를 강화한다.

당의 로선과 정책을 관철하기 위한 대책을 집체적으로 토의결정하고 그 집행을 위한 조직정치사업을 실속있게 진행하며 근로자들의 정신력을 높이 발양시키고 최첨단을 돌파하기 위한 투쟁을 힘있게 벌려 생산과 건설에서 끊임없는 혁신을 일으키며 생산문화, 생활문화를 확립하고 국가사회재산을 주인답게 관리하며 근로자들의 후방사업을 개선하도록 한다.

7) 근로단체사업에 대한 당적지도를 실속있게 진행한다.

근로단체 초급일군들을 잘 꾸리고 그들의 역할을 높이며 근로단체 조직들의 사업정형을 료해하고 개선대책을 세우며 근로단체조직들에 사업방향을 정상적으로 주고 근로단체 조직들이 자립성과 창발성을 높여 본신 임무를 원만히 수행하도록 한다.

8) 민방위 사업을 강화하며 인민군대를 적극 원호한다.

로농적위대와 붉은청년근위대 대렬을 튼튼히 꾸리고 정치군사훈련을 강화하도록 하며 자기 단위의 전투동원 준비를 완성하며 원군기풍을 세우고 인민군대를 성심성의로 원호한다.

9) 3대혁명붉은기쟁취운동을 비롯한 대중운동을 힘있게 벌린다.

10) 상급당위원회에 자기의 사업정형을 정상적으로 보고한다.

제7장 조선인민군 안의 당조직

46. 조선인민군은 위대한 수령 김일성 동지께서 항일혁명투쟁의 불길 속에서 몸소 창건하신 혁명적 무장력이다.

조선인민군은 당위 위업, 주체혁명위업을 무장으로 옹호 보위하는 수령의 군대, 당의 선군혁명령도를 맨 앞장에서 받들어나가는 혁명의 핵심부대, 주력군이다.

조선인민군은 모든 정치활동을 당의 령도 밑에 진행한다.

47. 조선인민군 각급 단위에는 당조직을 두며 그를 망라하는 조선인민군 당위원회를 조직한다.

조선인민군 당위원회는 당중앙위원회 지도 밑에 사업한다.

48. 조선인민군 안의 각급 당조직들은 다음과 같은 사업을 한다.

전군의 주체사상화를 군건설의 총적과업으로 틀어쥐고 그 실현을 위하여 투쟁한다.

당의 유일적 령군체계와 혁명적 군풍을 확고히 세워 인민군대 안에 당의 사상과 령도의 유일성을 철저히 보장하며 모든 당원들과 군인들을 당과 수령을 결사옹위하는 총폭탄으로, 조국과 인민을 위하여 한목숨 바쳐 싸우는 당의 참된 전사로 튼튼히 준비시킨다.

간부대렬과 당대렬을 튼튼히 꾸리며 당원들에 대한 당생활조직과 지도를 강화하여 그들의 당성을 끊임없이 단련한다.

당원들과 근로자들 속에서 사상교양사업을 강화하여 그들을 주체사상, 선군사상으로 튼튼히 무장한 사상과 신념의 강자로 키운다.

인민군 안의 청년동맹조직들을 튼튼히 꾸리고 그 기능과 역할을 높이도록 한다.

당위원회의 집체적 지도를 강화하고 군사사업을 당적으로, 정치적으로, 군사기술적으로, 육체적으로 튼튼히 준비시킨다.

군인들 속에서 혁명적 동지애와 관병일치, 군민일치의 전통적 미풍을 높이 발양시킨다.

49. 조선인민군 각급 단위에는 정치기관을 조직한다.

조선인민군 총정치국은 인민군 당위원회의 집행부서로서 당중앙위원회 부서와 같은 권능을 가지고 사업한다.

조선인민군 총정치국 아래 각급 정치부들은 해당 당위원회의 집행부로서 당정치사업을 조직집행한다.

50. 조선인민군 각급 부대들에는 정치위원을 둔다.

정치위원은 해당 부대에 파견된 당의 대표로서 당정치사업과 군사사업을 비롯한 부대 안의 전반사업에 대하여 당적으로, 정치적으로 책임지며 부대의 모든 사업이 당의 로선과 정책에 맞게 진행되도록 장악지도한다.

51. 조선인민군 안의 각급 당조직들과 정치기관들은 조선로동당규약과 조선인민군 당정치사업지도서에 따라 사업한다.

제8장 당과 인민정권

52. 인민정권은 위대한 수령 김일성 동지께서 창건하신 인민대중 중심의 사회주의 정권이다.

인민정권은 사회주의위업, 주체혁명위업 수행의 강력한 정치적 무기이며 당과 인민대중을 련결시키는 가장 포괄적인 인전대이며 당의 로선과 정책의 집행자이다.

인민정권기관은 당의 령도 밑에 활동한다.

53. 당은 인민정권기관 안의 당의 유일사상체계와 유일적 령도체계를 튼튼히 세우고 인민정권이 주체사상, 선군사상과 그 구현인 당의 로선과 정책을 철저히 관철하도록 정치적으로 지도한다.

54. 당은 인민정권이 인민대중의 자주적 권리와 리익의 대표자, 창조적 능력과 활동의 조직자, 인민생활을 책임진 호주로서의 사명을 훌륭히 수행하며 사회에 대한 통일적 지도기능과 인민민주주의 독재기능을 강화하여 사회주의 제도를 옹호 고수하고 공고 발전시키며 사회주의 강성대국 건설을 다그치도록 지도한다.

55. 각급 당조직들은 인민정권기관 일군대렬을 튼튼히 꾸리고 일군들의 역할을 높이며 인민정권기관들이 본신 임무를 책임적으로 수행하도록 지도한다.

제9장 당과 근로단체

56. 근로단체들은 위대한 수령 김일성 동지께서 조직하신 근로자들의 대중적 정치 조직이며 사상교양 단체이다.

   근로단체들은 당의 외곽단체이고 당과 대중을 련결시키는 인전대이며 당의 믿음직한 방조자이다.

   김일성사회주의청년동맹은 조선청년운동의 개척자이신 위대한 수령 김일성 동지께서 몸소 무어주신 주체적인 청년조직이며 주체혁명 선군혁명의 대를 이어 나갈 당의 정치적 후비대이다.

   근로단체들은 당의 령도 밑에 활동한다.

57. 당은 근로단체조직들 안에 당의 유일사상체계와 유일적 령도체계를 튼튼히 세워 근로단체들을 당에 충실한 정치조직으로 만들며 근로단체들이 당의 사상과 로선을 철저히 관철하도록 정치적으로 지도한다.

   당은 근로단체들이 동맹원들 속에서 사상교양사업과 동맹조직 생활을 강화하고 대중운동을 힘있게 벌려 그들을 당의 두리에 튼튼히 묶어 세우며 사회주의 강성대국 건설에 적극 조직동원하도록 지도한다.

   당은 청년중시로선을 일관하게 틀어쥐고 김일성사회주의청년동맹이 당에 끝없이 충실한 청년전위의 대오, 조국보위와 사회주의 강성대국건설에 앞장서는 돌격대가 되도록 지도한다.

58. 각급 당조직들은 청년동맹을 비롯한 근로단체 일군대렬을 튼튼히 꾸리고 근로단체들의 특성에 맞게 사업방향을 정확히 주며 근로단체조직들이 본신 임무를 자립적으로, 창발적으로 수행하도록 지도한다.

제10장 당마크, 당기

59. 당마크는 마치와 낫, 붓이 한곳에서 교차되게 그려진 조선로동당의 상징적 표식이다.

   당마크는 조선로동당이 수령을 중심으로 하여 조직사상적으로 굳게 뭉친 로동자, 농민, 인테리를 비롯한 근로인대중의 전위부대이며 인민대중 속에 깊이 뿌리박고 인민대중의 요구와 리익을 위하여 투쟁하는 혁명적이며 대중적인 당이라는 것을 상징한다.

60. 당기는 붉은색 기폭의 중심에 당마크가 새겨져 있는 조선로동당의 상징적 기발이다.

   당기는 위대한 수령 김일성 동지의 혁명사상을 지도사상으로 하고 백두의 혁명 전통을 순결하게 이어나가며 전체인민을 당과 수령의 두리에 굳게 묶어 세워 주체혁명 위업을 끝까지 완성해 나가는 조선로동당의 혁명적이며 대중적인 성격과 불굴의 의지, 투쟁정신을 상징한다.

※ 제7차 당대표자회(2016년 5월 9일)에서 개정한 주요 내용

'조선로동당은 위대한 김일성-김정일주의 당이다'

'위대한 김일성동지는 조선로동당의 창건자이시고 영원한 수령이시다'

김정일동지에 대해서는 '조선로동당의 상징이고 영원한 수반이시다'

'경애하는 김정은동지는 조선로동당을 위대한 김일성동지와 김정일동지의 당으로 강화발전 시키시고 주체혁명을 최후승리에로 이끄시는 조선로동당과 조선인민의 위대한 령도자이시다'

'조선로동당은 위대한 김일성동지와 김정일동지를 영원히 높이 모시고 경애하는 김정은동지를 중심으로 하여 조직사상적으로 공고하게 결합된 로동계급과 근로인민대중의 핵심부대, 전위부대이다'

'조선노동당이 북한의 모든 정치조직가운데서 가장 높은 형태의 정치조직이며 정치, 군사, 경제, 문화를 비롯한 모든 분야를 통일적으로 이끌어가는 사회의 영도적 정치조직이며 혁명의 참모부'

'조선노동당의 당면목적은 공화국북반부에서 사회주의강성국가를 건설하며 전국적 범위에서 민족해방민주주의혁명의 과업을 수행하는데 있으며 최종목적은 온 사회를 김일성-김정일

주의화 하여 인민대중의 자주성을 실현하는데 있다.'

'조선로동당은 남조선에서 미제의 침략무력을 몰아내고 온갖 외세의 지배와 간섭을 끝장내며 일본군국주의의 재침책동을 짓부시며 사회의민주화와 생존의 권리를 위한 남조선인민들의 투쟁을 적극 지지성원하며 우리민족끼리 힘을 합쳐 자주, 평화통일, 민족대단결의 원칙에서 조국을 통일하고 나라와 민족의 통일적 발전을 이룩하기 위하여 투쟁한다'

'조선로동당은 혁명대오를 정치사상적으로 튼튼히 꾸리고 인민대중 중심의 사회주의제도를 공고 발전시키며 경제건설과 핵무력건설의 병진로선을 틀어쥐고 과학기술발전을 확고히 앞세우면서 나라의 방위력을 철벽으로 다지고 사회주의 경제강국, 문명국건설을 다그쳐 나간다'

'당을 하나의 사상으로 일색화된 신념의 결정체로, 인민을위해 멸사복무하는 당으로 강화발전시켰다'

'자주, 선군, 사회주의 기치높이 천만군민의 일심단결과 자위적인 전쟁억제력을 더욱 강화시켰으며'

'백두산대국의 존엄과 위력을 만방에 떨쳤고'

'과학기술에 의거한 자강력으로 세기적인 비약과 혁신을 일으켜 나가는 창조와 건설의 대번영기, 강성대국건설의 최전성기를 열어놓았다'

낱말 찾아보기

사람 이름 찾아보기

김철수 金哲洙

서울대학교 법과대학 졸업, 독일 뮌헨대학교 법과대학에서 법학연구, 미국 하버드대학교 법과대학 대학원에서 법학연구, 일본 일교대학 강사, 서울대학교 대학원 법학박사.

사법시험위원, 행정고시위원, 외무고시위원, 법원사무관시험위원, 군법사무관시험위원, 한국공법학회 회장, 한국교육법학회 회장, 한국법학교수회 회장, 국제헌법학회 부회장, 명지대학교 석좌교수 역임.

현재 서울대학교 명예교수, 대한민국학술원 회원, 한국헌법연구소 이사장.

저서『憲法總攬』(1964),『違憲法律審査制度의 研究』(1971),『憲法學(上·下)』(1972),『判例教材 憲法』(1975),『現代憲法論』(1979),『比較憲法論(上)』(1980),『新韓國憲法要論』(1981),『法과 社會正義』(1982),『立法資料教材 憲法(增補版)』(1985),『憲法이 지배하는 사회를 위하여』(1986),『韓國憲法史』(1988),『韓國憲法』(1990),『判例教材 憲法 II』(1992),『정치개혁과 사법개혁』(1995),『法과 政治』(1995),『韓國憲法의 50年』(1998),『한국입헌주의의 정착을 위하여』(2003),『독일통일의 정치와 헌법』(2004),『學說·判例 憲法學(上·下)』(2008),『헌법개정, 과거와 미래』(2008),『學說·判例 憲法學(上·中)』(2010),『헌법과 정치(2012),『법과 정의·복지』(2012),『헌법정치의 이상과 현실』(2013),『憲法學新論』(2013) 第21全訂新版,『새 헌법 개정안』(2014),『세계비교헌법』(2014, 공저),『헌법개설』(2015) 제14판,『헌법과 법률이 지배하는 사회』(2016)가 있다.

한국통일의 정치와 헌법

────────

초판인쇄 2017년 2월 16일
초판발행 2017년 2월 23일

지은이 김철수
펴낸이 최두환

펴낸곳 시와진실
출판등록 1997년 6월 11일 제2-2389
주소 06912 서울 동작구 강남초등4길 14번 시와진실 601호
전화 02-813-8388
팩스 02-813-8377
이메일 ambros2013@naver.com
블로그 httn://blog.naver.com/ambros2013

Copyright ⓒ 도서출판 시와진실, 2017

ISBN 978-89-90890-53-5 93360
값 49,000원

*잘못 만든 책은 사신 곳에서 바꿔드립니다.

────────

이 도서의 국립중앙도서관 출판예정도서목록(CIP)은 서지정보유
통지원시스템 홈페이지(http://seoji.nl.go.kr)와 국가자료공동목록
시스템(http://www.nl.go.kr/kolisnet)에서 이용하실 수 있습니
다.(CIP제어번호: CIP2017003738)